Chuck Pfarrer

ZUM KRIEGER GEBOREN

Chuck Pfarrer

ZUM KRIEGER GEBOREN

Mein Leben als NAVY SEAL

riva

Bibliografische Information der Deutschen Nationalbibliothek:
Die Deutsche Nationalbibliothek verzeichnet diese Publikation in der Deutschen Nationalbibliografie; detaillierte bibliografische Daten sind im Internet über http://d-nb.de abrufbar.

Für Fragen und Anregungen:
chuck.pfarrer@mvg-verlag.de

1. Auflage 2013

Die englische Originalausgabe erschien 2004 bei Presidio Press, einem Imprint der Random House Publishing Group, unter dem Titel *Warrior Soul: The Memoir of a Navy Seal.*

Übersetzung: Michael Bayer, Helmut Dierlamm
Redaktion: Ulrich Mihr
Umschlaggestaltung: Kristin Hoffmann, München
Umschlagabbildung: iStockphoto
Satz: Georg Stadler, München
Druck: GGP Media GmbH, Pößneck
Printed in Germany

ISBN 978-3-86883-285-3
ISBN E-Book (PDF) 978-3-86413-292-6

Für meine Frau,
die mich lehrt, wie man liebt,
und für Paddy,
der mich lehrt, wie man lebt.

**»Wer der Gewalt abschwört, kann dies nur tun,
weil andere Gewalt für ihn ausüben.«**

George Orwell

Inhalt

Buch drei: Der Weg eines Draufgängers

Vorbemerkung des Autors

Als Navy SEAL lernte ich, scharf zu beobachten und kleinste Hinweise wahrzunehmen: einen geknickten Grashalm am Wegrand oder den feinen Schatten eines Stolperdrahts. Ich lernte, methodisch zu planen, anzugreifen, wo mich niemand erwartete, und zu verschwinden, wenn der Feind zurückschlagen wollte. Diese Fertigkeiten hielten mich in acht Monaten Straßenkampf in Beirut und bei mehr als 200 Geheimoperationen in jedem Klima und auf allen Weltmeeren am Leben.

Das Wort »SEAL« in »SEAL-Team« steht für die Elemente, für die wir den Einsatz trainieren: See, Luft und Land (**Se**a, **A**ir, **L**and). Naval Special Warfare ist die kleinste und elitärste Spezialeinheit des US-Militärs. Auch wenn die genaue Zahl der zu einem beliebigen Zeitpunkt einsatzfähigen SEALs geheim ist, kann ich verraten, dass unsere Organisation erheblich kleiner ist als die der Hells Angels.

Die Mitglieder der Teams bezeichnen sich selbst nicht als SEALs, sondern als Frogs, Team Guys oder Shooters. In dieser Gemeinschaft beruht der Ruf eines Mannes ausschließlich auf seinem Ansehen als Operator. Ein SEAL wird nicht nur nach seinen Einsätzen beurteilt, sondern auch nach seinem gesamten Verhalten, seinem Mut, seinen operativen und körperlichen Fähigkeiten und seinem Charakter.

Seit die ersten Kampfschwimmer der Navy auf die Strände der Normandie gerobbt sind, hat sich kein SEAL je ergeben, kein SEAL wurde je gefangen genommen und kein Mitglied eines Teams wurde je tot oder lebendig auf dem Schlachtfeld zurückgelassen. Diese heroische Bilanz ist einmalig in der gesamten modernen Kriegsführung. In Korea, in Vietnam, im Libanon, auf Grenada, in Somalia, im zweiten Golfkrieg, in

Panama und in Afghanistan tauchten SEALs auf, wo kein Feind dies für möglich gehalten hätte, und schlugen mit einer Zerstörungskraft zu, die in keinem Verhältnis zu ihrer Mannstärke stand.

Mein eigener Anteil an diesem Ruhm ist nur klein. Wegen einiger guter oder schlechter Fügungen des Schicksals, wegen einer gehörigen Portion Glück und wegen des Muts und der Ehre meiner Teamkameraden bin ich heute in der Lage, diese Geschichte zu erzählen.

Die Herausragenden werden von uns als Helden betrachtet. Mein Dienst war zwar vielfältig und fand in vielen Weltregionen statt, aber er war eher solides Handwerk. Ich arbeitete in Mittelamerika als Militärberater. Ich nahm an Aufklärungsmissionen und Einsätzen in von Feinden beherrschten Gebieten teil, in denen niemand die Anwesenheit von US-Amerikanern für möglich gehalten hätte. Ich diente als Assault Element Commander in einer höchst geheimen »schwarzen« Einheit für Terrorismusbekämpfung. Ich war im Spiel und ich war ein Operator.

Es ist die Schwäche jedes Icherzählers, dass der Autor zu sehr im Rampenlicht steht. Das ist unfair, sowohl was die ganze Geschichte als auch was meine Teamkameraden betrifft. Manchmal hatte ich eine Führungsfunktion, und manchmal wurde ich geführt. Meine Sichtweise war nie unparteiisch, und häufig sah ich nicht über meinen persönlichen Einsatzbereich hinaus. Der Leser wird erfahren, woran ich mich erinnere, was ich erlebte und was ich über meine Erfahrungen dachte.

Über viele Operationen darf ich heute noch nicht schreiben. Ich warte auf einen späteren Zeitpunkt oder auf einen anderen SEAL, der diese Geschichten erzählen wird. Bei manchen Operationen habe ich gewisse Einzelheiten weggelassen und auf die Schilderung von Tricks und Techniken verzichtet, deren Kenntnis für unsere Feinde von taktischem Nutzen wäre. Auch habe ich manchmal den Einsatzort nicht genau beschrieben, weil vielleicht irgendein anderer SEAL in einer mondlosen Nacht an den Schauplatz dieses Einsatzes zurückkehren muss.

Seit meiner Dienstzeit sind einige Männer, die mit mir zusammengearbeitet haben, Personen des öffentlichen Lebens geworden. Bei ihnen habe ich ihre korrekten Namen verwendet. Die von anderen habe ich geheim gehalten. Die Namen meiner Teamkameraden im Einsatz habe ich jedoch immer geändert. In jeder anderen Beziehung habe ich versucht, die Charaktere so genau wie möglich zu zeichnen, egal ob dies schmeichelhaft oder unschmeichelhaft war. Bei Teammitgliedern, die sich schlecht (nicht unschmeichelhaft, sondern *schlecht*) charakterisiert fühlen, entschuldige ich mich. Auch Freunde, die sich auf diesen Seiten nicht wiederfinden, bitte ich um Verzeihung. Sie wissen bestimmt, dass beim Schreiben dieses Buches nicht nur in Bezug auf die Ereignisse, sondern auch in Bezug auf bestimmte Daten und Personen gewisse Vorsichtsmaßnahmen getroffen werden mussten. Die Operators, deren Existenz ich im Dunkeln ließ, genießen dennoch meinen vollen Respekt und ich schulde ihnen tiefe Dankbarkeit.

Auch die Namen der Frauen in dieser Geschichte habe ich geändert, was vermutlich richtig gewesen sein dürfte. Ich fürchte, dass ich nicht immer in angenehmer Erinnerung blieb, und was ich schreiben kann, würde ohnehin kein angemessenes Bild von ihrer Schönheit, Liebenswürdigkeit oder Geduld zeichnen. Ich habe versucht, ehrlich zu sein, was meine Fehler betrifft, und ich habe wahrlich viele. Es ist nicht meine Absicht, alte Wunden wieder aufzureißen oder die Frauen mit neuen Beleidigungen zu kränken. Ich habe nicht immer gut geliebt, und das war gewiss mein größter Fehler.

Du weißt, dass du es bei den SEALs geschafft hast, wenn dir bei einem Treffen jemand die Hand schüttelt und sagt: »Ich dachte, du bist tot.« Zeit für den Ausstieg wird es, wenn du antwortest: »Das dachte ich auch.« Ich hörte auf, als ich das Gefühl hatte, meinen Vorrat an Glück aufgebraucht zu haben. Ich bilde mir etwas darauf ein, dass ich den Dienst quittierte, bevor ich den Mut sinken ließ.

Wer lange genug bei den Teams bleibt, fällt am Ende entweder der eigenen Nachlässigkeit oder einem Unfall oder dem Feind zum Opfer. Ich habe das bei Operators erlebt, die mutiger und fähiger waren als ich. Früher oder später wäre es auch mir passiert.

SEALs werden nur selten in amtlichen Berichten erwähnt und ihre Operationen sind fast nie Gegenstand von Pressemeldungen. Viel häufiger ist es, dass unsere Operationen, geheim, wie sie sind, jahrelang im Verborgenen bleiben. Selbst innerhalb unserer Gemeinschaft wird über bestimmte Operationen nur hinter vorgehaltener Hand gesprochen. Die an dem Einsatz Beteiligten sind durch Ehre und Eid zur Geheimhaltung verpflichtet.

Bei den SEALs besteht die einzige Belohnung darin zu wissen, dass die Arbeit erledigt wurde. Der Preis ist der stille Stolz auf eine Operation, die der Öffentlichkeit nicht bekannt wird, aber dem Feind als böser Albtraum im Gedächtnis bleibt.

Die Operators, die mit dabei waren, werden dieses Buch lesen und sagen: »So war es.« Das genügt.

BUCH EINS

DER ANFANG

Das letzte Mal

Es war Freitagabend, und an Gate 14 im Norfolk International Airport warteten nur wenige Fluggäste. American Airlines Flug 405 war ein planmäßiger Kurzstreckenflug von Norfolk in Virginia nach San Juan in Puerto Rico mit Zwischenstopp in Miami. Die etwa zwei Dutzend Personen im Warteraum reichten kaum aus, um ein Drittel der Plätze in der Boeing 727 zu füllen, die gerade am Ende des Flugsteigs aufgetankt wurde. Angeblich sollten die meisten Passagiere erst in Miami zusteigen, um einen Vergnügungsausflug zu den Casinos zu machen und das Nachtleben in San Juan zu genießen.

Als meine Sitzreihe aufgerufen wurde, nahm ich mein Handgepäck, zeigte meine Bordkarte und ging den Flugsteig hinunter. Durch die Fenster konnte ich am Horizont tief hängende Gewitterwolken sehen. Es war 20.25 Uhr, nur zehn Minuten vor dem geplanten Abflug, und im Westen färbte das letzte Tageslicht den Himmel rot. Ich kam zu meinem Platz, als die Flugbegleiterinnen die Türen schlossen und die letzten Vorbereitungen für den Flug trafen, und stopfte meine Tasche in das Gepäckfach. Ich hatte definitiv mehr Handgepäck als erlaubt. In der Tasche war ein MT-1X-Militärfallschirm.

Ich flog nicht nach Miami.

Ich wollte mit einem Dutzend anderer Passagiere aus dem Flugzeug abspringen.

Ein genauerer Blick auf die Personen im Warteraum wäre vielleicht aufschlussreich gewesen. Die meisten waren unter 35, und die Männer hatten alle harte Augen und sahen sehr fit aus. Ein aufmerksamer Beobachter hätte vielleicht auch registriert, dass sie eine Vorliebe für Rolex-Uhren und teure Turnschuhe hatten. Sonst aber wirkten sie unauffällig. Doch sie waren kein gemischter Haufen von Zivilisten, sondern gehörten zu einem zwölfköpfigen Assault-Team von Navy SEALs. Die restlichen Passagiere von Flug 405 waren Mitglieder der Defense Intelligence Agency, Airforce Combat Controllers, Fallschirmexperten der Navy und eine Handvoll Offiziere vom Special Operations Command in Tampa, Florida. Alle waren in Zivil; und keiner war den strengen militärischen Vorschriften für das Erscheinungsbild unterworfen. Sie sollten sich unter die Leute mischen.

Ich wirkte genauso unauffällig wie die anderen Passagiere. Meine rötlichen Haare hatten Kragenlänge und mein Gesicht war von einem stattlichen Wyatt-Earp-Schnurrbart geschmückt, den ich mir hatte wachsen lassen, um meinem von Sommersprossen bedeckten Antlitz etwas mehr Würde zu verleihen. Mein Vater sagte immer, dass ich wie ein struppiger Tennisprofi oder wie ein extrem muskulöser Jachtbesitzer wirke. Jedenfalls sah ich ganz und gar nicht nach dem aus, was ich tatsächlich war: ein Lieutenant Commander der United States Navy im aktiven Dienst. Und ich war kein gewöhnlicher Lieutenant Commander. Meiner Ansicht nach hatte ich – abgesehen vom Piloten eines Spaceshuttles – den besten Job in Gottes Navy. Ich war Assault Element Commander bei der wichtigsten Einheit für Terrorismusbekämpfung der Navy: SEAL Team Six. Die anderen Männer, die unförmige Reisetaschen ins Gepäckfach wuchteten, waren meine Shooters oder meine »Boat-Crew«, wie ein anderer Ausdruck für sie lautete. Ich war verantwortlich für die heutigen Festivitäten, eine Übung in unauffälliger Einschleusung und Ausschleusung.

Zwei Stunden vor dem Flug hatten wir im Hauptquartier von SEAL Team Six unsere Ausrüstung und unsere Waffen zusammengepackt und waren einzeln zum Flughafen gefahren. Wir gaben nicht gekennzeichnete Koffer mit unseren Waffen und unserer Kampfausrüstung als Gepäck auf und bekamen Tickets für einen Flug, bei dem nie geplant war, dass er den ausgewiesenen Bestimmungsort erreichte. Stattdessen führten wir in Zusammenarbeit mit der Fluggesellschaft eine Übung für einen verdeckten Einsatz durch. Es gibt Hunderte von Arten, wie wir SEALs in ein Zielgebiet vordringen können: Wir können von einem Atom-U-Boot abgesetzt werden und uns mit Tauchgeräten dem Ziel nähern. Oder ein Flugzeug wirft Schlauchboote für uns ab, ein Einsatz mit der Bezeichnung »Rubber Duck«. Wir können über einen Gletscher, durch einen Dschungel oder durch eine Wüste vorstoßen. Wir können mit dem

Fallschirm abspringen oder uns per Fast Rope (eine schnelle Winde mit Stahlseil) von einem Hubschrauber abseilen. Der Absprung aus Zivilflugzeugen ist eine Operation, die wir »DB Cooper« nennen. (D. B. Cooper hieß ein Flugzeugentführer, der 1971 angeblich mit der erpressten Summe von 200 000 Dollar aus einer Boeing-727 absprang.) Die Nutzung des normalen Luftverkehrs für die Einschleusung in ein feindliches Land oder ein feindlich beherrschtes Gebiet ist eine Spezialität der SEALs.

Kaum jemand springt absichtlich mit dem Fallschirm aus einem Düsenflugzeug ab. Jets sind zu schnell und die Luftwirbel, die ihnen folgen, können einem das Rückgrat brechen und das Fleisch vom Hintern reißen. Wir aber wurden für den Sprung aus zivilen Passagiermaschinen ausgebildet, weil sie überall verkehren und nicht dem Militär zuzuordnen sind. Es ist relativ leicht, amerikanischen Militärmaschinen das Überflugsrecht zu verweigern, aber ungleich schwerer, den Luftraum auch für die zivile Luftfahrt zu sperren. Libyen, Syrien, Kuba und zahlreiche andere Länder erlauben zivilen Fluggesellschaften, ihr Territorium zu überfliegen, und mehr braucht ein SEAL-Team auch nicht. Unerkannt und unerwartet können SEALs an jedem Ort der Erde eingesetzt werden. Vorausgesetzt, sie überleben den Sprung, sollte man vielleicht hinzufügen.

Der Trick besteht darin, in der richtigen Körperhaltung abzuspringen und den Fallschirm mit der angemessenen Verzögerung zu öffnen. Bei den SEALs gibt es zwei Arten von Fallschirmoperationen: HALO *(High Altitude, Low Opening)* mit Absprung in großer Höhe und Öffnung des Schirms in geringer Höhe und HAHO *(High Altitude, High Opening)* mit Absprung in großer Höhe und Öffnung des Schirms in großer Höhe.

Bei einem HALO-Sprung verlässt der Springer das Flugzeug unter Verwendung eines Sauerstoffgeräts in 10 500 Metern Höhe und öffnet den Fallschirm erst in einer Höhe von etwa 600 Metern, um zu vermeiden, dass er entdeckt wird. Er fällt dann volle drei Minuten mit einer Geschwindigkeit von etwa 200 Stundenkilomentern, bevor er den Schirm öffnet.

Bei einem HAHO-Sprung verlassen Kampfspringer das Flugzeug ebenfalls in 10 500 Metern Höhe, ziehen aber schon nach einer kurzen Verzögerung von vielleicht drei Sekunden die Reißleinen. Sie öffnen ihre

Schirme also nicht erst in letzter Sekunde, sondern in großer Höhe und manchmal buchstäblich noch im Jetstream. Die Springer gleiten dann in einer Höhe von 10 000 Metern mit offenem Fallschirm dahin. Sie bilden eine Gruppe und steuern ihr Ziel im Formationsflug an.

In einer Höhe von 10 000 Metern hat ein MT-1X-Fallschirm eine Vorwärtsgeschwindigkeit von etwa 55 Stundenkilometer, er kann also eine erhebliche Distanz zurücklegen, bevor er am Boden ankommt. Je nach Windverhältnissen kann ein Springer 30 bis 50 Kilometer von der Absprungstelle entfernt landen. Das ermöglicht, in ein Gebiet vorzudringen, in dem man weder erwartet wird noch willkommen ist.

Alle Mitglieder meines Assault-Teams hatten beide Arten von Sprung schon Hunderte von Malen absolviert und der Sprung in dieser Nacht sollte reine Routine sein. Er war nur eine Übung und zugleich mein letzter operativer Einsatz als Navy SEAL. Ich machte es mir auf meinem Platz bequem und nickte der Frau auf der anderen Seite des Ganges zu. Sie war mir schon bei einer Einsatzbesprechung als Angestellte des Außenministeriums vorgestellt worden – wie wir beide wussten, die übliche Deckbezeichnung für ein CIA-Mitglied. Wie die hohen Offiziere vom Special Operations Command war auch sie an Bord, um unseren Sprung zu beobachten.

Das Flugzeug wurde von der Rampe abgedockt und die Flugbegleiterinnen machten die Pantomimen ihrer Sicherheitsunterweisung. Wie üblich schenkte ihnen niemand Beachtung. Flug 405 bekam eine freie Startbahn zugewiesen und machte sich startbereit. Im Cockpit befand sich außer dem Flugkapitän der American Airlines auch ein Navy SEAL – einer unserer Operators, der als Flugkapitän und Pilot für über ein Dutzend ziviler Flugzeugtypen qualifiziert war. Er durfte alles fliegen, vom Kleinflugzeug bis zu Großraumflugzeugen wie der 747 oder der DC-10, und er sollte die Maschine während unseres Absprungs übernehmen.

Das Flugzeug erhielt die Startfreigabe und die Triebwerke heulten auf. Als es in die Nacht hinaufstieg, bekam der Pilot vom Tower in Norfolk die Anweisung, auf der Frequenz 234.32 mit der Abflugkontrolle Kontakt aufzunehmen. Nachdem er auf diese Frequenz gewechselt hatte, benutzte er das Rufzeichen Assailant 26, das zu einem Flugzeug der Navy gehörte. Flug 405 der American Airlines war damit im Nirwana verschwunden. Das Leuchtzeichen auf den Radarschirmen der Abflugkontrolle bewegte sich nicht nach Süden auf den sonnigen Rentnerstaat Florida zu, sondern über die Virginia Capes nach Nordosten. Unter dem Rufzeichen der Navy verlangte der Pilot eine direkte Route zu »Seal DZ«, einem gesperrten Luftraum 40 Kilometer westlich von Virginia Beach. Als ich aus dem Fenster blickte, drehte das Flugzeug gerade eine Schleife über dem Leuchtturm von Cape Henry. Es wurde von einer Turbulenz geschüttelt und flog in eine Wand von Regenwolken hinein. Ich öffnete meinen Sicherheitsgurt, stand auf und wandte mich an meinen Leading Petty Officer. Der kleine, muskulöse Costa Ricaner Alex Romero war Sprengstoffexperte und dekorierter Grenadaveteran.

»Zeit zum Anziehen«, sagte ich.

In meiner Kampfeinheit waren drei Amerikaner kubanischen Ursprungs, ein Costa Ricaner, ein Puerto Ricaner mit Rastalocken und zwei weiße Surfertypen wie ich. Wir waren bekannt für die laute Reggaemusik in unserem Teamraum und die anderen Kampfeinheiten nannten uns »die Rastamen«. Auf diesen Spitznamen waren wir stolz. Wir hatten drei Jahre lang in allen Weltregionen gedient, hatten allen Elementen – Erde, Wind, Wasser und Feuer – getrotzt und waren wie Brüder.

Als Assailant 26 über SEAL DZ kreiste, holten wir unsere Fallschirme aus den Gepäckfächern. In der hinteren Bordküche wurde eine Luke geöffnet und Phil Fenko sprang in den Laderaum hinunter. Wie Alex war auch Phil nicht groß, aber sehr kräftig; er hatte, was wir ein gutes Schub-Gewichts-Verhältnis nennen. Vergessen Sie, was Sie in Filmen gesehen haben. Die meisten SEALs sind nicht sonderlich groß; ich bin 1,91 und wiege knapp 100 Kilogramm, was bei einem Teammitglied als groß und langsam gilt. Die meisten SEALs sind etwa 1,78 und wiegen um die 72 Kilo – nicht der Körperbau von Bodybuildern, sondern von Triathleten ist von Vorteil. Als Phil unsere Koffer durch die Luke reichte, machten sich die Fallschirmwarte an die Arbeit. Sie hakten Karabiner in die Schiene, an der die Sitze befestigt waren, und legten Drahtseile,

Seilrollen und Greifzüge auf den Mittelgang des Flugzeugs, damit dessen Hecktreppe vor und nach dem Sprung leichter geöffnet bezeihungsweise geschlossen werden konnte.

Militärisches Fallschirmspringen unterscheidet sich in zweierlei Hinsicht von zivilem Springen. Erstens wartet in der Absprungzone keine Freundin, die ihren Helden anhimmelt, sondern der Feind. Zweitens haben wir beim militärischen Springen viel Gepäck. Man springt mit den Ausrüstungsgegenständen, die man am Boden braucht. Obwohl die Operation nur eine Übung war, sprangen wir mit der vollen Gefechtsausrüstung: Waffen, Munition, Panzerweste und Kampfmontur – 30 Kilogramm Ausrüstung pro Springer. Während eines »Full Mission Profile« trägt ein SEAL beim Sprung nicht selten 45 oder gar 65 Kilogramm Ausrüstung am Leib. Satellitenfunkausrüstung, Nachtsichtgerät, Panzerabwehrraketen, Sprengladungen und Tauchgerät sind nur ein paar mögliche Elemente einer solchen »optionalen« Ausrüstung. An diesem Abend trugen wir nur unsere Schusswaffen am Leib oder hatten sie im Gepäck. Die Übung galt als »Hollywood-Sprung«, den jeder Waschlappen absolvieren konnte.

Wir legten unsere ausgebeulten, hellgrauen Jumpsuits an. Darüber schnallten wir aufblasbare UDT-Schwimmwesten (Underwater Demolition Team) und einen Pistolengürtel mit Schnellziehholster. Er gehörte zu unserer Sicherheitsausrüstung. Sie umfasste eine Glock 17 im Kaliber 9 Millimeter, vier Magazine, ein K-Bar-Messer, eine Mk-13-Signalfackel, ein Infrarot-Stroboskop und eine MP-5-Maschinenpistole von Heckler & Koch, die wir uns an den Schenkel schnallten. Diese Minimalausrüstung war unsere letzte Verteidigungslinie. Wenn es so weit kam, dass wir nur noch Schwimmweste, Pistolen und Signalfackel hatten, waren wir in einer verzweifelten Lage.

Unsere »zweite Verteidigungslinie«, die Kampfausrüstung, war in Rucksäcken verstaut und gut festgezurrt. Sie bestand aus einer wasserdichten Panzerweste, einem Verbandskasten, einer Wasserflasche, einem verschlüsselten Funkgerät, einem Headset im Madonna-Stil, einem kugelsicheren Helm, einer Kampfweste und 16 Magazinen für unsere MP-5.

Auch bei dieser Übung hatte jeder Mann 480 Schuss teflonbeschichtete Hohlspitzenmunition im Kaliber .40 dabei. Die Geschosse dieser Patronen durchschlugen alle Arten von Panzerwesten, auch unsere eigenen. Warum hatten wir bei einem Übungssprung scharfe Munition dabei? Bei den SEALs wird trainiert, wie man kämpft. Es ist sehr wichtig, dass jeder Springer mit der Ausrüstung übt, die er auch im Ernstfall dabeihat. Dazu, wie man mit gefechtsmäßigem Gepäck das Flugzeug verlässt, den Fallschirm einsetzt und mit seiner Ausrüstung landet, sind Fertigkeiten erforderlich, die man nicht erst über der Innenstadt von Bagdad erlernen sollte.
Wir legten unsere Fallschirmgurte an, dann verbanden wir die schweren Rucksäcke mit den D-Ringen vorne an jedem Gurt. Unsere gesamte Ausrüstung war mit schnell lösbaren Vorrichtungen gesichert, das heißt, Sekunden nach der Landung, waren wir voll ausgerüstet und aktionsbereit.
Während die Fallschirmwarte ihre Drahtseile legten, stellten die Air Force Combat Controller eine Funkverbindung mit »Landing Zone Green« her, einem Fußballfeld in Virginia Beach, das unser Sprungziel war. Auf LZ Green parkten drei unauffällige Chevy Suburbans des Teams. Die Männer in der Absprungzone waren unser Empfangskomitee. Sie würden die Rolle von »freundlichen Agenten« spielen und uns bei der Landung empfangen. In einer echten Operation hätten sie uns ins Zielgebiet oder zu einem sicheren Haus gefahren. Heute jedoch hielten sie lediglich per Funk mit dem Flugzeug Verbindung und warteten, bis wir zu Boden schwebten. Die Übung sollte mit der Landung meiner 12-köpfigen Kampfeinheit zu Ende sein.
Als wir mit der Überprüfung der Ausrüstung fertig waren, kam einer der Air Force Combat Controller zu mir herüber. Es sah besorgt aus.
»Die DZ meldet Wind aus Nordosten mit 35 und in Böen bis zu 55 Stundenkilometer. Die Sicht beträgt weniger als 800 Meter bei schwerem Regen. Wollen Sie abbrechen?«
»Nein«, sagte ich. »Das wird uns nicht aufhalten.«
In diesem Augenblick tauchte uns ein Blitz in grelles Licht und das Flugzeug machte einen Satz. Der Air-Force-Mann packte eine Rückenlehne, um das Gleichgewicht zu halten.

»Richtige Supermänner«, sagte er grinsend.
Die Bedingungen waren grenzwertig, ja sogar außerhalb der normalen Parameter, aber das waren nur Richtwerte. Wir waren alle schon unter schlechteren Bedingungen gesprungen. Außerdem konnten wir es noch rechtzeitig in den Raven schaffen und uns ein paar Biere hinter die Binde gießen, wenn wir die Übung zügig hinter uns brachten. Dies war meine letzte Operation und ich musste einen ausgeben, vermutlich nicht bloß einen … Ich freute mich zwar nicht auf die Rechnung, wollte aber gern am Boden sein, bevor das Wetter noch schlechter wurde.
Fast 20 Monate zuvor hatte ich einen Brief an den Marineminister geschrieben und darum gebeten, den Dienst quittieren und die Teams verlassen zu dürfen. Die Navy hatte fast zwei Jahre gebraucht, bis sie reagierte. Bei Berufsoffizieren entscheidet der Präsident, wie lange sie dienen. Es hatte dem Weißen Haus offenbar nicht in den Kram gepasst, mich früher gehen zu lassen. Die Navy hatte sich mit meinem Brief viel Zeit gelassen, und ich war jeden Tag einsatzbereit gewesen, seit ich eine Kopie des Schreibens zu meinen Akten geheftet hatte. Das machte mir nichts aus, schließlich war ich genau deshalb in der Navy. Ich wollte nur raus – irgendwann. Nun hatte ich drei Tage zuvor die Antwort auf meinen Antrag bekommen. Mein Dienst würde an diesem Tag um Mitternacht enden – in drei Stunden.
Warum stand ich dann hinten in einer 727 und wartete darauf, mitten in einer Vorstadt von Virginia auf ein Fußballfeld abzuspringen? Als das Flugzeug im Sturm schwankte und bebte, stellte ich mir auch diese Frage. In drei Stunden würde ich aus der Navy raus sein. Warum war ich trotzdem hier? So verrückt es auch klingt, ich machte den Sprung, weil ich ihn nicht machen wollte.
Ich hasste das Springen. Leider war meine Abneigung gegen die Schwerkraft gut bekannt. Ich wurde oft deshalb aufgezogen, aber ich machte trotzdem alle Sprünge mit, mehr als 300. Drei davon waren gefechtsmäßig über feindlichem Gebiet, also war ich bestimmt kompetent, was Luftoperationen betraf. Wenn sich zwölf Kampfspringer in 10 000 Meter Höhe mithilfe von Nachtsichtgeräten zu einem fliegenden Verband

gruppieren, gibt es keinen Platz für leistungsschwache Teammitglieder. Außerdem brauchte ich es nicht zu mögen, sondern nur zu tun, wie es in der Grundausbildung der Navy SEALs so schön heißt. Ich war der Führer der Boat-Crew, und meine Crew war für diese Operation ausgelost worden. Wenn die Rastas sprangen, dann sprang ich auch.

»Leiten Sie die Dekompression ein«, sagte ich zu dem Combat Controller. Die Fallschirmwarte und Beobachter eilten zu ihren Sitzen und schnallten sich an. Die Combat Controller setzten Pilotenhelme mit Sauerstoffmasken auf, die mit einer Sauerstoffflasche in ihrem Gürtel verbunden waren. Über die Funkgeräte in ihren Masken konnten sie weiterhin mit der Absprungzone kommunizieren. Ein lautes Rauschen ertönte und die Kabine füllte sich mit Nebel. Als der Druckausgleich hergestellt war, blickte ich auf den Höhenmesser an meinem Handgelenk. Er zeigte 3650 Meter an, dieselbe Höhe wie außerhalb des Flugzeugs.

Alex öffnete den Riegel der Heckluke und sicherte ihn, indem er ihn mit einem Stück Bungee-Seil in der Bordküche festband. Die Kabine war jetzt vom ohrenbetäubenden Donnern der Triebwerke erfüllt. Das Geräusch war so laut, dass es Schmerzen in der Brust verursachte. Der Combat Controller berührte mich an der Schulter. Sprechen kam jetzt nicht mehr infrage, wir mussten uns mit Handsignalen verständigen. Der Mann von der Air Force hielt die eine Hand mit fünf Fingern und die andere mit dem Daumen in die Höhe: noch sechs Minuten bis zum Sprung.

Die Springer zwängten sich in die Heckküche des Flugzeugs. José »Hoser« Lopez betrat die zusammengefalteten Stufen der Heckgangway. Wie schon D. B. Cooper, vermutlich zu seinem Entsetzen, entdeckt haben könnte, fährt die Gangway einer 727 nicht vollständig aus, wenn sie sich in der Luft befindet. Der Luftstrom unter dem Flugzeugrumpf ist so stark, dass die Hydraulik der Gangway nicht genug Kraft hat, um sie vollständig auszufahren und in dieser Stellung zu arretieren. Die Springer bildeten in der Bordküche eine Schlange und schauten zu, wie Hoser sich ans Ende der zusammengefalteten Treppe vorschob und dort den sogenannten Bounce machte. Er hielt sich am Geländer fest und sprang so lange auf und ab, bis die Treppe ganz ausgefahren war und einrastete.

Das ist nicht so einfach, wie es klingt. Während man auf der Gangway herumhopst, bewegt sich das Flugzeug mit mehr als 220 Stundenkilometer. Bis die Hydraulik den Luftwiderstand überwunden hat, bockt die 450 Kilogramm schwere Gangway wie ein störrisches Maultier. Beim Bounce hat es schon Krüppel und Tote gegeben. Diesmal jedoch schaffte es Hoser, die Treppe, nachdem sie ein paarmal bös ins Schlingern gekommen war, in eine ausgefahrene und arretierte Position zu bringen.
Als sie ausgefahren war, wurde an ihren Metallstufen ein Drahtseil befestigt, mit dem sie nach unserem Absprung wieder geschlossen werden konnte. Hoser stellte sich mit dem Gesicht zu uns auf die unterste Stufe und hielt sich links und rechts am Geländer fest. Er würde in dieser Position als Erster springen, auf mein Signal. Wir standen alle dicht an dicht auf der Treppe. Ich war der letzte Mann in der Reihe und wartete auf der obersten Stufe in der Küche neben dem Combat Controller. Der Mann sah mit seinem Helm aus wie ein Insekt. Er drehte sich zu mir um und hielt drei Finger hoch. Ich gab das Signal an Hoser weiter, und er nahm eine Hand vom Geländer und gab ein dreifingriges »Macht euch bereit« an die Rastas weiter. Wir hatten noch drei Minuten.
Ich warf einen Blick auf meinen Höhenmesser. Er zeigte 1500 Meter und schnellen Sinkflug. Durch die offene Heckluke und die Regenwände konnte ich in eineinhalb Kilometer Entfernung die Scheinwerfer der Autos auf dem Chesapeake-Bay-Bridge-Tunnel sehen. In dem starken Regen zuckten Blitze aus der Wolkendecke. Die See in der Bucht war rau, die Wolken hingen tief und der Gewittersturm toste. Ich sah Regentropfen im stroboskopischen Licht der Positionslichter des Flugzeugs gefrieren. Die 727 machte einen großen, langsamen Bogen über der Chesapeake Bay und ging tiefer wie beim Landeanflug auf den Norfolk International Airport.
Mit der Übung wollten wir klären, ob eine Gruppe Kampfspringer vom Radar eines Flughafens erfasst werden konnte. Nachdem Assailant 26 SEAL DZ umkreist hatte, holte er sich beim Tower des Norfolk International die Genehmigung für eine Landung mit anschließendem Durchstarten. Es war geplant, dass die Boeing die Landeklappen öffnen, das

Fahrwerk ausfahren und zum Landeanflug ansetzen würde. Unsere Absprungzone lag etwa 4 Kilometer vom Tower des Flughafens entfernt zwischen der Küste der Chesapeake Bay und den Rollbahnen. Meine Crew würde während des Landesanflugs abspringen, wenn das Fußballfeld in Sicht kam.

Wir sollten das Flugzeug in nur 200 Metern Höhe verlassen, verdammt niedrig für einen Freifallsprung. Nach dem Absprung würde die Heckgangway zugezogen. Danach würde Assailant 26 in Norfolk kurz aufsetzen und wieder durchstarten und dann auf der Naval Air Station Oceana, einem Flugplatz der Navy in Virginia Beach, landen. So war es jedenfalls geplant. Augenblicke später sollte dieser Plan, wenigstens was mich betraf, komplett aus dem Ruder laufen. Der Combat Controller hob die rechte Hand; Daumen und Zeigefinger waren etwa 1 Zentimeter voneinander entfernt. Ich gab das Signal an Hoser weiter: »Noch 30 Sekunden bis zum Absprung.« Ich schaute auf meinen Höhenmesser: Wir passierten gerade die 300-Meter-Marke. Der Combat Controller schlug mir auf den Schenkel. Ich brüllte »GO! GO! GO!« in mein Headset. Am Fuß der Gangway ließ Hoser das Geländer los und wurde sofort von der Treppe gesaugt. Ich sah zu, wie er in der Wand glitzernder Regentropfen verschwand. Auch die anderen Springer klapperten die Treppe hinunter und sprangen in die Nacht hinaus. Ich war der Letzte, der das Flugzeug verließ. Beim Absprung spürte ich die heiße Abluft der Turbinen und roch den sauren Gestank verbrannten Kerosins.

Als mich der Sog erfasste, bog ich den Rücken. Der Absprung von einer Passagiermaschine gleicht in mancher Hinsicht dem Surfen auf einer riesigen Welle. Der Sprung ist so ähnlich, wie wenn man eine Welle annimmt. Man muss einen steifen runden Rücken machen, damit man nicht anfängt, Saltos zu schlagen. Ich wartete drei Sekunden, dann zog ich die Reißleine. Ich spürte, wie sie durch ihre Kanäle schoss und sich der Container auf meinem Rücken öffnete. Der Hilfsschirm wurde von seiner Sprungfeder weggeschnellt und zog den Hauptschirm und seine Tasche nach oben. Ich wappnete mich für den Ruck, wenn sich der Hauptschirm öffnete und sich meine Fallgeschwindigkeit von etwa

200 Kilometern auf eine Sinkgeschwindigkeit von 6 Metern pro Sekunde verlangsamte. Ich holte tief Luft und hielt den Atem an.
Doch der Schirm ging nicht auf. Virginia kam immer noch rasend schnell auf mich zu. Ich hatte vielleicht noch zehn Sekunden zu leben.
Ich habe oft gehört, dass man in Todesgefahr sein ganzes Leben noch einmal wie im Zeitraffer ablaufen sieht. Ich war an vielen schlimmen Orten und habe viele blutige, potenziell tödliche Augenblicke erlebt, in denen ich nicht wusste, ob ich weiterleben oder sterben würde, aber an einen solchen Flashback kann ich mich nicht erinnern. Vielleicht bin ich nicht kontemplativ genug. Vielleicht habe ich mich auch nie als Opfer gesehen. Jetzt wusste ich nur, dass ich auf die Erde zuraste und sterben würde, wenn es mir nicht gelang, ein Rätsel zu lösen. Das Rätsel betraf meinen Hauptschirm. Warum hatte er sich nicht geöffnet?
Aber das war vollkommen egal. Mein Leben hing davon ab, ob ich rechtzeitig den Reserveschirm öffnen konnte. Ich rekapitulierte nicht mein Leben, sondern tauchte in die »Adrenalinwelt« ein. Das passiert mir fast immer, wenn ich in unmittelbarer Lebensgefahr schwebe. Der Planet hört auf, sich zu drehen. Alles wird ganz langsam und still. Ich hörte nicht mehr das Donnern der Düsentriebwerke. Ich hörte den Wind nicht mehr um meinen Helm pfeifen. Ich spürte nicht mehr, dass mir die Regentropfen wie Luftgewehrkugeln ins Gesicht schlugen. Die Welt war in Zeitlupe. Das einzige Problem war, dass ich mich in etwa fünf Sekunden mit 53 Metern pro Sekunde in die Erde bohren würde.
Auf der Gangway des Flugzeugs unmittelbar vor dem Sprung hatte mein Höhenmesser 230 Meter angezeigt. Ich schätzte, dass ich jetzt noch etwa 150 Meter fallen würde, ohne funktionierenden Fallschirm.
Sie werden zum Lesen dieser Worte etwa die gleiche Zeit brauchen, wie meine Notlage dauerte. Meine Gedanken waren klar und schnell: relative Geschwindigkeiten, Wahrscheinlichkeiten, Handlungsmöglichkeiten und ihre Folgen. Ich schien in absoluter Stille zu fallen, aber mein Geist arbeitete wie besessen. Alles, was ich jetzt beschreibe, geschah in weniger als 15 Sekunden. In dieser Zeit entschied sich, ob ich sterben oder weiterleben würde.

Ich war mir bewusst, dass alles, was ich in den wenigen Sekunden probieren würde, durchaus vergeblich sein konnte. Trotzdem würde ich mich dem Problem widmen und kämpfen, bis ich einen Schirm geöffnet hatte oder auf dem Boden aufschlug. Ich war darauf trainiert, diverse Störungen an Fallschirmen zu beheben, und so konnte ich ein Menu von Fehlfunktionen und Gegenmaßnahmen abrufen. Ob ich lebte oder starb, ich würde meinem Störungsdrill folgen. Das Problem war nur, dass ich nicht wusste, welche Störung vorlag.

Ich zog die Knie an die Brust und brachte mich dadurch in eine sitzende Position; ich fiel nun wie auf einen Stuhl geschnallt. Ich schaute nach oben. Der Hilfsschirm hatte sich geöffnet, aber der Hauptschirm war in seiner Nylontasche stecken geblieben. Statt eines 9 Quadratmeter großen Schirms hatte ich einen Nylonklumpen von der Größe eines Brotlaibs über mir. Und der bremste mich nicht sonderlich ab. Meine Augen änderten ihren Fokus und in gerader Linie mehr als 100 Meter über mir sah ich die viereckigen Schirme der anderen Springer. Die Schirme der anderen Rastas wurden kleiner und verschwanden allmählich in der niedrigen Wolkendecke. Ich fiel wie ein Stein.

Bleib bei der Sache, sagte ich mir, halte dich an den Drill. Ich warf meine Reißleine weg, und meine Hand bewegte sich zu dem sogenannten Twinkie, der sich auf der Höhe meiner rechten Schulter an meinem Gurtzeug befand. Der Twinkie ist ein gepolsterter Nylongriff, mit dem sich der Hauptschirm abtrennen lässt. Bevor ich den Reserveschirm öffnete, musste ich den Hauptschirm abtrennen, sonst war der zweite Schirm nutzlos, weil er sich in dem knatternden Schlauch über mir verheddern würde.

Die Bedienung des Twinkie erfolgt in zwei Schritten: Zuerst muss er aus dem doppelt genähten Klettverschluss befreit werden, mit dem er befestigt ist. Dann musst er mit seiner etwa einen halben Meter langen Leine vom Körper weggezogen werden, damit der Hauptschirm von den Leinen abgetrennt wird, die ihn mit dem Fallschirmgurt verbinden. Mein Blick fiel auf das leuchtende Zifferblatt meines Höhenmessers. Er zeigte 122 Meter, die niedrigste empfohlene Höhe für den Einsatz des Reser-

veschirms. Halte dich an das vorgeschriebene Verfahren, sagte ich mir. Improvisation ist etwas für Verzweifelte.
Ich hatte den Twinkie aus seinem Klettverschluss befreit und war drauf und dran, den Hauptschirm abzutrennen, als der sich öffnete. Mehr oder weniger. Drei der acht Zellen des Hauptschirms hatten sich aus der Tasche befreit. Ich riss den Kopf nach oben, während ich abgebremst wurde. Was für ein Glück, aber zum Überleben würde es nicht reichen!
Ich schaute erneut auf den Höhenmesser. Er zeigte 90 Meter, 30 Meter unter der Mindesthöhe für den Einsatz des Reserveschirms. Jetzt *war* ich verzweifelt.
Es war an der Zeit zu improvisieren.
Ich traf eine richtungsweisende Entscheidung. Ich war zu niedrig, um den Hauptschirm abzutrennen, genug Abstand von ihm zu gewinnen und dann noch den Reserveschirm einzusetzen. Meine einzige Chance bestand darin, mich mit dem Teil des Hauptschirms zu begnügen, den ich hatte, und damit meinen Landungsversuch zu machen. Ich wusste außerdem, dass mein Höhenmesser ab 150 Meter praktisch nutzlos war. Das Gerät funktionierte, indem es den Luftdruck maß, und ich fiel mitten in einem Gewitter. Ich konnte 90 Meter hoch sein oder schon niedriger sein. Der Höhenmesser würde vielleicht immer noch 90 Meter anzeigen, wenn ich schon bei jemandem durch die Dachluke gekracht war.
Ich riskierte meinen ersten Blick nach unten, seit ich das Flugzeug verlassen hatte. Ich war über Wasser, über der L-förmigen Bucht Desert Cove in der Nähe von Little Creek, einem Stadtviertel von Virginia Beach. Die Bucht war etwa 800 Meter von dem Fußballfeld entfernt, auf dem ich landen sollte.
Meine Gedanken rasten. Ich rechnete schneller als ein Nerd mit seinem solarzellengetriebenen Taschenrechner. Ich hatte immer noch eine Fallgeschwindigkeit von mindestens 140 Kilometern pro Stunde. Es bestand eine minimale Chance, den Schirm ganz aufzukriegen. Wenn ich auf dem Wasser aufschlug, würde der Aufprall mich vielleicht nicht töten. Das war möglich, aber nicht wahrscheinlich. Auch wenn mich das plötzliche Ende meines Falls nicht tötete, würde ich mit hoher Wahrschein-

lichkeit bewusstlos werden. Mit den 30 Kilo Ausrüstung, die an meinen Körper geschnallt waren, würde ich sinken und ertrinken. Ich musste den Schirm aufkriegen.

Der MT-1X ist nicht rund, sondern wie ein Flügel geformt. Er kann wie ein Gleitschirm präzise gesteuert und in jede gewünschte Richtung geflogen werden. Er ist ein hervorragender Schirm, mit dem ich schon Punktlandungen aus einer Höhe von 9600 Metern gemacht habe. Mein Problem war, dass ich nur den halben Schirm hatte; schlimmer noch, ich fiel nicht mehr senkrecht nach unten; sondern näherte mich wegen der offenen Zellen meiner Hauptkappe dem Erdboden in einer wilden Spirale.

Ich drehte mich zweimal pro Sekunde um mich selbst. Unter mir rotierte die Desert Cove wie eine Frisbeescheibe. Wie bei einem Kampfpiloten, auf den zu starke Beschleunigungskräfte wirken, wurde mir durch die Fliehkraft das Blut aus dem Gehirn in die Beine gepresst. Ich bekam einen Tunnelblick und war nahe daran, bewusstlos zu werden. Ich musste den Schirm vollends aufkriegen, bevor ich das Bewusstsein verlor.

Ich griff nach oben, packte die Leinen des Schirms mit beiden Händen und zog mit aller Macht. Es war eine letzte verzweifelte Aktion, und sie hatte Erfolg. Mit einem lauten »Plopp« öffneten sich die restlichen Zellen meines Fallschirms. Eine war zerrissen und bot keinen Luftwiderstand, aber trotzdem hatte ich nun fast einen ganzen Schirm. Ich war noch etwa 75 Meter hoch, immer noch über der Bucht und machte mich bereit, im Wasser zu landen. Trotzdem fand ich es besser, wenn ich das Land erreichte, als mit einer 30 Kilogramm schweren Last aus Stahl und Messing schwimmen zu müssen. Im Licht der Blitze konnte ich im Gewitterregen 100 Meter rechts von mir einen Bootssteg und einen Parkplatz erkennen. Der Parkplatz war leer, und ich drehte in den Wind, um darauf eine perfekte Landung hinzulegen.

Ich gratulierte mir gerade zu meiner brillanten Leistung, als mir eine salzige Flüssigkeit ins Gesicht klatschte. Von meinen Handgelenken rann Blut herab und spritzte auf meine Brille. Ich hatte mir beim Lösen des Twinkies an der rechten Hand zwei Fingernägel abgerissen. Es tat nicht

weh, aber ich spürte, das beide Nägel komplett aus ihren Betten gerissen waren. Ich schob mir die blutbespritzte Brille aus dem Gesicht.
Plötzlich tauchten im Regen drei Hochspannungsleitungen auf, die sich über den Parkplatz zogen. Ich war dem Tod gerade von der Schippe gesprungen, und nun wollte ich nicht in den Leitungen hängen bleiben und elektrisch gegrillt werden, also machte ich eine harte 180-Grad-Wende nach rechts. Als ich für das Manöver an den Leinen zog, flatterte mein Schirm heftig. Seine beschädigte Mitte saugte die verbliebenen Zellen an. Die Kappe brach zusammen und ich fiel nervenzerfetzende 15 Meter, bevor sich der Schirm wieder mit Luft füllte. Weitere Kurven waren nicht mehr möglich. Ich flog jetzt genau mit dem Wind, und das war keine gute Sache.
Mein Schirm flog mit Höchstgeschwindigkeit, und ich flog in einer Bö mit einer Windgeschwindigkeit von etwa 17 Stundenkilometer, die zu meiner Höchstgeschwindigkeit hinzukam. Das heißt, ich bewegte mich mit etwa 65 Kilometern pro Stunde über Grund. Eine Landung war unvermeidlich, aber sie würde bei dieser Geschwindigkeit und ohne Steuerung kein Vergnügen sein.
Etwa 140 Meter voraus lag der Demonstration Beach, ein Sandstreifen, auf dem wir manchmal Tauchen geübt hatten. Ich war gerade noch hoch genug, um es dorthin zu schaffen, aber immer noch sehr schnell. Zu schnell. Selbst wenn ich meinen Schirm komplett abbremste, würde ich noch fast 50 Stundenkilometer schnell sein. Ich wagte nicht, den Schirm radikal abzubremsen. Das Risiko war zu groß, dass er sich dabei zusammenfaltete und ich abstürzte. Volle Geschwindigkeit war die einzig verfügbare Geschwindigkeit. Ich griff nach oben und machte mit der Steuerung einige vorsichtige Korrekturen. Als der Sandstreifen auf mich zukam, kniff ich den Arsch zusammen und wappnete mich für den Aufprall.
Eine Galaxie von Sternen explodierte in meinem Kopf. Meine Knie knallten in meinen Rucksack. Die MP-5 bohrte sich mir in die Rippen: Ich hörte ein Übelkeit erregendes Knacken. Halb bewusstlos wurde ich nach dem Aufprall von dem immer noch gut mit Luft gefüllten Schirm über den Strand gezogen. Obwohl ich mit den Fersen einen Graben durch

den Sand zog, schleifte mich der Schirm, über ein Stück Wiese und hinaus auf die Straße, die um die Bucht herumführte. Der Schirm, der mir gerade noch das Leben gerettet hatte, wurde von einer Bö getrieben und drohte, mich weiterzuziehen, bis ich ein roher Hamburger war. Meine blutigen Finger packten den Twinkie und rissen ihn vom Körper weg. Der Hauptschirm wurde abgetrennt und trieb davon. Ich blieb in einem Graben auf der anderen Seite der Straße liegen.

Der Sprung war vorbei.

Mein Gesicht und meine Hände waren von Sand und Blut bedeckt. Meine Rippen knackten, wenn ich einatmete. Ich lag im Gesträuch, der Regen klatschte mir ins Gesicht, und ich begann zu lachen. Es war 23.56 Uhr Eastern Standard Time. 23.56 Uhr. In drei Minuten und 20 Sekunden würde ich Zivilist sein.

Benimmschule

Wahrscheinlich war es unvermeidlich, dass ich bei der Navy landete, obwohl ich das zunächst nicht recht wollte. Ich bin der Sohn eines Offiziers und einer Krankenschwester, die beide bei der Navy dienten. Pat, mein Vater, wurde in der Marineakademie von Annapolis ausgebildet, war Kapitän eines Zerstörers und beendete seine Laufbahn bei der Marine als Professor für Taktik am Naval War College. Er hatte meine Mutter Joni kennengelernt, als sie im Oak Knoll Naval Hospital für die Navy als Krankenschwester arbeitete. Ich bin der Älteste von vier Kindern, ich habe einen Bruder und zwei Schwestern. In meiner Familie fällt der Apfel nicht sehr weit vom Stamm. Mein Bruder Sean ist Leitender Ingenieur bei der Handelsmarine, und meine Schwestern Colleen und Katie sind Krankenschwestern.

Wir kamen als »Navy-Familie« ziemlich weit herum und hatten einen guten Zusammenhalt. Wir waren nicht reich, aber es fehlte uns an nichts, und ich würde meine Kindheit durchaus als glücklich bezeichnen.

Ich wurde katholisch erzogen, besuchte die Katechismusstunde, sammelte Andachtsbildchen und feierte meine erste Kommunion mit allem, was dazugehört. Obwohl meine Familie nicht besonders religiös war, aßen wir am Freitag Fischstäbchen mit Ketchup. Ich war ein typisches katholisches Kind und fühlte mich irgendwie schuldig (mit zwölf wusste ich noch nicht genau, weshalb), aber ich akzeptierte meinen Glauben, die Sakramente, die Heiligen und das ganze Zeug, ohne es je infrage zu stellen. Dies sollte nicht von Dauer sein.

Im August 1969, sechs Wochen nachdem Neil Armstrong die ersten Schritte auf dem Mond gemacht hatte, entstand ein riesiges Tiefdrucksystem an der Küste Westafrikas. Es wurde von den Passatwinden aufs Meer hinausgetrieben und zog langsam nach Westen. Bald bekam das wandernde Tiefdrucksystem einen Namen. Der nationale Wetterdienst der USA nannte es »Camille«.

Camille wurde zum schlimmsten Wirbelsturm, der je über Nordamerika hereingebrochen ist. Der Sturm wurde durch die warmen Gewässer des tropischen Atlantiks immer stärker, er streifte die Floridastraße, machte einen kurzen Scheinangriff auf Tampa und zog dann brüllend in den Golf von Mexiko. Über dem 29 Grad warmen Wasser des Golfs verwandelte sich Camille endgültig in ein Monster.

Und meine Heimatstadt lag direkt auf dem Weg, den der Sturm nun wählte.

Am 17. August 1969 wurde Biloxi, Mississippi, von dem Hurrikan in Schutt und Asche gelegt. Mein Vater war damals in Vietnam. Er war als Navy-Offizier dem Military Assistance Command Vietnam (Oberkommando der US-Streitkräfte in Südvietnam) zugeteilt. Im Gegensatz zu seinen früheren Fahrten als Kapitän eines Zerstörers kämpfte er dieses Mal an Land. Der Vietnamkrieg hatte gerade seinen blutigen Höhepunkt erreicht, und mein Vater hatte uns in Biloxi zurückgelassen, wo wir auf seine Rückkehr warteten.

Mit zwölf war ich der Mann im Haus. Als ältester Sohn eines Marineoffiziers war ich diese Rolle bereits gewöhnt. Wir hatten schon in so ziemlich allen Städten mit Marinestützpunkten, von Newport bis Pearl Harbor, gewohnt; als ich in der sechsten Klasse war, hatte ich fünf verschiedene Grundschulen besucht. Abgesehen davon, dass wir im Krieg unseren Vater verlieren konnten, hatten wir Kinder ein wirklich sorgloses Leben. Jetzt war es Hochsommer, und wir hatten unsere Freude am Radfahren und am Eisessen und an unseren neuen Freunden in der neuen Stadt.

Die Wetterdaten waren damals nicht so gut wie heute, und selbst der beste Meteorologe hätte die zerstörerische Kraft von Camille nicht in ihrem ganzen Ausmaß vorhersagen können. Wir hatten jedenfalls keine Ahnung, und so blieben wir in der Stadt, als sich der Hurrikan nach Norden wandte.

Nur wenige Stunden bevor der Sturm uns erreichte, zogen wir aus unserem Haus direkt an der Küste in ein mehrstöckiges Strandhotel um. Rückblickend gesehen war dieser Umzug absurd, aber er rettete uns das Leben.

Mein Bruder, meine Schwestern, meine Mutter und ich überstanden den Sturm in einem der wenigen Gebäude der Stadt, die ihm standhielten, einem in den 1920er-Jahren erbauten Hotel am wichtigsten Strand von Biloxi. Als wir am Morgen nach dem Sturm aufstanden, war die Stadt von der Landkarte gefegt.

In der Umgebung des Hotels lagen hochseetüchtige Frachter, die das Hochwasser mehrere Hundert Meter aufs Land geschwemmt hatte. Leichen hingen in den Bäumen. Schutt, tote Tiere, Garnelenboote, Autowracks und die schlammgetränkten Habseligkeiten der Toten waren kilometerweit verstreut. Biloxi existierte nicht mehr.

Ich fand unseren Kombi 800 Meter vom Hotel entfernt. Er lag in den traurigen Überresten eines Dairy-Queen-Fast-Food-Restaurants auf dem Dach. Für unser Haus hofften wir freilich das Beste, aber als uns die Nationalgarde auf die andere Seite der Bucht brachte, mussten wir feststellen, dass der Sturm das ganze Viertel zu Kleinholz verarbeitet hatte. Alles war mit Schlamm bedeckt. Es sah aus wie in einem Kriegsgebiet. Nein, schlimmer.

Nirgends gab es Nahrung oder Wasser. Verstörte Überlebende wanderten weinend durch die Trümmerlandschaft. Polizei, Katastrophenschutz und überhaupt staatliche Hilfe fehlten völlig. Camille war ein großer Gleichmacher: Er hatte alle Überlebenden zu mittellosen, schlammbespritzten Flüchtlingen gemacht. Klassenzugehörigkeit und Besitz spielten keine Rolle mehr. Das Furnier der Zivilisation war weggerissen. Das Kriegsrecht wurde verhängt und in der Nacht peitschten Schüsse, wenn die Überlebenden gegen Plünderer kämpften.

Mein Vater war noch immer in Vietnam. Wir hatten keine Möglichkeit, mit ihm Kontakt aufzunehmen; keine Möglichkeit, ihm oder jemandem in seiner Umgebung mitzuteilen, wo wir waren und dass wir noch lebten. Meine Mutter war wie gelähmt, überwältigt von Schock und Trauer. Wir konnten nichts anders tun, als auf den Trümmern zu sitzen und zu warten.

Drei Tage lang lebten wir in den Trümmern unseres Hauses und gruben Dosen mit Essen und Limonade aus dem Schlamm. Schließlich bekam mein Vater wegen der Katastrophe Urlaub. Er reiste 16000 Kilometer mit Flugzeug, Bahn und Lastwagen, bis er uns in den Resten seines Hauses fand. Wir hatten alles verloren außer einander. Als mein Vater zu Hause war, bauten wir unser Leben langsam wieder auf.

Der Schlamm von Biloxi war es, der für meine Trennung von Gott verantwortlich war. Ich war noch keine 13 Jahre alt, als ich erlebte, wie eine Stadt zerstört wurde, als ob sie mit einem Bombenteppich belegt worden wäre. Wenn dies das Werk von Menschen gewesen wäre, zum Beispiel in einem Krieg, dann hätte ich es verstehen und verzeihen können. Doch es war nicht das Werk von Menschen.

Es war ein Werk Gottes.

In den Trümmern unseres Hauses verfluchte ich Gott. Ich verfluchte ihn für das, was er getan hatte, und haderte mit ihm. Meine Familie und die anderen Einwohner der verschlafenen Stadt in Mississippi hatten nichts verbrochen, womit sie diese Zerstörung verdient gehabt hätten.

Meine Wut verrauchte schnell, aber ich verbannte Gott und überhaupt das Konzept einer wohlwollenden, erleuchteten Gottheit völlig aus meinen Gedanken. Der brave, kleine, katholische Junge existierte nicht mehr. Ich brauchte keine Fahnen verbrennenden Antikriegsdemonstranten, um zu erkennen, dass Gott tot war. Ich wusste es. Nach dieser Katastrophe kamen Gott und ich lange Zeit sehr gut ohneeinander aus.

Im Jahr 1973 wurde mein Vater wieder in Newport auf Rhode Island stationiert. Dort entwickelte ich eine große Leidenschaft für das Surfen. Ich hatte diesen Sport schon einige Umzüge zuvor kennengelernt, als wir auf Hawaii gewohnt hatten, und nun wurde er die beherrschende Leidenschaft meines jungen Lebens. Fast nichts war mir noch wichtig, außer ins Wasser zu kommen. Wann immer die Brandung gut war, schwänzte ich die Schule. Manche machten nur bei Englisch blau. Ich ließ gleich ganze Wochen ausfallen und blieb einfach so lange fort, wie die Dünung stark war.

Ich hatte das Schwänzen zu einer richtigen Kunst entwickelt. Mein Surfbrett und mein Neoprenanzug waren in einem Gebüsch hinter dem Surfplatz versteckt und ich trampte schon morgens an den Strand. Wenn ich gesurft hatte wie ein Wilder, brachte ich Brett und Anzug wieder in ihr Versteck, zog meine Schulkleidung an und kam zur gleichen Zeit nach Hause wie meine Kameraden mit dem Schulbus. Meine Eltern hatten keine Ahnung, dass ich nicht in die Schule ging. Wenn sie mich je fragten, warum meine Haare nass seien, sagte ich, ich hätte nach dem Sportunterricht geduscht.

Ich liebte das Leben.

Leider war der paradiesische Zustand nicht von Dauer. Meine Eltern wurden zu einer Besprechung mit dem Dean of Boys bestellt und darüber informiert, dass ich ein Schulschwänzer sei – ein unverbesserlicher Blaumacher, der überall schlechte Noten hatte. Mein Vater handelte schnell. Eines Nachmittags lagen fünf Kataloge von Militärschulen auf dem Esstisch, als ich nach Hause kam. Mein Vater befahl mir, sie durchzulesen und mir eine Schule auszusuchen. Ich war 15, ein Surfer, der Muschelhalsketten trug, und ich dachte nicht im Traum daran, einen Katalog über einen Haufen Idioten in Naziuniformen zu lesen. Also tippte ich einfach auf den nächstliegenden Katalog und sagte: »Wie wär's mit der?«

Ich hatte einen grauen Katalog angetippt, in den die Buchstaben SMA. eingraviert waren. Ich wusste es noch nicht, aber ich hatte zufällig die älteste und härteste Militärschule ausgewählt: die Staunton Military Academy (SMA).

Mein Vater lächelte nur.

Zwei Wochen später stand ich auf einem Paar Fußabdrücke, die auf einen Exerzierplatz tief im Shenandoah Valley gemalt waren. Die neuen Kadetten der SMA werden als »Ratten« bezeichnet, und ich war einer von hundert, die nun an ihrer neuen Highschool begrüßt wurden. Ein ranghöherer Kadett schrie mir ins Gesicht. Ich konnte seine Rachenmandeln sehen, als er mich anbrüllte. Ich weiß noch, dass er aus dem Mund stank und offenbar nicht sprechen konnte, ohne große Mengen Speichel zu verspritzen. Ich trug ein weites Hawaiihemd und meine Haare waren schulterlang. Die Muschelketten hatte ich zum Glück zu Hause gelassen. Wie ich mich erinnere, wurde ich als »Kommunist«, »Zwitter« und »Hip-

piesurferschlampe« beschimpft, als ich mit meinen neuen Schulkameraden zum Friseur der Militärschule geführt wurde.
Ich sollte zwei lange Jahre an der SMA verbringen. Wie für alle Kadetten, die sie besuchten, war sie für mich ein Ort, den man täglich hasst und dann doch den Rest seines Lebens vermisst. Die Lehrer waren streng, und die militärischen Regeln waren unerbittlich. Als »Ratte« hatte man nur wenig Freizeit. Wir wurden dreimal am Tag zu einem Bataillon formiert und in die Kantine geführt. Die einzelnen Kompanien erhielten das Essen gemäß ihrer Leistung auf dem Exerzierplatz: die »Ehrenkompanie« aß zuerst, die Drückeberger kamen als Letzte dran und blieben manchmal hungrig. Wenn das Essen ausging, gab es Eipulver, und zwar morgens, mittags und abends.
Beim Essen und auch bei allen anderen Gelegenheiten wurden wir von älteren Schulkameraden geplagt – wie man es in dem Film *Verflucht sei, was stark macht* sehen kann. Unsere Zimmer wurden dreimal in der Woche überraschend inspiziert. Um das Desertieren zu erschweren, durften wir weder Reisegepäck noch Zivilkleidung besitzen. Auch unser Äußeres, unsere Uniformen und unsere Waffen, wurde regelmäßig inspiziert. Wir exerzierten jeden Nachmittag, und jeden Sonntag mussten wir bei Regen und Sonnenschein im Dienstanzug antreten. Disziplinarvergehen wurden in der Regel mit Strafpunkten und Mitgliedschaft in der »Beat Squad« bestraft. Dies bedeutete in aller Regel, dass man mit Gewehr und Rucksack auf der Aschenbahn der Schule seine Runden drehen oder Schnee schippen oder Blätter zusammenrechen musste.
Die SMA war eine alte, ausgesprochen traditionsreiche Schule. Ihre Kadetten hatten sich denen des Virginia Military Institute angeschlossen, als diese im amerikanischen Bürgerkrieg in der Schlacht von New Market gegen die Yankees gekämpft hatten. Major Thomas Dry, einer der Lehrer in Staunton, hatte bei der Invasion in der Normandie den Ausbruch der Alliierten aus Saint-Lô geleitet. Mit dieser Leistung hatte er sich die Congressional Medal of Honor verdient, und das auf die harte Tour. Frühere Schüler der SMA waren Senatoren, Admiräle, Generäle, Fliegerasse, Kongressabgeordnete und Chefs von Weltkonzernen – Menschen wie

John Dean (im Watergate-Skandal nach anfänglicher Loyalität Hauptbelastungszeuge gegen Nixon) und Barry Goldwater (Republikanischer Senator und Präsidentschaftskandidat von 1964). Die SMA war eine Schule, die keine pädagogischen Kapriolen drehte, um es ihren Schülern recht zu machen. Man passte sich an oder man ging unter.

Es ist bemerkenswert, dass an der Schule jeder eine Waffe trug und sie trotzdem kein Gewaltproblem hatte. Allerdings kam es gelegentlich vor, dass jemand Selbstmord beging. Dies passierte nicht, solange ich dort Kadett war, aber es gab eine Reihe von Nervenzusammenbrüchen, weil Jugendliche die Verhältnisse an der Schule nicht ertrugen. In unserem Kadettenslang hieß das Phänomen »durchdrehen«. Es passierte mehrmals pro Jahr. Der Betroffene wurde heulend aus seinem Zimmer geholt und vom diensthabenden Offizier auf die Krankenstation mit der Schulkrankenschwester gebracht. Am nächsten Tag wurde das Zimmer des Unglücklichen geräumt. Niemand sprach darüber, der Junge war bald vergessen. Wie gesagt, die SMA war ein harter Ort.

Wohlverhalten wurde von der Schule belohnt. Wer als Kadett auf der Positivliste des Deans stand und lauter gute Noten hatte, musste nicht an den täglichen stillen Stunden des Selbststudiums teilnehmen. Eine oder zwei Stunden Freizeit pro Tag waren kostbar. In den Freistunden hing man rauchend in der Kadettenkantine herum. Die Kadetten brauchten eigentlich die schriftliche Erlaubnis der Eltern, damit sie Zigaretten kaufen durften, aber ich habe nie erlebt, dass jemand diese Erlaubnis sehen wollte. Also rauchten alle. Eine weitere Möglichkeit, dem militärischen Drill zu entkommen, war der Schulsport. Gute Sportler durften mittags trainieren und auf den Sportplätzen gab es keinen militärischen Blödsinn. Auch Auswärtsspiele waren eine willkommene Erholung vom Marschieren und Messingpolieren.

Auf der SMA lernte ich sehr viel mehr, als ein Gewehr zu reinigen, eine Kompanie zu drillen oder meine Schuhe zu putzen. Wie man sich denken kann, werden junge Männer nicht auf Militärschulen geschickt, weil sie sich wie Musterknaben aufgeführt haben. Meine Mitkadetten waren ein vielfältig begabter Haufen. Man kann durchaus bezweifeln, dass es weise ist, 1200 gewitzte Jugendkriminelle auf dieselbe Schule zu schicken. Zu unseren Bataillonen gehörten Sprösslinge der besten Familien Virginias, Söhne von Watergate-Verschwörern, Kinder lateinamerikanischer Diktatoren und uneheliche Kinder von Filmstars. Auch Rowdys, Drogendealer und Vorbestrafte waren darunter.

An der SMA lernte ich viele Fertigkeiten, die mir später bei den Navy SEALs nützlich waren: Wie man ein Schloss knackt, wie man die Zündung eines Autos kurzschließt und wie man eine perfekte Fälschung des eingeschweißten Führerscheins von New Jersey herstellt. Mit dem konnte man nämlich Bier kaufen, bevor man 21 war.

Die SMA war in vielerei Hinsicht wie Stalag 17, das »ausbruchssichere« Lager, in dem die Nazis alliierte Offiziere mit Fluchttendenzen einsperrten. Als sie die Fluchtexperten in einem Lager konzentrierten, schufen sie jedoch eine »Ausbruchszentrale«. Wie furchtlose Kriegsgefangene schnitten auch wir Löcher in den Zaun, streiften unsere Uniformen ab und gingen in der Zivilkleidung, die wir irgendwo versteckt hatten, in die Stadt. Wer sich unerlaubt aus der Schule entfernte und in der Stadt Bier trank, riskierte den Schulausschluss. Im Gegensatz zu den Gefangenen der deutschen Lager waren unsere Fluchten immer eine Rundreise; wir kamen immer bei Nacht zurück und lagen beim Wecken wieder in unseren Kojen.

In Staunton lernte ich noch eine weitere lebenswichtige Fertigkeit: wie man sich verstellt. Ich lernte, meine Schuhe auf Hochglanz zu polieren, meine Uniform zu bügeln und »Yes, Sir« zu sagen. Ein Kadett an der SMA lernt, sich tagsüber unterzuordnen und nachts über die Stränge zu schlagen.

Ich kann nicht sagen, dass mir die Schule gefiel, aber sie bekam mir durchaus. Meine Noten verbesserten sich von sehr schlecht auf gut bis sehr gut. Ich bekam Auszeichnungen in Leichtathletik und Football. An dem Tag, als ich meinen Abschluss machte, hatte ich die Zulassung bei der U.S. Naval Academy und das Angebot von drei Vollzeitstipendien des Reserve Officer Training Corps (ROTC). Der Hippiesurfer war in einen Patrioten verwandelt worden.

Was ich tat? Ich suchte mir eine Hochschule in Kalifornien aus, wo ich es nicht weit zur Brandung hatte. Ich trat jedoch in Annapolis nicht zur Ausbildung an und lehnte die ROTC-Stipendien ab. Ich hatte genug vom Militär – dachte ich wenigstens. Mein Vater war natürlich enttäuscht, aber er bedrängte mich nie, weil ich Annapolis verschmäht hatte. Er sprach das Thema einfach nicht an, und ich danke ihm für seine Nachsicht.

Nach Staunton war das College ein Kinderspiel. Auf der SMA hatte ich gelernt, wie man lernt und seine Zeit einteilt. An der California State University in Northridge gehörte ich als Sportler zur Unimannschaft, bekleidete ein Amt in meiner Stundentenverbindung und hatte einen Vollzeitjob. Trotzdem bekam ich meistens Bestnoten. Ich studierte Klinische Psychologie und freute mich darauf, meinen Doktor zu machen und in den Vorstädten meinen Beruf auszuüben.

Doch es sollte anders kommen.

Ich verliebte mich. Es war eine tiefernste, allumfassende und leidenschaftliche Liebe zu einer Frau, die ich schon in Newport kennengelernt hatte. Lisa Wheaton war die Tochter eines Professors, der wie mein Vater am Naval War College lehrte. Etwa um die Zeit, als ich nach Staunton verfrachtet worden war, war Lisas Vater, ein Colonel beim Corps of Engineers nach Deutschland versetzt worden. Lisa und ich hatten einen regen Briefwechsel geführt, und als sie zurück in die USA kam und am Mount Holyoke College in Massachusetts studierte, wurde ich zum Vielflieger. Wir verbrachten unser Auslandssemester zusammen, oder fast zusammen, in Großbritannien. Lisa besuchte die University of London und ich die University of Bath. Wir sahen einander jedes Wochenende und reisten in den Ferien zusammen durch England, Schottland und Irland.

Als wir in die USA zurückkehrten, kühlte sich unsere Beziehung jedoch ab. Nicht bei mir, aber bei ihr. Als ich mit dem weiterführenden Studium begann, machte sie Schluss. Wir hatten für unsere Trennung quälend lange gebraucht und sie war durch extremen Anstand auf beiden Seiten gekennzeichnet gewesen. Wir waren einander wichtig. Ja, wir hatten ei-

nander geliebt, aber die Liebe war uns abhandengekommen. Ich muss ganz ehrlich gestehen, dass ich auf überaus nette Art verlassen wurde.
Wie es bei Egozentrikern oft der Fall ist, war ich am Boden zerstört. Nichts war mir mehr wichtig. Nicht, dass ich meinen Doktor machte, nicht, dass ich Psychologe wurde. Einfach nichts.
Ich hatte das Wichtigste in meinem Leben verloren, und nun war ich haltlos und einsam.
Doch eines Tages, als ich über das Universitätsgelände ging, traf mich die Erkenntnis wie ein Schlag. Ich würde meine Zwanziger damit verbringen, einen Weg zur Bibliothek abzunutzen. Noch drei Jahre Studium, eine Doktorarbeit, ein Praktikum, und dann müsste ich für den Rest meines Lebens versuchen, reiche weiße Damen von ihrer Spinnenangst zu heilen. Das konnte doch nicht das Leben sein! Mein Vater hat sieben Sterne auf der Bandschnalle seiner Vietnam Service Medal ... ja wirklich, sieben. Ich weiß noch, wie ich als Junge auf dem Pier stand und darauf wartete, dass er mit seinem Zerstörer anlegte. Es war wie ein Karneval. Bands spielten und Hunderte von Frauen und Kindern drängten sich auf dem Pier, schwenkten Schilder und hatten Luftballons in der Hand. Alle warteten auf ihre Väter und Ehemänner, die nach einer Reise um den halben Erdball zurückkehrten.
Wenn die Gangway herabgelassen wurde, stürmten wir alle an Bord. Alle vier Kinder und meine Mutter schlossen meinen Vater in eine feste Umarmung. Er kehrte immer mit exotischen Geschenken zurück. Seidenschals aus Thailand für meine Schwestern, Opale für meine Mutter, Fahrtenmesser mit einem Griff aus Teakholz für die Jungs. Mein Vater erzählte nie viel von Vietnam, aber er nahm uns auf die Knie und zeigte uns auf unserem Globus, wo er überall gewesen war. Er berichtete, dass er in arktischen Gewässern Eisbären hatte schwimmen sehen, beschrieb Sonnenuntergänge vor der Küste Afrikas und schilderte, wie das Meer im Golf von Thailand von Seeschlangen bedeckt gewesen war, so weit das Auge reichte. Die Namen der Orte, an denen er gewesen war, hatten in meinen Ohren einen magischen Klang: Zamboanga. Cam Ranh Bay. Das Ionische Meer. Die Magellanstraße.

Wie schon gesagt, es war geradezu unvermeidlich, dass ich zur Navy ging. Wahrscheinlich ist es noch schlimmer, als ich bereits geschrieben habe. Die Familie meines Vaters lebte seit drei Generationen in den Vereinigten Staaten. Mit Ausnahme meines Urgroßvaters, der im Jahr 1900 aus der Schweiz in die USA emigrierte, dienten all ihre Männer als Offiziere bei der Navy oder beim Marinekorps. Mein Großvater war während des Zweiten Weltkriegs im Pazifik Geheimdienstoffizier der Navy. Mein Vater war Berufsoffizier bei der Navy, mein Onkel Don diente in Vietnam als Artillerieoffizier der Navy und mein Onkel Steve watete als Zugführer der Marines durch Reisfelder. Bob, der ältere Bruder meiner Mutter, war ein Fliegerass der Navy im Pazifik, und ihr Bruder Mickey kämpfte in der Normandie und bei der Eroberung der Brücke von Remagen. Ich wollte die Welt sehen wie sie. Ich wollte, dass mein Leben ein Abenteuer wurde. Ich stürmte in das Büro der psychologischen Fakultät und sagte: »Ich gehe.« Dann setzte ich mich in meinen Kombi, einen Kingswood Estate Baujahr 1969, fuhr zum Rekrutierungsbüro der Navy auf dem Willshire Boulevard in L. A. und sagte: »Ich will ein Navy SEAL werden.«

Damals waren die SEALs noch keine vertrauten Figuren in Filmen, im Fernsehen und in der Popkultur geworden. Die Navy bestritt sogar lange Jahre, dass die SEAL-Teams überhaupt existierten. Der Lieutenant Commander hinter dem Schreibtisch musterte mich kritisch.

»Was wissen Sie über die SEALs?«, fragte er.

Zivilisten hatten damals kaum Informationen über die Teams. Was ich wusste, hatte mir mein Vater erzählt. Er hatte bei einem Bodeneinsatz in Vietnam mit SEALs zusammengearbeitet. Ich sagte dem Rekrutierungsoffizier, dass meine Eltern für die Navy arbeiteten und ich auf die SMA gegangen sei. Ich sagte ihm, dass ich eine Herausforderung bräuchte. Ich wirkte aufrichtig – weil ich es war.

Der Offizier sagte, bei der Grundausbildung für SEALs sei kein Platz mehr frei, aber es würden noch Hubschrauberpiloten gebraucht. Ich war in eine Navy-Familie hineingeboren und ich wusste: Wo ein Wille ist, ist auch eine Sonderregelung. Also erklärte ich mich bereit, neben dem Eignungstest für die SEAL-Ausbildung auch den Eignungstest für Piloten zu machen. Ich bestand beide. Der Rekrutierungsoffizier, sagte, sie bräuchten immer noch Hubschrauberpiloten, also spielte ich meinen Trumpf aus. Ich sagte, wenn ich kein SEAL werden könne, würde ich vielleicht den Gang hinunter zu seinen Kollegen von der Army gehen und mich bei den Green Berets bewerben.

Zwei Tage später gab es einen freien Platz im SEAL-Programm. Ich bekam folgenden »Vertrag«: Ich würde die Navy Officer Candidate School (OCS) in Newport, Rhode Island, besuchen. Danach würde ich, wie mir die Navy garantierte, zum Lehrgang der SEALs in Basic Underwater Demolition nach Coronado in Kalifornien zugelassen. Ich bekam freilich keine Garantie, dass ich den Lehrgang erfolgreich abschließen oder eine zweite Chance bekommen würde, falls ich wegen einer Verletzung ausscheiden müsste. Wenn ich scheiterte, würde ich zur Flotte versetzt, ein öder Job auf einem nebelgrauen Schiff, wie das in der normalen Navy eben so ist. Ich hatte nicht die Absicht, zur »regulären Navy« zu gehen. Ich wollte ein SEAL werden. Doch der Rekrutierungsoffizier erinnerte mich geduldig daran, dass ich *in die reguläre Navy eintrat*, und wenn ich an der OCS versagte, als Mannschaftsdienstgrad direkt zur Flotte versetzt werden würde.

Ich unterzeichnete auf der gepunkteten Linie.

Im Lauf von drei Tagen hatte ich mich vom vielversprechenden Psychologen in einen Bewerber um die Mitgliedschaft in einer militärischen Spezialeinheit verwandelt. Ich hatte allem den Rücken gekehrt, was ich kurz zuvor noch hatte werden wollen. Fünf Jahre Studium und ein Lebensplan hatten ihren Sinn verloren.

Ich war vom Ende der Welt abgesprungen.

Man hat mir gesagt, dass ein Bruch mit der Freundin als Grund für eine Bewerbung bei den SEALs aus dem Plot eines schlechten Films stammen könnte. Kann schon sein. Heute hört es sich wirklich ein wenig wie *Drei Fremdenlegionäre* an, aber damals kam es mir nicht so vor. Ich wollte meinem Leben eine neue Richtung geben, und das tat ich auch. Radikal. Ich rief zu Hause an und sagte meinem Vater, dass ich gerade zu den SEALs gegangen sei. Es folgte eine lange Pause. Dies von einem Jungen, der die Zulassung bei der US Naval Academy nicht wahrgenommen hatte, weil er sagte, er habe genug vom Militär, von einem Hippie, der Psychologie studierte und sich seinen Studienplatz nach der Nähe zur Brandung ausgesucht hatte. Wieder ließ mein Vater eine großartige Gelegenheit, mich zu verspotten, ungenutzt verstreichen. Er sagte nur: »Na, dann sei aber vorsichtig.«

Ich räumte meine Wohnung, verkaufte meine Bücher und fuhr heim zu meinen Eltern in Biloxi. Mein Vater hatte inzwischen den Dienst bei der Navy quittiert und arbeitete als der für die Südstaaten zuständige Manager einer Firma, die Bugstrahlruder für Versorgungsschiffe von Ölfeldern herstellte. Er besorgte mir einen Job beim Installieren und Reparieren der Ruder, und ich verbrachte den Sommer damit, auf den Beginn meiner Ausbildung an der OCS zu warten und mich nach Lisa zu verzehren.

Drei Wochen bevor ich nach Newport ging, flog ich nach Neuengland. Lisa hatte ihren Abschluss am Mount Holyoke gemacht und arbeitete jetzt als Nachrichtenmoderatorin bei einem Sender für Countrymusic in Brunswick in Maine. Ich weiß nicht, was ich mir bei dem Besuch dachte … Dass wir ganz schnell alles wieder in Ordnung bringen würden, oder was? Sie hatte mich nicht einmal richtig eingeladen. Ich hatte sie einfach angerufen und gesagt, dass ich kommen würde.

Unser Wiedersehen verlief qualvoll. Wegen ihres Jobs bei dem Radiosender musste Lisa um 4.00 Uhr aufstehen, um aus den Meldungen von Associated Press die Morgennachrichten zusammenzustellen. Ich saß in ihrer Wohnung und hörte, wie sie zwischen Songs über gebrochene Herzen und geschrottete Kleintransporter die Nachrichten verlas. Ein paar Tage lang hing ich bei ihr herum wie ein zu Weihnachten verschenkter Welpe, den niemand haben will. Irgendwann sagte ich beim Abendessen: »Ich glaube, ich sollte gehen.« Sie widersprach mir nicht.

In unserer letzten gemeinsamen Nacht liebten wir uns auf eine bittere und selbstsüchtige Art. Danach lag ich wach und sah ihr beim Schlafen zu, und als ihr Wecker klingelte, starrte ich an die Decke, als sie sich anzog, die Haare bürstete und das Haus verließ.

»Schließ ab, wenn du gehst«, sagte sie.

In meiner Erinnerung ist dieser Moment die letzte Sekunde meiner Kindheit.

Ich hatte Lisa auf eine verzweifelte, umfassende und furchterregende Art geliebt. Heute glaube ich, dass ich sie mit einem Herzen liebte, das noch nie gebrochen worden war, und dass ich danach nie wieder richtig lieben konnte.

Ich nahm meinen Seesack und ging zu Fuß zum Busbahnhof, wo ich für 33,50 Dollar eine einfache Fahrkarte nach Newport löste. Als der Bus kam, regnete es in Strömen und ich wurde in den paar Augenblicken klatschnass, in denen ich meine Fahrkarte lochen ließ und den Seesack in das Gepäckfach warf. Ich suchte mir einen Platz hinten in dem leeren Bus, lehnte das Gesicht an die Scheibe und weinte leise.

Von der OCS habe ich nur noch das Geschrei der Ausbilder und den scharfen Geruch von Bohnerwachs in Erinnerung. Sie war meiner Ansicht nach erheblich leichter zu bewältigen als Staunton. Ich kommandierte eine Kompanie, studierte sehr wenig und wäre fast in astronomischer Navigation durchgefallen. 16 Wochen lang gab ich jeden Dollar, den ich verdiente, für Bourbon und Hotelzimmer in Newport aus. Die Stadt war immer noch eine Art Heimatstadt für mich, und wenn ich Urlaub hatte, ließ ich dort die Sau raus. Ich ging mit Krankenschwestern, mit Zahntechnikerinnen und mit der Tochter eines Flottillenadmirals aus. Ansonsten vertrieb ich mir die Zeit bis zum Abschlussexamen, indem ich auf meinem Zimmer herumsaß und Vivaldi, die Countryrockband Pure Prairie League und Popmusik hörte, die ich bei britischen Radiosendern aufgenommen hatte. In der Nacht, wenn der Wind, der von der Narragansett Bay herunterkam und an den Fensterläden rüttelte, lag ich allein im Dunkeln und redete mir ein, ich sei über Lisa hinweggekommen.

Eine Woche bevor ich Newport verließ, kam sie aus Maine für einen Überraschungsbesuch angereist. Sie traf mich in der Empfangshalle der OCS und wir nahmen uns ein Zimmer in der Stadt. In der Nacht bevor ich mein Offizierspatent erhielt, zog sie ein blaues Nachthemd an und schlief neben mir. Sie küsste mich und gab mir Kosenamen, aber sie schlief nicht mit mir. Am nächsten Morgen stand ich früh auf und zog meine Uniform an. Sie fuhr mich zurück zur Basis.

Als sie mich absetzte, sagte sie: »Und jetzt geh einfach weg wie Marlon Brando.«

Am nächsten Morgen nahm mir mein Vater den Eid ab und schwor mich als Ensign der United States Navy ein.

Es sollte zehn Jahre dauern, bis ich Lisa wiedersah und wieder mit ihr sprach. Bis dahin war ich ein völlig anderer Mensch geworden. Ein Mann, der durchs Feuer gegangen war.

März 1981. San Diego, Kalifornien. Gut eineinhalb Stunden vor Sonnenaufgang schob sich ein kalter Nebel vor den Mond und rollte über den 16 Kilometer langen Küstenstreifen, den man als »Silver Strand« bezeichnet. Es war 04.35 Pacific Standard Time, jener einschläfernde Zeitraum auf der 24-Stunden-Uhr, der in der Navy als »oh dark thirty« bezeichnet wird. Auf dem »Grinder« genannten Exerzierplatz der Einrichtung für Special-Warfare-Training der Naval Amphibious Base in Coronado waren vor einem Podium 145 junge Männer versammelt, die als SEALs ausgebildet werden sollten. Dünne Nebelfetzen wehten zwischen den Reihen dahin. Die schweigenden Männer sahen wie eine Formation von Gespenstern aus.

Ich war einer von zehn Offizieren (neun Ensigns und einem Lieutenant), die in bequemer Haltung vor den abstandsgleich ausgerichteten Reihen der Mannschaften standen. Wir alle trugen die Uniformen von SEALs in der Grundausbildung: einen gestärkten grünen Kampfanzug und Dschungelstiefel. Auf der rechten Brustseite und dem rechten Hinterbacken unseres Kampfanzugs waren weiße Streifen mit unserem Namen in Schablonenschrift angebracht. Das Einzige, was die Offiziere von den Mannschaften unterschied, war ein Streifen, der bei ihnen jeweils vorne und hinten auf den Helm gemalt war.

Die Männer auf dem Platz waren die Einzigen, die von etwa 300 Bewerbern um einen Platz in der Ausbildung zum SEAL noch übrig waren. Schon bevor die Bewerber ihren ersten Ausbildungstag absolvierten, war ihre Zahl auf weniger als die Hälfte reduziert worden. In der Phase vor dem ersten Training wurde der Hintergrund der Kandidaten geprüft, sie wurden gemustert und mit Nadeln gestochen, in Überdruckkammern gesteckt und von Psychologen befragt. Bei den Tests wurden alle aussortiert, die an Platz- oder Höhenangst litten, übermäßig aggressiv oder übermäßig duldsam waren, Seh- oder Hörschwächen, Kniegelenkblockierung, Plattfüße, Farbenblindheit, Herzgeräusche oder Allergien hatten oder als Jugendliche oder Erwachsene kriminell geworden waren. Die 145 Männer auf dem Platz hatten alle Tests bestanden und waren nach Einschätzung der Navy körperlich, geistig und psychisch dafür qualifiziert, die Ausbildung zum SEAL zu absolvieren.

Sie würden Basic Underwater Demolition/SEAL Class 114 beginnen, den 114. Lehrgang für die Spezialeinsatzkräfte der Navy, die von den Vereinigten Staaten ausgebildet werden.

Der Lehrgang, den wir absolvieren sollten, wird vom Verteidigungsministerium als »körperlich und mental anspruchsvoll« bezeichnet.

Das ist keine Übertreibung.

Der Kampfschwimmerlehrgang Basic Underwater Demolition/SEAL wird von Insidern als »BUD/S« bezeichnet und ist die brutalste Ausbildung, die es beim gesamten US-Militär gibt. Abbruchquoten von 60 bis 90 Prozent sind die Regel. Es hat tatsächlich schon BUD/S-Klassen gegeben, in denen nicht ein einziger Anwärter den Abschluss schaffte, sondern alle aufgaben.

Den Männern, die an diesem Morgen auf dem Asphalt standen, waren diese Quoten bekannt. Und der Navy natürlich auch. Die Freiwilligen waren buchstäblich durchleuchtet worden, um zu gewährleisten, dass kein Hindernis für eine erfolgreiche Ausbildung bestand. Nur die, bei denen große Erfolgschancen bestanden, waren ausgewählt worden. Die Navy brauchte SEALs und sie tat alles in ihrer Macht Stehende, damit die für BUD/S ausgewählten Männer ihr Ziel auch erreichten – mit einer Ausnahme: Bei der Ausbildung wurden keine Abstriche gemacht.

Der Lehrgang, der vor uns lag, war stark entwickelt worden, seit die Navy in Fort Pierce, Florida, erstmals Kampfschwimmer ausgebildet hatte.

Heute waren die brutalen 12 bis 20-Stunden-Tage des Lehrgangs dem Konditionstraining, dem taktischen Verhalten kleiner Kampfeinheiten und der Guerillataktik, dem Legen von Hinterhalten, dem Sprengen feindlicher Einrichtungen und dem Legen von Sprengfallen gewidmet. Außerdem wurden die Teilnehmer des Lehrgangs mit einer Fülle von Waffen vertraut gemacht, die vom US-Militär, den Verbündeten der USA und dem Feind verwendet wurden. Neben diesen eher handwerklichen Fertigkeiten eines Kriegers werden Navy SEALs auch in Tauch- und Überdruckmedizin, Kartografie, Navigation zu Wasser und zu Lande, im Tauchen mit Kreislauftauchgeräten und Drucklufttauchgeräten, im Nahkampf sowie in Kommunikationstechniken und Nachrichtenbeschaffung ausgebildet.

Wir würden all dies lernen – vorausgesetzt, wir schafften den ersten Tag. Eine militärische Ausbildung muss hart sein, weil der Krieg noch härter ist. Lehrgang 114 hatte jedoch mehr als eine bloße Ausbildung vor sich. Er wurde einem Initiationsritus unterworfen, einer Erfahrung, die seine Teilnehmer für immer grundlegend von allen Männern unterscheiden würde, die den Lehrgang nicht absolviert hatten.

Solche hochfliegenden Gedanken machte ich mir, als ich auf dem Grinder im Nebel stand. Man konnte beinahe hören, wie in meinem rasierten kleinen Kopf »God Bless America« erscholl. Ich hatte keinen blassen Schimmer, worauf ich mich eingelassen hatte. In Wahrheit war ich eine Kaulquappe, ein Möchtegern-Kampfschwimmer, und ich hatte nicht die geringste Ahnung, was nötig war, um einen Navy SEAL aus mir zu machen. Offenbar wusste das auch die Navy nicht.

Die besten Ärzte, Physiologen und Psychiater hatten Profile von erfolgreichen Lehrgangsteilnehmern erstellt, um die Klassen möglichst mit Teilnehmern zu füllen, die den Lehrgang auch durchstehen würden. Aber trotz ihrer Anstrengungen hatten Bauernsöhne, Surfer, Berufssportler, Tiefseetaucher und aussichtsreiche Olympiateilnehmer zu den Abbrechern gehört, während normale, 65 Kilogramm schwere Jungs Erfolg gehabt hatten. Niemand wusste wirklich, wer den Lehrgang bestehen würde. Denn es ist nun mal unmöglich, Motivation zu quantifizieren.

Von der Gruppe, die mit mir Lehrgang 114 begann, habe ich nicht viele Männer im Gedächtnis behalten. Ich kann mich nur noch an wenige Namen und noch weniger Gesichter der 145 Teilnehmer erinnern. Genau kenne ich nur die Handvoll der Jungs, die zusammen mit mir den Abschluss geschafft haben, und sie werde ich nie vergessen. Die Abbrecher verschwanden aus meinem Gedächtnis, wie sie aus der Gruppe verschwanden. Die Männer, die mit mir abschlossen, waren ein Querschnitt von Amerika. Es waren Kerle aus Nebraska dabei, die buchstäblich nie zuvor das Meer gesehen hatten, aber auch Strandgammler und Kubaner aus Miami, harte Jungs und stille Typen, knochige und muskelbepackte Männer. Die erfolgreichen Absolventen von Lehrgang 114 waren der unwahrscheinlichste Haufen von Schweinehunden, den man je gesehen hat. Als wir an jenem Morgen im Nebel standen, konnte niemand wissen, dass von den 145 Mann auf dem Platz bei der Abschlussfeier sechs lange Monate später nur noch 32 dabei sein würden.

Der ranghöchste Teilnehmer unseres Lehrgangs war Lieutenant Mike Heyward, ein Absolvent des Citadel Military College in South Carolina und Surface Warfare Officer. Er war ein paar Jahre älter als die Ensigns und hatte sich zu BUD/S gemeldet, nachdem er, größtenteils auf Zerstörern, vier Jahre bei der Flotte gedient hatte. Er war der zweitälteste Offizier im Lehrgang. Der Älteste, Ensign Rick James, hatte im reifen Alter von 30 Jahren die Chance bekommen, an dem Lehrgang teilzunehmen. Wie Mike Heyward hatte auch er schon vorher gedient. Er war bei der 82nd Airborne Artillerist gewesen, bevor er die Naval Officer Candidate School besucht hatte. Auch die anderen Offiziere in meinem Lehrgang waren Absolventen der OCS.

Vor Lehrgang 114 war es für Absolventen der OCS schwer gewesen, einen Platz im SEAL-Training zu bekommen. Die Plätze waren damals für Männer reserviert, die nach Ansicht der Navy besser motiviert und gründlicher vorbereitet waren als die sogenannten 90 Day Wonders von der OCS, nämlich die Absolventen der vierjährigen ROTC-Ausbildung der Navy. Doch die Zeiten ändern sich: Während ich dies schreibe, kommen fast alle Offiziere, die zu BUD/S abgestellt werden, direkt von der

Naval Academy. Als ich den Lehrgang machte, wurden noch die meisten Plätze mit erfolgreichen NROTC-Studenten besetzt. Nur der eine oder andere OCS-Absolvent wurde als Löwenfutter in die Grube geworfen. Besonders bevorzugt wurden offenbar die wichtigsten ROTC-Einheiten der Navy an den Universitäten Duke und Notre Dame und am Boston College – also auch zwei der Hochschulen, denen ich abgesagt hatte, weil mir das Surfen in Kalifornien wichtiger gewesen war.

In Lehrgang 114 hatten alle Offiziere außer Mike einen geisteswissenschaftlichen Abschluss an einer normalen staatlichen Hochschule. Warum dieser Wechsel? Bei mehreren Lehrgängen vor dem 114. hatten die Offiziere der ROTC in alarmierender Zahl abgebrochen. Sie hatten eine Vielfalt medizinischer Katastrophen wie zum Beispiel Schädelbrüche erlitten, waren beinahe ertrunken oder durch Unterkühlung oder Ermüdungsbrüche ausgefallen. Die meisten jedoch hatten einfach aufgegeben. Zu wenige Offiziere schafften den Lehrgang. Also wurde beschlossen, als Testfall eine Ladung OCS-Absolventen aufzunehmen. Aus diesem Grund hatte ich doch noch meine Chance bekommen, als ich drohte, zur Army zu gehen. Auf den Punkt gebracht: Wir waren Versuchskaninchen. Die Navy wählte bei ihrer Suche nach Ersatz für die Absolventen des Naval Reserve Officer Training Corps (NROTC) offenbar häufig College-Sportler aus. Unter den Offizieren in meinem Lehrgang waren ein Mitglied der US-amerikanischen Wasserballnationalmannschaft, ein viermaliger amerikanischer Zehnkampfmeister, ein Mann, der für sein College Football gespielt hatte, ein ehemaliger Fallschirmspringer, ein verrückter Südstaatler, ein paar kalifornische Strandtypen und ich. Mit meinen 1,91 Meter war ich größer als die meisten und weniger muskulös als viele. Im College hatte ich für die National Collegiate Athletic Association (NCAA) gerudert und war im Fechten für die Hochschule angetreten – zwei Sportarten, die nicht gerade für ihre Massenwirkung bekannt sind.

Ich war kein Sportler von nationalem Rang, war aber seit meinem 16. Lebensjahr Rettungsschwimmer und Sporttaucher. Ich war ein guter Schwimmer, konnte mit Segel- und Motorbooten umgehen und ich meinte, dass ich was vom Surfen verstand. Ich wusste, dass meine Erfolgschancen schlecht waren, und hatte keine Ahnung, ob ich den Kurs erfolgreich abschließen würde. Ich wusste nur, dass ich nicht aufgeben würde. Ich hatte meinem früheren Leben den Rücken gekehrt. Ich sagte zu mir selbst und jedem, der es hören wollte, dass ich BUD/S entweder erfolgreich abschließen oder in einem Leichensack verlassen würde. Große Worte für einen 21-jährigen ehemaligen Fechter.

Die Tür zum Büro der Ausbilder der ersten Phase öffnete sich, und ein langer Schatten fiel auf die angetretenen Lehrgangsteilnehmer. Master Chief Dick Roy, der Command Master Chief der Naval Special Warfare Training Group betrat den Platz. Roy, der im Vietnamkrieg sowohl in Under-Water-Demolition-Teams als auch in SEAL-Teams gedient hatte, war mit seinen 40 Jahren so athletisch, dass er es mit zehn von uns aufnehmen konnte. Er sprang auf das Podium: ein Riese von 1,96 mit 100 Kilogramm Muskelmasse. Wollen Sie ein genaueres Bild? Dann stellen sie sich Arnold Schwarzeneggers Körper mit Clark Gables Kopf samt bleistiftdünnem Schnurrbart und Segelohren vor.

Mike Heyward machte für den Lehrgang Meldung: »Lehrgang 114 vollzählig anwesend und angetreten, Master Chief.«

Der Master Chief spuckte einen Strahl braune Brühe von seinem Red-Man-Kautabak vom Podium herab und hielt eine militärisch knappe Ansprache:

»Ich habe die Ehre, Sie im Namen des Direktors zu Basic Underwater Demolition, SEAL-Training, willkommen zu heißen. Niemand hat Sie zur Teilnahme eingeladen. Niemand hat verlangt, dass Sie an diesem Lehrgang teilnehmen. Sie haben sich freiwillig gemeldet. Und Sie dürfen uns jederzeit freiwillig wieder verlassen. Sieben Tage die Woche, 24 Stunden am Tag.«

Der Master Chief zeigte auf eine Messinglocke, die vor dem Büro hing. »Sie brauchen nur diese Glocke dreimal zu läuten, und schon können Sie gehen. Es werden keine Fragen gestellt. Es kommt nichts Nachteiliges in Ihre Akten. Sie können jederzeit zu dem dummen Scheiß zurückkehren, den Sie gemacht haben, bevor Sie hergekommen sind. So einfach ist das.«

Die Anwärter standen stramm, das einzige Geräusch war das Donnern der Brandung hinter dem Gelände. Der Master Chief stützte die Hände in die Hüften und fuhr fort: »In den nächsten 26 Wochen versuchen wir nicht, Sie auszubilden. Wir versuchen, Sie zu töten.

Sie müssen Dinge tun, die über das hinausgehen, was Sie ertragen können. Sie müssen schneller rennen, weiter schwimmen und tiefer graben, als sie für menschenmöglich gehalten hätten. Wenn Sie müde sind, werden Sie gestoßen. Wenn Sie Hunger haben, müssen Sie ohne Essen auskommen. Wenn Sie frieren, ist der Wind Ihre Decke. Sie werden leiden, Sie werden schwitzen und Sie werden bluten.

Dieser Lehrgang hat 145 Teilnehmer. In den nächsten sechs Monaten werden etwa 75 von Ihnen diese Glocke läuten, sich ausläuten oder schlicht gesagt aufgeben. 15 bis 20 werden während der Ausbildung schwere Verletzungen erleiden und um ihre Entlassung aus medizinischen Gründen bitten.«

Der Master Chief schob seinen Kautabak von der rechten in die linke Backe. In den folgenden sechs Monaten sollte ich Dick Roy niemals ohne einen Priem Kautabak im Mund sehen, weder während der Übungen noch während des Schwimmens im Meer, noch während der Zehn-Meilen-Läufe. Wahrscheinlich war er schon mit einem Priem in der Backe geboren worden.

»Wenn Sie hier hergekommen sind, um ihrem Vater oder ihrer Freundin etwas zu beweisen… wenn Sie gekommen sind, um sich selbst zu finden, wenn Sie gekommen sind, weil Sie Amerika lieben und ein Elite-Soldat sein wollen, dann tun Sie sich selbst und meinen Ausbildern einen Gefallen: Läuten Sie die Glocke jetzt gleich.«

Der Master Chief musterte uns. »Vielleicht zehn oder 15 von euch Clowns werden es schaffen. Der Rest von euch wird aufgeben, in Theorie durchfallen oder aus medizinischen Gründen ausscheiden. Wer den Grundkurs besteht, bekommt eine zusätzliche Ausbildung und wird Mitglied der kleinsten und elitärsten Spezialeinheit des US-amerikanischen Militärs: des aktiven SEAL-Teams. Dies ist die erste und einzige Aufmunterung, die Sie unter diesem Kommando zu hören bekommen. Ob

Sie es schaffen oder nicht, liegt ganz bei Ihnen.« Er spuckte einen weiteren Strahl Red-Man-Extrakt aus, der etwa 15 Zentimeter vor meinem linken Stiefel landete.

»Viel Glück«, sagte er.

Um 8.00 Uhr an diesem Morgen hatten wir circa 700 Liegestütze gemacht, waren 6,5 Kilometer im Sand gerannt und hatten eine Stunde lang Freiübungen gemacht. Die Langsamen wurden in die Brandung geschickt und mussten sich danach im nassen Sand wälzen, damit sie zu »Zuckerkuchen« wurden. Danach mussten sie in der nassen, sandigen Uniform weitermachen. Doch der Tag war noch jung.

Im BUD/S-Training marschieren die Anwärter nicht, sondern rennen, und zwar überallhin. Nach unseren frühmorgendlichen Fitnessübungen liefen wir in Formation quer durch das Gelände, absolvierten noch einmal den körperlichen Eignungstest, machten Liegestütze, Sit-ups und Klimmzüge, schwammen 400 Meter und machten einen weiteren Lauf in langen Hosen und Kampfstiefeln. Nach dem Mittagessen lernten wir die Hindernisstrecke kennen und mussten eine Weile Telefonmasten schleppen. Sechs Mann waren nicht mehr in der Formation, als die Anwärter die 2,5 Kilometer zur Kantine rannten, um ihr Abendessen einzunehmen. Drei Rundläufe zur Kantine für die Mahlzeiten machen fast 10 Kilometer zusätzlich aus. Täglich.

Kotze klatschte auf das Pflaster, als die Formation lange nach Einbruch der Dunkelheit in die Kaserne zurückkehrte.

Wenn die Ausbilder versucht hatten, meine Aufmerksamkeit zu wecken, war ihnen das gelungen. Im Rückblick gesehen war der erste Tag unserer Ausbildung der leichteste, den wir je hatten. An der Mauer des BUD/S-Bereichs steht eines der Lieblingsmottos der SEALs: »Der einzige einfache Tag war gestern.« Als ich an diesem Abend in meine Koje sank, taten mir sogar die Ohren weh. In dieser Nacht erfand ich mein eigenes Motto. Ich sagte mir, dass ich nur die Hoffnung zu fürchten hätte.

Ich hatte den ersten Tag BUD/S überlebt, aber Hunderttausende von Liegestützen, Hunderte Kilometer Laufen im Sand und zahllose Stunden in der grausamen See lagen noch zwischen mir und dem Abschluss. Am folgenden Tag waren acht Helme unter der Glocke vor dem Büro der Ausbilder aufgereiht. In der Nacht hatten acht unserer Klassenkameraden den Rat des Master Chief befolgt und aufgegeben. Die Helme unter der Glocke waren die Methode, mit der die Ausbilder die Abbrecher zählten. Jeden Tag wurde die Reihe länger, weil immer mehr Anwärter verletzt wurden, durchfielen oder zu dem Schluss kamen, dass sie zwar gerne SEALs geworden wären, aber nicht *so* gern.

Das BUD/S-Training ist in drei Phasen gegliedert. Jede dauert acht Wochen. Die erste Phase ist fast ausschließlich dem Training der körperlichen Kondition und dem Aussondern von Anwärtern gewidmet. Die Anwärter müssen zwölf bis 20 Stunden pro Tag laufen, schwimmen, mit Schlauchbooten paddeln, die Hindernisstrecke absolvieren und dann noch mehr laufen. Dabei wird dafür gesorgt, dass sie häufig nass und genauso oft sandig sind. Schürfungen und Blasen können schnell zu eiternden, infizierten Wunden werden. Weitere häufige Verletzungen der ersten Phase sind Gelenkentzündungen und Ermüdungsbrüche der Beine unter dem Knie. Verrenkte Knie oder Knöchel und Sturzverletzungen sind ebenfalls an der Tagesordnung.

Ein schlimmer Feind ist die Unterkühlung. Die meisten Leute denken bei San Diego an sonnenbeschienene Strände und Palmen. Einem BUD/S-Anwärter fällt vor allem die Kälte ein. Das Wasser in San Diego ist selten wärmer als 16 Grad, aber oft viel kälter. Die menschliche Körpertemperatur beträgt etwa 37 Grad, den Rest können Sie sich ausrechnen. Die Anwärter werden ständig nass gehalten, in Wasser und Wind. Diese stundenlange Belastung kann zu massiver, betäubender Unterkühlung führen. Es gibt keinen Absolventen von BUD/S, der sich nicht an unterkühlungsbedingte Krämpfe und Halluzinationen erinnern würde. Das Meer war ein grausamer Lehrmeister und es stand immer als negativer Verstärker zur Verfügung. Bei einer Übung, die als »Brandungsfolter« bezeichnet wird, müssen sich die Anwärter untergehakt in die Brandung hinter dem Stützpunkt setzen. Wellen brechen über die Formation herein. Von den Brechern gerollt und geschlagen, versuchen die Anwärter mit aller Kraft, in dem eisigen Wasser untergehakt zu bleiben.

Aus dem Megafon brüllt es: »Wir bleiben hier, bis einer aufgibt.«
Früher oder später gibt immer einer auf.
Und es gibt keinen Frieden für die Gottlosen, wie der Prophet Jesaja schrieb.
Die Läufe finden alle in Kampfstiefeln statt. Ein schmerzender Knöchel wird nicht besser, wenn man damit jeden Tag 10 Kilometer zur Kantine rennt. Längere Läufe, die als »Konditionsläufe« bezeichnet werden, führen kilometerweit auf weichem Sand den Strand entlang. Das Maximum, das ein BUD/S-Anwärter täglich rennt, beträgt etwa 32 Kilometer. An den meisten Tagen liegt das Laufpensum zwischen 13 und 24 Kilometer. Jeder Lauf wird von einer Meute von Ausbildern begleitet. Sie hetzen die Formation der Anwärter wie ein Rudel Wölfe eine Herde Rentiere.
Bei einem langen Lauf schieben sich die schnelleren Läufer an die Spitze der Formation, während die lahmen, müden oder konditionsschwachen zurückfallen. Nachzügler werden nicht geduldet. Bei jedem Ausflug trennen die Ausbilder die letzten 20 Prozent der Läufer vom Rest der Formation. Die abgetrennte Gruppe wird als »Goon Squad« (Deppenschwadron) bezeichnet, und ihre Mitglieder werden mit besonderer Aufmerksamkeit behandelt. Dies bedeutet oft, dass sie eine halbe Stunde länger draußen auf dem Sand zubringen müssen, wo sie im Kreis herumrennen, Liegestütze machen, am Seil hinaufklettern oder Telefonmasten durch die Brandungszone tragen müssen. Die Schwächsten und Langsamsten werden am schlimmsten behandelt. In der ersten Phase kommen die Helme unter der Glocke mehrheitlich aus der Deppenschwadron.
Jeder Anwärter muss unzählige Liegestütze machen. Jeder Verstoß gegen die militärische Etikette oder eine Verfahrensvorschrift wird mit 50 Liegestützen geahndet. Jedes Mal, wenn ein ranghöherer Teilnehmer des Lehrgangs »verdonnert« wird, müssen alle Mitglieder seiner Einheit ebenfalls Liegestütze machen. Wenn der Führer einer Boat-Crew Liegestütze machen muss, macht auch seine Crew Liegestütze. Wird der Führer des Lehrgangs verdonnert, muss der ganze Lehrgang mit ihm leiden – eine effektive Methode, Verantwortlichkeit zu lehren.
Aber nicht nur die Ausbilder sind eine Plage. Eine schlimme Strafe ist auch die Hindernisstrecke. Auf mehrere Hundert Meter Sand verteilt sind zwei

Dutzend Vorrichtungen, die aus Telefonmasten, Tauen, Ladenetzen und Stacheldraht bestehen. Durch Hindernisse mit Namen wie »Bauchrobber«, »Schimpfwort« und »Gleite um dein Leben« erwerben die Anwärter das notwendige Gleichgewichtsgefühl, die notwendigen Bewegungstechniken und das nötige Selbstvertrauen, um später die Mauern von Botschaften zu überwinden, Bohrinseln zu erklimmen und sich an Leinen entlangzuhangeln, die an untergetauchten U-Booten befestigt sind. Jedes Mal, wenn ein Anwärter die Hindernisstrecke absolviert, soll er es schneller schaffen. Ist dies nicht der Fall, kriegt er nach einem erfrischenden Bad im Pazifik und nachdem er sich durch eine Rolle im Sand gezuckert hat Gelegenheit, die Strecke noch einmal hinter sich zu bringen. Nass!

Ein weiterer hübscher Zeitvertreib der ersten Phase ist die »Bootsarbeit«. Der Lehrgang wird in sieben Boat-Crews eingeteilt und jede bekommt ein kleines Schlauchboot (Inflatable Boat, Small, abgekürzt IBS) zugeteilt. Ausgerüstet mit kapokgefüllten Schwimmwesten müssen die Bootsmannschaften in einer Serie von Rennen und Langstreckenfahrten stundenlang durch die Brandungszone paddeln. Zwar werden die Boote oft von großen Wellen emporgehoben und auf den Strand getragen und man bekommt durch das kilometerweite Paddeln Blutblasen an den Händen, aber immerhin ist die Brandungszone in der ersten Ausbildungsphase der einzige Ort, an dem die Ausbilder einem nicht ins Gesicht schreien können.

In einem Schwimmbecken von olympischen Ausmaßen, das nur für SEALs reserviert ist, werden die Anwärter als Rettungsschwimmer ausgebildet und lernen das sogenannte Drownproofing, eine Technik, mit der man sich, ohne die Arme oder die Beine zu benutzen, an der Wasseroberfläche halten und fortbewegen kann. Bei der »Übung« für das Drownproofing werden die Anwärter ins Wasser geworfen, nachdem man ihnen Hände und Füße mit Fallschirmleine gefesselt hat. Sie müssen dann 360 Meter weit schwimmen, mit den Zähnen eine Gesichtsmaske aus dem tiefen Ende des Beckens holen und 40 Minuten lang »Wassertreten«. Das alles, während sie verschnürt sind wie ein Weihnachtspäckchen.

Zwischen den Läufen, dem Schwimmen und der Arbeit in der Brandung haben die Anwärter in der ersten Phase Unterricht in Erster Hilfe, Geschichte der Sondereinsatzkräfte der US-Navy, Kommunikationstechnik, Strandaufklärung und Kartografie. Dabei wird jede Note, die schlechter ist als 3,0, als nicht bestanden gewertet. Erschöpfte Anwärter, die während des Unterrichts einschlafen, werden mit einem Eimer Seewasser übergossen und bekommen eine Tränengasgranate in die Hand. Der Ausbilder zieht den Stift, sodass der schlafbedürftige Anwärter die Hand fest um die Granate geschlossen halten muss. Nur so kann er verhindern, dass sich der Sicherheitsbügel öffnet und das Tränengas freigesetzt wird.

Die vierte Woche der ersten Phase ist die sogenannte Hell Week (die Höllenwoche). Sie beginnt am Sonntag gegen Mitternacht und endet irgendwann am folgenden Samstag. Die erste Übung von Hell Week ist der »Breakout«, wenn die Woche »ausbricht«: Die Anwärter werden von Ausbildern, die mit Schockgranaten, Artilleriesimulatoren und M-60-Maschinengewehren bewaffnet sind, aus ihren Unterkünften gescheucht. Sie müssen zum Geräusch von Maschinengewehrfeuer im Nebel von Rauchgranaten herumrennen und werden dabei aus einem Feuerwehrschlauch mit Wasser bespritzt. Explosionen krachen in der Nacht, widersprüchliche Befehle werden gebrüllt und ständig wird das Tragen anderer Uniformen befohlen. Das relativ beste Ergebnis des Breakouts besteht darin, dass die Anwärter ihr einwöchiges Martyrium damit beginnen, dass ihre gesamte Ausrüstung und all ihre Uniformteile klatschnass und sandig in Haufen auf dem Boden verstreut liegen. Die Übung soll sie desorientieren, und das tut sie auch. Während ihre Formation von den Explosionen der Schockgranaten erschüttert wird, erklingt immer häufiger die Glocke, weil verstörte Anwärter aufgeben.

In der Hell Week bekommen die Anwärter nur null bis drei Stunden Schlaf pro Tag – die ganze Woche lang. Die Übungen werden sechs Tage rund um die Uhr fortgesetzt. Die Anwärter rennen, schwimmen und paddeln und werden dabei permanent von drei Schichten von Ausbildern geschunden, die sich nach jeweils acht Stunden ablösen.

Der Lehrgang wird wieder in Boat-Crews aufgeteilt. Die Übungen heißen »Evolutions« und werden alle als Wettkämpfe durchgeführt. Jede Crew muss, wohin sie auch geht, ihr 135 Kilogramm schweres IBS mitschleppen. Und es lohnt sich, ein Gewinner zu sein. Eine Crew, die eine Evolution gewinnt, bei der zum Beispiel mit dem Schlauchboot um Coronado Island herumgepaddelt wird, darf eine Tasse Kaffee trinken oder früher essen oder ein 20-minütiges Nickerchen auf ihrem Schlauchboot machen. Die Crew, die als letzte ankommt, muss die Evolution wiederholen. Genau wie die Mitglieder der Goon Squad werden auch die Verlierer der Evolutions von den Ausbildern, die jeden Wettkampf mit Argusaugen überwachen, besonders hart rangenommen.

Die Boote müssen permanent »seefertig«, also in absolut einsatzfähigem Zustand sein. Dasselbe gilt für die Anwärter. Dies ist fast unmöglich; die Ausbilder können immer einen verdrehten Riemen an der Schwimmweste oder eine Tasche, die nicht zugeknöpft ist, finden. Auch dann setzt es Extraübungen.

Das permanente Laufen und Paddeln und Eintauchen in kaltes Wasser führt zu einem riesigen Energieverbrauch. Die Anwärter verbrennen mindestens 5000 Kalorien pro Tag und bekommen vier Mahlzeiten: Frühstück, Mittagessen, Abendessen und eine Mitternachtsmahlzeit, die als »Mid-rats« (Mitternachtsration) bezeichnet wird. Sie dürfen bei den Mahlzeiten nicht sprechen oder einschlafen. Es kommt nicht selten vor, dass ein Anwärter ohnmächtig wird und mit dem Gesicht im Haferbrei landet. Anwärter, denen das passiert, müssen die Kantine verlassen und hinaus in die Brandung.

Der Schlafmangel löst Halluzinationen aus, macht reizbar und beeinträchtigt das Urteilsvermögen. Auch dies gehört zum Lernprozess. Die Ausbilder beobachten das Verhalten genau, sie ermahnen die Offiziere zu führen und die Boat-Crews zur Zusammenarbeit. Schlechte Organisation wird nicht geduldet.

Wenn ein Mitglied einer Boat-Crew aufgibt, müssen seine Kameraden seine Last übernehmen und das 135 Kilogramm schwere Boot mit einem

Mann weniger durch die Evolutions schleppen. Alle arbeiten härter, um den verlorenen Mann zu ersetzen. Trotzdem ist das Boot langsamer.
Und das macht die Ausbilder richtig wütend.
Es liegt auf der Hand, weshalb der Verlust eines einzigen Mannes dazu führen kann, dass eine ganze Crew aufgibt. Die Hell Week ist ein Schulbeispiel für die Notwendigkeit von Teamwork.
Es ist schon vorgekommen, dass ein Lehrgang in der Hell Week 60 Prozent seiner Teilnehmer verlor. Es gibt nur sehr, sehr wenige Lehrgänge, die bei Hell Week keinen einzigen Mann verlieren. Sie bekommen den »No Bell Prize«, und die Nummer ihres Lehrgangs wird in eine Gedenktafel in der Empfangshalle von BUD/S eingraviert. Während ich dies schreibe, sind auf der Tafel vielleicht vier Lehrgangsnummern eingraviert – vier von 280 Lehrgängen.
Von allen Erfahrungen, die ein Anwärter bei BUD/S macht, ist die Hell Week wahrscheinlich die wichtigste. Er erkennt, dass der Mensch in der Lage ist, etwa zehnmal mehr zu leisten, als er zuvor für möglich gehalten hätte. Es gibt nur wenige Grenzen – und dem, was ein entschlossener Mensch zu leisten vermag, sind keine Grenzen gesetzt. Nach der Hell Week darf der Lehrgang ein T-Shirt in Auftrag geben, das mit dem Logo des Naval Special Warfare Training Command und der Nummer des Lehrgangs geschmückt ist. Wer die Hell Week heil übersteht, schafft wahrscheinlich auch den Rest der Ausbildung.
Noch gefürchteter als die Ausbilder sind Verletzungen. Für Verletzte sind wenige Vorkehrungen getroffen und es gibt keinen Genesungsurlaub. Auch ist die medizinische Betreuung nicht gerade fürsorglich. »Nimm ein Aspirin und lauf damit weiter«, ist im Lazarett der übliche Rat der Sanitäter. Mehr als einmal wurde dieser Rat einem Anwärter mit gebrochenem Bein erteilt.
Wer die Hell Week überlebt hat, beginnt mit der zweiten Phase der Ausbildung: der Landkriegsführung. Stoppuhren ticken, während die Anwärter mit verbundenen Augen ein Dutzend verschiedene Pistolen, Sturmgewehre und Maschinengewehre auseinandernehmen und wieder zusammensetzen. Die Schießausbildung ist sehr intensiv und die Anwärter werden

sowohl im Schießen auf große Distanzen als auch im Combat-Schießen, im Schießen aus der Bewegung und im taktischen Verhalten in einem Hinterhalt ausgebildet. Die Ausbildung im Nahkampf, im Gebrauch des Messers und der Garrotte und im Beschleichen von Wachtposten wird von Männern gelehrt, die all das bei Kriegseinsätzen praktiziert haben. Die Anwärter lernen Navigation zu Lande, taktisches Verhalten kleiner Einheiten, Instruktionstechniken, Aufklärung zu Wasser und zu Lande.

Die Phase endet mit einem vierwöchigen Aufenthalt auf San Clemente Island, wo die Anwärter grundlegende und fortgeschrittene Zerstörungstechniken lernen und einen einwöchigen »Krieg« führen, in dessen Verlauf sie eine Vielfalt von Zielen auf der Insel auskundschaften und sichern. Natürlich werden die Übungen mit echten Sprengstoffen und scharfer Munition durchgeführt.

Die letzte Phase der Ausbildung ist das Tauchen. Die Anwärter lernen mit Kreislauftauchgeräten und Drucklufttauchgeräten zu tauchen, werden in Unterwassernavigation, im Einsatz von Unterwasserminen, in maritimer Aufklärung und im Durchführen von Überraschungsangriffen geschult. Außerdem lernen sie, die Ausstiegsluken von U-Booten zu bedienen.

Wie es heißt, ist es eher eine Berufung als ein Beruf, SEAL zu sein, und im Rückblick ist klar erkennbar, dass es bei BUD/S weniger darum geht, willensstärker als die Ausbilder zu sein, als um den Kampf gegen sich selbst. Auch das beste körperliche Training wird nicht ausreichen, um auf den Lehrgang vorzubereiten. Gleichgültig, ob man die Ausbildung als erfolgreicher Triathlet oder als berufsmäßiger Bowlingspieler beginnt, man muss lernen, die Schinderei zu ertragen. Die Ausbilder sind immer da und sorgen dafür, dass alle über ihre Grenzen gehen. Bei allen Kämpfen geht es darum, dass ein frierender, nasser, müder und hungriger Körper noch einen weiteren Schritt macht, einen weiteren Kilometer rennt oder noch eine weitere Sprosse der Leiter erklimmt. Aufgeben ist leicht. Man braucht nur die Glocke zu läuten, und der Schmerz hört auf. Es geht immer um Selbstüberwindung.

So hart jedoch das BUD/S-Trainings auch sein mag, so viele Anwärter auch aufgeben mögen und so schwer ihnen das Leben von den Ausbildern auch gemacht werden mag, die Wirklichkeit in den Teams ist noch härter. BUD/S ist eine Übung. SEAL-Operationen in der wirklichen Welt sind Kampfhandlungen. Macht ein Anwärter in BUD/S einen Fehler, bekommt er eine Strafe und wird in die Brandung geschickt. Versagt ein SEAL bei einer realen Operation, verwandelt er sich in einen blutigen Brei.

BUD/S muss extrem hart sein. Es ist unbedingt notwendig, dass nur absolut zuverlässige Männer in die Teams kommen. Gebraucht werden Männer mit einer hervorragenden Kondition, die es gewohnt sind, Schwierigkeiten zu überwinden, und die unter härtesten Bedingungen Willenskraft und Teamfähigkeit bewiesen haben. Dies bedeutet nicht, dass BUD/S einen Haufen Roboter hervorbringen soll. Keineswegs. Die Durchhaltefähigkeit und Willenskraft, die durch BUD/S erzeugt werden, sind nicht blind. SEALs versuchen nicht, Maschinengewehrnester zu stürmen, dafür ist das Marine Corps da. Während der gesamten Ausbildung wird den Anwärtern beigebracht, clever zu kämpfen. Sie sollen den Feind an seiner schwächsten Stelle angreifen und nicht an seiner stärksten.

Zum Vorstoß in den Hinterhof des Feindes kann es nötig sein, 5 Kilometer weit zu tauchen, mit dem Fallschirm aus einem Passagierflugzeug abzuspringen oder 8 Kilometer über einen Gletscher und einen Berg zu marschieren. Schon der Weg zum Ziel kann ein Abenteuer sein. Und der Rückzug aus einem Operationsgebiet kann leicht zum Albtraum werden, insbesondere wenn man von wütenden Feinden verfolgt wird. Es ist sehr wichtig, dass jeder Mann weiß, dass er auf den Mann neben sich zählen kann. Es gibt keinen Egoismus in einem SEAL-Team.

BUD/S ist einer der ganz wenigen Lehrgänge beim US-Militär, in dem Offiziere und Mannschaften zusammen ausgebildet werden. Kurs und Lehrplan sind für Offiziere und Mannschaften identisch. Bei den Green Berets gibt es getrennte Kurse für Offiziere und Mannschaften. Beim BUD/S wird jede Phase der Ausbildung von einem Offizier überwacht, aber die eigentliche Ausbildung wird von Mannschaftsdienstgraden bestritten. Es kann mit einigem Recht gesagt werden, dass sich die Mannschaften die Offiziere aussuchen, von denen sie später geführt werden.

Nicht nur die schwachen Offiziere werden in dem Lehrgang ausgeschieden. Auch die herrschsüchtigen, impulsiven, oder rücksichtslosen schaffen den Abschluss nicht.

Naval Special Warfare ist die kleinste aller Spezialeinheiten der US-Armee und die Verbindung zwischen Offizieren und Mannschaften ist eng. Die Mitglieder von Platoons und Assault Elements reden sich mit Vornamen an. Bei der Elite der Spezialeinsatzkräfte des Militärs ist das »Militärische« auf ein Minimum reduziert.

Am Ende des Lehrgangs fand nur eine bescheidene Abschlussfeier statt. An einem warmen Septembermorgen wurde eine kleine Gruppe auf dem »Grinder« des BUD/S-Geländes versammelt. Eine Band spielte »Anchors Away«, und wir saßen auf Klappstühlen vor demselben Podium, auf dem Dick Roy sechs Monate zuvor zu uns gesprochen hatte. Freunde oder Verwandte waren nicht anwesend. Wir wurden einer nach dem anderen ausgerufen und bekamen eine Urkunde der Naval Amphibious School ausgehändigt. Die Urkunde ist eindeutig nicht zum Rahmen geeignet. Auf ihr steht nur, dass folgende Person (Name in Maschinenschrift) folgenden Lehrgang (BUD/S) bestanden hat. Mein Diplom sah aus, als hätte es 1,25 Dollar gekostet, aber für mich war es das kostbarste Stück Papier der Welt.

Wir waren nun offizielle Absolventen von BUD/S, aber wir waren noch nicht SEALs. Noch nicht. Vor uns lag noch die Army Airborne School in Fort Benning und ein mehrmonatiges Advanced-Operator-Training bei unserem jeweilige SEAL-Team. Wir mussten also noch mehrere Hundert weitere Ausbildungsstunden und eine einjährige Probezeit absolvieren, bevor wir uns den goldenen Dreizack der Navy SEALs verdient hatten.

Bis dahin waren wir F. N.Gs., Fucking New Guys: wert- und nutzlos, die Bananas aus Lehrgang 114. Doch das machte mir nichts aus. An diesem Nachmittag bekam ich den Befehl, mich beim Commanding Officer SEAL-Team Four an Bord der Naval Amphibious Base in Little Creek, Virginia, zu melden.

Ich war in den Teams und ich liebte das Leben.

Operator 156

Die Nacht war absolut schwarz: weder Mond noch Sterne und ein dünner, kalter Regen – Wassertropfen aus der Dunkelheit. Ich lag am Straßenrand, die Waffe gesichert, hörte auf jedes Geräusch, starrte mit weit offenen Pupillen ins Schwarze und wartete. Im Blätterdach der Bäume über mir rauschte der Wind. Hin und wieder, wenn eine Bö kam, fielen Blätter auf uns und die Straße herab. Wir lagen vielleicht 20 Meter von der Stelle entfernt, an der sich die zweispurige Straße verengte und scharf nach Osten abbog. Meine Gruppe, acht Shooters, waren neben mir in Stellung gegangen. Alle lagen mit gespreizten Beinen auf dem Bauch, wobei sie mit den Stiefelkappen jeweils eine Stiefelkappe des rechts und links von ihnen liegenden Mannes berührten – als Rückhalt und als Kommunikationsmöglichkeit in der undurchdringlichen Dunkelheit. Ein leises Donnergrollen im Westen kündigte ein Gewitter an. Wir lagen seit fast drei Stunden in Position. Niemand bewegte sich, niemand sprach, tödliche, sprungbereite Federn.

Unser Hinterhalt war wie ein Spielzug im Football als Schaubild auf eine Tafel gezeichnet worden. Kreise und Pfeile markierten Schussfelder, Vorstöße, geplante Rückzugswege, die Bewegungsordnung, die Vorgehensweise beim Feuern und bei der Bewegung der Einheit und zuletzt die Männer, die Leichen zählen, durchsuchen und mit Sprengstofffallen versehen sollten. An der 90-Grad-Kurve der Straße lagen zwei weitere Gruppen SEALs auf der Lauer. Sie bildeten die zwei Schenkel eines Ls. Die eine Gruppe lag an dem Stück Straße vor der Kurve und die andere an der Kurve selbst und ihrem Ausgang. Zwei Paar Schützen zielten auf den Scheitelpunkt der Kurve, bereit, den Feind ins Kreuzfeuer zu nehmen, wenn er die sogenannte Box, die Tötungszone, erreichte. Einzelne Männer waren zwischen den Bäumen hinter den liegenden Männern aufgestellt und gaben ihnen Rückendeckung. Zwei weitere Männer waren als »Stolperdrähte« je 10 Meter vor und hinter der Kurve platziert. Sie sollten melden, wenn sich die Beute näherte, und später die Falle vollends schließen, indem sie jeden niedermähten, der versuchte, aus der Tötungszone zu entkommen.

Jeder Hinterhalt ist maßgeschneidert, und dieser war für einen Jeep und einen Lastwagen und die in ihnen fahrenden Männer gelegt. Unsere Falle befand sich mehrere Kilometer innerhalb der vom Feind kontrollierten Zone, und das Gebiet, in dem wir lagen, gehörte ihm: ein Heimspiel für den Feind, ein Auswärtsspiel für uns. Wir sollten einen direkten militärischen Angriff auf den Feind durchführen, und das in einem Gebiet, das von den Scherzkeksen im Stab verharmlosend als »Non-permissive Environment (unerlaubtes Gebiet)« bezeichnet wurde. Nichts war dem Zufall überlassen, alle unsere Aktionen waren drehbuchmäßig geplant und die Bewegungen des Feindes waren vorausberechnet. Außen an der Kurve verlief ein flacher Graben, in dem die Angegriffenen vermutlich zuerst Deckung suchen würden, wenn die Falle zuschnappte. Wir hatten vier Claymore-Minen in dem Graben gelegt. Ihre Zündkabel liefen von der Straße weg und waren mit sogenannten Clackers verbunden, elektronischen Fernzündern, die neben meinem rechten Ellenbogen lagen. Heute Nacht wollten wir unsere unglücklichen Gäste mit einem jähen Kugelhagel empfangen, ihre einzige Deckung war vermint, und dann wollten wir sie ins Kreuzfeuer nehmen. Das Ende würde in einem grausamen Schwarm von Granatsplittern kommen. Der Angriff würde in mehreren Phasen ablaufen, dreidimensional und so perfekt, wie wir nur agieren konnten.

Ich hob das Nachtsichtgerät, das ich um den Hals trug, an die Augen und schaltete es ein. Es zeigte eine bleiche, seltsam sichtbare, leuchtende Nacht, die nicht mehr schwarz, sondern grün und hellgrün war. Ein Nachtsichtgerät funktioniert durch Restlichtverstärkung, aber wo wir lagen, war es so dunkel, dass das Bild schneeig war und die Kurve der Straße flach erschien. Bei Mondlicht, ja sogar Sternenlicht, wäre der Wald im Nachsichtgerät taghell gewesen. Doch diese Nacht war selbst für die Technik zu dunkel. Der Blick durch das Nachtsichtgerät war wie das Bild auf einem der ersten Fernseher aus den 1950er-Jahren. Die Bilder waren nicht richtig fokussiert, ohne Tiefe oder echten Kontrast. Ich blickte die

Straße hinauf, in die Richtung, aus der der Feind kommen musste. Ich konnte kaum etwas sehen. Die Straße nach Norden war einfach nur grün und still.

Dann jedoch waren in der Dunkelheit endlich Schaltgeräusche und ein Dieselmotor zu hören. Zwischen den Bäumen leuchtete schwaches Scheinwerferlicht auf, und das Motorengeräusch eines großen Lastwagens kam langsam näher. 50 Meter vor unserem Hinterhalt hielt der Lastwagen an. Mein Herz klopfte, als ich hörte, wie Wagentüren geöffnet und wieder zugeschlagen wurden. Die Scheinwerfer des Lastwagens hatten die Kurve erfasst und machten die Tropfen des Nieselregens sichtbar. Wir hörten im Gegenlicht der Scheinwerfer Männer reden. Ihre schwarzen Silhouetten warfen riesige Schatten in die Bäume über dem Platz, wo wir warteten. *Scheiße, scheiße, scheiße! Steigt endlich wieder in euren verdammten Lastwagen.*

Ich sah auf der Straße einen Mann auf uns zukommen. Neben mir entsicherte unser M-60-Schütze vorsichtig seine Waffe. Ich hörte deutlich, wie der Sicherungshebel von »Safe« auf »Fire« schnappte, ein leichtes Klicken, nicht lauter als der Aufprall eines Regentropfens. Der Mann auf der Straße trug ein AK-47 über der Schulter und hatte eine kleine Taschenlampe in der Hand. Ich senkte den Kopf und presste mein Kinn so tief wie möglich ins Laub. Der Lichtstrahl der Taschenlampe wanderte über die Straße; enge Kurven und steile Abhänge sind gute Stellen für Hinterhalte, und der Mann mit der Lampe suchte die schlammige Straße nach Fußabdrücken ab. Ich konnte spüren, wie meine Gruppe kollektiv den Atem anhielt. Der schwache Schein der Lampe glitt über die Kurve, und als er auf mich zuwanderte presste ich das Gesicht gegen den Schaft meines M-16. Menschliche Augen reflektieren genau wie die Augen von Tieren das Licht – die klassischen Katzenaugen, die in der Dunkelheit leuchten – also wandte ich das Gesicht ab, als der Lichtstrahl über uns hinwegglitt. Der Mann machte die Taschenlampe aus und trottete zurück zu den Scheinwerfern. Er hatte uns nicht entdeckt.

Wieder knallten Türen. Hinter dem Lastwagen ertönte ein Geräusch, wie wenn eine Kette rasselt, und wir hörten, wie der große Lastwagen und der Jeep den ersten Gang einlegten. Dann kamen sie langsam auf uns zu, zuerst der Lastwaren und etwa 3 bis 4 Meter dahinter der Jeep. Ihre Scheinwerfer warfen ein helles Licht auf den Tunnel, der von den Bäumen und ihrem Blätterdach gebildet wurde. Ich weiß noch, dass sich meine Pupillen schmerzhaft zusammenzogen, nachdem ich stundenlang mit weit offenen Augen in die undurchdringliche Dunkelheit gestarrt hatte.

Ich ließ den Lastwagen bis zu dem Baum weiterfahren, von dem ich wusste, dass er das Ende meiner Gruppe markierte. Jetzt folgte der Jeep. Als er etwa auf meiner Höhe war, stellte ich den Sicherungshebel meines M-16 mit dem Daumen auf »Automatik« und jagte eine lange Salve in das Beifahrerfenster des Jeeps. Sofort eröffnete meine Gruppe das Feuer. Die aufflackernden, grellen Mündungsblitze der Sturmgewehre beleuchteten die Umrisse des Lastwagens und des Jeeps. Das Ganze erinnerte an das Blitzlichtgewitter auf dem roten Teppich bei einer Hollywood-Premiere. Gleichzeitig machte das Feuer der Gewehre und MGs ein ungeheures Getöse. Die Kugeln, die auf die Metallkarosserien der beiden Fahrzeuge einprasselten, ließen die Funken sprühen. Die Einschläge zeigten mir, dass meine Leute ihr Feuer auf das Führerhaus des Jeeps und das Planverdeck der Lkw-Ladefläche konzentrierten, wo die meisten feindlichen Männer sitzen mussten. Der von Schüssen durchsiebte Lkw wurde langsamer. Da der Jeep dies offenbar zu spät bemerkte, prallte er auf dessen riesige hintere Stoßstange auf. Jetzt durchschlugen die Geschosse der zweiten Gruppe die beiden Fahrzeuge, was den herrschenden Höllenlärm nur noch steigerte.

Ich umfasste mit der Hand das Rohr meines M-203-Granatwerfers, der unter dem Lauf meines Gewehrs angebracht war. Ich zielte aus nächster Nähe über den Haltegriff meines M-16 hinweg auf die Motorhaube des Jeeps. Ich betätigte den separaten Abzug des Granatwerfers, und eine 40-mm-Granate schoss aus dem Rohr. Sie riss das Planverdeck vom Fahrzeug herunter und zerfetzte es in tausend Stücke. Der Jeep bockte und wurde ein Stück nach hinten geschleudert, wobei er sich einmal um sich selbst drehte, auf die Seite kippte und dann liegen blieb. Ein Scheinwerfer war völlig zerstört, der andere leuchtete jetzt auf seltsame Weise direkt in den Himmel. Der Beschuss ging immer noch weiter. Trotz des ohrenbetäubenden Lärms achteten dabei die Mitglieder der beiden Gruppen aufeinander. Wenn sie merkten, dass andere gerade nachluden, schossen sie schneller, wenn diese dann das Feuer wiederaufnahmen, verringerten sie ihre Feuerrate. Vom unteren Teil des L waren plötzlich zwei laute Explosionen zu hören. Zwei Panzergranaten trafen das Vorderteil des Lkw. Die erste schlug in den Kühler ein und schleuderte die Motorhaube in die Bäume über unseren Köpfen. Die zweite Granate flog durch die zersplitterte Windschutzscheibe und explodierte im Fahrerhaus. Dabei wurden die beiden Türen aufgerissen und aus der Kabine schlugen orangefarbene Flammen. Der lichterloh brennende Lastwagen blieb ruckartig stehen, wobei er halb von der Fahrbahn herunterrutschte.

Seit dem Beginn des Feuerangriffs waren etwa 40 Sekunden vergangen. In dieser Zeit waren der Geräuschpegel und die Kugelhagel fast völlig gleich geblieben, was die hohe Feuerdisziplin meiner Männer bewies.

Ich rollte mich auf die Seite und griff nach den Claymore-Clackers. Zur Zündung drückte ich gleichzeitig auf alle vier M-57-Zündmaschinen, die dabei die Klacklaute verursachten, nach denen sie im Soldatenjargon »Clackers« genannt wurden. Sofort jagten mit ungeheurem Getöse rote Blitze durch die Nacht, als die M18A1-Antipersonenminen direkt neben der Straße explodierten. Hunderte von Stahlkugeln schossen aus den Claymores heraus, durchsiebten die Fahrzeuge und rissen sogar das Reifengummi von den Felgen des Jeeps herunter. Die Minenkugeln trafen jetzt alle Orte, die von den Gewehrgeschossen nicht erreicht werden konnten. Die gesamte Tötungszone war jetzt ein einziges Inferno aus Feuer und Stahl.

Die Detonation der Minen war für die zweite Gruppe das Signal, das »Feuer zu verlegen«. Sie zielten jetzt auf den Bereich links und rechts der Straße, hinter den Fahrzeugen und auf der Innenseite der Kurve.

Ich stand auf und stieß die Männer unmittelbar rechts und links von mir ganz leicht mit dem Fuß an. Ihnen etwas zuzurufen, wäre im Getöse der Gewehre absolut nutzlos gewesen. Im Licht des brennenden

Lastwagens befahl ich meiner Gruppe per Handzeichen, in geschlossener Linie vorzurücken. Wir traten aus unserer Deckung auf die offene Straße hinaus und schossen dabei aus der Hüfte. Jeder, der vor unserem Angriff floh, würde über die Fahrbahn hinüberwechseln und direkt in den Hinterhalt hineinstolpern, den die zweite Gruppe gelegt hatte. Ich konnte beobachten, wie Leuchtspurgeschosse auf Hüfthöhe durch die gegenüberliegenden Bäume fegten und dem Feind jede Deckung oder Fluchtmöglichkeit verwehrten. Wir erreichten die brennenden Fahrzeuge. Im Umkreis des Lkw und des Jeeps waren keinerlei Bewegungen zu erkennen.
Mitten auf der Straße führte ich mit dem Daumen ein Leuchtgeschoss in meinen Granatwerfer ein, zielte mit der Waffe direkt nach oben und drückte ab. Der Leuchtsatz erhob sich in den Himmel und zog dabei einen regelrechten Funkenregen hinter sich her. Schließlich leuchtete er hell auf und sank langsam an einem Fallschirm wieder nach unten, wobei er die Fahrzeugwracks in helles Licht tauchte. Ich rief: »Feuer einstellen!« Der Befehl wurde entlang der gesamten Angriffsreihe wiederholt und das Schießen hörte sofort auf, als ob jemand einen Schalter umgelegt hätte. Plötzlich war die Nacht auf unheimliche Weise wieder völlig still, nur meine Ohren klingelten. Die Grillen, Nachtvögel und offenbar auch der Regen waren von unserem entsetzlichen Angriffslärm zum Schweigen gebracht worden. Eine ganze Weile war das Zischen des langsam vom Himmel herunterschwebenden Leuchtgeschosses das einzige Geräusch.
Jetzt kam auch die zweite Gruppe aus ihren Verstecken hervor. Unter dem taumelnden Licht des Leuchtgeschosses konnte ich durch die Lüftungsöffnungen ihrer Gewehre erkennen, dass deren Gasrohre rot glühten. Die Männer traten in den Lichtkreis der eigentümlich verdrehten Scheinwerfer. Ihre Gesichter waren schwarz und grün bemalt. Ihre Augen waren weit geöffnet und zeigten eine beinahe gelbe Farbe. Alle standen noch unter Strom, das Adrenalin pochte durch ihre Adern und erzeugte ein eigentümliches Hochgefühl. Einer grunzte. »Yeah, Mann – denen hab ich's gegeben.« Er klang wie ein südstaatlicher Redneck bei einem Konzert der Southern-Rock-Band Molly Hatchet.

Ich schaute mich um, während ich ein neues Magazin ins Gewehr rammte. Der Angriff war perfekt verlaufen. Die Fahrzeuge waren vollständig zerstört worden. Der Jeep lag jetzt vollends auf dem Dach und der Lastwagen brannte neben der Straße. Fast jeder Quadratdezimeter der beiden Fahrzeugkarosserien war von Kugeln durchsiebt oder von den tödlichen Schrapnellen der Claymore-Minen durchlöchert worden.

Ich befahl: »Gewehre sichern! Such-Trupps ausrücken!« Zwei Zwei-Mann-Teams begannen, die Toten zu suchen und zu zählen, während sich der Rest der beiden Gruppen an der Straße entlang verteilte. Die Männer gingen in Deckung und luden ihre Waffen nach. Sie waren jetzt bereit, jeden Feind, der vom Lärm unseres Hinterhalts angelockt werden sollte, gebührend zu empfangen.

Plötzlich gingen auf der Straße links und rechts von uns Scheinwerfer an. In ihrem Schein sah ich Männer stehen. Einer steckte sich eine Zigarette an. Das waren jedoch keine Feinde, sondern Mitglieder der Ausbildungsabteilung des SEAL Teams Four. Unser Hinterhalt war ein letzter Test im Rahmen des AOT (Advanced Operator Training), eines der höchst realistischen Szenarien, die alle SEAL-Züge im Rahmen dieses Trainingskurses zur Vorbereitung ihrer späteren Einsätze durchlaufen müssen. Die Mitglieder der »Kader«, wie man die Ausbilder des AOT nannte, beobachteten die überfallenen Feindfahrzeuge, während wir diese durchsuchten. Die Kader hatten die gesamte Operation, das Legen des Hinterhalts und unseren Angriff genau verfolgt. Jetzt überprüften sie, ob wir den Einsatz in der vorgegebenen Zeit abgeschlossen hatten. Ich ließ mich auf Hände und Knie nieder und schaute in den auf dem Kopf liegenden Jeep hinein. Hinter dem Lenkrad saß ein lebensgroßer »weiblicher« Dummy, der eine 5,56-mm-Kugel direkt ins »Gesicht« abbekommen hatte. Auf dem Bodenblech unter dem Beifahrersitz lag ein billiger Plastikaktenkoffer voller Papiere und Karten. Ich zerrte ihn mit einiger Mühe heraus, während mein Funker den Dummy aus dem Jeep zog und auf die Straße legte.

Sowohl der Lkw als auch der Jeep waren von solchen Dummys »gesteuert« worden. Tatsächlich war der Jeep vom Lastwagen an einer 6 Meter langen Kette gezogen worden. In die Straße in diesem speziell für ein solches Hinterhalt-Training angelegten Übungsgelände waren mit Holz verkleidete, 30 Zentimeter tiefe Spuren eingegraben, in denen die Reifen der beiden »Feind«-Fahrzeuge gerollt waren. Den Lastwagen hatte man in den ersten Gang geschaltet und dann langsam losfahren lassen, wobei er den Jeep in unseren Hinterhalt schleppte. Die »Passagiere« waren Dummys oder sogar nur einfache Pappkameraden. Bis die Granaten in sie einschlugen, konnten die Fahrzeuge wie bei einer Modellrennbahn nur in ihren Spuren mitten auf der Straße rollen.

Ich reichte den Aktenkoffer einem Schützen, während ein Kader mit einer Taschenlampe auf die Ladefläche des Lkw und unter und in die auf dem Kopf stehenden Sitze des Jeeps leuchtete. Er wollte sichergehen, dass jeder Dummy und jeder Pappkamerad wenigstens ein Einschussloch aufwies. Es wurde erwartet, dass man auf unbeschädigte Ziele oder Dummys noch einmal aus nächster Nähe einen sogenannten »Sicherheitsschuss« abgab.

Innerhalb von zwei Minuten waren beide Fahrzeuge durchsucht, alle Gegenstände von nachrichtendienstlichem Wert geborgen und auf unversehrte Zielpersonen ein Schuss abgegeben worden. An einigen Dummys wurde dann eine versteckte druckempfindliche Sprengladung angebracht, die jedem eine äußerst unangenehme Überraschung bereiten sollte, der die »Leichen« bergen wollte. Diesen fiesen Trick hatten die amerikanischen Soldaten vom Vietcong gelernt.

Als alles erledigt war, versammelten sich die beiden Gruppen auf der Straße und bildeten eine Marschkolonne. Als wir abrückten, begann es zu regnen, und vom immer noch brennenden Lkw stieg dunkler Rauch in den finsteren Himmel auf. 40 Minuten später wurden wir von einem Hubschrauber ausgeflogen, der uns zu einem SEAL-Stützpunkt auf einem Übungsgelände der US-Army tief in den bewaldeten Bergen von Zentral-Virginia brachte. Dort führten wir eine Einsatznachbesprechung durch, reinigten unsere Waffen und gönnten uns ein Bier, während die aufgehende Sonne den letzten Tag unserer 16-wöchigen harten Ausbildung einleitete. Ich erinnere mich, dass ich mich an diesem kalten Frühlingsmorgen zum ersten Mal wie ein richtiger SEAL gefühlt habe.

Ich wurde erst Anfang Dezember 1981 dem SEAL Team Four zugeteilt. Nach meinem erfolgreichen Abschluss des BUD/S wurde ich erst mit einigen anderen Offizieren der Klasse 114 zur Naval Amphibious Base in Coronado abgestellt. Dort sollten wir wieder einmal als Versuchskaninchen dienen. Dieses Mal sollten wir an einem neuen akademischen Ausbildungsprogramm teilnehmen, das uns zu besseren Special Warfare Officers, also Offizieren für spezielle Kriegführung, machen sollte. Eigentlich hätte ich gerne sofort meine erste Kommandostelle angetreten. Ich muss jedoch zugeben, dass wir BUD/S-Abgänger noch für keinen eine große Hilfe gewesen wären. Wir waren ja noch nicht einmal SEALS, sondern 1180er, also nur Naval Special Warfare Officers auf Probe: »Kaulquappen«. Die sechs Monate BUD/S-Ausbildung hatte uns im Grund nur zu körperlich unbesiegbaren Schwachköpfen gemacht und uns fehlten noch weitgehend die Kenntnisse und das Wissen, die wir als echte SEALs benötigen würden. Wir sollten bald merken, was wir alles noch nicht wussten.

Am Montagmorgen nach meinem Abschluss wurde ich temporär zur Naval Amphibious School abgestellt, die auf der anderen Straßenseite des BUD/S-Geländes lag. Die nächsten beiden Monate würde ich acht Stunden am Tag eine gründliche Ausbildung in der Planung von Spezialoperationen und politischer Kriegsführung erhalten. Der Lehrgang in Politischer Kriegsführung trug früher den Titel »Aufstandsbekämpfung«. Angeblich hatte man den Namen geändert, als ein Reporter aus San Diego das Kursprogramm der Amphibious School in die Hände bekam und daraufhin einen Artikel schrieb, in dem er die Ausbildung mit der der berüchtigten School of the Americas verglich. Unsere Dozenten versicherten uns, dass der Kurs in politischer Kriegführung ein BUD/S für unser Gehirn werden würde. Von Anfang an wurde uns eine ungeheure Menge Stoff vermittelt, und die verbindliche Lektüreliste war sehr umfangreich. Alles, was uns beigebracht wurde, war jedoch im höchsten Maße faszinierend.

Am ersten Unterrichtsmorgen schrieb ein Ausbilder zwei japanische Kanji-Schriftzeichen an die Tafel: *Bunbu Ichi.* Das sei eine Maxime der Samurai, die sich ungefähr mit »Harmonie von Schreibpinsel und Schwert« übersetzen ließe. Wir seien hier, um zu lernen, dass ein härteres Kämpfen ein klügeres Kämpfen erfordere. Bevor wir als »Militärpilger« in die Welt hinausgehen könnten, müssten wir uns erst einmal als Schüler bewähren.

Die ersten Bücher, die wir lesen mussten, waren soziologische Arbeiten über bäuerliche Gesellschaften. Wir lasen Karl Marx' *Grundrisse der Kritik der politischen Ökonomie* und das nur schwer zugängliche *Kapital.* Dieses Buch und die dahinterliegenden Ideen sind wahrscheinlich der größte Schwindel, der jemals der Menschheit aufgeschwatzt wurde. Die Lektüre machte uns keineswegs zu guten Kommunisten, vermittelte uns jedoch die Grundlagen des dialektischen Materialismus. Unsere Dozenten sorgten dafür, dass wir die Motivation der kommunistischen Aufstände verstanden und begriffen, dass hinter ihrem bewaffneten Kampf doch etwas Fortschrittliches steckte. Ob wir nun mit dem Prozess oder dessen Ergebnis übereinstimmten oder nicht, wir sollten wenigstens begreifen, dass unsere Feinde dadurch ein besseres Leben aufbauen wollten. Der Marxismus war zwar als nicht funktionierendes, unterdrückerisches Regierungssystem abzulehnen, aber viele betrachteten ihn dennoch als eine grundlegende Methode der soziologischen und historischen Analyse. Die Leute, gegen die wir kämpfen würden, glaubten tatsächlich an diesen ganzen Schwachsinn. Wenn wir sie besiegen wollten, mussten wir verstehen, weshalb und wofür sie kämpften.

Wir lasen die Bücher über Guerillakriegsführung von deren Meistern Mao Tse-tung, Lin Piao und Ché Guevara. Wir verfassten Kommentare über Artikel von Hồ Chí Minh und militärische Lehrbücher von General Võ Nguyên Giáp, dem Oberbefehlshaber der nordvietnamesischen Armee. Wir studierten die mehrphasigen Angriffe während der Tet-Offensive von 1968. Unsere Instruktoren, von denen einige bei die Tet-Offensive auf amerikanischer Seite dabei gewesen waren, erklärten uns, dass der Vietcong von den Nordvietnamesen zu diesen selbstmörderischen Angriffen ermutigt worden sei. Zwar war die Tet-Offensive auch eine militärische Niederlage für den Norden, aber gestorben waren dabei hauptsächlich Angehörige des Vietcong. Genau dies hätten die Nordvietnamesen beabsichtigt. Die Offensive sollte den Vietcong weitgehend liquidieren, da der Norden ihn für einen ziemlich unzuverlässigen Verbündeten hielt. Unsere Ausbilder behandelten jedoch auch ganz offen die amerikanischen Fehler und Fehlschläge in Vietnam. So habe das amerikanische Phoenix-Programm, das die Führung des Vietcong aufspüren und liquidieren sollte, den Nordvietnamesen in die Hände gespielt. Die Unfähigkeit der amerikanischen Führung zu begreifen, was vor Ort im Feld tatsächlich vor sich ging, wurde ebenfalls kritisch erörtert. Amerika hatte den Krieg in Südostasien nicht nur verloren, wir hatten den Nordvietnamesen sogar mit zum Sieg verholfen. Sollte es tatsächlich noch Zweifel gegeben haben, ob der Vietcong von der nordvietnamesischen Armee tatsächlich als Verbündeter betrachtet worden war, wurde diese Frage nach dem Fall von Saigon rasch geklärt, als Zehntausende Vietcong-Kämpfer, deren Kader und Intellektuelle von den Eroberern aus dem Norden gefangen genommen und in Umerziehungslager gesteckt wurden.

Schließlich wurden auch Themen behandelt, die näher an unserem Heimatland lagen. Lateinamerika ist wahrscheinlich das Testlabor der politischen Kriegsführung für die ganze Welt. Wochenlang befasste sich unser Unterricht mit den Ursachen und Folgen der *Revolución*. Wir erhielten eine Einführung in die katholische Revolutionstheologie und die wirtschaftlichen Auswirkungen der herrschenden Oligarchien in Mexiko, Panama, El Salvador, Kolumbien und Nicaragua. Wir studierten die Operationen Pancho Villas in Mexiko und Augusto Sandinos in Nicaragua. Wir untersuchten Perus damalige Tragödie, den maoistischen Aufstand des *Sendero Luminoso*, des »leuchtenden Pfads«. Die kubanische Revolution verdeutlichte die Macht von *La Idea*. Ganze elf Mann hatten Fidel Castros erste Landung an der Westküste der Insel überlebt. In den vier folgenden Jahren gelang es Castro jedoch, die bestbewaffnete Militärdiktatur Lateinamerikas zu stürzen, eine wahrhaft beachtliche Leistung. Anhand von Castros Triumph wurde uns verdeutlicht, dass diese Jungs geborene Revolutionäre waren.

Als Nächstes untersuchten wir die Verhältnisse in Mittelamerika. Dabei wurden wir zuerst ausführlich über den Aufstand in El Salvador aufgeklärt, der damals gerade seinem Höhepunkt zustrebte. Zwei Jahre später sollte einer unserer Ausbilder, der SEAL-Commander Albert Schaufelberger, in den Straßen von San Salvador einem Attentat zum Opfer fallen. Wir studierten das *Minihandbuch der Stadtguerilla* des brasilianischen Revolutionärs Carlos Marighella. Vor allem interessierte uns dabei, dass er darin Ché Guevaras Aufforderung aufgriff, »zwei, drei, viele Vietnams zu schaffen«, um auf diese Weise Uncle Sam zu bekämpfen. Damals steckte der Drogenterrorismus noch in seinen Anfängen. Trotzdem studierten wir bereits die Organisationsstruktur und Vorgehensweise des Medellín- und des Cali-Kartells. Vor allem befassten wir uns in allen Einzelheiten mit mehreren Mordanschlägen und Bombenattentaten, die diesen Drogenkartellen zugeschrieben wurden, und mit ihrem sich damals anbahnenden Bündnis mit der FARC, den *Fuerzas Armadas Revolucionarias de Colombia* (Revolutionäre Streitkräfte Kolumbiens).

Wir lernten, dass der Terrorismus keine Strategie und kein Selbstzweck war, sondern eine Taktik zur Erreichung eines höheren Ziels. Der Terrorismus war der Krieg der Machtlosen gegen die Unschuldigen. Es lag in der Natur dieser asymmetrischen Kriegführung, dass die Terrorakte Provokationen waren, ob es sich dabei nun um eine Handgranatenexplosion auf einem belebten Markplatz oder die Zerstörung des World Trade Center handelte. Diese Taten waren vor allem deshalb so empörend, blutig und gewaltsam, weil sie schockieren sollten. Terrorakte waren als bewaffnete Propaganda anzusehen, als Nadelstiche, die einen Nachhall weit über ihre militärische Bedeutung hinaus finden sollten. Jede terroristische Aktion hatte politische Konsequenzen als Ziel. Und stets sollten die genau kalkulierten Gräuel eine übermäßige Reaktion der Unterdrücker provozieren. Der Feind trug dabei verschiedene Namen: Yankee-Imperialist, Neokolonialist, kapitalistischer Ausbeuter, Ungläubiger oder Großer Satan. Man erinnerte uns immer wieder daran, dass *wir* der Ewige Erzfeind waren. Die Ausbilder bläuten uns ein, dass der Terrorismus immer in einem politischen Kontext gesehen werden müsse. Trotzki hatte es am besten ausgedrückt: »Der Terror ist politisches Theater.«

Auch hier studierten wir wieder die wichtigsten Lehrmeister. Wir arbeiteten ausgewählte Passagen von Marx, Lenin und Mao über die Dynamik und den politischen Nutzen des Terrorismus durch. Wir untersuchten die nah- und mittelöstlichen Terrororganisationen einschließlich des Schwarzen Septembers und der PLO (Palestine Libaration Organization, die Palästinensische Befreiungsorganisation) in all ihren Decknamen und Tarnungen. Wir machten uns mit mehreren europäischen Terrorgruppen vertraut, die damals eine große Wirkung erzielten: die RAF (Rote Armee Fraktion) oder Baader-Meinhof-Gruppe, die baskische ETA (Euskadi Ta Askatasuna, baskisch für »Baskenland und Freiheit«) und die italienischen Roten Brigaden. Man erzählte uns, dass alle europäischen Terrorgruppen entweder unter der operationellen Kontrolle des KGB stünden oder zumindest von ihm logistische Unterstützung erfahren würden. Warum unterstützte der KGB nun aber solche nihilistischen und offensichtlich kriminellen Banden? Der orthodoxe Marxismus lehre, dass Gewalt das einzig legitime Instrument des politischen Wandels sei. In geografischen Gebieten von strategischem Interesse seien Befreiungskriege Stellvertreterkonflikte zwischen dem Osten und dem Westen. Eine Marionette kämpfe gegen die andere. Dabei gehe es im Grunde nur um Macht. Dies sei das Große Spiel. Wenn wir dies verstanden hätten, würden wir auch den ganzen Prozess verstehen.

Nachdem man uns mit den Gründen und Arten der Revolution bekannt gemacht hatte, bekamen wir eine Einführung in die drei wichtigsten Gegenmaßnahmen: Taktische Aktionen, psychologische Kriegsführung und ziviler Aufbau. Diese miteinander verbundenen und sich oft sogar überlappenden Sphären ließen sich in etwas derberer Sprache ungefähr so beschreiben: ihnen in den Arsch treten, die Welt davon überzeugen, dass alles, was man tat, einfach wunderbar war, und in aller Stille die politischen und wirtschaftlichen Mängel und Fehler beseitigen, die die Guerillas überhaupt erst in die Berge getrieben hatten. Für diese Prozesse würde man später einen eigenen Begriff prägen: Nation Building, Nationenbildung.

In den letzten drei Wochen absolvierten wir einen Kurs, in dem man uns die genaue Planung von Operationen zur politischen Kriegsführung beibrachte. Dabei galt es alle möglichen logistischen Überlegungen zu berücksichtigen, was zu einem ungeheuren Ausstoß von Planungsstudien führte. Fast jede vorstellbare Operation war ja bereits geplant, durchgeführt und in allen Einzelheiten analysiert worden. Um einen Überblick zu gewinnen, machte man uns mit der Buchreihe der Naval Warfare Publications for Special Operations bekannt. Diese NWPs waren Lehrbücher, die eine Vielzahl der Einsätze behandelten, die wir während unseres Kriegs auf San Clemente Island durchgeführt hatten: das Auskundschaften des Gegners, Entführungen, Gefangennahmen, Bombenattentate und Mordanschläge. In solchen Fällen liebt es das Militär bekanntlich, Euphemismen zu benutzen. Auch hier wurden also diese schmutzigen Tricks mit beschönigenden Ausdrücken bezeichnet: Aufklärung und Überwachung, das Entern eines Schiffs, Suche und Festnahme, Abfangen von Personen, Aktionen gegen Führungsinfrastrukturen und Sabotage auf See. Alle diese Missionen liefen unter dem Oberbegriff »Operations other than War« (nicht kriegerische Operationen), die im deutschen Sprachraum ähnlich euphemistisch meist als »Operationen zur Friedenssicherung und Krisenbewältigung« bezeichnet werden.

Wir erarbeiteten detaillierte Zeit-Ort-Aktion-Untersuchungen, sogenannte Phasendiagramme berühmter Spezialoperationen. Unsere Lieblingsoperation war dabei der norwegische Partisanenangriff auf die Herstellungsanlage für schweres Wasser der Norsk Hydro in Telemark während des Zweiten Weltkriegs. Manche meinen sogar, dass dieser Klassiker der nicht konventionellen Kriegsführung Nazi-Deutschland daran gehindert habe, die Atombombe zu entwickeln. Wir studierten sowohl alliierte Erfolge als auch Niederlagen. Ganz genau befassten wir uns mit dem »Unternehmen Eiche«, bei dem ein SS-Kommando Mussolini befreit hatte. Außerdem rekapitulierten wir die Geschichte der italienischen Decima MAS, der 10. Schnellboot-Flottille, die bei ihren Einsätzen im Mittelmeer auch mithilfe ihrer Mini-U-Boote und bemannten Torpedos insgesamt 86000 Bruttoregistertonen alliierte Kriegsschiffe und 130000 BRT (Registertonnen) alliierte Handelsschiffe versenkte. Wir erstellten jedoch auch Phasendiagramme von neueren Operationen. Unserer Klasse wurde sogar die vertrauliche Analyse des Debakels der

US-Spezialkräfte beim Einsatzpunkt Desert One in der iranischen Wüste zugänglich gemacht, als die Operation zur Befreiung der Geiseln in der amerikanischen Botschaft in Teheran auf katastrophale Weise scheiterte. Aus der Katastrophe von Desert One wurden zwei Schlussfolgerungen gezogen. Erstens: Alles, was schiefgehen kann, geht auch schief. Deshalb muss man bei der Planung mögliche Fehler einkalkulieren. Zweitens: Es genügt nicht, dass die beteiligten Männer den Plan überleben. Der Plan muss auch die Fehlentscheidungen und Schnitzer der Männer überleben. Uns wurde beigebracht, wie man eine Mission von hinten nach vorne plant, also beim erfolgreichen Abschluss einer Operation beginnt und sich dann zu deren Beginn vorarbeitet und dabei die kritischen Punkte und Verknüpfungen erkennt. Wir lernten, alle Eventualitäten einzuplanen, gemeinsame und verbundene Operationen zu koordinieren und ein vollständiges Missionsprofil zu erstellen, das die folgenden Punkte enthielt: Aufgabenverteilung, Planung, Probedurchlauf, Bereitstellung, Einschleusung, Aufklärung, Aktionen am Ziel, Ausschleusung, Abzug und Einsatznachbesprechung.

Jeder von uns trug aus diesem Kurs Bücher im Gesamtgewicht von 25 Kilo nach Hause. Man schärfte uns ein, dass Special Warfare Officer keine Tätigkeit sei, bei der die richtige Einstellung genügen würde, sondern ein hochprofessioneller Beruf, der ein lebenslanges Lernen erfordere. Was wir in diesem Kurs gelernt hätten, sei also nur als Einführung gedacht gewesen. Es werde von uns erwartet, unsere Literatur-, Taktik- und naturwissenschaftlichen Studien weiterzuverfolgen, die wir in unserem Job benötigten. Wir würden uns ständig weiterbilden müssen, um zu absoluten Spezialisten in unserem Fach zu werden. Ich verließ den Kurs mit der Erkenntnis, dass ich bisher keinen blassen Schimmer von den wirklichen Erfordernissen meines Berufs gehabt hatte. Wir spielten in der Oberliga mit. Wir gehörten nun zur absoluten Spitze.

Den Monaten in der Amphibious School folgte eine intellektuell weniger anspruchsvolle Herausforderung: das Abspringen von einem Flugzeug. Obwohl die Navy damals ihre eigene Springerschule in Lakehurst, Virginia, hatte, wurden die BUD/S-Absolventen zur Airborne School der Army in Fort Benning, Georgia, geschickt. In Benning bildet die Army ihre unterschiedlichen Einheiten von Fallschirmjägern aus. Die Springerausbildung ist deshalb ein Höhepunkt in der Laufbahn vieler junger Soldaten. Für die BUD/S-Absolventen ist sie jedoch ein Kinderspiel und eine Zeit, in der sie gelegentlich über die Stränge schlagen können. Da ganze BUD/S-Klassen nach ihrem Abschluss gemeinsam auf die Springerschule geschickt wurden, versuchte die Army, sie möglichst zu trennen. Wann immer möglich, wurden die BUD/S-Absolventen aufgeteilt. In einer Kompanie von Fallschirmspringer-Lehrlingen sollte nicht mehr als ein Frog sein. In Fort Benning trainierten Mitglieder aller Teilstreitkräfte. In den Ausbildungsbataillonen gab es Recon Marines, Air Force ParaRescuemen (Luftwaffenfallschirmretter), Kadetten und Seekadetten aus West Point und Annapolis und sogar einige Männer von der Küstenwache. Aber keiner veranstaltete in der Springerschule ein solches Remmidemmi wie die Navy-Leute. Und die Army wusste das. Aus diesem Grund wurden alle BUD/S-Absolventen, ob Offiziere, Unteroffiziere oder Mannschaftsdienstgrade, wie Kriegsgefangene voneinander getrennt, in der Hoffnung, dass sich die »Tadpoles«, die Kaulquappen, nicht zusammenrotteten und gemeinsam irgendwelchen Unsinn anstellten.

Als ich in Fort Benning eintraf, wurde mein Marschbefehl abgestempelt und man befahl mir, mich sofort zum Verbindungsoffizier der Seestreitkräfte, einem Major der Marines, zu begeben, dem man ansah, dass mit ihm nicht gut Kirschen essen war. Ich betrat sein Büro und salutierte. Er nahm seine Füße nicht vom Schreibtisch. Er sagte nur zu mir: »Bauen Sie hier keine Scheiße, Mr Pfarrer. Spielen Sie den Ausbildern keine Streiche, unterlassen Sie jeden Schabernack, sabotieren Sie keine Fahrzeuge und beschädigen Sie kein Bundeseigentum. Ich werde kein Verhalten dulden, das der Ordnung und der Disziplin zuwiderläuft.« Letzteres war ein bei den Marines gebräuchlicher Ausdruck, von dem wir beide wussten, dass er direkt aus dem Artikel 134 des Uniform Code of Military Justice, dem Einheitlichen Gesetzbuch der Militärgerichtsbarkeit, stammte. Der Artikel 134 war der sogenannte *General Article*, den man immer dann als

Grundlage einer Anklage benutzte, wenn man *irgendetwas* gegen jemanden vorbringen wollte.

Der Major zählte dann einige Streiche auf, die auf das Konto der letzten Klassen von BUD/S-Absolventen gingen. So hatten sie Spruchbänder an den 75 Meter hohen Sprungtürmen aufgehängt, auf denen »beat army« (Schlagt die Army) zu lesen war. Sie hatten die Autos der Ausbilder mit Aufklebern bepflastert, auf denen »gay« (schwul) und »proud« (stolz) stand, Straßenschilder übermalt und »hire the handicapped« (Stellt die Behinderten ein) auf den Parkplatz eines Offiziersklubs gepinselt. Der Major sollte in vier Wochen versetzt werden und er wollte bis dahin eine ruhige Kugel schieben. Er teilte mir mit, dass ich ab jetzt auf der kurzen Liste seiner Hauptverdächtigen stehen würde, wenn er seine Zeit hier nicht in Ruhe und Frieden verbringen könne. Wir wussten beide, dass man mir die wertvolle Bezeichnung »1180er« entziehen würde, wenn ich den Springerkurs nicht bestehen oder aus irgendeinem anderen Grund zurückgestuft werden würde. Wenn ich jedoch diese vier Ziffern verlor, würde man mich zur Navy schicken. Ich konnte mir nichts Schlimmeres vorstellen. An der Art, wie der Major seine niedrige, faltige Stirn runzelte, konnte ich erkennen, dass er nichts lieber tun würde, als mich auf einen trübsinnigen, grauen Zerstörer zu versetzen. Ich versprach ihm also, mich gut zu führen, und salutierte. Er dachte nicht daran, den Gruß zu erwidern. Als ich sein Büro verließ, rief er mir nach, ich solle mir die Haare schneiden lassen.

Die SEALs beschreiben die Springerschule oft als ein zweitägiges Training, für das man ganze drei Wochen angesetzt habe. Es gab eine Menge Leerlauf und einen Haufen kleinlicher Schikanen, die jedoch einem BUD/S-Absolventen nur ein müdes Lächeln abnötigten. Nach sechs Monaten am Strand von Coronado konnten uns die Fallschirmausbilder mit kaum etwas schrecken. Bei ihnen musste man höchstens zehn Liegestütze machen und es gab keine Brandungsfolter. Außerdem würden wir in drei Wochen wieder bei unserer guten alten Navy aufwachen und die Zeit bei der »Dogface Army« wäre vorbei. In diesen drei Wochen versuchten wir hauptsächlich, Mittel und Wege zu finden, wie wir die Ausbilder aufziehen könnten, eine Truppe von hartgesottenen Fallschirmjäger-Unteroffizieren, die man kollektiv als »Black Hats« bezeichnete, weil sie alle eine schwarze Kappe trugen.

Wir machten lange Dauerläufe, absolvierten gymnastische Übungen und sprangen von Plattformen, Türmen und Flugzeugattrappen ab. Hauptsächlich übten wir endlos Fallschirmlandungen und die »Landerolle«. Wir rollten uns nach vorne, nach hinten, nach rechts und nach links ab. Dabei wurden wir schikaniert und angeschrien. Der dreiwöchige Lehrplan lässt sich so zusammenfassen: Steh auf, hak dich ein, geh zur Flugzeugtür, springe ab und zähle auf vier. In der Mitte der dreiwöchigen Ausbildungswoche fiel mir auf, dass ich tatsächlich langsam fett wurde.

Die Black Hats taten dabei ihr Bestes, um uns einen reinzuwürgen, und ihr Humor war tatsächlich legendär. Mein Black-Hat-Lieblingsspruch war: »Fall auf dein Gesicht, Navy, und hör auf, mich anzuschauen, als ob ich dir Geld schulden würde.« Ihr Hauptmittel, sich unsere Aufmerksamkeit zu sichern, war die Verhängung von Liegestützen. Das galt allerdings nicht, wenn wir unsere Fallschirme auf dem Rücken trugen. Dann war ihre bevorzugte Bestrafung das sogenannte »Schlag an deine Stiefel«. Dabei mussten wir in die Hocke gehen und uns mindestens zehn Mal an unsere Springerstiefel schlagen. Sie glaubten wohl, dass dies äußerst unangenehm wäre, wenn der Sprungschüler seine Fallschirmausrüstung auf den Rücken geschnallt hatte, die fast 20 Kilogramm wog. Für uns waren jedoch diese Bestrafungen lächerlich, und die Black Hats wussten das auch.

Mike Heyward war der einzige Offizier aus der Klasse 114, der meinem eigenen Bataillon zugeteilt war. Etwa ein Dutzend andere Typen aus der 114 waren über mehrere unterschiedliche Kompanien verstreut. Womit auch immer unsere Ausbilder uns körperlich piesacken wollten, es machte uns überhaupt nichts aus. Während unsere Mitschüler nach Dienst durch die Kaserne humpelten und ihre Wehwehchen einsalbten, trafen sich die Mitglieder der Klasse 114 und absolvierten zum Jux 22-Kilometer-Läufe. Schlag an deine Stiefel, Navy.

In der zweiten Ausbildungswoche sprangen die Fallschirmschüler von immer höheren Plattformen und Türmen. Am Ende standen Sprünge von den 75 Meter hohen Türmen, die aus unerfindlichen Gründen »Mock Towers«, also »Turmattrappen« genannt wurden. Ich fand nie heraus, warum sie so hießen. Mir schienen sie ganz schön real zu sein. Und verdammt hoch. Bei den Sprüngen von diesen Türmen wurde die Spitze des Fallschirms mit einem Karabinerhaken in ein Stahlkabel eingehängt und der Fallschirm samt Schüler etwa 25 Stockwerke hoch in die Luft gezogen, bis er an der Spitze des Turms von einem runden Metallkäfig gestoppt wurde. Das Kabel wurde abgetrennt und setzte die Fallschirmkappe frei. Der Fallschirm öffnete sich und der Auszubildende fiel nach unten. Er glitt zur Erde hinunter und versuchte dabei, den Sprung so zu lenken, dass er auf dem Feld unter dem Turm ohne Verletzungen landete. Das Ganze wurde durch eine drastische Demonstration von Fallschirm-Fehlfunktionen noch interessanter, die die Black Hats vorbereitet hatten. Bevor die Auszubildenden ihre Sprünge von diesem Turm begannen, traten sie davor in Formation an und konnten beobachten, wie ein Dutzend lebensgroße Dummys vom Turm »heruntersprangen«, deren Fallschirme alle eine Störung hatten. Diese Fehlfunktionen hatten ziemlich amüsante Namen: Line Overs oder Mae Wests (eine Anspielung auf Maes Titten, im Deutschen »ein Brötchen« genannt), wenn die Fangleinen sich über die Kappe legten und der Schirm sich deshalb nicht öffnete. Total, also ein Totalversagen, bei dem der Schirm völlig geschlossen blieb, und Cigarette Rolls, wenn sich der Schirm um sich selber wickelte. Bei jeder dieser Fehlfunktionen kamen die Dummys mit einer Geschwindigkeit von etwa 160 Stundenkilometer auf dem Boden auf, während der Lautsprecher im Turm »Another One Bites the Dust« von der Rockband Queen plärrte. Richtig lustig, nicht wahr?
Die letzte Woche in der Airborne School war die sogenannte Sprungwoche. Von Montag bis Freitag fanden fünf Tagesabsprünge und ein Nachtabsprung statt. Dazwischen waren immer wieder 10 000-Meter-Läufe zu absolvieren, um die Leute mit gebrochenen Beinen zu entlarven. Die Auszubildenden sprangen bataillonsweise ab. Wir legten unsere

Fallschirme in riesigen Gebäuden an, die einem Lagerhaus ähnelten. Die Black-Hat-Springausbilder überprüften genau, ob wir unser Gurtzeug korrekt angeschnallt hatten und alle Gurte festgezogen und nicht verdreht waren. Dann joggten wir auf das Flugfeld hinaus und zwängten uns in ein Dutzend C-141-Transportflugzeuge hinein.

Den ersten Sprung würde keiner jemals vergessen. Die Auszubildenden wurden von den schreienden Black Hats ins Flugzeug getrieben, wo sie sich auf eng aneinandergedrängte Reihen von Nylonsitzen aufteilten. Sechs Minuten vor Erreichen der Absprungzone befahl man den Sprungschülern, aufzustehen und ihre Aufziehleine in ein Leitkabel einzuhaken. Dicht an den Mann (oder die Frau) vor einem gepresst, näherte sich die Springergruppe der Flugzeugtür. Der vorderste Springerneuling ging halb in die Hocke, reckte das Kinn nach oben, griff mit der Hand an den Türrahmen und wartete darauf, dass der Black Hat, der als »Sprungmeister« fungierte, ihm auf den Rücken tippte. Dies nannte man »das Knie in den Wind halten«. Als das Flugzeug die Absprungzone erreichte, warf der Sprungmeister den ersten Springer aus dem Flugzeug, während die Black Hats von hinten den Rest der Gruppe zur Tür schoben und stießen. Diesen ersten Sprung konnte man kaum als freiwillig bezeichnen. Als ich von den Springern hinter mir und den Black Hats durch den Flugzeuggang nach vorne geschoben wurde, kam ich erst wieder zu mir, als ich bereits das Flugzeug verlassen hatte und durch den heißen Düsenstrahl fiel. Ich zählte auf vier, wie man es mir beigebracht hatte. Als sich der Fallschirm öffnete, wurde ich durch den plötzlichen Ruck in die reale Welt zurückkatapultiert.

Als ich mich umschaute, bot sich mir ein außergewöhnliches Bild. So weit man sehen konnte, war der Himmel voller Springer. Die C-141-Maschinen flogen in Staffelformation, während eine Springerladung nach der anderen die Flugzeuge verließ. Es bestand die reale Gefahr, dass man mitten in der Luft mit einem anderen zusammenstieß, umso mehr, als die mehreren Hundert Springer, die heute Morgen den Himmel bevölkerten, ihren ersten Sprung absolvierten. Ich schaffte es jedoch bis auf den Boden, ohne jemanden zu verletzen oder selbst verletzt zu werden,

steuerte in den Wind und vollführte schließlich eine Landerolle wie aus dem Lehrbuch. Am nächsten Tag machten wir das Ganze noch einmal.
Der wichtigste Tag der Sprungwoche war der Freitag, an dem wir unseren Prüfungssprung absolvieren mussten. Danach würden wir in Bataillonsformation auf dem Sprungplatz antreten und unsere »Flügel«, das silberne Springerabzeichen, erhalten. Nach der Zeremonie war der Lehrgang zu Ende, und ich konnte meinen Urlaub antreten. Als ich am frühen Morgen mit angeschnalltem Fallschirm auf dem Flugvorfeld saß, wollte ich das Ganze nur möglichst schnell hinter mich bringen. Plötzlich kamen quer über die Rollbahn zwei Gestalten auf mich zu, die zwar ebenfalls ihre Fallschirme angelegt hatten, aber ihre Helme in der Hand trugen. Nur Ausbildern war es erlaubt, auf dem Flugfeld herumzugehen, ohne einen Helm auf dem Kopf zu tragen. Ich beachtete also die beiden Männer nicht weiter, bis sie die Spitze meiner Springergruppe erreichten. Dann erkannte ich sie. Es waren Keller und Pearlman, Klassenkameraden von der 114.
»Hey, Pfarrer, da bist du ja«, grinste Keller.
»Wir haben uns gedacht, wir kommen mal rüber, um gemeinsam mit dir zu springen«, sagte Pearlman. Sie hatten plötzlich den Einfall gehabt, ihre Helme abzunehmen und an etwa 300 Sprungschülern vorbeizuschlendern, um mich zu suchen. Jeder, einschließlich der Black Hats, hielt sie für Ausbilder. Man konnte sich unmöglich vorstellen, dass zwei einfache Sprungschüler tatsächlich die ihnen zugewiesene Sprunggruppe verlassen und zu einem anderen Bataillon hinübergehen würden. Deshalb hatte sie auch niemand aufgehalten.
Keller schaute die Sprungschüler, die in meiner Gruppe direkt hinter mir saßen, scharf an. »Macht mal ein bisschen Platz«, knurrte er sie an. Leicht erschreckt folgten sie seiner Aufforderung.
Kurz darauf stiegen wir gemeinsam in unsere Maschine und starteten zu unserem Prüfungssprung. Die Black Hats hatten immer noch nichts gemerkt. Sechs Minuten später standen wir auf, klinkten uns ein und Keller trat blitzschnell vor mich in die Reihe, als er seine Aufziehleine in das Leitkabel einhakte.

»Jetzt pass gut auf!«, sagte er zu mir.
Als das grüne Licht aufleuchtete, eilten wir in Höchstgeschwindigkeit auf die Flugzeugtür zu. Die dort stehenden Black Hats tippten jedem, der gerade absprang, noch einmal auf die Schulter und riefen ihnen über den Lärm der Turbinen »GO! GO! GO!« zu.
Pearlman erreichte als Erster unseres Trios die Tür. Anstatt seine Aufziehleine zurückzuschieben und die vorgeschriebene Absprunghaltung einzunehmen, drehte er dem Sprungmeister eine lange Nase. Bevor der entgeisterte Sergeant auf diese Frechheit reagieren konnte, war Pearlman bereits abgesprungen. Aber Pearlman war nur die Ablenkung gewesen. Den eigentlichen Streich spielte Keller. Als er an der Flugzeugtür ankam, streckte er blitzschnell den Arm aus und zog dem verdutzten Sprungmeister die schwarze Kappe vom Kopf. Sekundenbruchteile später ließ er sich mit der Kappe in der Hand aus der Maschine fallen und war verschwunden. Da ich als Nächster dran war und deshalb direkt hinter der Luke stand, konnte ich den Sprungmeister schreien hören: »NAVY!!! KOMM MIT MEINER VERDAMMTEN KAPPE ZURÜCK!!!«
Als ich aus der Tür fiel, schüttelte ich mich vor Lachen.
Unten auf dem Sprungplatz herrschte das übliche Chaos, aber der Pilot hatte die Sprungaufsicht bereits angefunkt und ihr alles erzählt. Ich versuchte, mich inmitten der vielen Springer zu verstecken, aber ich wurde schnell aufgespürt und einem strengen Verhör unterzogen.
»Kommen Sie sofort hierher, Navy!«, schrie mich ein Black Hat an, als ich gerade meinen Fallschirm auf die Ladefläche eines Lastwagens lud. Ich lief im Laufschritt zu ihm hinüber.
»Was gibt's, Sergeant Airborne?« Ich setzte ein unschuldiges Lächeln auf. In Fort Benning waren wir aus unerfindlichen Gründen gehalten, allem, was wir sagten, ein »Airborne« hinzuzufügen, wobei die Betonung auf der zweiten Silbe liegen und das Wort laut geschrien werden musste. Damit sollten wir wohl unsere Begeisterung zeigen, an der Army Airborne School, der Luftlandeschule der Army, einen Springerkurs absolvieren zu dürfen. Genau aus diesem Grund kamen wir dieser Verpflichtung möglichst lässig nach.

»Fall auf dein Gesicht, Navy, und zeig mir etwa 100 000 Liegestütze.«
»Jawohl, Sergeant Airborne.« Ich ließ mich zu Boden fallen und begann mit meinen Strafübungen.
»Was wissen Sie über eine gestohlene Kappe?« Die Augen des Sergeants wurden ganz eng. Ich machte weiterhin einen Liegestütz nach dem anderen.
»Was für eine Farbe hat die Kappe, Sergeant Airborne?«, fragte ich.
»Navy, Sie haben mich verdammt noch mal mit Sergeant anzureden. Das ist mein Dienstgrad. Airborne! Sergeant, Punkt. Airborne! Nicht Sergeant Airborne.«
»Airborne, Sergeant Airborne.« Ich grinste.
Ich setzte meine Liegestütze noch eine ganze Weile fort. Schließlich fanden sie Pearlman und Keller. Inzwischen hatte allerdings Mike Heyward die gestohlene Kappe in seine Hose gesteckt. Sie befragten und durchsuchten uns einzeln, aber dazwischen gaben wir die Kappe immer wieder einfach an einen anderen weiter. Die Black Hats griffen sich immer den falschen Frog zur falschen Zeit und kamen der Sache einfach nicht auf den Grund. Schließlich traten wir alle bataillonsweise auf dem Sprungplatz an und erhielten das silberne Abzeichen als Airborne Paratrooper. Derselbe Sergeant, der mich wegen der verschwundenen Kappe befragt hatte, heftete mir das Abzeichen an.
»Das bedeutet überhaupt nichts, Navy«, blaffte er, während er die Anstecknadeln des Abzeichens durch meine Uniform und in meine Brust hineinstach. »Bisher sind Sie nichts weiter als ein Fünf-Sprünge-Anfänger.«
»Das stimmt. Wenn man nicht bei den Luftlandetruppen ist, ist man nur Scheiße«, erwiderte ich.
»Sie haben verdammt recht«, knurrte der Sergeant, während er zum Nächsten weiterging. Dass meine Bemerkung eine gewisse Doppelbedeutung haben könnte, war ihm ganz bestimmt entgangen.
Aber in einem hatte der Sergeant recht: Wir waren absolute Anfänger. Die Army nannte es zwar Silberabzeichen, aber in der Navy wurde es abschätzig nur »die Bleiflügel« genannt. Wir mussten noch zehn Mal

über dem Wasser abspringen, um uns unser goldenes Navy-Springerabzeichen zu verdienen. Das verdunkelte natürlich etwas den Glanz dieser Abschlusszeremonie. Aber zumindest waren wir jetzt endlich auf dem Weg zu unseren jeweiligen Teams. Sollten Sie das hier tatsächlich lesen, Sergeant Airborne, wir haben Ihre gottverdammte schwarze Kappe immer noch.

Als ich beim SEAL Team Four eintraf, trug ich meine blaue Ausgehuniform. Unter meinen linken Arm hatte ich meinen Marschbefehl und meine Personalpapiere geklemmt. Es war genau 15 Minuten vor dem »Officer's Call«, der festgesetzten Versammlungszeit für alle Offiziere. Ich folgte damit den Bestimmungen meines US-Navy-Handbuchs für Junior Officers, dessen 20. Auflage ich besaß. Ich wurde sofort in das Büro des XO, des Executive Officer, geführt, der als Stellvertreter des kommandierenden Offiziers den Tagesablauf überwachte und für die Personalverwaltung zuständig war. Lieutenant Commander Jon Wallace war ein rothaariger, knallharter Offizier und hochdekorierter Zugführer des Vietnamkriegs. Er mochte ein harter Hund sein, aber alle Männer des vierten SEAL-Teams sahen zu ihm auf. Vor allem war er jedoch ein Operator. Obwohl sein Job vornehmlich Schreibtischarbeit war, nutzte er jede Gelegenheit, um hinaus in die »Pampa« zu kommen. Ich betrat sein Büro und schloss die Tür hinter mir.
»Setzen Sie sich«, knurrte er. Ich ließ mich auf einem Stuhl vor seinem Schreibtisch nieder, und er blätterte kurz meine Papiere durch. »Wie spricht man Ihren Namen aus?«, fragte er.
»Farrer«, erwiderte ich.
Der XO schaute mich prüfend an. »Haben Sie die Springerschule absolviert?«
»Jawohl, Sir«, antwortete ich.
»Wo ist dann Ihr Springerabzeichen?«
Ich hatte die verachteten Bleiflügel nicht angesteckt. Meine Uniform war nur mit den Auszeichnungen geschmückt, auf die ich stolz war, nämlich den Schützenschnüren für Gewehr und Pistole.

»Ich wollte warten, bis ich mir das goldene Navy-Abzeichen verdient habe«, erklärte ich.

»Bis dahin tragen Sie Ihre Bleiflügel.«

»Aye, aye, Sir.«

»Was würden Sie hier in unserer Einheit am liebsten tun, Mr Pfarrer?«

»Ich würde am liebsten einem Kampfzug beitreten, Sir.«

»Das würde ich auch«, meinte der XO, »das würde ich auch.«

Stattdessen wurde ich dem Operations Department zugewiesen, wo ich gelegentlich auch Arbeiten für Jon Wallace erledigte, deren Wichtigkeit normalerweise jedoch so gering war, dass mich die anderen Junior Officers der Einheit den »Papierkorb des XO« nannten. Ich begann also meine SEAL-Karriere als Unterster der Unteren, als Spucknapf des Hauptquartiers. Meine Enttäuschung verstärkte sich an diesem ersten Morgen noch, als das Team zum Dienst antrat. Die Morgenuniform der anderen bestand aus coolen blauen Trainingsanzügen, auf denen die Operator-Nummern ihrer Träger und die Aufschrift »ST-4« standen. Ich war die einzige Person in der ganzen Formation, die eine Uniform, und zwar eine blaue Ausgehuniform trug. Nach seiner Inspektion der einzelnen Züge stellte mich der XO als frischgebackenen Ensign, Leutnant zur See, vor, der gerade erst seine BUD/S-Ausbildung absolviert habe. Er setzte ein schiefes Lächeln auf und drückte seine Hoffnung aus, dass mich das Team auf geeignete Weise begrüßen würde. Das taten sie dann auch.

15 ausgesprochen athletische Männer packten mich und trugen mich zum sogenannten Tauchbecken hinüber, der unteren Hälfte des Verpackungskanisters eines Düsentriebwerks, das man jetzt mit Wasser gefüllt hatte und dazu benutzte, Tauchausrüstungen nach Lecks abzusuchen. Ich wehrte mich heftig, aber einer der Männer streckte seine Hand aus und packte mich ohne Federlesen am Hodensack. Als er die Hand dann kräftig drehte, gab ich pronto, pronto jeden Widerstand auf. Ich hatte gerade meine erste SEAL-Team-Lektion in Geiselbehandlung erhalten. Sie warfen mich in den Kanister, wobei ich eine Eisschicht von einem halben Zentimeter Dicke durchbrach, bevor ich erst einmal voll unter

Wasser geriet. Während des Kampfes hatte ich meine Uniformmütze verloren. Als ich jetzt prustend wiederauftauchte, warf der gewaltigste Koloss, den ich je in meinem Leben gesehen hatte, meine Kopfbedeckung neben mich in den Wassertank. Er war 1,95 Meter groß und bestimmt 120 Kilogramm schwer, hatte aber kein Gramm Fett an sich, sondern bestand nur aus Knochen und Muskeln. »Baby Zee« war der Leading Petty Officer, der Leitende Unteroffizier der Ausbildungsabteilung. Er sah aus wie eine Kreuzung von Conan dem Barbar und dem Kiemenmenschen aus dem Film *Der Schrecken vom Amazonas*.

»Willkommen an Bord, Sir«, sagte er.

Patschnass ging ich zur Kleiderkammer hinüber, um dort meine Uniformen und meine gesamte Ausrüstung abzuholen. Der Chief Petty Officer hinter dem Tresen schaute mich kaum an, als ich den Erhalt der Sachen durch meine Unterschrift bestätigte. Dazu gehörten meine Tauchausrüstung, eine Einsatzweste, Munitionstaschen, Rucksäcke, Neoprenanzüge, Masken, Schwimmflossen und all die anderen netten Dinge, die mich schließlich zu einem »Froschmann« machen würden. Obwohl ich noch keinem Platoon, keinem Kampfzug, zugeteilt worden war, bekam ich auch einen Trainingsanzug mit meiner Operator-Nummer 156 ausgehändigt. Mit dieser Nummer 156 kennzeichnete ich jetzt anstatt meines Namens meine gesamte Ausrüstung und meinen Spind. Ich verspürte ein seltsames schlichtes Vergnügen, endlich eine eigene Nummer zu haben.

Nachdem ich meine Ausrüstung in meinem Spind verstaute, traf ich auf Rick James, einen Klassenkameraden aus dem Lehrgang 114. Rick hatte die verschiedenen Ausbildungsgänge, die ich nach dem BUD/S-Abschluss durchlaufen musste, nicht absolvieren müssen und war direkt dem Team zugeteilt worden. Da er zuvor als Fallschirmjäger gedient hatte, war ihm auch die Schmach erspart geblieben, noch einmal eine Springerschule besuchen zu müssen. Plötzlich kam noch Frank »Giff« Giffland hinzu. Er war der Klassenführer von 113 gewesen, der BUD/S-Klasse, die unmittelbar vor uns den Lehrgang beendet hatte. In den Offiziersquartieren der Flottenbasis von Coronado war Frank mein Nachbar gewesen und wir hatten uns angefreundet. Rick und Frank schauten das

Wasser an, das aus meiner besten Uniform tropfte. Ich war erleichtert, als ich erfuhr, dass die beiden auf die gleiche Weise begrüßt worden waren. Normale Navy-Matrosen greifen sich normalerweise keinen Offizier und werfen ihn in ein Tauchbecken. Das geschieht noch seltener, wenn der Executive Officer zuschaut und grinst. Die Begrüßung des Teams war eine Botschaft. Wir mochten zwar Offiziere sein, vor allem waren wir jedoch absolute Frischlinge, die man mit solchen Ausdrücken wie »FNGs« (Fucking New Guys) oder »Bananas« belegte. Für diese harten Kerle waren wir ein Nichts, bis wir bewiesen hatten, dass wir etwas wert waren. Die Gemeinschaft der Navy-Spezialtruppen war eine Meritokratie, eine Leistungsgesellschaft. Wir, von denen man Führungsqualitäten erwartete, mussten erst einmal zeigen, dass wir es wert waren, dass man uns folgte. Uns war vollkommen klar, dass wir noch keine SEALs waren. Wir waren noch in der Probezeit, und wenn wir den Ansprüchen nicht genügten, flogen wir raus.

Ich machte mich sehr schnell mit meinem Job vertraut, der zumeist aus Büroarbeit mit einer Menge Papierkram bestand. Unter der strengen Aufsicht von Master Chief Mike Boynton war ich schon bald fähig, die Routineangelegenheiten zur Zufriedenheit aller zu erledigen. Boynton, ein herzensguter Bär von einem Mann, konnte einen Stapel Orden aufweisen, die er sich von Little Creek bis zum Mekong verdient hatte. Er besaß mehrere Bronze Stars, Purple Hearts und sogar einen Silver Star. Dazu kamen noch ein paar Schubladen voller Campaign Medals für seinen Dienst in unterschiedlichen Kampfgebieten und Belobigungen seiner jeweiligen Einheiten. Die Krone seiner Auszeichnungen war jedoch das goldene Special Warfare Badge, das Sonderabzeichen für spezielle Kriegführung, das ich selbst unbedingt einmal tragen wollte.

Eines Tages erwischte mich der Master Chief dabei, wie ich seine Ordensbänder anstarrte.

»Hören Sie auf, mich zu blickvögeln, Sir«, meinte er darauf.

Ich versuchte, an möglichst allen Trainingsveranstaltungen teilzunehmen, die außerhalb des Stützpunktes stattfanden. Dabei hielt mir Master Chief Boynton auf einmalige Weise den Rücken frei, indem er meinen

Papierkram mit erledigte. Manchmal machte er sogar Überstunden, um mir die Teilnahme an Geländeübungen zu ermöglichen. Ich ging mit den Platoons mit, wenn sie Überraschungsangriffe trainierten oder Schwimmoperationen im Little Creek Cove durchführten. Ich ließ mich zum Tauchleiter ausbilden, wurde ein Spezialist im Schnell-Abseilen, erwarb die Lizenz als Sprengmeister, schwamm bei Uferaufklärungsmissionen mit und erlernte das Kartografieren. Ich unternahm alles, um von meinem Schreibtisch wegzukommen. Ich bin dem Master Chief bis heute dankbar, dass er mir dies ermöglicht hat.

Viele Ausbildungskader waren wie Master Chief Boynton gestandene Vietnam-Operators, Männer, die in den Mangrovensümpfen der Rung Sat Special Zone und im Mekong-Delta gekämpft hatten. Von diesen Männern konnten wir alle großen und kleinen Tricks und Fertigkeiten lernen. Wir mussten auch ganz neue Rechenoperationen beherrschen. Dazu gehörte zum Beispiel die Berechnung der nötigen Sprengladungen und der Mischung von Atemgasen in geschlossenen Kreislauftauchgeräten. Vor allem brachten uns die Kader jedoch bei, dass die SEALs anders gepolt sind als andere Truppenteile, dass sie ein anderes Ethos haben und in einer anderen Welt operieren. SEALs mögen alles, wovor sich andere Menschen fürchten. Operators suchen regelrecht das raue, schlechte Gelände, das Scheißwetter und die unruhige See. SEALs operieren in den Randgebieten, in menschenleeren ökologischen Nischen, im tiefen Dschungel, im Gletschereis, in Sumpf- und Wüstengebieten, im tiefblauen Wasser und in der Brandungszone.

In meinen ersten Monaten beim Team wurde die Nacht zum Tag und der Tag zur Nacht. Komplexe Einsätze wurden zuerst bei Tageslicht geübt, aber unsere eigentlichen Operationen fanden fast ausschließlich bei Nacht statt. In der Dunkelheit musste man die Aufgaben nach Gefühl und mithilfe des Tastsinns und des eigenen Instinkts erledigen, was jedoch einen Erfahrungsschatz erforderte, den man erst durch Hunderte von Missionen, Operationen, Ein- und Ausschleusungen gewann. Unsere Ausbilder lehrten uns, wie man bei Nacht »sehen« konnte. Dazu war es nötig, die Objekte nicht direkt zu fixieren, sondern etwas an ihnen vorbeizusehen. Bei diesem »indirekten Sehen« macht man sich die Verteilung der Stäbchen auf der Netzhaut zunutze, die vor allem an deren Rändern vertreten sind. Diese Stäbchen sind jedoch im Gegensatz zu den Zapfen gerade für die Nachtsicht zuständig. Nach einer gewissen Übung wurde der Mondschein für uns wie helles Sonnenlicht. Die Dunkelheit diente jetzt nicht nur als unser Schutz und Schild, sie wurde zu unserem souveränen Reich.

»Fürchte die Dunkelheit«, pflegte Baby Zee zu sagen, »denn ich bin in ihr.« Gut gesprochen, du Scheißkerl.

Patrouillen wurden in den Great Dismal Swamp, den Großen Trostlosen Sumpf, hineingeschickt, dessen Name für dieses Stück Land ziemlich passend war. Sie mussten dabei viele Kilometer Zypressensumpf und Sauergrasfelder überwinden, die immer wieder von Wasserläufen durchzogen waren. Manchmal führten wir in diesem trostlosen Gelände auch die Große-Jungs-Version des Versteckspiels durch. Zwei Züge schlichen in den Sumpf und versuchten, einander aufzuspüren. Das Team, das das andere als Erstes fand, wurde mit dem Hubschrauber ausgeflogen. Die Verlierer mussten zu Fuß zurückmarschieren. Wie beim BUD/S lohnte es sich, zu den Gewinnern zu gehören. Im Rahmen einer anderen Übung mussten sich Patrouillen neben den Intracoastal Waterway, die Inlandswasserstraße entlang der US-Atlantikküste, legen, um dort die Barkassen und Schubschiffe zu zählen, die Schleppverbände und Schuten zu fotografieren und sich die Schiffs- und Bootsnamen, Registriernummern, die Art der Fracht, die sichtbare Mannschaft und so weiter zu merken und zu notieren. Es wurde erwartet, dass man alle diese Daten sofort nach dem Abzug auf geordnete Weise parat hatte. Das war keine leichte Aufgabe, wenn man zuvor zwei Tage lang bis zum Hals im Wasser gesteckt hatte.

Schlechtes Wetter war für uns das gute Wetter. Regen, Graupelschauer und Kälte waren unsere Verbündeten. Das schlechte Wetter verdarb dem Feind die Laune und senkte seine Kampfmoral. Die Verwundbarkeit des Gegners war jedoch immer unsere Stärke. Wir lernten, an Plätzen zu leben, zu operieren und uns zu verstecken, wo sich kein anderer aufhalten wollte. Wenn wir mit dem Hubschrauber ausgeflogen wurden, schauten

wir manchmal beim Start nach unten. Wenn wir dann kilometerweit über wegelosen Sumpf flogen, konnte ich gar nicht glauben, dass wir vor Kurzem noch dort gewesen waren … und das auch noch bei Nacht.
Die Ausbilder wollten uns auch an das Chaos gewöhnen, das auf dem Schlachtfeld herrscht. In einer Übung namens »Monster Mash« mussten die Operators 8 Kilometer rennen und 3 Kilometer schwimmen, um dann die Uferzone zu verlassen und sich mit einem Schießpartner zusammenzutun. Nach einem kurzen Sprint über den Sandstrand mussten die beiden Schießkameraden eine moderne Form des Spießrutenlaufs absolvieren. Während sie einander abwechselnd im Gamstragegriff trugen, musste das Paar einen Dünenabschnitt überwinden, der mit Sprengschnüren, Rauchgranaten und halbpfündigen TNT-Blöcken gespickt war. Während sich die beiden vorankämpften, wurden direkt neben ihrem Weg ständig Sprengladungen gezündet. Diese Detonationen in nächster Nähe waren absolut zermürbend. Nach diesem Spießrutenlauf mussten sie 0,5 Kilometer zum Schießgelände rennen, wo jeder von ihnen ein AK-47 zusammensetzen, laden und sichern musste, um mit ihm dann ein Zielschießen auf 200 Meter entfernte Pappkameraden abzuhalten. Da sie der Dauerlauf und das Schwimmen ausgepumpt und die Detonationen und der Rauch völlig entnervt hatten, war es für sie anfangs fast unmöglich, die Zielscheiben zu treffen. Aber diese Übungen hatten natürlich ihren ganz bestimmten Zweck. Wir sollten dadurch konditioniert werden, unsere Erschöpfung und die beileibe nicht immer hilfreichen Auswirkungen des Adrenalins beherrschen zu lernen. In meinen ersten Monaten beim Team vergingen die Tage wie Wochen und die Wochen wie Tage.
An einem Freitagnachmittag trottete ich erschöpft zurück zu meinem Schreibtisch. Mein Kampfanzug war nach einem Fallschirmsprung vor dem Cape Henry ins Meer noch immer so durchnässt, dass das Wasser aus ihm zu Boden tropfte. Es war kurz vor Dienstschluss und ich hatte einen ganzen Stapel Arbeit auf meinem Schreibtisch zurückgelassen. Als ich das Schreibzimmer betrat, merkte ich, dass der Master Chief inzwischen meine ganze Arbeit erledigt hatte. Er hatte Meldungen aufgesetzt,

Memos geschrieben und Berichte fertiggestellt und weitergegeben. Ich hatte erwartet, dass ich für all dies das ganze Wochenende benötigen würde.

»Herrgott. Sie sind ja patschnass. Wo sind Sie denn gewesen, Sir?«, fragte er mich jetzt.

Dabei war doch offensichtlich, dass ich nicht Tanzen war. »Wassersprünge«, antwortete ich. »Was ist eigentlich mit dem ganzen Zeug passiert, das auf meinem Schreibtisch lag?«

»Das waren die guten Feen«, meinte er trocken. »Natürlich Offiziersfeen, denn so etwas wie Unteroffiziersfeen gibt es natürlich nicht.«

Ich lächelte. Der Master Chief schaute mich an. »Wie viele Absprünge waren das jetzt?«

»Zehn«, antwortete ich. Master Chief Boynton stellte sich vor mich und nestelte das goldene Navy-Springerabzeichen von seiner Uniform, das er unter seinen Ordensbändern trug. »Hier«, sagte er, »Sie werden eines von denen brauchen.« Er überreichte mir seine Goldflügel.

»Bevor Ihnen jetzt die Tränen kommen, ich besitze wahrscheinlich über 100 von denen. Sie kosten nicht sehr viel, Sie brauchen mir also keinen Dankesbrief zu schreiben. Ich war es nur leid, immer auf Ihr hässliches, billiges Army-Abzeichen schauen zu müssen.« Er ging nach draußen.

Ein Navy-Springerabzeichen kostet im Uniformladen etwa 5 Dollar. Trotzdem bedeutete mir dieses Geschenk ungeheuer viel. Mike Boynton war das Urbild eines Froschmanns, ein wandelndes Lexikon für alles, was mit den Aufgaben unseres Teams zu tun hatte – er war ein *Operator*. Mike ist schon einige Zeit tot, aber sein Abzeichen besitze ich noch.

Beweglich, flexibel und feindselig

Senior Chief John Jaeger hatte für Neulinge genauso wenig übrig wie für Offiziere. Am allerwenigsten mochte er jedoch frischgebackene Offiziere. Und ausgerechnet seiner liebevollen Betreuung wurden wir unterstellt, als wir im Frühjahr unser AOT offiziell begannen. Das Advanced Operator Training sollte uns zu echten Kämpfern machen. Es war irgendwie bezeichnend für die SEALs, dass man ausgerechnet einen Mann zum Leiter eines Ausbildungslehrgangs gemacht hatte, dem Dummköpfe ungeachtet ihres militärischen Rangs einfach unerträglich waren. Der Senior Chief war außerdem nicht gerade ein geduldiger Mann. Er musste uns so viel beibringen, und dabei wollte er keine Zeit verlieren. Wenn man mit dem Senior Chief trainierte, hatte man immer den Eindruck, dass Ganze könnte noch viel schneller gehen – wenn wir nicht so furchtbar dumm gewesen wären.

Jaeger war ein rotgesichtiger, untersetzter Mann von Anfang 40. Er war für das SEAL Team One mehrere Male als M60-MG-Schütze in Vietnam gewesen. Er machte auch kein Hehl daraus, dass er den Krieg liebte. Der Senior Chief schien einen ganz leichten deutschen Akzent zu haben, wobei dies allerdings nicht seine größte Spracheigentümlichkeit war. Er hatte eine Art Sprachtick. Er beendete seine Aussagen und Sätze ständig mit dem Ausdruck »oder so«. Er sagte unentwegt Sätze wie: »Bewegen Sie Ihren Arsch hierher, bevor ich Sie erschieße, *oder so*.« Oder: »Ihr Typen seid so dumm wie Schifferscheiße, *oder so*.«

Es wurde gemunkelt, er sei während des Zweiten Weltkriegs in Deutschland in einem Lebensborn-Heim geboren worden, wo SS-Männer speziell ausgewählte arische Frauen schwängerten. Nach dem Krieg sei er von einem US-Army-Ehepaar adoptiert worden, das jedoch bald gestorben sei. Sicher weiß ich nur, dass er in einer Reihe von Waisenhäusern im Mittleren Westen aufgewachsen ist. Selbst als ich ihn später besser kennenlernte, fragte ich ihn nie nach seiner vermutlich deutschen Herkunft. Ich meine, wie soll man eine solche Frage auch formulieren? Etwa: Ich habe gehört, Sie seien das Ergebnis eines genetischen Nazi-Experiments? Körperlich gab der Senior Chief gar kein so beeindruckendes Bild ab, er war nicht sehr groß und am Äquator etwas ausladend. Draußen im Feld kannte er jedoch keine Müdigkeit. Er kam dann in der Woche mit zehn Stunden Schlaf aus. Außerdem war es ihm überaus wichtig, das wöchentliche 2-Meilen-Schwimmen der Einheit zu gewinnen. Zum Kummer und Ärger unserer Triathleten überquerte John Jaeger gewöhnlich die Ziellinie als Erster, rollte sich auf den Rücken, schleuderte seine Schwimmflossen weg, holte sich eine Zigarette aus einem Plastikbeutel, den er in seinem Taucheranzug aufbewahrte, und zündete sie an. Wenn es jemand wagte, ihn wegen seines Rauchens zu kritisieren, hielt er ihm einen Vortrag über den Atomkrieg.

»Wenn die Apokalypse anbricht, wird es nichts mehr außer Rauch und Staub geben, und ihr Müsli fressenden und nicht rauchenden Arschficker werdet alle husten, keuchen und wimmern, während ich das übernehme, was übrig bleibt, *oder so*.«

Niemand hätte daran auch nur eine Sekunde gezweifelt.

Ich begegnete dem Senior Chief zum ersten Mal nach einem Fallschirmsprung in das Camp A. P. Hill, einem ausgedehnten Übungsplatz der Army in Zentral-Virginia. Das Gebiet war riesig, Hunderte Quadratkilometer voller Artillerieschießbahnen, Wäldern, Sümpfen, Seen, Bächen, Bergen und Hügeln. Wir waren in voller Feldausrüstung mit Waffen und Munition abgesprungen. Unten angekommen, erwarteten uns dort Baby Zee und ein paar andere Ausbildungsunteroffiziere. Sie erzählten uns nicht, wo das SEAL-Camp lag. Da dies unser erster Übungsaufenthalt dort war, konnten wir es auch nicht erraten. Jeder von uns bekam stattdessen eine individuelle achtstellige Netzkoordinate. Die Kader teilten uns mit, dass wir mithilfe dieser Koordinaten eine nur für uns bestimmte Munitionskiste finden könnten, in der eine zweite achtstellige Netzkoordinate liegen werde. Diese Koordinaten würden uns zu einer weiteren Kiste und schließlich zum SEAL-Camp führen. Natürlich würden wir das Lager nur erreichen, wenn wir alle Kisten fanden. Einige von uns wurden zu Straßenkreuzungen, andere auf Berggipfel geleitet. Einige wurden nach Norden, andere nach Süden geschickt. Ich schaute auf meine Karte und zeichnete meine erste Koordinate ein. Sie lag mitten in einem Sumpf, der 6 Kilometer von meinem gegenwärtigen Standpunkt entfernt war. Ich schulterte Rucksack und Gewehr und machte mich auf den Weg über die Berge.

Wir durften uns nur mithilfe eines Handkompasses orientieren und auf keinen Fall ein GPS benutzen. Die Munitionskisten, nach denen wir suchten, waren so klein wie eine Frauenhandtasche. Ihre Farbe war grün. Und der Wald war grün. Alles war grün, und obendrein war meine Kiste auch noch in einem Sumpf versteckt. Als ich dorthin kam, war auch dieser Sumpf grün. Ich war immer auf meine Navigationskünste stolz gewesen und war mir sicher, dass ich meine Kisten finden würde. Ich zählte mein Schritte, folgte den Konturlinien und marschierte mithilfe einer Kompasspeilung quer durch ein hüfthohes mooriges Geländestück. Tatsächlich fand ich ohne größere Schwierigkeiten meine erste Munitionskiste. Sie hing direkt neben meinem Weg an einer Zypresse. Ich öffnete den Deckel und fand den Zettel mit meinen nächsten Koordinaten. Sie leiteten mich zu einer Straßenkreuzung im Osten. Dabei musste ich den Weg, den ich gerade gekommen war, auf einer Länge von 4 Kilometern zurückgehen.

Es war offensichtlich, dass man ein verdammtes Spielchen mit uns trieb, und ich hatte keine Ahnung, wie viele Kisten ich finden musste, bevor ich das Lager fand. Es war jetzt fast Mittag, deshalb begann ich zu rennen. Glücklicherweise entdeckte ich alle meine weiteren Kisten. Es waren insgesamt acht. Ich hatte seit der zweiten Kiste 20 Kilometer zurückgelegt, als ich geraume Zeit nach Einbruch der Dunkelheit endlich das SEAL-Camp erreichte. Obwohl ich den Großteil der Strecke im Dauerlauf zurückgelegt hatte, waren zwei Mann vor mir angekommen. Man hatte mir den längsten Weg aufgebrummt.

Während die anderen Kursteilnehmer allmählich aus der Dunkelheit eintrudelten, machten wir uns mit dem Camp vertraut. Viel zu sehen gab es da nicht. Es bestand aus einer Reihe von großen Wohnmobil-Karosserien, die mit Tarnnetzen abgedeckt waren. In den Wohnwagen gab es zwar Licht und Strom, aber sonst waren sie nur mit Sperrholzplatten ausgekleidet und standen voller Stockbetten. Es gab zwar Fensteröffnungen, aber sie waren weder verglast, noch hatten sie Fliegengitter. Ich wählte mir eine Koje aus, hängte mein Gepäck auf und rollte meinen Schlafsack auf der fleckigen, verschmutzten Matratze aus. Während ich meinen Schlafplatz vorbereitete, meinte Baby Zee nur, ich sollte mir nicht zu viel Mühe machen, ihn bequem herzurichten, da ich nicht viel Zeit in diesem Wohnwagen verbringen würde.

Ich traf Senior Chief Jaeger am Lagerfeuer des Camps. Ich hatte mich für ziemlich clever gehalten, da ich vor dem Absprung einen Thermobecher und eine leere große Kaffeedose in meinen Rucksack gepackt hatte, um darin Wasser und Einsatzrationen heiß machen zu können. Der Senior Chief saß direkt neben dem Feuer und ich bemerkte, dass er ebenfalls eine Kaffeedose mitgebracht hatte. Er trank ein Bier und beobachtete seine Dose, die er an den Rand der Flammen gestellt hatte. Ab und zu drehte er sie mit dem vorderen Ende einer Würgezange im Feuer um.

»Ich sehe, Sie haben auch eine Kaffeedose dabei, oder so, Mr Pfarrer«, sagte er.

»Jawohl, Senior Chief.«

»Wofür werden Sie die denn benutzen?«, fragte er.

»Um Wasser heiß zu machen«, antwortete ich.

»Oh.«

Erst jetzt bemerkte ich, dass das obere Ende der Kaffeedose des Senior Chiefs mit Aluminiumfolie verschlossen war. Während ich darauf wartete, dass mein Wasser endlich kochte, drang mir ein köstlicher Geruch in die Nase. In meiner Dose kochte Wasser, aber die des Senior Chiefs war eine Art Schmortopf. Tatsächlich sotten zwei Wachteln darin, die mit wilden Zwiebeln und frisch gesammelten Morcheln gefüllt waren. In einer Plastikschüssel neben seinem Bein wartete ein Salat, den er aus wilder Brunnenkresse und Rohrkolbenwurzeln zubereitet hatte. Jaeger wusste, wie man sich hervorragend und schmackhaft von den Produkten ernährt, die einem Land und Natur boten. Man hätte ihn im guten Sinne einen Naturschnorrer nennen können. Später konnte ich beobachten, wie er in jedem Ozean und jeder Umgebung der Welt Delikatessen, kleine Köstlichkeiten und manchmal auch ziemlich verrückte Dinge einfach so sammelte oder pflückte. Dazu gehörten Seetang, Muscheln, winzige wilde Erdbeeren, Sassafraswurzeln, Yucca-Pflanzen, Fische, Vögel und Schnecken, Hickory-Nüsse und wilde Ananas. All das landete in seinem Topf und wurde zu einem Wunder an Camp-Haute-Cuisine. Für mich war er wie Euell Gibbons, der Biokost-Guru aus dem TV, nur mit einem Sturmgewehr …

Ich stocherte in meinen Bohnen und Dosenwürstchen herum, während der Senior Chief Wachteln aß und Bier trank. Das Feuer knisterte und knackte.

»Wie hat Ihnen der heutige Ausflug gefallen?«, fragte er.

»Ganz angenehm«, sagte ich.

»Wenn Sie das heute mochten, Sir, dann werden Sie das morgen noch viel mehr mögen, oder so« Ich sah, wie er sich die Finger ableckte.

Er hatte recht. Ich mochte den morgigen Tag und auch den nächsten. Jaeger mochte zwar immer noch keine FNGs und es dauerte eine ganze Weile, bis er mich akzeptierte. In meiner AOT-Abteilung gab es noch einen anderen Offizier, einen Typen, den wir »Dwight Light« nannten. Dwight war ein flachsblonder, einsatzfreudiger und sympathischer Ensign, der eine Klasse hinter mir, in der 115, das BUD/S bestanden hatte. Dwights Haar war fast so hell wie Schnee, was in seinem Job nicht unbedingt von Vorteil war. Während ein Kopftuch genügte, um meine rötlichen Locken bei einem Einsatz zu verbergen, leuchtete Dwight aufgrund seiner Haare in der Dunkelheit wie eine Taschenlampe. Wenn man ihn durch ein Nachtsichtgerät beobachtete, glühte Dwight wie ein Licht. So kam er zu seinem Spitznamen Dwight *Light*.

Dwight Light und mir wurde allmählich bewusst, dass es nur eine Sache gab, die der Senior Chief noch mehr verabscheute als frischgebackene Offiziere, und das waren schnieke Absolventen von einem Elite-College. Und wenn man in einem Film einen solchen zu besetzen gehabt hätte, wäre Dwight Light der ideale Kandidat gewesen. Er war in Darien, Connecticut, aufgewachsen, sprach mit einem leicht affektierten »elitären« Akzent und hatte es während seiner Studienzeit an der Penn State University in die US-Auswahl der besten Squash-Spieler geschafft. Dwight bekam bald den ganzen Druck ab, der nun ausnahmsweise nicht mir galt. Am Ende konzentrierte sich Jaegers gesamter Groll auf ihn. Bei Kompass-Orientierungsmärschen mussten wir die weitesten Entfernungen zurücklegen und auch die schwierigsten Sprengungen und längsten Schwimmstrecken wurden uns aufgebrummt. Wir schimpften, jammerten oder beklagten uns jedoch nie. Wir taten es einfach. Dwight Light bewies bereits während diesem AOT seine körperliche und mentale Stärke. Nach seiner Navy-Zeit sollte Dwight Collins, wie sein bürgerlicher Name lautete, dann die ganze Welt überraschen, als er den Weltrekord für die Atlantiküberquerung allein mit menschlicher Körperkraft aufstellte und dabei die fast 4800 Kilometer von New London, Connecticut, nach Irland mit einem Tretboot zurücklegte.

Mit Dwight sollte der Senior Chief nie richtig warm werden, aber ich konnte sein Missfallen schließlich doch noch überwinden. John Jaeger wurde sogar mein Sea Daddy. Ein Sea Daddy ist ein Mentor, der dich mit allem Nötigen vertraut macht und dich alles lehrt, was man in einem SEAL-Team von dir erwartet. Man hätte ihn jedoch kaum mit Yoda verwechseln können, und ich war ganz bestimmt kein Luke Skywalker. Seine Lektionen waren hart, und er war ein großer Fan des Lernens durch Praxis. Er ließ mich wenigstens einmal einen Fehler machen, wenn dieser ihn oder einen anderen Ausbilder nicht umzubringen drohte.

»Wenn es Sie erwischt, Sir, dann nennen wir das Darwinismus, oder so.« Er scheute sich auch nicht, mich »Sie Eselspimmel-Arschficker, Sir« zu nennen, wenn ich wieder einmal etwas vermasselt hatte – was oft genug geschah. Uns wurde klar, dass das Camp A. P. Hill seine Welt war und wir darin nur Besucher waren.

Es hatte auch einen Grund, warum man es *fortgeschrittenes* Operator-Training nannte. Beim BUD/S hatten wir die Grundlagen, aber *nur* die Grundlagen gelernt. Jetzt war es Zeit, uns zu echten Froschmännern zu formen. Wir konzentrierten uns auf die drei Aufgaben, die ein Kommandosoldat beherrschen muss, um im Kampf zu bestehen. Wir lernten, wie man schießt, wie man sich bewegt und wie man miteinander kommuniziert.

Wir hatten bereits beim BUD/S eine Einweisung in russische Waffen erhalten, aber jetzt wurden wir zu absoluten Virtuosen. Dabei verfügte vor allem der russische Panzerabwehr-Granatwerfer RPG-7 über zahlreiche Vorzüge. Wir lernten, ihn gegen Bunker, Fahrzeuge und Flugzeuge einzusetzen. Wir krochen in tiefster Gangart durch das Gelände, während die Kugeln von AK-47 und RPD-MGs dicht über unsere Köpfe pfiffen. Wir konnten schließlich die unterschiedlichen Geräusche der verschiedenen Waffen, vor allem der russischen Kalaschnikows und der amerikanischen M-16 unterscheiden, eine Fertigkeit, die im Kampfgetümmel von entscheidender Bedeutung war. Viel Zeit widmeten wir der Sprengausbildung. Wir lernten, Sprengladungen auf eine Weise an Bäumen anzubringen, dass diese über die Straße fielen und den Gegner eine Zeit lang aufhielten, und tödliche Claymore-Minen so zu legen, dass sie bei Hinterhalten das gesamte Gelände bestrichen und den Feind weitgehend dezimierten. Wir lernten, wie man Brücken unpassierbar machte, Startbahnen mit kleinen Kratern übersäte und Züge entgleisen ließ. Man zeigte uns, wie wir mithilfe von linearen Schneidladungen elegante kleine Jobs erledigen konnten wie die Reifen von Fahrzeugen abzusprengen oder gehärteten Stahl wie Banksafes zu durchschlagen. Man brachte uns bei, ein Ziel mit dem geringstmöglichen Aufwand an Sprengmitteln und Zeit auszuschalten, wichtige Ausrüstungsteile außer Gefecht zu setzen und fast alles, was man sich vorstellen konnte, mit Sprengfallen zu versehen. Alle diese Übungen führten wir mit echtem Sprengstoff und scharfer Munition durch.

Die Ausbildung war so aufgebaut, dass man uns zuerst die Grundfertigkeiten und Teilaufgaben beibrachte und danach diese neu gewonnenen Fähigkeiten zu vollen Missionsprofilen zusammensetzte. Tatsächlich führten wir vielfältige Missionen aus. Wir unternahmen Sprengangriffe gegen Zielattrappen, aber auch gegen unterirdische Befehlsstände, Bunkerkomplexe und Kommunikationseinrichtungen. Man brachte uns bei, wie man SAM-Raketen-Stellungen ausschaltet, und wir lernten die Wach-, Sicherungs- und Reaktionstaktiken kennen, die die Russen anwandten, wenn diese Stellungen angegriffen wurden. Wir übten mit den »Red Wolf«-Hubschrauberstaffeln das Ein- und Ausfliegen in ein Operationsgebiet. Wir bekamen beigebracht, wie man angreift, aber auch, wie man davonrennt. Wir wurden zu Meistern der schmutzigen Tricks, wie etwa mit Sprengfallen versehene Rucksäcke entlang unserer Rückzugslinie zurückzulassen. Es waren Claymore-Minen, die mit sogenannten Bleistiftzündern ausgerüstet waren, geräuschlosen Zeitzündern, die statt von einem Uhrwerk von Säure, die sich durch einen dünnen Draht fraß, ausgelöst wurden. Wenn die Minen dann detonierten, durchsiebten sie mit ihren Schrapnellen alle Gegner, die uns auf der Spur waren. Wir lernten, Wachhunde außer Gefecht zu setzen. Wir lernten, wie man Bluthunde von unserer Spur ablenkt. Wir kletterten über Zäune, wir kletterten über Mauern und wir sprengten Safes und Hangartore auf. Wir stellten pizzaförmige projektilbildende Sprengladungen her und zerstörten mit ihnen Umspannwerke. Wir hatten im wahrsten Sinne des Wortes eine »bombige« Zeit.

Je mehr unsere Fähigkeiten zunahmen, desto weniger Instruktionen erhielten wir und desto mehr Operationen mussten wir selbstständig planen und durchführen. Dies taten wir unter den wachsamen Augen unserer Ausbilder. Im Gelände wurden wir ständig von »Lane Graders«, einem anderen Wort für Schiedsrichter, begleitet. Diese Kadermitglieder gaben uns nie einen Rat und begegneten uns mit keinerlei Sympathie. Sie waren nur da, um uns zu beobachten und sicherzustellen, dass wir bei der Einsatznachbesprechung nicht logen, dass sich die Balken bogen. Bei den SEALs kennt man den Spruch: »Betrüge, wenn du musst, aber lass dich nicht erwischen.« Die Lane Graders machten jeden Betrug unmöglich. Wenn zu der Operation ein Geländemarsch von über 10 Kilometern gehörte, gingen die Lane Graders die ganze Zeit neben uns her, um sicherzustellen, dass wir keine Lastwagen »stahlen«. Normalerweise wurden wir sogar ermutigt, uns mit allen Tricks einen Lastwagen zu beschaffen. Die

Lane Graders sollten allerdings dafür sorgen, dass unsere unkonventionellen Einfälle nicht die Bodenhaftung verloren.

Das Wichtigste, was ich vom Senior Chief lernte, war, was es heißt, ein Führer zu sein. Er lehrte mich, dass meine Männer zwar Sturmgewehre trugen, dass aber das gesamte Platoon meine Waffe war. John Jaeger brachte mir bei, wie ich für die Männer unter meinem Kommando Sorge tragen musste, aber gleichzeitig sicherstellte, dass das Team-Konzept immer an erster Stelle stand. Der Zug benötigte Munition, Funkgeräte, Batterien und Panzerabwehrwaffen. Die Männer brauchten jedoch auch Nahrung, Schlaf, Lob, Disziplin, Informationen und jemanden, der sich für sie verantwortlich fühlte. »Kümmere dich um die Jungs«, pflegte er zu sagen, »und sie werden sich um dich kümmern.« Gerade einfache, kleine Dinge waren entscheidend. Iss als Letzter und erst, wenn alle Männer etwas zu essen bekommen haben. Kauf ihnen ab und zu ein Bier. Lobe sie öffentlich, aber tadle sie unter vier Augen. Übernimm nach oben die Verantwortung, wenn etwas schiefläuft. Erkundige dich auch nach der Meinung der Unteroffiziere und Mannschaftsdienstgrade, und vor allem: weise Einzelnen von ihnen bei einer Mission ganz bestimmte Teilaufgaben zu. Volle 50 Prozent der Offiziere in SEAL-Teams sind Mustangs, Männer, die zuerst als Unteroffiziere oder Mannschaftsdienstgrade dienten und sich ihren Führungsrang durch Leistung und Hingabe verdient haben. Dieser Prozentsatz ist höher als bei jeder anderen Teilstreitkraft des US-Militärs. Der Grund dafür ist einfach. Die Jungs sind höchst motiviert. Offiziere kommen und gehen, aber die Unteroffiziere und Mannschaften bilden das Rückgrat und die Erfahrungsgrundlage des Teams. Sie brauchen kein Mikromanagement, sie brauchen Führung. Oft ist es nur nötig, sie aufzumuntern und in die richtige Richtung zu lenken. John lehrte mich, dass meine Männer mir vertrauen würden, wenn ich ihnen vertraute.

Gegen Ende des AOT wurden unsere Trainingsoperationen mit einer jährlichen Übung der Army-Spezialtruppen koordiniert, einem in mehreren US-Staaten stattfindenden Manöver, an dem auch andere Teilstreitkräfte teilnahmen und dessen Codename Robin Sage war. Die Army benutzte

Robin Sage traditionell als Abschlussübung für ihre Green-Beret-Anwärter. Die Green Berets gelten als unsere Entsprechung bei der Army, dabei ergänzen sich unsere Aufgaben eher, als dass sie sich überschneiden.
Die Green Berets sind auf die Organisation und das Training einheimischer Kräfte im jeweiligen Einsatzland spezialisiert. Sie springen über weglosen Dschungeln ab und bilden zum Beispiel einheimische Stammesangehörige wie die Montagnards im Vietnamkrieg zu Milizeinheiten aus. Die Special Forces der Army konzentrieren sich auf die Ausbildung anderer, denen sie alles von den Grundlagen der Schießkunst bis zu fortgeschrittenen Infanterietaktiken, Sabotageaktionen und Attentaten beibringen. Diesen Prozess bezeichnet man als »Kräftemultiplikation«. Ein einziger Green Beret trainiert ein Dutzend Männer und diese Dutzend Männer dann weitere zwölf Dutzend. Die Special Forces sind natürlich auch selbst zu direkten Einsätzen fähig. Selbstverständlich muss man die schwarzen Künste des Krieges beherrschen, um sie anderen beibringen zu können. Historisch gesehen lassen sich die Green Berets als Nachfolger des OSS im Zweiten Weltkrieg betrachten. Ihr Job ist es, Widerstandsgruppen auszubilden und zu organisieren und Partisanen hinter den feindlichen Linien zu unterweisen.
Auch die SEALs wuchsen aus den Kampferfahrungen des Zweiten Weltkriegs heraus. Ihre Vorgänger waren die CDUs, die Combat Demolition Units, der Navy, die vor der Invasion die Strände der Normandie säuberten, und die Underwater Demolition Teams, deren Scouts und Raiders die Japaner im Pazifik auskundschafteten, beobachteten und gezielte Einsätze gegen sie durchführten. Die Green Berets und die SEALs wurden beide im Jahr 1962 von Präsident Kennedy geschaffen. Der Präsident war während des Kriegs selbst Kommandeur eines kleinen TP-Torpedoboots gewesen und wusste deshalb, dass ein gut trainierter David einem Goliath durchaus in die Eier treten konnte. Während sich die Green Berets also der Kräftemultiplikation widmen, ist es Aufgabe der SEALs, dem Feind Schaden zuzufügen. Natürlich stehen dabei die Einsätze im Wasser im Vordergrund. Das verpflichtende Ausbildungshandbuch für SEAL-Operators trägt die Nummer 5326 und den Titel *Kampfschwimmer*. Wir alle

sind ausgebildete Kampftaucher. Unsere Spezialitäten sind Sprengungen unter Wasser und der Angriff mit Schnellbooten. Wir operieren allerdings in allen Umgebungen, ob im Wasser, in der Luft oder an Land, und zwar am liebsten an Orten, an denen die meisten Menschen nicht ums Verrecken sein wollten. Wir jagen Sachen in die Luft, kidnappen, töten, kapern Schiffe, führen Aufklärungsmissionen durch, und unternehmen alles, was in unserer Macht steht, um den Feind in den Gebieten, die unter seiner Kontrolle stehen, zu stören, unter Druck zu setzen und zu schädigen. Wir sind für die schmutzigen kleinen Sachen mit großer Wirkung zuständig. Natürlich trainieren und beraten wir auch einmal andere Truppen, aber unser Alltagsgeschäft ist und bleibt die direkte Aktion.

Die operationelle Grundeinheit der Green Berets ist das sogenannte »A-Team«, das man in etwa mit einem SEAL-Platoon vergleichen könnte und das aus zwei Offizieren und zwölf Unteroffizieren und Mannschaftsdienstgraden besteht. A-Teams sind normalerweise spezialisiert. Ein Team hat zum Beispiel eine Tauchausbildung, ein zweites führt vor allem Sprengungen durch, ein drittes besteht aus Spezialisten für die Kriegführung in der Arktis und ein viertes wird vor allem bei HALO-Sprüngen eingesetzt. Wir SEALs machen dagegen alles. Jeder SEAL kann alle Formen von Spezialoperationen durchführen. Jeder von uns ist ein ausgebildeter Springer und Taucher. Wir sprengen, operieren mit Schnellbooten und in allen Umgebungen, ob nun Dschungel, Sumpf oder Gletscher. Unsere Truppe ist auch viel kleiner. Insgesamt tragen gegenwärtig etwa 20 000 Soldaten das Green Beret. Von uns SEALs gibt es viel weniger. *Sehr* viel weniger. Die genauen Zahlen bleiben geheim. Nur so viel: Seit dem Zweiten Weltkrieg haben insgesamt weniger als 10 000 Männer bei den SEALs gedient.

Bei der Übung Robin Sage sprangen nun Teams von Green-Beret-Anwärtern über abgelegenen Gegenden ab. Man erwartete von ihnen, dass sie dort Kontakt zu »Partisaneneinheiten« aufnahmen, die gegen eine konventionelle feindliche Truppe kämpften. Die Rolle der Partisanen übernahmen dabei Nationalgardisten, Reservisten und Zivilisten, die speziell für diesen Zweck angeheuert worden waren. Die Übung wurde von der Army so realistisch wie möglich gestaltet. Die Ausbildungs-A-Teams mussten die Partisanen finden, sie überzeugen, dass sie gekommen waren, um ihnen zu helfen, und ihnen dann beibringen, eine Reihe von immer komplexeren Spezialoperationen auszuführen. Die Nationalgardisten, die man als Mitspieler ausgewählt hatte, waren überwiegend Büroangestellte, Köche oder Techniker, deren militärische Fähigkeiten äußerst gering waren. Zivilisten waren eben Zivilisten. Die Partisaneneinheiten wurden gewöhnlich von einem erfahrenen Green Beret oder SEAL geführt, der die Rolle eines örtlichen Kriegsherrn spielte. Diese Partisanen-Generalissimos waren hinterhältig, stellten unverschämte Forderungen und waren sprunghaft und unzuverlässig. Der Umgang mit ihnen sollte möglichst schwierig sein. So wie es eben bei echten Warlords der Fall war. Für den Führer des Ausbildungs-A-Teams war es also eine Übung in Politik und in Taktik zugleich.

Wir sollten bei Robin Sage die OPFOR, die Opposing Forces, also die regulären gegnerischen Truppen spielen. Wir verkörperten sogar die Spezialoperationseinheiten des Feindes. Es war unsere Aufgabe, die Partisanen und ihre kapitalistischen Herren und Meister aufzuspüren und auszuschalten. Bevor Sie jetzt meinen, das Ganze sei so etwas wie die Liveversion eines Computerspiels gewesen, sollte ich darauf hinweisen, dass es für beide Seiten um etwas äußerst Wichtiges ging. Die Mitglieder des Ausbildungs-A-Teams hatten ein monatelanges Training hinter sich, und diese Übung war ihre Abschlussprüfung. Wenn sie scheiterten und durchfielen, würden sie dorthin zurückgeschickt werden, woher auch immer sie gekommen waren, und ihre Träume wären endgültig gescheitert. Für uns war es dasselbe, nur schlimmer.

Die Teams nahmen alle Operationen, auch die Übungen, tödlich ernst. SEALs wurden bei jedem Einsatz beurteilt. Aufgabe der SEAL-Teams war es, im Krieg zu kämpfen und nicht in Kriegsspielen mitzuspielen. Eine solche militärische Übung zu vergeigen, war inakzeptabel und unverzeihlich. SEAL-Kommandeure waren bereits abgelöst worden, weil sie bei Übungen versagt hatten. Ein operatives SEAL-Team, das es nicht schaffte, ein paar Nationalgardisten und Zivilisten zu schlagen, hatte bei dieser Eliteeinheit nichts zu suchen. Die Kader hatten uns gut ausgebildet und alles andere als einen totalen Erfolg würde man als Versagen der Führung ansehen. *Meiner* Führung. Es würde nicht genügen, einfach nur mithalten zu können. Es wurde von uns erwartet, dass wir diese Übung absolut dominierten. Wir Nachwuchs- SEALs mussten etwas beweisen. Uns standen Männer gegenüber, die sich unbedingt ein Green Beret verdienen wollten. Das hier war ein Krieg, und eine Niederlage war schlicht undenkbar.

Der Beginn der Übung verlief allerdings nicht sehr verheißungsvoll. Man hatte mir mitgeteilt, dass das Special Forces Camp *wahrscheinlich* in einem Umkreis von 13 Quadratkilometern liegen würde. »Wahrscheinlich« ist ein wirklich großartiges Wort. Ich hielt mit meinen Unteroffizieren einen Kriegsrat ab. Dabei wählten wir einige Plätze innerhalb dieses Gebiets aus, wo dieses Lager eventuell liegen könnte. Sie würden es sicherlich entfernt von Straßen oder Ansiedlungen errichten, aber nahe genug, dass es die Green Beret Lane Graders und die Übungsschiedsrichter ohne allzu große Schwierigkeiten erreichen konnten. Außerdem mussten sie sich dort mit Wasser versorgen können und es müsste auf einem Terrain liegen, das gut zu verteidigen war und eine Reihe von Fluchtwegen bot. Wir fanden auf der Karte fünf oder sechs Plätze, die dieser Beschreibung entsprachen. Jetzt machte sich der Operationsplanungskurs bezahlt, den ich vor Kurzem absolviert hatte. Ich würde die Green Beanies finden, indem ich ihre Operationsmöglichkeiten auf der Grundlage dessen nachvollzog, was ich von ihnen wusste. Ich wusste zum Beispiel, dass die Robin-Sage-Teams normalerweise mit dem Fallschirm abgesetzt werden, und ich wusste auch, dass die Teams oft von Green-Beret-Ausbildern abgefangen wurden und dann in einem Gewaltmarsch ihr Lager erreichen mussten. Laut Karte gab es nur einen Ort, an dem man die Springer absetzen konnte. Dieser Platz lag 20 Kilometer vom Mittelpunkt unseres 13-Quadratkilometer-Umkreises entfernt. Die Absprungzone sollte im Norden liegen, was zwei mögliche Plätze am Südende der Zone ausschloss. Dies waren freilich nur Vermutungen, die aber durchaus begründet waren.

Es stellte sich jetzt jedoch die Frage, wo wir uns selbst absetzen lassen sollten. Wir wollten weder zu nahe noch zu weit entfernt vom Lager landen. Das A-Team und seine »Schützlinge« würden bestimmt Patrouillen ausschicken. Wir mussten also aufpassen, dass wir nicht selbst zu den Gejagten wurden. Idealerweise würden wir in das Spiel einsteigen, ohne Aufmerksamkeit zu erregen. Schließlich gaben wir die notwendigen Befehle aus, schulterten unsere Ausrüstung und stiegen an Bord zweier Red-Wolf-Hubschrauber. Baby Zee hatte der Befehlsausgabe in voller Feldmontur beigewohnt. Ich war deswegen nicht überrascht, als er an Bord meines Helikopters ging.

Der Flug zum Absetzpunkt dauerte fast eine Stunde. Während Wald und Sumpfland unter uns vorbeizogen, verfolgte ich unsere jeweilige Position sorgfältig auf meiner Karte. Ich wusste, dass die Lane Graders schon einmal das Spiel mit unfairen Tricks erschwerten und die Hubschrauberpiloten anwiesen, ihre Passagiere bewusst am falschen Ort abzusetzen. Baby Zee bemerkte meine Aufmerksamkeit und setzte ein seltsames schiefes Lächeln auf.

Die Hubschrauber überflogen in niedriger Höhe eine Baumgruppe und ließen sich dann noch ein Stück weiter hinunterfallen. Die beiden Helikopter flogen jetzt dicht hintereinander drei Meter über dem Boden an einem Fluss entlang, dessen Biegungen sie in schnellem Flug folgten. Der Pilot steuerte dabei seine Maschine mithilfe einer Nachtsichtbrille. Sechs Minuten vor dem Absetzzeitpunkt wurden die Türen aufgeschoben und die Bordschützen bemannten ihre Waffen. Das Team öffnete seine Sicherheitsgurte, während ein heißer Wind durch die Kabine wehte und den süßlichen Duft von JP5-Kerosin verbreitete. Der Chef der Crew wandte sich mir in der Dunkelheit zu und hielt zwei Finger in die Höhe. »Noch zwei Minuten«, rief ich. Wir standen auf. Dicht an den neben mir stehenden Baby Zee gepresst, ging ich in der Türöffnung in die Hocke und schaute nach vorne. Die Nacht war klar. Im Westen stand ein Viertelmond tief am Himmel. Ich konnte eine Flussbiegung sehen, die von hohen Bäumen eingefasst war, auf die wir uns jetzt rasend schnell zubewegten. Der Hubschrauber ging kurzfristig steil nach oben, das Deck hob sich unter meinen Füßen und der Andruck presste mich nach unten. Dann wurde die Maschine wieder langsamer und die Rotoren knatterten immer lauter, als der Heli niederzugehen begann. Jetzt wurde auch eine kleine Wiese sichtbar, die lotrecht zum Fluss lag. Dies war unser Absetzpunkt.

Wir setzten uns nacheinander in der Türöffnung nieder und sprangen ab. Beide Hubschrauber vollführten eine scharfe Wende und stiegen wieder in den Himmel auf. Bald wurden ihre grauen Umrisse von der Dunkelheit verschluckt. Wir teilten uns in Gruppen auf und verließen im schnellen Dauerlauf die Landezone, während das Turbinengeräusch immer schwächer wurde. Beide Red-Wolf-Hubschrauber flogen nach Norden weiter, um dort leer an verschiedenen potenziellen Landezonen niederzugehen. Dies war eine Standardtaktik, die unseren tatsächlichen Absetzpunkt verbergen sollte.

Wir liefen zur ersten Baumreihe hinüber. Als wir in dem Waldstück in Deckung waren, kauerten wir uns kurz nieder, um den Lärm und Gestank der Hubschrauber abzuschütteln und uns mit allen Sinnen auf den Wald einzustellen. Ich ließ unseren Funker das Codewort für ein erfolgreiches Absetzen senden, das in diesem Fall »Otter« lautete. Ich war dann nicht allzu überrascht, als ich in meinem Kopfhörer die Antwort empfing: »Der Lane Grader hat eine Information für Sie.« Baby Zee konnte meinen Gesichtsausdruck sehen, als ich diese Botschaft hörte. Er rückte dicht an mich heran.

»Was ist los?«

»Chu Hoi«, antwortete er. Es war ein vietnamesischer Ausdruck, der eigentlich »Offene Arme« und »Ich ergebe mich« bedeutete. So bezeichnete man im Vietnamkrieg die desertierten Vietcong-Kämpfer, die bereit waren, mit den Amerikanern zusammenzuarbeiten. Sie wurden gelegentlich von den SEALs als Führer bei Search-and-Destroy-Operationen eingesetzt. Man nannte sie dann Kit Carson Scouts.

»Wer ist der Scout?«, fragte ich. »Sie?«

Baby Zee schüttelte den Kopf. Er reichte mir einen Zettel, auf dem eine achtstellige Netzkoordinate stand. »Sie sollen ihn an diesem Punkt abholen.« Der Ort war eine Straßenkreuzung in etwa 6 Kilometern Entfernung.

»Wann?«

»Bei Tagesanbruch«, erwiderte Baby Zee.

Das mochte ich nun ganz und gar nicht. 6 Kilometer waren ein weiter Weg und ich hing nur ungern an Straßenkreuzungen herum, vor allem, wenn es gerade hell wurde.

»Warum muss ich diesen Typen abholen?« Dies war nicht unbedingt eine dumme Frage. Meine Mission war es ja eigentlich, das SF-Camp aufzuspüren und anzugreifen. Keiner hatte etwas von einem Chu Hoi gesagt. Dass Baby Zee mich anwies, diesen Typen zu treffen, musste noch lange nicht bedeuten, dass dies kein übler Trick war. Beim AOT hatten wir gelernt: »Die jeweilige Lage entscheidet das Vorgehen.« Dies war *meine* Patrouille, und ich wollte nicht in eine Lage geraten, die ich nicht mehr kontrollieren konnte.

»Wer wird an dieser Straßenkreuzung sein?«

»Leute.«

Langsam wurde ich sauer. »Hören Sie, ich habe keinerlei Lust, hier draußen mit Ihnen eine Scheiß-Diskussion zu führen. Wer ist dieser Typ und weshalb brauche ich ihn?« Baby Zee merkte, dass ich mich ohne weitere Informationen mit niemandem treffen würde.

»Der Kit Carson ist ganz bestimmt in Ordnung«, sagte er.

»Wer wird bei ihm sein?«

»Der 3. Zug hat ihn letzte Nacht gefangen genommen. Sie werden sich dort mit ihnen treffen und werden Ihnen den Mann übergeben. Er kann sie dann zum SF-Camp führen.«

Aber klar, dachte ich. Sonst noch was? Aber selig sind die Flexiblen, denn sie werden nicht gebrochen werden. Wir machten uns in Richtung Straßenkreuzung auf den Weg.

Dort trafen wir tatsächlich den 3. Zug an, der uns den Chu Hoi, einen spindeldürren jungen Mann mit einem Tarn-Top, einer Feldjacke und Bluejeans zu treuen Händen übergab. Der 3. Zug hielt sich bereits seit einer Woche in dieser Gegend auf. Sie hatten das südliche Ende der Zone abgesucht, ohne das Lager zu finden. Den Scout hatten sie dann 3 Kilometer südlich unseres Treffpunkts mitten auf der Straße aufgegriffen. Sie hatten seine Gefangennahme der Manöverleitung gemeldet. Daraufhin hatte sie ein Schiedsrichter informiert, dass der Junge ein Deserteur sei und die Seiten gewechselt habe. Der 3. Zug rückte jetzt in den Norden ab, um einen simulierten Angriff auf eine im Westen liegende Hawk-Raketen-Batterie durchzuführen. Der Zugführer des 3. Zugs war ein Junge, den wir »Cowboy Bob« nannten und der als guter Operator galt. Der Scout hatte ihm den Ort des SF-Camps auf seiner Karte gezeigt. Er lag weit von den Plätzen entfernt, an denen wir eigentlich suchen wollten.

»Was hältst du davon?«, fragte ich Cowboy.

»Ich glaube, du wirst in eine ziemliche Scheiße geraten, wenn du dieses Lager findest«, antwortete er. Das war nicht sehr ermutigend, aber ich war mir sicher, dass er recht hatte.

Die beiden Züge ruhten sich bis zum Einbruch der Dunkelheit in der Deckung des Waldes aus. Währenddessen verhörte ich den Scout. Er sah nicht wie ein Green Beret, sondern eher wie ein Weichei aus dem Stab aus.

»Zeigen Sie mir bitte Ihren Ausweis«, forderte ich ihn auf.

»Den habe ich im Camp gelassen.«

»Sie laufen während einer Übung in Zivilklamotten rum, ohne einen Ausweis dabeizuhaben?« Er gab keine Antwort.

»Was machen Sie in der Army?«, fragte ich.

»Was hat das mit dieser Übung hier zu tun?«

»Es hat eine Menge damit zu tun, wie ich Sie ab jetzt behandeln werde.« Mein Gesicht war grün vor Wut. Und meine Augen waren rot. Er dachte darüber nach.

»Ich bin Mitglied der 118. Military Police Company.«

»Reguläre Army?«

»North Carolina Guard.«

Ich schaute ihn lange und durchdringend an. »Wollen Sie mich linken?«, fragte ich ihn schließlich.

»Man hat mir befohlen, Sie zum Lager zu führen.«

»Wer hat Ihnen das befohlen?«

»Mein Kompaniechef.«

»Und Sie wissen, wo das Lager ist?«

»Ja.« Er zeigte mir die Position auf der Karte. Es war eine 8 oder 9 Kilometer entfernte Anhöhe. Es war derselbe Ort, den er Bob gezeigt hatte.

»Wie viele Leute halten sich dort auf?«

»Sechs Special-Forces-Soldaten und zehn Partisanen.«

»Was haben sie für Waffen?«

»M-16. Ein paar M-60. Die SF-Jungs haben AK-47.«

»Sind Sie sicher?«, fragte ich nach.

»Ich war dort.«

Das Gespräch ging noch weiter. Mit einem echten Chu Hoi wäre es kaum anders verlaufen. Ich wusste, dass das Ganze ein Spiel war, aber es konnte durchaus zu einem Spiel werden, das ich verlor. Nach einer Weile kam ich zu dem Schluss, dass er mir tatsächlich das Lager zeigen würde. Er wirkte auf mich nicht clever genug, um es nicht zu tun. Seine Absichten waren vielleicht ehrbar. Trotzdem konnte es sein, dass er selbst benutzt wurde. Nur weil er seine Befehle befolgte, hieß das noch lange nicht, dass wir nicht in einen netten, tödlichen Hinterhalt geführt werden könnten. Deshalb nennen sie das Ganze auch Spezialoperationen. Hier gab es bestimmt Fallstricke und ein doppeltes Spiel, und ich erkannte die Hand von Senior Chief Jaeger hinter all dem. Dieser Bastard.

Nach Einbruch der Dunkelheit trennten wir uns vom 3. Zug und marschierten in Richtung Südosten. Wir kamen nur schwer und langsam voran und verursachten viel zu viel Lärm. Das Unterholz war sehr dicht, und nur ganz wenig Licht drang bis zum Waldboden hinunter. Unseren Weg wählten wir mithilfe eines Schätzmodus, der Koppelpeilung, folgten der Kompassmarschzahl, wenn wir dies konnten, und wählten ein leichter begehbares Gelände, wenn dies möglich war. Wir gingen dicht hintereinander. Wir waren uns jederzeit bewusst, dass da draußen ein A-Team war, das auf uns angesetzt war. Der Scout kam in der Marschordnung hinter mir. Ich bezweifle, dass er auch nur entfernt ahnte, dass einer meiner Männer den Auftrag hatte, ihn notfalls auszuschalten. In der echten Welt würde man dem Chu Hoi beim ersten Anzeichen, dass er uns in einen Hinterhalt führte, einen Kopfschuss verpassen. »Instant Karma«, hätte John Lennon gesagt.

Wir erreichten die Umgebung der Anhöhe und der Späher, der Scout und ich erkundeten erst einmal allein die Gegend. Wir konnten keine Zeichen von Feuer erkennen und auch nichts hören. Wir rückten bis zum Fuß der Anhöhe vor, umrundeten sie dann vollständig, fanden jedoch keine Spuren oder ausgetretenen Pfade, die zur Spitze hinaufführten. Die Nacht war vollkommen still, dunkel und friedlich. Wir kehrten zum Rest des Platoons zurück und warteten. Auch als es hell wurde, war von der Anhöhe herab kein Laut zu hören, kein Rauch stieg auf, es gab keine Kochgerüche und keine Bewegungen, die auf die Anwesenheit von Menschen hingedeutet hätten. Noch am Vormittag schlich ich mit einer Boat-Crew und dem Scout die Anhöhe hinauf, um deren Spitze abzusuchen. Dort gab es jedoch überhaupt nichts, keine Zeichen von irgendwelchen Unterkünften, keine alten Feuerstellen, keine Fahrspuren oder Anzeichen, dass dort Menschen geschlafen hatten. Der Boden war völlig unberührt.

»Sie haben uns zur falschen Anhöhe geführt«, sagte ich dem Scout. Er schaute auf die Karte und blinzelte mich an.

»Das ist nicht der Ort«, sagte er. »Aber sie haben mir gesagt, dass er es sei.«

»Sie haben deren Angaben nicht überprüft?«, fragte ich und spürte, wie mein Hals allmählich anschwoll.

»Sie meinen, sie haben die Position selbst in die Karte eingetragen?«

»Sie können doch eine Karte lesen, oder?«, fragte ich. Diese Frage hätte ich ihm bereits vor Tagen stellen sollen.

»Ich bin Militärpolizist …«, sagte der Scout schließlich etwas kleinlaut. »Die meiste Zeit folgen wir Straßen.«

Ach wirklich?, dachte ich.

Baby Zee schaute mich an und grinste.

In dieser Gegend gab es noch vier oder fünf weitere Anhöhen. Die meisten waren höher als die, auf der wir gerade standen. Der nächste Bergvorsprung war nur etwa 200 Meter entfernt, für mein Gefühl viel zu nahe in diesem hellen Tageslicht. Wir versteckten uns den Rest des Tages in einem trockenen Bachbett weiter südlich. Während wir den kühlen Morgen verdösten, wurde mir klar, dass wir im Moment in einer ziemlichen Sackgasse steckten. Vielleicht war das SF-Camp ganz in der Nähe, vielleicht aber auch nicht. Ich hatte jedoch zumindest keine Angst mehr, dass uns unser Scout in einen Hinterhalt locken könnte. Es war nun ganz offensichtlich, dass er selbst mit einem Zehn-Mann-Suchtrupp nicht einmal seinen eigenen Arsch finden würde. Es blieb uns nichts anderes übrig, als alle Anhöhen bei Nacht zu überprüfen, eine riskante und zeitraubende Prozedur. Während wir warteten, wurde unser Problem jedoch am gleichen Tag ohne unser Zutun gelöst.

Es war ein Schwein, das uns schließlich die Lage des SF-Camps offenbarte. Ein echtes Schwein. Während wir uns noch in unserem Bachbett verbargen, hallte am Spätnachmittag eine unglaubliche Reihe von entsetzlichen Schreien durch den Wald. Es waren Verzweiflungsschreie, ein lautes Quieken und Grunzen, und das alles in den höchsten, schrillsten Tönen. Sie klangen nicht menschlich, sie schienen allerdings auch nicht von Tieren zu stammen. Die Mordgeräusche kamen aus dem Norden. Es klang, als ob jemand ein Schwein töten würde. Und genau das war es auch. Dem SF-Camp hatte man kurz zuvor »frisches Essen« in Form eines lebendigen Schweins geliefert. Um die Truppe zu ernähren, musste man das Tier schlachten. Der Lärm, den wir gehört hatten, waren die Todesschreie des Schweins, als es mit einem Beil erschlagen wurde, wie wir später erfuhren. In der Richtung, aus der dieses Quieken kam, gab es nur eine Anhöhe. Wir wussten nun, wo unser Ziel lag, und wir würden es heute Nacht besuchen. Wir verbrachten die Stunden bis zum Einbruch der Dunkelheit mit der Planung unseres Angriffs.

Fairerweise sollte man den Green Berets zugestehen, dass ein solches Camp ein großartiges Ziel abgab. Dort gab es Zelte und Unterstände und Lagerfeuer. Außerdem mussten sie noch ein Dutzend Hohlköpfe beherbergen, die man hauptsächlich deshalb ausgewählt hatte, weil sie keine Ahnung hatten, wie man sich in einem Wald versteckt. Die SF-Jungs hatten sich verschanzt, wir waren beweglich. Sie hausten in einem Übungsstützpunkt, wir führten eine Patrouille durch. Sie schliefen nachts in Hängematten, wir lagen auf der nackten Erde. Auf einer solchen Patrouille kochten wir kein Essen, machten kein Feuer, rauchten nicht und sprachen auch möglichst wenig miteinander. Ständig hielten zwei Schützen Wache und unsere Ruhestellungen wurden so ausgewählt, dass sie schwer zugänglich, aber leicht zu verteidigen waren. Die SF-Jungs wurden darüber hinaus durch die Aufgabe behindert, dass sie ein Dutzend Männer ausbilden mussten. Wir konnten uns dagegen ganz auf unsere Tarnung und auf die Vorbereitung eines Überraschungsangriffs konzentrieren.

Wir nahmen Kontakt mit den beiden Red Wolves auf und vereinbarten mit ihnen zwei Orte für eine Aufnahme. Wir legten ein Zeitfenster für eine frühere Aufnahme direkt am Ziel und eine eventuelle spätere Aufnahme fest, die zwei Stunden später auf der leeren Anhöhe erfolgen sollte, die wir am Morgen abgesucht hatten. Im Gegensatz zum Absetzen im Zielgebiet mussten die Hubschrauber nicht landen, wenn sie uns abholen würden. Wir hatten vereinbart, dass die Red Wolves mit sogenannten SPIE-Rigs ausgerüstet sein würden. SPIE stand dabei für »Special Patrol Insertion/Extraction«, ein seltsamer und etwas klobiger Name für 30 Meter lange Seile, die aus den Hubschraubertüren heruntergelassen wurden. An diesen Seilen waren Schlaufen angebracht, in die wir unsere Karabinerhaken einhaken konnten. Danach hingen wir mit unseren Klettergurten an den Seilen und wurden vom Hubschrauber in die Luft gehoben. An jedem Seil hingen dabei acht Männer. Die Helikopter würden uns dann auf diese Weise ausfliegen. Es war ein wirklich wilder Ritt und der schnellste Weg, um die Fliege zu machen. Die Aktion war absolut hollywoodreif.

Das Wichtigste an unserem Plan war das Timing. Taktisch gesehen war die Operation ganz einfach. Nach Einbruch der Dunkelheit würde sich eine Boat-Crew um die Anhöhe herumbewegen und eine gut gedeckte Feuerstellung im Süden des Lagers einnehmen. Der Rest der beiden Gruppen würde von Osten aus vorrücken. Auf ein bestimmtes Signal hin würden die vier Männer im Süden zu schießen beginnen. Die zweite

Gruppe würde erst einmal warten, bis die Männer im Lager reagierten und auf die Männer im Süden zu feuern begannen. In diesem Augenblick würde die größere Gruppe ebenfalls das Feuer eröffnen und das Camp selbst angreifen. Jeder, der vor dieser zweiten Attacke flüchtete, würde in das Kreuzfeuer der ersten Boat-Crew hineingetrieben werden. Wenn wir erst einmal im Lager waren, würden wir blitzschnell alles zerstören, was wir nicht mitnehmen konnten. Dann würden die Hubschrauber über unseren Köpfen erscheinen und uns die SPIE-Seile zuwerfen. Wir würden uns einhaken und ausfliegen.

Als es völlig dunkel geworden war, lagen wir in Stellung. Das Camp war im Schein zweier Lagerfeuer gut zu erkennen. Es gab zwei oder drei Unterstände und über einen Campingklapptisch hatten sie eine große Plane gespannt. Die Schlafgelegenheiten waren vermutlich einige Dschungelhängematten, die um das größere der beiden Feuer herum aufgehängt waren. Das Lager wirkte ziemlich ordentlich strukturiert. Ich konnte sehen, dass an dem weiter entfernten Feuer eine Gruppe offensichtlich eine Besprechung abhielt. Über dem anderen Feuer drehte sich das unglückliche Schwein an einem Spieß. Der Duft von Schweinefleisch wehte bis zu uns herunter. Ich schaute auf die Uhr. In 15 Minuten würde sich das erste Ausflugfenster öffnen und die Red Wolves würden in Rufbereitschaft stehen. Mein Magen knurrte laut. In den letzten drei Tagen hatte ich nur eine Dose Pfirsichscheiben und eine Handvoll Studentenfutter gegessen. Ich war seltsam ruhig. Unsere Waffen waren mit Platzpatronen geladen und mir wurde plötzlich überdeutlich bewusst, dass das Ganze hier nur ein Spiel war. Bei unserem Angriff würde niemand getötet oder auch nur verletzt werden. Der harte Teil dieser Operation war bereits vorüber. Unser Test war es, das Lager zu finden und es zu überraschen. Das war die eigentliche Aufgabe gewesen. Jetzt würde nur noch eine Scheinattacke erfolgen. Wenn ich gewinnen wollte, musste ich nur noch diesen Angriff einleiten und eine möglichst große Show veranstalten. Deshalb hatte ich mich auch für das Ausfliegen nach Hollywood-Art entschieden. Wir waren hier, um eine Botschaft auszusenden und vor allem um einen starken Eindruck zu hinterlassen.

Das Glück blieb uns treu. Die um das Feuer versammelten Männer nahmen ihre Waffen auf und bereiteten sich offensichtlich auf eine Patrouille vor. Hinter meinem Baumstamm in Deckung liegend, konnte ich beobachten, wie vier Männer mit AK-47 die Partisanen eine Marschkolonne bilden ließen. Ich wusste, dass die Männer mit den russischen Gewehren SF-Kandidaten waren. Der von ihnen betreute bunte Haufen bildete eine Art Patrouillenformation, die sie dann in die Dunkelheit führten. Sie kamen genau zwischen unseren vier Ablenkungsschützen und unserer Hauptgruppe den Abhang herunter. Ich dachte kurz darüber nach, diese Gruppe zu überfallen, entschied mich dann jedoch dagegen.
Sie gingen dicht an uns vorbei. Das raschelnde Laub unter ihren Füßen hätte sie jedoch auch von Weitem verraten. Der Erste der Gruppe trottete nur 3 Meter entfernt an mir vorüber. Ich hatte jedoch keine Sorge, dass sie uns finden würden. Die Patrouille war direkt vom Lagerfeuer in den Wald geführt worden. Ich wusste, dass sie noch keine Nachtsicht haben würden, dass ihre Gesichter immer noch von der Wärme des Feuers gerötet waren, in ihren Ohren immer noch das Knacken und Knistern des Feuerholzes nachhallte und sie immer noch den angenehmen Duft von gebratenem Schweinefleisch in der Nase hatten. Sie waren vom Lager direkt in die feuchtkalte Nacht hinausgeführt worden. Das war genau die Sorte Fehler, die ein unerfahrener Spähtruppführer machen würde. Als sie an unserem Hinterhalt vorbeischlappten, wusste ich, dass sie blind und taub waren.
Die SF-Patrouille verschwand jetzt endgültig in der Dunkelheit. Nur ab und zu war noch das Klappern einer Feldflasche oder eines Magazins oder ein leichtes Husten zu hören. Tatsächlich waren sie jedoch lauter als ein Affenrudel. Zehn Mann hatten das Lager verlassen. Das hieß, dass nur noch zwei SF-Kandidaten und vier Partisanen im Camp zurückgeblieben waren. Wir waren insgesamt 16 Schützen, was allein schon ein deutlicher Vorteil war. Darüber hinaus war auch noch das Überraschungsmoment auf unserer Seite. Ich wartete weitere 20 Minuten, bis die SF-Patrouille so weit entfernt war, dass sie nicht mehr in unseren Angriff eingreifen konnte. Vielleicht hätten es die Green Berets sogar geschafft, über Stock

und Stein durch den dichten Wald selbst in dieser Dunkelheit rechtzeitig zu der Anhöhe zurückzukehren, aber die Partisanen waren dazu ganz bestimmt nicht in der Lage. Auf jeden Fall war es unwahrscheinlich, dass sich die SF-Männer in diesem Spähtrupp von ihren Hilfstruppen trennen würden. Wenn sie die Partisanen im Wald zurückließen, um auf unseren Angriff zu reagieren, würden sie die nächsten anderthalb Wochen nach ihnen suchen müssen.

Ich griff nach meinem Handfunkgerät und unterbrach zweimal die Rauschunterdrückung. Mein Signal wurde von drei Klicks erwidert. Die Boat-Crew im Süden wusste jetzt, dass sie das Feuer nach eigenem Ermessen eröffnen konnte. Zehn Sekunden später feuerten sie aus allen Rohren. Zuerst waren die Insassen des Lagers zu überrascht, um darauf zu reagieren. Dann erwiderte zuerst das eine AK-47 und gleich darauf das andere das Feuer. Obwohl auch die AKs Platzpatronen verschossen, waren die riesigen Feuerzungen, die aus ihren Läufen herausschossen, deutlich zu sehen. Zwei Partisanen warfen sich auf den Boden. Nur einer begann zurückzuschießen, aber sein M-16 hatte nach einigen Schüssen eine Ladehemmung. Sowohl die SF-Jungs als auch die Partisanen richteten jetzt ihre gesamte Aufmerksamkeit nach Süden. 20 Sekunden später ging den AKs jedoch bereits die Munition aus.

Während die SF-Jungs in aller Eile ihre Magazine wechselten, eröffneten die übrigen Boat-Crews ihrerseits das Feuer. Selbst mit ihren Platzpatronen gelang den Gruppen ein beeindruckendes Trommelfeuer. Wir warfen Artilleriesimulatoren ins Camp. Als sie explodierten, erzeugten sie einen grellweißen Blitz. Ihr Donnern hallte von den umliegenden Hügeln und Bergen wider. Ich konnte mir in etwa vorstellen, was die vier SF-Kämpfer draußen im Wald jetzt dachten. Sie würden sofort begreifen, dass ihr Stützpunkt angegriffen wurde, und sie würden vermutlich bald erkennen, dass sie vorhin direkt an diesen Angreifern vorbeigegangen sein mussten. Wir warfen noch ein weiteres Dutzend Artilleriesimulatoren in das Camp, dann feuerte ich eine Leuchtrakete ab. Die erste Boat-Crew richtete jetzt ihr Feuer hinter das Lager, während die Haupttruppe aus allen Rohren feuernd das Camp überrannte und

wir zu ihnen aufschlossen. Die SF-Jungs taten das einzige Richtige und suchten das Weite.
Zwei Partisanen folgten ihnen in die Nacht hinaus, brachen durch Äste, prallten auf Bäume und fielen mehr den Abhang hinunter, als dass sie ihn hinunterliefen. Als wir das Camp betraten, standen die beiden letzten Partisanen völlig belämmert da und hoben die Hände in die Höhe. Der Frontmann feuerte ihnen eine lange Salve direkt vor die Füße.
»Legt euch auf den Boden, ihr Arschlöcher«, sagte er, »ihr seid tot.« Die beiden Partisanen ließen sich zu Boden fallen.
Ich schaute mich um. Wir waren jetzt im Lager und gleichzeitig Eigentümer eines am Spieß gebratenen Schweins.
Ich rief: »Für den Abmarsch bereit machen«, während die Jungs die Unterstände niederrissen, die Rucksäcke durchwühlten und jedes Stück Papier, dass sie finden konnten, in ihre Uniformhemden steckten. Ich funkte die Red-Wolf-Piloten an und ein paar Minuten später erschien der erste Hubschrauber. Die SPIE-Seile wurden ausgeworfen, die Männer der ersten Gruppe hakten sich ein und wurden in die Nacht hinaufgehoben.
Dann waren wir an der Reihe. Der zweite Helikopter schwebte über dem Camp ein. Der Vogel flog tiefer als der erste und sein Rotorabwind verwirbelte das, was wir gerade verstreut hatten, noch weiter. Kiefernnadeln schwirrten durch die Luft, Abdeckplanen, Regenponchos und Hängematten wurden hochgehoben und fortgeweht. Als die Jungs sich in das SPIE-Rig einhakten, ging Baby Zee das ganze Seil entlang und stellte sicher, dass die Karabinerhaken auch geschlossen und gesichert waren. Ich klinkte mich in die letzte Schlaufe ein und Baby Zee wählte die Nachbarschlaufe.
Ich gab dem Helikopter mit erhobenem Daumen das Zeichen, dass wir bereit waren. Der Crew Chief antwortete, indem er mit dem Zeigefinger direkt nach oben zeigte. Der oberste Teil des Seils hob sich als Erstes von der Erde und jeder von uns rückte langsam nach vorne, während die Männer vor uns vom Boden gehoben wurden. Ich stand direkt neben dem Lagerfeuer und dem Schwein. Seine Augen waren geschlossen und der Spieß ging durch sein Maul und kam hinten wieder heraus. Vor mir

wurde jetzt Baby Zee in die Luft gehoben. Dann spürte auch ich, wie mein Klettergurt plötzlich mein ganzes Gewicht tragen musste, als sich das Seil spannte.

»Hey«, rief Baby Zee plötzlich zu mir herunter, »ich hätte Ihnen ein paar Extrapunkte gegeben, wenn Sie das Schwein mitgenommen hätten.«

Als meine Füße direkt über dem Feuer schwebten, holte ich aus und gab dem Schwein noch einen letzten Tritt. Der Spieß zerbrach und das riesige Schwein fiel in die Glut. Funken sprühten auf, als wir durch die Bäume nach oben gehoben worden. Dann wurde der Hubschrauber schneller und zog uns in die Dunkelheit hinein.

Mit dem Helikopter durch das SPIE-Seil verbunden, segelten wir durch die Dunkelheit, und ich johlte wie ein Verrückter. Über mir streckten die Mitglieder meiner Truppe die Arme aus, während der Fahrtwind um uns herum heulte. Unter uns lag der Wald wie ein unendlicher schwarzer Teppich. Ich schaute zwischen meinen Beinen hindurch, als die Lagerfeuer in der Entfernung verschwanden. Die Hubschrauber flogen genau auf den zweiten Stern von rechts zu, und wir fühlten uns frei und wild wie Peter Pan und seine Verlorenen Jungs.

Nicht kriegerische Operationen

Ich weiß nicht, wie das Casino zu seinem Namen kam. Es war alles andere als glamourös. Der Parkplatz war nicht einmal geteert, sondern hatte einen Sandboden. Das Gebäude war einstöckig mit einem niedrigen, leicht geneigten Dach. Seine weiße Vinylverkleidung war an ein paar Stellen bereits abgeblättert. An einigen wenigen Stellen war sogar die schwarze Teerpappe verschwunden und man konnte das von Termiten zernagte Sperrholz sehen, das dahinterlag. Es lag ziemlich versteckt unter einem Brückenstück des Chesapeake-Bay-Bridge-Tunnels im Chick's Beach-Viertel von Norfolk, Virginia, und sah mehr wie ein Schiffswrack aus als wie eine Bar. Das Casino kultivierte seit Langem seinen schlechten Ruf. Man hätte es jederzeit als Tatort in einem Fernsehkrimi verwenden können. Selbst seine Adresse war ein Brüller: Pleasure House Road 169. Am Rahmen des einzigen Fensters war eine Leuchtreklame angebracht, die für Papst-Blue-Ribbon-Bier vom Fass warb. Daneben blinkte in unregelmäßigen Abständen immer wieder ganz kurz der Buchstabe A auf, der anzeigte, dass das Etablissement nur für »adults«, also Erwachsene zugelassen war. Es war kein Lokal, in das man einfach so hineinspazieren würde. Dazu sah es viel zu gefährlich aus. Vor dem Eingang parkten immer einige beeindruckende Gefährte, Harleys, BMW- und Triumph-Motorräder mit Beiwagen sowie allradangetriebene Pickups mit Gewehrhaltern und Schmutzfängern. Die Transportmittel auf dem Parkplatz zeigten perfekt, welche Kundschaft hier verkehrte: Navy SEALs, Motorradfahrer und Biersäufer der übelsten Sorte.

Der Stil der Innenausstattung ließe sich am besten als »Early Demolition« beschreiben. Die niedrige Decke lastete direkt über einem völlig uneben gegossenen Betonboden. Die Bar war aus Formica-Schichtstoffplatten und Sheetrock-Gipskartonblatten zusammengezimmert. In der Mitte des Raums standen ohne eigentliche Ordnung mehrere Pool-Tische herum. Erst nach einiger Zeit merkte man, dass man sie dort aufgestellt hatte, wo das Dach keine größeren Lecks aufwies. Über der Bar hingen die Einheitsabzeichen der beiden Ostküsten-SEAL-Teams Two und Four, sowie die das SDV-Teams 2 und der beiden Underwater Demolition Teams 21 und 22.

Als ich zum ersten Mal das Lokal betrat, lagen zwei Rednecks in einem heißen Kampf verstrickt unter einem Pool-Tisch, zogen sich an den Haaren und versuchten, sich die Augen auszudrücken. Normalerweise bringt ein solcher Kampf die ganze Bar in Aufruhr und es ist nur eine Frage der Zeit, bis die anderen Gäste einen Grund finden oder erfinden, sich an der Rauferei zu beteiligen. Aber auch hier war das Casino einzigartig. Während sich die beiden Rednecks hingebungsvoll verprügelten, ignorierten die SEALs sie vollkommen. Niemand drehte sich auf seinem Barhocker auch nur einen Millimeter zu den Kämpfern um, als einer den anderen durch die Tür der Damentoilette schmetterte. Als der Sieger den Verlierer danach in Richtung Eingangstür schleifte, griff der Barkeeper unter eine Formica-Platte, holte einen großen .357-Magnum-Revolver heraus und richtete ihn auf den keuchenden, im doppelten Sinne niedergeschlagenen Redneck.

»Komm bloß nicht auf die Idee, mit einer Pistole hierher zurückzukommen«, sagte der Barkeeper in ruhigem Ton.

»Du erteilst mir doch kein Hausverbot, oder?«, fragte der Verlierer.

»Eine Woche brauchst du dich hier nicht mehr blicken lassen«, erwiderte der Barkeeper. »Und jetzt hau ab!«

Und schon war alles vorbei. Jemand warf ein 25-Cent-Stück in die Jukebox und rief den Song »Pressure Drop« von Toots and the Maytals auf. Alles war wieder friedlich und cool. Nur ein weiterer Abend im Casino. Es war eine tolle Pinte, und ich liebte sie über alles.

In dieser feinen und anständigen Umgebung ließ ich es ordentlich krachen, als ich im späten Frühjahr 1982 meinen Navy-SEAL-Designator (Verwendungsbezeichnungsnummer) 1180 erhielt und damit zu einem vollwertigen Froschmann wurde. Rick James, mein Klassenkamerad von der 114, und ich wurden zwar am gleichen Tag und eigentlich sogar drei Monate zu früh zu Special Warfare Officers ernannt, bekamen jedoch unsere Abzeichen aus unterschiedlichen Gründen. Rick bekam seines, weil er ein hervorragender Operator und guter Amerikaner war. Ich bin dagegen womöglich der einzige SEAL in der Geschichte der Navy-Spezialtruppen, der sein Abzeichen dafür bekam, dass er eine Mission verweigerte.

Nach meinem Sieg über die Green Berets kehrte ich in die Schreibstube meines Teams zurück. Meine Arbeit blieb ziemlich die gleiche und bestand aus dem Verfassen und Bearbeiten von Meldungen und Berichten, nur, dass man von jetzt an annahm, ich sei für die Verteidigung der Vereinigten Staaten von Amerika von einem gewissen Nutzen. Mit einem Wort, ich war von nun an »einsetzbar«. Vielseitig nutzbar. Nachdem ich die Liebenswürdigkeiten von John Jaeger überlebt hatte, war ich jetzt zuversichtlich, bald mein Abzeichen zu bekommen und einem Kampfzug zugewiesen zu werden. Die SEAL Platoons werden von einem Offizier *befehligt*, während sein Stellvertreter, der zweite Offizier, den bezeichnenden, weit weniger geachteten Spitznamen 2IC, Second in Charge, trägt. Diesen eher bescheidenen Rang sollte ich nun bald erreichen. In der Zwischenzeit konnte ich zu Kommandos oder temporären Aufgaben abgeordnet werden, die gewöhnlich unter der Würde eines Zugs waren, der für einen regulären Kampfeinsatz trainierte. Manchmal waren das regelrechte Scheißjobs, wie die Überprüfung von Uferbefestigungen für die Zivilverwaltung, das Sprengen von Landungsstegen und Stützpfeilern oder, noch schlimmer, das Absuchen von Hafenbecken. Manchmal waren diese Jobs aber auch gar nicht so übel.

Mein erster unabhängiger Auftrag sah erst einmal ziemlich einfach aus, sollte sich dann jedoch in die ganz falsche Richtung entwickeln. Es war das erste und eines der wenigen Male, dass ich mich weigerte, meine Pflicht zu erfüllen – oder wenigstens etwas, das ein anderer für meine Pflicht hielt. Ende April bekam ich den Befehl, ein Sechs-Mann-Team anzuführen, das zeitweise zur NASA abgeordnet wurde. Es war eine sogenannte »Weltraumschrott«-Mission, eine Aufgabe, die die SEALs von ihren UDT-Vorgängern (UDT = Underwater Demolition Team) geerbt hatten. Während der Mercury-, Gemini- und Apollo-Raumfahrtprogramme hatten UDT-Froschmänner die Raumkapseln nach deren

Landung im Meer geborgen. Als die UDTs aufgelöst wurden, erbten die SEAL-Teams diese Aufgabe. Obwohl die Spaceshuttles die bemannten Kapseln abgelöst hatten, wurden die Teams weiterhin von Zeit zu Zeit angefordert, um irgendwelche Gegenstände zu bergen, die absichtlich oder unabsichtlich von der NASA ins Meer befördert worden waren.

Niemand im Operationsbüro wollte oder konnte uns erklären, worin genau unsere Aufgabe bestehen würde. Unsere Befehle besagten nur, dass wir uns bei der National Aeronautic and Space Administration im Kennedy Space Center für einen zeitlich begrenzten Sondereinsatz melden sollten, zu dem Fallschirmabsprünge und die Zündung von Sprengmitteln gehören würden. Ein Unteroffizier unserer Abteilung namens Gibby hatte bereits an einer solchen Operation teilgenommen oder vielmehr: er hatte dafür trainiert.

»Die Mission wurde abgeblasen, als sie den Start abbrachen«, erzählte er mir.

»Der Start von was?«, fragte ich.

»Der Start einer Trident-Rakete.«

Wir empfingen unsere Ausrüstung und flogen mit einer C-114 zur Air-Force-Station in Cape Canaveral hinunter. Auf dem Flug erklärte mir Gibby, dass seine frühere Abteilung die Bergung der Booster-Sektion einer Trident-Rakete aus dem offenen Meer geübt hatte. Die Trident I war die neueste amerikanische, von einem U-Boot abgefeuerte ballistische Interkontinentalrakete, die bis zu acht thermonukleare Gefechtsköpfe befördern konnte. Diese waren Mehrfachsprengköpfe, sogenannte MIRVs, voneinander unabhängig lenkbare Mehrfach-Wiedereintrittskörper, die es ermöglichten, mit einer einzigen Rakete mehrere Ziele anzugreifen. Die Trident hatte eine Reichweite von etwas über 4000 Seemeilen (7400 Kilometer). Jede Rakete konnte ihre MIRVs so abwerfen, dass sie höchstens 100 Meter von ihrem geplanten Ziel entfernt einschlugen. Nach meinem Verständnis war das der absolute Volltreffer, vor allem da es sich bei diesen Sprengköpfen um Wasserstoffbomben handelte. Außerdem war es eine fantastische technische Leitung, wenn man bedachte, dass die Rakete unter Wasser abgefeuert wurde, die Atmosphäre verließ, ein Stück durch den Weltraum flog, wieder in die Atmosphäre eintrat und dann direkt auf ihre Ziele zustürzte. Das war wirklich die ultimative Massenvernichtungswaffe. Eine neue Version der Trident wurde damals gerade getestet, und wir sollten einen kleinen Beitrag dazu leisten.

Wir kamen an, checkten in ein ziemlich einfaches Hotel in Cocoa Beach ein und genossen an diesem Tag noch etwas den Sonnenschein in Florida. Am nächsten Morgen nahmen Gibby und ich an einem Informationstreffen bei der NASA teil. Am Konferenztisch saßen so viele helle Köpfe, dass man bei Nacht keine Lampen mehr gebraucht hätte. Ein Großteil des Treffens war für uns absolut unverständlich. Wir bekamen nur mit, das eine Trident C4 von einem Atom-U-Boot der Ohio-Klasse vor Cape Canaveral abgeschossen werden sollte. Diese Rakete, die natürlich keinen ihrer apokalyptischen Sprengköpfe an Bord hatte, würde in einem von allen Schifffahrtsrouten weit entfernten Bereich des Nordatlantiks niedergehen. Wenn die Rakete zuvor ihre Fluchtgeschwindigkeit (Verlassen der Atmosphäre) erreichte, würde sie ihre Booster-Sektion abwerfen. Unsere Aufgabe war es nun, diese erste Stufe des Raketentriebwerks zu bergen. Man hatte berechnet, dass das ausgebrannte Hilfstriebwerk irgendwo nördlich der Abaco-Inseln im Norden der Bahamas ins Wasser stürzen würde. Während des Briefings wurden wir als die »Jungs mit den dicken Hälsen« vorgestellt. Immerhin stellte man uns zu Übungszwecken ein lebensgroßes Modell der ersten Raketenstufe zur Verfügung.

Die ganze nächste Woche trainierten wir in einer kleinen Bucht in der Nähe des Space Center. Ein Kran ließ eine große zylindrische Attrappe der ersten Stufe ins Wasser fallen, und wir sprangen dann hinterher, um einen Schwimmkragen an dem Triebwerk anzubringen. Wenn die Triebwerkssektion dann schwimmfähig war, sollte sie ein Versorgungsschiff des Military Sealift Command bergen. Wir selbst sollten von einem auf Langstrecken-Spezialoperationen spezialisierten Hubschrauber vom Typ MH-53 Pave Low abgesetzt und danach wieder abgeholt werden. Die Operation hätte nicht unkomplizierter sein können. Die einzige Komplikation war ein 3 Meter langer Alligator, der jedes Mal in der Bucht auftauchte, wenn wir gerade unseren Schwimmkragen aufbliesen. Wir waren ziemlich entgeistert, als wir beobachteten, dass der Kranführer dem großen Reptil Marshmellows zuwarf, während wir noch im Wasser arbeiteten. Ich nehme an, er wollte es dadurch von uns ablenken. Wir konnten nur hoffen, dass der Alligator diese Süßigkeiten nicht als appetitanregende Vorspeise betrachtete. Allerdings hatten wir es auch diesem Alligator zu verdanken, dass wir den Kragen in einer absoluten Rekordzeit anbrachten.

Nach dem Training fing dann das Warten an. Der Start wurde mehrmals verschoben. Wir hingen in Cocoa Beach ab, gingen in Bars und schleppten dort Mädchen ab, denen wir erzählten, wir seien Astronauten im Training. Schließlich wurden wir von der Patrick Air Force Base zur Air Force Station Bahama Island geflogen. Nach einer weiteren kurzen Wartezeit luden wir ein F-470-Zodiac-Schlauchboot in den Hubschrauber, das am Zielpunkt ins Wasser geworfen werden würde. Das ganze Paket nannten wir unsere »soft duck«, unsere »weiche Ente«.

Am nächsten Morgen starteten wir bereits bei Anbruch der Dämmerung. Wir mussten rechtzeitig am Südende der Aufprallzone des Boosters eintreffen. Der Start der Rakete war für 7.00 Uhr morgens angesetzt. Unser Teil der Operation war der bei Weitem einfachste. Neben dem U-Boot, das die relativ unkomplizierte Aufgabe hatte, die Rakete abzufeuern, waren an der ganzen Aktion NASA-Hubschrauber beteiligt, die den Start filmen sollten, Beobachtungsstationen, die vom Boden aus die Flugbahn der Rakete verfolgen würden, und zwei P-3-Orion-Propellermaschinen der Navy, die über dem Einschlaggebiet zahlreiche Sonarbojen abwerfen würden, damit wir genau an den Ort geleitet werden konnten, an dem das Triebwerk niedergegangen war.

Ausgesprochen unangenehm war jedoch, dass plötzlich ein russisches »Fischereischiff« 7 Kilometer vor Cape Canaveral auftauchte und innerhalb des Startbereichs des Unterseeboots Stellung bezog. Der harmlose Trawler strotzte nur so von Antennen. Tatsächlich war es ein russisches Spionageschiff der Okean-Klasse, das speziell dafür ausgerüstet war, den Raketenstart zu verfolgen. Der Start wurde um eine halbe Stunde verschoben und dann noch um eine weitere halbe Stunde, als eine P-3, die über der

Aufprallzone der ersten Stufe patrouillierte, meldete, dass ein zweiter russischer Trawler ganz in der Nähe des vorausberechneten Einschlagpunkts lag. Beide »Fischereischiffe« befanden sich in internationalen Gewässern. Man konnte also nichts tun, außer über das Geschick und die Schnelligkeit dieser unerschrockenen russischen Fischersleute zu staunen. Es war offensichtlich, dass sie über unsere Operation Bescheid wussten, und ich fragte mich damals, warum sich niemand darüber zu wundern schien. Wir kreisten nördlich der Bahamas, während das U-Boot die Entfernung zum Ufer etwas verringerte. Schließlich traf irgendwer irgendwo die Entscheidung, die Rakete endlich zu starten. Sollten die Russen doch das Ganze ruhig beobachten!
Wir waren jetzt bereits zwei Stunden in der Luft, als der Start endlich stattfand. Dabei sahen wir überhaupt nichts und hörten kaum etwas, bis man uns informierte, dass die Booster-Sektion weit nördlich der Bergungszone niedergegangen war. Von der Stelle, über der wir jetzt kreisten, betrug die Entfernung dorthin fast 160 Kilometer. Der Pave Low machte sich sofort in Richtung Norden auf, während wir selbst uns im Hubschrauber zum Absprung bereit machten. Wir rasten mit 150 Knoten über das Wasser, während uns die beiden P-3 meldeten, dass auch die beiden Trawler auf dem Weg zum Absturzpunkt waren. Das Spionageschiff vor Cape Canaveral würde es auf keinen Fall schaffen, aber der zweite Trawler war weniger als 40 Kilometer von dem Booster entfernt. Ich stellte einige schnelle Berechnungen an. Die Höchstgeschwindigkeit der Trawler betrug maximal 15 Knoten. Das Canaveral-Schiff würde also ganze sechs Stunden brauchen. Der zweite Trawler würde jedoch in etwa einer Stunde und 40 Minuten den Aufschlagpunkt erreichen. Bei unserer gegenwärtigen Geschwindigkeit von 150 Knoten trafen wir voraussichtlich in 40 Minuten über der Absturzzone ein. Natürlich musste man die Zeit dazurechnen, die wir benötigen würden, um das Triebwerk zu finden … Das war nämlich gar kein so leichtes Unterfangen, wenn man bedachte, dass bei unseren Übungsbergungen die Booster-Attrappe kaum einen Meter aus dem Wasser geragt hatte. Das Ganze entwickelte sich mehr und mehr zu einem Wettlauf. Unglücklicherweise befand sich

das Military-Sealift-Command-Schiff, das die Triebwerksstufe an Bord nehmen sollte, ebenfalls volle 80 Kilometer südlich des Aufprallpunkts. Von ihm war also keinerlei Unterstützung zu erwarten.
Der Pilot unseres Hubschraubers war ein Air-Force-Oberst und hieß Murphy. Als wir noch etwa 15 Minuten von unserem Zielpunkt entfernt waren, rief er mich ins Cockpit.
»Ihr Jungs seid fertig zum Absprung?«, fragte er.
Ich bestätigte.
»Wir haben hier jedoch ein kleines Problem«, sagte er.
»Wie klein?«, fragte ich. Ich bemerkte, dass der Kopilot in die andere Richtung schaute.
»Unser Treibstoff wird knapp. Wir können Sie noch absetzen, aber wir können nicht so lange dableiben, bis das Bergungsschiff eintrifft.«
Das hörte ich nun gar nicht gern. »Gibt es noch einen zweiten Hubschrauber?«, fragte ich.
»Nur uns«, sagte er forsch-fröhlich. »Wir setzen Sie ab und fliegen nach Grand Bahama zurück, um aufzutanken.«
»Und was passiert dann?«, fragte ich in einem möglichst gleichmäßigen Ton.
»Wir kommen zurück und holen Sie ab.«
Das war sein Plan? Das war vielleicht mein erster echter Einsatz, aber darauf würde ich mich auf keinen Fall einlassen. Aber ich musste vorsichtig sein, wenigstens dachte ich, dass ich das sein müsste. Erst später lernte ich, wie man mit Air-Force-Obersten umgehen muss. Jetzt musste ich erst einmal unaufgeregt, aber fest und bestimmt auftreten. Ich war Ensign und er war Colonel, aber die Idee dieses Mannes konnte Menschen das Leben kosten.
»Wie werden Sie uns finden?«, fragte ich. Auf seine Antwort war ich echt gespannt.
»Wir werden Ihre Position in unser GPS eingeben.«
Ich begann allmählich zu begreifen, was der Unterschied zwischen der Air Force und der Navy war. »Sehen Sie, Colonel, ich kann meine Jungs nur dann ins Wasser lassen, wenn Sie bei uns bleiben.«

»Aus welchem Grund?«

»Weil der Aufschlagpunkt im Golfstrom liegt. Dort gibt es eine Strömung, die mit 3 Knoten nach Norden fließt. Sie können unsere gegenwärtige Position eingeben, aber wenn Sie zurückkommen, werden wir viele Seemeilen entfernt sein.«

»Aber Sie haben doch ein Boot, oder?«

»Dieses Boot ist klein und schwarz.«

»Wir werden Sie finden«, sagte er mit einem leichten Schnauben.

»Das ist nichts Persönliches, Sir, aber ich glaube nicht, dass Sie das können. Ich setze meine Jungs nicht auf dem Ozean aus, wenn sie sich nur an eine beschädigte Triebwerksstufe klammern können, die jederzeit sinken kann, in der vagen Hoffnung, dass wir nach einer kurzen Suche gefunden werden.«

Jetzt war er wirklich angepisst. Ich allerdings auch, wenn auch aus einem anderen Grund. Ich sah gerade meine SEAL-Karriere davonschwimmen. Dabei war ich noch nicht einmal ein SEAL. Und hier stand ich nun und weigerte mich, eine Operation wie gewünscht durchzuführen. Und nicht irgendeine Operation. Ich setzte gerade meinen ersten eigenverantwortlichen Einsatz in den Sand.

»Ihnen ist doch bewusst, dass sich gerade ein russisches Schiff dem Triebwerk nähert?«

»Jawohl, Sir. Und das ist ein weiterer Grund, warum ich nicht dort zurückgelassen werden möchte.« Er schaute mich mit einem verächtlichen »Wovor hast du eigentlich Angst?«-Blick an. Ich versuchte, weiterhin so ruhig zu klingen wie möglich.

»Sechs Mann in einem Schlauchboot werden die Russen kaum aufhalten können, wenn die sich das Triebwerk unter den Nagel reißen wollen«, sagte ich.

»Haben Sie Waffen dabei?«, fragte er, wobei er mich immer noch anschaute, als ob ich der Abschlussballpartner seiner Tochter sei.

»Pistolen.«

»Wir wurden hierhergeschickt, um die Booster-Stufe zu bergen«, bekräftigte er.

»Ich kann mein Team nicht einer solchen Gefahr aussetzen, bloß weil ich hoffe, dass Sie uns wiederfinden.«
Es gab eine lange Pause. Die Hubschraubertriebwerke dröhnten und die Rotoren pochten.
»Wie lange können Sie am Ziel bleiben?«, fragte ich schließlich.
»Höchstens 35 Minuten«, antwortete er.
»Okay. Ich habe einen Vorschlag. Sie bringen uns zu der Triebwerksstufe und ich springe mit einem meiner Männer ab. Wir werden dann die ganze Stufe mit C4-Plastiksprengstoff zum Sinken bringen.«
»Sie wollen sie zerstören?«, schluckte er.
»Wollen Sie, dass die Russen sie kriegen?«, fragte ich zurück. Wie in einem Film kam genau in diesem Moment am Horizont der Trawler in Sicht, der mit voller Kraft nach Norden dampfte. Trotz seiner Tarnung als heruntergekommenes und rostiges Fischereischiff war doch zu erkennen, dass es sich um ein russisches Spionageschiff handelte. Wir flogen an ihm vorbei. Jeder auf dem Flugdeck wusste jetzt, dass die Russen uns jetzt nur noch mit ihrem Radar verfolgen mussten. Wir würden sie direkt zu der Triebwerksstufe führen.
Der Oberst war jetzt endgültig stocksauer. »Ich weiß nicht, warum Sie sich weigern, mit Ihrer ganzen Gruppe dort reinzugehen.«
»Es ist nicht sicher«, wiederholte ich. »Rufen Sie die Operationskontrolle an und erzählen Sie denen, dass ich vorgeschlagen habe, das Triebwerk zu versenken.«
»Ich werde ihnen mitteilen, dass Sie sich weigern, dort reinzugehen.«
»Sie sollten jedoch auch erwähnen, dass ich kein Wasser, kein Essen und nur sechs Leuchtraketen habe«, sagte ich. »Ich springe nicht mitten in den Atlantischen Ozean und hoffe, dass mich danach jemand wiederfindet.«
Ich ging in den Passagierbereich zurück und setzte mich auf das Boot. Ich hatte das Gefühl, dass meine Karriere gescheitert war, bevor sie überhaupt angefangen hatte, aber Gibby hielt seinen Daumen nach oben. Er hatte unser Gespräch in seinem Headset mitgehört. Jetzt lehnte er sich zu mir herüber und schrie mir ins Ohr: »Zum Teufel mit denen. Sie haben richtig gehandelt.«

Das hoffte ich auch, aber ich hatte doch ein schlechtes Gefühl, wenn ich daran dachte, dass ich das Ganze meinem Team daheim erklären musste. Fünf Minuten später kam der Crew Chief zu uns hoch und schrie mir seinerseits ins Ohr: »Die Operationskontrolle möchte wissen, ob Sie garantieren können, dass dieses Ding auch wirklich sinkt.«

»Wir werden die ganze Chose hochjagen.«

Der Crew Chief sprach in sein Headset hinein, hörte eine Weile zu und beugte sich dann wieder zu mir herunter. »Okay«, sagte er. »Ihr Jungs könnt loslegen.«

Zuerst machten wir unsere Sprengladungen fertig, die aus drei C4-»Socken« bestanden. Die Socken waren 30 Zentimeter lange und 8 Zentimeter breite, olivgrüne Stoffhülsen aus grauem Segeltuch. In jeder von ihnen steckte ein 900 Gramm schwerer rechteckiger Streifen aus C4-Plastiksprengstoff, einer sogenannten »Sprengmasse formbar«. Auf jede Socke war außen ein 90 Zentimeter langes Stück Baumwollleine aufgenäht, die etwas dicker als eine normale Wäscheleine war. Am anderen Ende der Socke war ein flacher Metallhaken angebracht, in den man die Leine hineinstecken und dann festziehen konnte. Mithilfe dieser Vorrichtung konnte man die Leine und damit die ganze Socke eng um das zu sprengende Objekt herumwickeln. Damit hatte der Sprengstoff einen direkteren Kontakt zu diesem Gegenstand, was die Sprengwirkung beträchtlich erhöhte. Unten hatte das Segeltuch jeder Socke ein ganz kleines Loch, durch das man eine Sprengschnur mit Detonator oder eine Sprengkapsel in den Sprengstoff einführen konnte. Ohne eine Sprengkapsel oder einen anderen hochexplosiven Sprengzünder ging C4 nicht hoch. C4 ist ein unglaublich stabiler Sprengstoff, wobei stabil in diesem Fall bedeutet, dass er höchstwahrscheinlich niemals zufällig oder unabsichtlich detoniert. Obwohl ich es selbst noch nie ausprobiert habe, kann man angeblich eine Kugel auf einen C4-Block abfeuern, ohne dass er explodiert. Zu Hause würde ich so etwas jedoch nicht probieren.

Der Crew Chief beobachtete mit einiger Sorge, wie ich Sprengkapseln auf drei kleinere Zündschnüre aufwürgte und M60-Unterwasser-Zeitzünder auf jede Zündkette aufschraubte.

»Ihr Jungs wisst, was ihr tut, oder?«, fragte er.
»Aber sicher«, antwortete Gibby. »Wir haben doch den Film *Mission: Impossible* gesehen.«
Wir kamen an den Aufprall-Koordinaten an und starteten von dieser Stelle aus ein Suchmuster. Es dauerte weitere 25 Minuten, bis wir die Triebwerksstufe fanden, die seitwärts wie ein Baumstumpf im Wasser trieb. Gibby steckte sich die C4-Socken in das Oberteil seines Neoprenanzugs, während ich die Zündschnüre, Sprengkapseln und Zeitzünder in den meinen stopfte. C4 mochte ja unglaublich stabil sein, aber es war Vorschrift, den Sprengstoff und die Zündmittel während eines Absprungs zu trennen, selbst bei einem kleinen Sprung wie von einem Startblock. Inzwischen kam der Trawler immer näher. Er war bereits deutlich am Horizont zu sehen, als wir uns bereit machten, von der Rampe zu springen. Von den rollenden Wogen sprühte die Gischt bis zu uns herauf, als der Pave Low bis auf 6 Meter hinunterging und dort auf der Stelle zu schweben begann.
»Der Pilot sagt, Sie haben sieben Minuten«, schrie der Crew Chief, als wir auf die Rampe hinaustraten. Sieben Minuten war nicht viel Zeit, um zur Stufe zu schwimmen, die Sprengladungen anzubringen und dann vom Hubschrauber geborgen zu werden. Ich wünschte, wir hätten den Oberst mitnehmen können.
Gibby sprang als Erster. Er verschwand von der Rampe in die Gischt, die vom Abwind der Rotoren aufgewirbelt wurde. Jetzt war ich an der Reihe. Als ich von der Rampe sprang, kreuzte ich die Arme vor der Brust, um die Sprengkapseln noch besser abzupuffern. Während ich zwei Stockwerke tief ins Wasser stürzte, machte ich die Beine ganz gerade und richtete meine Schwimmflossen in Vorbereitung des Aufpralls auf das Wasser nach unten. Ich tauchte in die rollende Dünung ein, kam wieder an die Oberfläche, drehte mich um und signalisierte dem Hubschrauber mit erhobenem Daumen, dass alles in Ordnung war. Während Gibby und ich zu der Raketenstufe hinüberschwammen, bewegte sich der Helikopter ganz langsam weg von uns.
Die Triebwerk-Sektion hatte einen Durchmesser von etwas mehr als 2 Metern und eine Länge von knapp 4 Metern. Sie sah aus wie eine

riesige Bierdose mit einem kurzen Trichter am Ende. In ihrem unteren Teil gab es ein paar Hohlräume und Steuerungseinrichtungen, die für einen gewissen Auftrieb sorgten, sonst wäre sie bestimmt schon längst gesunken. Die Zylinderform war durch den Aufprall etwas abgeflacht worden. Ein Großteil der ersten Stufe bestand aus Kevlar, einer Kohlefaser. An den Stellen, an denen die Triebwerkshülle gebrochen war, hingen Karbonfäden aus dem Zylinder heraus. Sie sahen aus wie eine dünne Schicht aus dichtem, blondem Haar. Diese Kevlar-Fäden waren extrem stark. Wir mussten es unbedingt vermeiden, uns in ihnen zu verfangen, sonst würden sie uns mit in die Tiefe reißen, wenn die Triebwerksstufe plötzlich absacken sollte.

Die Wellen schlugen bereits über das Booster-Segment, als wir nach den Stellen suchten, wo wir unsere Sprengladungen am besten platzieren konnten. Gibby tauchte ins Wasser hinunter und brachte die C4-Socken am unteren Teil des Triebwerksgehäuses an, wobei er die Sprengmatten am unteren Ende der Raketendüse und an dem, was von der Antriebssteuerung der ersten Stufe übrig geblieben war, festband. Während er die Sprengladungen mithilfe der Sockenschnüre festzog, füllte ich meine Lunge mit Luft und tauchte zu ihm hinunter. Ich führte die Sprengkapseln samt Zündschnüren in das Ende jeder Socke ein, zog die Zündschnüre gerade und vergewisserte mich, dass die Zünder fest aufgeschraubt waren. Dann tauchte ich wieder auf.

Als wir von einer Welle ein Stück emporgetragen wurden, erblickten wir den russischen Trawler. Er kam Bug voraus mit Höchstgeschwindigkeit direkt auf uns zu, sein Vorpiek pflügte sich durch die rollenden Wellen. Als ich die drei Zünder in meiner Faust bündelte und dann in einem Ruck deren Abzugsleine zog, war er weniger als 1000 Meter von uns entfernt. Die M60 knallten und ein leichter Geruch von Kordit drang in meine Nase, als die Zündschnüre in ihren wasserdichten Plastikummantelungen zu brennen begannen. Ihre Brennzeit betrug etwa fünf Minuten. Sie würden jedoch je nach Wasserdruck und einer Vielzahl von Variablen, die mir im Moment scheißegal waren, unterschiedlich schnell abbrennen.

»Lass uns von hier abhauen!«, rief ich Gibby zu.
Wir schwammen, so schnell wir konnten, etwa 150 Meter von der Booster-Sektion weg. Hier waren wir zwar immer noch innerhalb der Explosionszone, aber wir konnten nicht mehr weiter schwimmen, wenn uns der Hubschrauber noch rechtzeitig bergen wollte. Ich hob die rechte Hand über den Kopf und ballte sie zur Faust. Das war das SEAL-Handzeichen für »Ich bin bereit, aufgenommen zu werden«. Gibby kreuzte seine beiden Fäuste über dem Kopf, das Handzeichen für »Sofort aufnehmen!«.
Der Hubschrauber flog heran und ließ aus einer Luke in seinem Bauch eine Draht-Strickleiter herunterfallen. Der Pave Low flog jetzt in einer Höhe von 5 Metern langsam auf uns zu und zog dabei die Leiter im Wasser hinter sich her. Ich nahm eine Position 15 Meter hinter Gibby ein. Der Abwind der Rotoren umwehte uns in Orkanstärke und trieb uns die Wellengischt direkt in Gesicht und Augen. Trotzdem konnte ich erkennen, dass Gibby eine Sprosse in seiner Armbeuge auffing, wie er es als Froschmann gelernt hatte, und die Strickleiter emporzusteigen begann. Nach ein paar Sekunden kam er oben an und verschwand in der Luke. Der Hubschrauber schwebte jetzt direkt über mir. Die Abwinde wurden plötzlich schwächer, als der Rumpf die Sonne verdeckte. Ich fing die Leiter auf und kletterte hinauf. Als ich etwas höher kam, erblickte ich den Trawler, der uns schon bald erreichen würde. Auf seinem Backbord-Brückennock standen zwei Besatzungsmitglieder und hielten mit ihren Feldstechern offensichtlich nach dem Booster Ausschau.
Als ich mich durch die Luke in die Kabine hinaufzog, feuerte jemand von der Hubschrauberbesatzung eine Leuchtrakete von der Heckrampe des Pave Low ab. Ein roter Sternhaufen, der ein Rauchband hinter sich herzog, zischte 100 Meter vor dem Trawler ins Wasser. Ich glaube, sie begriffen sofort, was los war. Während der Hubschrauber bereits wieder in die Höhe stieg, konnte ich gerade noch erkennen, wie das russische Spionageschiff scharf nach Steuerbord abdrehte. Eine halbe Minute später übertönten zwei laute dumpfe Schläge das Dröhnen der Turbinen. Ich kam gerade noch rechtzeitig an ein Fenster, um beobachten zu können, wie zwei weiße Geysire in sich zusammenstürzten. Fünf Sekunden später

detonierte die letzte Ladung und schleuderte Stücke der Triebwerkshülle hoch in die Luft. Die jetzt von vorne bis hinten aufgerissene erste Stufe versank mit dem Hinterteil zuerst in einem ungeheuren Blasenwirbel in den Fluten.

Wir flogen nach Cape Canaveral zurück, wo jedoch unsere Anwesenheit bei der NASA-Nachbesprechung nicht erforderlich war. In unserem schäbigen Hotel versuchten wir am Abend, unsere miese Stimmung in einer Kaschemme namens Big Daddy's zu ertränken. Als wir am nächsten Nachmittag unsere Sachen packten, zeigte man uns die kalte Schulter. Eine andere C-141 flog uns nach Norfolk zurück. Am späten Abend trafen wir wieder in unserem Team-Stützpunkt ein. Ich gab den Jungs frei und setzte mich dann hin, um meinen wahrscheinlich ersten und letzten Einsatzbericht zu schreiben. Kurz nach Mitternacht machte ich mich ins Casino auf und gab mir die Kante. Während die Musikbox einen Reggae nach dem anderen spielte, sah ich einem Lesbenpärchen beim Pool-Spielen zu und trank wie ein Mann, der bald arbeitslos sein würde.

Am nächsten Morgen rief mich der XO noch vor dem Antreten in sein Büro. Ich überreichte ihm meinen Bericht und erzählte ihm meine Geschichte. Er hörte mit unbewegtem Gesicht zu. Als er meinen Bericht gelesen hatte, fragte er mich, ob ich noch etwas hinzufügen wolle. Zuerst wollte ich eigentlich nichts mehr sagen – »No excuse, Sir« (»Keine Entschuldigung, Sir«) wäre die Standardantwort gewesen –, aber dann gewann doch die Angst vor den Konsequenzen die Oberhand. Ich erklärte, dass ich unter den gegebenen Umständen die bestmögliche Entscheidung getroffen hätte. Ich hätte auch den Oberst mit Respekt behandelt, obwohl seine Argumente nicht zutreffend gewesen seien. Es täte mir leid, wenn ich etwas falsch gemacht haben sollte. Der XO schüttelte den Kopf und forderte mich auf, sein Büro zu verlassen. Am späteren Nachmittag kam Mike Boynton in die Schreibstube und befahl mir, meinen Schreibtisch leer zu räumen. Mir blieb fast das Herz stehen, aber dann sagte er: »Sie wurden gerade in eine neue Position versetzt. Sie sind ab jetzt der stellvertretende Zugführer des 5. Zugs.«

»Sie verscheißern mich …« war alles, was mir daraufhin einfiel.

»Ich könnte Sie nicht verscheißern, Sir«, grinste der Master Chief. »Sie sind doch mein Lieblingsscheißhaufen.«
Ich war also jemandes Lieblingsscheißhaufen. Es stimmte tatsächlich. Die Fronarbeit in der Operationsabteilung war endlich vorbei, und ich gehörte jetzt einem Kampfzug an, der gerade erst neu aufgestellt wurde. Offensichtlich hatte ich über und im Atlantik doch die richtige Entscheidung getroffen. Auch der Captain und der XO hielten es für eine schwachsinnige Idee, das Zodiac-Schlauchboot an einem sinkenden Raketentriebwerk zu vertäuen und darauf zu vertrauen, dass die Air Force zurückkehren und uns finden würde. Obwohl die eigentliche Missionsaufgabe die Bergung des Boosters gewesen war, hatte ich mich kurzfristig entschlossen, die Raketenstufe zu zerstören, und dadurch verhindert, dass wichtiges technisches Material einem russischen Spionageschiff in die Hände gefallen war. Kurz gesagt, meine Entscheidung war richtig gewesen.
Master Chief Boynton drückte es folgendermaßen aus: »Sie haben ein gutes Urteilsvermögen bewiesen, Sir. Ensigns sind eigentlich nicht gerade für derlei berüchtigt.«
Aber ich wurde nicht nur endlich einer Kampftruppe zugeteilt. Zwei Tage später überreichte man Rick und mir ohne größeres Zeremoniell unsere Budweiser. Wir veranstalteten daraufhin eine Mordsparty im Casino, gaben jedem Froschmann an der Ostküste ein kaltes Bier aus und hatten danach tagelang Kopfweh.
Endlich waren wir Navy SEALs.

Für ein bis zwei Wochen übernahm ich das Kommando über den 5. Zug. Das 5. Platoon war eine provisorische Sache, das Skelett eines Kampfzugs und erst einmal nur eine gekaderte Einheit. De facto operierte der Zug aus einem Blechcontainer heraus, der in der hintersten Ecke des Stützpunktgeländes des SEAL Teams Four stand. Frank, mein Nachbar aus San Diego, sollte dessen Zugführer werden, nachdem er die spanische Sprachschule in Monterey, Kalifornien, absolviert hatte. Bevor er zurückkam, war jedoch noch eine Menge zu tun. Wir hatten bisher we-

der Ausrüstung noch Männer. In den ersten Wochen gab es diese Truppe eigentlich nur auf dem Papier. Im Grunde war sie nur ein Name.
Frank hatte seine Offizierslaufbahn ein Jahr vor meinem Eintritt in die Navy begonnen und die Marineakademie in Annapolis erfolgreich durchlaufen. Hätte ich meine Zulassung zur Akademie direkt nach der Highschool angenommen, wären wir Jahrgangskameraden gewesen. Frank hatte als Hauptfach »Schiffbau« gewählt. Am Ende gehörte er zu den zehn besten Akademie-Absolventen seines Jahrgangs. Ich hätte bestimmt nicht so gut abgeschlossen, da ich technisch nicht sonderlich begabt bin. Eine Ingenieursausbildung wäre für mich sicherlich das Falsche gewesen. Während ich mein Graduiertenstudium verbummelte, diente Frank zwei Jahre auf einem Minensucher in San Diego und wartete dort auf einen Platz im BUD/S-Kurs. Dabei galt eine Karriere als Naval Special Warfare Officer damals für einen Annapolis-Zögling noch als absolut unwürdig. Als Buße dafür, dass er überhaupt daran dachte, SEAL zu werden, musste Frank erst einmal eine Funktionsausbildung auf dem Gebiet der Überwasserkriegsführung (Surface Warfare) absolvieren, bevor er am BUD/S teilnehmen durfte. Mit seiner Vorbildung hätte er sich für viele interessante Optionen entscheiden können, aber er wählte dann ausgerechnet den Dienst auf einem Minenräumboot. Ein solches mochte zwar in der Rangordnung der Kriegsschiffe ganz unten stehen, aber Frank wusste, dass die Offiziersmesse auf einem ozeantüchtigen Minensucher nur sehr klein war und dort kein einziger Offizier überflüssig war. In den beiden Jahren arbeitete Frank als Operations Officer und Damage Control Assistant (Schiffssicherungsoffizier). Frank verdiente sich sein Surface-Warfare-Abzeichen in der Hälfte der üblichen Zeit. Mit diesem Pfund konnte er wuchern und wurde jetzt endlich auf die andere Seite der San Diego Bay nach Coronado versetzt, um dort seinen BUD/S zu absolvieren. Auf fast natürliche Weise wurde er zum Class Leader der Klasse 113 bestellt, als sich der eigentlich dazu berufene Offizier die Wirbelsäule brach. Dieser Job war in jenem Jahr jedoch nicht gerade leicht. Von den 105 Studenten, die den Kurs 113 begannen, schafften nur 13 den Abschluss. Sie wurden später als »die

13 der 113« berühmt. Niemand war überrascht, dass Frank der beste Absolvent seiner Klasse war.

Der 5. Zug sollte jetzt Franks erstes Kommando werden. Das Platoon musste jedoch erst einmal systematisch aufgebaut werden. Auch die Operators mussten sich erst zusammenfinden. Man hört oft, dass die Unteroffiziere und Mannschaften das Rückgrat der SEALs bilden. Dies galt ganz bestimmt für den 5. Zug. Unsere erfahrensten Operators waren Stan und Tim, die beide schon zehn Jahre bei der Truppe waren. In den Wochen vor Franks Rückkehr bewiesen sie ihren Wert, indem sie mit allen möglichen, manchmal nicht ganz legalen Mitteln die kleinen Deals deichselten, die beim Militär manchmal nötig sind, um die Gerätschaften zu erhalten, die man für seinen Job braucht. Auf diesem Gebiet waren sie einsame Spitze. Bald waren unser Zug ausgesprochen gut ausgerüstet. Jetzt fehlten nur noch die Männer.

Der Rest des Platoons, zehn Operators, sollte insgesamt aus Absolventen der BUD/S-Klasse 117 bestehen. Sie kamen frisch aus Coronado und Fort Benning, und nicht einer von ihnen hatte Senior Chief Jaegers AOT-Programm durchlaufen. Sie waren jung, in ausgezeichneter körperlicher Form und hoch motiviert. Sie kannten einander gut und arbeiteten verlässlich zusammen. Das war das Gute, was man über sie sagen konnte. Weniger gut war jedoch, dass sie keine Ahnung von Tuten und Blasen hatten.

Nur vier der 16 Männer, die dem 5. Platoon zugewiesen wurden, waren voll ausgebildete SEALs. Ich selbst mochte zwar auch einer sein, aber ich wusste sehr wohl, dass mir noch einiges an Wissen fehlte. Der Zug sammelte sich, und wir merkten schnell, dass es den meisten so ging. Als Frank das Kommando übernahm, informierte man uns, dass der 5. Zug sofort mit dem Pre-Deployment Training oder PDT anfangen müsse. Dieses Einsatzvorbereitungstraining beginnt normalerweise erst, wenn alle Operators zuvor das Advanced Operator Training durchlaufen haben. Diesen Luxus würde man uns aber nicht gönnen. Der 5. Zug sollte seine eigene Übungseinheit bilden und seinen Mitgliedern das AOT-Curriculum vermitteln, während wir alle uns auf unser Operational Readiness Exam (ORE), die »Operationsreife-Prüfung«, vorbereiten würden. Die Folgen einer mangelhaften Ausbildung würden sich unseren Vorgesetzten im Team und anderen Beobachtern schon bald zeigen. Der 5. Zug sollte nämlich nach Honduras verlegt werden und dort als Mobile-Training-Team, also als Militärberater, an der Grenze zwischen Honduras und Nicaragua tätig werden.

Wir nahmen die Herausforderung an und rissen uns den Arsch auf. Die einzelnen Teile des PDT bauten nahtlos aufeinander auf und die Hinzufügung des AOT in unseren Übungsplan bedeutete, dass die zusätzliche Arbeit irgendwie in den bereits vollgestopften Stundenplan eingepasst werden musste. Der Großteil des Extra-Trainings fiel Stan, Tim und unserem gerade erst eingetroffenen Chief Petty Officer Doc Jones zu. Wenn Frank und ich uns erhofft haben sollten, dass unser Chief, der leitende Unteroffizier unseres Platoons, mit seinem Erfahrungsschatz eine gewisse reife Führungsrolle spielen könnte, dann wurden wir enttäuscht. Anders gesagt: Wenn wir gerade mal nicht enttäuscht waren, dann waren wir doch zumindest befremdet.

Vor allem war unser Platoon Chief noch nicht einmal ein Chief. Hospitalman First Class. Jack »Doc« Jones war ein Chief-Anwärter, das heißt, er musste sich den Rang und Titel eines Navy Chief Petty Officer noch verdienen. Am seltsamsten war jedoch, dass Doc nicht einmal ein BUD/S-Absolvent war. Man könnte sich jetzt fragen, weshalb so ein Sanitäter überhaupt in einem SEAL-Kampfzug steckte. Doc mochte zwar kein BUD/S sein, aber er war ein SEAL und ein verdammt guter dazu, der schon in Vietnam gekämpft hatte.

Auf dem Höhepunkt dieser grausamen Auseinandersetzung zwischen den beiden Vietnams konnte die Navy gar nicht so viele Mitglieder des Sanitätskorps durch die BUD/S-Ausbildung schicken, wie draußen im Feld gebraucht wurden. Sie bat also um Freiwillige, die sich in einem verkürzten Kurs zum Special Operations Technician ausbilden lassen wollten. Der SOT-Kurs dauerte kaum acht Wochen lang. In dieser Zeit lernten alle diese Sanitäter gerade einmal das eine Ende des M-16 vom anderen zu unterscheiden, mit einem Atemgerät zu tauchen und das

Wort »SEAL« zu buchstabieren. Die Kursteilnehmer wurden danach nach Vietnam geschickt, um in SEAL-Kampfzügen als Sanitäter zu dienen. Nun, nicht nur als einfache Sanitäter. In den Teams sind diese Sanitäter bewaffnet, sie gehen auf Patrouille, springen mit dem Fallschirm ab, tauchen und sprengen wie alle anderen auch. Kurz, sie sind Operators.
In Vietnam erwartete man von den SOT-Absolventen, dass sie gegen Charlie kämpften *und* sich um verwundete SEALs kümmerten. Einige fielen, andere blieben am Leben. Alle Mitglieder des Sanitätskorps, die einen sechsmonatigen Kampfeinsatz bei einem SEAL Platoon überlebten, erhielten ihre Budweiser und verdienten sich den Navy-Ausbildungscode 5326, »Kampfschwimmer«. Doc Jones war ein solcher SOT-Absolvent und ein verdammt eigenwilliger Charakter in einer Gemeinschaft, in der es von eigenwilligen Charakteren nur so wimmelte.
Doc würde sich später als einer der tapfersten Männer erweisen, denen ich je begegnet bin. Das hätte man allerdings auf den ersten Blick kaum erkennen können. Äußerlich ähnelte er dem Schauspieler Peter Falk, der jahrelang den Inspektor Columbo spielte. Doc hatte nicht nur dessen Körperbau, sondern auch dessen zerknitterte Kleidung und ständig herumwandernde Augen. Er war ein kleiner, gedrungener Mann. Seine rötliche Gesichtsfarbe und seine dunklen Augen ließen ihn manchmal wie einen stämmigen portugiesischen Fischer aussehen. In Wirklichkeit war Doc ein fast reinrassiger Cherokee-Indianer.
Ein paar Dinge, die Frank und ich als Erstes über Doc hörten, ließen uns an seiner geistigen Gesundheit zweifeln.
Als SOT-Absolvent hatte Doc keine Springerschule besucht. Als er dann jedoch zu seinem Team in den Vereinigten Staaten zurückkehrte, wollte er unbedingt auch einmal springen. Er folgte einem Platoon hinaus auf den Absprungplatz und schnappte sich dort einen Fallschirm. Daraufhin bat er seine Platoon-Kameraden, ihm beim Anlegen des Fallschirms zu helfen. Niemand ahnte, dass Doc keine Ahnung hatte, wie man einen Fallschirm überhaupt anlegt. Ebenso hätte niemand vermutet, dass er noch viel weniger wusste, was er mit dem Fallschirm anfangen musste, nachdem er aus dem Flugzeug gesprungen war. Doc hörte sich ganz

still die Belehrungen des Sprungmeistes an, stellte sich in die Reihe der Springer und stieg mit ihnen ins Flugzeug. Dort inspizierte der Sprungmeister sein Rig wie das aller anderen. Jack hakte wie alle anderen seine Aufziehleine ein und sprang aus der Maschine. Glücklicherweise waren ihm jedoch die Fallschirmgötter gewogen und er kam unbeschadet auf dem Boden an. Doc sprang zehn Mal über dem Wasser ab und verdiente sich so mit Fug und Recht sein goldenes Navy-Springerabzeichen, bevor überhaupt jemand herausfand, dass er nie eine Springerschule besucht hatte. Er wurde danach nach Fort Benning geschickt, aber die Geschichte folgte ihm durch die ganze Navy.

Doc sollte bald Gelegenheit bekommen, sein Können unter Beweis zu stellen. Im Rahmen unseres Trainings sprangen wir über dem Camp A. P. Hill ab und führten mit scharfer Munition Spreng- und Schießübungen gegen bewegliche und stehende Ziele durch. Wir trainierten nachts und an den Wochenenden. Wir wurden tatsächlich allmählich zu einer einsatzfähigen Kampfeinheit, und Doc wurde zum Antreiber der ganzen Truppe, der uns mit seiner knurrigen Art ständig zu neuen Höchstleistungen trieb. Er sprach die Männer einzeln schon einmal mit »Cock breath« (»Schwanzatem«) oder kollektiv mit »You fucking idiots« an. Gegenüber Frank blieb er jedoch immer respektvoll und nannte ihn meistens »Boss«. Als 2IC, Second in Charge, war ich dagegen Freiwild. Meistens nannte Doc mich »Diawi«, was auf Vietnamesisch zwar auch »Leutnant« bedeutete, aber er rieb mir damit doch irgendwie unter die Nase, dass ich während des Vietnamkriegs noch brav auf die Grundschule gegangen war. Er machte alles, und es gab kaum etwas, das er nicht besser und schneller machte als Männer, die nur halb so alt waren wie er. Doc war einer der Besten, mit denen ich je zusammengearbeitet habe, und er war ganz bestimmt der Tapferste und der beste Platoon Chief, den ich jemals hatte. Wir brauchten ihn dringend.

Wir übten alles, was eigentlich für das AOT vorgesehen war. Darüber hinaus mussten wir jedoch für spezifische Missionen wie Aufklärungs-, Kampf-, Luftlande- und Bootseinsätze trainieren. Doc war dabei die treibende Kraft. Immer wieder sagte er mir: »Wissen Sie, Mr Pfarrer, es sind nicht die kleinen Dinge, die Sie töten werden. Es sind die wirklich GROSSEN Dinge.«

Ein Großteil des Trainings fand außerhalb des Stützpunkts statt. Trotzdem gab es gelegentlich unter der Woche einen freien Abend oder sogar ein ganzes freies Wochenende, das wir daheim verbringen durften. Wir arbeiteten hart, machten aber auch gewaltig einen drauf, wenn sich die Gelegenheit bot. Am Freitagabend zogen Frank und ich unsere schicken blauen Winterdienstuniformen an, um damit um genau 23.00 Uhr einen großen Auftritt im Oceana-Offiziersklub zu zelebrieren. Mit unseren Tridents und goldenen Navy-Springerabzeichen sahen wir einfach spitze aus, und erst so spät zu erscheinen, hatte ebenfalls Stil. Der Klub war zu dieser Zeit bereits brechend voll mit den tollsten Frauen.

Im O-Klub hatte man sogar eine Musikauswahl. In einem Raum spielte man New Wave, in einem anderen Disco. Wir feierten, tanzten, flirteten und waren überaus charmant. Lisa verschwand ganz allmählich aus meinem Herzen, hinterließ jedoch eine vergiftete Leere. Mein Interesse an Frauen beschränkte sich nur noch auf das Eine. Obwohl ich jede Nacht alles tat, um eine zu finden, die mit mir nach Hause ging, interessierte ich mich selten dafür, was danach passierte. Sex war Entspannung und Trost. Erst im Nachhinein wurde mir klar, dass unser Job, die Teams, die Geheimhaltungspflicht und unser Kastengeist uns Schritt für Schritt vom Rest der Gesellschaft entfernten. Uns wurde immer deutlicher, dass wir anders waren. Wir waren eine abgesonderte Gruppe, und diese Absonderung würde im Laufe meiner Karriere noch schlimmer werden. Ich schlief mit jeder Frau, die mich in ihr Bett ließ. Ich nahm nur und gab fast nichts zurück. Ich war verschlossen, liebesunfähig und auf dem Weg, mich vollständig abzukapseln. Ich war nicht gesellschaftsfeindlich, ich war gesellschaftlich verwildert. Als potenzieller Partner war ich völlig ungeeignet. Ich war selbstsüchtig, selbstzufrieden und ich leckte weiter eine Wunde, die mein Leben verändert hatte.

Ich kann mich nur an ein paar Frauen wirklich gut erinnern. An eine, muss ich zu meiner Schande sagen, erinnere ich mich vor allem wegen meiner eigenen Grausamkeit. Eine andere ist mir dagegen noch wegen meiner eigenen Dummheit und Leichtgläubigkeit im Gedächtnis. Eine Zeit lang war ich mit einer Navy-Krankenschwester liiert, die immerhin bereits den Rang eines Lieutenant Commander bekleidete, obwohl sie nur ein Jahr älter war als ich. Ich war in Rangstufe O-1 und sie in O-4. Das Ganze war also eine Beziehungskonstellation, die in der Navy nicht gerade begrüßt wurde. Ihr Name war Megan, und sie war witzig, klug und rotblond, ein reizender kleiner Kobold von einer Frau. Sie hatte die unglaublichsten Sommersprossen, und wir hatten eine siedend heiße Affäre. Wir machten Liebe wie verrückte Karnickel, und im Laufe von ein paar wundervollen Monaten verliebte sich Megan in mich. Ich dagegen blieb reserviert und auf idiotische Weise abweisend. Damals wurde ich häufig für eine gewisse Zeit abkommandiert. Manchmal erzählte ich ihr, dass ich weg sein würde, manchmal unterließ ich es. Mein rücksichtsloses Verhalten verletzte sie zutiefst. Sie wusste nicht, wohin ich gegangen war oder wann ich zurück sein würde, und meine Teamkameraden durften ihr keine Informationen geben. Das Ende kam, als ich sie nach meiner Rückkehr von einem dreiwöchigen Außeneinsatz nicht einmal anrief. Als ich ihr danach zufällig auf dem Parkplatz des Stützpunkts begegnete, sagte ich einfach nur »Hi«. Ich schämte mich, weil sie die Fassung verlor und zu weinen anfing, als wir ein paar Worte wechselten.

Als ich heimfuhr, fühlte ich mich absolut übel. Ich fragte mich, was mit mir los war. Warum hatte ich sie so verletzt? Warum hatte ich es so weit kommen lassen? Ich war zutiefst beschämt. Sie war ein feiner, liebevoller Mensch, und ich war ein Arschloch gewesen. Was ging in mir vor, das ich eine so grundanständige Frau auf diese Weise behandelt hatte? War es angeborene Grausamkeit? War es, weil mich Lisa verletzt hatte? Für einen Typen mit einem Abschluss in Psychologie fehlte es mir auf bemerkenswerte Weise an Einsicht. Zu beschämt, um mich mir selbst zu stellen, und nicht Manns genug, um Megan entgegenzutreten, meldete ich mich einfach nicht mehr bei ihr. Ich hatte grundsätzlich nie Skrupel oder Gewissensbisse, und jetzt war ich offensichtlich auch vollkommen mitleidslos. Ein driftender Eisberg, der darauf wartete, ein weiteres Schiff zu rammen.

Danach ging ich mit einer sportlichen, aus Virginia stammenden Chemikerin namens Jenny aus. Sie spielte halbprofessionell Tennis, und ich glaube, sie sah anfangs in mir etwas, das gefährlich und anziehend war. Damit hatte sie vielleicht sogar recht, allerdings aus den falschen Gründen. Ich war bei Weitem nicht so wild wie sie. Jenny war ein Gefahrenjunkie und es stellte sich heraus, dass ich für sie auf lange Sicht keine Gefahr, sondern nur lästig war.

Einen ganzen heißen Sommer verbrachten Jenny und ich mehrere Nächte in der Woche miteinander. In ihren Schränken hingen Uniformen und in meinen Sommerkleider. Ich liebte ihr Lachen und dass sie wie ein kleines Mädchen aussah, wenn sie morgens aufwachte. Ich liebte die frauenhafte Art, wie sie mich küsste. Ich mochte Jenny über alle Maßen, ich war liebend gern mit ihr zusammen und freute mich darauf, sie wiederzusehen, wenn wir einmal getrennt waren. Ich war so naiv zu glauben, dass die Dinge, die ich ihr offenbarte, meine großen Pläne, die kindische Selbstsucht und die immer stärker werdende Egomanie für eine Frau attraktiv sein könnten.

Meine Liebe zu ihr machte mich jedoch weniger gefährlich. An dem Abend, als ich Jenny eigentlich meine Liebe gestehen wollte, teilte sie mir mit, dass es ihrer Ansicht nach Zeit sei, dass wir uns wieder mit anderen träfen. Sie hielt mich im Arm, als sie das sagte. Ihre Abfuhr war unaufgeregt und höflich, und ihre Begründungen waren gut formuliert und vermieden jede direkte Kränkung. Ich erinnere mich, dass ich an zwei Dinge dachte, während sie mir den Laufpass gab: Ich war froh, dass sie sich zuerst geäußert hatte. Ich hätte mich noch bescheuerter gefühlt, wenn ich ihr bereits meine Liebe gestanden hätte. Mein zweiter Gedanke war noch selbstsüchtiger. Ich dachte nämlich, dass mir dies zu einem ziemlich schlechten Zeitpunkt passierte.

In der Woche darauf nahmen Jenny und ich noch an einem formellen Abendessen der Special Warfare Group teil. Meine Anwesenheit war Pflicht und Jenny hatte bereits zugesagt, mich zu begleiten, bevor sie ihre Beziehung zu mir beendete. Anstatt mich allein dorthin gehen zu lassen, zog sie ein Abendkleid an, um noch einmal meine Tischdame zu spielen. Der ganze Abend war ein einziger Horror. Wir setzten während der ganzen steifen Veranstaltung ein falsches Lächeln auf. Ich war nervös und benahm mich ungeschickt. Der Abend sollte jedoch noch viel schlimmer werden. In meiner Verzweiflung trank ich mir einen an, fuhr sie heim und bat sie dort, ihre Entscheidung noch einmal zu überdenken. Ich bettelte um eine zweite Chance. Ich bat sie, die Nacht mit mir zu verbringen. Doch sie hatte jetzt noch weit bessere Gründe, dies höflich, aber bestimmt abzulehnen. Sie schlug vor, ich solle am Montag vorbeikommen, dann könnten wir alles besprechen. Ich stimmte zu und schwankte zurück zu meinem Auto.

Aber ich würde sie an diesem Montag nicht besuchen. Stattdessen ging ich nach Panama.

Zwei Tage, nachdem ich mich zum Narren gemacht hatte, sprang der 5. Zug über dem Golf von Panama ab und richtete auf einer Insel im Archipiélago de las Perlas eine vorgeschobene Operationsbasis ein. Wieder sollten wir die OPFOR, die Opposing Forces (gegnerische Truppen), spielen, dieses Mal allerdings in einem gemeinsamen amerikanisch-panamaischen Militärmanöver namens »Kindle Liberty«. Erst sieben Jahre später würde Amerika Manuel Noriega stürzen, insofern waren die Beziehungen zu dieser Nation damals noch herzlich und nur an der Spitze etwas angespannt. Mit uns waren auch der XO, eine Gruppe aus unserem Operationsbüro und eine kleine aus unseren Kadern gebildete Einsatztruppe, zu der auch John Jaeger gehörte, nach Las Perlas geflogen worden. Wir sollten dort eine Reihe von Landungsoperationen durchführen, die gegen den Panamakanal und dessen Infrastruktur gerichtet waren. Unsere Missionen sollten zeigen, ob die US-Army und die Armee Panamas einen solchen Angriff gemeinsam abwehren könnten. Sie sollten den Kanal schützen, und wir sollten versuchen, den Verkehr auf dem Kanal zu unterbrechen.

Irgendwo in Washington hatte man sich entschieden, dass wir unsere Operationen zusammen mit Einheiten der *Guardia Nacional*, Manuel Noriegas eigener Schurkentruppe, durchführen sollten. Zehn *Comandos* kamen nach Las Perlas und wurden in unsere Platoons eingegliedert. Was sie dort lernten, sollten sie später gut gebrauchen können, während es uns gewaltig schaden sollte. In einer zutiefst makabren Schicksalswendung sollte unser Team, das SEAL Team Four, während der Operation Just Cause, der US-Invasion in Panama, im Dezember 1989 einen hohen Blutzoll bezahlen. Ein SEAL Platoon wurde nach Patilla geschickt, um Noriegas Learjet unbrauchbar zu machen. Dabei gerieten sie in einen Hinterhalt und hatten vier Gefallene und einige Verwundete zu beklagen. Ich frage mich sicher nicht als Erster, ob die *Guardias*, die wir in Las Perlas ausgebildet hatten, nicht dieselben Männer waren, die den SEALs auf der Startbahn von Padilla auflauerten.

Aber dieser traurige Tag lag noch lange in der Zukunft. Dass es so kommen würde, konnten wir nicht wissen, aber ganz unvorstellbar erschien es uns auch nicht. Keiner von uns auf dieser Insel hielt es für eine gute Idee, diese Leute auszubilden, aber wir hatten unsere Befehle. Noriegas Männer nahmen an unseren Planungssitzungen aufmerksam teil und begleiteten uns, als wir erfolgreiche Operationen gegen die Gatún-Schleusen, das Summit-Umspannwerk, wichtige Pumpanlagen und die Flüssigsauerstoffvorratstanks der Howard Air Force Base durchführten. Der einzige Einsatz, an dem sie nicht teilnehmen durften, war die Kaperung und simulierte Versenkung der USS *Spiegel Grove*, eines Docklandungsschiffs, das gerade durch den Kanal fuhr. Diese Operation, die von allen SEAL-Team-Four-Einheiten gemeinsam durchgeführt wurde, war der krönende Abschluss der gesamten Übung. Aus begreiflichen Gründen werde ich hier die Einzelheiten der Kaperung eines solchen Kriegsschiffs nicht näher darstellen, aber meine Angriffstruppe operierte dabei mit der von John Jaeger zusammen, was unsere Freundschaft weiter festigte.

Einige Tage später saßen wir in der Abflug-Lounge der Howard Air Force Base und warteten auf unser Flugzeug. Unser Flug wurde zweimal verschoben. Schließlich kam Senior Chief Jaeger zu mir herüber und setzte sich neben mich.

»Hey, Mr Pfarrer.« Seinem schlitzohrigen Gesichtsausdruck war zu entnehmen, dass er etwas von mir wollte. Wahrscheinlich wollte er die Erlaubnis für etwas, das er bereits getan hatte oder auf jeden Fall gleich tun würde.

»Wie wär's, wenn wir die Jungs auf ein paar Bier über die Straße in den Mannschaftsklub schicken, oder so, bevor wir in den Flieger steigen?«

Ich wusste, dass die Jungs alles tun würden, um so schnell wie möglich so betrunken wie möglich zu werden. Das könnte zu einem Problem werden. Das Einzige, was ihr gutes Betragen garantierte, war die Tatsache, dass keiner von ihnen, einschließlich mir, viel Geld in der Tasche hatte. Ich war mit einem wahren »Vermögen«, nämlich 50 Dollar, abgesprungen, und ich bezweifelte, dass alle Jungs zusammen auch nur die Hälfte davon hatten.

»Sicher, Senior Chief«, sagte ich. »Aber sagen Sie ihnen, sie sollen in den Grenzen akzeptabler menschlicher Verhaltensweisen bleiben.« Die Jungs trabten sofort auf die andere Seite der Straße.

John Jaeger grinste, und eine ganze Weile saßen wir nebeneinander in einer sonst völlig leeren Abflug-Lounge.

»Hey, Sir?«

»Ja, Senior Chief?«

»Haben Sie ein bisschen Geld, oder so?«

»Ein bisschen habe ich«, erwiderte ich.

»Wie wär's, wenn Sie und ich zum Klub hinübergingen und uns dort ein paar kalte Erfrischungsgetränke genehmigten? Oder so.«

Dies sollte zu einer wichtigen Erfahrung in meiner Erziehung zum Junior Officer werden. Der E-Klub war Mannschaftsdienstgraden vorbehalten. Die Offiziere hatten ihre eigenen Klubs, und die Chief Petty Officers hatten Chief's Clubs. Weder der Chief noch ich sollten deshalb in einem solchen Enlisted Club etwas trinken. Ich saß schweigend da und dachte darüber nach, während John mich ansah, als ob ich etwas minderbemittelt wäre.

»Gehen wir«, sagte er schließlich. Er stand auf und entfernte seine goldenen Anker vom Kragen seiner Tarnjacke. Ohne groß nachzudenken, stand ich jetzt ebenfalls auf und nahm die Goldbalken ab, die mich als Ensign auswiesen. Ich war jetzt fast zwei Wochen im Dschungel gewesen und ich war durstig. Ohne unsere Rangabzeichen wurden wir sofort von einem E-8 beziehungsweise O-1 zu zwei E-1-Muschkoten. Ich folgte John über die Straße in das dunkle, verrauchte Innere des Mannschaftsklubs.

In der Kneipe war der Bär los. Aus den Lautsprechern dröhnte ZZ Top. An der Bar stand die explosivste Mischung von Männern, die die Menschheit kennt. An einem Ende standen etwa 20 Marines von der Recon-Abteilung mit ihrem typischen Boxerschnitt, in der Mitte standen die SEALs und am anderen Ende etwa die gleiche Zahl von Green Berets. Alle hatten bei diesem Manöver mitgewirkt und die SEALs hatten dabei gegen die anderen beiden Gruppen »gekämpft«. Ich nippte vorsichtig an meinem Bier. Inzwischen flogen schon schlimme Beleidigungen hin und her, zusammen mit kleinen Gegenständen wie zusammengerollten Papierservietten, Kronkorken und gelegentlich dem gesamten Inhalt eines Trinkgefäßes. Ich wusste, dass es nur eine Frage der Zeit war, bis die Explosion erfolgte. Der Senior Chief und ich steckten auf doppelte Weise in der Bredouille, wenn das geschah. Man würde uns zuerst zusammenscheißen, weil wir die Prügelei nicht rechtzeitig unterbunden hatten, und danach würde man uns rund machen, weil wir überhaupt dort gewesen waren.

Ein leeres Schnapsglas prallte direkt vor John auf dem Bartresen auf.

»Es wird allmählich etwas brenzlig hier, oder so«, sagte er ganz ruhig.

Ich wollte ihm gerade vorschlagen, unverzüglich zu verschwinden, als er das Glas in die Hand nahm, auf seinen Barhocker kletterte und mit dem Glas gegen seinen Bierkrug klopfte. *Ding ding ding ding.*

»Also gut, ihr Arschlöcher«, brüllte er. »Jetzt haltet mal die Luft an!« Der Lärmpegel ging etwas zurück. Jetzt holte der Senior Chief tief Luft und schrie: »Ihr Arschlöcher haltet sofort den Mund! RUHE!«

In der Bar wurde es schlagartig ruhig. Es war eine missmutige, spannungsgeladene Stille. Alle Augen waren auf John gerichtet, der immer noch auf seinem Barhocker balancierte. Ich wünschte mir, die Erde würde sich auftun und mich verschlingen, aber der Senior Chief schien das Ganze richtig zu genießen. Er blitzte die Männer an, stieg auf den Tresen hinüber und ging ihn in ganzer Länge entlang.

»Also gut«, knurrte er, »wer ist der toughste, härteste Motherfucker in dieser Bar?«
Ein riesiger Green Beret stand auf. Der Junge war 1,95 Meter groß und bestimmt 115 Kilo schwer.
»Das bin ich«, sagte er.
John musterte ihn von oben bis unten. »Du bist der toughste Motherfucker in dieser Bar?!«
»Das habe ich doch gerade gesagt, alter Mann«, antwortete der Green Beret.
»Gut«, sagte John. »Du übernimmst jetzt, ich muss nämlich pissen.«
Der ganze Laden brach in ein Höllengelächter aus und die Spannung war endgültig gebrochen. John sprang vom Tresen herunter und zwinkerte mir zu. Das war ein großartiger Auftritt gewesen. Ich brachte jedoch später niemals den Mut auf, ihn irgendwo nachzuahmen. Ich hatte gerade einen Meister in Aktion erlebt.

Am Freitag war Neujahr, dann war ich seit anderthalb Jahren ein vollgültiger SEAL. Den Feiertagsurlaub hatte man in diesem Jahr in zwei Teile aufgespalten. Die Hälfte der Einheit durfte sich über Weihnachten eine Woche freinehmen, und die andere Hälfte bekam die Neujahrswoche frei. Ich selbst hatte auf meinen Urlaub verzichtet. Ich war Junggeselle, und so gerne ich meine Eltern in Mississippi besucht hätte, war doch der Reiseaufwand viel zu groß. Außerdem hatte ich bereits an Thanksgiving ein Wochenende bei ihnen verbracht. Ich übernahm freiwillig die Wachbereitschaft an Heiligabend und noch einmal während der Neujahrswoche. Der Dienst war einfach. Abgesehen von den beiden Nächten, die ich im Teambereich verbrachte, war es im Grunde wie eine Urlaubswoche. Es war überhaupt nichts los. Ich war froh, dass ich dazu beitragen konnte, dass die Jungs, die Familie hatten, die Feiertage zu Hause verbringen konnten.
Ein befreundeter Red-Wolf-Pilot mit dem kuriosen Namen Wilbur hatte mich zu einer Neujahrsparty eingeladen. Die Fete sollte in Wilburs Haus im North End von Virginia Beach stattfinden, einem Viertel, das für

mich bis heute etwas Besonderes ist. Wilburs Freunde waren meistens Marineflieger und nannten sich »die 58th Street Beach Bullies«. Ich freute mich über diese Einladung, weil ich nicht glaubte, dass eine Prügelei im Casino ein guter Anfang des neuen Jahres gewesen wäre.

Wilburs Haus lag direkt am Meer, eine etwas marode, dreistöckige Strandvilla aus den 1920er-Jahren. Als ich ankam, wehte ein starker, kalter Wind von der Brandung herüber. Drinnen war es jedoch brechend voll und warm. Ich verstaute meinen Mantel, bedankte mich beim Gastgeber und jemand mixte mir einen sehr großen Drink. Eine Frau, die ich nicht kannte, kam auf mich zu, gab mir einen Kuss und überreichte mir einen spitzen Party-Hut, auf dem »Mehr Glück im nächsten Jahr« stand. Drei Minuten später begegnete ich der Frau, die ich später heiraten sollte. Margot Attman war blond, attraktiv, 1,82 Meter groß und um ihre Mundwinkel kräuselte ständig ein leicht ironisches Lächeln. Sie sah ein wenig wie Faye Dunaway aus. Während dieser Filmstar jedoch oft etwas ephemer erschien, war Margot sportlich und direkt. Sie verfügte über einen beißenden Witz. Als ich sie zum ersten Mal sah, stand sie an einer Tür, die auf die Veranda hinausführte. Sie lehnte sich gegen den Türrahmen. Ein Fuß stand auf dem Boden, den anderen hatte sie fast bis zum Oberschenkel angezogen. Ihre Beine waren außerordentlich lang. In der einen Hand hielt sie einen Drink, mit der anderen griff sie sich an die Taille, wobei sie einen Daumen wie ein Cowboy durch eine Gürtelschlaufe ihrer Hose gesteckt hatte. Sie hielt den Kopf leicht gesenkt und ihre blauen Augen waren halb geschlossen. Sie hörte einem kleinen, kahl werdenden Mann zu – zumindest tat sie so –, der ihr gerade einen Witz erzählte.

Unsere Augen begegneten sich, als ich an ihr vorbeiging. Ich bin eigentlich nicht der große Aufreißer, aber sobald der Glatzkopf verschwunden war, ging ich auf sie zu.

»Gott sei Dank«, sagte sie. »Sie haben auch einen Großen eingeladen.«

Ich war hin und weg.

Wir unterhielten uns und tanzten, und ihre Freunde beobachteten uns und fragten einander, wer ich war. Margot zog sie ein bisschen auf, so wie sie es später auch mit mir tun würde. Sie erzählte ihrer Freundin Wanda, ich sei ihr Stiefbruder. Einem andere machte sie weis, ich sei ihr Pool-Junge.

Als wir endlich etwas länger miteinander reden konnten, erzählte sie mir, sie sei Lehrerin. Sie stammte aus dem Nordteil des Staates New York, aus der Gegend zwischen Buffalo und Niagara. Ihr Vater war der Postmeister einer kleinen Stadt namens Hamlin.

Sie fragte mich, was ich in der Navy täte, und ich behauptete, ich sei Astronaut. Als sie weiter in mich drang, gab ich zu, dass ich in Wirklichkeit nur Nutzlastspezialist sei.

»Ich bediene bloß den großen Kran«, sagte ich.

»Bullshit«, sagte sie. »Wilbur sagt, Sie seien ein SEAL und ich solle mich von Ihnen fernhalten.«

»Wilbur ist ein gefährlicher Mann«, sagte ich. »Ich bin mit ihm geflogen.«

Um Mitternacht sagte sie: »Kommen Sie hier rüber und küssen Sie mich.« Ich blieb stehen, wo ich war. Schließlich sagte ich: »Komm du hierher. Ich bin es wert.«

Sie tat es, ich zog sie an mich, nahm sie in die Arme und küsste sie lange und intensiv. Als sie danach tief Luft holte, küsste ich sie zweimal auf den Vorderteil ihres Halses. Ganz leicht. Dann flüsterte ich ihr ins Ohr: »Wenn ich sie küsse, dann bleiben sie geküsst.« Es war ein Zitat aus dem Jean-Harlow-Film *Blondes Gift* aus dem Jahr 1932. Tatsächlich war es die schmalzigste Zeile, die ich kannte. Sie musste laut lachen.

Wir ließen ihren Wagen vor Wilburs Haus stehen und fuhren in meinem Auto zu ihr nach Hause. Sie wohnte etwa zwölf Blocks südlich in einem Bungalow am Strand. Wir waren völlig aufgedreht und glücklich und froh, endlich allein zu sein. Ich war erst vor Kurzem aus den Tropen zurückgekehrt, meine Haut war noch gerötet und ich genoss den kalten Wind, der mir ins Gesicht wehte. Mein Herz klopfte bis zum Hals, als wir die Holztreppe zu ihrem Apartment emporstiegen. Drinnen war es kühl und zugig. Ich zündete ein Feuer in ihrem Kamin an, und sie meinte, sie wolle sich nur kurz etwas Bequemeres anziehen. Ich lachte und schenkte ihr einen Drink ein.

Draußen herrschte ein starker, böiger Wind, und gelegentlich erzitterte das ganze Haus, wenn Riesenwellen auf den Sandstrand donnerten. Nach kurzer Zeit kam Margot aus dem Schlafzimmer. Sie war nackt, und das Kaminfeuer spielte auf ihrer Haut.

»Ich habe mein Nachthemd vergessen«, lachte sie.

Meine Augen verschlangen sie voller Gier. Ihr Körper war lang und schlank, ihre Brüste waren voll und perfekt. Ihre Haut war immer noch leicht sonnengebräunt. Auch eine Bikinilinie war noch zu erkennen. Ich nahm sie in die Arme, wir gingen ins Bett und liebten uns die ganze Nacht.

Nach diesem Abend waren wir fast ständig zusammen. Zwar wurde ich häufig auf Außeneinsätze geschickt, aber Margot war immer da, wenn ich zurückkam, und sie war immer lustig. Auch der ganze SEAL-Team-Bullshit konnte sie nie beeindrucken. Immer gehörte ihr Körper mir, und sie schlief mit ihrer ganzen Wärme in meinen Armen. Langsam und unaufhaltsam begann ich, sie in meinem Leben zu brauchen.

Ich muss leider sagen, dass ich wünschte, ich hätte sie stärker lieben können.

BUCH ZWEI

FRIEDENSSICHERUNG

Surfin' Safari

In den frühen 1980er-Jahren war das honduranische Puerto Lempira eine Ansiedlung, in der etwa 500 Menschen und halb so viele Hühner lebten. Der Lempira ist die nationale Währung von Honduras, insofern war der Name der Stadt ein Stück Wunschdenken. Geld ist im östlichen Honduras nämlich Mangelware.

Die Stadt lag auf einem schmalen Sumpfstreifen, der in die Laguna de Caratasca, eine breite, seichte Bucht an der Costa de los Mosquitos, hineinragte. Die Einwohner von Puerto Lempira lebten mehr schlecht als recht von den Fischen der Karibik und einer Handvoll magerer Kühe, die durch die schmutzigen Straßen wanderten. Das einzig Bemerkenswerte an diesem Ort war eine kleine Diskothek, das einzige Nachtlokal im Umkreis von 100 Kilometern. Mitten in diesen Morast der Armut war da ein Tanzlokal vom Himmel gefallen, in dem es geeiste Margaritas, eine 500-Watt-Stereoanlage und eine beleuchtete Tanzfläche gab, die auch dem Film *Saturday Night Fever* alle Ehre gemacht hätte. Den Strom dafür lieferte ein tragbarer Generator mit 10 PS.

Wirklich *la vida loca!*

Puerto Lempira war die Hauptstadt des honduranischen Departamentos Gracias a Dios. Diese Provinz umfasste den östlichsten Teil des Landes und grenzte im Süden an den Coco-Fluss und Nicaragua. Puerto Lempira war die einzige honduranische Provinzhauptstadt, die mit dem Rest des Landes nicht durch eine Straße verbunden war. Der einzige Landzugang war eine raue Schotterpiste, die zur südwestlich gelegenen Stadt Ausabila an der Grenze zu El Salvador führte. Zu der fast 400 Kilometer weiter westlich liegenden Landeshauptstadt Tegucigalpa gab es jedoch keine direkte oder indirekte Straßenverbindung.

Puerto Lempira war also vom Rest der Nation weitgehend isoliert. Die Miskitoküste (so benannt nach ihren Bewohnern, den Miskito-Indianern), ist ein fast völlig unerschlossenes Mangrovengebiet, das sich im Südosten bis zum Kap Gracias a Dios erstreckt. Fast alles und alle werden dort mit dem Boot oder Schiff befördert. Zwar gab es nahe bei der Stadt eine ungeteerte Landepiste, aber Anfang der 1980er war die Ankunft eines Flugzeugs noch ein fast biblisches Ereignis. In der Nähe der Flugpiste stand ein zweistöckiges Betongebäude, das in den Landesfarben taubenblau und weiß gestrichen war. Dieses Gebäude ohne Fenster oder Türen war Sitz einer honduranischen Infanteriekompanie und der örtlichen Regierung. So unwahrscheinlich dies auch erscheinen mochte, Puerto Lempira sollte schon bald zu einem ganz wichtigen Ort werden.

Zwei Jahre zuvor hatte in Nicaragua eine Revolution siegreich geendet. Einige Oppositionsgruppen, die von der Sandinistischen Nationalen Befreiungsfront angeführt wurden, hatten den von den USA unterstützten Diktator Anastasio Somoza gestürzt. Nachdem dieser ins Exil getrieben worden war, wurden eine Bodenreform durchgeführt, die Banken verstaatlicht und das Bildungswesen sowie die Gesundheitsversorgung verbessert. Das Volk von Nicaragua hatte jedoch nur einen Despoten gegen einen anderen eingetauscht.

Der Anführer der Sandinisten, Daniel Ortega, begann sofort damit, seine Herrschaft zu konsolidieren, indem er Gegner und frühere Verbündete ins Gefängnis steckte und einen orthodoxen kommunistischen Staat errichtete. Die Bürgerrechte wurden eingeschränkt und die Wahlen verschoben. Die Kubaner griffen der Junta unter die Arme, und die Sowjets schickten Waffen und Berater. Dem immer radikaler werdenden Regime warf man vor, es unterstütze den linksradikalen Aufstand im nahe gelegenen El Salvador. Comandante Ortega machte sich gar nicht erst die Mühe, diese Vorwürfe abzustreiten.

In Washington hatte man das Gefühl, dass die Dominosteine zu fallen begannen und dass ein kubanischer Finger sie umstieß. Das kam bei Ronald Reagan natürlich gar nicht gut an, der sich bekanntlich mit dem Regime in Kuba nie wirklich abfinden konnte. Für Onkel Ronnie war auch nur ein kommunistisches Land in der westlichen Hemisphäre schon eines zu viel.

Als sich die sandinistische Unterdrückung verstärkte, begannen mehr und mehr Dissidenten, gegen die Kommunisten die Waffen zu ergreifen. Einige Kämpfer stammten aus dem Militär des ehemaligen Regimes, einige aus der Oligarchie, aber viele waren liberale und demokratische Leute, die den Machthunger der Sandinisten fürchteten. Um den sandinistischen Patrouillen auszuweichen, floh ein Großteil dieser bewaffneten Gruppen nach Norden über den Río Coco nach Honduras. Im Jahr 1981 war ihre Zahl noch recht klein und sie besaßen fast keine Ausrüstung und Waffen. Es gab noch kein zentrales Kommando. Im Grunde war das keine einsatzfähige Truppe, doch das sollte sich bald ändern.

Diese Gruppen nannte man schließlich die *Contrarevolucionarios* oder einfach Contras. Mit Unterstützung der CIA wurden die einzelnen Parteiungen zu einer schlagkräftigen Truppe zusammengefasst, die entschlossen war, Daniel Ortega zu stürzen. Die Contras wurden die Speerspitze des andauernden US-Stellvertreterkriegs gegen das Reich des Bösen. Die CIA benötigte jedoch einen Ort, an dem diese Stellvertreterarmee bewaffnet und ausgebildet werden konnte, eine Gegend, die weit von der gewöhnlichen Nachrichtenwelt entfernt war. Diese Gegend war das östliche Honduras, das Departamento Gracias a Dios.

An einem schönen Nachmittag in Little Creek waren Frank und ich gerade auf dem Weg zum Pistolenschießstand, als uns Mike Boynton durch das Fenster des Operationsbüros zu sich herwinkte.

»Der XO möchte euch sehen«, rief er uns zu.

Auf dem Weg zum Dienstzimmer des XO fragte er uns: »Ist bei euch Jungs alles in Ordnung mit euren Impfungen?«

Wir beide wussten, dass dies eine lange Reise bedeutete, meistens in ein Land, wo Dünnpfiff ein Nationalsport war.

Wir klopften an Jon Wallaces Tür. Auf dem Schreibtisch des XO war eine Seekarte der Miskitoküste von Honduras ausgerollt. Daneben lagen ein paar Satellitenfotos eines schäbigen kleinen Dorfes am Fuße einer außergewöhnlich langen Pier. Dies war mein erster Blick auf Puerto Lempira.

Wallace sagte nicht viel. Er erzählte uns nur, dass dort eine gemeinsame Landungsoperation der US-Amerikaner und Honduraner stattfinden werde, die als Demonstration für die Nicaraguaner gedacht sei. Der

Codename der Operation lautete »Agas Tara«. Von US-Seite sei geplant, Marines zusammen mit Truppenverbänden, die die honduranische Armee irgendwie zusammenkratzen konnte, in der Nähe des Cabo Gracias a Dios landen zu lassen, dem Kap, das die Grenze zwischen Nicaragua und Honduras markierte. Frank und ich sollten den XO auf einer vorherigen Erkundungsmission begleiten und eine Reihe von möglichen Landungsplätzen am Ufer auswählen.

»Es gibt kaum harte, belastbare Daten über diese Gegend. Diese Karte ist ein Witz«, sagte er.

Ich schaute auf das Impressum der Karte. Sie basierte auf einer Admiralty Survey, einer Erkundungsmission der britischen Admiralität, von 1856. Daneben stand ein kleiner Warnhinweis: »Angeblich liegt Cabo Gracias a Dios 15 Seemeilen östlich der auf dieser Karte angegebenen Position. Navigatoren sollten bei einer Annäherung an diese Küste äußerste Vorsicht walten lassen.« Die Lage einer der wichtigsten Geländemarken war also mit einer Fehlermarge von 15 Seemeilen angegeben!

Eine Neu-Kartografierung dieser Gegend war ein Job, der definitiv für uns gemacht war. Ich schaute mir die Satellitenfotos an. Die Vegetation um die Lagune herum war abschreckend. Sumpf, Dschungel, Mangroven und unterschiedliche Kombinationen dieser drei Vegetationsarten.

Unsere Einheit, der 5. Zug, war gerade erst von einem einmonatigen Dschungeltraining auf der Isla Piñeros und Vieques Island in Puerto Rico zurückgekehrt. Ich hätte jetzt gerne geglaubt, dass wir für diese Operation ausgesucht wurden, weil wir nach diesem Training Dschungelexperten waren. In Wirklichkeit hatte man Frank und mich ausgesucht, weil wir gerade verfügbar waren.

Wir würden am nächsten Tag mit einem Linienflugzeug nach Panama fliegen, dort in ein Hotel einchecken und auf unseren endgültigen Einsatzbefehl warten. Wir sollten Zivilkleidung tragen und nichts dabeihaben, das uns als Offiziere der US-Navy auswies. Wenn die Mission grünes Licht bekommen hatte, würden wir uns in der Howard Airforce Base in der Kanalzone melden und von einer Luftwaffen-C-130 nach Honduras geflogen werden. Einmal im Lande, würden wir uns auf ein honduranisches Marineschiff begeben, das uns möglichst unauffällig in unser Zielgebiet bringen sollte. Dort würden wir das Gelände erkunden und eine Empfehlung abgeben. Die Entscheider an der Spitze der Befehlskette würden dann eine der von uns vorgeschlagenen Stellen auswählen. Vor den eigentlichen Landungen würde man noch ein größeres Team hinschicken, das eine detailliertere Aufklärung vornehmen und zum Beispiel eine Landungskarte erstellen würde. Es handelte sich dabei also um die klassische Vorbereitung einer Landeoperation, nur dass sie diesmal in Zivilklamotten absolviert werden musste.

Wir durften niemandem innerhalb oder außerhalb unserer Einheit erzählen, wohin wir gingen und was wir dort taten. Damit wir überhaupt unsere Tagesspesen und unsere Flugtickets erhalten konnten, würde auf unseren Marschbefehlen nur stehen, dass wir nach Fort Amador, Panama, reisen sollten, um dort einen TAD (Temporal Additional Duty), einen temporären Außendienst, zu erledigen. Das klang nach einem stinknormalen Marschbefehl – bis man das Kleingedruckte las. Dort stand, dass wir uns »im Bedarfsfall an andere Örtlichkeiten begeben und von dort zurückkehren« durften, dass wir die normalen Bekleidungsvorschriften nicht einhalten mussten und verdeckte Waffen mitführen durften. Außerdem würden wir mit unserem zivilen Reisepass und nicht mit unserem Militärpass reisen.

Frank und ich kehrten in unseren Platoon Container zurück, packten unsere Ausrüstung zusammen und meldeten uns im Krankenrevier, um uns Malariatabletten zu holen. Als ich meine an diesem Abend schluckte, wurde mir entsetzlich schlecht. Ein Malariaanfall wäre bestimmt nicht schlimmer gewesen. Vielleicht hätte ich es als Omen betrachten sollen.

Am nächsten Morgen trafen wir uns auf dem Internationalen Flughafen von Norfolk, um das Flugzeug nach Miami zu nehmen. Von dort würde uns ein Anschlussflug nach Panama City bringen. Auf dem Weg zum Flughafen hielt ich kurz an, um mir die *New York Times* zu kaufen. Es ist ein Axiom beim Militär, dass die Gefahr des Scheiterns einer Operation sich mit der Anzahl der Leute erhöht, die von dieser Mission wissen. In dieser Beziehung stand unser Einsatz unter schlechten Vorzeichen. Trotz unserer Zivilkleidung und unseres umständlichen, nichtmilitärischen Reisearrangements stand unsere Mission bereits auf der Titelseite.

»Die Vereinigten Staaten bereiten eine amphibische Landeoperation an der nicaraguanischen Grenze vor.«

Selbst der Codename wurde in dem Artikel erwähnt. Während wir am Gate warteten, reichte ich Jon Wallace die Zeitung. Er las sie mit einem irritierten Blick. Wer immer der *Times* diese Informationen zugespielt hatte, wusste über alles Bescheid. Es sollte weder das erste noch das letzte Mal sein, dass ich an einer Operation teilnahm, die in der Presse angekündigt worden war. Wir stiegen ins Flugzeug und hofften das Beste.

Nach der Landung in Panama fuhren wir mit dem Taxi ins Hotel. Panama stand damals fest unter der Herrschaft von Manuel Noriega. Obwohl das Land dem Namen nach als US-Verbündeter und »Partner für den Frieden« galt, war es gleichzeitig ein sicherer Rückzugsort für Drogen-Terroristen, Geldwäscher, Drogenhändler und jede Art von internationalem menschlichen Strandgut. Wir bezogen das El-Marriott-Hotel in Panama City, dessen Lobby angeblich der wichtigste Treffpunkt für alle zweifelhaften Geschäfte in ganz Lateinamerika war.

Ein paar Tage hingen wir in dem Hotel ab, während die Leute, die in unserer Befehlskette etwas höher standen, herauszufinden versuchten, was sie mit einer geheimen Erkundungseinheit machen sollten, die an dem Tag entsandt worden war, an dem die *New York Times* die Operation Agas Tara der ganzen Welt bekannt gemacht hatte.

Wir gingen in den Kraftraum, sonnten uns am Pool und lungerten herum. Die Bar im El Marriott schien direkt aus einem Warren-Zevon-Song zu stammen. Schulter an Schulter standen an deren Tresen Kokain-Cowboys, Callgirls, die 1000 Dollar die Nacht kosteten, Waffenhändler, Agenten der Drogenfahndung, Spione, scheelsüchtige Banker und panamaische Militärschurken, deren Brust vor Ordensbändern nur so strotzte. Nur eines war allen gemeinsam. Bis spät in die Nacht spülten sie einen *Ron y tonica,* Rum Tonic, nach dem anderen hinunter. Wenn mich jemand fragte, was ich in Panama machen würde, behauptete ich, für eine Firma zu arbeiten, die Segeljachten vertreibt. Im Moment würde ich auf eine Ketsch warten, die gerade den Panamakanal durchfahre. Wenn das Boot in Panama City eintreffe, würde ich mit ihm die Küste entlang nach San Diego segeln. Diese Story benutzte ich häufiger, und sie funktionierte immer. Sie erklärte, weshalb ich einfach nur herumhing, weshalb ich sonnengebräunt war und weshalb ich eine anständige Regenkleidung besaß. Vor allem die Frauen sprangen auf diese Geschichte an.

Manchmal sind eben Leute in Hotelbars nicht, was sie zu sein vorgeben. Schließlich traf man die Entscheidung, den Einsatz doch noch durchzuführen. Um 4.00 Uhr morgens wurden wir zur Howard Air Force Base gefahren, bestiegen eine C-130 und flogen in Richtung Norden nach Honduras. Der Plan war geringfügig verändert worden. »So unauffällig wie möglich« bedeutete jetzt, dass wir direkt zu dem Flugfeld in Puerto Lempira gebracht wurden. Wir würden weiterhin in Zivilkleidung operieren, aber nachdem die amphibische Landung kein Geheimnis mehr war, konnten wir auf den mitternächtlichen Fallschirmabsprung verzichten.

Auf dem Flugfeld empfing uns ein Paramilitary Officer der CIA. Er trug ein Izod-Hemd und eine Tarnhose mit Tigerstreifen. An seinem Hals hing eine durchgeladene, schussbereite Uzi.

Später erinnerte sich keiner von uns daran, dass er uns seinen Namen genannt hätte. Wir wurden durch die »Stadt« zu Puerto Lempiras einzigem Pier hinausgefahren. Das honduranische Marineschiff war ein aus dem Zweiten Weltkrieg stammendes Mike Boat, ein Landungsboot direkt aus dem »Längsten Tag«. So zerschrammt und rostig, wie es war, sah es aus, als hätte es an der Invasion in der Normandie teilgenommen.

Wir überquerten die Lagune und ließen die Rampe nach innen fallen. Der Bootsführer setzte Frank und den XO am Strand auf der Südseite der Kanalmündung an Land. Mr Uzi und ich gingen an der Nordseite ans Ufer.

Der Strand war breit und der Sand äußerst weich. Ich bezweifelte, dass Radfahrzeuge, selbst wenn sie einen Sechsradantrieb hatten, ihn passieren konnten. Der Tag war regnerisch und grau, und obwohl es kaum

eine Brandung gab, bemerkte ich, dass weit oben auf dem Ufer angeschwemmtes Strandgut und Treibholz herumlagen. Es musste also vor Kurzem eine hohe Brandung gegeben haben. Hohe Brandungswellen sind jedoch bei jeder amphibischen Landung ein Negativfaktor.
Als wir zum Abholpunkt zurückgingen, fragte ich Mr Uzi, ob es hier noch andere Amerikaner gebe.
»Wir sind zu dritt«, sagte er.
Er erzählte, er sei vor zwei Tagen von Tegucigalpa hierhergeflogen. Es gebe 16 Kilometer südlich von Puerto Lempira einige Lager für »Displaced Persons«, dort würden sie einen Großteil ihrer Zeit verbringen. Dort habe er sich auch aufgehalten, als man ihm aufgetragen habe, uns vom Flugfeld abzuholen. Ich nahm an, dass es sich bei diesen »Displaced Persons« nicht um Flüchtlinge, sondern um Contras handelte, aber ich fragte nicht nach.
Danach nahm uns das Mike Boat wieder auf. Der XO und Frank erzählten dasselbe über die Beschaffenheit des Sandes auf der anderen Seite des Kanals. Ich erwähnte dann noch das Strandgut hoch auf dem Ufer. Flussmündungen und Buchteinfahrten können bei hohem Seegang ganz schön unangenehm werden. Obwohl zur Zeit unseres Besuchs gerade Stauwasser herrschte, wäre die Strömung aus der Bucht heraus bestimmt ebenfalls ein zu berücksichtigender Faktor für eine Landung.
Auf den äußeren Stränden zu landen, war wahrscheinlich überhaupt nicht möglich. Es gab zwar Strandausgänge, aber diese führten nur in den Mangrovenwald und in unpassierbare Sümpfe. Wenn man hier landen wollte, müsste das in der Lagune geschehen.
Wir tuckerten in die Bucht zurück. Das Mike Boat war etwa 7 Knoten schnell. Als wir die Bucht überquerten, begann es stark zu regnen und meine Malariapillen meldeten sich wieder. Den Rest der Überfahrt kotzte ich meistens über die Bugrampe.
5 Kilometer östlich von Puerto Lempira fanden wir in einer ruhigen, etwa 1,5 Kilometer breiten Bucht einen geeigneten Strand. Die Ausgänge führten zu einer Straße für die Holzabfuhr, und die Flanken der Bucht grenzten an einen Mangrovenwald und mehrere langsam fließende Was-

serläufe. Das Gelände hier würde das Landungsmanöver begünstigen. Obwohl die Truppe nicht innerhalb der Sichtlinie der Landungsschiffe sein würde, konnten ein amphibischer Einsatzverband und Kampfhubschrauber die Einfahrt in die Bucht kontrollieren. Jon Wallace glaubte, dass sie diesen Strand auswählen würden, und er sollte recht behalten.

»Wir werden wohl mit Lastwagen über den Strand fahren müssen«, sagte Mr Uzi.

Der XO glaubte nicht, dass dies ein Problem sein würde. Dieser Strand bestand im Gegensatz zu denen, die wir uns vorher angeschaut hatten, aus festgedrücktem Sand.

Frank warf mir einen vielsagenden Blick zu. Wir nahmen wohl beide an, dass diese Lastwagen Lieferungen für die »Displaced Persons« an Bord haben würden. Dieser Landungsstrand konnte von Puerto Lempira und von Schiffen vor der Küste nicht eingesehen werden, und diese Abgeschiedenheit war ein weiteres Plus. Die Strandausgänge führten zu der Straße, die Puerto Lempira mit der salvadorianischen Grenze verband. Diese Landungsstelle war also nicht nur als Versorgungsroute für die »Displaced Persons« geeignet, sondern konnte auch als Hintertür nach El Salvador genutzt werden.

Unser CIA-Freund war hocherfreut, und wir freuten uns für ihn.

Wir tuckerten zurück nach Puerto Lempira, verabschiedeten uns von Mr Uzi und stiegen an Bord der C-130. Fünf Stunden später saß ich wieder in der Bar im El Marriott und erzählte einer holländischen Stewardess, wie ich meinen Job bei der Jachtüberführungsfirma bekommen hatte. Am folgenden Tag flogen wir nach Virginia City zurück.

Ein paar Wochen passierte gar nichts, und dann geschah wie üblich bei der Navy alles zur gleichen Zeit.

Der 5. Zug bereitete sich gerade auf einen weiteren Trainingsaufenthalt vor, der dieses Mal im Camp A. P. Hill in Zentral-Virginia stattfinden sollte. Dort sollten wir drei Wochen die Verbindung zwischen Luft- und Bodentruppen üben und lernen, wie man Luft- und Artillerieangriffe anforderte. Wir beluden gerade unsere Lastwagen, als XO Jon Wallace Frank und mich in sein Büro rief.

»Einer von Ihnen geht zurück nach Honduras«, sagte er.
»Wann?«, fragte Frank.
»Agas Tara ist für nächste Woche angesetzt«, erwiderte der XO. »Sie werden sich einen Trupp aussuchen müssen, mit dem Sie eine Landungsvorbereitungsaufklärung durchführen und eine Landungskarte erstellen werden. Sie werden über dem Meer abspringen, und die Amphibienschiffe werden Sie dann aufnehmen, nachdem sie Puerto Rico verlassen haben.«
»Wir sollen morgen ins A. P. Hill-Camp gehen«, wandte Frank ein. Die Rolle als ANGLICO (Air and Naval Gunfire Liaison Company) war ein wichtiger Teil unserer Aufgaben und würde bestimmt in unserer Operational Readiness Inspection, die bereits in drei Wochen stattfinden würde, von entscheidender Bedeutung sein.
»Entweder Chuck führt den Platoon nach A. P. Hill, oder Sie machen das. Ich möchte auf jeden Fall, dass jemand in Honduras die Aufklärung durchführt, der das Zielgebiet schon selbst gesehen hat«, sagte der XO.
»Wie viele Männer werden diesem Aufklärungstrupp angehören?«, fragte ich.
»Nicht mehr als fünf«, sagte der XO.
»Fünf Mann, um eine Landungsvorbereitungsaufklärung durchzuführen und eine Landungskarte zu erstellen?«, rief ich aus. Normalerweise wurde ein solcher Job von einem ganzen Platoon mit 16 Mann erledigt, manchmal sogar von zwei Platoons gemeinsam.
»Ich kann's nicht ändern«, sagte der XO. »Gehen Sie raus und sehen Sie zu, dass Sie es hinkriegen.«
Ende der Durchsage. Frank und ich verließen das Büro.
Frank Giffland war einer der besten Offiziere, mit denen ich je zusammenarbeiten durfte.
»Du gehst«, sagte er jetzt.
Ich traute meinen Ohren nicht. Dieser Auftrag war ein absoluter Glücksfall. Es gab wohl kaum einen Offizier, mich inbegriffen, der so etwas einem Untergebenen überlassen hätte.
»Frank, du bist der Qualifiziertere, du solltest dort runtergehen.« Nicht, dass ich diesen Job nicht gewollt hätte, ganz im Gegenteil!

»Zu dieser Mission gehört ein Fallschirmsprung ins Meer«, fügte ich hinzu. »Und man muss den Kommandeur der Landungstruppen und den Commodore der Amphibious Squadron einweisen … Dann gibt es da noch das kleine Problem, eine Landungsvorbereitungserkundung mit nur fünf Mann durchführen zu müssen. Ganz zu schweigen von der Tatsache, dass ich Französisch spreche und mein Spanisch gerade ausreicht, mir ein Bier zu bestellen und Leuten klarzumachen, dass sie sich zum Teufel scheren sollen.«

»Ich bin mir sicher, dass du das packst«, sagte Frank.

Gifflands Begründung war typisch für sein Denken. Er meinte, die Erkundungsmission würde mir gefallen, aber sein Job sei es im Moment, den Zug einsatzfähig zu machen. Dazu brauchten wir eine Luftunterstützungsübung, und aus diesem Grund ging der Zug jetzt auch ins A.-P.-Hill-Camp. Das Platoon sei sein Kommando, stellte er klar. Züge wurden von Zugführern befehligt, Zugtrupps wurden von stellvertretenden Zugführern befehligt. Die Frage war also geklärt. Solange ich für ihn arbeitete, folgte Frank Giffland dieser Logik, und ich bekam deshalb eine Chance nach der anderen. Diese Lektion würde ich nie vergessen. Als ich später mein eigenes Kommando bekam, folgte ich in dieser Hinsicht Gifflands Beispiel.

»Du bekommst nur vier Jungs«, sagte er, als wir durch den Team-Stützpunkt gingen. »Du wirst einen Spezialisten für Luftoperationen, einen Kartografen und einen Maschinisten brauchen.«

»Dave, Tim, Stan und Bubba«, sagte ich.

»Sag ihnen, sie sollen ihr Zeug wieder von den Lastwagen herunterholen«, sagte Frank.

Wir arbeiteten die ganze Nacht, um eine »Gummiente«, ein F-470-Zodiac-Gefechtsschlauchboot, einsatzbereit zu machen, das an einem Fallschirm ins Meer abgeworfen werden würde. Tatsächlich bereiteten wir zwei Boote vor. Bei den SEALs haben wir einen Spruch: »Eins ist keins, und zwei sind eins.« Das Schlauchboot war für unsere Mission zwingend erforderlich. Wenn sich dessen Fallschirm nicht öffnen sollte, hätten wir jetzt einen Ersatz.

Ich besorgte bei unseren Nachrichtendienstlern Karten, Pläne und Satellitenfotos. Dann ging ich bei der Operationsabteilung vorbei, ließ mir einen Marschbefehl für mich und meine Männer ausstellen und schickte der Amphibischen Schwadron eine verschlüsselte Botschaft, in der ich ihnen einen Zeitpunkt und eine Stelle vorschlug, wo sie uns nach unserem Absprung aufnehmen sollten. Dieser Ort lag mitten im Karibischen Meer, 320 Kilometer südlich von Jamaika. Mitten im tropischen Nichts. Wir würden dort völlig unbeobachtet abspringen können.

Die Jungs, die wir für diese Operation ausgesucht hatten, waren alle Asse auf ihrem Gebiet. Dave Church war der Späher meines Angriffstrupps und ein guter Kartograf. Stan hatte den Rang eines Second Class Petty Officers (Obermaat). Er war Sprungmeister und Quartiermeister und konnte Dave bei der Erstellung der Landungskarte helfen. Tim war der leitende Petty Officer des gesamten Platoons und verfügte über einen reichen Erfahrungsschatz. Er war der Leiter unserer Abteilung für Luftoperationen, ein ehemaliges Mitglied der Navy-Fallschirmjäger, und er würde für die Betreuung unserer »Gummienten« zuständig sein. Bubba Nederlander war – eben Bubba. Er war ein Hillbilly aus Tennessee, kannte keine Angst, trank wie ein Fisch und kämpfte wie ein Tiger. Er war Engineman, Third Class, ein Maschinist Dritter Klasse, und würde wahrscheinlich über diesen Rang niemals hinauskommen. Er war ein prima Junge und sollte sich später wie Dave im Gefecht als unerschütterlich erweisen. Ich wusste, dass er unsere Außenbordmotoren am Laufen halten würde, selbst wenn er dazu Kaugummi oder Armierungsdraht benützen würde.

Nachdem wir die Gummienten betriebsbereit gemacht hatten, gab ich den Jungs eine kurze Einweisung in unseren Auftrag. Dabei erfuhren sie zum ersten Mal, dass wir nach Honduras gehen würden. Niemand zuckte mit der Wimper. Danach gingen wir in »Isolation«. Ab jetzt durften wir das Team-Gelände bis zum Abflug nicht mehr verlassen. Dies war vor jedem Außeneinsatz gängige Vorschrift. Frank und der Rest des 5. Zugs waren bereits ins A.-P.-Hill-Camp aufgebrochen, sodass es in unseren Unterkünften ausgesprochen ruhig war. An diesem Abend schaute ich mir in unserem Platoon-Container ein Video des australischen Militärgerichtsdramas *Der Fall des Lieutenant Morant* an und genehmigte mir ein Bier.

Der Plan unserer ersten Aufklärungsmission nach Honduras war durchgesickert, wobei die undichte Stelle weit über meiner Soldstufe gelegen hatte. Dieses Mal war die Geheimhaltung gewährleistet. Zumindest hoffte ich das.

Die Heckrampe der C-141 senkte sich und die hinteren Schalentore des Flugzeugs gingen auf. Nach den Stunden in der kalten, dunklen Flugzeugröhre blendete uns das helle, tropische Licht. Wir hatten Norfolk in einer graupeligen Winternacht verlassen, unsere Ausrüstung und die beiden palletierten »Enten« verladen und waren direkt nach Süden zu dem ausgemachten Treffpunkt auf hoher See geflogen. Jetzt strömte ein Schwall heißer tropischer Luft ins Flugzeug.

Die Maschine flog 450 Meter über dem Treffpunkt. Die Piloten hatten unser Schiff, die *Fairfax County*, ein LST oder Landing Ship Tank (Panzerlandungsschiff), bereits entdeckt. Ich beugte mich hinaus und schaute von der Rampe hinunter. Wie angekündigt, erschien die *Fairfax County* unter dem Backbordflügel. Die C-141 flog einen weiten Kreis, um in den Gegenwind zu kommen.

Wir hakten unsere Aufziehleinen ein. Das Licht schaltete auf Grün, und ein Bremsschirm zog die Gummiente von der Heckrampe herunter. Wir rannten hinterher und stürzten uns in den heißen Turbinenstrahl hinunter, während sich der riesige Lastenfallschirm über dem Zodiac entfaltete. Die Aufziehleinen öffneten unsere eigenen Fallschirme, und wir steuerten der Stelle entgegen, wo der Zodiac landen würde.

Während wir dem Wasser entgegenschwebten, zogen wir Schwimmflossen an. In 30 Metern Höhe öffneten wir den Brustgurt unseres Fallschirms, steuerten in den Wind und bereiteten uns auf die Landung im Wasser vor. Obwohl die T-10-Fallschirme der Army, die wir bei diesem Absprung benutzten, nicht gerade für ihre Steuerfähigkeit bekannt sind, landeten wir alle nicht weiter als 15 Meter von dem Schiff entfernt.

Die C-141 warf jetzt unser zweites Boot ab, das mit zusätzlicher Ausrüstung beladen war. 40 Minuten nachdem wir das Flugzeug verlassen hatten, zogen wir die Zodiacs auf die Heckrampe der *Fairfax County* hinauf. Wir verstauten unsere Ausrüstung, Waffen und Munition, und man zeigte uns unsere Quartiere. Ich zog meinen Neoprenanzug aus und meine normale Uniform an und meldete mich beim Kapitän in der Offiziersmesse. Ich habe ihn als groß gewachsenen, freundlichen Mann in Erinnerung. Er erzählte mir, er habe meinen Vater auf dem Naval War College kennengelernt. Es war immer gut, wenn sie mir das erzählten, dachte ich. Ich war stolz und froh, dass ich bei meinen Einsätzen in der ganzen Navy immer wieder hörte, dass man meinen Vater mochte und respektierte.

Der Kapitän stellte mich seinen Offizieren vor. Bei einem war das jedoch nicht mehr nötig. Ralph Knight war ebenfalls ein JG, ein Lieutenant Junior Grade (Oberleutnant zur See), und war in der OCS in meiner Kompanie gewesen. Ralph war Kryptologie-Offizier, also eigentlich ein Elektronik-Spion. Wie ich war er nur zeitweilig auf dieses Schiff abgeordnet worden und gehörte nicht zur Stammbesatzung.

Als wir mit dem Zodiac zur *Fairfax County* hinüberfuhren, hatten wir mehrere große Sattelzüge auf deren Deck parken sehen. Die Anhänger strotzten nur so vor Antennen. Ralph und eine kleine Gruppe von Linguisten und Code-Knackern waren hier, um die Nicaraguaner abzuhören, während wir unser kleines Spiel spielten.

Ralph erzählte natürlich nichts darüber. Er war auch sonst ziemlich wortkarg … Wenn man ihn fragte, was sie denn in diesen Lastwagen machten, sagte er nur: »Wir reparieren Taschenlampen.«

Ich hätte nicht einmal gewusst, dass er Kryptologie-Offizier war, wenn ich in Newport seine Befehle nicht gesehen hätte.

Der Kapitän klärte mich über seinen Teil der Operation auf, und ich klärte ihn über unseren auf. Er erzählte mir, dass ein weiteres Schiff, die *Boulder*, auf dem Weg von Puerto Rico hierher sei. Es habe eine Kompanie Marines, eine Navy-SeaBee-Einheit und drei Infanteriekompanien der puerto-ricanischen National Guard an Bord. Die Marines würden die Landungsstelle sichern. Die puerto-ricanischen Nationalgardisten würden zusammen mit der honduranischen Infanterie und den SeaBees, den Bautruppen der Navy, Straßen ausbessern und die Verteidigungsstellungen graben, die die Marines für notwendig hielten. Sie würden eine Woche an Land bleiben, um dann wieder mit dem Schiff abzuziehen. Es war also eine klassische amphibische Landeoperation, wie sie die *Fairfax County* schon oft durchgeführt hatte. Bisher schienen alle Beteiligten ihre Aufgaben auf die Reihe zu bekommen.

Der Kapitän erzählte mir auch, dass die *Fairfax County* vor zwei Wochen von einem Seeüberwachungsflugzeug der russischen May-Klasse überflogen worden sei, das offensichtlich aus Kuba stammte. Erneut hatte die Presse über Agas Tara berichtet, vor allem die *New York Times* hatte ihre Leser auf den neuesten Stand gebracht. Obwohl die Operation also für die Nicaraguaner keine Überraschung sein würde, sollten Ort und Zeitpunkt der Landung immer noch möglichst geheim gehalten werden. Das bedeutete, dass die Landungsvorbereitungen und vor allem unsere Erkundungsoperation möglichst verdeckt durchgeführt werden mussten.

Im US-Militärjargon war Honduras jedoch ein »permissives Umfeld«, das heißt, wir waren auf Wunsch eines Verbündeten hier. Ich versicherte dem Skipper, dass ich nicht zuletzt deshalb keine Probleme erwartete.

In der Nacht vor der Operation wurden der Kapitän, Ralph und ich mit dem Hubschrauber zur *Boulder* geflogen, um dem Commodore und dem Kommandeur der Landungstruppen Bericht zu erstatten. Während der Einsatzbesprechung informierte uns der Nachrichtenoffizier über die neuesten Entwicklungen. In der nicaraguanischen Hafenstadt Puerto Cabezas waren einige Aktivitäten beobachtet worden. Truppenverbände waren auf der Überlandstraße nach Norden in Richtung honduranischer Grenze unterwegs. Im Hafen selbst lagen zwei Patrouillenboote russischen Fabrikats. Puerto Cabezas lag weniger als 80 Kilometer südlich der Grenze. Das Ganze war keine Überraschung. Niemand machte sich bei dieser Einsatzbesprechung darüber Sorgen. Das Gelände in Gracias a Dios war ein großer Vorteil für die Verteidiger, also uns. Außerdem waren zwei Patrouillenboote keine Bedrohung für Landungsschiffe, die mit 12,7-cm-Kanonen und Kampfhubschraubern bewaffnet waren.

Ralph gab uns einen kurzen Überblick über die nicaraguanische elektronische Schlachtordnung. Sie verfügten über ein relativ gutes Küstenüberwachungsradar und der Funkverkehr der sandinistischen Armee hatte in letzter Zeit zugenommen.

»Sie wissen, dass wir hier draußen sind«, sagte er.

Ich erstattete als einer der Letzten Bericht. Meine Operation war unkompliziert und bestand nur aus vier Phasen. Ich würde meine Aufklärungsmission bei Nacht durchführen und außerhalb des Küstenhorizonts beginnen. Ich würde mit kurzen Codewörtern unsere Ankunft in der Laguna de Caratasca, das Ende unserer Erkundung und unsere Rückkehr ins offene Meer melden. Als Codewörter wählte ich die Namen dreier Freundinnen, die mich verlassen hatten. Susan, Katherine und Avis. Die würde ich bestimmt nicht vergessen.

Nach der Erkundungsmission sollten wir bei hellem Tageslicht ungefähr 30 Kilometer vor der Küste wieder an Bord genommen werden. Während des letzten Teils unserer Operation würden wir unsere Funksprüche »im Klartext«, also unverschlüsselt, absetzen. Zwei Stunden nach meiner Rückkehr an Bord der *Fairfax County* würde ich eine hydrografische Karte der Landungsstelle vorlegen.

Der Commodore teilte uns mit, dass die *Boulder* vorerst weit draußen im offenen Meer bleiben und erst am Morgen der tatsächlichen Landeoperation mit ihren Truppen und Landungsfahrzeugen vor der Küste erscheinen werde. Dies sei vielleicht keine große Überraschung für die Nicaraguaner, aber vielleicht doch eine kleine.

Wir flogen mit dem Hubschrauber zurück zur *Fairfax County*, und ich brachte meine Jungs auf den neuesten Stand. Am nächsten Morgen überprüfte ich Waffen und Ausrüstung und konsultierte noch einmal die Karten. Um genau 14.00 Uhr war Befehlsausgabe. Dabei machte ich die Männer mit allen Einzelheiten unserer Operation bekannt, was insgesamt fast zwei Stunden dauerte. Die SEALs neigen dazu, in ihren Briefings auch noch die kleinste Kleinigkeit zu erwähnen. Wir planen deshalb so gründlich, weil die Operationen kaum jemals so verlaufen, wie wir es erwarten.

Diese hier sollte keine Ausnahme werden.

Eine Stunde nach Sonnenuntergang näherte sich die *Fairfax County* bis auf 30 Seemeilen der Küste und nahm dann Kurs nach Südosten. Dabei blieb sie stets innerhalb der üblichen Schifffahrtsrouten. Auf jeden, der sie auf dem Radarschirm beobachtete, würde die *Fairfax County* wie ein langsam fahrender Küstenfrachter wirken und nicht wie ein Kriegsschiff der US-Navy, das gerade einen Aufklärungstrupp absetzte. Das hofften wir zumindest.

Um 20.30 Uhr verließen wir unsere Bereitschaftsräume und zogen unser F-470-Zodiac-Gefechtsschlauchboot zu dem riesigen Tor am Achterende des flutbaren Welldecks hinüber. Als sich das Tor geöffnet hatte, schwappte Wasser in das Welldeck hinein und das hohle Stahltor dröhnte, als die hohen Wellen dagegenschlugen. Wir zogen unser Boot die Rampe hinunter, wobei wir unsere Bewegungen mit den heranbrandenden Wellen koordinierten.

Die Bugleine des Zodiac war an einer Klampe festgemacht. Aus diesem Grund wurden wir noch eine gewisse Strecke von der *Fairfax County* in ihrem Kielwasser mitgezogen, während wir unsere Ausrüstung und Waffen festzurrten und den Außenbordmotor testeten. Unsere Nachtsichtbrillen, Markierungsbojen, Funkgeräte, Rucksäcke sowie unsere persönlichen Waffen sicherten wir mit Karabinerhaken. Wir arbeiteten, ohne zu sprechen. Das einzige Geräusch war das Wasser, das an den Stahlflanken des riesigen Schiffes vorbeizischte.

Die Nacht war stürmisch und von Westen fegten heftige Böen über das Wasser. Nur ganz selten riss die Wolkendecke auf. Dann ließ sich kurz ein heller Viertelmond sehen. Dabei war ein gleißender, hoch stehender Mond ganz und gar nicht in unserem Sinn. Gelegentlich beleuchtete er uns und das Schiff, aber wir waren für den Sturm und die Böen dankbar. Angeblich sollte das Wetter die ganze Nacht so anhalten, was uns durchaus recht sein konnte. Die Sicht in diesem Regen betrug oft kaum 90 Meter. Das waren perfekte Verhältnisse, wenn wir unser Ziel unentdeckt erreichen wollten.

Schließlich nickte ich dem Welldeck-Offizier zu: Wir waren bereit zum Ablegen. Wir lösten die Bugleine, und unser Zodiac fiel in das silbrige Kielwasser des Schiffes zurück. Ich zog das Ruder zu mir herüber, wir bogen nach Westen ab und durchpflügten die Spitze einer riesigen, rollenden Woge. Das Heck des Schiffs verloren wir aus den Augen, als sich die Welle zwischen ihm und uns erhob. In wenigen Augenblicken war das LST in Regen und Dunkelheit verschwunden. Ich wusste, dass die *Fairfax County* weiterhin so tun würde, als sei sie nur ein unschuldiger Küstenfrachter. Ich hielt strikt den Kurs 170 ein. Irgendwo jenseits des dunklen Horizonts lagen die honduranische Küste, die Barra de Caratasca und unser Operationsgebiet.

Wir waren immer noch 20 Seemeilen von der Küste entfernt und deshalb vom Ufer aus unsichtbar. Wir waren nur ein kleiner schwarzer Fleck auf einem unendlich großen und dunklen Ozean. Wir hatten elf Stunden Zeit, um zu unserem Zielort zu gelangen, unsere Aufklärungsmission durchzuführen, wieder abzuziehen und uns vor der Küste an einer festgelegten Stelle im Meer mit der *Fairfax County* zu treffen.

Bis dahin waren wir auf uns allein gestellt.

Wir pflügten nach Südosten und tuckerten dabei die riesigen Wellen hinauf und hinunter. Zeitweise fuhren wir durch helles Mondlicht, dann wurden wir wieder von kalten, dunklen Regengüssen durchnässt. Ich saß im Heck und bediente den Außenbordmotor, während Dave, Bubba, Stan und Tim sich auf den Bootsschläuchen möglichst klein machten. Es war weder ein Licht noch ein Stern zu sehen. Nur in unserem Kielwasser gab es einen ganz schwachen, durch Biolumineszenz hervorgerufenen Schimmer. Ich hielt den Kurs und versuchte, mit den Augen die Dunkelheit zu durchdringen.

Nach etwa anderthalb Stunden kam die Küstenlinie in Sicht. Sie war jedoch kaum zu sehen. Das flache Gelände war nur ein kleiner Strich am Horizont. Wenn ich nicht meine Position durch Koppelpeilung ermittelt hätte, hätte ich keine Ahnung gehabt, dass wir ihr uns überhaupt näherten. Steuerbord war die Küste wohl in einen dünnen, niedrigen Nebel eingehüllt. Nirgendwo war ein Licht sehen. Die Miskitoküste war –

und ist bis heute – eine verlassene, arme Gegend. Es gab kein einziges Leuchtfeuer oder die Lichter irgendwelcher Behausungen, die uns den Eingang zur Lagune gewiesen hätten. Nachdem ich über 30 Kilometer einer Kompasspeilung gefolgt war, hoffte ich trotzdem, am richtigen Ort zu sein.

Ich schaltete den Motor in den Leerlauf und lauschte. Vom Ufer drang ein ständiges Geräusch herüber, das wie ein tiefes, ununterbrochenes Donnern klang. Gelegentlich kam noch ein lauteres Geräusch hinzu, ein hohles Dröhnen, das sich mit dem allgemeinen Getöse mischte. Ich wusste, dass dies das Brausen der Brandung war, einer gewaltigen Brandung, die sich in der Mündung des Kanals brach, der in die Lagune führte.

Selbst hier draußen, 300 bis 400 Meter vor der Küste, waren die Wellen haushoch. Als wir auf den Kamm einer solchen Woge emporgehoben wurden, konnte ich in mittlerer Entfernung das Ufer erkennen. Auf dem Kamm einer zweiten Riesenwelle erblickte ich eine Lücke in der Baumlinie. Das war die Lagunenmündung. Ein 360 Meter langer und 280 Meter breiter Kanal verband die Laguna de Caratasca mit dem Meer. Irgendwo innerhalb der Brandungszone lag die Nehrung und der Eingang in die Bucht.

Wieder erklang dieses kurze, aber gewaltige Dröhnen, das sich wie ein gar nicht so weit entfernter Kanonenschuss anhörte. Die Wellen in der Nachbarschaft der Nehrung prallten gegen den Gezeitenstrom, der aus dem Kanalende herausströmte. Es war ein gewaltiges Schauspiel. Aber ich war nicht allzu sehr besorgt – noch nicht. Ich hatte Sichtverbindung zur Kanalmündung. Ich musste jetzt nur noch dafür sorgen, dass keine Welle über uns zusammenbrach und dass ich den Eingang erwischte.

Plötzlich tauchte ein neues Problem auf. Wieder begann es wie aus Kübeln zu schütten. Innerhalb von Sekunden sank die Sicht auf unter 90 Meter. Ich wies Bubba an, sich umzudrehen und das Meer im Auge zu behalten, während wir unseren Weg zum Kanal suchten. Er hielt nach der »Big Kahuna« Ausschau, der Killerwelle, die sich weit vor den restlichen Wellen brach. Wenn uns eine solche Welle von hinten erwischte, kämen wir in große Schwierigkeiten. Obwohl der Zodiac auf keinen Fall sinken würde, könnte er doch kentern oder sich überschlagen und dabei uns und unsere Ausrüstung herausschleudern und unser Funkgerät unter Wasser und damit außer Gefecht setzen. So desolat wollte ich auf keinen Fall in Honduras ankommen.

Unsere Aufgabe war es jetzt, den Rand der Brandungszone zu finden. Dort würden wir warten, bis wir die zeitliche Abfolge mehrerer Wellenreihen festgestellt hatten. Danach mussten wir das Ende einer niedrigeren Wellenreihe erwischen und versuchen, in einer Wellenpause die Brandungszone zu passieren. Das klang leicht. Aber die schlechte Sicht war nicht unser einziges Problem. Es herrschte Ebbe und ein etwa 5 Knoten schneller Wasserstrom floss den Kanal hinunter. Die Laguna de Caratasca ist mehr als 40 Kilometer lang und 8 Kilometer breit. Diese ganze Wasserfläche ergoss sich jetzt bei Ebbe durch eine 280 Meter breite Öffnung ins offene Meer. Sich gegen diesen Gezeitenstrom von der Nehrung fernzuhalten, würde ein gerüttelt Maß an Bootssteuerkünsten erfordern.

Und es galt noch etwas zu beachten. Wenn die Brandungswellen auf die Ebbeströmung prallten, konnten sie zu etwas werden, das Surfer als »Close-out-Welle« bezeichnen. Die meisten Wellen brechen auf vorhersehbare Weise, während die Close-outs fast ohne Warnung und Ansatz brechen. 200 Meter breite Wellensektionen knickten um und überschlugen sich gleichzeitig in ihrer gesamten Länge. Dabei sandten sie eine Wand aus weißer Gischt durch den ganzen Kanal. Das kurze Dröhnen, das wir immer wieder hörten, war das Geräusch, das diese monströsen Wasserfluten verursachten.

Ich studierte die Wellen und wartete auf eine Öffnung.

»Das kann heiter werden«, sagte Dave in ruhigem Ton.

Ich drehte mich um und schaute nach hinten. Ein halbes Dutzend turmhohe Wellen rollten auf uns zu, ohne dass man vorerst etwas hören konnte. Je näher sie uns kamen, desto höher wurden sie. Ich drehte das Boot um 180 Grad, ließ den Motor aufheulen und fuhr seewärts. Der Zodiac stand fast senkrecht, als uns die erste Welle hob. Sie war ein wahres Monster. Ich drehte das Ruder nach Backbord und steuerte auf die niedrige Schulter der nächsten Welle zu, als der erste Brecher an der Nehrung wie eine Unterwasserbombe explodierte.

Heilige Scheiße. Ich schaute Bubba an. Für einen Jungen aus den Wäldern von Tennessee schienen ihn die Wellenberge nicht allzu sehr zu beeindrucken, die uns beinahe zum Kentern gebracht hatten. Dabei war mir der Gedanke kein großer Trost, dass er womöglich die Gefahr nicht erkannte.

Ich stand auf und starrte in die Dunkelheit hinaus. Die gewaltige Wellenfront war an uns vorbeigeschäumt. Wenigstens hoffte ich das. Ich musste in der relativen Ruhe zwischen zwei Fronten die Brandungszone durchqueren. Aber welche von diesen Fronten? Und wie sollte ich erkennen, wann ich ohne größere Gefahr losfahren konnte?

Plötzlich hörte der Regen auf, als ob jemand den Wasserhahn zugedreht hätte. Der Mond kam heraus und beleuchtete die Lagune jenseits der Nehrung. Der Weg vor uns war frei. Das hinter uns liegende Meer war jetzt ebenfalls beleuchtet.

»Mein lieber Herr Gesangsverein«, rief Bubba.

Dieses Mal *war* er beeindruckt. Hinter uns türmte sich an dem am weitesten vorgeschobenen Teil der Nehrung eine riesige Wellenreihe auf. Das waren sie, Big Kahuna und ihre Kumpel. Wir waren noch 100 Meter von der Kanalmündung entfernt. Diese Wellen waren die höchsten, die wir in der ganzen Nacht gesehen hatten. Dieses Mal konnten wir uns nicht seewärts drehen und auf diese Weise über sie hinwegsteuern. Ob wir wollten oder nicht, wir mussten den Kanal erreichen. Und zwar gleich.

»Okay, packen wir's«, sagte ich. Als ob wir eine Wahl gehabt hätten. Ich steuerte mit dem Zodiac direkt auf die Küste zu.

Als wir in die Brandungszone hineinfuhren, gab ich Vollgas. Ich hielt das Boot, so gut es ging, in dem flachen Bereich zwischen der letzten Welle der ersten und der ersten Welle der neuen Front. Eine 30 Zentimeter dicke Gischtschicht tanzte auf dem Wasser um das Boot herum. Hinter uns traf die erste riesige Wellenwand auf Grund und türmte sich in die Höhe. Die Welle brach wie in Zeitlupe. Der vorderste Rand der herunterbrechenden Woge war 60 Zentimeter dick und zog beim Fallen eine ganze Gischtwolke hinter sich her. Als die Welle auf die Nehrung prallte, konnten wir das Donnern in unserer Brust spüren. Direkt dahinter brach eine weitere Welle. Und dann noch eine. Diese Wellen brachen bereits 230 Meter vor der Uferlinie und rollten uns als 3 Meter hohe schneeweiße Wasserwälle entgegen. Die Brecher rasten so schnell auf uns zu, dass sie den Abstand zwischen den Reihen schneller schlossen, als ich es für möglich gehalten hatte.

Ich gab wieder Vollgas und überholte die Weißwassergischt direkt vor uns, die die letzte Welle der ersten Front zurückgelassen hatte. Der Zodiac bäumte sich kurz auf und fiel dann wieder 1,50 Meter nach unten, als wir auf der Auslaufwelle aufsaßen. Wir surften jetzt, allerdings leider nicht auf einem Surfbrett. Stattdessen saßen wir in einem Schlauchboot, das mit Männern und Ausrüstung mindestens 500 Kilogramm wog. Es war also so wenig wie ein Kipplaster mit vier platten Reifen.

Die gute Nachricht lautete, dass wir genau in der Mitte des Kanals surften. Die schlechte, das die Big Kahuna immer noch näher kam, und zwar schnell. Ich hielt das Steuerruder so ruhig, wie ich konnte. Jede leichte Wendung nach rechts oder links konnte das Boot zum Kippen bringen und aufs Ufer schleudern. Ich steuerte und biss die Zähne zusammen.

Die Welle holte stetig auf. Selbst gebrochen war sie höher und schneller als die Welle, auf der wir ritten. In meinen Tausenden von Surferstunden hatte ich gelernt, dass eine gebrochene Welle gewöhnlich eine andere nicht überholte. Ich wusste jedoch auch, dass sie es gelegentlich doch tat. Wenn das passierte, war die »verdoppelte Welle« größer und sogar noch unberechenbarer. Allerdings hatte ich weder Zeit noch Lust, irgendwelche Berechnungen anzustellen. Wir waren endgültig in der Kanalmündung angekommen, und ich konnte links und rechts von uns Strände, Wälder und Mangroven sehen. Ich wusste, dass die Welle irgendwann auslaufen musste. Und zwar bald.

Tatsächlich begann die weiße Wasserwand hinter uns nachzugeben und immer niedriger zu werden, bis sie unter uns völlig verschwand.

Auf dem rechten Ufer standen ein paar roh zusammengezimmerte Fischerhütten. Auf meiner Karte hieß der Ort Barra de Caratasca. Es war keine Stadt, nur eine Ansammlung von Hütten. Nirgends brannte Licht, aber ich wollte auch nicht gesehen werden – von niemandem. Ich steuerte den Zodiac auf die linke Kanalseite hinüber und verringerte die Geschwindigkeit. Wir verließen endgültig die Brandungszone und tuckerten in die Dunkelheit des Mangrovenwaldes hinein.

Wir hatten es geschafft.

Ich schaute mich im Boot um. Bubba hatte seine Kappe nach hinten geklappt wie Gabby Hayes. Dave wusste als alter Surfer, wie knapp es gerade gewesen war.

Er rollte die Augen. »Cowabunga«, ließ er den bekannten Surferruf hören.

Keiner lachte. Jeder wusste, dass wir die Brandungszone noch einmal durchqueren mussten, wenn wir heimkehren wollten.

Ich befahl Dave, der *Fairfax County* über Funk mitzuteilen, dass wir in unserem Operationsgebiet angekommen waren. Ich hörte, wie er ins Mikrofon sprach: »Long Bow, hier ist Garfish. Susan, over.« Dave hielt den Daumen nach oben, als das Schiff unsere Botschaft bestätigte.

Wir steuerten ein Stück nach Südwesten auf die Mitte der Lagune zu. Nach 5 Kilometern kamen die zerstreuten Lichter von Puerto Lempira in Sicht, das weitere 3 Kilometer südlich jenseits des Wassers lag. Der Regen kam und ging, aber die Nacht blieb weiterhin stockdunkel. Da wir bestimmt vom Ufer aus nicht sichtbar waren, bogen wir in der Mitte der Bucht nach Südosten ab und nahmen Kurs auf die vorgesehene Landungsstelle.

Während wir langsam über die Lagune fuhren, befestigte Dave eine Lotleine am Bug unseres Bootes, um die Wassertiefe festzustellen. Wir überquerten eine Zeit lang eine äußerst seichte Stelle, bis wir nach Süden abbogen und schließlich in tieferes Wasser gelangten. Wir wussten jetzt, welcher Route unser Landungsschiff bis zu seiner Uferstelle folgen würde.

Wir setzten eine Boje ab, die an einem 22 Kilogramm schweren Anker hing. Die Boje war ein durchsichtiger Plastikmilchkrug, in den wir fünf Infrarot-Leuchtstäbe steckten. Letztere waren nur mit Nachtsichtgeräten zu sehen. Morgen bei Tageslicht war die Boje jedoch vom Landungsboot aus gut sichtbar. Von jetzt an folgten wir dem tieferen Wasserkanal. Obwohl wir die Zugangsroute lokalisiert hatten, war es äußerst schwierig, die Landungsstelle selbst zu finden. Ich musste dazu dicht am Ufer vorbeifahren und die beiden Buchtöffnungen zählen, von denen ich wusste, dass sie westlich unseres Strandes lagen. Mithilfe unserer Nachtsichtgeräte orteten wir schließlich das kleine, niedrige Stück Land, das an die Landungsstelle angrenzte. Wir warfen eine zweite Boje aus.

Ich schaltete den Motor in den Leerlauf, und Dave und Tim ließen sich ins Wasser gleiten und schwammen so leise wie möglich aufs Ufer zu. Sie waren »Schwimmer-Scouts« und sollten sicherstellen, dass sich im Gebiet, das wir inspizieren sollten, niemand aufhielt, bevor das Boot oder der Rest des Teams sich dem Land nähern würden. Aus Sicherheitsgründen war unsere Erkundungsmission nicht mit der honduranischen Infanterieeinheit abgestimmt worden, die in Puerto Lempira stationiert war. Diese besaß keine Funkgeräte, die verschlüsselte Funksprüche empfangen konnten. Man hatte deshalb beschlossen, alle Landungsvorbereitungsoperationen ohne Funkverbindung durchzuführen, anstatt den Funkverkehr über offene Frequenzen laufen zu lassen. Das war keine schlechte Idee, wenn man bedachte, dass wir uns dicht an der nicaraguanischen Grenze aufhielten.

Auch das mit den Schwimmer-Scouts war eine gute Idee. Obwohl die Honduraner höchstwahrscheinlich ruhig in ihren Kasernen hockten, könnte eine unerwartete Begegnung mit einer unserer Patrouillen doch zu einem ernsten Missverständnis führen.

Während der nächsten halben Stunde warteten wir in unserem Boot und machten uns dabei so klein wie möglich. Ich beobachtete die ganze Zeit die Küstenlinie mit meiner Nachtsichtbrille. Schließlich kam das Signal, fünf Blitze aus einem Infrarot-Blitzgerät. Ich kuppelte den Motor wieder ein und fuhr möglichst leise zum Strand hinüber.

Das Wasser in der kleinen Bucht war flach und ruhig und wir glitten fast geräuschlos auf ein Mangrovendickicht zu, das einen breiten, weißen, halbmondförmigen Strand einfasste. Wir zogen ein Tarnnetz über das

Boot und vertäuten es möglichst tief in den Mangroven. Ich markierte unser Boot mit einem Infrarot-Leuchtstab. Wenn wir in aller Eile verduften mussten, wollte ich nicht lange in einem pechschwarzen Mangrovendickicht nach unserem Boot suchen müssen.

Wir teilten uns in zwei Gruppen auf. Tim, Bubba und Stan bildeten eine Schwimmerlinie und schwammen dreimal den Strand hinauf und hinunter. Dabei sondierten sie mit ihren Lotleinen die Wasserfläche vor der Küste und schrieben ihre Tiefenangaben auf eine Tauchertafel, die sie an ihren Handgelenken festgemacht hatten. Dave und ich legten durch eine Kompasspeilung die Basislinie für unsere Schwimmergruppe fest und patrouillierten dann 100 Meter ins Inland, skizzierten das Gelände und die Strandausgänge und nahmen Bodenproben. Am Ende trafen wir uns alle wieder unter den Mangroven. Die ganze Operation dauerte weniger als 30 Minuten und lief ohne Komplikationen ab.

Wir funkten das Codewort »Katherine«, um anzuzeigen, dass wir unsere Erkundung beendet hatten. Wir schickten es zweimal los, bekamen jedoch keine Antwort von der *Fairfax*. Offensichtlich steckten wir in einem Funkloch. Wir wollten es noch einmal versuchen, wenn wir die Kanalmündung erreicht hatten. Jetzt war es Zeit zu verschwinden.

Wir zogen das Tarnnetz zurück und verstauten es und ich ließ den Motor an. Der Mond stand jetzt hell am Himmel und die Wolkendecke konnte bald aufreißen. Den Weg mitten durch die Bucht zu nehmen, den wir gekommen waren, war also nicht möglich. Ich steuerte nach Norden an der Ostseite der Lagune entlang. Das Ufer in diesem Teil der Bucht bestand aus Mangrovenwäldern und unpassierbaren Sümpfen und war völlig unbewohnt. Dieses unwirtliche Gelände erstreckte sich nach Süden hinunter bis zum Río Coco und der nicaraguanischen Grenze.

Obwohl die Küste verlassen war, hielt ich unser Boot immer 200 Meter vom Ufer entfernt. Ich fuhr eine ganze Weile in ruhigem Tempo nach Norden und bog an der Spitze der Bucht nach Westen ab. Die Rückfahrt war zwar länger, folgte jedoch einem zentralen Grundsatz der Naval Special Warfare: Geh nie den denselben Weg zurück, den du gekommen bist.

Als wir still am Ufer entlangtuckerten, konnten wir noch nicht ahnen, dass uns die Route, die wir gewählt hatten, das Leben retten würde. Erneut begann es zu regnen und der Mond ging hinter den Bäumen unter. Wir standen jetzt seit mehr als neun Stunden im Wind und waren völlig durchnässt. Allmählich ließ die Wirkung des Adrenalins nach, und uns wurde kalt. Ich dachte, wir würden ohne weitere Abenteuer abziehen können, als mich Dave anstupste. Er beobachtete die Gewässer südlich von uns mit seinem Nachtsichtgerät.

»Ich kann die Bojen nicht sehen«, sagte er.

»Schau genauer hin.«

»Sie sind verschwunden.«

Ich ging erneut in Leerlauf und ließ den Zodiac langsam driften. Ich schaute jetzt selbst durch meine Nachtsichtbrille und suchte den Süden und dann den Westen ab. Ich achtete genau auf die Stellen, wo nach aller Logik das grüne Glühen der Infrarot-Leuchtstäbe zu sehen sein sollte. Aber da war nichts.

Ich schaltete mein Nachtsichtgerät ab und wieder ein und horchte auf das leise, wimmernde Geräusch, als es sich wieder aufwärmte. Als es betriebsbereit war, schaute ich hinter uns. Was ich dort sah, verschlug mir fast den Atem.

In der Nacht glühte grün ein riesiger Scheinwerfer.

Ich linste über den Rand meiner Nachtsichtbrille hinweg … Das nackte Auge konnte keinerlei Licht erkennen. Ich schaute noch einmal durch mein Nachtsichtgerät, und da war das Licht wieder: Ein starker Scheinwerfer strich hinter der Landspitze rechts von uns über das Wasser. Außer uns war noch jemand anderes in dieser Bucht, jemand mit einem Infrarot-Suchscheinwerfer.

»Siehst du dieses Licht?«, fragte ich.

»Aber klar. Jemand hat einen gottverdammten IR-Scheinwerfer.«

Aber wer?

»Schlagen wir uns in die Büsche!«, sagte ich.

Ich gab Gas und steuerte direkt nach Norden aufs Ufer zu. Der Zodiac legte die 300 Meter bis dorthin in Windeseile zurück. Ich drehte im letzten Moment das Gas zurück und das Boot ritt auf seine Heckwelle auf, als es gegen die halb unter Wasser liegenden Wurzeln des Mangrovendickichts prallte.

»Zieht uns rein … so tief, wie ihr könnt«, rief ich.

Wir zerrten an den Ästen und Wurzeln und zogen den Zodiac so tief wie möglich in die Bäume hinein. Dann breiteten wir in aller Eile das Tarnnetz über uns und das Boot aus. Ich stellte den Motor ab. Wir richteten unsere Waffen hinaus auf die Bucht.

Stille.

Ich schaute durch mein Nachtsichtgerät und sah überhaupt nichts. Sollten wir uns getäuscht haben? Nein. Dave hatte es ja auch gesehen. Da draußen war jemand und suchte die Bucht mit einem IR-Scheinwerfer ab.

Dann tauchte das Licht wieder auf. Dieses Mal war es näher und heller. Es leuchtete zwar immer noch hinter der Landspitze im Osten, aber inzwischen weniger als 150 Meter entfernt. Wir konnten das Schiff oder die Person, die den Scheinwerfer hielt, nicht sehen, aber irgendjemand schwenkte eindeutig einen IR-Strahl über der Bucht hin und her.

»Scheiße«, fluchte Stan.

Dann sahen wir es. Das Infrarotlicht senkte sich auf das Wasser und reflektierte jetzt die Umrisse der Lichtquelle.

Es war ein etwa 18 Meter langes Patrouillenboot. Die Silhouette des Schiffs war jetzt grün auf grün deutlich zu erkennen. Es war eindeutig kein amerikanisches Fabrikat, und auch die Honduraner besaßen so einen Kahn nicht.

Über den Himmel zuckte ein Blitz, und ich bekam durch meine Nachtsichtbrille einen guten Anblick. Es war ein russisches Patrouillenboot der Zhuk-Klasse unter nicaraguanischer Flagge. Ich konnte am vorderen und hinteren Schiffsende die Geschütztürme seiner 14-mm-MGs erkennen. Auf dem Deck standen etwa ein halbes Dutzend Besatzungsmitglieder. Ich habe keine Ahnung, warum sie uns nicht zuerst gesehen hatten. Dass ich rechtzeitig ihren IR-Scheinwerfer bemerkt hatte, war vielleicht der größte Dusel meines Lebens.

Was aber hatte ein nicaraguanisches Patrouillenboot in honduranischen Hoheitsgewässern zu tun? Dabei waren sie nicht nur in honduranischen Hoheitsgewässern, sie hielten sich auch noch *in* der Laguna de Caratasca, viele Kilometer innerhalb eines fast geschlossenen honduranischen Binnensees auf.

Das Patrouillenboot entfernte sich von uns in einem weiten Bogen und fuhr langsam auf den Strand zu, den wir gerade erkundet hatten. Periodisch leuchtete es mit dem IR-Scheinwerfer die Bucht ab, richtete diesen jedoch niemals in unsere Richtung. Auf dem Achterdeck konnte ich zwei glühende Infrarot-Bälle ausmachen. Das waren unsere Markierungsbojen.

Wir hatten ein Problem. Ein großes Problem. Wir waren einem 18 Meter langen Patrouillenboot hoffnungslos unterlegen. Sie waren schneller als wir, hatten eine größere Reichweite, Radar, IR-Fähigkeit und auch ihre Mannschaftsstärke war höher. Diese Vorteile würden bei Tageslicht noch wichtiger werden, wenn sie uns aus größerer Entfernung sehen, stoppen und uns mit ihren Waffen das Gehirn herausblasen konnten.

Ich schaute auf die Uhr. Es war 2.40 Uhr. Bis zum Sonnenaufgang und unserem Rendezvous mit der *Fairfax County* waren es noch drei Stunden. Die 7,62-cm-Geschütze des LST hätten das Patrouillenboot mühelos versenkt, aber das war uns jetzt keine Hilfe. Immerhin gab es da noch die klitzekleine Aufgabe, aus der Bucht herauszukommen und 32 Kilometer weit übers offene Meer zu schippern, bis uns unsere Mama wieder an ihren Busen drücken konnte. Auf hoher See und im offenen Gewässer der Lagune waren jedoch eindeutig die anderen im Vorteil.

»Vielleicht sollten wir unser Mutterschiff anfunken«, sagte Stan.

»Und was sollen die machen? Für uns beten?«, schnaubte Bubba.

»Wir werden auf keinen Fall einen Funkspruch absetzen«, sagte ich. Bevor die Sandinisten an die Macht gelangten, hatte Uncle Sam Ausrüstungsgüter im Wert von Millionen Dollar nach Nicaragua geliefert. Unser Funkgerät war ein PRC-77. Nichts Besonderes. Es war das Standardgerät der amerikanischen Infanterie. Sicherlich war es auch der alten nicaraguanischen Armee vor den Sandinistas geliefert worden. Ein PRC-

77 an einen Scanner anzuschließen, war also völlig ausgeschlossen. Wenn wir unser Funkgerät benutzten, bestand die Wahrscheinlichkeit, dass das Patrouillenboot das mitbekommen würde. Wenn wir lange genug sprachen, konnten sie sogar unsere Position orten.

Uns blieb also nichts anderes übrig, als im Bereich der Mangroven zu bleiben und uns heimlich aus der Lagune herauszuschleichen. Nach meiner Schätzung waren wir etwa 11 Kilometer von der Lagunenmündung entfernt. Von dort bis zu unserem Treffpunkt mit der *Fairfax County* waren es noch einmal über 30 Kilometer.

In meinen Befehlen stand nichts von einem Versteckspiel mit der nicaraguanischen Marine. Oder davon, eine kriegerische Auseinandersetzung zu beginnen.

»Okay«, sagte ich. »Hier ist mein Plan. Wir werden weiter nach Westen um die Bucht herum vorrücken und dabei möglichst dicht an den Mangroven bleiben.«

»Was wird er deiner Meinung nach tun?«, fragte Dave.

»Uns eine Weile suchen. Wenn er über die Landungen Bescheid weiß, weiß er auch, dass die Landungsschiffe ihn in der Bucht einkesseln werden. Er muss also versuchen, vor Tagesanbruch aus der Bucht herauszukommen.«

»Genau wie wir«, sagte Tim.

»Ja«, bestätigte ich, »genau wie wir.«

Wir mussten auf einer Strecke von 27 Kilometern »internationale Gewässer« durchqueren, bevor wir unser Mutterschiff erreichten. Das hieß jedoch nicht, dass wir in den 5 Kilometern in den honduranischen Hoheitsgewässern sicher gewesen wären. Ich wollte diesem Boot bei Tageslicht nicht begegnen. Wir hatten ein Schlauchboot, und das Patrouillenboot bestand aus Stahl.

»Gebt mir ein paar IR-Knicklichter herüber«, sagte ich. Ich streifte ein Stück der Umhüllungen ab, band ein halbes Dutzend Leuchtstäbe zusammen und hängte sie unten in die Mangroven. Ich knickte und schüttelte jede von ihnen, um sie dadurch zu aktivieren, dann zog ich den Rest der Folienumhüllungen herunter.

Ich nahm an, dass dieser Typ weiterhin hauptsächlich mit seinem IR-Scheinwerfer die Bucht absuchen würde. Die Zodiac war für ein Radargerät unsichtbar und das Patrouillenboot vertraute eher auf seine Suchtechnik als auf die bloßen Augen seiner Besatzung. Sie hatten unsere Bojen geborgen und wussten natürlich, dass nur Gringos solche IR-Lichter ausbringen würden.

Unsere Leuchtstäbe würden über eine Entfernung von wenigstens 1,5 Kilometern sichtbar sein. Wenn sie sie erblickten, würden sie dort nachschauen. Das würde uns ein wenig Zeit verschaffen.

Ich startete den Motor und fuhr ganz langsam rückwärts aus den Mangroven heraus. Dann bewegten wir uns nach Westen auf die Mündung der Lagune zu. Dabei blieben wir so nahe wie möglich an den Bäumen. Etwa die Hälfte der Zeit konnten wir das Patrouillenboot sehen, das immer noch etwa 3 Kilometer südlich von uns mit seinem IR-Scheinwerfer das Wasser absuchte.

Wir mussten eine kleine Bucht überqueren, die von einem Sandstrand eingefasst war. Dort gab es keine Mangroven mehr. Bisher waren Schatten und Bäume unser Hintergrund gewesen. Jetzt war diese Deckung verschwunden. Erschwerend kam hinzu, dass der Strand hell und unser Boot pechschwarz waren, ein Kontrast, der in einem Nachtsichtgerät gut sichtbar sein würde.

Die ungedeckte Fläche, die wir jetzt überqueren mussten, maß etwa 600 Meter. Auf der anderen Seite gab es anscheinend wieder Mangroven, oder doch Bäume, die uns Deckung geben würden.

Ich entschloss mich, es schnell hinter mich zu bringen. Wir flitzten mit Höchstgeschwindigkeit an der kahlen Stelle vorbei. Unser Außenbordmotor war »schallgedämpft«, alle Abgase wurden unter Wasser ausgestoßen und die Motorhaube war mit Kevlar und Neopren abgedichtet. Ich wusste, dass er leise war, aber für mich klang er trotzdem entsetzlich laut.

Wir schafften es über die freie Fläche. Hier gab es tatsächlich wieder ein Mangrovenufer, das in einer leichten Biegung zu einer Landspitze führte.

»Dort ist er«, rief Dave.

Er schaute mit der Nachtsichtbrille nach hinten. Ich setzte jetzt auch meine auf und konnte ebenfalls den Suchscheinwerfer erkennen. Das Patrouillenboot schien jetzt die Bucht zu überqueren. Dann ging sein Licht aus. Ich verlor es für eine Sekunde, um es dann wiederzufinden. Dieses Mal verrieten die IR-Bojen seine Position, unsere Bojen, die es immer noch auf seinem Hecküberhang mit sich führte.

Ich begann, wieder etwas Hoffnung zu schöpfen.

Dieser Knabe war kein großer Taktiker.

Ich verlor das Patrouillenboot aus den Augen, als wir die zweite Landspitze umrundeten. Die nächste kleine Bucht stellte uns vor dasselbe Problem: An ihrem Rand gab es Deckung in Form von Mangroven und in ihrem Zentrum nur einen weißen Strand. Ich musterte die Wasserfläche vor uns. Es gab dort mehrere mit Palmwedeln gedeckte Plattformen, die etwa 50 Meter vom Ufer entfernt verstreut im Wasser standen. Fischer nutzten sie, um darauf ihren Fang zu trocknen. Sie wirkten jedoch verlassen, denn die Dächer waren teilweise eingefallen. Ich steuerte auf sie zu.

Hinter uns gab es plötzlich Lichtblitze. Zuerst dachte ich an ein Gewitter … aber ein oder zwei Sekunden später folgte eine Art furzendes Geräusch, nur viel lauter, das in sich in kurzer Folge wiederholte, kurz aufhörte und dann wieder losbrach. Die Patrouillenbootbesatzung feuerte mit ihren Maschinengewehren.

Als ich mich umdrehte, zischte ein Leuchtgeschoss in den Himmel über der ersten Bucht. Sie hatten unsere IR-Knicklichter gefunden und danach das Feuer eröffnet. Das Leuchtgeschoss zündete und sank langsam nach unten. Es tauchte uns und die kleine Bucht, in der wir gerade waren, in helles Licht, aber das Patrouillenboot war noch jenseits der Landspitze. Sie konnten uns also auf keinen Fall sehen. Noch nicht. Ich wusste, dass unser Ablenkungsmanöver mit den Leuchtstäben sie nur kurze Zeit aufhalten würde.

Hinter uns erlosch das Leuchtgeschoss und es war wieder totenstill. Das Schießen hatte aufgehört. Es war dunkel, und die Dunkelheit wirkte nach dem Leuchtgeschoss sogar noch dunkler. Der nicaraguanische Skipper und ich spielten ein Spiel.

Jetzt wusste *er*, dass *ich* wusste, dass er hinter uns her war.
Wir mussten unbedingt verschwinden.
Ich steuerte auf die Plattformen vor dem Strand zu. Ich wollte mit dem Boot unter eine von ihnen schlüpfen und dort warten, bis das Patrouillenboot an uns vorbeigefahren war. Als wir näher kamen, konnte ich sehen, dass in einer Hütte an Stangen Hängematten baumelten. Sie waren also doch bewohnt. Ich steuerte auf die mit den Hängematten zu. Es war besser, jeden, dem wir begegneten, zu kontrollieren, bevor sie in ihre Kanus sprangen und davonpaddelten.
Kurz vor der Plattform drosselte ich den Motor.
»Verschaff uns ein wenig Zeit, Tim«, sagte ich.
»*Buenas noches*«, rief Tim zur Hütte hinüber.
»*Hola*«, lautete die Antwort.
»*Usted tiene gasolina que poder comprar?*«, fragte Tim.
Er wollte also wissen, ob sie ihm Benzin verkaufen könnten. Tatsächlich hatten wir genug Benzin, er wollte sie nur zum Reden bringen. Die Antwort überraschte uns jedoch.
»*No habla*«, sagte der Mann. Er sprach also kein Spanisch.
Wir waren jetzt nahe genug, um zu sehen, dass in der Hütte ein Mann von etwa 40 und ein zehnjähriger Junge in ihren Hängematten lagen. An die Plattform waren mehrere Einbäume angebunden.
»Das sind Indianer«, sagte Tim. Ich erinnerte mich jetzt an ein paar Informationen, die ich in einem Reiseführer gelesen hatte.
»*Parlez-vous français, monsieur?*«, fragte ich.
»*Nous parlons français*«, entgegnete der Mann in der Hängematte.
Die Miskito-Indianer waren von belgischen Mönchen christianisiert worden. Deshalb sprachen sie Französisch, ein weiterer Grund neben ihrer Rasse, warum sie in den Augen sowohl der Honduraner als auch der Nicaraguaner als minderwertig galten.
Ich fuhr noch näher heran.
»*S'il vous plaît, monsieur, aucune lumière*«, sagte ich. Ich bat ihn, kein Licht zu machen.
»*Qui sont vous?*«, fragte der Mann.

»*Nous sommes une équipe d'étude. Du service de la pêche.*« Dieser Satz, der an die Grenzen meines Highschool-Französisch ging, war eine Lüge. Ich hatte ihm erzählt, wir seien ein Untersuchungsteam der Fischereibehörde.

Wir lagen jetzt direkt vor der Hütte.

»Bring uns unter die Plattform«, wies ich Tim an. »Wir werden eine Weile hierbleiben.«

Inzwischen konnte der Mann erkennen, dass wir bewaffnet waren und unsere Gesichter grün angemalt hatten. Sein Sohn sagte etwas auf Miskito zu ihm.

Ich sagte in ruhigem Ton: »*Nous n'allons pas vous blesser. Nous avons besoin de l'information et de l'aide de vous.*« Ich sagte ihm, dass wir ihnen nichts tun würden, sondern nur ein paar Informationen und seine Hilfe bräuchten.

Ich fragte ihn, ob er gesehen hätte, wie das große, graue Schiff in die Lagune eingefahren sei. Ja, das habe er. Es sei kurz nach Einbruch der Dunkelheit gekommen. Es seien die Sandinisten, fügte er in einem Ton hinzu, als ob das nichts Besonderes wäre.

Sie waren also bereits zwei Stunden vor uns in der Bucht erschienen, wahrscheinlich bei Stauwasser, als der Wellengang nicht so hoch war.

»Gibt es in der Lagune noch andere Schiffe?«

»Nein«, sagte er. »Nur die und Sie.«

Jetzt umrundete das Patrouillenboot die Landspitze hinter uns. Sein IR-Scheinwerfer war ausgeschaltet. Das Boot war etwa 2,5 Kilometer von uns entfernt und kaum noch auszumachen.

Wir hatten inzwischen den Zodiac vollständig unter die Plattform gezogen. Ich hoffte, das genügte.

Das Patrouillenboot kam auf uns zu. Wir richteten unsere Gewehre auf sie, obwohl uns das im Ernstfall wohl wenig helfen würde. Wir hatten M-16. Sie hatten in ihren Geschütztürmen zwei 14-mm-Zwillings-MGs und ihre sechs Besatzungsmitglieder auf Deck waren mit AK-47 ausgerüstet.

Der Mann und der Junge in den Hängematten beobachteten, wie das Patrouillenboot immer näher kam.

»Ich möchte heute Nacht keine Probleme bekommen«, sagte ich auf Französisch.
»*Je comprends*«, erwiderte der Mann.
Aber das Glück war uns hold. Das Patrouillenboot fuhr an den Hütten vorbei, ohne anzuhalten. Wir verbargen uns hinter den Holzstützen und machten uns so klein wie möglich. Als das Motorengeräusch schwächer wurde, linste ich über den Rand der hölzernen Plattform hinweg. Ich konnte gerade noch das Heck des Boots sehen, das auf die Lagunenmündung zuhielt.
Ich setzte meine Nachtsichtbrille auf. Das Patrouillenboot suchte mit seinem Infrarot-Scheinwerfer das Ufer ab. Sie hatten auch die Hütte und uns gescannt, dabei jedoch nur einen Mann und einen Jungen in ihren Hängematten gesehen. Ich schaute dem Patrouillenboot nach, bis es in den Mündungskanal einfuhr und in der Dunkelheit verschwand.
Ich hoffte, dass es auf dem Rückweg nach Nicaragua war.
Ich bedankte mich bei dem Mann auf Englisch.
Er nickte zurück. Ich zog mein Messer samt Scheide aus meinem Gürtel und reichte es ihm. »*Merci mille fois.*«
Wir zogen den Zodiac unter der Plattform hervor und ließen den Motor an. Wir fuhren jetzt ebenfalls ganz langsam auf die Mündung der Bucht zu und blieben dabei so weit wie möglich im Schatten der Mangroven. Ich schaute auf die Uhr. Es war 4.00 Uhr morgens. Erst in eineinhalb Stunden würde der Tag grauen.
Ich hatte keine Ahnung, ob das Patrouillenboot wirklich abgezogen war oder im Kanal oder auf offener See auf uns wartete. Aber ich wollte es keinesfalls zufällig treffen.
Zwischen uns und der Rechtswendung in den Kanal lag nur noch eine einzige Landzunge. Wir fuhren in das Mangrovendickicht hinein, und Dave und ich wateten an Land. Wir gingen am Rand der Baumlinie entlang, wo wir einen guten Blick auf den Kanal hatten. Vor der Nehrung war die Brandung noch immer ziemlich beeindruckend.
Ich suchte den Kanal mit den Augen ab und bekam einen gehörigen Schreck.

»Verdammte Scheiße«, zischte Dave.

Das Patrouillenboot driftete im Kanal. Mit landeinwärts gerichtetem Bug dümpelte es im ablaufenden Tidenwasser.

Ich hoffte inständig, dass es nicht ewig dort bleiben konnte. Auf dem Deck standen Männer, und ihre Stimmen waren von Zeit zu Zeit trotz des Brandungsrauschens zu hören.

Plötzlich beobachteten wir, wie sich das Boot in die Strömung drehte, bis sein Bug in Richtung offenes Meer zeigte. Seine Motoren gingen in den Rückwärtsgang und es versuchte, im Gezeitenstrom seine Position zu halten.

Wir konnten sehen, wie die Männer unter Deck gingen. Die Luken wurden geschlossen und unsere IR-Bojen wurden in eine Backskiste geworfen. Sie machten sich bereit für das offene Meer. Das Patrouillenboot driftete noch eine Weile und fuhr ein Stück rückwärts. Plötzlich entdeckte sein Skipper eine Lücke. Die Motoren heulten auf und das Patrouillenboot fuhr mit Höchstgeschwindigkeit in die Brandungszone hinaus. Es durchpflügte eine Reihe von Wellen und verschwand in der mondlosen Dunkelheit.

»Jetzt sind wir dran«, sagte ich.

Dave und ich rannten zum Zodiac zurück.

»Sie sind draußen auf dem Meer«, teilte ich den Jungs mit. »Ich möchte möglichst nahe an unserem Treffpunkt sein, bevor die Sonne aufgeht.«

Das war ganz in ihrem Sinn. Wir umrundeten die Landspitze und fuhren in den Kanal hinein. Die Brandung war immer noch hoch. Sie war so laut, dass man kaum sein eigenes Wort verstand. Ich ließ das Boot ein Stück treiben und zählte dabei die Wellenreihen und merkte mir vor allem die großen und hässlichen Exemplare. Am Ende einer besonders hohen Reihe rief ich meinen Männern zu, sie sollten sich festhalten. Ich gab Vollgas und machte mich auf den Weg in die offene See.

Wir pflügten durch ein paar gebrochene Wellen, und das Boot nahm Wasser auf. Ich musste kein Wort sagen. Alle zogen ihre Mützen ab und schöpften das Wasser aus dem Boot.

Plötzlich schrie Dave »OUTSIDE!«. Dies war der Warnruf der Surfer, wenn ein paar besonders große Wellen im Anrollen waren.

Ich sah sie kommen. Eine Front, so hoch wie Autobahnüberführungen. Aber das waren keine Mauern, das waren Gebirgsketten, bei denen einige Bergspitzen höher waren als die anderen. Es herrschte immer noch Ebbe, aber ich war mir sicher, dass es backbords eine tiefere Fahrrinne geben musste. Die Wellen würden in flachem Wasser früher brechen. Ich steuerte auf das tiefere Wasser zu, wo das Wellengebirge niedriger sein würde, auch wenn uns unser Kurs dorthin diagonal durch die Front der nächsten Wellenreihe führte.

Als die erste Welle heranbrauste, schwang ich das Ruder herum, damit sie direkt auf uns zukam und wir mit dem Bug auf sie aufreiten konnten. Wir stiegen und stiegen und stiegen … und schließlich waren wir drüber. Wie eine wandernde Gebirgskette bewegte sich die Welle unter uns hindurch. Bei der nächsten Welle war es dasselbe, eine lange, beeindruckende Kletterpartie. Wir beobachteten, wie diese steuerbords von uns brach und einen riesigen 5-Meter-Schlauch bildete. Wenn wir daruntergeraten wären, wäre das Spiel aus gewesen.

Als wir hinter dieser Welle wieder nach unten kamen, waren wir froh, dass wir noch lebten.

Dann entdeckten wir das Patrouillenboot.

Es war etwa 300 Meter von uns entfernt, und sein Bug zeigte in unsere Richtung. Seine Bugwelle war breit und weiß. Es kam mit Höchstgeschwindigkeit auf uns zu. Sie hatten uns also gesehen.

Wir fielen in das Wellental hinunter und das Patrouillenboot verschwand für einen kurzen Moment. Es gab keine Zeit für irgendwelche Worte oder Überlegungen. Ich schwang das Steuer herum und steuerte die Vorderseite der nächsten Welle empor. Von deren Kamm konnten wir tatsächlich auf das Deck des Patrouillenboots hinunterschauen, das sich jetzt etwa 200 Meter entfernt zwei Wellenreihen binnenbords von uns befand. Ich kann mich noch erinnern, dass an der Brücke die Scheibenwischer liefen. Ich ließ mich auf eine weitere Welle hinauftragen. Dieses Mal durchstieß ich sie so nahe am überstürzenden Kamm, wie ich es noch verantworten konnte. Ich steuerte jetzt direkt auf die offene See hinaus. Das Patrouillenboot hinter uns legte das Ruder um und folgte uns.

Der Zodiac kletterte wieder einmal eine fast senkrechte Welle empor. Ich dachte damals, dass diese Welle höher war als alle, auf denen ich jemals gesurft war. Als wir erst halb oben waren, spritzte ihre Gischt bereits auf uns herunter. Rechts von uns begann sich eine 6 Meter hohe Wasserwand zu überschlagen, als die Woge den Strand erreichte.

Noch 3 Meter bis zum Wellenkamm. Der Motor brummte und wurde bis an die Belastungsgrenze beansprucht. Als wir endlich den Kamm überschritten, flogen wir ein Stück durch die Luft. Die Schraube kam aus dem Wasser und der Motor heulte auf. Das Geräusch wurde jedoch vom Donner der brechenden Welle übertönt. Unser Schlauchboot fiel senkrecht nach unten. Wir landeten auf unserem Vorderrumpf und fielen dann nach hinten flach wie ein geworfener Pfannkuchen aufs Wasser.

Gegrüßest seist du, Maria, voll der Gnaden. Wir hatten es geschafft.

Ich drehte mich um. Der Bug des Patrouillenboots brach durch die Rückseite der Welle – und schien dann plötzlich langsamer zu werden. Weiße Gischt verschluckte den Bug und schwappte dann nach innen über sein Brückendeck. Sein komplettes Deck wurde überflutet, als es stoppte, nach Steuerbord krängte und rückwärts in die Welle hineingesogen wurde. Ich beobachtete, wie sein Mast beinahe verschwand, dann bekam es starke Schlagseite und wurde in die Aufprallzone zurückgeworfen.

Wir schrien, brüllten und jubelten. Es hatte sie erwischt!

Als wir erneut emporgehoben wurden, konnten wir beobachten, wie drei weitere Riesenwellen auf das Patrouillenboot einhämmerten und es in die Kanalmündung zurückschoben. Seine Maschinen stießen weißen Rauch aus, weil der Steuermann alle Kraft seiner Maschine aufbot, um aus den Wellenbrechern herauszukommen und nicht am Ufer zu stranden.

Das war definitiv kein guter Moment für Danny Ortegas Marine.

Welle auf Welle drückte das Patrouillenboot in die Bucht zurück. Es war ein Wunder – oder ein Beweis ausgezeichneter Seemannschaft – dass es nicht kenterte oder auf den Strand geworfen wurde. Als wir es zum letzten Mal sahen, schwamm es zwar noch mit laufenden Motoren auf dem Wasser, war jedoch offensichtlich manövrierunfähig. Auf absehbare Zeit würde es sich mit dem Versuch begnügen müssen, eine totale Havarie zu vermeiden.

Wir gedachten jedoch nicht, noch lange zu bleiben und das Ende des Dramas zu beobachten. Ich drehte den Motor voll auf, steuerte aus der Brandungszone heraus und folgte der Küste nach Westen, um danach aufs offene Meer hinauszufahren. Wir waren nicht länger in der Lagune eingeschlossen, sondern wieder ein winziger Fleck auf einem riesigen, schwarzen Ozean.

Und wir waren endlich fast in Sicherheit.

8 Kilometer vor dem ausgemachten Treffpunkt kamen die Lichter der *Fairfax County* in Sicht. Gleichzeitig begann die Morgendämmerung.

»Long Bow, hier ist Garfish. Katherine, Avis. Wir sind bereit, aufgenommen zu werden.«

»Schön, mit Ihnen zu reden, Garfish«, kam als Botschaft zurück. »Wir haben uns schon Sorgen gemacht.«

»Sie haben sich schon Sorgen gemacht?«, kommentierte Bubba. »Ich habe mir fast in die Hosen geschissen.«

»Machen Sie sich zur Bergung bereit«, meldete sich das Funkgerät.

»Roger, Garfish Ende.«

Ich schaute zur Küste hinüber. Aus 32 Kilometer Entfernung war Honduras ein dünner, grüner Streifen am Horizont. Die Sonne ging gerade auf und die Wolken über uns nahmen eine neonrosa Tönung an. Der Sturm war abgeflaut. Es sah aus, als würde es ein wunderschöner Tag werden.

An Bord der *Fairfax County* stellten wir unsere Landungskarte fertig, und ich erzählte von unserer Begegnung mit dem Patrouillenboot. Ich erfuhr, dass das Radargerät der *Fairfax County* während unserer Erkundungsmission ein Schiff in der Lagune entdeckt hatte. Sie hatten allerdings angenommen, dass es sich um ein honduranisches Boot handeln würde. Hätte ich mich vor unserem Aufbruch in der Operationszentrale des Schiffes erkundigt, hätten sie mich davon unterrichtet. Wichtiger Sicherheitstipp: Schau immer erst einmal auf deinem lokalen Radarschirm nach! Diese Lektion sollte ich nie vergessen.

Eine Stunde vor unserem Rendezvous hatte dann das Radar der *Fairfax County* verfolgt, wie ein kleines Schiff aus der Bucht herausfuhr und sich nach Osten und Süden wandte. Unsere nicaraguanischen Freunde hatten es also doch noch aus der Lagune herausgeschafft. Es war unser Glück, dass sie in dieser einen Nacht bereits genug Spaß gehabt hatten …

Agas Tara verlief dann ganz planmäßig. Die Marines landeten und die SeaBees planierten. Jenseits der Grenze schäumten die Nicaraguaner vor Wut und warfen den Vereinigten Staaten vor, sie wollten einen richtigen Krieg provozieren.

Eine eindeutige Verdrehung der Tatsachen.

In den nächsten paar Tagen mussten wir nur unsere Ausrüstung reinigen und uns auf die Rückkehr nach Little Creek vorbereiten. Ich hatte also genug Zeit, darüber nachzudenken, warum dort ein sandinistisches Patrouillenboot auf uns gewartet hatte. Diese Frage stellten wir uns alle. Allerdings hatten von Anfang an Zeitungen über die Operation berichtet, und außerdem hatte uns ein kubanisches Flugzeug überflogen. Obendrein waren unsere großen Landungsschiffe auf dem nicaraguanischen Küstenradar sichtbar. Dies waren wohl Gründe genug.

Es gab jedoch noch einen besseren Grund, von dem damals keiner von uns etwas ahnte. Chief Warrant Officer John A. Walker Jr. und sein Freund Senior Chief Radioman Jerry Whitworth hatten die Sowjets mit Codeschlüsseln und Chiffriertabellen für die Verschlüsselungsmaschinen KWR-37, KW-7, KG-14, KY-8 und KL-47 der US-Navy versorgt, Maschinen, die die Nordkoreaner bereits 1968 auf der *USS Pueblo* erbeutet und den Russen übergeben hatten. Seitdem konnten die Russen die gesamte US-Marinepost mitlesen.

Walker und sein Spionagering richteten einen weit größeren Schaden an, als wenn sie nur ein paar Operationen verraten hätten. Ihre Spionagetätigkeit ermöglichte es den Russen, fast alle verschlüsselten Schriftstücke oder Funkbotschaften, die von 1968 bis 1988 von der US-Navy verschickt oder übermittelt wurden, zu entschlüsseln. Während der Operation Agas Tara »arbeitete« Mr Walker gerade in Norfolk, Virginia, und fuhr jedes Wochenende nach Washington, um seinem KGB-Führungsoffizier die neuesten Codetabellen zu übergeben.

Walker sollte erst im Jahr 1986 von seiner geschiedenen Frau verraten und vom FBI verhaftet werden.

Die Nicaraguaner warteten, weil sie wussten, dass wir kommen würden. Unser Aufklärungsplan, die Lage unserer Landungsstelle, die Zusammensetzung unseres Teams, selbst Susan, Katherine und Avis waren alles verschlüsselte Nachrichten oder wurden in verschlüsselter Form übermittelt. Die Sandinisten wussten also, dass ein aus fünf Mann bestehender SEAL-Trupp nach dem Gezeitenwechsel in die Bucht einfahren und versuchen würde, sie vor Sonnenaufgang wieder zu verlassen. Sie wussten, dass sich keine honduranischen Marineschiffe in der Lagune aufhalten würden. Sie wussten, dass wir ganz auf uns allein gestellt sein würden. Die Sandinisten wussten alles.

Sie wussten nur nicht, wie man ein Boot voller SEALs in die Ecke treiben konnte.

Und wie sie ihr Patrouillenboot durch die Brandung bugsieren konnten. Wenn es ihnen gelungen wäre, eine Gruppe »amerikanischer Spione« zu töten, hätte dies die Beziehungen zwischen unseren Ländern auf den Siedepunkt treiben können. Vielleicht hätte dies sogar zum Ausbruch eines Kriegs geführt.

Aber über so etwas denkt man direkt nach einer Operation nicht nach. Das tut man einfach nicht. Geschichte wird im Dunkeln gemacht, hat einmal jemand gesagt. Und manchmal wird sie auch *nicht* gemacht.

Zwei Tage vor dem Ende von Agas Tara saß ich mit Stan, Tim, Bubba und Dave in der Diskothek von Puerto Lempira. Der Merengue pochte, das Bier war kalt und wir beobachteten, wie ein Huhn quer über die pulsierende Tanzfläche lief.

»Ich habe heute eine Botschaft vom Team erhalten«, sagte ich zwischen zwei Schlucken. »Wir haben neue Befehle bekommen.«

Nach der Rückkehr nach Little Creek sollte der 5. Zug verlegt werden. Es ging das Gerücht um, das Einsatzgebiet liege irgendwo in den Tropen.

»Wohin gehen wir, Onkel Chuck?«

»Zurück nach Hondo?«

»Panama?«

»Besser«, sagte ich, ohne eine Miene zu verziehen.

»Wir gehen nach Beirut.«

Die Wurzeln

Zwei sechsrädrige Panzerwagen waren so aufgestellt, dass sie die Überlandstraße zwischen Beirut und Sidon in beide Richtungen, nach Süden und nach Norden, überwachen konnten. Um sie herum hatten Bulldozer 1,80 Meter hohe Wälle aus Schutt und Erde aufgeschüttet. Die libanesischen Besatzungsmänner saßen breitbeinig auf Klappstühlen in dem kleinen Stück Schatten, die die Ponchos warfen, die vom Hauptgeschütz jedes Panzerturms heruntergespannt waren. Einige Soldaten hielten belgische FN-Gewehre quer über dem Schoß. Weitere Waffen lehnten an den Reifen oder lagen zu Füßen der Soldaten im Sand.

Sie beobachteten den ganzen Tag den Verkehr, der hauptsächlich nach Sidon hinunterfloss, Lastwagen, Autos und Busse in einem endlosen Strom von der Hauptstadt in die zweitgrößte Stadt des Libanons. Manchmal machten die Soldaten stundenlang nichts anderes, als die schale Staubluft einzuatmen und sich die Fliegen aus dem Gesicht zu wedeln.

Ab und zu trat jedoch ein Soldat auf die Straße hinaus, zielte mit seinem Gewehr auf die Windschutzscheibe eines entgegenkommenden Autos und winkte es an den Straßenrand neben dem Checkpoint. Manchmal öffneten sie den Kofferraum des Fahrzeugs, rissen die Sitze heraus und tasteten die Insassen ab.

Manchmal wechselte ein wenig Geld, ein Bakschisch, den Besitzer, und der Wagen durfte ohne die Demütigung einer Durchsuchung weiterfahren. Wenn man in einem amerikanischen Jeep an ihrem Kontrollpunkt vorbeifuhr, winkten sie ihn auf die lustloseste Weise durch, die man sich überhaupt vorstellen konnte. Zu anderen Zeiten zeigten einem die libanesischen Soldaten das Friedenszeichen und riefen: »Hello! USA good.«

Die libanesische Flagge hing in der heißen, windstillen Nachmittagsluft völlig schlaff von den Funkantennen ihrer Fahrzeuge herunter und erschien mir dabei immer wie die traurigste und jämmerlichste Flagge der ganzen Welt.

Der Libanon war der schönste und abgefuckteste Ort, an dem ich je gewesen war. Um sich ein Bild von seiner Geografie und seinem Klima zu machen, sollten Sie sich La Jolla oder vielleicht Capri vorstellen. Am Großteil seiner Küste fielen die Berge direkt zu Homers »weindunklem Meer« ab. Im Winter trugen die Berge über der Stadt sogar dünne Schneehauben. Das Land war schön, bergig und fruchtbar. Beirut galt früher als das Paris des Nahen Ostens, ein Beiname, der in gewisser Weise auch weiterhin seine Berechtigung hatte.

Die Stadt selbst liegt auf einem niedrigen Sandsteinriegel, der wie ein Daumen in das östliche Mittelmeer hineinragt. Überragt von den Schuf-Bergen, hatte sich die Stadt allmählich in einzelnen Siedlungen östlich über das Vorgebirge ins Inland hinein und im Süden bis zu den Lagern ausgebreitet. Der viel umkämpfte Flughafen liegt auf einer ausgedehnten ebenen Fläche südlich der Innenstadt. Seine Startbahnen sind in Form eines riesigen X angeordnet. Um das Flughafengelände herum liegen Müllkippen, Flüchtlingslager und immer weiter wachsende Slums.

Im Libanon herrschte nicht einfach Krieg. Das Land wurde von einem bösartigen, sektiererischen Bürgerkrieg zerfleischt. Um ehrlich zu sein, habe ich bis zum heutigen Tag nicht die leiseste Ahnung, warum die Vereinigten Staaten von Amerika im Libanon waren. Nicht warum, sondern *Warum* mit einem großen W. Es war vollkommen verrückt, auch nur einen Moment zu glauben, dass wir dort etwas Positives bewirken könnten. In Beirut sollten mehr Marines sterben als in Khe Sanh. Am Ende meines Aufenthalts dort würde das, was von der 24th Marine Amphibious Unit (MAU) übrig war, weitgehend aufgerieben und gedemütigt in rattenverseuchten Unterständen hausen. Heckenschützen würden unablässig auf alles schießen, was sich innerhalb der amerikanischen Stellungen bewegte. Die Marines, die von diesen Heckenschützen bedroht waren, bekamen fast nie die Erlaubnis zurückzuschießen. Die 24 MAU wurde in einen halben Krieg geschickt, und zwar in die falsche Hälfte, den Teil, der darin bestand, ein Stück plattes Land gegen Feinde zu verteidigen, die auf den umliegenden Höhen saßen und über eine beachtliche Artillerie verfügten.

Dies war »Friedenssicherung« auf libanesische Art.

Fast vollständig von der Presse zu Hause ignoriert, waren die Marines, SeaBees und Sailors der 24 MAU rund sieben Monate lang Scharfschützen, Autobomben, Raketen, Mörsergranaten und Artilleriebeschuss ausgesetzt. Diese Marines und Sailors sollten dann Amerikas schmachvollste Niederlage seit Pearl Harbor erdulden müssen: die beiden riesigen Lkw-Bomben, die das Hauptquartier des Battalion Landing Teams am Internationalen Flughafen von Beirut zerstörten. In einem einzigen schrecklichen Augenblick wurden am Morgen des 23. Oktober 1983 243 Männer in Fetzen gerissen.

Zu Beginn meines Einsatzes im Libanon im Mai 1983 war dieser schreckliche Sonntagmorgen noch sechs Monate entfernt.

Man hat mich davor gewarnt, zu sehr auf das Weltgeschehen einzugehen, das den Rahmen meiner Geschichte bildet. Diese Warnung ist umso vernünftiger, wenn man über den Libanon spricht, dessen politische Verhältnisse tödlich, verworren und wahrscheinlich für einen amerikanischen Verstand unbegreiflich sind. Meine eigene Einstellung zur Weltpolitik war damals auf kalte Weise neutral. Ich war ein Kommandosoldat. Naval Special Warfare war mein Beruf. Wenn man mir befahl, eine Mission auszuführen, erstellte ich einen Plan, äußerte meine Meinung über die Erfolgsaussichten der taktischen Arrangements und führte dann meinen Auftrag aus. Ich kümmerte mich um die Sicherheit meiner Männer und meine Erfolgschancen, und das war's dann.

SEALs sind Operators und keine Politikgestalter.

Natürlich wussten wir alle, dass unsere Operationen politische Auswirkungen hatten. Krieg *ist* Politik. Unsere Missionen trugen nicht nur zur Außenpolitik bei, manchmal *waren* sie Außenpolitik. Wir waren alle Freiwillige: Wenn man mir eine Operation auftrug, die ich aus ethischen Erwägungen oder aus Gründen meiner persönlichen Sicherheit nicht ausführen wollte, konnte ich den Dienst quittieren. Wir alle konnten das.

Als wir den Befehl bekamen, nach Beirut zu gehen, dachte ich nur: Also wenigstens sitzen wir nicht nur herum.

Ich hatte keine Ahnung, wie viel wir dann tatsächlich herumsitzen würden.

Der Bürgerkrieg ist für die libanesische Nation fast so etwas wie ein Erbphänomen. Wenn man eine Petrischale entwerfen wollte, um ein nationales Selbstzerstörungstoxin zu produzieren, sollte man am besten den Libanon wählen. Das Land ähnelt der Zeichentrickfigur Jessica Rabbit. Es ist nicht schlecht, man hat es nur schlecht entworfen.

Nach dem Ersten Weltkrieg wurden die Besitzungen des Osmanischen Reichs unter den siegreichen Alliierten aufgeteilt. Das Gebiet, das heute Syrien und Libanon umfasst, fiel den Franzosen zu. Die gegenwärtige Libanesische Republik entstand als Kompromiss zwischen den beiden wichtigsten religiösen Gruppen der Region, den maronitischen Christen und den sunnitischen Muslimen. Die Christen konzentrierten sich hauptsächlich im Libanon-Gebirge, einer Bastion, die sie mit den Drusen teilten, einer geheimnisvollen islamischen Sekte, deren konkrete religiöse Glaubenssätze ein streng gehütetes Geheimnis sind. Die sunnitischen Muslime dominierten die Küstenstädte Sidon, Tyros, Tripoli und Beirut. Eine Minderheit von schiitischen Muslimen lebte verstreut in den ländlichen Gebieten. Wirtschaftlich dominierten Christen und Sunniten das Land.

Im Jahr 1920 proklamierten die Franzosen den *Etat de Grand Liban* (Staat Großlibanon). In dessen zusammengestückelten Territorium stellten die Maroniten mit etwas über 51 Prozent die Mehrheit der Bevölkerung. Genau das hatte Frankreich beabsichtigt. Den libanesischen Christen gefiel das ebenso. Die Schiiten und Sunniten wurden dagegen mehr oder weniger in diese künstliche Nation hineingezwungen. Aus Glaubensgründen und Eigeninteresse hätten die Muslime eine Vereinigung mit Syrien vorgezogen.

Im Zweiten Weltkrieg wurde der Libanon zuerst von der französischen Vichy-Regierung kontrolliert. Im Juli 1941 rückten jedoch britische Truppen und solche des »Freien Frankreich« ins Land ein, ohne dass man ihnen Widerstand geleistet hätte, und erklärten nach einiger Zeit den Libanon zu einer unabhängigen Republik. Als Europa im Zweiten Weltkrieg in Flammen stand, kümmerte sich kaum jemand um das Schicksal des Libanon.

Eine Reihe von politischen Kompromissen führte schließlich im Jahr 1943 zu einer Vereinbarung, dem sogenannten Nationalpakt. Ich habe gelesen, dass dieser Pakt, der die Grundprinzipien der libanesischen Nation festlegte, nie schriftlich fixiert wurde. Im Kern war der Nationalpakt ein Ausgleich zwischen den dominierenden Religionsgruppen. Im Austausch für gewisse Vorrechte stimmten die Maroniten der Unabhängigkeit von Frankreich zu und akzeptierten, dass der Libanon ein arabisches Land war. Um sicherzugehen, dass die Christen die führende politische Kraft blieben, wurden die Wahlbezirke auf der Grundlage einer Volkszählung des Jahres 1930 festgelegt, was zu einer permanenten christlichen Mehrheit im Parlament führte. Des Weiteren wurde vereinbart, dass der Staatspräsident immer Maronit, der Premierminister Sunnit und der Parlamentspräsident Schiit sein mussten.

Diese komplizierte Machtverteilung funktionierte immerhin bis zum Jahr 1958, als sich durch die unterschiedliche Bevölkerungsentwicklung eine christliche Dominanz demografisch nicht mehr rechtfertigen ließ. Nachdem die Christen ihre ständige Mehrheit verloren hatten, gelang es ihnen immer weniger, die Politik durch das ihnen zustehende Präsidentenamt zu dominieren.

Im Mai 1958 führte der Widerstand gegen Präsident Camille Chamoun zu Aufständen in Tripoli und Beirut. Chamoun ersuchte um eine westliche Militärintervention, und im Juli 1958 landeten zum ersten Mal US-Marines in dem Land. Chamoun musste zurücktreten, und für eine Zeit lang kehrte ein brüchiger Frieden ein. Die US-Truppen wurden im Herbst des Jahres wieder abgezogen. Amerikas erste Einmischung in libanesische Angelegenheiten war einfach und billig gewesen. Die zweite Intervention sollte die Vereinigten Staaten jedoch teuer zu stehen kommen.

Dem Libanon gelang es, sich aus dem arabisch-israelischen Sechs-Tage-Krieg von 1967 herauszuhalten. Er wurde jedoch unfreiwillig immer mehr zu einem Rückzugsort der Palästinensischen Befreiungsorganisation. Israel klagte, dass der Libanon keine Anstrengungen unternehme, die Angriffe

zu stoppen, die von seinem Territorium ausgingen. Im Jahr 1968 begannen daraufhin die israelischen Streitkräfte, die Zahal, Vergeltungsmaßnahmen wie Luftangriffe oder Vorstöße in den Libanon durchzuführen.
In den Jahren 1970 und 1971 wurde die PLO nach einer Reihe blutiger Auseinandersetzungen von der jordanischen Armee aus Jordanien vertrieben. Zahlreiche PLO-Mitglieder flohen nach Beirut und in den südlichen Libanon. Diese »Gäste« schickten sich still und leise an, in ihrem Gastland allmählich das Heft in die Hand zu bekommen. Zehntausende Flüchtlinge lebten in den Lagern, die Beirut und andere Städte umgaben. Die Zahl der PLO-Milizen und palästinensischen Splittergruppen schwoll immer mehr an. Sie eröffneten Büros und kauften ganze Wohnanlagen. Die PLO-Mitglieder richteten ihre eigenen Straßensperren ein und schröpften die vorbeikommenden Autofahrer. Die Libanesen selbst konnten kaum etwas dagegen tun.
Der Libanon lehnte es klugerweise ab, sich am nächsten israelisch-arabischen Krieg, dem Jom-Kippur-Krieg von 1973, zu beteiligen. Während und nach diesem Konflikt operierte die PLO jedoch unbehelligt aus dem südlichen Libanon heraus. Auch dieses Mal machte die libanesische Armee kaum Anstalten, die PLO-Operationen zu behindern. Tatsächlich verlor die Regierung in Beirut zusehends die Kontrolle über ihr eigenes Staatsgebiet. Es gab keine Zentralgewalt mehr.
Christen, Schiiten, Sunniten und Drusen gründeten ihre eigenen Milizen, und das ganze Land wurde in einzelne Herrschaftsbereiche aufgeteilt. Der Rechtsstaat wurde von der Herrschaft der Kalaschnikows abgelöst.
Im Jahr 1975 brach erneut ein Bürgerkrieg aus, dem auf tragische Weise circa 100 000 Libanesen zum Opfer fielen. Die Feindseligkeiten endeten erst, als im Jahr 1976 eine syrische Interventionsarmee in das Land einrückte und die palästinensischen, muslimischen und christlichen Truppen in Schach hielt.
Für eine Weile.
Dann flammten die Kämpfe wieder auf. Nur dieses Mal ähnelten sie *Apocalypse Now.* Die Welt sah voller Schrecken zu, wie sich eine moderne Nation selbst verschlang.

Durch das ganze Jahr 1981 hindurch kämpften die christlichen Milizen gegen die syrische Armee. Als Vergeltung für die ständigen PLO-Attacken griff die israelische Luftwaffe immer wieder Beirut an. Das Land lag in Trümmern. Der Libanon hörte als souveräner Staat auf zu existieren. Teile Beiruts glichen immer mehr einer Mondlandschaft.

Im Juni 1982 rückte im Rahmen einer Operation namens »Frieden für Galiläa« die israelische Armee in den Libanon ein. Deren vorgeblicher Zweck war es, den Südlibanon von all den lästigen Leuten zu säubern, die Mörsergranaten und Katjuscha-Raketen auf die Städte und Kibbuzim im Norden Israels abfeuerten. Tatsächlich rückte die Zahal die Küste entlang vor und räumte dabei die libanesische Armee, die PLO und alle syrischen, drusischen oder Hisbollah-Truppen aus dem Weg, die sich ihr entgegenzustellen wagten. Nach wenigen Tagen besetzte die israelische Armee die südlichen Vororte Beiruts.

Jassir Arafat und die Reste der PLO saßen in den Kellern von Westbeirut in der Falle. Es stimmt wahrscheinlich, dass Jassir Arafat Israel und Israel die PLO brauchte. Aus welchen Gründen auch immer ließen die Israelis Arafat und einen Großteil der PLO entkommen. Unter Aufsicht einer multinationalen Truppe aus US-amerikanischen und europäischen Soldaten konnten 5000 palästinensische Kämpfer die Fähren besteigen, die sie nach Zypern evakuierten. Die multinationale Truppe zog ab. Eine Einheit der Navy-SEALs sorgte höchstpersönlich für die Sicherheit Arafats, als dieser den Libanon ebenfalls in Richtung Zypern verließ.

Die PLO zog Leine. Die Israelis blieben. Israel hielt Teile des Libanons bis ins Jahr 2000 besetzt.

Während dieser ganzen Zeit stellten die Christen weiterhin den libanesischen Präsidenten. Im August 1982 wurde Bachir Gemayel in dieses Amt gewählt. Drei Wochen später wurde er von einer Autobombe getötet, die einen ganzen Häuserblock in die Luft jagte.

Nach seinem Tod durchquerten christliche Phalange-Milizen das israelisch besetzte Gebiet in Südbeirut und fielen in die palästinensischen Flüchtlingslager Sabra und Schatila ein. Dort töteten sie in einer perversen Gewaltorgie mehr als 1000 Männer, Frauen und Kinder. Die Israelis

sahen die Mörder kommen und sahen sie auch wieder gehen. Wenn sie keine Komplizen waren, waren sie doch zumindest wohlwollende Beobachter. Die Empörung der internationalen Gemeinschaft galt vor allem dem damaligen israelischen Verteidigungsminister Ariel Scharon.
Die Empörung verflog jedoch bald. Die Märtyrer von Sabra und Schatila wurden weitgehend vergessen.
Ihre Leichen wurden mit Bulldozern in einer Müllkippe nördlich des Flughafens vergraben, und Bachir Gemayels Bruder Amin wurde am 20. September 1982 zum Präsidenten gewählt.
Eine weitere MNF (Multinational Force, multinationale Truppe), die dieses Mal aus US-Marines, britischen Truppen, französischen Elitesoldaten und italienischen Einheiten bestand, wurde noch im selben Monat an Land gebracht. Die Marines gruben sich am Flughafen und entlang eines Küstenstreifens südlich der Innenstadt ein. Die Briten übernahmen einen Sektor in den Vorbergen. Die italienischen Marineinfanteristen vom San-Marco-Bataillon besetzten zusammen mit den französischen Elitesoldaten Teile von Westbeirut.
In der westlichen Welt hoffte man, diese Truppe werde dem Land Stabilität bringen. Nach Ansicht der Araber sollten diese NATO-Soldaten jedoch nur fortdauernde israelische Besatzung sichern.
Im April 1983 ging dann vor der amerikanischen Botschaft in Beirut eine auf einem Lastwagen deponierte Bombe hoch und forderte 63 Opfer. Jetzt starben Amerikaner. Gleichzeitig entschieden sich die Akteure dieses Gewaltspiels, ob sie für oder gegen die Präsenz der US-Marines am Flughafen waren.
Was Uncle Sams Rolle in diesem Kuddelmuddel betraf, waren die Karten bereits gemischt, doch er wusste es nicht einmal.
Im Mai 1983 vermittelten die Vereinigten Staaten ein Abkommen zwischen Gemayel und Israel. Der Vertrag sah den Abzug aller fremden Truppen vor. Syrien, das sich in die Berge oberhalb Beiruts und in die Bekaa-Ebene zurückgezogen hatte, lehnte dieses Friedensabkommen jedoch ab. Die Syrer wussten, dass die Israelis nicht in die Berge einrücken würden, um sie von dort zu vertreiben. Und so blieb die entstandene

Pattsituation bestehen. Die Israelis beäugten die Syrer. Und die Syrer beäugten die Libanesen. Der Libanon selbst war seinen eigenen Milizen schutzlos ausgeliefert.

In diesem Mai 1983 war der 5. Zug des SEAL Teams Four gerade an Bord des Docklandungsschiffs *Portland*, einem amphibischen Mannschaftstransporter, auf dem Weg in dieses totale Chaos. Die Fahrt über den Großen Teich war völlig ereignislos. Die *Portland* beförderte nur uns als Spezialtruppeneinheit und ungefähr 300 Marines, meistens Hauptquartier-Einheiten der 24th Marine Amphibious Unit.

Zwei Tage nach Beginn der Überfahrt bekamen wir einen Eindruck davon, wie es in der »echten« Navy zuging. Der Kapitän der *Portland* war ein Schreihals, Leuteschinder und kleinkarierter Tyrann namens Zimanski. Außer in seinem Stuhl auf der Brücke zu dösen, hatte Captain Zimanski anscheinend nur noch ein weiteres Hobby, nämlich seine Offiziere bei den Mahlzeiten zu schurigeln. Die Offiziersmesse auf einem Kriegsschiff sollte eigentlich ein beinahe »heiliger«, unantastbarer Ort sein. Handbücher über das korrekte militärische Verhalten warnen Junior Officers davor, während der Mahlzeiten über Politik, Religion oder die Arbeit zu sprechen. Oft wird gesagt, die Schiffsmesse sei das Wohnzimmer des Offiziers. Nicht so auf der »Sweet Pea«, wie die Besatzung ihre *Portland* liebevoll nannte. Zimanskis einzige Politik war seine Selbstsucht, und seine Religion war er selbst. Blieb nur noch die Arbeit.

Die ganze Offiziersmesse knirschte innerlich betreten mit den Zähnen, wenn Zimanski regelmäßig am Anfang jeder Mahlzeit den Ersten Offizier des Schiffes wegen irgendeiner Lappalie zur Schnecke machte. Dabei nahm er keinerlei Rücksicht darauf, ob er dadurch die Autorität seines Stellvertreters oder den Respekt vor ihm beschädigte. In der Kommandokette eines Kriegsschiffes kam der Erste Offizier eigentlich gleich nach Gott. Jetzt konnte der arme Mann nichts anderes tun, als still sein Essen zu löffeln und die Tiraden über sich ergehen zu lassen. Zimanski hatte befohlen, dass alle seine Offiziere bei den Mahlzeiten anwesend sein mussten. Er schickte schon einmal den Brückenmaat los, um alle diejenigen in die Messe zu holen, die sich diese peinlichen Auftritte ersparen wollten, obwohl sie gerade keine Wache hatten. Nachdem er den Ersten Offizier abgekanzelt hatte, nahm sich Zimanski nacheinander den Operations Officer, den Ersten Maschinisten, den First Lieutenant und alle anderen an diesem Tisch vor. Kein einziger Offizier entging seiner liebevollen Behandlung. So ging das Mahlzeit für Mahlzeit.

Die einzigen Offiziere, denen dieses Ritual erspart blieb, waren die SEALs und die Marines. Da wir nicht zur Besatzung seines Schiffs gehörten, fielen wir auch nicht unter seinen Verantwortungsbereich. Das hielt ihn jedoch nicht von gelegentlichen abfälligen Äußerungen ab.

Frank Giffland und ich flogen zum Flaggschiff hinüber, wann immer wir konnten, und aßen so oft wie möglich mit unseren Männern in der Kantine. Zwei Faktoren müssen bei einem solchen Mobbing vorhanden sein. Eine Person muss den Mobber geben, und die andere muss freiwillig das gemobbte Opfer spielen. Wir waren jedoch nun mal nicht Zimanskis Opfer. Das würde eine interessante Überfahrt werden. Unsere Ausrüstung, die Boote, das Mini-U-Boot und die schweren Waffen waren an Bord der *Portland* verstaut, deshalb würden wir irgendeine Form von Arbeitsbeziehung mit diesem Rüpel von Kapitän finden müssen.

Der 5. Zug war bei dieser Operation der Mediterranean Amphibious Ready Group (MARG) 2-83, der für das Mittelmeer zuständigen amphibischen Einsatzgruppe, zugewiesen worden. Nach dem Diagramm der Kommandokette waren wir dem Commodore der Amphibious Squadron Eight unterstellt. Tatsächlich standen wir als SEALs im Bedarfsfall allen Truppen im »European Theater«, zu dem auch der Nahe Osten gehörte, zur Verfügung. Das bedeutete, dass wir vom Oberbefehlshaber des United States European Command (EUCOM) für bestimmte Spezialeinsätze angefordert werden konnten.

Auf See gehörten wir zur Navy, und der Commodore war unser direkter Vorgesetzter. An Land operierten wir im Rahmen des United States Marine Corps (USMC) und standen unter dem Befehl des Kommandeurs der Landungstruppen. Wir machten also alles für alle.

Im Grunde taten wir, was wir wollten.

Unsere Kommandokette war ebenso nebulös wie die Frage, wem wir eigentlich unterstellt waren, eine Tatsache, die alle SEALs zu allen Zeiten zu ihrem Vorteil auszunutzen pflegen. Wir konnten den Commodore gegen den Colonel und den General gegen den Admiral ausspielen.

Frank und ich hatten dieses Mal ein kompletttes Platoon zur Verfügung. Es bestand aus zwei Offizieren, vier voll bemannten Boat-Crews, einem Chief Petty Officer und einem First Class Leading Petty Officer. Neben unseren vier F-470-Zodiac-Gefechtsschlauchbooten verfügten wir noch über ein Patrouillenboot der Sea-Fox-Klasse, dessen Besatzung aus Special Boat Unit Sailors bestand.

Die Sea Fox sollte unser Arbeitspferd werden. Obwohl sie einige ernste Konstruktionsmängel bei der Seetüchtigkeit, bei der Versorgung der Besatzung und bei der Reichweite ihrer Waffen hatte, war die Sea Fox schnell, hatte einen ordentlichen Operationsradius und war mit Zwillingsmaschinengewehren Kaliber .50 und zwei M-60-Maschinengewehren bewaffnet. Sie verfügte über Radar, ein verschlüsselungsfähiges Funkgerät und ein Freund-Feind-Erkennungssystem (Identification Friend or Foe = IFF). Da sie aus Kohlefaser und radarabsorbierenden Materialien bestand, war die Sea Fox eines der ersten maritimen Beispiele einer Tarnkappentechnologie. Dass sie für das Suchradar unsichtbar war, war damals noch ein streng gehütetes Geheimnis.

Bei dieser Operation hatte man unserer Einheit auch eine Gruppe des Underwater Demolition Teams 22 zugewiesen. Sie operierten mit einem Mini-U-Boot, das acht Mann aufnehmen konnte, einem sogenannten SDV (SEAL Delivery Vehicle). Mithilfe dieses Tauchfahrzeugs konnten wir verdeckte Landungsoperationen durchführen, die uns sonst nicht möglich gewesen wären.

Die Schiffe *Austin, El Paso, Harlan County* und *Iwo Jima* brachten den Rest der 1500 Marines, Transport- und Kampfhubschrauber, Landungsboote, SeaBees, Bulldozer, Panzer und Kanonen in den Libanon.

Amerika war zurück in diesem Land, und das mit ganz großem Einsatz. Was wir dort vorfanden, machte uns jedoch fassungslos.

In einem Land von der Größe Connecticuts gab es mehrere Besatzungsarmeen, eine UN-Friedenstruppe, fünf libanesische Milizen, die einander erbittert bekämpften, und die im Land verbliebenen Kämpfer der Palästinensischen Befreiungsorganisation, die immer wieder gegen die PLO-Führung meuterten, die nach ihrer Vertreibung aus dem Libanon jetzt in Tunis saß. Es war Aufgabe der Aufklärungsoffiziere, die Aktivitäten dieser verschiedenen Gruppierungen zu überwachen. Alle Hauptleute und Majore der US-Truppen hatten Karten des Landes, in die sie ständig die Truppenbewegungen und die letzten Terroraktivitäten eintrugen.
Heckenschützen, Autobomben, Minen und Entführungen waren an der Tagesordnung. Im ersten Teil unseres Einsatzes waren diese netten Überraschungen allerdings noch meist für die israelische Armee reserviert. In der unaufgeregten Ruhe der amerikanischen Führungsstäbe reduzierte sich dieser Spuk vorerst ganz auf rote Schraffierungen, Pfeile und Punkte in topografischen Karten. Die Militärbürokratie in den Hauptquartieren bekam endlich etwas zu tun, denn alle diese nachrichtendienstlichen Erkenntnisse mussten gesammelt, bewertet und dann abgelegt werden.
In den ersten Tagen der internationalen multinationalen Friedenstruppe besetzten US-Soldaten den Flughafen und richteten eine Reihe von Stellungen und Checkpoints in Hay-es-Salaam ein, dem Slum, der das Nordende der Startbahn umgab.
Der 5. Zug ging zusammen mit den SeaBees an Land. Wir schauten uns sofort nach einer Unterkunft um. Frank und ich fuhren mit dem Jeep zum Hauptquartier des Battalion-Landing-Teams, einem vierstöckigen Betongebäude, das 150 Meter nördlich des Flughafen-Terminals lag. Einige Faktoren sprachen dafür, dass wir uns dort niederlassen sollten, nicht zuletzt, weil es aus Stahlbeton bestand.
Das Gebäude war ein PLO-Krankenhaus gewesen, bevor es die Marines übernahmen. In der Mitte des Gebäudes befand sich ein gefliester Innenhof, der über alle vier Stockwerke von Galerien und Balkonen umgeben war. Es war bestimmt einmal ein schönes Gebäude gewesen, doch es war entweder von den zurückweichenden Palästinensern oder den vorrückenden Israelis in Brand gesetzt worden. Auf seinen inneren und äußeren

Mauern waren immer noch dunkle Rußstreifen zu sehen. Das Innere war völlig verwüstet. Die Deckenplatten und die Marmorverkleidung waren heruntergerissen worden, sodass jetzt die Stromleitungen und Lüftungsdüsen freilagen.

Auf allen vier Etagen waren die Räume mit Feldschreibtischen, Funkgeräten, Karten, Moskitonetzen und Aluminiumliegen vollgestopft. Die im Hauptquartier beschäftigten Marines schliefen neben den Schreibtischen, an denen sie arbeiteten. Die Büros der Operationsabteilung und der Stabsoffiziere waren mit handgeschriebenen Schildern gekennzeichnet. Etwa 350 Marines wohnten und arbeiteten hier.

Vor dem Gebäude stand ein Schild, auf das jemand mit Bleistift »Beirut Hilton« geschrieben hatte. Niemand nannte es jedoch so. Der Platz hieß »Battalion Landing Team Headquarters« oder einfach BLT.

Frank und ich schauten uns um. Es gab noch leere Räume. Es gab sogar eine Menge Platz, wo wir unsere Ausrüstung verstauen konnten. Es gab warmes Essen, Latrinen und Duschen … gelegentlich sogar Duschen mit heißem Wasser. Die Wände waren solide, das hieß, wir mussten uns kein Deckungsloch graben.

Während wir das ganze Gebäude besichtigten, schaute uns jeder Marine, an dem wir vorbeikamen, missbilligend an. SEALs tragen keine Rangabzeichen auf ihren Kampfuniformen. Wir tragen nicht einmal unsere Tridents, die Abzeichen, die uns als SEALs ausweisen. Frank hatte seine Hose nicht in seine Dschungelstiefel gesteckt, und ich selbst trug nicht einmal Stiefel, sondern Knöchelschuhe aus Segeltuch. Wir hatten lange Haare. Beide trugen wir einen Fu-Manchu-Schnauzer. Wir waren nicht mit M-16, sondern mit CAR-15 bewaffnet. Wir trugen nicht die gestärkten Stoffschirmmützen, die die Marines und Matrosen zusammen mit ihren Kampfanzügen tragen mussten, sondern hatten unsere schlabbrigen Dschungelhüte tief in den Nacken geschoben. Zu allem Überfluss hatte ich die vordere Krempe hochgeklappt wie der gute alte Paddington Bär.

Die Marines legten auf ein geschniegeltes Äußeres eine Menge Wert. Den SEALs war das dagegen ziemlich egal.

»Ich sehe hier einen Lifestyle-Konflikt auf uns zukommen«, sagte Frank.

Ich stimmte ihm zu. Verglichen mit dem Kleidungsstil unseres Zugs sahen Frank und ich noch wie Soldaten auf den Rekrutierungspostern der US-Streitkräfte aus. Wenn wir ins BLT einzogen, würde es nicht lange dauern, bis irgendein Marines Major bei unserem Anblick einen Wutanfall bekommen würde.

Auf der Rückfahrt zum Strand spielten Frank und ich das alte »Die Trauben sind viel zu sauer«-Spiel und fanden ein Dutzend Gründe, warum wir im BLT nicht Quartier beziehen sollten.

»Zu weit vom Wasser weg«, sagte ich.

»Zu nahe an den hohen Chargen«, sagte er.

»Zu viele Marines.«

Wir wussten beide, dass wir uns jetzt eine Unterkunft am Green Beach bauen mussten. »Bauen« bedeutete in diesem Fall graben, und zwar einen Unterstand und Schützenlöcher. Außerdem lag der Green Beach zwar am Wasser, war jedoch alles andere als eine perfekte Stellung. Er war in höchstem Maße exponiert. Falls … nein, wenn diese Stadt explodierte, wären wir an diesem Strand für alle Angreifer eine leichte Beute.

Der amerikanische Stützpunkt am Green Beach bestand aus einem Stück Küste entlang der Überlandstraße Beirut-Sidon und lag ungefähr 400 Meter vom Terminal des Internationalen Flughafens von Beirut entfernt. Zwischen Stellung und Straße hatte man 300 mit Teer gefüllte 200-Liter-Fässer aufgestellt. Diese Barriere lief den ganzen Green Beach entlang und trennte die 70 Marines, SeaBees und SEALs von der viel befahrenen Küstenstraße. Im Zentrum des Strands stand ein 6 Meter hoher Wachtturm. Die Zugänge im Norden und Süden waren durch Stacheldraht, Betonpanzersperren und sandsackbewehrte MG-Nester gesichert.

Niemand, der in Green Beach stationiert war, hegte allerdings allzu großes Vertrauen in diese Verteidigungsanlagen.

Den Marines am Flughafen und in den Außenposten standen Gebäude zur Verfügung, in denen sie notfalls Schutz suchen konnten. Die Truppen nördlich und südlich der Startbahn konnten sich zumindest einbilden, dass die Reste des Begrenzungszauns sie ein kleines bisschen sichern würden. Der Green Beach war jedoch ganz allein auf sich gestellt. Er war von allen anderen amerikanischen oder alliierten Stellungen und Stützpunkten abgeschnitten. Jenseits der Straße wurde Green Beach von einem 15 Meter hohen Sandsteinriegel überragt. Obwohl dieser ein wenig Schutz und Deckung vor Heckenschützen bot, schnitt er uns auch von dem Unterstützungsfeuer der anderen Marine-Stützpunkte ab.

Taktisch gesehen waren wir in einer unsicheren und nicht unterstützten Position.

Im Landserjargon ausgedrückt: Uns pfiff der Wind um den Arsch.

Obwohl die Teerfässer einigermaßen vor Gewehrfeuer Schutz boten, konnte jedes Fahrzeug mit dem nötigen Schwung von der Landstraße diese Barriere durchbrechen und würde wohl erst am Fuß des Fahnenmasts zum Stehen kommen. Das war nicht nur eine theoretische Möglichkeit. Die amerikanische Botschaft war erst einen Monat zuvor von einer Lastwagenbombe in die Luft gejagt worden. Seitdem richtete ein Marine ständig ein M-60-MG auf alle Fahrzeuge, die auf der Straße an Green Beach vorbeifuhren. Es war jedoch kaum ein Trost, zu wissen, dass wir den Fahrer des Bombenlasters töten würden, bevor dieser sich und uns in 1000 Stücke sprengte.

Am Green Beach standen zwar auch Zelte, aber die waren nur Schau. Sieben Tage die Woche mussten wir mit Scharfschützen- oder Artillerieangriffen rechnen. Aus diesem Grund lagen alle Schlafgelegenheiten unter der Erde. Unter Franks Anleitung grub unser Platoon ein 2,50 Meter breites und 15 Meter langes Loch in den Sand, befestigte dessen Ränder und bedeckte es mit Stahlmatten und zwei Sandsack-Lagen.

Wir tauften unser Untergrund-Apartment »Rancho Deluxe«.

1,90 Meter unter der Erde waren wir jetzt sicher, und das Rancho wurde tatsächlich unser Heim. Unsere Zelte, die wir in der Nähe als Ablenkung aufgestellt hatten, wurden durch gezielte Projektile von Scharfschützen, durch Querschläger und Schrapnelle in kurzer Zeit zu einer Ansammlung von Stofffetzen reduziert. Am Ende unseres Einsatzes war Rancho Deluxe zwar nur noch eine ungezieferverseuchte Kloake, aber es hatte acht Monate lang Raketen- und Artillerieangriffe überstanden und sollte sogar die riesige Lastwagenbombe überleben, die das gesamte Marine-Hauptquartier in die Luft jagen würde.

Zu Beginn war unsere Zeit in Beirut jedoch eher ereignislos, wenn nicht sogar langweilig.

Soweit sie dem Commodore unterstand, war unsere Einheit für die Sicherheit der US-Navy-Schiffe verantwortlich, die vor Beirut ankerten oder auf dem Weg in das Operationsgebiet Beirut waren. Gleichzeitig übernahm sie die unterschiedlichsten Aufgaben für den Kommandeur der Landungstruppen (was manchmal zu Koordinationsproblemen mit dem Commodore führte). Zu diesen Aufgaben gehörten Aufklärungsmissionen, das Anfordern von Schiffsartillerie, Luftangriffe und Artillerieunterstützung, Kurierfahrten zur Botschaft, die Verbindung mit alliierten und libanesischen Truppen, Kampfmittelbeseitigung, Tauchoperationen, die Unterwasserüberprüfung von Schiffsrümpfen, Luftlandeoperationen, direkte Kampfeinsätze und Unterwassersprengungen. Kurz: alles, was die SEALs so machen.

Unser Operationsgebiet reichte von Sidon im Süden bis zur Stadt Tripoli im Norden. Das waren Hunderte von Quadratkilometer offene See und ein ähnlich großes Stück Land.

Frank entschied sich für ein Rotationssystem, das unseren Leuten nacheinander unterschiedliche Aufgaben zuwies. Doc Jones und ich übernahmen die Boat-Crews Charlie und Delta, Frank und unser LPO (Leading Petty Officer/Leitender Unteroffizier) Tim die Boat-Crews Alpha und Bravo. Zwei Boat-Crews bildeten eine SEAL Squad, die aus acht Operators bestand. Acht Mann waren für uns bereits eine beachtliche Kampfgruppe.

Das System funktionierte folgendermaßen: Eine Squad bemannte eine Woche lang unser Rancho Deluxe und die andere war draußen auf den Schiffen und in der Sea Fox. Die Squad im Rancho Deluxe war für die Landoperationen und die Sicherheit auf dem Wasser in unmittelbarer Umgebung des Green Beach zuständig. Die andere Squad unternahm Operationen auf hoher See, Langstrecken-Küstenpatrouillen und war für die Schiffssicherheit in und vor Beirut verantwortlich. Nach einer Woche wechselten die Squads durch.

Bei größeren Operationen, Aufklärungsmissionen, direkten Kampfeinsätzen, der Scharfschützenbekämpfung und tiefen Vorstößen in die Bergregion über der Stadt operierte der ganze Zug gemeinsam. Als einige Zeit später die Flugzeuge über Beirut regelmäßig beschossen wurden, richteten wir noch eine weitere »Rotation« ein. Ein Zugtrupp operierte eine gewisse Zeit vom Hubschrauberträger *Iwo Jima* aus. Dieses Team unterstand direkt dem Kampfgruppenstab, suchte nach abgeschossenen Flugzeugen und barg deren Besatzungen.
Dieses Rotationssystem war wieder einmal typisch für Gifflands Führungsstil. Er überließ mir einen Teil des Kommandos und bewies dabei großes Vertrauen in mich und meine beiden Boat-Crews. Dies gab mir auch die einmalige Chance, meine eigenen Vorstellungen zu verwirklichen. Ich habe kaum jemals von anderen SEAL-Einheiten gehört, die eine solche kollegiale Kommandostruktur hatten.
Das System funktionierte ausgesprochen gut. Am Anfang unseres Einsatzes in Beirut übten wir niemals eine Aufgabe so lange aus, dass es uns dabei langweilig geworden wäre.
Am Ende des Sommers war Langeweile dann sowieso kein Thema mehr.

Hollywood bereitet einen auf gewisse Weise auf den Krieg vor. Das Szenenbild des Steven-Spielberg-Films *Der Soldat James Ryan* hat sich in die amerikanische Psyche als Archetyp einer vom Krieg zerstörten Landschaft oder Stadt eingegraben. Es hat jedoch nur wenig Ähnlichkeit mit den Zerstörungen eines echten Kriegs. Für den Uneingeweihten, auch für mich, wirkte die Zerstörung, die nicht in dieses Hollywood-Stereotyp passte, am Anfang irgendwie unwirklich, wenn nicht sogar unecht. Erst wenn man eine gewisse Zeit mit echten Kampfschäden, tatsächlich ausgebombten Gebäuden und dem realen Tod konfrontiert war, verschwanden die hohlen Hollywood-Bilder allmählich.
Bis man in ein Gebäude hineinschaut, das einen Artillerietreffer erlitten hat, oder mit eigenen Augen ein Haus sieht, das von Raketen aufgerissen wurde, dominieren immer noch die Eindrücke das Bewusstsein, die die Hollywood-Regisseure einem vermittelt haben. Dabei handelt

es sich um die ausgebrannten Wohnhäuser, wie man sie während des Zweiten Weltkriegs in der europäischen Provinz vorfand, von denen oft nur noch eine einzige rauchgeschwärzte Wand stand, während das Dach weitgehend verschwunden war und die zerbrochenen Ziegel über die ganze Straße verstreut lagen. Im Libanon war ich dagegen ständig über die Widerstandsfähigkeit der Gebäude erstaunt. Fast jeder Bau in dieser Stadt trug irgendwelche Kampfspuren, bewies jedoch eine erstaunliche Zähigkeit. In den Seitenwänden einstöckiger Häuser klafften 80 Zentimeter breite Löcher, die von 105-mm-Panzergranaten verursacht worden waren. Durch diese Löcher konnte man in völlig zerstörte Innenräume hineinsehen. Als ich an diesen Gebäuden vorbeiging, fiel mir auf, dass die Löcher aussahen, als seien sie mit einem stumpfen Werkzeug hineingestoßen worden, so als ob man einen Telefonmasten durch die Wand gerammt hätte. Die Schäden auf der Außenseite sahen oft nicht sehr schlimm aus. Die wirkliche Scheiße geschah im Innern, dort, wo sich die Menschen aufhielten. Alle Spuren, dass dort einmal Menschen gelebt hatten, waren verschwunden, alle Einrichtungsgegenstände waren von der Hohlladungswirkung der panzerbrechenden Granaten in Fetzen gerissen worden. Oft überstand ein Haus vier oder fünf Einschläge, ohne einzustürzen. Wenn danach kein Feuer ausgebrochen war, sahen die Ränder der Einschusslöcher wie nasser Zement aus.

Wir begriffen allmählich, dass es so etwas wie den libanesischen Bürgerkrieg in der modernen Kriegsführung noch nie gegeben hatte. Es war ein Konflikt, der in einem stetigen Wechsel eskalierte und wieder abflaute und in dem ständig mindestens fünf erbitterte und rücksichtslose Feinde gegeneinander kämpften. Alle Bündnisse in diesem Krieg waren kurz und zweckgebunden. Keine Seite genoss einen zahlenmäßigen oder taktischen Vorteil gegenüber den anderen Kombattanten.

Im Libanon setzten technische und topografische Erwägungen die wichtigsten Grundprinzipien der Kriegsführung des 20. Jahrhunderts außer Kraft. Auf alltäglicher Basis gab es kaum Truppen- oder Positionsveränderungen. Außer in den seltenen Zeiten, in denen die Vereinigten Staaten die libanesische Armee durch aktive Unterstützung zu einem entschlosseneren Auftreten bewegen konnten, unternahmen die Konfliktparteien kaum größere Anstrengungen, Gelände zu gewinnen. Die Drusen, die PLO, die Amal-Milizen, die Hisbollah und die Phalangisten hatten sich alle ein Stück vom Kuchen gesichert und schienen jetzt gar nicht mehr so erpicht darauf, ihrem Nachbarn etwas von dem seinen wegzunehmen. Und so ging es immer weiter, Monat für Monat. Alle Hauptbeteiligten kontrollierten einen Teil der Hauptstadt. Die Zentralregierung war völlig machtlos und gelähmt, während gleichzeitig 17-jährige Jungs Straßensperren an wichtigen Beiruter Kreuzungen errichteten.

Jede Kriegspartei verfügte in den Bergen oder in der Stadt über gesicherte Gebiete und Bastionen, schwer einnehmbare Festungen, die ihre eigentliche Machtbasis bildeten. Diese Stützpunkte stellten das Rückgrat der jeweiligen Kriegspartei dar. Die Grundlage ihrer Verteidigung waren entweder Geländehindernisse wie etwa tiefe Schluchten in den Bergen oder nüchterne Berechnungen der Angriffs- und Abwehrchancen in städtischem Gelände. Man gelangte zu der Erkenntnis, dass der Einsatz von Bodentruppen unter diesen Umständen nicht sinnvoll war. Ohne Infanterieverbände, die Gelände erobern und kontrollieren konnten, blieben die Kampfparteien jedoch völlig unbeweglich und gruben sich ein. Keiner wollte als Erster die Opfer in Kauf nehmen, die ein Angriff unweigerlich gefordert hätte.

Diese Pattsituation führte zu einer einzigartigen Form der Kriegsführung, einer Art Mega-Heckenschützentum, bei dem mobile Waffen mit hoher Reichweite die entscheidende Rolle spielten. Aus den Tiefen des Heimatstützpunkts wurden Raketen, Artilleriegeschosse und Mörsergranaten auf Truppenkonzentrationen oder Flächenziele abgefeuert. Wenn einmal keine legitimen militärischen Ziele vorhanden waren, nahmen die Schützen eben die »feindlichen« zivilen Zentren eines Gegners unter Beschuss. Dabei wurden Wohnviertel, Schulen und Märkte getroffen, was natürlich entsprechende Vergeltungsaktionen erforderlich machte. Weitere Viertel gerieten ins Visier. Das Ganze führte zu einer ständigen Eskalation, wobei jeder Beschuss schlimmer war als der vorherige. Jetzt wurden auch Moscheen, Kirchen und Krankenhäuser zu Zielen, was weitere Racheakte und noch mehr zivile Opfer zur Folge hatte. Nur ab und zu wurde dieser Kreislauf des Schreckens durch Waffenruhen unterbrochen, die jedoch nie sehr lange dauerten. Oft hielten sie nicht einmal eine volle Stunde.

In den Zeitungen wurde dieser alltägliche Schusswechsel als »Artillerieduell« bezeichnet. Dies war jedoch eine unbedachte und unpassende Metapher, die das Bild zweier nobler Gegner heraufbeschwor, die auf die Waffen ihres Gegenübers zielten. Dabei gab es in dieser Geschichte weder die »Guten« noch die »Bösen«, sondern nur völlig gestörte Milizionäre, die Frauen und Kinder, die sich angstvoll in den Kellern ihrer Häuser zusammendrängten, mit schweren Waffen beschossen.

Am Beginn unseres Aufenthalts hatten wir jede Menge Gelegenheit, die Auswirkungen von Artillerie auf die Architektur einer Stadt zu beobachten. In dieser Hinsicht waren die Fuß- und Jeeppatrouillen in der Umgebung des Flughafens besonders aufschlussreich. Östlich und nördlich der Startbahnen erstreckte sich ein Viertel, das die Marines »Hooterville« nannten. Sie bezogen sich dabei auf die Ansammlung von baufälligen, maroden Gebäuden im Cartoon gleichen Namens. Das Beiruter Hooterville war ein wahres Labyrinth von unbefestigten, staubigen Straßen und eingestürzten Betonziegelhäusern und wahrscheinlich das meistbeschossene Stadtviertel des gesamten Planeten.

In der Zeit vor dem Abzug der Israelis führten die Marines täglich vom Flughafen aus Erkundungsoperationen nach Norden, Osten und in seltenen Fällen auch nach Süden durch. SEAL Squads begleiteten sie gelegentlich auf diesen Tageslicht-Patrouillen, um den Verlauf der Straßen und die vorgeschobenen Marine-Stellungen kennenzulernen und sich mit dem Gebiet insgesamt vertraut zu machen.

Die anderen Einheiten innerhalb der multinationalen Truppe führten ebenfalls Patrouillen durch. Nördlich des Flughafens patrouillierten in Westbeirut die französischen Elitesoldaten, die ganz und gar nicht zimperlich vorgingen. Östlich der Landebahn war in den Vorbergen des Schuf eine britische Aufklärungskompanie stationiert. Die Briten waren kampferfahrene Soldaten, die gerade von einem Einsatz in Nordirland kamen und bei ihren täglichen Razzien britische Panzerspähwagen vom Typ Ferret benutzten. Unmittelbar nördlich des Flughafens war ein wildes Niemandsland, welches das italienische San-Marco-Bataillon weitgehend sich selbst überließ. Die Italiener verließen nur selten, wenn überhaupt, ihren ummauerten Stützpunkt. Der italienische Sektor war allgemein als Khomeiniville bekannt. Ihn im Rahmen einer Patrouille zu durchqueren oder auch nur zu überfliegen, wurde im Laufe des Sommers zu einem immer größeren Abenteuer.

Seit dem Bombenanschlag auf die US-Botschaft im April waren die amerikanischen und britischen diplomatischen Vertretungen gemeinsam in einer gut bewachten und stark befestigten Anlage in Westbeirut entlang der Corniche untergebracht. Kämpfe und Unruhen in Khomeiniville führten jedoch häufig zu einer Schließung der Küstenstraße, sodass der gesamte Fußgänger- und Fahrzeugverkehr in Richtung Norden unterbrochen wurde. Dadurch waren die beiden Botschaften oft von den Truppen abgeschnitten, die sie eigentlich hätten schützen sollen.

Am Anfang unseres Aufenthalts in Beirut weilten neben den Franzosen, Italienern, Briten und Amerikanern noch Einheiten der israelischen Streitkräfte in der Stadt. Panzer- und Infanterieeinheiten der Zahal hatten sich südlich der Innenstadt eingegraben. Ihre Unterstände, Straßensperren und Kampfstellungen waren überall im italienischen, amerikanischen und britischen Sektor verstreut. Diese Stellungen markierten die nördliche Grenze des israelischen Vormarschs im Libanonkrieg. Bevor die multinationale Truppe zum Hauptziel wurde, wurden die Zahal-Einheiten ständig aus dem Hinterhalt beschossen. Aus diesem Grund erkundigten sich vorsichtige Mitglieder der Friedenstruppe rechtzeitig, wo die israelischen Verbände standen und wo deren Feind sein könnte, damit sie nicht in eine Auseinandersetzung verwickelt wurden, mit der sie eigentlich nichts zu tun hatten.

Bis die sich stetig verschlechternden Umstände es unmöglich machten, führten die Marines zweimal am Tag Patrouillen durch, um in dem Sektor in der Umgebung des Flughafens für Ordnung zu sorgen. In Wirklichkeit war der Frieden in dieser Stadt ein Traum, der sich allmählich in einen schrecklichen Albtraum verwandelte.

In hellem Tageslicht mit einer halben Kompanie Marines auf Patrouille zu gehen, war für uns eine eigentümliche Erfahrung. Wenn 40 Mann durch eine Straße ziehen, ist das für uns eine Parade und kein Kampfeinsatz. Die SEALs operieren in viel kleineren Einheiten und fast nie am Tag. Wir würden dies auch niemals tun, wenn wir die Wahl hätten. Aber das hier war eine Friedenssicherungsmission, und da galten ganz andere Regeln. Manchmal erschienen uns diese Patrouillen so irreal wie ein Mondspaziergang.

Wenn wir die Marines auf ihren Patrouillen begleiteten, bewegten wir uns parallel zur Haupttruppe. Manchmal ließen wir uns auch ein Stück zurückfallen, damit wir sofort reagieren und jede gegnerische Truppe umfassen konnten, wenn diese einen Angriff auf die Marines starten sollte. Wir trugen unseren Spezialtruppen-Kampfanzug, Schlapphüte und eine taktische Einsatzweste, und jedem stand ein Funkgerät zur Verfügung. Unsere Acht-Mann-Squad führte zwei M-60-Maschinengewehre mit. Jeder M-60-Schütze hatte 600 Patronen dabei. Außerdem verfügte die Squad über mindestens zwei M-203-Granatwerfer sowie je zwei AT-4-Panzerabwehrraketen und M-15-Scharfschützengewehre. Die Feuerkraft unserer acht SEALs entsprach fast der des Marine-Platoons, dem wir Deckung geben sollten und das immerhin aus 39 Mann bestand.

Es war jedoch nicht nur eine Frage der Bewaffnung. Die gängige Taktik der Marines am Beginn des Einsatzes war ganz einfach: Antreten, sich in einer Reihe aufstellen und dann losmarschieren. Punkt. Marine-Patrouillen traten nie in Kampfordnung auf. Wenn eine Gefahr nahte, waren die Marines die letzten verdammten Arschlöcher auf unserem Planeten, die das merkten. In ihren Splitterschutzwesten, mit ihren schweren Rucksäcken auf dem Rücken und ihren umgehängten ungeladenen Waffen konnten sie auf einen solchen Angriff überhaupt nicht reagieren. Wenn wir die Marines nach Hooterville begleiteten, hatte ich immer das Gefühl, sie seien der Köder und wir die Schlagfalle.

Während dieser Patrouillen schmiegten wir uns eng an die Hauswände, fielen immer wieder ein Stück zurück, deckten die Kreuzungen und beobachteten die Hausdächer, während die Marines unbeirrt weitertrabten. Manchmal ging eine Boat-Crew nach vorne, blieb stehen und ließ sich von der zweiten überholen. Dieses Spiel wurde oft mehrmals wiederholt. Auf diese Weise legten wir bei jedem Schritt, den die Marines machten, mindestens fünf zurück. In den engen Gassen dieses Viertels wehte oft nicht der geringste Windhauch und die Luft war so dick und stickig, dass das Atmen überaus mühsam wurde. Man widmete dem Atmen einen Großteil seiner Gedanken. Die Hitze brannte sich einem richtiggehend in den Schädel, stumpfte die Sinne ab und ließ jeden einzelnen Schritt zu einer echten Anstrengung werden.

Wir trotteten durch schmutzige Straßenzüge, in denen von Artilleriegeschossen zerstörte Gebäude neben solchen standen, die über den Rohbau nie hinausgekommen waren. Die ganze Zeit überprüften wir sämtliche Torwege und Seitengässchen. Über uns hingen handgeschriebene arabische Schilder von den Wänden und Balkonen herab, deren Aufschriften uns natürlich verschlossen blieben.

In einigen Teilen der Stadt versammelten sich bei den ersten Patrouillen noch viele Kinder um uns und sprachen uns auf Englisch an. »Hello! Wie heißt du? Gib mir Kakao!« Sie freuten sich dann riesig, wenn wir ihnen Päckchen mit Schokoladenpulver aus unseren MREs (unserem Verpflegungspaket, den **M**eals, **R**eady-to-**E**at) überreichten. Die Kinder wuselten um uns herum, fassten uns an, lachten und vollführten verrückte Tänze, während die Patrouillen an ihnen vorbeizogen. Überall richteten Kinder Plastikspielzeug- und Zündplättchenpistolen auf uns. Plötzlich lugten sie hinter Ecken und Wänden hervor. Zuerst blieb einem fast das Herz stehen, aber dann hatte man so viele gesehen, dass man in der heißen Nachmittagsluft nicht weiter auf sie achtete. Einige Marines schauten nicht einmal mehr hin. Sie gingen einfach weiter.

In Khomeiniville war die Feindseligkeit der Leute dagegen von Anfang an greifbar. Dort wohnten hauptsächlich schiitische Muslime, und sie mochten multinationale Truppe überhaupt nicht. Gegen uns Amerikaner hegten sie hauptsächlich aus religiösen Motiven einen besonderen Hass. Hier waren es echte Patrouillen. Wir trafen nur auf eisig-abweisende Gesichter. Die Leute spuckten einen an, machten abfällige Gesten und stießen ihre Kinder ins Haus, wenn wir vorbeikamen. Wenn wir uns einem Wohnblock näherten, begannen die Frauen in hohen Tönen zu trällern. Das ist eine besondere Art des Heulens, das durch eine schnelle Zungenbewegung erzeugt wird. Das schrille, hohe, trillernde Lu-lu-lu ist einerseits ein Warnsignal, andererseits ein Zeichen der Verachtung. Das unheimliche, stotternde Geheul hallte von den Häusern in der Umgebung wider. Trotz der Hitze bekamen wir eine Gänsehaut. Glücklicherweise waren die amerikanischen »Ausflüge« in diesen Stadtteil nur kurz. Manchmal wurden sie jedoch länger, als uns lieb war.

In den engen, gewundenen Straßen konnte man leicht die Orientierung verlieren. In diesem Labyrinth aus Gebäuden und Sackgassen konnte man schon einmal glauben, dass der Kompass irgendwie defekt sei, und dann im Vertrauen auf den eigenen Orientierungssinn in eine völlig falsche Richtung gehen, bis man sich komplett und hoffnungslos verlaufen hatte. Manchmal landeten solche verirrten Patrouillen an Orten, an denen sich Amerikaner definitiv nicht zeigen sollten. Wenn dies geschah und Patrouillen über Marktplätze stolperten, die nie zuvor in der Geschichte von den Stiefeln christlicher Ungläubiger entweiht worden waren, wurden die Augen der Bewohner so groß wie Suppenteller. Jedermann erstarrte. Obstverkäufer, die gerade das Wechselgeld herausgeben wollten, froren mit ausgestreckten Armen und dem Geld in der Hand regelrecht ein und wurden zu bewegungslosen Standbildern. Erst wenn wir abgezogen waren, tauten sie wieder auf. Ganze Straßen kamen zu einem völligen Stillstand. Die Leute standen einfach nur da und starrten uns an, als ob die Patrouille direkt vom Uranus stammen würde.

Manchmal lachten die Menschen jedoch nur oder lächelten und deuteten mit dem Finger auf die seltsamen Fremden.

Doch auf diesen Patrouillen konnten auch sehr unheimliche Dinge passieren. Manchmal waren die Straßen plötzlich verlassen, vollkommen verlassen. Fahrräder lagen einfach so auf dem Gehsteig, die Türen der Läden waren weit geöffnet, aber niemand stand hinter dem Tresen, und die Kinderwagen waren leer. Das einzige Geräusch war das Dahintröpfeln des dünnen, ockerfarbenen Jauchestroms, der in der Mitte der unbefestigten Straße floss.

Man musste kein Genie der Taktik sein, um zu wissen, warum die Bevölkerung so plötzlich in Deckung gegangen war. Ob man sich nun verirrt hatte oder nicht, jetzt ging man einfach nur weiter. Aus Gegenden, wo die Porträts Ayatollah Khomeinis jeden Quadratzentimeter Wand bedeckten und iranische Fahnen von den leeren Balkonen herunterhingen, versuchte man, möglichst schnell zu verschwinden. Vor allem musste man auf die Kinder achten. Sie waren hier aufgewachsen, sie waren mit dem Getöse der Artilleriegranaten und dem Tumult der Straßenkämpfe groß geworden und sie wussten, wann es brenzlig wurde, so wie die Kinder in Cleveland wissen, wie viele Tage es noch bis Weihnachten sind. Sie lebten in diesen Straßen, sie spielten auf diesen Straßen und sahen alles. Auf einer Tageslichtpatrouille oder einer Jeepfahrt durch diese Viertel musste man die Kinder beobachten.

Wo es keine Kinder gab, wurde es immer gefährlich.

So abrupt die Gebäude sich um uns herum geschlossen hatten, so abrupt gingen die Sträßchen plötzlich in Feldwege über, die durch heiße, grüne Felder nach Süden zum Flughafen führten. Als wir auf der Straße zurückmarschierten, fuhr ein endloser Strom von Lastwagen, Autos und Bussen an uns vorbei, der weggeworfene Plastiktüten und lange Staubfahnen hinter sich herzog. Die kargen Gemüsefelder erstreckten sich nach Osten bis zu den Vorbergen. Die erschöpften Patrouillen wankten jetzt in einer langen Reihe die holprige Straße entlang, während die SEALs ein Stück hinter ihnen gingen, ihren Rückzug sicherten und ständig die Hausdächer im Auge behielten. Schließlich erreichte die Patrouille den Stacheldrahtzaun und rückte erleichtert in das Flughafengelände ein.

Am Ende eines solchen dreistündigen Marschs zitterte ich oft vor Erschöpfung und Adrenalin.

Auf diese Weise lernten wir im April und Mai die Stadt kennen. Zu unseren ständigen Aufgaben gehörten Fußpatrouillen durch Hooterville und

Fahrzeugpatrouillen nach Khomeiniville und Westbeirut. Wir schlossen uns manchmal Jeeppatrouillen der Marines an, operierten jedoch meist selbstständig. Entweder fuhren wir zu den Botschaften hinaus oder nahmen Verbindung zu den französischen Elitesoldaten auf, die in Westbeirut stationiert waren. Unsere Spritztouren führten wir dabei stets in Höchstgeschwindigkeit durch. Unsere mit acht Mann besetzten Jeeps rasten die Boulevards hinunter und überholten den stehenden Verkehr auf dem Mittelstreifen. Neben dem Fahrer stand ein Schütze aufrecht im Fahrzeug und schwang an Kreuzungen seine Waffe über der Windschutzscheibe hin und her, um den entgegenkommenden Verkehr zu stoppen. Weder rote Ampeln, Staus noch die Verkehrspolizisten in ihren Khaki-Uniformen konnten uns aufhalten. Wir fuhren einfach immer weiter. Automatische Waffen verschafften einem in dieser Stadt immer die Vorfahrt, und wir nutzten das weidlich aus. Wir zielten mit unseren Gewehren auf die Fenster der links und rechts von uns haltenden Autos und setzten dabei ein entschlossenes »Mach Platz«-Gesicht auf.

Ich saß auf dem Rücksitz des Jeeps und versuchte, jederzeit alles im Auge zu behalten, Fahrzeuge und Straßenecken, Dächer und Fenster und die Millionen von Balkonen. Der Fahrtwind auf unserer Haut war der Himmel. Er war kühl und er bedeutete, dass man sich bewegte. Diese Bewegung vermittelte einem wenigstens eine gewisse Illusion von Sicherheit. Man hoffte, dass einen die Scharfschützen nicht erwischen würden, wenn man sich nur schnell genug bewegte. Tief in unserem Herzen wussten wir es jedoch besser. Jeder von uns hätte den Fahrer eines Autos abschießen können, das 100 Meter von uns entfernt fuhr.

Da wir wussten, was möglich war, beobachteten wir aufmerksam die Dächer.

Auf unserer ersten Fahrt zur Botschaft jagte Bubba unseren Jeep durch den Dritte-Welt-Verkehr, als ob es außer uns keine anderen Fahrzeuge geben würde. Autos kamen mit quietschenden Bremsen so nahe an uns zum Stehen, dass zwischen ihrer und unserer Stoßstange kein Blatt Papier gepasst hätte. Ihre Fahrer hielten uns zwei Finger entgegen. Ich vermute mal, dass diese arabische Geste nicht gerade »Friede sei mit euch« bedeutete. Die ganze Zeit über hatte Bubba dabei sein verrücktes Hillbilly-Fahrer-Lächeln aufgesetzt, während er das Gaspedal bis zum Bodenblech durchtrat.

Auf diesen Jeeppatrouillen raste das Leben in dieser Stadt wie im Zeitraffer an uns vorbei: Armut, Reichtum, Menschen, Gemüsemärkte, Ruinen, Werbetafeln und grasende Ziegen. Aus engen Straßen bogen wir in superbreite Boulevards ein, und ein vollkommen intaktes Viertel voller eleganter Belle-Époque-Bauten wurde nach ein paar Hundert Metern von trümmerübersäten Straßenschluchten abgelöst. Von Casablanca nach Armageddon in einem einzigen Straßenblock.

Einige Teile der Stadt waren völlig zerstört. Dort waren die Fahrbahnen voller Zementstaub, der so fein war wie Talkumpuder. Die Straßen durch diese Ruinenviertel waren glatt und so weiß, dass sie bei hochstehender Sonne die Augen blendeten. Auf beiden Straßenseiten lagen manchmal zwei bis drei Stockwerke hohe Hügel aus Beton und Armierungsstahl, die früher Gebäude gewesen sein mussten. Durch die ehemaligen Wohnblocks waren mit Bulldozern in einem fast quadratischen Muster neue Fahrspuren frei geräumt worden. Das Ganze erinnerte mich an alte *Wochenschau*-Aufnahmen der Ruinen von Nagasaki. In den Ritzen der zerstörten Gebäude hatten sich Plastiktüten und Kleidungsfetzen verfangen, die jetzt auf eigentümliche Weise im Wind flatterten und schließlich die Straße hinuntergeweht wurden. Diese Stadt des Todes war übersät mit den Resten der Besitztümer ihrer zu Opfern gewordenen ehemaligen Bewohner.

Wenn man an diesen zerstörten Gebäuden vorbeifuhr, legte sich der Gestank von verwesendem Fleisch wie ein Schatten über den Jeep. Dieser Geruch war mit Worten nicht zu beschreiben, weder »widerwärtig« noch »ekelerregend« war dafür der richtige Ausdruck. Dieser Gifthauch verkörperte das absolute Böse und er hing mehr oder weniger stark über der ganzen Stadt. Die verwesenden Leichen machten sich auf ihre eigene Art überall bemerkbar und erinnerten einen ständig an den Tod. In den zerstörten Zonen war dieser Gestank wahrhaft entsetzlich. Er setzte sich in den Kleidern fest, brannte sich in die Sinne ein und drehte einem den Magen um. Durch die schmutzigen Straßen wirbelten Staubteufel durch die heißen Nachmittage und kamen wie Geister und böse Dschinnen auf uns zu. Wir zogen unsere Halstücher nach oben, damit sie unsere Gesichter bedeckten, aber dieser Pesthauch stach uns weiterhin in die Nasen. Er hatte uns fest im Griff, bis wir Stunden später in voller Uniform und Ausrüstung ins Meer springen konnten, in der Hoffnung, dass Mutter Ozean ihn abwaschen würde. Aber er ging einfach nicht weg, und ich konnte mich auch nie daran gewöhnen.

In diesem ganzen tödlichen Chaos gab es jedoch auch noch Inseln der Zivilisation. Einige der wohlhabenden und bewusst kosmopolitischen Bewohner bestimmer Viertel Beiruts behielten ihre alte Lebensart auf trotzige Weise bei. Die Kontraste waren auch für uns Beobachter kaum zu verarbeiten. In einer Straße, die von zerstörten, verlassenen Hochhäusern eingefasst war, erschoss ich einmal einen Hund, der an einem menschlichen Schädel nagte. Zehn Straßenecken weiter parkte ein Jaguar vor einer Luxusboutique, in der man die Produkte von Chanel, Gucci und Levi's kaufen konnte. Vor dem Schaufenster stand eine Frau, die eine Burka trug, die sie von Kopf bis Fuß verhüllte. Ihre Sicht auf die Welt beschränkte sich auf ein rechteckiges Netz, das ihre Augen bedeckte. Als wir an ihr vorbeifuhren, konnte ich einen Blick auf ihre Füße erhaschen. Unter ihrem Zelt trug sie rote Pumps mit 10 Zentimeter hohen Pfennigabsätzen.

Am Ende jeder Patrouille fragte uns ein Aufklärungsoffizier, wo wir gewesen wären und was wir gesehen hätten. Einem älteren Gunnery Sergeant, der mich an meinen Vater erinnerte, sagte ich einmal, dass mich die Patrouille an eine Geisterbahnfahrt erinnert habe.

Als sich die Lage dann immer mehr verschlechterte, konnten wir es kaum glauben, welche Straßen und Plätze wir in den ersten Monaten in unserer Naivität besucht hatten.

Während wir allmählich lernten, uns in dieser Stadt zurechtzufinden, wurde die Bevölkerung immer militanter. Ohne dass wir es wussten, fanden im Mai im Bekaa-Tal ganz spezielle »Abschlussfeiern« statt. Im ganzen Juni sickerten dann die ersten erfolgreichen Absolventen der Hisbollah-Ausbildungslager in die Stadt ein. Sie errichteten um die amerikanischen und französischen Stellungen herum ihre Beobachtungsposten,

notierten sich die Patrouillenzeiten und machten sich mit ihren potenziellen Angriffszielen vertraut. Kurz, sie machten ihre Hausaufgaben. Die Zeit der fröhlichen Jeeppatrouillen ging zu Ende.
Unser Einsatz in dieser Stadt sollte bald von Gewalt geprägt werden.

Die gute, alte Religion

Wir nannten ihn nur »den verrückten Mörser-Mann«. Er hatte keinen Namen und kein Gesicht. Es konnte ein einzelner Mann sein oder auch ein Dutzend. Er preschte aufs Geratewohl durch Hooterville mit einem Pickup, auf den er einen russischen 82-mm-Wassiljok-Mörser montiert hatte. Er fuhr an Orte, deren taktische Lage er zuvor erkundet hatte, und feuerte von dort auf unsere Stellungen und Stützpunkte. Manchmal schoss er sogar quer über den Flughafen auf Green Beach, manchmal traf er das BLT- oder das MSSG (Marine Service Support Group)-Gebäude. Es war ganz allein seine Entscheidung.

Das Schlimmste am Mörserfeuer ist, dass die Einschläge ohne Vorwarnung kommen. Das Abschussgeräusch ist so weit entfernt und wird von den umgebenden Gebäuden so stark gedämpft, dass du es nie zu hören bekommst. Die Granate steigt langsam immer weiter in die Höhe, um dann plötzlich auf dich herunterzustürzen. Wenn du sie hörst, ist es zu spät.

Der verrückte Mörser-Mann war etwas ganz Spezielles und seine Arbeit war so einzigartig und identifizierbar wie seine Unterschrift. Er feuerte jeweils nur wenige Granaten ab. Häufig waren es vier in schneller Folge. Dann wechselte er die Stellung und fuhr seinen Pickup zu einem anderen vorher ausgewählten Platz, von dem aus er einen anderen Teil des Flughafens bestreichen konnte. Dann hatte er seine Tagesarbeit beendet. Die Schäden, die er verursachte, waren meist nicht sehr groß, in der Regel wurde niemand verletzt, aber sie reichten allemal aus, um die geplante Filmvorführung abzusagen oder dafür zu sorgen, dass die Gulaschkanone an diesem Tag kein warmes Essen ausfuhr. Er war wirklich ein verdammt lästiger Hurensohn.

Es war ein heißer Nachmittag, einige Wochen vor dem Abzug der Israelis. Die Hügel über der Stadt waren seit Sonnenaufgang ruhig geblieben. Mit meinem Gewehr und meiner Schutzweste ging ich gerade vom Rancho Deluxe die Böschung zum künstlichen Uferkai hinunter. Ich wollte un-

seren Zodiac für eine Inspektion des gesamten Ankerplatzes vorbereiten, eine tägliche Aufgabe, die wir unter uns »Fischer belästigen« nannten.
Das Uferkai bestand aus einer Reihe von Schwimmpiers, die im Ufersand verankert waren. Das Kai war der Grund, warum es den Green Beach überhaupt gab. Täglich entluden dort Landungsschiffe Lastwagen, Jeeps und Anhänger und versorgten die Truppen an Land mit Patronen, Bohnen und Klopapier. Green Beach war die Hauptverbindung der multinationalen Truppe zu den amerikanischen, britischen, französischen und italienischen Kriegsschiffen vor der Küste. Das Uferkai war das logistische Nadelöhr des gesamten Libanon-Einsatzes und deshalb ein Lieblingsziel der drusischen, syrischen und PLO-Artillerieeinheiten, die auf den Höhen des Umlandes saßen.
Es war kurz vor Mittag und ich ging gerade die zweite Sektion des Uferkais entlang. Ich hatte mein Boot beinahe erreicht, als ich es hörte. Es war zwar nur ganz leise, aber es handelte sich eindeutig um das Geräusch einer anfliegenden Mörsergranate. Wenn sie aus großer Entfernung abgefeuert wurden und der Wind richtig stand, konnte man sie manchmal doch hören. Beim Fallen verursachten die Mörsergeschosse ein Geräusch, das dem Flüstern eines Kindes glich: *Fuff, fuff, fuff.* Diesen Ton erzeugen die Heckflossen der Granate, wenn sie die Luft durchschneiden. Hört man dieses Geräusch, kann man sicher sein, dass das Geschoss direkt über einem ist und dass einem nichts mehr zu tun bleibt, als sich auf den Tod vorzubereiten.
Ich schloss die Augen und dachte: Ich bin tot.
Die erste Granate schlug in das Wasser direkt neben der Pierplattform ein, auf der ich gerade stand. Ich kann mich an die Explosion nicht mehr erinnern. Ich erinnere mich nur noch an das leise Geräusch der auf mich zufliegenden Granate. Die Pierplattform und im Wortsinne auch ich flogen in die Luft.
Die Explosion riss mir das Hemd vom Leib. Ein riesiger Geysir aus Sand und Wasser schoss empor und das Meerwasser, das auf mich herunterregnete, war so warm wie Blut. Ich legte eine perfekte Zweipunktlandung hin – auf den Kopf und auf die Schultern. Immerhin behielt ich bei mei-

nem Salto mein CAR-15 fest in der Hand. Ich kam wieder auf die Füße, taumelte zwei Schritte nach vorne und stürzte zu Boden. Ich war triefend nass. Ich glaubte, dass es sich dabei um mein eigenes Blut handelte.

Die Ponton-Sektion unter mir war so durchlöchert worden, dass sie zu sinken begann. Trotzdem war sie immer noch mit dem Rest des künstlichen Uferkais verbunden. Als ich von diesem Ponton heruntertaumelte, hörte ich auf den Hügeln über dem Flughafen weitere dumpfe Schläge. Noch mehr Geschosse waren hierher unterwegs und ich musste schleunigst in Deckung gehen.

Als ich vom Uferdamm herunterkroch, lag vor mir ein SeaBee mit dem Gesicht nach unten im Sand. Ich packte ihn am Ellbogen und begann, ihn in Richtung unseres Unterstands zu ziehen. Schließlich kam er wieder zu sich, und wir nahmen beide die Beine in die Hand.

Da kam es schon wieder: *Fuff, fuff, fuff.* Der ganze Strand explodierte, als ein halbes Dutzend weitere Granaten unsere Stellung trafen. Während wir 30 Meter quer über den Strand hasteten, schlugen um uns herum die Mörsergeschosse ein. Von oben und unten mit Sand und Kordit bedeckt, flüchteten wir uns in den Unterstand. Mein Hemd war verschwunden, ich war rußverschmiert und meine Haare waren auf der linken Kopfseite angesengt. Ich sah aus wie Willy der Kojote, wenn ihm der Roadrunner besonders übel mitgespielt hatte. Während ich mich selbst abtastete und prüfte, ob noch alles an mir dran war, rief der SeaBee nach einem Sanitäter.

Ich stand im Unterstand, zitterte wie Espenlaub und stellte ein paar Berechnungen an. Der Explosionsradius einer 82-mm-Granate betrug fast 15 Meter. Jede Person in einem Umkreis von 30 Metern musste also vernünftigerweise damit rechnen, bei der Detonation vaporisiert, getötet oder zumindest schwer verwundet zu werden. Die erste Granate war jedoch nur 1,50 Meter von mir entfernt hochgegangen. Es hätte mich also voll erwischen müssen. Aber das war nicht passiert. Nichts war passiert. An meinem ganzen Körper war kein einziger Kratzer.

Dass ich überhaupt überlebt hatte, war schon erstaunlich. Die Chance, einen solchen Beinahe-Volltreffer ohne jede Verletzung zu überstehen, war statistisch gesehen gleich null.

Dies war der Moment, an dem ich dem Atheismus abschwor.
Meine Bekehrung war keine Erleuchtung oder Offenbarung, sie war vielmehr das Ergebnis einer wissenschaftlichen Überlegung. Bis zu diesem Moment war Gott für mich eine unwahrscheinliche Hypothese gewesen. Diese Hypothese war jetzt jedoch durch ein Experiment erhärtet worden. Eine Mörsergranate hatte mir die Beine unter dem Arsch weggezogen, mich dann jedoch lebendig und unverletzt ausgespuckt.
Mein Rufzeichen in Beirut lautete »Bad Karma«. Obwohl ich zu dieser Zeit noch nicht »kosmisch aktiviert« war, akzeptierte ich diesen Kampfnamen angesichts dessen, was es bedeutete, ein Kampfsoldat zu sein. Bei unserem Spiel ging es um Leben und Tod. Bei meinen Einsätzen konnte ich jederzeit getötet werden, so wie jeder andere Mensch in dieser Stadt auch. Ich wusste, dass das Karmaschwert in beide Richtungen ausschwang.

Unsere Taktiken entwickelten sich im Lauf des Sommers immer weiter. Als die Milizen Hooterville mehr und mehr zu ihrem Einsatzgebiet machten, wurden die Stellungen der Marines außerhalb des Flughafen-Schutzzauns immer häufiger angegriffen. In den Slums in der Umgebung des BIA trieben immer mehr Scharfschützen ihr mörderisches Handwerk. Die ständig größer werdende Schar der »bösen Jungs« liebte es zudem, die Amerikaner in tödliche Hinterhalte zu locken, ob sie nun zu den Drusenmilizen, der PLO, der Hisbollah oder der Amal gehörten. Am Haupteingang zum Flughafen hing jetzt eine große blau und gold grundierte Sperrholzplatte, die die Darsteller der Fernsehserie *Hill Street Blues* signiert hatten und auf der stand: »Hey, passt auf euch auf da draußen!« Direkt daneben lag der Checkpoint, wo sich ein Marine-Wachmann vergewisserte, dass man seine Waffen *entladen* hatte, bevor man den amerikanischen Stützpunkt verließ. Wenn ich und meine Männer an ihm vorbeigingen, öffneten wir die Verschlüsse unserer Gewehre, um zu zeigen, dass wir diese Vorschrift befolgten. Der Marine schaute uns dann mit einem besonderen Blick an, der wohl sagen sollte: »Ihr Jungs habt eure Waffen doch wirklich entladen, nicht wahr?« Ich lächelte immer so unschuldig zurück, wie ich nur konnte. Ich würde jedenfalls der Mutter eines SEALs aus meinem Platoon nicht einen Brief schreiben, in dem ich ihr erklärte, dass ich der Offizier sei, unter dessen Kommando ihr Sohn gefallen sei, als er mit ungeladenem Gewehr durch Westbeirut stiefelte. Ungeachtet der Vorschriften der multinationalen Truppe war es ein Dauerbefehl der SEALs in Beirut, an solchen Checkpoints ihre geöffneten Waffen vorzuzeigen und dann nach der ersten Kurve durchzuladen. Geladen und gesichert, wie es sich gehörte.

Die nachrichtendienstlichen Berichte wiesen darauf hin, dass die Hisbollah in Wohnhäusern Beobachtungsstellungen und Unterstände einrichtete, was es uns weit schwerer machte, sie aufzuspüren und anzugreifen. Scharfschützen schossen oft aus den Fenstern von Wohngebäuden auf Marines. Sie vertrauten darauf, dass die amerikanischen Friedenssicherer sich scheuen würden, auf einen Wohnblock voller Frauen und Kinder zu feuern. Als die Angriffe auf die CPs immer mehr zunahmen, wurden die Fußpatrouillen allmählich zurückgeschraubt oder ganz eingestellt und Fahrzeugpatrouillen wurden die Regel. Wir änderten ständig unsere Routen durch die Stadt. Wie üblich führte Unberechenbarkeit zu größerer Sicherheit.

Ein wichtiger Grundsatz der Naval Special Warfare lautet, dass die SEALs Zeit und Ort des Kampfes bestimmen. Wir kämpfen gegen den Feind nach unseren Bedingungen und dort, wo wir es wollen – oder überhaupt nicht. Aber hier gehörten wir zu einer Friedenstruppe und mutierten zunehmend zu Zielscheiben. Wir waren jetzt die Gejagten und nicht mehr die Jäger. Unsere diesbezüglichen Einsatzregeln hinderten uns daran, unseren Beruf so auszuüben, wie wir das für richtig hielten. Aus diesem Grund versuchten wir, wenigstens die Karten auszuspielen, die wir noch hatten: das Überraschungsmoment, die Täuschung und die überlegene Feuerkraft.

Wir variierten Wege und Zeit unserer Patrouillen. Manchmal unternahmen wir sie am hellen Tag, manchmal kurz vor Sonnenaufgang. Wir bewegten uns in Konvois aus zwei oder drei Jeeps, benutzten jedoch keine Humvees. Jeeps gab es in dieser Stadt wie Sand am Meer und mit allen möglichen Ausstattungen. Ein schmutziger amerikanischer Jeep sah dabei nicht viel anders aus als ein schmutziger Jeep der Drusen-Miliz.

Die SEALs genießen große Freiheiten, was die Auswahl ihrer Waffen und ihrer Ausrüstung angeht. Kurz gesagt, verwenden wir das, was funktioniert, ganz egal, wer es hergestellt hat. Amerikanische Waffen, vor allem das M-16, haben ganz bestimmte Konturen, die bereits von Weitem zu erkennen sind. Wenn wir deshalb in den Besitz russischer AK-47 oder RPGs gelangten, nahmen wir diese auf unsere Patrouillen mit. Mit der Waffe der bösen Buben herumzulaufen, war eine Maßnahme, die wir ergriffen, um in dieser Stadt nicht allzu sehr aufzufallen. Unsere Kampfuniformen mit ihrem speziellen Woodland-Flecktarnmuster, das vor allem für Waldgebiete geeignet war, wiesen uns ebenfalls eindeutig als Yankees aus. Stattdessen trugen wir oft eine Mischung aus Woodland- und Desert (Wüsten)-Mustern, Bluejeans und Tarnjacken aus der Tschechoslowakei oder der DDR. Unsere Outfits hätten Mad Max zur Ehre gereicht. Sie ließen uns jedoch aussehen wie echte Beiruter Milizkämpfer. Um der Genfer Konvention bezüglich unseres Kombattantenstatus Genüge zu tun, hatten wir kleine amerikanische Flaggen mit einem Klettverschluss an unseren Schultern befestigt.

Arabische Kopfbedeckungen rundeten unseren landestypischen Aufzug ab. Wir trugen die schwarz-weiße palästinensische Kefije oder den rotweißen arabischen Shemag, je nachdem, in welchem Viertel wir waren. Meistens hatten wir uns diese Tücher um den Hals gebunden oder in die Kragen unserer Tarnhemden gesteckt. Gelegentlich trugen wir sie jedoch auch als eine Art Kopftuch, wobei wir sie mit einer Ogal, einer schwarzen Kordel, am Kopf befestigten. In diesen Fällen sahen wir fast wie Lawrence von Arabien aus. Zweck dieser Aufmachung war es, Zeit zu gewinnen. Aus der Entfernung wirkten wir auch für unsere Gegner wie eine einheimische Patrouille. Selbst wenn unsere Feinde nur zehn Sekunden brauchten, um ihren Irrtum zu erkennen, gab uns das genug Zeit, um zu reagieren. Manchmal wirkte diese Verkleidung, manchmal tat sie es nicht.

Auch was unsere Bewaffnung anging, hatten wir die Auswahl. Wir entschieden uns meistens für die schwere Version. Die Fähigkeit zu einem massiven Deckungsfeuer war die einzige Taktik, um aus einem Hinterhalt einigermaßen unbeschadet herauszukommen. Jede Vier-Mann-Boat-Crew führte mindestens ein M-60-MG oder ein russisches leichtes RPK-MG mit. Jeder von uns hatte wenigstens zehn 30-Patronen-Magazine für unsere M-16 dabei. Darüber hinaus war mein CAR-15 mit einem M-203-40-mm-Granatwerfer ausgerüstet. Der 203 konnte auf eine Entfernung von knapp 400 Metern HEDP-Granaten (»High Explosive, Dual Purpose«, »hochexplosiv, doppelter Zweck«) abfeuern, die durch ihre Splitterwirkung auch gegen Weichziele (Personen) eingesetzt werden konnten, gleichzeitig aber auch Panzer durchschlagen konnten. Ich hatte bei den Patrouillen meinen Granatwerfer mit einer sogenannten Beehive-Granate geladen, einem speziell entworfenen Geschoss, das den 203 in eine extrem große Schrotflinte verwandelte. Dabei war die Beehive jedoch nicht mit einfachen Schrotkugeln, sondern mit 200 sogenannten Flechettes gefüllt, pfeilförmigen Projektilen mit einem Leitwerk. Drückte man auf den Abzug, beförderte der Beehive mit 150 Metern pro Sekunde eine wahre Wolke aus Nadeln ins Ziel. Die Waffe hatte auf kurze Distanz eine absolut verheerende Wirkung.

Um eventuelle Ziele für Kampfhubschrauber zu markieren, hatte ich auch ein Magazin mit 30 roten Leuchtspurgeschossen dabei. NATO-Truppen benutzen rote Leuchtspurgeschosse. Allerdings sollte man sich als kluger Operator immer bewusst sein, dass sie eine doppelte Signalwirkung haben. 30 rote Feuerbälle würden zwar einerseits deutlich anzeigen, worauf die Kampfhubschrauber schießen sollten, sie würden jedoch genauso deutlich die Stelle markieren, von der aus ich gerade schoss. Deshalb hatte ich ein zweites Magazin mit grünen Leuchtspurgeschossen dabei, der Farbe, die unsere Feinde bevorzugten. Sehen und Glauben sind zweierlei, und ich benutzte die grünen Leuchtspurgeschosse, um die bösen Jungs zu verwirren. Mehr als einmal hörten diese Mistkerle auf zu schießen, weil sie wegen der grünen Geschosse dachten, sie hätten das Feuer auf die eigenen Leute eröffnet. Neben unseren Schusswaffen hatten wir noch Funkgeräte, Flugzeug-Identifizierungstafeln, Rauch-, Splitter- und Blendgranaten, Wasser und Verbandskästen dabei. Die normale Kampfausrüstung eines Mannes wog etwas über 18 Kilogramm.

Als die Angriffe aus dem Hinterhalt und die Autobomben immer weiter zunahmen, benutzten wir mehr und mehr die Sea Fox und Hubschrauber, um in und aus der Stadt zu kommen. Ende August stellten wir die Jeeppatrouillen vollständig ein, rückten aber weiterhin aus, um die Stellungen unserer Verbündeten, vor allem der Franzosen, zu besuchen.

Im französischen Sektor ließ es ein Bataillon der Elitesoldaten weiterhin kräftig krachen. Das Bataillon bestand vor allem aus Osteuropäern, Kambodschanern und Vietnamesen. Es gab auch einige Deutsche, hauptsächlich DDR-Flüchtlinge, und immerhin einen Amerikaner, der für uns übersetzte. Ihre Offiziere waren allesamt Absolventen der berühmten Militärschule Saint-Cyr. Die Disziplin der Einheit war äußerst streng. Die Männer waren absolute Profis und perfekt organisiert. Die französischen Truppen wurden noch von einer Abteilung des Commando Hubert verstärkt, einer Spezialeinheit der französischen Marine für maritime Kommandooperationen, deren liebenswürdige Gastfreundschaft wir oft genießen durften.

Am Green Beach lebten wir hauptsächlich von unseren kalten Einsatzrationen, den MREs. Nur gelegentlich bekamen wir etwas Warmes zu essen, wenn die Köche es mit der fahrbaren Gulaschkanone wagten, das geschützte Flughafengelände zu verlassen. Bei den Franzosen zu speisen, war dagegen ein wahres Vergnügen. An einem Nachmittag servierte man uns nach einer Hafenpatrouille, die wir gemeinsam mit dem *Commando Hubert* durchgeführt hatten, Kaninchen mit grünen Bohnen, grünen Salat, frisch gebackenes Brot und Erdbeer-Crêpes. Nach dem Essen entschuldigte sich der Caporal-Chef bei uns, er hätte uns etwas Besseres vorgesetzt, wenn er gewusst hätte, dass wir kommen. Als wir zum ersten Mal die französischen Feldrationen sahen, konnten wir es zuerst gar nicht glauben. Die amerikanischen MREs bestanden aus Fertigpackungen mit Hühnchen à la King und anderen Sachen, die noch schlechter rochen. Die französischen Rationen sahen so aus, als hätte sie die berühmte

Fernsehköchin Martha Stewart zusammengestellt. Ich habe einmal eine gegessen, die aus einer Dose Paté, einem Pilzragout, eingemachten Birnen und einer eingeschweißten Packung Gruyère-Käse bestand. Außerdem enthielt jede französische Rationen-Box kleine Flaschen Rot- und Weißwein und ein Fläschchen Cognac. Auch wenn es nur einen starken Schluck dieses Weinbrands enthielt, baute dieser einen nach einem harten Einsatz sofort wieder auf: Vive la France!

An einem Nachmittag durchsuchten die Alpha- und Charlie-Boat-Crew zusammen mit Mitgliedern des Commando Hubert das im Stadtzentrum liegende ausgebrannte Hotel Holiday Inn nach möglichen Heckenschützen. Mit Unterstützung einer Kompanie der französischen Elitesoldaten überprüften wir in allen 15 Etagen einen rauchgeschwärzten Raum nach dem anderen. Obwohl wir am Ende keine feindlichen Scharfschützen gefunden hatten, war die ganze Operation doch eine äußerst brenzlige Sache, die durch die reichlichen Mengen Wein, die uns die Franzosen zum Mittagessen serviert hatten, nicht weniger brenzlig wurde.

Jede Nacht wurden auf den Bergen Artilleriegeschosse abgefeuert, die in der Nähe der Außenposten außerhalb der Flughafen-Ringstraße niedergingen. Dabei handele es sich um »Irrläufer«, bekamen wir dann erzählt. Die Geschosse, die »unabsichtlich« in unsere Richtung abgefeuert wurden, schlugen ziemlich regelmäßig auf den Feldern in unserer Umgebung ein. Gelegentlich trafen sie auch einmal den Green Beach selbst. Das seien Zufälle, wollte man uns weismachen. Eigentlich seien sie als Teil der Auseinandersetzungen zwischen den Bürgerkriegsparteien für jemand anderen bestimmt gewesen. Das Ganze war ein übler Trick, um uns keine Feindbeschuss-Prämie auszahlen zu müssen. An polierten Tischen in Washington hatte man beschlossen, dass dies kein Feindbeschuss war. Es war etwas vergleichsweise Harmloses, Nettes, und es steckte überhaupt keine Absicht dahinter. Auf der anderen Seite der Erde wusste man also genau, auf wen die Drusen eigentlich schießen wollten.

Waffenruhen kamen und gingen. Gleichzeitig gerieten die amerikanischen Stellungen immer häufiger unter Feuer. Was jedoch jenseits unseres Stacheldrahtzauns geschah, ging uns nichts an, und was immer in unserem Sektor landete, wurde großherzig hingenommen, wie es sich für einen Friedensstifter gebührte.

Wenn man jedoch in einem Schützenloch entlang des Schutzzauns steckte, betrachtete man diese »Irrläufer« mit etwas weniger Gleichmut. Plötzlich gab es auf den Höhen einen roten, geräuschlosen Blitz, der auf den ersten Blick wie ein kurzer Lichtschein unter vielen anderen wirkte. Der Kenner wusste jedoch sofort, worum es sich handelte. Es bedeutete, dass gerade eine raketengetriebene Granate abgefeuert worden war und man ab jetzt nach dem verräterischen roten Glühen der durch die Luft fliegenden Granate Ausschau halten musste. Wenn die RPG quer durch dein Sichtfeld flog und für jemand anderen bestimmt war, schien sich das Geschoss relativ langsam zu bewegen, ein roter Punkt, der wie ein unglaublich fetter, todbringender Mann über den Himmel seinem Ziel entgegenkroch. Aber sogar wenn sie direkt auf einen selbst abgefeuert worden war, konnte man sie manchmal kommen hören. Erst wenn die Granate bereits den halben Weg zurückgelegt hatte, schallte das Startgeräusch, eine Art »*bumpf*«, von den Bergen herüber. Wenn man den Abschuss beobachten konnte, hatte man noch genug Zeit, in Deckung zu gehen. Wenn man ihn jedoch nicht gesehen oder gehört hatte, würde man erst die zerstörerische rote Druckwelle der Explosion wahrnehmen.

Während wir schwitzend in unserer Stellung auf den Einschlag der Granate warteten, schien die Zeit stillzustehen. Nach dem Verklingen des Abschussgeräuschs wurde die Nacht wieder ganz ruhig. Nur noch unser Herzklopfen und unser heftiger Atem waren zu hören. Manchmal gab es gar keine Explosion, manchmal schlug die RPG auf der Betonlandebahn auf und hopste dann durch die Gegend. Manchmal schlug sie in den weichen Sandboden am Ufer ein, ohne zu detonieren. Dann kam nichts mehr, als ob jemand zuerst einen Schalter umgelegt und dies dann wieder rückgängig gemacht hätte. Manchmal explodierte die Granate weit von der eigenen Stellung entfernt. Ganz langsam öffnete man danach die Augen. Man kam allmählich wieder zu sich und begriff, dass man noch am Leben war. Die Hügel waren dann ganz besonders still. Während der Rauch abzog, tauchte ein einziges Wort aus den Tiefen des Gehirns auf: »Irrläufer«.

Bevor wir die Namen der Mitspieler kannten, waren die bösen Jungs nur eine gesichtslose Masse. Sie gehörten einfach zu einer der halben Dutzend Milizen, die gegen die libanesische Armee kämpften. Wenn wir auf sie feuerten, nannten wir sie im Spaß »Jake und Abdul, the Druze Brothers«. Im Laufe des Sommers sollte sich das jedoch ändern. Wir kannten jetzt einen dort oben auf den Bergen. Sein Name war »Wally«, und er beobachtete uns ständig. »Wally« war der Führer der Drusenmiliz Walid Dschumblat. Wir konnten uns gut vorstellen, wie Dschumblat uns mit seinen hervorstehenden, wässrigen Eulenaugen beobachtete, unsere Bewegungen registrierte, uns mit Granaten beschoss, die Stellung wechselte und dann erneut auf uns feuerte. Es war sein Spiel und wir waren gezwungen mitzuspielen.

Der Song »I'll Be Watching You« von The Police wurde zu unserer heimlichen Hymne. Wenn die lokalen Radiostationen oder der mobile Radiosender der Navy am Flughafen ihn spielten, sangen wir laut mit, wobei wir den Text jedoch leicht an unsere Situation in diesem Sommer anpassten:

Every move you make
Every shit you take
The bunkers you create
Wally's watching you.
Oh can't you see,
He's got the RPGs
And when you hear that sound
Here comes another round
Wally's watching you …

(»Bei jedem Schritt, den du tust, bei jedem Scheißhausgang, den du machst, bei jedem Unterstand, den du baust, hat dich Wally immer im Auge. Siehst du nicht, er hat die RPGs, und wenn du deren Geräusch hörst, kommt schon die nächste geflogen. Wally hat dich immer im Auge …«)

Während wir dieses Lied sangen, sorgte die Artillerie im Schuf-Gebirge für die rhythmische Begleitung. Ich kaufte mir ein Briefmarkenheftchen und wollte anonyme Briefe an meinen Kongressabgeordneten schreiben, verzichtete dann jedoch aus unerfindlichen Gründen darauf. Es wurde überhaupt immer schwieriger, jemandem zu schreiben. Meine Briefe aus Beirut waren eine Studie darin, wie ein waches Bewusstsein mehr und mehr in einem Sonnenstich versank. In diesem Sommer schrieb ich oft an Margot und weniger oft an meine Eltern. Ihnen allen berichtete ich nur über das Wetter, das schlechte Essen und ähnliche banale Dinge. Ich erwähnte jedoch nie die Artillerieangriffe, unsere Einsätze oder die immer schlimmer werdenden Verhältnisse in dieser Stadt.

Ich bin jedoch überzeugt, dass die Banalität meiner Briefe ein Hinweis war, dass es da noch etwas geben musste. Mein Dad sandte mir lange Ermahnungen, immer aufmerksam zu bleiben, auf meine Füße achtzugeben und mich entschlossen und beherzt gegen unsinnige Befehle zu wehren. Tatsächlich beherzigte ich diese klugen Ratschläge. Meine Mutter schickte mir Blechdosen voller dänischer Butterkekse und Geschenkpackungen des Spezialitätenherstellers Hickory Farms. Außerdem füllte sie ganze Styroporschachteln mit in Wachspapier eingewickeltem Cheddar-Käse, Salzgebäck und Schinkensülze-Dosen. Normalerweise war das die Sorte von Weihnachtsgeschenken, die man den Leuten schickte, die man nicht mochte. In Beirut waren sie Delikatessen, die wir sofort verschlangen. Margot schickte mir ein Bild von sich, auf dem sie in einem blauen String-Bikini auf einem Handtuch am Strand von Virginia Beach saß. »Komm schnell heim«, hatte sie auf die Rückseite gekritzelt. »Ich habe eine Überraschung für dich.«

Ich hatte auch eine Überraschung für sie.

Mitte August hatte die Zahal oder IDF (Israel Defense Forces) ihre Umgruppierung abgeschlossen. Sie zog ihre Truppen aus den Schuf-Bergen ab und verlegte sie in einen langen Gebietsstreifen südlich der Stadt Sidon, der als neue Pufferzone zu Israel den gesamten libanesischen Süden umfasste. Aus den Vorbergen oberhalb von Green Beach stiegen Rauchfahnen auf, als die Israelis ihre überschüssigen Vorräte verbrannten, während gleichzeitig die IDF-Konvois nach Süden rollten. In der Stadt selbst hatten sie inzwischen alle ihre Kasernen und Depots aufgegeben. Nur noch einige Panzer- und Infanterieeinheiten waren geblieben, um den Abzug zu decken und den Checkpoint auf der Küstenstraße vorerst weiter zu besetzen.

Der letzte IDF-Stützpunkt lag auf einer kleinen Anhöhe 200 Meter südlich der libanesischen Universität in Choueifat. Der Davidstern flatterte an einem zweistöckigen Gebäude, das von Bunkern, Unterständen, Kampf- und Transportpanzern umgeben war. Die Marines nannten den israelischen Stützpunkt »Fort Apache«. Tatsächlich sah er wie die Sandsack-Hauptstadt der Welt aus.

Während des langwierigen Rückzugs wurde diese IDF-Stellung immer exponierter, da sie jetzt vom Hauptkontingent der Zahal abgeschnitten war. Wie in einem Mikrokosmos spielte sich dort ab, was sich später in ganz Beirut ereignen würde: täglicher Scharfschützen-, Raketen- und Mörserbeschuss. Außerdem war ständig mit Autobomben zu rechnen. Die israelische Reaktion auf diese Angriffe unterschied sich jedoch grundsätzlich von der unseren: Die Israelis übten sofort Vergeltung. Wenn IDF-Stellungen unter Feuer gerieten, war ihre Antwort immer die gleiche. Sie schossen 25 Minuten lang aus allen Rohren auf das Viertel, aus dem die Schüsse gekommen waren. Im israelischen Militärwortschatz hieß das »Kollektivstrafe«. Dabei wurden die drei Straßenblocks, aus denen sie beschossen worden waren, in Trümmer gelegt. Das IDF-Feuer war so intensiv und präzise, dass man selbst jenseits der Schuf-Berge noch den Zorn der Israelis spüren konnte. Diese Taktik machte sie bei den Beirutern natürlich nicht gerade beliebt. Als die IDF aus Fort Apache abzog, erbte die Marine-Kompanie, die auf dem Gelände der libanesischen Universität stationiert war, die Abneigung, die die Bewohner gegenüber den früheren Mietern gehegt hatten.

Die Leute in den USA glaubten vermutlich, dass Amerika und Israel im Libanon enge, unverbrüchliche Verbündete gewesen wären. Gewiss waren die Libanesen der Meinung, dass Amerika sich in den Konflikt eingemischt habe, um die israelische Besetzung Beiruts zu unterstützen. Dass die Marines nichts unternahmen, um die übermäßige Gewaltanwendung der Israelis zu stoppen, verstärkte diesen Eindruck natürlich. In Wirklichkeit waren die Beziehungen zwischen den Marines und der IDF vor Ort immer gespannt.

Es gab mehrere Beispiele bewusster israelischer Provokationen. Gepanzerte IDF-Fahrzeuge drangen mehrmals in Stützpunkte ein, die von Amerikanern gehalten wurden. Mehr als ein Marine hatte bereits seine Waffe auf einen israelischen Panzerkommandanten gerichtet. Auch wir hatten mit ihnen ein paar Auseinandersetzungen. Meist waren es Schwierigkeiten an ihren Fahrzeugkontrollpunkten, wo IDF-Panzer die Straße blockierten und sich weigerten, ein Stück beiseitezufahren und uns durchzulassen. Auf den Straßen zurückzufahren, die wir gerade gekommen waren, war jedoch viel mehr als unangenehm. Es war brandgefährlich. Wir nannten die IDF bei uns die »Armee Gottes« und belegten sie auch mit anderen, weit weniger schmeichelhaften Ausdrücken.

Als wir einmal mit der Sea Fox unterwegs waren, bekamen wir den Befehl, ein Schiff zu überprüfen, das sich laut Radarüberwachung mit hoher Geschwindigkeit dem Hafen näherte. Der Punkt auf dem Radarschirm stellte sich schließlich als Patrouillenboot der israelischen Marine heraus, das mit einem Affenzahn nach Norden in Richtung des amerikanischen Operationsgebiets unterwegs war. Wir bekamen den Auftrag, das Boot abzufangen. Die *USS John Rodgers* teilte uns seine Geschwindigkeit und seinen genauen Kurs mit. Als wir näher kamen, merkten wir, dass wir es mit einem IDFN-Patrouillenboot der Dabur-Klasse zu tun hatten. Wir versuchten unser Bestes, um es durch Winkzeichen zum Beidrehen zu bewegen, die Israelis weigerten sich jedoch, langsamer zu werden oder gar anzuhalten. Wir preschten ihnen mit Höchstgeschwindigkeit hinterher, bis beide Seiten schließlich stoppten und einander mit Waffen bedrohten.

Das israelische Patrouillenboot war mit 18 Metern anderthalbmal so lang wie wir und außerdem mit 20-mm-Kanonen bewaffnet. Wenn sie das Feuer auf uns eröffnet hätten, wären wir in ein paar Sekunden zerfetzt worden. Ich stand mit dem Gewehr um den Hals auf dem Mitteldeck der Sea Fox. Für kurze Zeit dümpelten wir auf dem Wasser, hielten unsere Waffen aufeinander gerichtet und warteten darauf, dass einer von uns nachgab. Schließlich griff sich der israelische Kommandant auf seiner Brücke ein Megafon. In abgehacktem Englisch teilte er mir mit, dass er uns versenken würde, wenn ich ihm weiterhin den Weg versperren würde. Ich rief zurück, dass es eine sehr kurze Fahrt werden würde, wenn er nach Norden weiterfahren würde. Ich deutete über meine Schulter. Von dort rauschte die 100 Meter lange *USS John Rodgers* auf uns zu, deren strahlend weiße Bugwelle sich gegen das tiefblaue Wasser abhob. Das 127-mm-Schiffsgeschütz der *John Rodgers* war nach Backbord gerichtet. Sie meinte es ernst, und wir taten das auch.

»Ich rate Ihnen, sich zurückzuziehen, Captain«, sagte ich.

Das Dabur-Boot wendete und fuhr langsam den Weg zurück, den es gekommen war.

Als sich das israelische Patrouillenboot beleidigt in Richtung Süden entfernte, tröstete mich der Gedanke, dass wir vielleicht nicht »Gottes Armee«, aber zumindest in dieser Gegend immer noch »Gottes Navy« waren.

Zurück am Ufer, bekamen wir zwar unterschiedliche Aufträge zugewiesen, trotzdem schlich sich mit der Zeit eine gewisse Monotonie ein. Das einzige Gegenmittel gegen Langeweile ist, sie gar nicht erst aufkommen zu lassen. Ich hatte ein Surfbrett in unsere Verlade-Box geschmuggelt, bevor wir Virginia verließen. Es war sogar mein Lieblings-Surfboard, ein 2,08 Meter langes kirschrotes Lopez Lightning Bolt, ein abgerundeter Pintail, den Gerry Lopez selbst entworfen hatte. Ich brachte das Brett an Land, indem ich es in einen Leichensack steckte. Bubba, Cheese und Dave halfen mir, ihn in der »Landezone Braun« am Flughafen aus dem Hubschrauber zu tragen. In einer Kriegszone gibt es eine Sache, die die Leute zwar erblicken, aber nicht »sehen«, und das sind vier SEALs, die einen Leichensack tragen. Wir fuhren die »Leiche« dann auf der Ladefläche eines 2,5-Tonnen-Militärlasters nach Green Beach, wo ich sie in einen unserer Container vor dem Rancho Deluxe steckte. Meist sind die Brandungswellen im Libanon nicht sehr beeindruckend, aber manchmal konnten sie sich doch sehen lassen. Zwar hatten die meisten nur Kniehöhe, aber ich ritt auf einem Reef-Break auf der Südseite des künstlichen Uferkais, der gar nicht so schlecht war. Zwei Kollegen vom Commando Hubert waren ebenfalls Surfer und kamen manchmal zu einem kleinen Wellenritt zu uns herunter, wenn es die Verhältnisse erlaubten. Die Bedingungen waren jedoch nicht immer angenehm. Für den fundamentalistischen islamischen Geist muss das Surfen an sich etwas zutiefst Anstößiges an sich haben. An einem Nachmittag waren die Wellen hoch, und ich paddelte nach draußen. Ich war etwa 20 Minuten im Wasser, als drei Katjuscha-Raketen über die Küstenstraße und den Strand flogen. Ich ließ mein Brett am Ufer liegen und rannte geduckt zurück in unsere Unterstände. SEALs, SeaBees und Beachmasters, alle jubelten mir zu. Zwei Wochen später passierte es erneut. Ich surfte unweit der Schwimmpiers, als plötzlich ein kreischendes Heulen aus dem Himmel kam. Dieses Mal schlugen die Geschosse auf dem Strand dicht neben den Zelten der SeaBees ein. Als ich zu den Unterständen hinüberrannte, jubelte mir keiner mehr zu. Als ich gerade in den Rancho Deluxe hechtete, explodierte eine Rakete so nahe, dass mir kurz die Luft wegblieb.

Kurz darauf hörte ich einen SeaBee sagen: »Diese Scheiße ist jetzt aber gar nicht mehr lustig, Mann.«

Die Folgerungen waren klar. Das Surfen provozierte Wally. Wenn Wally sauer war, feuerte er mit Raketen. Die Raketen schlugen Löcher in die Wassertanks, hinderten die mobile Gulaschkanone am Ausrücken und die Schrapnelle zerfetzten die Zeltbahnen. Betrübt stellte ich das Surfen ein.

In diesem Sommer sorgten wir für die Sicherheit einer Anzahl von VIPs, die auf einer Erlebnisreise Beirut kennenlernen wollten. Es schienen immer ein oder zwei von ihnen da zu sein, stellvertretende Staatssekretäre von diesem und jenem, Ein-Stern-Generäle und, die Schlimmsten von allen, Kongressabgeordnete. Wir wichen ihnen mit unseren Vuarnet-

Sonnenbrillen und umgehängten Waffen nicht von der Seite. Manchmal besetzten wir mit Scharfschützen-Teams Hausdächer, um die Wichtigtuer einer Pressekonferenz zu schützen. Meist waren es nur einer oder zwei, gelegentlich jedoch eine ganze Gruppe, ein halbes Dutzend Schwätzer mit ihrer Eskorte von Stabsoffizieren, die sie durch unsere Stellungen bugsierten. Gewöhnlich gab man ihnen Tarnkleidung, wenn sie durch unseren Sektor tourten. Angeblich sollte dies dem Feind ihre Wichtigkeit verschleiern, obwohl ich bezweifle, dass ein Typ in einem Dreiteiler in einem Scharfschützenvisier weniger auffällt als ein Fettsack in Tarnkleidung. Tatsächlich wirkten sie in ihren makellosen, nagelneuen Kampfanzügen absolut lächerlich. Trotzdem wollten sie nie auf sie verzichten. Vor allem wollten sie damit in unseren vorgeschobenen Stützpunkten fotografiert werden, wobei sie schamlos mit Männern posierten, die diese Uniform als Berufskleidung trugen, Marines, denen man oftmals befohlen hatte, für solche Fototermine »zur Verfügung zu stehen«.

Als ein solcher Kongressabgeordneter mir einmal die Hand entgegenstreckte, ergriff ich sie. Ich erinnere mich, dass sie heiß und feucht war. Unsere Blicke begegneten sich jedoch nie, und als ich gerade etwas sagen wollte, zog er die Hand zurück, um sie jemand anderem hinzuhalten. Danach ließ er die Augen in derselben uninteressierten Weise kurz über Frank wandern. Als der Politiker weiterging, schaute ich ihm hinterher. Ich bemerkte, dass er seine Tarnhosen zwar wie ein Soldat über dem Schuhwerk nach innen umgeschlagen hatte, er jedoch keine Stiefel, sondern schwarze Nylon-Stützstrümpfe und auf Hochglanz polierte, schwarze Halbschuhe trug.

Wir sicherten auch den Besuch des damaligen Vizepräsidenten Bush ab. Nachdem er mit dem Hubschrauber zurück zum Flaggschiff geflogen worden war, hatte ich etwas im MSSG-Gebäude zu erledigen. Irgendein Typ vom Pressebüro hatte dort ein frisch entwickeltes Foto an das Schwarze Brett getackert, das den Vizepräsidenten zeigte, wie er gerade dem libanesischen Präsidenten Amin Gemayel die Hand schüttelte. Irgendein Witzbold hatte danach über dem lächelnden Gesicht Präsident Gemayels eine Cartoon-Sprechblase gezeichnet. Laut dieser dachte

Gemayel offensichtlich wie die Kinder in Hooterville an amerikanische Süßigkeiten. Die Sprechblase lautete nämlich: »Hello! Wie heißt du? Gib mir Kakao!«

Der alltägliche Ablauf des libanesischen Bürgerkriegs war bis auf die Sekunde bekannt. Die genauen Aufgaben der multinationalen Friedenstruppe waren weniger deutlich definiert. Sie waren zwar angeblich in einer Broschüre namens »Libanon« festgehalten, die von der MAU herausgegeben und verteilt worden war. Die diesbezüglichen Angaben waren aber nur vage und wolkig und darüber hinaus in vielen Seiten voller unwichtiger Angaben über das lokale Klima, die Geografie und die Landwirtschaftsgeschichte des Libanon versteckt. Bezeichnend war ein nebulöser Satz, es sei unsere Aufgabe, »ein Klima zu schaffen, in dem die libanesischen Streitkräfte ihrer Verantwortung nachkommen können«. Wenn wir das schaffen wollten, hatten wir viel zu tun.
In dem Handbuch gab es auch Karten, die angeblich die Positionen der Hauptbeteiligten zeigten, allerdings mit der Wirklichkeit nur wenig zu tun hatten. So besetzten die Drusen laut dieser Karte einen Kreis mit einem Radius von 8 Kilometern, der Beirut nicht einmal berührte. Den anderen, potenziell feindlichen Parteien wurden ähnlich unrealistische Herrschaftsbereiche zugewiesen, während man den LAF (Lebanese Armed Forces/libanesische Streitkräfte) galanterweise die Kontrolle über einen Großteil der Hauptstadt mit dem Parlamentsviertel zugestand. Diese Karten zeigten einen Libanon, den Amerika erst schaffen wollte und der mit der Wirklichkeit des Krieges herzlich wenig zu tun hatte.
Den Beschützer der um ihre Existenz kämpfenden Libanesischen Republik zu spielen, war vielleicht eine noble Absicht, stellte sich jedoch als äußerst kurzsichtig heraus. Hier hatten wir es mit einem multilateralen Bürgerkrieg zu tun. Obwohl die einzelnen Parteien offensichtlich Spaß daran fanden, einander zu bekriegen, hatte jede von ihnen doch auch mit der amtierenden Regierung ein Hühnchen zu rupfen. Unsere »Friedenssicherung« bestand immer mehr darin, die einzelnen Parteien auseinanderzuhalten und es den LAF zu erlauben anzugreifen, wen immer sie

wollten. Das »Nation-Building« war endgültig zu einer halbherzigen Nebensache geworden. Amerikas vorgebliche Neutralität erwies sich immer mehr als Fiktion. Auf dieses Feigenblatt würde schon bald ganz verzichtet werden.
Nachdem sie wochenlang ihre überschüssigen Vorräte verbrannt hatten, verließen die Israelis in der Nacht zum 28. April ihre letzten Stellungen in Beirut. Als die IDF sich zurückzog, fiel die Stadt auseinander. Der Abzug der Israelis schuf ein gefährliches Vakuum. Die wichtigsten Bürgerkriegsparteien schlugen sich jetzt im Schuf-Gebirge um die nicht mehr besetzten Gebiete. Gleichzeitig schien jeder Beteiligte, ob nun Drusen, Amal oder LAF, auf die Marines zu feuern. Der Dauerbeschuss hielt mehrere Tage an. Als die Sonne über dem Schuf aufging, lag ganz Beirut unter einem Nebel von Pulverdampf. Während endloser grauer Nachmittage hallten die Berge vom Artilleriefeuer und Gegenbeschuss wider.
Die Mär von den angeblichen »Irrläufern« erwies sich endgültig als Unsinn, weil der Flughafen jetzt eindeutig direkt beschossen wurde. Tagelang gab es zwischen den einzelnen Granaten- und Raketeneinschlägen nur kurze Ruhepausen. Wenn wir durch unseren Stützpunkt gingen, waren wir immer auf der Hut. Sich mehr als vier Schritte von einem massiven Unterstand zu entfernen, wurde zu einem leichtsinnigen Nervenkitzel.
Die Männer in den Unterständen waren schweißgebadet. Ihre Augen waren so rund und groß wie die von Kindern bei einem Gewitter. Stundenlang saßen sie da und knirschten mit den Zähnen, wenn wieder einmal der Wind durch die Heckflossen der heranfliegenden Raketen pfiff. Wenn die Einschläge in der Nähe lagen, hob es die schlafenden Männer 15 Zentimeter von dem feuchten Boden empor. Ein unsanfteres Erwachen lässt sich wohl kaum vorstellen. Allerdings war es noch inmitten des schlimmsten Beschusses unmöglich, das Ganze nicht für einen entsetzlich schlechten Witz zu halten. Die Wahrnehmung ändert sich unter Feuer, die Sinne werden scharf und die Sicht, das Gehör und die Gerüche werden durch die enormen Mengen von Adrenalin im Blut und die nackte Angst intensiver.

Ich hatte mir damals ein paar Methoden zurechtgelegt, um diese Zeiten zu überbrücken. Ich überlegte mir Namen für die Hunde, die ich einmal besitzen würde, ich schmiedete Zukunftspläne und dachte mir möglichst schlimme Kommentare über ehemalige Geliebte aus. In diesen Tagen wirkte das Sonnenlicht irgendwie schwächer und schien seine Kraft verloren zu haben. Das Licht schlich durch die Türen und Lüftungsöffnungen und hatte eine zähflüssige, beinahe tastbare Qualität, die mich mehr an leuchtenden Schlamm als an Sonnenlicht erinnerte. Die Granaten- und Raketeneinschläge wirkten unter diesen Umständen wie unglaublich gewaltsame Wetterphänomene, als eine Art Killer-Wetter. Wenn sie dann einmal aufhörten, wurde dieses beinahe bußfertige Sonnenlicht auf uns heruntergespült. Dies sind Gedankengänge, die man wahrscheinlich erst nach vier Tagen ohne Schlaf verstehen kann.

In diesem September sah man den Augen der Männer im Unterstand an, wie ungeheuer frustriert und wütend sie waren. Wenn ich beobachten musste, wie die Geschosse in den Stellungen meiner Freunde einschlugen, wenn ich die Schockwellen spürte und mich auf den Boden meines eigenen Unterstands presste, fühlte ich dasselbe. Kurze Anfälle mörderischer Wut schossen durch mein Gehirn. Es war die Art von unbeschreiblichem Hass, den man nur gegenüber den heimtückischen Arschfickern empfinden kann, die jeden Tag den stählernen Tod auf einen herabregnen lassen. Allerdings war man mit dieser Wut wie gelähmt. Man konnte sie nicht ausleben. Sie hatte weder ein konstruktives noch ein destruktives Ziel. Der Irrsinn dieser Unterstände versickerte einfach im Nichts. Es war eine Zen-Übung, mit einem Sandsack zwischen sich selbst und dem Verlöschen dazusitzen, während einem die Gedanken in riesigen, schmutzigen Schweißperlen das Gesicht hinunterströmten.

Die Phalangisten kämpften in den Bergen über Ostbeirut tagelang mit den Drusen um die Stadt Bhamdoun. Tag und Nacht dauerten die erbitterten Kämpfe an, während die amerikanischen Stellungen im Nordabschnitt von gezielten und verirrten Geschossen getroffen wurden. Von den Feldern bei Ash Shuwayfat aus belegte die LAF-Artillerie das Schuf-

Gebirge und die dahinterliegenden nördlichen Vorberge mit einer Symphonie unendlichen Donners mit Dauerbeschuss.
Schließlich gelang es den drusischen Truppen, die phalangistischen Stellungen in Bhamdoun zu überrennen. Im Gegenzug wurde die 8. Brigade der LAF, eine gemischte Einheit aus Christen und Muslimen, losgeschickt. Eigentlich erwartete man sich nicht viel von diesem Angriff. Zu aller Überraschung und zum Leidwesen der Drusen, der PLO, der Hisbollah und der syrischen Armee gelang es der 8. Brigade, bis Suq-al-Gharb vorzustoßen. Als sie dort auf den erbitterten Widerstand der von den Syrern geführten Verteidiger traf, erbat die LAF Unterstützungsfeuer von der amerikanischen Schiffsartillerie. Meines Wissens unterstützten die US-Diplomaten, angeführt von Sonderbotschafter Bud McFarlane, diese Bitte aus vollem Herzen. Der Kommandeur der Marines, Oberst Tim Geraghty, war jedoch von dieser Idee weit weniger begeistert. Im Schuf-Gebirge oberhalb des Flughafens standen mehr als 1000 Artilleriegeschütze, die Leuten gehörten, die von Hass auf die Vereinigten Staaten erfüllt waren. Wenn man jetzt aktiv die Partei der LAF ergriff, würden die Marines zur Zielscheibe dieser Kanonen werden. Solange Colonel Geraghty konnte, lehnte er deshalb die Schiffsartillerieunterstützung für die LAF klugerweise ab.
Frank und die Boat-Crews Alpha und Bravo operierten in diesen Wochen in der Umgebung von Suq-al-Gharb. Sie führten Aufklärungsmissionen durch und lokalisierten dabei mögliche Ziele, hauptsächlich feindliche Artilleriestellungen und Kommandobunker. Am 16. September wurden mehrere Artilleriegeschosse auf die amerikanische Botschaft in Westbeirut abgefeuert. Als Reaktion darauf lenkten Alpha und Bravo, unterstützt von ANGLICO-Einheiten, das Geschützfeuer der amerikanischen Kriegsschiffe auf drusische Artilleriestellungen im Schuf-Gebirge. Auch am 19. September operierte Franks Squad als vorgeschobene Artilleriebeobachtertruppe mit der Aufgabe der Feuerlenkung. Dabei feuerten die *USS Virginia, Bowen* und *John Rodgers* weitere 350 Geschosse ab, wobei sie dieses Mal die LAF-Einheiten in der Umgebung von Suq-al-Gharb unterstützten.

Jetzt herrschte endgültig Krieg, und die Vereinigten Staaten hatten auf einer Seite eingegriffen.

Vor der Küste lagen nun französische, britische und amerikanische Flugzeugträger. Gelegentlich waren sie wie große, graue, lauernde Ungeheuer am Horizont zu sehen. Ihre Kampfflugzeuge – Étendarts, Buccaneers und Tomcats – dröhnten täglich über dem Schuf. Sie kamen immer zu zweit in geringer Höhe mit fast Schallgeschwindigkeit vom Wasser herüber, drehten über dem Flughafen ein und donnerten im Tiefflug über die Vorberge hinweg. Sie flogen so schnell und tief, dass die Flugabwehrgeschütze sie nicht beschießen konnten.

Das Ganze war eine Show für uns einfache Landser. Die Regierungen Englands, Frankreichs und der Vereinigten Staaten drohten mit Luftangriffen, wenn das Granatfeuer nicht aufhören sollte. Die Flüge waren also eine Warnung für den Feind und ein verspätetes Zeichen der Entschlossenheit für die Männer in den Unterständen. Die Maschinen verbrachten wahrscheinlich ganze 35 Sekunden in derselben Luft, aus der täglich Granaten und Raketen auf unsere Köpfe herabregneten. Eindrehen, brüllende Turbinen und weg. Sie donnerten vorbei, um dann, so schnell sie gekommen waren, wieder über dem Meer in Richtung Flugzeugträger zu verschwinden.

Im Slang der Marines hießen sie »Weasel Dicks«, ein etwas rauerer Ausdruck für »Fluchtkünstler«. Am Ende dieses Sommers war das jedoch auch nicht mehr wichtig. Eigentlich war nichts mehr wirklich wichtig. Die Höhen, die uns früher an San Diego erinnerten, kannten wir jetzt viel zu genau. Sie waren bösartig und eindeutig libanesisch. In den Stützpunkten hatten die Marines einen sechsten Sinn für Artilleriebeschuss entwickelt. Ihr Gehör war inzwischen so geschärft, dass sie anfliegende Geschosse bereits beim Abschuss hörten. Beim Gehen hielt man ständig und automatisch nach dem nächsten Unterstand Ausschau. In die Wirbelsäule jedes Mannes war bereits der rettende Sprung in die Deckung einprogrammiert, ein Reflex, der durch das Geräusch einfallender Granaten ausgelöst wurde. Darüber dachte man überhaupt nicht mehr nach. Es war eine Reaktion, die in den tieferen Gehirnzentren reguliert wurde

und insofern mit solchen unbewussten Prozessen wie dem Atmen oder Schwitzen verwandt war.
Wenn der Libanon in einem Magazin durch einen gedruckten, mit Fotos bebilderten Text erklärt wurde, war er ein fremdartiges, seltsames Land, das man weder hören, berühren noch riechen konnte. Worte konnten die Gewalt und den Tod nur benennen. In solchen Beschreibungen blieb das Ganze ein ferner, unverständlicher Konflikt, ein Krieg zwischen einem Dutzend unterschiedlicher Feinde. Es handelte sich sogar weniger um einen Bürgerkrieg als um eine Art Massenschlägerei ohne Regeln, aber mit schweren Waffen. Bevor ich hierherkam, hatte ich nur auf die schwarzen Druckbuchstaben auf den weißen Seiten und die Fotografien dieser schockierenden Zerstörung gestarrt, ohne mir auch nur einen Moment vorstellen zu können, wie dieser Ort wohl sein würde. In diesen Wörtern mit ihren weißen Zwischenräumen waren dieses Land, seine Menschen und die Tragödie dieses Krieges nicht zu finden.
Es war ja auch eigentlich nicht Aufgabe der Zeitungen, belangloses Zeug über die »Atmosphäre« eines solchen Landes zu drucken. Was man aus Beirut an Fakten berichten konnte, war für die Leute daheim schon sensationell genug. In den Schuf-Bergen wurde der Krieg jetzt in der Schwärze der libanesischen Nächte gedruckt. Wenn man in einer Stellung unten am Flughafen saß, waren die weißen, krachenden Blitze oben auf den Bergen beinahe so bedeutungslos wie die Bilder in den Zeitschriften. Aber für diese Marines hatte diese Bedeutungslosigkeit eine andere Qualität als die »Bedeutungslosigkeit« dieses Krieges daheim in den Staaten. Hier war die *Gewalt* die überwältigende Realität. Sie war das, was man hier lebte, atmete und aß. Hier fehlte eben die Abstraktion des nüchternen Kriegsberichts. Leuchtspurgeschosse waren Leuchtspurgeschosse, Raketenfeuer Raketenfeuer und die Landser hatten normalerweise keine Ahnung, wer den Flughafen beschoss und weshalb. Manchmal lasen sie es vielleicht Wochen später in einer Zeitschrift. Vielleicht wurde es ihnen auch in einem Brief von zu Hause erklärt. In Beirut gab es kein Programm und keine Ergebnisliste. In den langen Monaten ihres Einsatzes würden die Marines einige Mitspieler kennenlernen, und zwar

hauptsächlich jene, die sie hassten. Das war alles. Die Wechselfälle der libanesischen Politik wirkten auf sie so weit entfernt und flüchtig wie die Sonnenflecken.
Der Kampf ergriff alle unsere Sinne, er zwang uns zu schwitzen, Unterstände zu graben und Sandsäcke zu füllen. Nichts und niemand machten uns den libanesischen Bürgerkrieg begreifbar. Er war etwas, das jeder Marine nur zur Hälfte verstand, und zwar die Hälfte, die ihn töten konnte. Für den Rest brauchte niemand eine Erklärung.

Wir bringen die Post

Südlich des Internationalen Flughafens von Beirut war bereits seit zwei Tagen der Kampf um den Vorort Khalda in vollem Gang. So wie Wellen in einem Teich, wenn man einen Stein hineinwirft, hatte sich die Gewalt immer weiter ausgebreitet. Auf einen Vorstoß folgte ein Gegenstoß, auf einen Angriff ein Gegenangriff, bis in der ganzen Stadt gekämpft wurde. Etwa um die Mittagszeit fing es wieder an. In den Schuf-Bergen waren dumpfe Schläge zu hören. Dort oben braute sich etwas zusammen. Gegen Abend wurde das Raketen- und Artilleriefeuer immer stärker. Um 20.00 Uhr schlugen Geschosse in die schiitischen Viertel am Flughafen ein. Von den Höhen ins Tal und wieder zurück bildeten sich lang gestreckte Leuchtspurbögen. Kurz vor Mitternacht eröffneten die drusischen Batterien über der Stadt das Feuer und zwei Katjuscha-Raketen trafen das Saint-Georges-Krankenhaus. Bald darauf eröffneten auch Phalangisten, PLO, LAF, Hisbollah, Drusen und Amal das Feuer und stimmten in das Artilleriekonzert mit ein.

Am frühen Morgen des dritten Tages kämpften so ziemlich alle gegen alle. Südlich der Innenstadt wurde die Küstenstraße nach Sidon unterbrochen, sodass die amerikanische und britische Botschaft von den angloamerikanischen Truppen am Flughafen abgeschnitten waren. Die Kämpfe hielten an und man beschloss, dass die SEALs die Beutel mit der Diplomatenpost zustellen sollten. In Anbetracht der sich ständig wandelnden taktischen Lage sollte das SEAL-Team auch noch die Botschaft im Auge behalten, für den Fall, dass eine Evakuierung nötig werden sollte.

Nachdem wir unseren Auftrag erhalten hatten, fuhren wir mit der Sea Fox zur *Iwo Jima* hinüber. Wir erstatteten dem Stab der Einsatzgruppe Bericht, bestiegen die Boat-Crews Charlie und Delta zwei Bell-UH-1-Hubschrauber, sogenannte Hueys. Zwei AH-1-Cobra-Kampfhubschrauber sollten uns Geleitschutz geben.

Die Hueys schwebten direkt aus Norden mit 80 Knoten im Tiefflug über der Küste ein. Ich saß mit meiner Waffe zwischen den Knien und den

Füßen auf den Kufen in der Backbordtür der vorderen Huey und zielte nach unten. Neben mir hielt Speroni ebenfalls seine Knie in den Wind. Sein M-16 war nach vorne gerichtet. Wir sahen zuerst grüne, dann braune, dann rostrote Wasserbänder, als die Helikopter die Mole und das Hafenbecken überflogen.

»Wir sind über Land«, krächzte die Stimme des Piloten in meinem Kopfhörer, als wir über ein brennendes Lagerhaus auf dem Hafengelände hinwegjagten. Die Doorgunner zogen den Verschlusshebel ihrer M-60-Maschinengewehre zurück, schwenkten diese erst nach hinten und dann nach vorn, um schließlich den Lauf auf das Häusermeer unter uns zu richten. Wir waren nun über Westbeirut. Der Morgen war klar, hell und tödlich.

Ich streckte den Kopf aus dem Hubschrauber. Hinter uns konnte ich die waffenstarrenden Umrisse unserer Kampfhubschrauber-Eskorte erkennen. Auf dem Deck zwischen Speroni und mir lag der Grund für unsere Mission, zwei gelbe Nylonbeutel, die die Diplomatenpost für die US-amerikanische und die britische Botschaft enthielten. Die Beutel steckten ihrerseits in zwei fest zugezogenen Kampfrucksäcken.

Dass ich mich freiwillig gemeldet hatte, in diese Scheiße hineinzufliegen, war vielleicht nicht die klügste Entscheidung meines Lebens. Ab und zu stieg hinter uns ein grünes Leuchtspurgeschoss aus den Gebäuden auf. Der Hubschrauberflug mochte vielleicht aufregend sein, aber eine Jeeppatrouille von Green Beach aus wäre glatter Selbstmord gewesen. Jetzt hingen wir einzig vom Wagemut und vom fliegerischen Können unserer Piloten ab.

Obwohl heller Tag war, flog unsere Formation aus vier Helikoptern direkt in die Stadt hinein, hüpfte über Gebäudedächer, tauchte in die breiten Boulevards hinunter, um sie wie durch Schluchten entlangzufliegen, und streifte dann wieder dicht über Büros, Kaufhäuser und die ausgebrannten Gerippe zerstörter Gebäude. Ab und zu sausten wir so dicht über den Dächern dahin, dass wir die Wäsche von den Leinen saugten. An Straßenkreuzungen bogen wir manchmal rechtwinklig ab. Wenn wir wieder einmal über eine schmale Straße flogen, schauten völlig überraschte und entgeisterte Gesichter zu uns herauf.

Bewaffnete Männer hoben ihre Waffen, wenn wir über ihnen auftauchten, aber wir waren einfach zu schnell, als dass sie uns als Ziele hätten erfassen können.

Wir flogen eine scharfe Kurve nach Westen und näherten uns dem vorgesehenen Landeplatz, dem Mittelstreifen der Küstenstraße 300 Meter westlich der amerikanischen Botschaft. Die Franzosen nannten diesen Landeplatz »Ingénue«, wir nannten ihn »Boardwalk«. Die Cobras legten sich in eine scharfe Kurve nach rechts und waren bald nur noch als schmale Silhouetten im Süden und Osten zu sehen, während die erste Huey auf der leeren Corniche niederging. Die zweite Huey schwebte über ein dreistöckiges Gebäude etwas weiter südlich ein, und Steves Kampfeinheit seilte sich auf das Dach ab. Seine Jungs gaben uns Deckung und behielten die Cobras im Auge.

Dale Hickman und ich schnappten uns die Kampfrucksäcke, sprangen aus dem Hubschrauber und rannten zu den ausgebrannten Resten eines Cafés hinüber. Hickman war ein Original, ein äußerst kluger Typ aus Maniwotoc in Wisconsin. Sein Rufzeichen war »Cheese« und Cheese kannte keine Furcht. Hickman trug immer einen Ruger-Blackhawk-Revolver, Kaliber .44 Magnum, in seinem Schulterholster. Was ihre Bewaffnung anging, genossen die Operators große Freiheiten, und Hickman hatte als Zweitwaffe eine wahre Handkanone mit einem überlangen Lauf gewählt. Wenn man ihn danach fragte, pflegte er zu sagen: »Hey, die Länge ist doch wichtig.«

Rudi und Bubba trotteten uns hinterher und deckten die Zugänge, während wir auf die Boat-Crew aus dem zweiten Hubschrauber warteten.

Die Hueys hoben ab und wandten sich nach Norden. Ihre beiden Geleitschutz-Kampfhubschrauber ordneten sich wieder hinter ihnen ein, und gemeinsam flogen sie über den Hafen mit seinen Schiffswracks hinweg auf die offene See hinaus. Kurze Zeit später war Steves Kampfabteilung die Treppe des Gebäudes, auf dem sie gelandet waren, heruntergeeilt und schloss sich uns jetzt in dem zerstörten Lokal an. Hinter uns lag ein toter Mann neben einem umgestürzten Moped auf der Straße. Offensichtlich gab es hier Heckenschützen. Aber selbst das war nicht so beklemmend wie diese Stille.

Wir sicherten uns, und ich schaute mit dem Feldstecher nach Westen zum Duraford Building, dem Sitz der amerikanischen und britischen Botschaften, hinüber. Die Küstenstraße war leer, kein Mensch oder Fahrzeug war zu sehen. Nur von Süden und Osten drangen das Rattern von Handfeuerwaffen und die dumpfen Schläge der Artillerie zu uns herüber. Bei unseren vielen bisherigen Besuchen in Westbeirut war die Corniche immer äußerst belebt und voller Verkehr gewesen, selbst wenn an der Grünen Linie gekämpft wurde. Heute war niemand auf der Straße. Die Läden entlang der Uferpromenade waren verrammelt und verlassen.

»Wo zum Teufel sind die alle?«, fragte Steve.

»Scheiße, Mann, wenn ich hier wohnen würde, wäre ich auch abgehauen«, meinte Bubba. Unvermittelt erschien mir Bubba als Geistesleuchte unseres Jahrhunderts. Der Junge war ein Philosoph, dachte ich, ein Hillbilly-Voltaire.

Trotzdem beantwortete dieser weise Spruch nicht unsere Frage. Die Kampfhandlungen fanden hauptsächlich im Süden statt. Nur gelegentlich schlug eine Granate in Westbeirut ein. In diesem Teil der Stadt lebten sunnitische Muslime, und die waren wohlhabend und ihre Häuser bisher weitgehend unbeschädigt. Das Leben ging hier noch seinen gewohnten Gang, unabhängig davon, was im Schuf-Gebirge passierte. Ich hatte dieses Viertel noch nie so ruhig gesehen. Nicht nur ruhig – verlassen.

Ich beschloss, mir keine großen Gedanken darüber zu machen. Wir waren im Operationsgebiet angekommen, bisher hatte es keine Probleme gegeben und ich war damit ganz zufrieden. Die amerikanische Botschaft war noch fünf Straßenblocks entfernt. Die Marine-Wachmannschaft der Botschaft benutzte das Rufzeichen »Devil Dog«. Die Dogs hatten uns zuvor mitgeteilt, dass der Hubschrauberlandeplatz auf dem Botschaftsdach von Scharfschützen bestrichen wurde. Wir waren deshalb ihrer Empfehlung gefolgt und hatten uns am Ausweichlandeplatz auf dem Mittelstreifen absetzen lassen. Die Uferstraße machte hier einen leichten Bogen. Wir hatten aus diesem Grund zwar keine direkte Sichtverbindung mit dem Botschaftsgebäude, konnten aber von Scharfschützen in der Umgebung ebenfalls nicht gesehen und beschossen werden.

»Wir teilen uns in Boat-Crews auf und rücken in Patrouillenordnung vor«, sagte ich zu Steve. »Wir geben uns abwechselnd Deckung. Ich möchte zwischen den beiden Crews immer einen Abstand von 50 Metern haben.«

Die beiden Boat-Crews konnten sich auf diese Weise gegenseitig unterstützen, boten aber einem Angreifer kein gemeinsames Ziel. Wir bewegten uns nach Westen und versuchten dabei, möglichst im Schatten der Gebäude zu bleiben. Wir ließen die Augen ständig über die Straße und die Hausdächer streifen und achteten vor allem auf die wenigen leeren Fahrzeuge, die auf dem Gehweg parkten.

Wir kamen an der Botschaft der Deutschen Demokratischen Republik vorbei, deren Metallrollläden alle fest geschlossen waren. Die Stille war nervenzermürbend. Die beiden Boat-Crews rückten abwechselnd immer weiter nach Westen vor. Eine bewegte sich, während sie von der anderen gedeckt wurde. Schließlich gelangten wir an einen Ort, von dem aus wir zum ersten Mal die Botschaft sehen konnten. Direkt in unserer Richtung lag ein mit Sandsäcken gesicherter Unterstand, der den östlichen Zugang zum Botschaftsgelände bewachte. Aus einer Schießscharte ragte der Lauf eines MGs, Kaliber .50 BMG, wie es die Marines benutzten, heraus. Ich ließ die Boat-Crews anhalten und wir gingen erst einmal in Deckung. Einfach so dorthin zu laufen und auf die Türklingel zu drücken, war keine Option.

Wir trugen ganz unterschiedliche Tarnhemden und -hosen, deutsche, tschechische oder auch Wüsten-Tarnjacken. Die Hälfte von uns trug amerikanische Waffen, die andere Hälfte AK-47. Ich hatte meinen M-4-Karabiner, den »Poodle Shooter«, dabei, trug aber über meiner Einsatzweste rotchinesische Magazintaschen. Keiner von uns sah besonders amerikanisch aus. Normalerweise war das günstig für uns, außer man hatte es wie in diesem Fall mit regulären amerikanischen Einheiten zu tun. Ich wollte nicht von einem Maschinengewehrnest voller aufgeputschter Ledernacken beschossen werden.

Ich funkte Devil Dog mit meinem PRC-77 an und teilte ihnen mit, dass wir uns von Westen her näherten. Ich benutzte das Rufzeichen »Bad Karma«, gab unsere Zahl mit »weniger als Kompaniestärke« an und machte sie darauf aufmerksam, dass wir »Militärtracht« tragen würden. Ich musste einen Augenblick warten, dann bekamen wir die Erlaubnis, zum Botschaftsgelände vorzurücken. Danach erkundigte ich mich, ob die Scharfschützen immer noch eine Gefahr darstellten.

Prompt bekam ich eine eindeutige Antwort: »Rennt, so schnell ihr könnt!«

Wir bewegten uns so nahe wie möglich unter dem Schutz der Gebäude vorwärts, dann befahl ich Steves Boat-Crew, uns Deckung zu geben, während wir das letzte offene Gelände vor dem Botschaftsareal überquerten. Den einen Kampfrucksack gab ich Steve, den anderen behielt ich selbst. Es wäre dumm gewesen, alle unsere Eier in einen einzigen Korb zu legen. Während Steves Boat-Crew die Dächer und Fenster im Auge behielt, spurteten Bubba, Hickman, Rudi und ich über die letzte freie Fläche, an der Sandsackstellung vorbei in das Botschaftsgelände hinein. Wir kamen an, ohne beschossen zu werden. Wir boten unseren Kameraden durch ein Feuerfeld Deckung und gaben Steve das Zeichen, zu uns aufzuschließen.

Steves Boat-Crew rannte jetzt ebenfalls völlig komplikationslos über die ungeschützte Fläche hinüber. Jetzt waren wir alle drin. Wir lieferten die Nylonbeutel in der Botschaft ab, erbaten uns etwas Wasser von den Marines und waren frei zu gehen.

Im Süden von uns lag der Flughafen wie die gesamte Stadt unter Feuer. Einige Marines waren bereits gefallen. Unsere Hubschraubereskorte, die Hueys und die beiden Cobras, flogen gerade von der Landezone Braun hinter den Haupthangars des Beiruter Internationalen Flughafens Verwundete aus. Wir mussten uns also einen anderen Rückzugsweg suchen. Dass uns dabei keine Hubschrauber mehr zur Verfügung standen, fanden wir gar nicht so schlimm. Das Botschaftsdach stand immer noch unter Scharfschützenfeuer, und keiner von uns wollte auf einem offenen Landeplatz darauf warten, dass ein Helikopter erschien, um uns abzuholen.

Ich funkte die Sea Fox an und ersuchte sie, uns von der Ufermauer der Küstenstraße abzuholen. Sie meldeten sich sofort und teilten uns mit, sie würden in etwa 30 Minuten bei uns eintreffen. Wir hingen noch etwas in der Stellung der Marines herum und waren froh, in Deckung zu sein. Wir saßen im Schatten des MG-Nests und dösten vor uns hin, als südlich von uns ein paar Granaten einschlugen. Die dumpfen Schläge hallten durch die Straßen und Gassen der Umgebung wider.

Die Marines starrten auf unsere Uniformen und unseren Haarschnitt. Wir starrten nicht zurück. Besonderes Aufsehen erregte jedoch Hickmans Riesenrevolver.

Hickman grinste einen Marine an: »Er verschießt .44-Magnum-Geschosse wie die Kanone von Dirty Harry.«

»Sie lassen dich dieses Ding tragen?«, fragte ein Corporal.

»Sohn, die *wollen*, dass ich es trage«, erwiderte Hickman.

15 Minuten vergingen und das Gewehrfeuer weiter südlich schien abzuflauen. Es war inzwischen richtig heiß geworden. Vermutlich kam jetzt die Nachmittags-Kampfpause, ein weiteres einzigartiges Charakteristikum der Kriegsführung à la Libanon. Wir beschlossen, diese kurze Waffenruhe auszunutzen.

Ich funkte erneut die Sea Fox an und bestätigte die Abholzeit. Danach bewegten sich die beiden Boat-Crews zum Westende des Botschaftsgeländes hinüber. Die Abholstelle war eine Bresche in der Ufermauer 200 Meter westlich der Botschaft. Das Gelände, das wir bis dorthin zu überqueren hatten, ähnelte unserem Anmarschweg. Wir mussten eine breite Kreuzung passieren, bis wir wieder in der relativen Deckung der Gebäude entlang der Küste waren. In diesem Abschnitt der Corniche war die breite, mehrspurige Küstenstraße auf der meerabgewandten Seite von fünfstöckigen Gebäuden gesäumt. Auf der anderen Seite lag eine 3 bis 4,40 Meter hohe Ufermauer, die direkt ins Mittelmeer abfiel. Etwa alle 400 Meter waren Steinstufen in sie eingelassen, die zu kleinen steinernen Bootsanlegestellen hinunterführten. Wir gedachten, uns von der am nächsten liegenden Anlegestelle abholen zu lassen.

Doch es gab ein Problem. Zwischen der Gebäudezeile und der Ufermauer hatten wir keinerlei Deckung, und auch an der Mauer war sie nicht perfekt. Die Seemauer bot nur direkt in ihrem Schatten und unten am Meer Schutz. Auf unserer Anlegestelle angekommen, waren wir abgeschnitten, bis unser Boot uns abholte.

Steve und seine Crew überquerten die Kreuzung als Erste und überwanden die etwa 20 Meter in Zweiergruppen. Es gab keinerlei Probleme. Auf der anderen Seite fanden sie einige sichere Stellen, von denen aus sie Rudi, Bubba und mir Deckung geben konnten. Jetzt waren wir an der Reihe. Wir schwangen uns über die sandsackbewehrte Botschaftsmauer und rannten über die Kreuzung. Als ich über die Straße spurtete, fiel mir seltsamerweise auf, dass die Ampeln immer noch funktionierten. Eine blinkende rote Hand befahl mir »DON'T WALK«, während ich auf Steve und seine Jungs zueilte.

Als ich die Kreuzung zur Hälfte überquert hatte, stürzte ein ohrenbetäubendes Geräusch aus dem Himmel auf uns herunter. Es war das Heulen einer Katjuscha. Ein wirklich beeindruckendes Geräusch, muss ich hinzufügen. Ich konnte nichts anderes tun, als weiterzurennen. Bubba und Rudi brauchte ich das nicht zu befehlen. Sie liefen, als ob ihnen der Teufel auf den Fersen wäre. Meine schweizerischen und irischen Gene machen mich nicht gerade zu einem großartigen Sprinter. Um der Wahrheit die Ehre zu geben, ein guter Tänzer bin ich ebenfalls nicht. Es war deshalb auch kein Wunder, dass Rudi und Bubba mich überholten. Selbst mit seinem M-60 und seinen 600 Patronen war Rudi immer noch schneller als ich.

Ich war als Letzter über die Botschaftsmauer gesprungen und würde zehn Sekunden benötigen, um auf die andere Seite der Kreuzung zu gelangen. Zehn Sekunden sind eine Ewigkeit, wenn um dich herum Katjuschas einschlagen. Ich hatte also genug Zeit, um über mehrere Faktoren nachzudenken. Erstens: Das Ziel der Raketen war ziemlich sicher die Botschaft. Zweitens: Ich verminderte mein Risiko, je weiter ich mich von diesem Ziel entfernte. Die dritte Überlegung beunruhigte mich am meisten: Es war bekannt, dass die libanesischen Raketenschützen nur selten ihr Ziel trafen. Statistisch gesehen war man also an dem Ort am sichersten, auf den sie zielten. Ich war dagegen jetzt nicht mehr genau dort, wohin sie zielten, sondern nur noch in der *Umgebung* ihres Ziels … und das war äußerst gefährlich.

Als die erste Katjuscha detonierte, warf ich mich kopfüber auf den Gehsteig direkt neben die Wand eines Gebäudes. Diese erste Rakete schlug 50 Meter entfernt in ein Dach ein. Glassplitter und Dachkies regneten auf die Küstenstraße hinunter. Die Erschütterung wehte den Staub vom Asphalt und hallte auf seltsame Weise durch den dicht bebauten Häuserblock. Die nächste Rakete knallte in den Mittelstreifen direkt vor der Botschaft. Die dritte fiel zwar mit ungeheurem Gekreisch vom Himmel, explodierte jedoch nicht, als sie auf dem Boden auftraf. Auch aus dem Häuserblock hinter uns war ein Knall wie von einem Autounfall zu hören, dem jedoch keine Detonation folgte. Ein Blindgänger.

Rudi rannte zu mir herüber, aber ich war bereits wieder auf den Beinen, als er mich erreichte.

»Mein Gott, bist du langsam!«, sagte er.

Ich lief zu dem Platz, an dem sich die Boat-Crews gesammelt hatten, dem geräumigen Eingangsbereich eines großen, verrammelten Ladens. Hier fanden wir einen gewissen Schutz. Instinktiv möchte man unter Artilleriebeschuss möglichst schnell an sein vorbestimmtes Ziel gelangen. Ich dagegen war jetzt gegen jede Eile. Ich hatte keine Ahnung, welche Gruppierung auf die Botschaft schoss. Ein halbes Dutzend Bürgerkriegsparteien kamen infrage … Wer die Raketen abgefeuert hatte, spielte ohnehin keine Rolle. Wichtig war nur, ob es eine weitere Salve geben würde. Bei Artilleriebeschuss gibt es meist einen vorgeschobenen Beobachter, der sich in der Nähe des Ziels aufhält und die Schützen über ihre Treffpunktlage informiert. Die drei Raketen hatten die Botschaft verfehlt. Unsere gegenwärtige Deckung war ziemlich gut und ich wollte erst einmal abwarten, ob sie noch einmal feuern würden. Das würde zwei Dinge bestätigen: Einmal, dass höchstwahrscheinlich die Botschaft das Ziel war. Noch wichtiger war jedoch, dass wir herausfinden würden, ob es hier einen Artilleriebeobachter gab, der die Corniche im Auge hatte.

Die Botschaft blieb, wo sie war, im Gegensatz zu uns. Außerdem steckten die Marines absolut sicher in ihren Unterständen, während wir noch einmal 100 Meter offenes Gelände überwinden mussten, um zu unserem Abholpunkt zu gelangen. Wenn es also einen Beobachter gab, würde er ganz bestimmt seiner Artilleriestellung unsere Anwesenheit melden. Ich wollte jedoch nicht das nächste Ziel werden.

Wir warteten. Nichts passierte. Etwa 1,5 Kilometer vor der Küste konnten wir endlich die weiße Bugwelle der Sea Fox erkennen, die gerade den Taubenfelsen umrundete und auf unsere Seite der Beirut-Halbinsel einbog. Unser Taxi war im Anmarsch.

Wir rückten im Schatten der Gebäude ein Stück nach Westen vor. Dabei mussten wir eine Reihe von schmalen Seitensträßchen überqueren, die alle auf die Corniche hinausführten. Zwischen dem Abholpunkt und uns lagen jetzt nur noch zwei Straßenkreuzungen. Wir setzten uns wieder in Bewegung, und als wir an der letzten Kreuzung ankamen, lugte ich um eine Mauerecke. Eine lange Salve aus einem schweren Maschinengewehr ratterte uns entgegen.

Ein Block weiter stand ein weißer Datsun-Pickup. Auf seiner Ladefläche war ein russisches DSchK, ein 12,7-mm-Flugabwehr-MG, montiert. In Somalia würde man diese unkonventionellen Kampfwagen später »Technicals« nennen, im Libanon benutzten wir den Ausdruck, den die Einheimischen geprägt hatten. Maschinengewehre auf den Ladeflächen von Pickups hießen hier »Wasserskier« – wegen der Art, wie die Schützen sich an sie klammerten, wenn die Kleinlastwagen durch die Stadt rasten.

Dieser Wasserskifahrer hatte uns jedoch noch nicht erspäht. Er schoss eine weitere Salve die Straßenmitte hinunter. Ich zog den Kopf zurück und duckte mich. Nach ein paar Sekunden verlegte er das Feuer und begann, auf die Ecke des Gebäudes einzuhämmern.

Während ich mich eng an die Wand drückte, schlugen die Kugeln große Betonstücke aus ihr heraus. Leuchtspurgeschosse sausten über den Asphalt und eierten auf die Corniche hinaus. Zementstaub puderte mir die Haare und rutschte in den Kragen meiner Tarnjacke. Mein Kopf dröhnte von den Erschütterungen der Kugeleinschläge.

DER ANFANG

US Navy

Baumstammdrücken, Hell Week

US Navy

Die Hindernisbahn

Sammlung des Autors

Der einzige einfache Tag war gestern. Boat Crew 4, Hell Week, Lehrgang 114, Mai 1981. Der Autor ist unter der Mitte des Boots mit dem Gesicht im Schatten

US Navy

Kugelfest und unsichtbar. Abschlussbild des Lehrgangs 114, September 1981. Der Autor ist in der letzten Reihe der Zweite von rechts. Class 114 war einer der wenigen Lehrgänge, die in der Hell Week nicht einen einzigen Mann verloren. 12 Operators aus diesem Lehrgang dienten später beim SEAL Team Six

US Navy

Ein SEAL-Operator an einem MT-1-X-Fallschirm bereitet sich auf eine Wasserlandung vor. Sein Absprung verläuft wesentlich glatter als mein letzter

MH-53J-Spezialeinsatzhubschrauber

US Air Force

US Navy

Eine Trident-I(C4)-Rakete startet vor der Küste Floridas

US Navy

Kampfschlauchboot-Landung auf Vieques Island, Puerto Rico. Dwight Light (mit Schirmmütze) und Autor (mit Dschungelhut)

US Navy

Der 5. Zug, SEAL Team Four, führt eine scharfe Gefechtsübung durch, Fort A. P. Hill, Virginia, November 1982. Der Frontmann schießt, während seine Gruppe in Stellung geht. Der Rauch stammt von der Detonation einer Sprengfalle

US Navy

Kampfschwimmer-Training, Isla Peros, Puerto Rico. Autor (stehend, trägt Schwimmflossen) und Frank Giffland (mit Maske auf dem Kopf)

US Navy

Waldübung, Einsatzvorbereitungstraining, Fort A. P. Hill, Virginia. Der Operator im Vordergrund benutzt einen M-4-Karabiner, »Poodle Shooter«. Unter dessen Lauf ist ein M-203-Granatwerfer angebracht. Der Operator hinten trägt ein M60-MG

US Navy

Angriffsabwehrtraining, Isla Peros, Puerto Rico. Bubba links, Surfer Dave rechts (in der Hocke)

US Navy

Todmüde nach einer Woche Nachtübungen. 5. Zug, Einsatzbereitschaftsprüfung, Isla Peros, Puerto Rico. Von links nach rechts: Frank Giffland, Operator 570, Cheese, Scott

FRIEDENSSICHERUNG

US Navy

Green Beach mit dem Internationalen Flughafen von Beirut im Hintergrund

US Navy

Green Beach, vom Meer aus gesehen, mit dem künstlichen Anlegepier und den Befestigungen auf der Anhöhe

US Marine Corps

Die »Radical Riviera«, der italienische Sektor von West-Beirut. Ein wildes Niemandsland, das wir Khomeiniville nannten

US Marine Corps

Ein wundervoller Tag im Viertel. Eine Marines-Patrouille betritt das Elendsviertel Hay-es-Salaam nördlich des Internationalen Flughafens von Beirut. Diesen Teil der Stadt nannten wir Hooterville

US Marine Corps

Place des Martyrs (Märtyrerplatz), die Green Line im Zentrum Beiruts

US Marine Corps

Unterkunft der französischen Fallschirmjäger, Beirut. Das Gebäude links wurde am 23. Oktober durch eine Lastwagenbombe zerstört

US Marine Corps

Im Wachtturm von Green Beach. Einige Wochen später machten Scharfschützen einen Aufenthalt dort zu gefährlich

Sammlung des Autors

Schlechtes Karma. Der Autor an Bord eines LCU (Mehrzwecklandungsboot) der Assault Craft Unit 2 nach einer Fußpatrouille durch West-Beirut

US Marine Corps

Die Corniche von Beirut in Richtung Osten vom Duraford-Gebäude aus, 1983

Sammlung des Autors

Der Autor als libanesischer Milizionär verkleidet

US Marine Corps

Ein CH-46-Hubschrauber der Marines steigt von der Landezone Braun am Beiruter Flughafen auf. Er fliegt wegen des RPG- und Gewehrfeuers aus Hooterville sehr niedrig

US Marine Corps

Das BLT-Hauptquartier am Beiruter Flughafen. Der Lieferwagen mit der Bombe, die das Gebäude zerstörte, durchbrach ein Sicherheitstor und fuhr direkt in den Haupteingang hinein

US Marine Corps

Am 23. Oktober 1983 um 6.23 Uhr zerstörte eine der größten nicht nuklearen Explosionen der Kriegsgeschichte das BLT-Hauptquartier am Beiruter Flughafen. Die Gewalt der Detonation zeigt sich am Vergleich mit der Größe des Flughafen-Kontrollturms und der beiden Boeing 707 vor dem Gebäude. Das Foto wurde Sekunden nach dem Anschlag von einer Marines-Stellung am Nordende der Startbahn aus aufgenommen, die anderthalb Kilometer vom Explosionskern entfernt lag

US Marine Corps

Unmittelbar nach der Explosion beginnen Marines die Suche nach Überlebenden. In den nächsten beiden Tagen nahmen Scharfschützen aus Hooterville die Rettungskräfte und Opfer unter Dauerbeschuss

US Navy

Feuergefecht im Ash Shuwayfat. Im Vordergrund liegt die Ruine des BLT-Hauptquartiers

US Marine Corps

Abschied von Beirut

DER WEG EINES DRAUFGÄNGERS

US Navy

Ein Rigger des SEAL Team Four steht auf dem Deck eines fahrenden Atom-U-Boots

US Navy

Ein SEAL-Schwimmpaar nähert sich einem Oberflächenziel. Man sieht keine Blasen, da sie Dräger-LAR-V-Sauerstoff-Kreislauftauchgeräte benutzen

Sammlung des Autors

Der Autor springt in 9000 Metern Höhe über der Sonora-Wüste aus einem Flugzeug ab. Am Boden sieht man die Interstate 10

US Navy

SEALs entern übungsweise die USS Austin. Ihre Ausrüstung ist typisch für ein CQB an Bord eines Schiffes. Die Hubschrauber sind von der HCS-2 Redwolf Squadron

Nachtsichtfoto eines SEAL-Operators, der gerade ein CQB an Bord eines Schiffes durchführt. Beachtenswert sind die MP5 und das Nachtsicht-Monokular an seinem Helm

US Navy

US Navy

SEALs seilen sich während einer Schiffsenterübung auf die *Mohican* ab

Seltsamerweise hatte ich meiner Erinnerung nach keine Angst. Ich glaube, ich habe sogar gelacht. Unsere Deckung war solide. Trotz des beeindruckenden Beweises seiner Feuerkraft würde uns dieser Typ nicht erledigen. Wir konnten ihn sogar von unserer Seite durch die zerbrochenen Fenster des Eckgebäudes ins Visier nehmen. Ich richtete mich blitzschnell hinter einem zerschmetterten Fensterrahmen auf, zielte mit dem M-203 auf den Angreifer und drückte ab. Der Granatwerfer ging mit einem lauten *Popp* los. Während ich wieder in die Hocke ging, hörte ich ein Geräusch, als ob jemand Papier zerreißen würde, dem unzählige *Pings* folgten. Es war das Geräusch der Flechettes, die in den Pickup einschlugen.

Das Maschinengewehr hörte zu schießen auf, und ich hörte, wie der Kleinlaster in den Rückwärtsgang schaltete. Ich lugte um die Ecke und sah, wie der Wasserskifahrer mit einem seltsamen Gesichtsausdruck rückwärts auf die Pickup-Ladefläche sank. Seine Faust umklammerte immer noch den Griff seines DSchK, dessen Lauf jedoch immer weiter in den Himmel zeigte, je mehr die Beine des Schützen unter ihm nachgaben. Auf seinem Hemd und seinen Hosenbeinen breiteten sich ein Dutzend Blutflecke aus. Schließlich fiel er um wie ein Kartoffelsack, während der Pickup rückwärts um die Ecke preschte und außer Sicht geriet.

Ich lud nach und wir stellten uns mit schussbereiten Waffen vor dem Eckfenster auf, um zu warten, bis das DSchK wieder in unser Schussfeld kam. Auf diese Falle fielen sie jedoch nicht herein. Sie hatten kapiert, dass wir irgendwie um die Ecke herum schießen konnten, und der Pickup hatte es nicht eilig, in unseren Feuerbereich zurückzukommen. Sie schickten nur noch ein paar AK-47-Geschosse vom Ende des Straßenblocks los, von denen die meisten unser Gebäude verfehlten. Wir hatten uns den Pickup vom Hals geschafft, wenigstens für den Moment. Doch wir mussten immer noch die Straße überqueren, um zu unserem Abholpunkt zu gelangen.

Das Auftauchen des Wasserskiläufers beantwortete auch die Frage nach dem Artilleriebeobachter. Man hatte uns offensichtlich gesehen, und jemand hatte dem Pickup unseren Aufenthaltsort mitgeteilt. Ich nahm an, dass dieser Jemand uns immer noch beobachtete. Solange das DSchK jedoch am anderen Ende des Häuserblocks blieb, stellte es kein unmittelbares Problem dar. Ich musste mich eher um weitere böse Buben sorgen, die uns plötzlich sowohl von der Botschaft als auch von unserem Abholpunkt abschneiden könnten. Ich funkte die Sea Fox mit dem PRC-77 an.

»Sea Fox, hier ist Bad Karma. Wir haben zurzeit Feindberührung. Ein Block weiter steht ein Wasserskiläufer. Wir erwarten euch am ausgemachten Abholpunkt.«

»Sea Fox, verstanden.«

Unser Taxi stand uns also noch zur Verfügung. Wir hatten jetzt zwei Möglichkeiten. Wir konnten entweder zur Botschaft zurückkehren oder über die Straße flitzen und uns abholen lassen. Bis zur Botschaft zurück waren es 200 Meter. Vor allem würden wir auf dem Weg abermals mehrere Kreuzungen überqueren müssen, auf denen breite Boulevards in die Küstenstraße mündeten. Dort müssten wir unsere Deckung verlassen. Außerdem waren diese Straßen die »Bedrohungsachse«, also die Richtung, aus der erwartungsgemäß potenzielle Unterstützer des Wasserskiläufers kommen würden. Denen wollte ich aber nun gar nicht begegnen.

Ich traf eine taktische Entscheidung. Die Sea Fox war bereits in Sicht, auf der anderen Straßenseite war unser Abholpunkt und mein Hauptziel war es jetzt, so schnell wie möglich von hier zu verschwinden.

»Wir gehen über die Straße und verschwinden«, sagte ich den Jungs.

Keiner legte Widerspruch ein.

Dies sollte sich als der gefährlichste Teil unseres kleinen Ausflugs herausstellen. Aus den Gebäuden, die die Corniche überblickten, würde man freie Sicht auf uns haben. Der Späher war immer noch da draußen und meldete alle unsere Bewegungen. Die Annahme war nur logisch, dass er auf einem Dach der Umgebung sitzen musste. Sobald wir uns bewegten, würde er das weitergeben und uns dann vielleicht sogar noch beschießen. Je schneller wir von hier wegkamen, desto besser. Ich befahl Steve, zur Bootsanlegestelle vorzurücken.

Rudi und ich nahmen eine Deckungsposition ein, während Steve den Rest der beiden Boat-Crews über die Küstenstraße und dann die Treppe zur

Bootsanlegestelle hinunterführte. Es war absolut still, als sie zur Ufermauer hinüberrannten. Steve und Doug kamen die Treppe wieder hoch, um uns Deckung zu geben, und signalisierten Rudi und mir, wir sollten jetzt auch die Straße überqueren. Als wir uns dazu bereit machten, hörte ich Stimmen, arabische Rufe, die von der anderen Seite des Blocks kamen. Der Wasserskiläufer hatte offensichtlich Verstärkung bekommen. Rudi und ich rannten zur Ufermauer hinüber. Ich verspürte immer noch keinen Stress. Wir würden von hier weg sein, bevor jemand uns einkreisen konnte.

Das dachte ich zumindest.

Auf dem Weg über die Straße flogen mehrere Kugeln über unsere Köpfe hinweg. Eine paar Geschosse prallten 4 bis 6 Meter hinter uns vom Asphalt ab, als wir am Uferdamm ankamen. Sie hatten offensichtlich zu weit gezielt. Ich erinnere mich noch, dass ich dachte: Entweder sind diese Typen absolut unfähig oder sie sind noch mehrere Hundert Meter von uns entfernt. Steve und Doug deckten uns zwar, wussten jedoch nicht, wohin sie schießen sollten. Der Geschosslärm wurde von den Gebäuden wie ein Echo zurückgeworfen. Das machte es unmöglich, den genauen Standort der Schützen zu bestimmen.

Jetzt eilten wir ebenfalls die Treppe zur Bootsanlegestelle hinunter. Ich begann zu glauben, dass wir aus dieser Sache doch noch gut herauskommen würden. Die Sea Fox war inzwischen vor der Küste deutlich zu sehen. Ich funkte sie an und teilte mit, dass wir immer noch Feindberührung hatten und bereit seien, sofort von ihnen aufgenommen zu werden. Niemand antwortete. Ich wiederholte meinen Funkspruch. Nichts.

Am oberen Ende der Treppe prallte eine weitere Kugel vom Sandstein ab. Das Geschrei auf der Straße wurde stärker. Die Tanzpartner des Wasserskiläufers kamen offensichtlich näher. Etwa 1,5 Kilometer vor der Küste dümpelte die Sea Fox und rührte sich nicht. Was zum Teufel war da los?

Ich wurde allmählich sauer. Zum ersten Mal bei diesem Einsatz hatte ich einen Kloß im Magen und mein Mund war trocken.

Wir saßen in der Falle, und es war meine Schuld. Ich hatte die ganze Squad in eine Scheißlage gebracht. Eine weitere lange Salve prasselte auf den oberen Rand der Ufermauer ein. Steinsplitter und Kiesstückchen rieselten auf die Anlegestelle herab.

»Scheiße, Mr Pfarrer. Wir sollten auf diese Arschlöcher Dampf machen!«, sagte Bubba.

»Auf gar keinen Fall!«, sagte ich.

Um auf sie schießen zu können, hätten wir uns aus der Deckung der Ufermauer herausbegeben müssen. Das wäre absolut tödlich gewesen. Das Feuer auf uns wurde immer stärker. Wir hatten zwar eine gute Deckung, waren jedoch praktisch wehrlos. Die Squad war auf dieser kleinen Anlegestelle dicht zusammengedrängt. Sie war ein wunderbares Ziel für einen unternehmungslustigen Milizkämpfer, der nur über die Straße rennen und eine Handgranate auf uns hinunterwerfen musste. Ich hatte meine Männer in eine tödliche Klemme gebracht.

Das Herz schlug mir bis zum Hals. Ich hatte niemals eine solche Angst verspürt. Nicht vor dem Kampf, sondern davor, dass ich einen tödlichen taktischen Irrtum begangen haben könnte.

Ich hatte Mist gebaut, und die Jungs würden jetzt dafür büßen müssen.

Aber alles konnte doch noch gut werden, wenn uns die Sea Fox endlich abholen würde. Ich konnte sie immer noch gut sehen. Das waren doch nicht einmal 2 Kilometer. Aber sie rührte sich immer noch nicht. Verdammt, was lief hier schief?

Doug war unser Kleinster. Er war so weit die Treppe hinaufgestiegen, dass man ihn zwar von der Straße aus nicht bemerkte, er selbst aber jeden Typen ausschalten konnte, der uns alle auf einmal mit einer Splittergranate erledigen wollte. Das hoffte ich wenigstens.

Ich schaltete erneut das Handfunkgerät ein und brüllte aus Leibeskräften hinein.

»VERDAMMT NOCH MAL, SEA FOX, WIR MÜSSEN SOFORT VON HIER WEG!!!«

Dieses Mal gab es eine Antwort, aber es war nicht der Steuermann der Sea Fox, Jefferson. Stattdessen hörte ich Dave Churchs Stimme in meinem Kopfhörer.

»Roger, Bad Karma, Sea Fox ist unterwegs. Sind jeden Moment da.«

Dave war gerade im BLT, um sein M-16 reparieren zu lassen, als wir den Auftrag bekamen, die Botschaftspost zuzustellen. Ich hatte ihm in unserem Unterstand eine Nachricht hinterlassen und eigentlich erwartet, dass er dort auf uns warten würde. Dave war jedoch ein absoluter Tatmensch und hatte offensichtlich die Sea Fox an Land beordert, um ihn abzuholen. Jetzt war er auf diesem Boot, und ich wollte ihm einen Tritt in den Arsch verpassen, wenn sie endlich hier ankamen.

Am oberen Ende der Ufermauer schlugen weitere Kugeln in den Sandstein ein. Die herausgeschlagenen roten Steinbrocken regneten um die Anlegestelle herum ins Wasser. Die Sea Fox kam jetzt auf uns zu. Sie fuhr zwar Zickzack, hielt aber Kurs auf unsere Position. Ich konnte erkennen, dass ihre vorderen M-60 bemannt waren. Nicht, dass die viel genutzt hätten. Die Küstenstraße verlief mehr als 6 Meter über uns und der Beobachtungspunkt des Spähers der bösen Buben lag bestimmt noch einige Stockwerke höher. Die MGs der Sea Fox konnte man jedoch nicht einmal so weit anheben, dass sie über unsere Köpfe geschossen hätten.

Jetzt rauschte die Sea Fox endlich heran und schaltete kurz vor der Landestelle ihre Motoren in den Rückwärtsgang. Ihre Nase richtete sich leicht auf und schlug an der Ufermauer an, als ihre Bugwelle sie einholte und nach oben hob. Wir kletterten alle über ihren Bug und den Steuerstand hinweg an Bord. Doug und ich sprangen als Letzte von der Anlegestelle hinüber.

Die Sea Fox legte rückwärts vom Ufer ab, drehte sich dann nach Steuerbord und brauste hinaus auf See. Es wäre besser gewesen, nach Osten oder Westen zu fahren und dabei im Schutz der Hafenmole zu bleiben, aber ich hatte gar nicht die Zeit, dem Steuermann irgendwelche Vorschläge zu machen. Sobald wir uns von der Ufermauer gelöst hatten, spritzten links und rechts von uns ganze Kugelsalven in das Wasser. Der Wasserskiläufer und seine Kumpel hatten offensichtlich beschlossen, ein Zielschießen auf uns zu veranstalten.

Auch jetzt machten sich wieder die Konstruktionsfehler der Sea Fox bemerkbar. Wir fuhren auf direktem Weg vom Ufer weg, und kein MG des Bootes konnte nach achtern schießen. In ihrem Heckteil war es zwar mit zwei Zwillingsmaschinengewehren im Kaliber .50 ausgerüstet, aber das eine war an der Backbord- und das andere an der Steuerbordseite montiert. Keines von ihnen konnte so gedreht werden, dass man damit unseren Rückzug hätte sichern können.

Auf der Küstenstraße oben kamen unsere Verfolger jetzt aus ihrer Deckung heraus und trabten über den Mittelstreifen auf den Rand der Ufermauer zu. Rudi stand ganz hinten im Boot und zielte mit seinem M-60 auf die Gruppe und jagte ein paar kurze Feuerstöße hinaus. Ich begann, ebenfalls auf sie zu schießen. Die etwa 20 Männer spritzten auseinander und warfen sich zu Boden. Wir konnten nur versuchen, ihre Köpfe unten zu halten, bis wir außer Reichweite waren. Ihr Feuer konnten wir jedoch erst einmal nicht stoppen. Mindestens ein Dutzend weiterer Kugeln schlugen in unsere Heckwelle ein, während wir uns möglichst schnell von der Küste entfernten.

Die Sea Fox mochte ja ein Stück Scheiße sein, aber sie war wenigstens ein schnelles Stück Scheiße. In wenigen Augenblicken waren wir fast 5 Kilometer vom Ufer entfernt. Ich sicherte meine Waffe und kletterte vom Heckteil des Bootes aufs Mitteldeck. Ich war fuchsteufelswild, als ich zu Dave gelangte.

»Warum zum Teufel habt ihr so lange gebraucht?!«, schrie ich. »Wir steckten dort drüben in einer verdammten Klemme!«

Ich hatte mir Dave vorgenommen, aber ich beobachtete gleichzeitig auch die zwei Sea-Fox-Besatzungsmitglieder, die die beiden M-60 bedienten. Einer von ihnen warf seinen Helm aufs Deck. Der andere saß auf dem Dach des Steuerstands. Er sah aus, als ob er jeden Moment in Tränen ausbrechen würde. Dann bemerkte ich, dass Dave seine Pistole gezogen hatte. Er schaute düster drein.

Im Steuerstand stellte der Steuermann die Motoren ab und schleuderte sein Headset in die Ecke. Dann kam er auf Deck. Er kochte vor Wut. Seine Halsvenen waren geschwollen. Er sah genauso angepisst aus wie ich.

»Dieser Arschficker hat mich tätlich angegriffen! Ich will, dass man ihn verhaftet!«, bellte Jefferson.

»Worüber sprechen Sie überhaupt, verdammt?!«, entgegnete ich.

Daves Augen wurden ganz eng, als er Jefferson ansah.
»Er hat mir seine Scheiß-Pistole an den Kopf gehalten!«, schrie Jefferson und deutete mit dem Finger auf Dave.
»Was ist passiert?«
»Er hat mich angegriffen«, jammerte Jefferson schon wieder, aber ich schnitt ihm das Wort ab.
»Ich rede mit Church«, sagte ich.
Daves Stimme war angespannt, aber er antwortete ganz ruhig. »Dieser Hundesohn hat sich geweigert, dorthin zu fahren.«
»Sich geweigert, dorthin zu fahren? Wohin?«
»Zur Anlegestelle, um euch abzuholen. Wir konnten sehen, dass ihr beschossen werdet. Wir konnten den Wasserskiläufer sehen. Als er hörte, dass ihr Feindberührung habt, sagte er nur: ›Das sind SEALs, die kommen schon selbst von diesem Ufer weg.‹«
Ich schaute erst Jefferson und dann die beiden Besatzungsmitglieder an, die immer noch neben ihren MGs kauerten.
»Ist das wahr?«
»Er hat seine Pistole gezogen …«
»Beantworten Sie meine verdammte Frage.«
Jefferson sagte nichts mehr. Offensichtlich war es wahr. Der Rest der SEAL Squad stand jetzt bis zum letzten Mann auf dem Mitteldeck. Ihren Augen war anzusehen, was sie mit diesem Steuermann jetzt am liebsten gemacht hätten.
Die Sea-Fox-Besatzungsmitglieder waren Special-Boat-Unit-Matrosen. Keine SEALs. Das Ganze kam bei meinem Team, das auf der Anlegestelle festgesessen hatte, nicht gerade gut an. Ich begann allmählich, ebenfalls rotzusehen. Dave hielt immer noch seine Pistole in der Hand und starrte Jefferson an, sprach jedoch trotzdem ganz ruhig weiter.
»Ich habe gehört, wie ihr uns angefunkt habt, aber dieser Scheißkerl wollte nicht antworten. Ich habe ihm gesagt, er solle die MGs bemannen und euch abholen, aber er hat mir geantwortet, ich solle mich verpissen. Das hier sei sein Boot, meinte er.«
»Dann hast du deine Pistole gezogen?«

»Ja.«

»Er hat mir seine Kanone direkt ins Gesicht gehalten!«, kreischte Jefferson.

»Jetzt halten Sie mal Ihr verdammtes Maul«, sagte ich.

Eigentlich gab es eine enge Verbindung zwischen den Special-Boat-Unit-Matrosen und den SEALs, zumindest sollte es sie geben. Die SBU-Männer waren Freiwillige, und sie wussten, dass sie zusammen mit den SEALs auf gefährliche Einsätze gehen würden. Das war das erste und einzige Mal, von dem ich je gehört habe, dass sich eine SBU-Crew geweigert hat, ihre Pflicht zu erfüllen. Special-Boat-Unit-Mitglieder haben sich in jedem militärischen Einsatzgebiet ausgezeichnet, in dem die SEALs operiert haben. Das hier war also eine verdammte Schande, und ich war total angefressen. Ich näherte mich Jeffersons Gesicht bis auf ein paar Zentimeter.

»Haben Sie sich tatsächlich geweigert, dort reinzugehen?«

»Hören Sie, Mann, dort herrschte eine brenzlige Lage … und mit unseren MGs können wir nicht nach oben schießen …«

»Ich bin nicht Ihr ›Mann‹, Sie Arschloch. Sie haben uns im Stich gelassen!«

»Und er hat mich angegriffen. Ich bringe ihn vors Kriegsgericht!«

Jetzt ging ich endgültig hoch. Zum ersten und einzigen Mal in meiner Karriere bei der Navy griff ich einen Unteroffizier tätlich an. Ich packte ihn an der Uniform und versetzte ihm einen solchen Stoß, dass er gegen den Radarmasten flog. Der ganze Zug war geschockt. Sie wussten zwar, dass Onkel Chuck ein hitziges Gemüt hatte, wie es sich für einen Iren gehörte. Aber sie hatten noch nie gesehen, dass ich jemanden körperlich angriff.

Ich stellte mich jetzt so dicht vor Jefferson hin, dass ich ihm hätte in die Nase beißen können. »Jetzt hören Sie mir mal gut zu, Sie Schlappschwanz.« Ich sprach mit zusammengebissenen Zähnen. »Sie wollen Church anzeigen? Nur zu! Ich werde dann meinerseits gegen Sie und diese Crew Klage erheben. Ich werde Sie hier und jetzt festnehmen und Sie wegen Feigheit vor dem Feind belangen. Darauf steht die Todesstrafe. Haben Sie mich verstanden?«

Ich schubste Jefferson zu Boden. Er blieb erst einmal dort sitzen.
»Sie wollen Kriegsgericht spielen, verdammte Scheiße? Kein Problem!«
Jefferson schwieg und schaute mich nur fuchsteufelswild an. Er trug eine Pistole und wirkte wütend genug, sie zu benutzen. Wütend genug vielleicht, dumm genug, nein, auf keinen Fall.
Ich zog weiter über ihn her. »Nur fürs Protokoll, Arschloch, wenn ich vorhin auf dieses Boot gekommen wäre und Sie mit einer Kugel im Hirn vorgefunden hätte, hätte ich später vor Gericht geschworen, dass diese Kugel vom Ufer gekommen sei. Wenn Sie uns noch einmal im Stich lassen, werde ich Sie höchstpersönlich erschießen!«
Meine Jungs schauten mich an und konnten dabei ein Grinsen kaum unterdrücken.
»Und jetzt sollten wir endlich in unseren verdammten Bunker zurückkehren.«
Jefferson ging zurück in den Steuerstand und startete das Boot. Die übrigen Besatzungsmitglieder schlichen nach unten. Meine Jungs zogen sich wieder in das Heck des Boots zurück und ließen mich allein. Ich glaube, ich sah immer noch ziemlich angefressen aus. Gefährlich angefressen.
Die Sea Fox machte sich in Richtung Süden auf den Weg. Ich stand an Deck hinter dem Radarmasten. Der kühle Fahrtwind war himmlisch. Ich beruhigte mich ein wenig.
Meine Hände zitterten, als ich meine Magazintaschen und meine Einsatzweste ablegte. Mein Tarnhemd war völlig durchgeschwitzt. Ich griff nach meiner Feldflasche. Sie war verschwunden. Die entsprechende Tasche war leer. Eine Kugel oder ein Granatsplitter hatte sie aufgerissen.
Die Luft war jetzt endgültig raus und ich fühlte mich plötzlich schwach. Sogar schwindelig.
Dave kam herbei und reichte mir seine Feldflasche. »Hey, Uncle Chuck. Es tut mir leid …«
»Was denn?«
Dave nickte in Richtung Steuerstand. »Diese Scheiße hier.«
»Du hast dich vollkommen richtig verhalten, Dave.«
»Glaubst du wirklich, dass er mich anzeigt?«

»Wenn er das tut, gehe ich mit ihm schwimmen.« Natürlich wollte ich damit andeuten, dass ich ohne ihn zurückkehren würde. Dave lächelte und ging zu unseren Männern nach hinten.

Ich schüttete mir den gesamten Inhalt der Feldflasche über den Kopf und wusch mir den Zementstaub und die Steinsplitter von Gesicht, Hals und Ohren. Wir umrundeten die Halbinsel und fuhren direkt nach Süden. Ich stand ganz allein da, hielt mich am Mast fest und federte mit den Knien die Wellenbewegungen ab, bis wir in Green Beach ankamen.

Später an diesem Nachmittag kam Franks Squad ebenfalls an unseren Strand zurück. Ich bat ihn um ein Vieraugengespräch und erklärte ihm den Vorfall. Unverzüglich stärkte er mir den Rücken, ja, er stellte sich nicht nur hinter mich, sondern wurde jetzt auch von sich aus tätig. Nach unserer Unterredung beobachtete ich, wie Frank zum Uferkai hinunterstürmte, an Bord der Sea Fox ging und eine ganze Weile Jefferson in voller Lautstärke rundmachte. Ich konnte nicht viel verstehen. Nur gelegentlich drangen Wörter wie »Pflicht«, »Strafversetzung« und »Kriegsgericht« an mein Ohr. Dies war das einzige Mal, dass ich Frank die Stimme heben hörte.

Der Vorfall wurde dann unter den Teppich gekehrt. Die Sea-Fox-Besatzung würde uns nie mehr enttäuschen, und Jefferson sollte sogar später eine Medaille für eine Operation erhalten, die wir in den letzten Wochen unseres Beirut-Einsatzes durchführten.

Die Sonne versank im Meer, und wir saßen auf unserem Unterstand, tranken warmes Heineken-Dosenbier und beobachteten aus der Ferne die Schlacht um Khalda. Die libanesische Armee operierte vom Südende des Flughafens aus, beschoss die auf der Höhe liegende Stadt mit allem, was sie hatte, griff sie jedoch nicht mit Infanterieeinheiten an. Es war eine Demonstration der klassischen libanesischen Militärtaktik, wenig zu riskieren und nichts zu gewinnen. Wieder einmal fragte ich mich, warum zum Teufel wir eigentlich hier waren.

»Hey Mr Pfarrer, möchten Sie etwas essen?« Es war Doug, der einen Papierteller in der Hand hielt.

»Ich nehme lieber noch ein Bier«, sagte ich.

Doug warf mir eine warme grüne Dose herüber, ich öffnete sie und nahm einen tiefen Schluck.
Die Ereignisse dieses Nachmittags schwirrten mir immer noch im Kopf herum. Zum ersten Mal hatte ich unter schwerem Feuer gestanden. Ich hätte eigentlich erwartet, eine gewisse Euphorie zu empfinden, aber das war nicht der Fall. Ich wusste nicht, was ich empfand. Seltsamerweise, vielleicht sogar fatalerweise, fühlte ich, nun – gar nichts.
Jeder in meinem Soldatenberuf fragt sich, wie er unter Feuer reagieren wird. Ich hatte es geschafft, meine Truppe von einem überlegenen und gut positionierten Feind zurückzuziehen. Ich hatte dabei keinen einzigen Mann verloren. Andererseits hätte ich um ein Haar alle verloren. Hätte Dave die Sea Fox nicht mit Waffengewalt gekapert, hätte das auch ganz anders ausgehen können.
Ich würde mich nie mehr nur auf einen einzigen Rückzugsweg verlassen.
Meine Gefühle begannen, sich in schneller Folge abzuwechseln. Schuldgefühle, dann wieder nichts und danach war ich erneut wütend auf mich.
Die Hektik war jetzt abgeklungen. Ich erinnere mich nur noch an die Angst, den Einsatz zu vergeigen. Während des Kampfes hatte ich noch ein Gefühl der Unbesiegbarkeit und eine seltsame Euphorie verspürt. Diese überdrehte, euphorische Stimmung, verursacht durch zu viel Adrenalin, hielt fast bis zum Ende meines Beirut-Einsatzes an. Später sollte sie jedoch von einem tödlichen, selbstzerstörerischen Zynismus abgelöst werden. Aber bis dahin waren es noch ein paar Monate.
Jetzt war ich nur müde. Hundemüde, todmüde.
Ich ging durch das SeaBee-Zeltlager zurück zum Rancho Deluxe. Es war Sonntagabend und wir hatten Hamburger und Hotdogs auf den 200-Liter-Ölfässern gebraten, die wir in der Mitte durchgeschnitten und zu Grills umfunktioniert hatten. Als sich die Tische gerade zu leeren begannen, schlug nördlich unserer Stellung die erste Granate ein. Einzelne Explosionen waren so alltäglich, dass zuerst niemand weiter darauf achtete. Fünf Minuten später fiel das nächste Geschoss vom Himmel, und dann noch eins. Im Süden flackerte plötzlich wieder Gewehr- und RPG-Feuer auf. Die Vorstellung hatte begonnen.

Zwei Granaten schlugen in das Wasser vor dem Ufer ein, die eine ziemlich weit entfernt, die andere nur 50 Meter vor dem Zentrum des Strands. Es war klar, dass diese Geschosse uns galten. Wir gingen deshalb in unsere Unterstände zurück und zogen über unsere nackten Oberkörper Schutzwesten an.

Allerdings traf uns dann bis 20.00 Uhr keine weitere Granate oder Rakete, obwohl immer noch Gewehrfeuer von Khalda zu uns herunterdrang. Über Funk hörten wir, dass direkt vor dem Flughafenzaun in Hooterville heftig gekämpft wurde. Um Mitternacht begannen die MEA-Verkehrsflugzeuge von den Startbahnen abzuheben. Die Evakuierung der Maschinen der Middle East Airlines war immer das Zeichen, dass der Flughafen in Kürze beschossen und geschlossen werden würde.

Ich genehmigte mir noch ein Bier. Plötzlich merkte ich, dass ich immer noch ziemlich aufgedreht war und einen Sonnenbrand hatte. Wir saßen auf unserem Unterstand und warteten auf das unvermeidliche Dauerfeuer. Wir schlossen Wetten ab, wann genau es anfangen würde.

Die Peilung geht verloren

Im Krieg ist größer gleich besser, und das Schlachtschiff *New Jersey* war beides. Ende September hatte die *New Jersey* den Atlantik überquert und sich zu den Kriegsschiffen gesellt, die jetzt vor der Küste kreuzten. Mit ihren 40,6-cm-Geschützen, ihrer starken Panzerung und ihren Marschflugkörpern war sie das Ausrufezeichen in einer Sprache, die jeder verstand. In einer Essensschlange meinte einmal jemand zu mir, dass die *New Jersey* in den Libanon zu bringen etwa so sei, als würde man eine Panzerfaust zu einem Stierkampf mitnehmen. Sie war definitiv eine Waffe, die einen Krieg gewinnen konnte, aber für diesen Krieg war sie eben nicht die *richtige* Waffe. Wie es da so am Horizont drohte, war das Schiff ein wirklich beeindruckender Anblick, ein langer, schmaler Kampfgigant, der jedoch niemanden zu beeindrucken vermochte.

Die Geschütze der *New Jersey* verschossen Projektile von der Masse eines VW-Käfers, 900 Kilogramm hochbrisanten Sprengstoff, über eine Entfernung von bis zu 40 Kilometern. Ein solches Geschoss konnte einen ganzen Häuserblock vaporisieren. Allerdings waren Geschütze, die eine komplette Pazifikinsel in eine Mondlandschaft verwandeln konnten, für den Kampf in einer dicht besiedelten Stadt völlig ungeeignet. Überlegene Feuerkraft mochte die Achsenmächte niedergerungen haben, aber für so etwas wie unsere »Friedenssicherung« waren diese Riesengranaten nutzlos. Die »Schurken« traten hier nie als massierte, große Truppenverbände auf und beschossen uns auch nicht aus statischen, stark befestigten Waffenstellungen. Sie boten einfach keine Ziele für solche gewaltigen Kampfmittel. Das Schlachtschiff und seine Geschütze waren eine Waffe für eine ganz andere Liga.

Es war wohl kaum ein Zufall, dass sich die Taktik unserer Gegner nach Ankunft der *New Jersey* dramatisch veränderte. Zuvor hatten die drusischen und syrischen Artilleristen ihre Stellungen auf isolierten Vorbergen eingerichtet und von dort heruntergeschossen, wann immer es ihnen beliebte. Jetzt waren die Risiken dieses Vorgehens untragbar. Eine Batterie in offenem Gelände einzurichten war jetzt glatter Selbstmord. Vor der Küste lag jetzt ein Schiff, das die Geografie des Landes im Wortsinne verändern konnte. Über Nacht endete der Beschuss von den Höhen, und es begann die neue Taktik des »Schießens und Abhauens«. Im Stadtzentrum herrschte jetzt erst einmal mehr Sicherheit. Anfang Oktober kam das Feuer nur noch aus den am dichtesten besiedelten Vierteln der Stadt. Indirekter Beschuss mit Mörsergranaten und Katjuscha-Raketen kam nun von unbebauten Plätzen und dachlosen Gebäuden im Herzen Hootervilles. 40,6-cm-Granaten hätten die Mörser mühelos ausschalten können, aber sie hätten gleichzeitig alle Menschen in der näheren und weiteren Nachbarschaft massakriert. Dies wäre natürlich ganz und gar nicht im Geiste der »Friedenserhaltung« gewesen. Und so regnete es in dieser Stadt im Frühherbst weiterhin Raketen und Granaten.

Draußen vor der Küste kreuzten unbeirrt die Schiffe. In einem unendlichen Kreislauf fuhren sie entweder nach Norden oder nach Süden in die Feuerunterstützungszonen, um danach wieder auf hohe See zurückzukehren. Niemand tat so, als ob ihre Gegenwart ihm Zuversicht einflößen würde. Die Schiffe wurden nie auf eine Weise eingesetzt, wie es sich der einfache Landser gewünscht hätte. Ihm wäre es am liebsten gewesen, wenn sie aus vollen Rohren ihre Magazine leer geschossen hätten, bis das ganze Schuf-Gebirge in Flammen stand und von dieser verdammten Gegend nur noch nackter Sand übrig geblieben wäre.

Ah, überlegene Feuerkraft …

Es war ein Traum, nur ein Traum, und an den heißen Nachmittagen dümpelten diese Kriegsschiffe manchmal ganz vor der Küste, manchmal weit draußen am diesigen Horizont. Man konnte sie unmöglich betrachten, ohne die bittere Frustration zu verspüren, die jeden unserer Atemzüge zu vergiften begann.

Diese Frustration konnte einen regelrecht auffressen. Wir waren ständig in unserer Stellung eingeschlossen, wodurch eine Art Lagerkoller entstand. Die Routine wurde zu unserem Feind, und da gab es nichts, überhaupt nichts, mit Ausnahme der immer gleichen Dinge, die wir an jedem Tag zur immer gleichen Zeit erledigten. Es beeinträchtigte unseren Willen und unsere Vernunft. In einer solchen Geistesverfassung war Granatfeuer sogar etwas, auf das wir uns freuten. Etwas, das wenigstens diese schreckliche Monotonie unterbrach. Wir hielten es für einen Segen, dass wir ziemlich oft Operationen, vor allem Aufklärungsmissionen, durchführen durften. In der Dunkelheit im Schuf-Gebirge auf Patrouille zu gehen – und dabei von sechs verschiedenen Gegnern umgeben zu sein – das war immer noch besser, als in unserem Stützpunkt vor sich hin zu schwitzen.

Das Granat- und Raketenfeuer führte jedoch auch zu einer anderen Empfindung, die zugleich sehr real und sehr gegensätzlich war. Es war das Gefühl, das in uns aufstieg, wenn wir in Deckung liefen. Wenn wir in diesem staubigen, viel zu gut bekannten und deshalb so langweiligen Ort um unser Leben rannten. Wenn wir durch das endlose Kreischen der herabstürzenden Raketen rannten. Langeweile und Angst vereinigten sich in dieser herbstlichen Hitze. Am Ende war die Langeweile sogar noch gefährlicher. Eine unendliche Eintönigkeit, die jeden anderen Gefühlszustand, jede andere mögliche Emotion erstickte. Diese Langeweile ließ uns vergessen, unsere Schutzweste zu schließen. Diese Langeweile führte dazu, dass wir auf der Flughafenrundstraße fahren *wollten.* Im Moment war nichts mehr wichtig, außer genug Insektenspray zu haben. Die unerträgliche Hitze wollte einfach kein Ende nehmen. An den Sommer erinnere ich mich nur noch als eine ununterbrochene Reihe von VIP-Besuchen, sich widersprechenden Gerüchten und Beschuss mit Mörsergranaten.

An jedem Nachmittag wurden die libanesischen Mannschaftstransportpanzer, die nach Süden die Küstenstraße hinunterfuhren, von Khalda her unter Feuer genommen. Diese Angriffe wurden zu einer solchen Routineangelegenheit, dass die LAF-Panzer einfach auf dem Mittelstreifen anhielten, um den Zivilverkehr vorbeizulassen, und dann mit ihren MGs, Kaliber .50 BMG, zurückschossen. Ketten roter Leuchtspurgeschosse stiegen von der Küstenstraße auf und schlugen in den Betonseitenwänden der Stadt auf der Höhe ein. Die weißen Einschlagblitze dienten den MG-Schützen als Zielhilfe für ihre 100-Schuss-Salven, mit denen sie jedoch lediglich Gebäude trafen, die zuvor schon millionenfach getroffen worden waren. So wurden Woche für Woche richtiggehende Schießduelle ausgefochten.

Das Feuer der Milizen schwenkte oft plötzlich auf den Green Beach hinüber. Manchmal war die Entfernung so groß, dass wir eine Vorwarnzeit von ein paar Sekunden hatten. Von dem Unterstand auf unserer linken Flanke aus konnte ich mit dem Feldstecher die Schäden in den Wohnvierteln der Umgebung betrachten. Die niedrigen Häuser trugen jetzt regelrechte Pockennarben und die schwarzen Streifen, die sich ihre Seitenwände hinaufzogen, zeugten von den immer noch schwelenden Bränden. Die Feuergefechte hatten den ganzen Nachmittag angedauert. Um genau 17.00 Uhr zogen die libanesischen Schützenpanzer jedoch ab. Sie machten immer pünktlich Feierabend. Auch die andere Seite stellte das Feuer allmählich ein. Nur wenn der Wind aus dieser Richtung wehte, drangen aus Hooterville im Nordosten noch die Geräusche weiter entfernter Feuergefechte zu uns herüber. Die Vorstellung war wohl wieder einmal vorbei.

Wir wussten, dass man uns kein warmes Essen liefern würde, weil bis 19.00 Uhr im ganzen Stützpunkt am Flughafen Alarmstufe eins herrschte. In unserem Green Beach brachte diese Stille die Jungs dazu, ihre Deckung zu verlassen. Die Tische im Windschatten der Unterstände waren bald voller Männer, die ihre MREs aufrissen, um ihr karges Abendessen wenigstens an der frischen Luft einnehmen zu können. Dieses Abendessen nahm jedoch ein abruptes Ende. In Khomeiniville feuerte jemand nördlich unserer linken Flanke mit einem 7,62-mm-MG in unsere Richtung. Die Geschosse flogen den ganzen Strand entlang und schlugen in einen Tisch voller SeaBees ein, die am nördlichen Ende von Green Beach gerade zu Abend aßen. Holz splitterte, Querschläger sausten durch die Luft und einzelnen Leuten wurden sogar ihre MREs aus der Hand geschossen. Kaum zu glauben, dass keiner getroffen wurde. In Sekundenbruchteilen verdoppelte sich dann das Gewehrfeuer. Man hörte die schnellen Feuerstöße der M-16 und der FN sowie das meckernde Stakkato der Kalaschnikows.

Ich suchte in den Schützengräben Deckung, die sich an das Rancho Deluxe anschlossen. Am Boden des Grabens saß Doc und schüttete bedächtig Tabasco auf eine getrocknete Schweine-Frikadelle aus seiner Gefechtsverpflegung. Er aß sie trocken, ohne Wasser. Er knabberte sie wie einen Schokoriegel.

»Wird's ein bisschen heiß da draußen?«, fragte er, während er sein gefriergetrocknetes Schweinehack mampfte. Doc war wie gewöhnlich die Gelassenheit in Person. Er schien es für völlig normal zu halten, beim Abendessen vor MG-Feuer in Deckung gehen zu müssen.

»Ich schaue mal, ob ich einen von diesen Scharfschützen ins Visier bekomme.«

»Zeitverschwendung«, erwiderte Doc kurz und trocken. Wir waren in letzter Zeit so oft beschossen worden, dass dieser Schabernack heute Abend kaum eine Reaktion wert war.

»Die Marines möchten bestimmt nicht, dass du einen Krieg anfängst«, sagte Doc.

»Wir haben bereits Krieg, Doc.«

»Das sind doch nur die verdammten Wallys. Die beruhigen sich schon wieder, wenn die Sonne untergeht.«

Er hatte recht, aber ich war nicht länger in Friedenssicherungsstimmung.

»Mir ist langweilig, ich werde es versuchen«, sagte ich.

Doc aß ruhig weiter. »Spiel nicht den Helden, Diawi«, sagte er.

Ich huschte in den Unterstand zurück, um mein CAR-15 zu holen. Der Rest der Delta- und Charlie-Boat-Crews hatte es sich auf ihren Feldbetten bequem gemacht, die Männer lasen oder schliefen. Eine weitere Salve fegte über den Unterstand und schlug mit dem trockenen Geräusch von Hammerschlägen in unsere Zufahrtssperre ein. Keiner schaute auch nur auf. In der Sicherheit des Unterstands blieben die Jungs so gelassen, als ob das Ganze nur ein Gewitter wäre.

Cheese schaute mich über den Rand eines Comichefts an, das von nackten Vampirmädchen handelte.

»Brauchst du Hilfe, Uncle Chuck?«, fragte er ganz beiläufig, als ob ich zwei Einkaufstüten in der Hand gehabt hätte.

Seit der Geschichte an der Corniche hatte sich der ganze Zug angewöhnt, mich »Uncle« zu nennen. Frank war der Papa, und ich war Papas jüngerer Bruder. Mit der Ausnahme von Doc, Stan und Tim war keiner in diesem Platoon älter als 22. Ich hingegen war bereits 26 und deshalb ein Onkel.
»Wollen wir mal versuchen, diesen Typen zum Schweigen zu bringen?«
»Klar«, sagte Cheese. »Ich bin dabei.«
Cheese griff sich sein Gewehr und seine Einsatzweste, während ich mir den Feldstecher holte, der an einem Nagel über meiner Pritsche hing. Danach schnappte ich mir meinen Poodle Shooter, ein anklemmbares Plastik-Zweibein und meine Schießweste.
Wir warteten auf eine kleine Feuerpause und liefen dann zur Maschinengewehrstellung auf unserer linken Flanke hinüber. Neben dem MG-Nest kauerte der Marine Shore Party OIC (Officer in Charge), ein netter Kerl namens Leo, und ein Army Warrant Officer, der eigentlich auf dem Weg zu einer anderen Stellung war, ich glaube zur Charlie-Batterie. Er musste jedoch hierbleiben, als die Alarmstufe eins ausgerufen wurde. Um die Stellung herum lagen noch andere in Deckung, die in ihren Helmen und Kevlar-Schutzwesten fast wie Wesen von einem anderen Stern aussahen.
Cheese und ich duckten uns ebenfalls ab, versuchten dabei jedoch, jede Bodenberührung unserer Waffen zu vermeiden.
»Was zum Teufel ist hier los?«, fragte Leo.
»Ich dachte, Sie wüssten es«, erwiderte ich.
Leo spuckte einen Klumpen Kautabak aus. »Sieht so aus, als ob Wally zwischen der Landebahn und Khomeiniville steckt.« Leo schob mit dem Daumen seinen Helm nach hinten. »Ich habe dem Bataillonsgefechtsstand gemeldet, dass wir gezielt beschossen werden. Wir haben die Erlaubnis bekommen zurückzuschießen.«
Das ist aber nett von ihnen, musste ich denken.
Zwei Marines lagen im Unterstand hinter dem M-60. Etwa ein halbes Dutzend weitere Marines zielten auf den offenen Uferstreifen in Richtung Khomeiniville. Doch keiner von ihnen schoss.
»Warum schießt ihr nicht?«, fragte ich.

»Ich kann die gegnerischen Schützen nicht sehen. Ich habe das dem Bataillon gemeldet, und die haben mir gesagt, die LAF würden jemanden losschicken, der sich darum kümmert.«

»Wen werden die wohl schicken, Batman und Robin?«, spottete Cheese.

Ich hob meinen Feldstecher und schaute durch die Schießscharte des MG-Nests. Ich konnte nur ein Häusergewirr sehen. Leo befahl seinem Funker zu klären, ob die Alpha-Kompanie feuerte. Einige der Waffen waren eindeutig amerikanische Fabrikate, M-60 und 40-mm-Granatwerfer, aber die verwendeten auch die bösen Jungs, deshalb konnten wir oft nicht feststellen, ob es sich wirklich um amerikanische Schützen handelte. Wieder einmal pfiffen lange Maschinengewehrsalven über unsere Köpfe hinweg, und Geschosse prasselten ein Stück hinter uns auf die Fahrbahn.

Fünf Minuten später hatte sich die Alpha-Kompanie immer noch nicht gemeldet, und Leo lugte für einen kurzen Moment über das MG-Nest hinweg, um sich direkt danach wieder zu ducken.

»Das ist nicht genug Feuer für die Alpha-Kompanie.« Er spuckte einen weiteren Klumpen Kautabak aus. »Die haben in letzter Zeit eine Menge einstecken müssen. Wenn man denen jetzt erlaubt hätte zurückzuschießen, würden die einen Höllenlärm machen.«

Ich stimmte ihm zu, hatte jedoch keine Lust, meinerseits über den Unterstand zu schauen, um zu überprüfen, ob er recht hatte.

»Irgendjemand *macht* jetzt aber einen Höllenlärm«, meinte der Warrant Officer.

Plötzlich hörte man das helle Pfeifen eines fallenden Artilleriegeschosses, dann nichts mehr. Wir hatten gerade genug Zeit gehabt, um in Erwartung des Einschlags den Kopf einzuziehen.

»Haben sie danebengeschossen?«, fragte der Warrant Officer.

»Das sind Versager, die raffen's einfach nicht«, sagte Cheese.

»Ich hasse dieses Geräusch«, sagte ich.

In einem ernsten, betroffenen Ton sagte Leo jetzt: »Ich scheiß auf diese Leute.«

Die Sonne ging gerade unter. Bald würde nichts mehr zu sehen sein. Ich schaute noch einmal durch meinen Feldstecher zu diesem Häusergewirr hinüber und suchte es sorgfältig ab. Ich konnte nichts entdecken. Leo meldete seinem Bataillonshauptquartier über Feldtelefon, dass er immer noch sporadisch unter Feuer stehe, dass er jedoch die Angreifer nicht präzise lokalisieren könne. Wir sprachen dann über die Wachablösung für heute Nacht. Wir vereinbarten, zusätzliche Männer von meiner und seiner Einheit an der Grenze unseres Stützpunkts aufzustellen. Dann kam ein Meldegänger angerannt und hechtete in den Unterstand.

»Sir, auf der Straße südlich unserer rechten Flanke gibt es eine größere Truppenkonzentration«, keuchte er.

»Böse Jungs?«

»Wir wissen nicht, wer sie sind.«

Großartig, dachte ich. Wir werden gerade umzingelt.

»Also, das ist es jetzt wohl«, sagte Leo und wischte sich den Schmutz von seinem Hemd. »Ich werde mal nachsehen.« Er rappelte sich auf und machte sich zum Aufbruch bereit.

»Ich bleibe hier«, sagte ich. »Macht es Ihnen etwas aus, wenn wir mal Ihr Maschinengewehr-Nest benutzen?«

»Ihre Jungs?«, fragte er.

»Ja.«

»Wie viele?« Leo schaute etwas besorgt drein.

»Haben Sie Angst, dass wir die Nachbarn aufwecken?«, fragte ich lächelnd.

»Scheiß auf die Nachbarn«, sagt er. »Tun Sie mir einen Gefallen. Lassen Sie es mich wissen, wenn Sie panzerbrechende Munition verschießen.«

»Nichts Bombastisches, das verspreche ich. Nur ich und Cheese«, versicherte ich. Ich brauchte eigentlich nicht seine Erlaubnis, um von hier aus auf den Feind zu schießen, aber wir waren Nachbarn, und da war es ein Gebot der Höflichkeit, sich abzusprechen.

»Tun Sie, was Sie nicht lassen können«, sagte Leo. Er wartete auf eine Kampfpause und rannte dann zum Unterstand auf der rechten Flanke hinüber. Seine Marines folgten ihm.

Cheese und ich schlüpften in den Unterstand hinunter. Ich reichte ihm das Zweibein. Er klemmte es an das Gasrohr seines M-14 an und stabilisierte es, indem er es gegen den sandsackbewehrten Erdwall drückte. Ich legte mein CAR-15 daneben und schaute durch meinen Feldstecher, während Cheese es sich hinter seinem Gewehr bequem machte. Über unseren Köpfen zischten weiterhin Kugeln und Artilleriegeschosse hinweg. In der Abendstille klangen die Kugeln und Granaten genauso wie in den Kriegsfilmen, die ich als Kind gesehen hatte. Die Sonne war jetzt fast ganz im Mittelmeer versunken. Der Himmel am Zenit bekam einen tiefen Kobaltton, am Horizont wurde er taubenblau und war mit sich orange färbenden Wolken gesprenkelt.

Ein halbes Dutzend Kugeln und ein paar Leuchtspurgeschosse trafen die Seite unseres Unterstands. Eine halbe Sekunde später hörte man das Geräusch der Waffe als ratterndes Echo aus Khomeiniville. Es handelte sich wahrscheinlich um ein RPK-MG.

»Ich sehe überhaupt nichts«, sagte Cheese und schaute über den Lauf seines Gewehrs.

Ich konnte ebenfalls nichts sehen. Die Scharfschützen wurden immer besser. Kurz nach unserer Ankunft hängten sich die Khomeini-Cowboys noch aus den Fenstern oder schossen aus Räumen, die von hinten beleuchtet waren. Diese kühnen Aktionen verlängerten nicht gerade ihre Scharfschützen-Karrieren. Aber der Darwinismus funktionierte auch in diesem Fall. Bald hatten die übrig gebliebenen Scharfschützen gelernt, im Schatten zu bleiben und 1 Meter bis 1,20 Meter hinter dem Fenster zu schießen.

Eigentlich war es auch etwas übertrieben, diese Leute als »Scharfschützen« zu bezeichnen. Meine Freunde vom SAS (Special Air Service) hatten mir von monatelangen Anti-Scharfschützen-Einsätzen gegen die IRA in Belfast erzählt. SAS-Präzisionsschützen wurden dort in Überseekoffern in Gebäude eingeschmuggelt, um eine ganze Woche lang direkt unter dem Dachgesims ein Loch zu bohren. Während dieser ganzen Zeit machte ein IRA-Scharfschütze 400 Meter entfernt dasselbe. Was dann folgte, war ein regelrechtes Scharfschützen-Duell. Das war echte Handwerkskunst. Das heute Abend war dagegen nur ein Popelfresser mit einem Maschinengewehr.

»Achte auf Mündungsfeuer«, sagte ich. Ich beobachtete mit meinem Feldstecher immer noch eine Häuserreihe. Die Sonne war jetzt zwar untergegangen, aber der Himmel war immer noch erleuchtet. In dieser nautischen Dämmerung war es immer noch zu hell, um ein Nachtsichtgerät einzusetzen. Erst in 15 bis 20 Minuten würde es endgültig dunkel sein.
Erneut feuerte das RPK. Dieses Mal verfehlten die Kugeln jedoch unsere Sandsäcke und schlugen kurz vor uns in die Fahrbahn ein. Einige Leuchtspurgeschosse taumelten als Querschläger in den Himmel hinauf, wo sie nach kurzer Zeit in niedriger Höhe erloschen. Ich hoffte, das Mündungsfeuer des RPK würde den Schützen bei zunehmender Dunkelheit verraten.
Vom libanesischen Checkpoint südlich unseres Green Beach raste jetzt ein Pickup voller Soldaten an uns vorbei, der mit brennenden Scheinwerfern in Richtung Norden unterwegs war. Es gab keine Möglichkeit, ihn zu warnen oder gar aufzuhalten. Als sie auf Khomeiniville und die Häuserreihe zufuhren, konnte ich beobachten, wie die LAF-Soldaten auf der Ladepritsche des Pickup ihre Waffen bereit machten.
»Oh, Scheiße!«, rief Cheese aus.
Als der Pickup weitere 200 Meter zurückgelegt hatte, eröffnete das RPK das Feuer. Die Rücklichter schwankten, flackerten und gingen dann aus. Das MG-Feuer steigerte sich zu einem Crescendo. Der Pickup war in einen Hinterhalt geraten und unzählige Geschosse flogen jetzt mit einem irren Pfeifen die Straße hinunter.
Das RPK gab lange Feuerstöße ab, während die Soldaten hinter ihrem Fahrzeug Deckung suchten. Als die Leuchtspurgeschosse aus Khomeiniville herausprasselten, konnten wir endlich erkennen, von wo dieses MG schoss. Das Fenster der Schussposition blinkte weiß und hob sich als blitzendes helles Rechteck von der dunklen Häuserreihe ab.
»Ich hab' den Schützen«, rief ich. Ich hielt den Feldstecher weiterhin an die Augen. Das RPK feuerte erneut. »Zweite Häuserreihe, in der Mitte des Blocks.«
Cheese hatte ihn jetzt auch gesehen. Er presste die Wange gegen den Schaft, atmete tief ein und dann wieder aus. Er gab einen einzigen

Schuss ab. Der Schussknall war ein tiefer, dröhnender, markerschütternder Schlag. Die ausgeworfene Patrone prallte von der Decke ab. SEALs kämpfen gewöhnlich nicht aus unterirdischen Unterständen heraus. Als drei weitere Schüsse meinen Kopf erzittern ließen, machte ich im Geiste eine Notiz: Das Schießen aus unterirdischen MG-Nestern kann zu Migräne führen.

Cheese gab in schneller Folge sechs Einzelschüsse ab, während ich weiterhin das Zielgebiet beobachtete. Die ersten beiden Geschosse trafen das Gebäude etwas zu tief, die letzten vier schlugen keine Funken. Sie mussten also durch die Fensteröffnung geflogen sein. Ein paar Sekunden lang herrschte Stille. Dann waren von dem liegen gebliebenen Pickup vier oder fünf Schüsse zu hören. Es musste also Überlebende geben.

Der RPK-Schütze eröffnete jetzt aus einem anderen Fenster das Feuer. In einer einzigen langen Salve feuerte er mindestens 50 Schüsse ab. Je dunkler es wurde, desto besser waren jetzt die Mündungsblitze zu sehen. Die ersten Geschosse schlugen in den Sand direkt vor uns ein, sodass wir beide den Kopf einzogen. Die nächsten Kugeln prallten auf den Unterstand und knallten schließlich auf die Zufahrtssperre. Ziemlich gut, dieser Schütze, das mussten wir zugeben.

Ich öffnete den M-203-Granatwerfer, der unter der Handstütze meines Gewehrs angebracht war, ließ die Beehive-Granate herausrutschen und steckte sie in die Cargo-Tasche meiner Tarnhose. Dann holte ich aus meiner Einsatzweste eine HEDP-Granate heraus.

»Was meinst du, wie weit sind diese Häuser entfernt?«

»Zu weit für einen 40-mm-Granatwerfer«, erwiderte Cheese.

Die Höchstreichweite des M-203 betrug etwa 400 Meter. Ich hätte eigentlich gedacht, dass dieses Haus weniger weit entfernt war.

»Ich dachte, ihr Offiziere spielt alle Golf«, sagte Cheese.

»Was hat das denn damit zu tun?!«

»Na ja, Mann, da lernt man, Entfernungen zu schätzen.«

»Ich spiele kein Golf«, erwiderte ich. Noch eine Gedankennotiz: Geh in einen Golfklub, wenn du wieder daheim bist.

Um bei der 203 eine maximale Reichweite zu erreichen, musste ich meine Waffe in einem Winkel von etwa 45 Grad nach oben halten. Das war in diesem Unterstand natürlich nicht möglich. Ich führte die Granate ins Rohr ein. Cheese wechselte sein Magazin, dann kletterte er hinter mir aus dem MG-Nest heraus. Draußen gingen wir sofort wieder in Deckung, als eine weitere lange Salve über uns hinwegsauste. Die Leuchtspurgeschosse sahen wirklich wunderschön aus, als sie über unsere Köpfe flogen.

Ich stellte das Quadrantenvisier meines CAR-15 auf Höchstreichweite ein. Dabei wusste ich nicht einmal, ob die Entfernung nicht doch zu groß war. Cheese beobachtete mich, als ich den Sicherheitshebel des M-203 nach vorne drückte.

»Von mir aus kann's losgehen«, rief er mir zu.

Wir stellten uns hinter dem Unterstand auf. Cheese feuerte freihändig eine schnelle Folge von Einzelschüssen ab. Ich sah das Fenster, nahm es ins Visier und richtete mit einiger Mühe den 203 im gebotenen Winkel nach oben. Ich drückte den Abzug und die Granate wurde mit einem hohlen, lauten *Popp* aus dem Werfer herausgeschleudert. Cheese duckte sich sofort ab, während ich nur leicht in die Knie ging, um über den Unterstand hinweg den Flug der Granate zu verfolgen. Sie sauste in einer Geschwindigkeit durch die Luft, die mit der eines von Greg Norman geschlagenen Golfballs vergleichbar war. Das Licht der untergehenden Sonne ließ sie aufglühen, als ob sie aus reinem Kupfer bestünde. Ich sah, wie das Geschoss in das Dach des Gebäudes einschlug, in dem der Scharfschütze saß. Aus einer schmutzigen Rauchwolke stiegen zahlreiche Funken auf. Eine Dreiviertelsekunde später hörten wir die dazugehörenden Geräusche: *Knall-Peng*.

»Zu hoch.«

Das RPK feuerte schon wieder. Dieses Mal war der Pickup das Ziel. Offensichtlich konnte sich Wally nicht vorstellen, dass wir ihn mit Granaten beschießen könnten, und so ballerte er weiter auf die Soldaten, die sich jetzt unter ihrem havarierten Fahrzeug auf den Boden pressten. Gedeckt vom Unterstand warf ich die verbrauchte Kartusche aus und schob eine neue fette 40-mm-Granate in das Werferrohr.

Wir feuerten erneut über den Unterstand hinweg. Cheese gab mir Feuerschutz, während ich zielte und schoss. Das RPK hielt gerade Ruhe. Wir sahen, wie die Granate rechts von der Position des Scharfschützen in die Wand einschlug. Dabei sprengte das panzerbrechende Geschoss ein faustgroßes Loch in die Betonziegel. Wir luden beide im Stehen nach. Dieses Mal zielte ich lange und sorgfältig, bevor ich den Abzug betätigte. Erneut segelte ein tödlicher, kupferfarbener Golfball durch die Luft. Als die Granate etwa die Hälfte ihres Wegs zurückgelegt hatte, eröffnete das RPK wieder das Feuer – und zwar direkt auf uns. Der Schütze zielte jedoch etwas zu hoch.

Ich weiß nicht, warum, aber ich stand einfach so da und schaute zu, wie die Leuchtspurgeschosse direkt auf mich zuflogen. Unsere Granate näherte sich dem Zielgebäude und Cheese ging in Deckung, wie es jeder vernünftige Mensch getan hätte. Ich blieb jedoch stehen, während die Leuchtspurgeschosse in geringer Höhe über meinen Kopf jagten. Ich beobachtete die Granate, bis ich das schwache Glühen des fliegenden Projektils aus den Augen verlor.

Dieses Mal flog es direkt durch das dunkle Rechteck des Fensters und detonierte im Gebäude. Die Explosionsgeräusche wurden durch die umgebenden Wände gedämpft und kamen bei uns als kurzer, dumpfer Schlag an.

Cheese und ich gingen in die Hocke und warteten. Nichts. Die Stille wurde immer länger.

»Du hast ihn erwischt«, grinste Cheese.

Das Schießen hatte endgültig aufgehört. Ich sah, wie die LAF-Soldaten unter ihrem Pickup hervorkrochen und eine Leiche aus dem Führerhaus zogen. Die Sonne war jetzt endgültig verschwunden und die zunehmende Dunkelheit wurde von einem durchsichtigen leichten Dunst aus Staub und Brandrauch noch verstärkt. Das Gebäude, in dem der Scharfschütze gesessen hatte, war offensichtlich von unseren Leuchtspurgeschossen und Granaten in Brand gesetzt worden, Flammen schlugen aus den Fenstern.

Als wir zum Rancho Deluxe zurückgingen, rasselte uns ein libanesischer Schützenpanzer entgegen, der auf dem Weg zum überfallenen Pickup war. Ein Besatzungsmitglied feuerte mit einem schweren Maschinengewehr, Kaliber .50 BMG, das auf der Turmlafette montiert war. Während der Panzer sich dem liegen gebliebenen Pickup näherte, schoss der MG-Schütze eine Salve nach der anderen ab. Ich drehte mich um und schaute nach Norden. Dort leuchtete auf dem Wohnblock, aus dem der Scharfschütze geschossen hatte, fast gleichzeitig eine Unzahl weißer Explosionsblitze auf, als ob es Kugeln regnen würde. 12,7-mm-Geschosse schlugen in einem wahren Bleiorkan in die Dächer und Treppenhäuser ein.

Als der Schützenpanzer an unserem Unterstand vorbeifuhr, grinste uns der Schütze unter seinem Panzerhelm an, hob die Hand und spreizte Zeige- und Mittelfinger. Wir konnten uns jetzt aussuchen, ob er damit das Friedens- oder das Victory-Zeichen meinte.

Es war zwar nicht Dien Bien Phu, aber schön war es auch nicht. Es geschah zwar nicht jeden Tag, aber oft genug. So oft, dass wir wussten, was kommen würde. Bereits beim Abschuss wussten wir, wer uns heute im Visier hatte. Wir lernten das Geräusch der RPGs, Mörsergranaten und Katjuscha-Raketen genau zu unterscheiden. Wir wussten, wie es sich anhörte, wenn Artillerie-Blindgänger auf der Startbahn einschlugen und wo wir sie nach dem Ende des Dauerfeuers finden würden. Die russischen 122-mm-Geschosse hatten sich tief in den Asphalt gebohrt. Detoniert waren sie nicht, weil wieder einmal ein gehirnamputierter drusischer Artillerist vergessen hatte, zuvor einen Zünder hineinzuschrauben.

Beirut mochte ein verdammt verrückter Ort sein, die Stadt war jedoch nicht halb so seltsam wie Washington D. C. Während uns Mitte September fast täglich die Granaten um die Ohren pfiffen, erzählte der Commandant of the Marine Corps, General P. X. Kelley, ein Mann, der es ganz gewiss hätte besser wissen müssen, dem Kongress, »dass für unsere Marines keine wesentliche Gefahr besteht«. Er fügte sogar noch hinzu, es gebe keinen Beweis dafür, dass das Raketen- oder Artilleriefeuer speziell auf die multinationale Friedenstruppe gerichtet sei.

Vielleicht hatte er recht. Vielleicht schossen sie auch nur auf unsere Fahrzeuge.
Es wurde immer deutlicher, dass der Libanon in Washington eine fixe Idee war. Wer eine Verschlechterung der Lage wollte, wurde ebenfalls immer klarer. Die Marines und Matrosen hegten dagegen keinerlei positiven Gefühle für diesen Ort. Und wir selbst wurden in den stinkenden, gärenden Slums außerhalb unseres Stacheldrahtzauns auch nicht gerade geliebt. Die multinationale Friedenstruppe tat jetzt nicht einmal mehr so, als ob sie die Geschehnisse in der Stadt kontrollieren würde. Die vereinten Waffen einer ganzen Marine Amphibious Unit hatten es nicht einmal geschafft, Hooterville unter Kontrolle zu bringen. Irgendwer irgendwo im Pentagon muss einfach erkannt haben, wie beschissen und tödlich die Lage in diesem Land allmählich wurde. Es muss einfach einen Oberst, einen Hauptmann, einen hellsichtigen Major gegeben haben, der sich die Tortendiagramme, Kurvenblätter und Hochglanzberichte anschaute und sich fragte: »Was zum Teufel treiben wir da eigentlich?«
Aber wir waren nun einmal hier, und die Politiker mögen es nicht, von irgendwo abzuziehen. Sie meinen, dies könnte als Schwäche gegenüber dem Kommunismus, Terrorismus, Fanatismus oder irgendeinem anderen Ismus ausgelegt werden, den wir doch hier bekämpfen sollten. Also blieben wir, und die Lage verschlimmerte sich leise, schleichend und unaufhaltsam immer weiter.
Im Oktober endete plötzlich von einem Tag auf den andern der Sommer. Zuvor hatte es ab und zu ein wenig geregnet, aber jetzt wurden die Tage schlagartig kühler und die Nächte feucht und kalt. Der häufige Regen verwandelte den Staub in Schlamm. In den Unterständen trommelten die Tropfen auf eine beruhigende, beinahe hypnotisierende Weise auf die sandsackbewehrten Dächer. Wenn die Schauer endeten, war die Luft unter den aufgerissenen Wolken frisch und klar. Die Berge, die im Sommer braun und weit entfernt im Hitzedunst verborgen lagen, waren jetzt grün und ganz nah. Ihre nassen Straßen schimmerten fast silbern, wenn die Sonne einmal durch die Wolken brach.

In diesen Tagen endete Waffenruhe auf Waffenruhe in einer monotonen Folge von Scharfschützenbeschuss, Raketenfeuer und Angriffen aus dem Hinterhalt. Die vom Regen ausgewaschene Luft leitete auch das Rattern des Gewehrfeuers mit erstaunlicher Klarheit weiter.

Wie alle anderen hatte auch ich die Schnauze von diesem sechsseitigen Krieg gestrichen voll. Der Einsatz in diesem Land forderte auch von meinen Jungs seinen Tribut. Sie waren jetzt viel ruhiger. Sie alberten nicht mehr so herum wie am Beginn des Einsatzes. Oft saßen alle acht nur ganz still in unserem Unterstand. Alle waren wach, aber keiner sprach ein Wort, bis ich in den kühlen, ruhigen Untergrundbunker trat und den vorbereitenden Befehl für eine Jeeppatrouille oder eine Aufklärungsmission gab. Dann standen sie alle immer wortlos auf und griffen sich ihre Ausrüstung, Waffen und Munition, als ob ich es mit einem Platoon von Stummen zu tun gehabt hätte. Außerhalb des Schutzzauns war es gefährlich, innerhalb war man genauso gefährdet. Sie hatten jedoch weder Angst noch waren sie gleichgültig, sie waren einfach müde. Seltsamerweise freuten wir uns auf die Einsätze, da wir zu Recht vermuteten, dass wir draußen im Schutz der Nacht sicherer sein würden, als wenn wir in unserem Unterstand blieben.

Ich hatte nur einen Problemfall in meinem Zug. Der Assistant Leading Petty Officer Stan. Er hatte sich bei unserem Honduras-Abenteuer noch sehr bewährt. Seitdem wir jedoch hier im Libanon gelandet waren, baute er immer weiter ab. In den ersten Oktoberwochen war er endgültig zu nichts mehr zu gebrauchen. Außerdem hatte er sich von seinen sämtlichen Zug-Kameraden entfremdet.

Stan hatte zwar eine Operator-Ausbildung, aber der ganze Beirut-Aufenthalt war für ihn offensichtlich von Anfang an eine einzige Tortur. Obwohl ich sein Verhalten nicht entschuldigen will, könnte man doch die Ansicht vertreten, dass er unter einer Kriegsneurose litt. Bei den meisten anderen Kampfeinsätzen operierten die SEAL-Teams aus sicheren Rückzugsgebieten heraus. Dort planten und probten sie ihre Missionen, drangen dann auf Feindgebiet vor, um sich nach der Erledigung des Auftrags wieder an einen sicheren Ort zurückzuziehen. Dann konnten sie sich in der Etappe erholen und das eine oder andere Bierchen trinken. In Beirut operierten wir nicht nur gegen sechs unterschiedliche Gegner, sondern unser Stützpunkt am Green Beach stand praktisch ununterbrochen unter Feuer. Wenn wir nicht gerade von Schiffen aus operierten oder Patrouillen mit der Sea Fox durchführten, schwebten wir ständig in Gefahr. Wir hatten hier weiß Gott genug einstecken müssen, aber der Einzige, der daran zu zerbrechen schien, war Stan.

Er war ein klein gewachsener, magerer und schmächtiger Mann, der irgendwie noch nicht ausgewachsen wirkte. Obwohl er in Wirklichkeit einer der Ältesten in unserem Platoon war, gaben ihm seine helle Haut und sein schwarzes Haar ein fast jungenhaftes Aussehen, das ihn von seinen Zug-Kameraden unterschied. Die Wallywelt sei kein Platz für einen Familienvater, pflegte er zu sagen. Manchmal trug er einen aufgesetzten Mut zur Schau, meist hatte er jedoch üble Laune, wobei der jeweilige Grad seines Missmuts vom Postempfang abhing. Er gehörte zu den Männern, die keine drei Sätze äußern können, ohne dabei ihre Frau, Hunde oder Kinder zu erwähnen. In unserem Platoon interessierte sich jedoch niemand für seine Familie. Für diese jungen Burschen, die es in die weite Welt verschlagen hatte, waren Ehefrauen und Kinder unverständliche Belastungen und eher ein Klotz am Bein. Auf diese Weise wurde seine Familie zu einer weiteren Eigenschaft, die ihn von den anderen trennte.

Wenn wir von Granaten oder Raketen beschossen wurden, suchte er sich stets eine besonders sichere Deckung. Manchmal zog er zwei Schutzwesten übereinander an und kroch unter sein Feldbett. Dies brachte ihm bereits am Anfang unseres Einsatzes den Spitznamen »Mr Safety« ein, durch den er eine Art traurige Berühmtheit erlangte. Dabei schien er den darin verborgenen Spott gar nicht zu bemerken. Er kultivierte diesen Namen regelrecht und bezeichnete sich selbst immer wieder als »Mr Safety«, bis es keiner mehr hören konnte.

Als das Scharfschützenfeuer im Laufe des Sommers immer stärker und genauer wurde, meldete er sich grundsätzlich nicht mehr freiwillig. Sich jenseits der Zufahrtssperre aufzuhalten, war für ihn einfach nur »dumm«, und Offiziere, die den Befehl dazu gaben, wollten sich nur »Orden verdienen«. Sein ständiges Motzen und seine Lahmarschigkeit brachten seine ganz Umgebung gegen ihn auf. Manchmal stellte er sich dermaßen an, dass man ihn auf eine Mission tatsächlich nicht mehr mitnahm. Immerhin war er ein E-5, ein Electrician's Mate Second Class, Obermaat, trotzdem hielt ihn das ganze Platoon für einen Feigling. Manchmal rückte seine Boat-Crew ohne ihn aus, um Scharfschützen zu bekämpfen. Nach einer Weile fragte in einem Feuergefecht niemand mehr, wo Stan steckte. Wenn die Squad in den Unterstand zurückkehrte, kickte jemand Sand unter sein Feldbett. Und tatsächlich, da lag er, mit einer kugelsicheren Weste über seiner Brust und einer zweiten über den Beinen.

Auf diese Weise nahm seine Autorität immer weiter ab, bis seine Männer ihn überhaupt nicht mehr beachteten. Selbst wenn er einen Befehl zu geben versuchte, gaben ihm Dave, Cheese, Rudi und Doug einfach nur zu verstehen, er solle sich verpissen. Stan war zu einer Unperson geworden, und er wusste es. Dies verstärkte seine Isolation noch.

An einem Oktobermorgen frühstückte Stan mit den Boat-Crews auf den Bänken hinter dem Rancho Deluxe. Es gab Cornflakes und H-Milch. Plötzlich erzählte er Rudi und Dave, er habe in der letzten Nacht einen Traum gehabt. Darin sei die ganze Squad von Scharfschützen zerschlagen worden. Nur er allein sei unverletzt geblieben. In seinem Traum sei er unter Feuer vorgerückt, habe ganz allein den Scharfschützen ausgeschaltet und dessen Waffe erbeutet. Während er dies erzählte, sah ich, wie Rudi und Dave kurze, vielsagende Blicke wechselten. *Oh mein Gott, hör endlich auf, mir auf die Schuhe zu pinkeln und mir zu erzählen, dass es regnet.*

Als er seine Geschichte beendet hatte, sagte niemand ein Wort. Man hörte nur das Geräusch der Plastiklöffel, mit denen die Männer sich die Cornflakes in den Mund schaufelten.

In der Nacht davor hatte es heftige Kämpfe gegeben. Sowohl die Drusen als auch die LAF hatten doppelte Überstunden gemacht. Obwohl dabei unser Stützpunkt nur von der gewöhnlichen Scheiße getroffen worden war, hatte Stan sich im Unterstand verkrochen, während alle anderen zur rechten Flanke von Green Beach vorgerückt waren, um die Stellung der feindlichen Artilleristen ausfindig zu machen.

Niemand in unserem Zug glaubte, dass Stan wirklich einen solchen Traum gehabt haben könnte. Feiglinge träumten nicht von Heldentaten. Sie träumten davon, am Leben zu bleiben. Angst war das Blut in ihren Adern, und schwache Herzen waren selten voller Mut. Sein Traum war eine Lüge. Für die Mitglieder seiner Squad, die an diesem stürmischen Morgen ihre Cornflakes löffelten, war es jedoch nur eine der vielen Lügen, die man ihnen seit ihrer Ankunft in Beirut erzählt hatte.

Die Franzosen hatten begonnen, das Schuf-Gebirge aus der Luft anzugreifen. Seitdem donnerten jeden Tag Flugzeuge von der *USS Dwight D. Eisenhower*, Tomcats und A-6 Intruders auf Aufklärungsmissionen über unsere Köpfe hinweg. Das Ganze war jedoch kaum mehr als eine Flugshow. Trotzdem wurde aufgrund des gestiegenen Flugverkehrs beschlossen, dass ab jetzt abwechselnd je eine SEAL-Boat-Crew auf der *Iwo Jima* als Combat Search and Rescue (CSAR)-Team stationiert werden würde. Frank übernahm die erste Schicht. Boat-Crew Alpha ging mit ihren Fallschirmen und ihrer Ausrüstung samt Munition an Bord des Hubschrauberträgers, bezog dort Quartier und bereitete zusammen mit dem Stab der CTF-61 die nötigen Einsatzpläne vor, für den Fall, dass wir die Besatzung eines abgeschossenen Flugzeugs, notfalls auch unter Feindbeschuss, bergen mussten. Jeden Tag stand rund um die Uhr ein Langstrecken-CH-53E-Hubschrauber in Bereitschaft, der im Bedarfsfall das CSAR-Team an seinen Einsatzort bringen würde. An Bord der *Iwo Jima* fühlten wir uns in dieser Zeit wie Feuerwehrleute. Das Bereitschaftsteam konnte lange schlafen, brachte seine Ausrüstung in Ordnung und wartete auf einen Einsatz, der hoffentlich nie nötig werden würde. Nach den Monaten im Unterstand waren saubere Betttücher, heißes Wasser und das gute Essen auf der *Iwo Jima* ein wahrer Hochgenuss.

Wir begannen, unseren CSAR-Einsatz als eine Art Diensturlaub zu betrachten. Das Rufzeichen der *Iwo Jima* war Crosswalk (Fußgängerübergang). Seit wir unsere CSAR-Mission auf ihr verrichten »mussten«, nannten wir sie »Cakewalk« (Zuckerschlecken). In der Woche darauf führte Doc die Boat-Crew Bravo an Bord. Wir waren als Nächste dran. Ich nahm mir vor, dass ich dort der Philosophie der Epikuräer folgen und sieben überbackene Käse-Sandwiches verputzen würde. Am Tag vor Missionsbeginn bat mich Stan um ein kurzes Gespräch. Er fragte mich, ob er nicht auf Dauer als CSAR Petty Officer an Bord der *Iwo Jima* gehen könne.

»Was meinst du mit ›auf Dauer‹?«, fragte ich zurück.

»Ich möchte weg vom Land«, sagte er. »Am besten bis zum Ende unseres Einsatzes.«

»Jeder will vom Green Beach weg, Stan.« Ich wandte mich zum Gehen, aber er folgte mir.

»Ich habe in Luftlandetruppen gedient«, redete er weiter auf mich ein. »Ich bin der am besten Qualifizierte, wenn es um die Überprüfung und Wartung der Fallschirme geht.« Stan tat sein Bestes, um begeistert zu klingen. »Ich könnte den Job als ständiger CSAR-Team-Führer übernehmen.«

»Steve hat mehr Erfahrung mit Luftlandeoperationen«, sagte ich. »Ich möchte, dass du bei deiner Boat-Crew bleibst.«

»Warum?«, fragte er.

Ich war es nicht gewohnt, dass Leute meine Befehle mit einer Gegenfrage beantworteten. Stan war jetzt nicht mehr nur lästig, er wirkte zusehends erbärmlich. Ich beschloss, ihm eine ganz klare Antwort zu geben.

»Ich glaube nicht, dass ich dir die Führung einer solchen Mission noch anvertrauen kann.«

»Aber ich könnte das machen.«

»Dann fang an, dich entsprechend zu benehmen«, sagte ich.

Das war es dann für ein paar Wochen. Die Scheiße in und um Beirut ging immer so weiter. An einem Nachmittag unterstützten wir die medizinische Evakuierung eines schwer verwundeten Marines durch einen Hubschrauber. Wir sicherten den Hubschrauberlandeplatz, eine Aufgabe, die nicht zuletzt deshalb ziemlich heikel war, weil wir dabei heftigem Feindbeschuss ausgesetzt waren. Heikel und absurd, denn wir erhielten tatsächlich nicht einmal die Erlaubnis, mit scharfer Munition zurückzuschießen. Wir verschossen also nur Platzpatronen. Wenigstens schwebte ein Stück neben uns ein Cobra-Kampfhubschrauber, während der Huey landete. In diesem Augenblick kamen zwei Marines mit einer Trage aus dem BLT. Ein Navy-Sanitäter im Kampfanzug rannte geduckt neben ihnen her. Wir liefen zum Hubschrauber hinüber, als der Verwundete an Bord gehievt wurde. Die Marines spurteten über den mit Einschlagkratern übersäten Parkplatz zurück zum BLT, während meine Boat-Crew Delta durch die Schiebetüren in den Huey sprang. Ich ging als Letzter an Bord. Danach gab ich dem Crew Chief ein Zeichen, die Turbinen heulten auf und wir hoben ab.

In der Kabine kniete sich der Sanitäter neben die blutige Trage und drehte das Gesicht des Verwundeten zu sich her, um dessen Verfassung besser beobachten zu können. Ich richtete meine Augen auf Stan. Er war totenbleich und zitterte am ganzen Leib, während er seinen Blick nicht mehr von dem Blut lösen konnte, das über das Hubschrauberdeck strömte.

Stan packte sein Gewehr mit beiden Händen und schloss die Augen. Als sich der Helikopter zur Seite legte, schaute ich durch die Türen zum Strand hinunter. Zuerst sah ich die letzten Einschlagblitze auf dem Ufer, dann die weiße Brandung und danach das Wasser des Meeres, das zuerst grün war und weiter draußen kobaltblau wurde. Im Fahrtwind, der jetzt durch die Kabine wirbelte, bildeten sich um die Trage herum regelrechte Blutlachen. Es war eine erstaunliche Menge Flüssigkeit. Als ich auf die Hand des Verwundeten schaute, sah ich, dass er einen goldenen Ehering trug.

Der MEDEVAC-Huey landete an Bord der *Iwo Jima* und brachte uns danach zur *Portland*, wo ich Giff treffen sollte. Unsere Uniformen waren mit Blut besudelt. Ich ließ also die Männer wegtreten, um zu duschen, einen frischen Kampfanzug anzuziehen und etwas Warmes zu essen. Auch ich ging in meine Kabine, warf die blutbefleckte Uniform in die Wäsche, nahm eine Dusche und zog mich um. Plötzlich klopfte es an die Tür.

»Herein«, rief ich.

Es war Stan. Er hatte immer noch den Tarnanzug an, den er im MEDEVAC-Hubschrauber getragen hatte.

»Ich muss mit dir sprechen«, sagte er. Seine Stimme zitterte. Die Knie seiner Hose waren immer noch schwarz von Blut.

»Du musst dich umziehen! Besorge dir was zu essen und komm dann wieder her.« Ich wollte ihn nicht abwimmeln. Ich wusste, dass saubere Kleidung und eine Mahlzeit ihm guttun würden.
Stan stand jedoch einfach nur da und zitterte wie Espenlaub. »Nein. Ich muss unbedingt mit dir sprechen. Ich glaube, ich packe das alles nicht mehr«, sagte er in erstaunlich ruhigem Ton.
Ich nickte zu einem Stuhl hinüber, und er ließ sich auf ihn fallen. Plötzlich sah er in den Falten seines Tarnanzugs richtiggehend verloren aus. Ein Kind, das eine Uniform angezogen hatte und jetzt Soldat spielte.
Ich wusste nicht, was ich noch sagen sollte, deswegen fragte ich: »Was ist los?«
»Es ist das Ganze hier. Es ist das Leben da drüben am Ufer.« Ihm versagte die Stimme. »Du verstehst das nicht«, murmelte er schließlich. »Ich gehöre nicht hierher. Ich habe eine Familie.«
»Wir alle haben Familien.«
»Ich meine Kinder.«
Ich war nicht in der Stimmung für eine Therapiesitzung. Auch mir fehlten inzwischen weitgehend die Energie und das Engagement für diesen Einsatz. Ich würde Stan deshalb auch nicht auffordern, sich zusammenzureißen und ein Froschmann zu sein. Niemand sollte eine solche gequirlte Scheiße ertragen müssen, in der wir gerade saßen. Wir waren nur noch Zielscheiben. Wenn wir in zwei Stunden die *Portland* verließen, würden wir wieder zu Zielscheiben werden.
Geraume Zeit sagte keiner von uns ein Wort. Stan saß nur da und schaute auf den Boden. Eine Träne tropfte ihm von der Nasenspitze.
»Ich will nicht zum Green Beach zurück. Ich will auf dem Schiff bleiben. Ich habe die Schnauze voll.«
Für den Bruchteil einer Sekunde war ich angewidert, stinksauer, dass einer meiner Operators hier vor mir saß und mich anbettelte, ihm einen Druckposten zu verschaffen. Aber dieser Ärger war sofort wieder verflogen, allerdings hatte dies nichts mit irgendwelcher Sympathie, Freundlichkeit oder gar Mitleid zu tun, die ich ihm gegenüber empfunden hätte. Stan bedeutete mir überhaupt nichts. In den letzten Wochen hatten seine

Angst und Schwäche bei mir jedes Gefühl für ihn erkalten lassen. Ich beruhigte mich, weil ich erkannte, was mich wütend gemacht hatte. Es war gar nicht dieser wimmernde, gebrochene junge Mann, der wie ein Häuflein Elend vor mir auf diesem Stuhl saß. Ich möchte mich hier nicht über ihn erheben. Tatsächlich reagierte ich wohl auf meine eigene Angst. Feigheit widerte mich an, weil ich sie in mir selbst fürchtete. Ich *hasste* die Schwäche nicht, ich *fürchtete* sie. Ich hatte Angst, dass ich nicht tapfer genug sein könnte, um meine Männer auf die richtige Weise zu führen. Ich hatte Angst, dass ich nicht furchtlos genug oder klug genug oder tüchtig genug sein könnte, um das Leben derer zu schützen, die mir anvertraut worden waren. Meine Gefühle für Stan durften hier keine Rolle spielen. Ehrlicherweise muss ich zugeben, dass ich keinerlei Sympathie für ihn hegte. Immerhin brachten seine Schwächen Männer in Gefahr, die täglich ihr Bestes und sogar noch mehr gaben. Ich verspürte ihm gegenüber nicht das geringste Mitleid, aber auch *sein* Leben hatte man mir anvertraut.

Es gab keinen Grund, ihn fertigzumachen. Stan hatte ja recht, der Libanon war kein Ort für einen Familienvater. Und Stan war für mich, unsere Mission und seine Kameraden ohne jeden Wert. Der falsche Mann am falschen Platz. Wir beide wussten, dass er nur eine leichte Beute, Kanonenfutter und eine wandelnde Zielscheibe war.

Aber das waren wir ja alle. Wir alle waren in derselben Lage, wir alle wandelten auf einem schmalen Grat, und er verdiente keine Sonderbehandlung, nur weil er die Hosen voll hatte.

»Sieh mal«, sagte ich. »Auch ich habe Angst. Ich wache jeden Morgen so wie du im Unterstand auf. Ich frage mich jeden Tag, ob dies wohl der Tag sein wird, an dem es mich erwischt.«

»Ich halte es einfach nicht mehr aus«, jammerte er.

»Das geht mir genauso.«

Sollte Stan Zuspruch oder aufmunternde Worte erwarten, würde er die ganz bestimmt nicht bekommen.

»Ich scheiße auf diese Mission«, sagte ich. »Ich scheiße auf den Libanon und ich scheiße auf die multinationale Friedenstruppe. Aber wir haben hier einen Job zu erledigen, wir, der 5. Zug. Es ist unser Job, diesen

Einsatz hier zu überstehen und uns gegenseitig am Leben zu halten. Das werden wir auch tun – und zwar alle zusammen.«

»Ich habe getan, was ich konnte«, sagte er.

»Einen Scheiß hast du getan«, gab ich ihm Kontra. Stan blickte auf und ich senkte meine Stimme.

»Mir macht der Einfluss Sorgen, den du auf das Platoon hast.«

»Ich weiß, was sie über mich denken.«

»Sie müssen deine Arbeit mit erledigen. Sie machen das, was du nicht tun willst oder nicht tun kannst. Und das ist einfach nicht richtig.« Ich machte eine kleine Pause und fuhr dann fort: »Du willst dir eine Erholungszeit verdienen? Dann komm ab und zu unter deinem Feldbett hervor. Ich werde dich nicht belohnen und dir einen Druckposten verschaffen, weil du Angst hast.«

Stan blinzelte mich nervös an.

»Die SDV-Typen gehen nie an Land«, sagte er schließlich. »Warum können wir nicht vom Schiff aus operieren? Warum können wir mit unserem Platoon nicht auf ein Schiff umziehen?«

In gewisser Weise hatte er sogar recht. Die SDV-Einheit, die uns zugewiesen worden war, hatte ihren Aufenthalt im Libanon bisher hauptsächlich dazu genutzt, ihre persönliche Fitness zu verbessern. Seit unserer Ankunft hier waren sie erst zweimal an Land gewesen. Wenn sie gerade einmal nicht mit Gewichten und Hanteln trainierten, verbrachten sie ihre Tage damit, an ihrem Mini-U-Boot herumzubasteln oder sich in ihrem Einsatz-Container Filme anzuschauen. Sie lebten in ihrem klimatisierten Komfort 10 000 Meilen von der Scheiße entfernt, die wir jeden Tag erdulden mussten.

»Ich habe über diese SDV-Einheit keine Befehlsgewalt«, sagte ich.

»Ich möchte mit Mr Giffland sprechen.« Stan putzte sich die Nase.

»Nur zu.« Dann hörte ich dem Klang meiner eigenen leisen, ruhigen und völlig emotionslosen Stimme zu, als ob sie aus dem Lautsprecher eines Transistorradios käme.

»Ich erwarte von dir nicht, dass du führst, Stan. Das hast du einfach nicht drauf. Aber ich erwarte, dass du dich einbringst und deine Aufgaben erledigst. Solange du in meiner Squad bist, wirst du das tun. Du wirst mit anpacken, du wirst aufhören, ständig herumzumotzen, du wirst meine Befehle künftig nicht mehr hinterfragen und du wirst deine Pflicht tun. Wenn nicht, werde ich dafür sorgen, dass du bei jeder Patrouille jenseits des Sicherheitszauns, bei jeder Scharfschützen-Bekämpfungsmission, bei jeder Bergung von Verwundeten unter Feuer, kurz bei jedem Scheißeinsatz dabei bist, den ich nur auftreiben kann.«

Stan stand auf.

»Der Hubschrauber wird in zwei Stunden auf dem Flugdeck stehen«, sagte ich. »Und du wirst mit ihm zurückfliegen.«

Stan verließ den Raum. Ich weiß nicht, ob ich je mit Frank über ihn gesprochen habe. Ganz sicher habe ich dieses Gespräch nie erwähnt. Das musste ich auch nicht. Frank war ein viel zu guter Offizier, als dass er nicht mitbekommen hätte, dass Stan die Peilung verloren hatte. Das Problem war in meiner Squad, und ich musste selbst damit fertigwerden.

Stan blieb im Zug, er blieb im Rotationssystem und verrichtete seinen Dienst an Land wie alle anderen auch. Er tat dies ab jetzt still und geächtet, missachtet und ignoriert von seinen Kameraden. Den Rest seiner Zeit im Libanon war er nur noch eine Art Geist.

Ich habe keine Ahnung, was Mut überhaupt ist. Beweist man sich durch Tapferkeit seinen eigenen Wert oder stellt man einfach nur sein Pflichtgefühl über den natürlichen Selbsterhaltungstrieb? Solche Fragen sollte man mir nicht stellen. Ich weiß nicht, woher der Mut kommt. Ich weiß nicht, warum ihn manche Menschen haben und andere nicht. Ich weiß nicht, warum ihn manche ganz plötzlich verlieren, und ich habe nie herausgefunden, warum einige Leute Mut fassen, wenn er am meisten gebraucht wird. Stan hatte das bisschen Mut verloren, das er in den Libanon mitgebracht hatte, und ich konnte sogar verstehen, warum. Dieser Ort hier war verrückt und kriminell. Es war in jederlei Hinsicht die groteske Farce eines Krieges, in der jedoch auf grausame Weise gestorben wurde, und ich hasste diesen Einsatz aus ganzem Herzen.

Ich wusste, dass ich gegenüber einem gebrochenen Mann mitfühlender, nachsichtiger und tröstlicher hätte sein sollen. Aber ich tat nichts dergleichen, weil ich gerade selbst ganz langsam zerbrach. Ich hätte mit diesem Problem bestimmt besser umgehen sollen, aber ich war damals noch nicht der Mensch, der ich heute bin. Jetzt denke ich, dass ich Stan herzlos und schroff behandelt habe. Mein Urteil über ihn war vorschnell und selbstgerecht. In Wahrheit war ich innerlich genauso angeschlagen wie er. Wir fürchteten unterschiedliche Dinge und zeigten unsere Angst auf unterschiedliche Weise. Unsere Albträume unterschieden sich. Aber wir hatten beide Angst. Ich war zu ausgelaugt, angefressen und zynisch, um die richtigen Dinge zu sagen. Vielleicht gab es in dieser Situation aber auch gar keine passenden Worte.

Ich sorgte mich um den Zug mehr als um mein eigenes Leben. Stan war ein Teil dieses Platoons, aber er war die Schwachstelle, der Teil, der alle ins Verhängnis stürzen konnte, der vielleicht unseren Untergang herbeiführte. Mit seiner krankhaften Vorsicht und seinen bangen Ahnungen konnte er uns zu Fehlern verleiten, die unseren Tod zur Folge haben konnten. Dafür verabscheute ich ihn. Nicht weil er ein Feigling war, sondern weil seine Schwäche auf uns abfärben konnte.

Im Libanon hatte ich oft das Gefühl, dass ich 17 Leben in meinen Händen hielt. Diese Männer, ihr Fleisch und Blut, wurden zu meinem Leben. Stan war nur deshalb ein Problem, weil er die gesamte Mannschaft schwächte. Er motzte, stöhnte und pflanzte Zweifel in Herzen, die sich selbst bereits ihrer Sollbruchstelle näherten. Stan war ein Problem, weil er uns zeigte, dass wir alle eine Scheißangst hatten. Er zeigte uns, dass wir alle nur noch heimkehren und am Leben bleiben wollten.

An diesem abgefuckten, hoffnungslosen Ort zeigte Stan uns, dass wir immer noch Menschen waren.

Der blutige Sonntag

Ich schob den Verdunklungsvorhang zur Seite und tastete mich völlig nachtblind die sandsackbewehrte Treppe unseres Unterstands hinauf. Oben angekommen, versuchte ich loszulaufen, geriet jedoch ins Stolpern und blieb einen Moment ganz ruhig in der tiefschwarzen Dunkelheit stehen, die mich von allen Seiten umgab. Ganz langsam weiteten sich meine Pupillen, und in der Nacht entdeckte ich erste Konturen. Ich konnte den Schemen einer Ratte erkennen, die direkt vor meinen Füßen vorbeihuschte. Ich trat nach ihr, ohne sie zu erwischen. »Scheißvieh!«, zischte ich ihr nach. Die Ratte jagte davon, ein Schattenwesen, das von der Dunkelheit verschluckt wurde. Mit weit geöffneten Augen setzte ich mich in Bewegung.

Über dem Schuf waren zwei *Popps* zu hören, zwei Leuchtgranaten flammten auf und sanken an ihren Fallschirmen langsam zu Boden. In ihrem Licht erschienen die Berge nebulös und wolkenhaft. Als ich an unserer Zufahrtssperre ankam, waren die beiden Lichter bereits erloschen. Ich spähte weiterhin zu den Bergen hinüber und hörte in meiner Nähe die leisen Gespräche der Soldaten, die in ihren Außenstellungen Wache hielten.

Schon vor einiger Zeit waren libanesische Panzer nach Süden gerollt. Jetzt drang aus dieser Richtung das Geräusch sporadischer Feuergefechte bis zu uns herauf. Im Moment floss auf der Küstenstraße keinerlei Verkehr, ob nun nach Süden oder Norden. Ihre vier Spuren waren vollkommen leer. Der Mond ging über dem Schuf auf, warf jedoch kein Licht auf die Erde oder das Meer. Eine Gewehrkugel zischte über meinen Kopf hinweg, gefolgt von dem schrillen Pfeifen eines Querschlägers. Ich schloss meine Schutzweste und überquerte mit geballten Fäusten eine weite, offene Fläche. Die Dunkelheit wurde plötzlich von einer weiteren Leuchtgranate erhellt, die mit irritierender Langsamkeit zu Boden schwebte. Sie stammte eindeutig von unseren Feinden. Ich ging neben der niedrigen Seitenmauer unserer Zufahrtssperre in die Hocke und drückte mich in

den Schatten, bis der Leuchtsatz auf dem Boden außerhalb unseres Stacheldrahtzauns erloschen war.
Der Wind wehte in kurzen Böen vom Schuf herunter und brachte den Geruch der Berge mit. Es war eine kühle Nacht. Im Augenblick war es absolut ruhig. Ich kauerte mich gegen die Barrikade, hielt mein Nachtsichtgerät an die Augen und schaute zum Schuf-Gebirge hinüber.
Selbst mit bloßem Auge konnte man auf dessen Anhöhen die Zeichen reger Kamphandlungen erkennen. Immer wieder blitzten in der Dunkelheit Mündungsfeuer auf. Im Nachtsichtgerät wurde die Nacht endgültig lebendig. Die Mündungsblitze und die Leuchtspurfontänen ließen das Schuf-Gebirge regelrecht erglühen. Es folgten ein paar so grelle Explosionen, dass sie mich in meinem Nachtsichtgerät blendeten. Ich hatte das Gefühl, direkt in ein Stroboskop zu schauen. Aus dem grünen Himmel fielen Leuchtgranaten wie uralte Sonnen zur Erde und tauchten die dunkle Stadt in ein schwaches Grün. Alles war grün in diesem Nachtsichtgerät. Nur ab und zu erglühte alles in einem fast weißen, blendenden, unheimlichen Licht.
Es war der Abend des 22. Oktober. Kurz nach dem Abendessen begann der Beschuss mit Katjuscha-Raketen und 122-mm-Haubitzengranaten. Sie schlugen in regelmäßigen Abständen im südlichen Teil des Flughafens und in unserem Green Beach ein.
Es war Samstagnacht, Ausgehnacht, aber unsere Optionen waren ziemlich simpel. Wir konnten in unserem Unterstand sitzen bleiben und weiterhin beschossen werden, oder wir konnten außerhalb unseres Stützpunkts patrouillieren und die Schützen zu lokalisieren versuchen. Nachdem der Mond untergegangen war, befahl ich Doc Jones, die Boat-Crews Charlie und Delta einsatzbereit zu machen. Binnen weniger Minuten griffen sich die Männer ihre Waffen und Ausrüstung, überprüften sie, trugen Tarnfarbe auf ihre Gesichter auf und kamen kampfbereit aus dem Unterstand heraus. Als die beiden Boat-Crews um mich herum kauerten, deutete ich mit einer rot leuchtenden Taschenlampe auf die Karte.
»Wir werden eine Aufklärungspatrouille in Richtung Süden bis nach Khalda durchführen«, teilte ich ihnen mit. Das war die ganze Befehlsausgabe. Wir hatten in den letzten sechs Monaten so viele derartige

Missionen ausgeführt, dass es nicht mehr nötig war, die Einzelheiten zu erklären. Jeder Mann kannte seine Aufgaben, seinen Platz in der Patrouillenordnung, seine Feuerbereiche und die Prozeduren, wenn wir die Sicherheitszone um den Flughafen verließen und wieder betraten. Keiner sagte ein Wort, als ich der Squad das Zeichen zum Abrücken gab.

Wir patrouillierten zuerst nach Osten auf einer schmalen Jeepstraße, die sich durch die Müllkippe direkt hinter Green Beach schlängelte. Danach verließen wir den Flughafenbereich und rückten in Richtung Süden entlang der Beirut-Sidon-Straße vor. Nachdem wir uns 1 oder 2 Kilometer durch Gestrüpp und verlassene Obstgärten vorgearbeitet hatten, überquerten wir erneut die Küstenstraße und stiegen auf einen Felsvorsprung hinauf, der direkt über dem Meer lag.

Auf diesem Hochufer stand einst eine antike römische Villa. Sie war teilweise ausgegraben worden, und die Gräben, geborstenen Säulen und anderen Trümmer des Gebäudes gaben uns eine ausgezeichnete Deckung. Vom taktischen Standpunkt aus gesehen war dies ein ausgezeichnetes Gelände. Die Ruine thronte auf einem etwa 15 Meter hohen Felssporn. Das Wasser lag in unserem Rücken, was ideal war, falls wir schnell verschwinden mussten. Von dieser natürlichen Erhebung aus hatten wir eine 180-Grad-Sicht auf den Flughafen, das Schuf-Gebirge, das Ödland und die Obstgärten von Ash Shuwayfat sowie die etwa 1,5 Kilometer entfernt liegenden ausgebombten Hochhäuser von Khalda. Unsere Deckung war solide und der Nachthimmel war bedeckt, es war stockfinster. Wenn uns hier tatsächlich Kugeln oder Granaten um die Ohren fliegen sollten, wäre das ein verdammtes Wunder.

Der Flughafen wurde von drusischen oder syrischen Einheiten im Schuf-Gebirge beschossen. Uns war egal, wer genau den Finger am Abzug hatte. Mit unseren Nachtsichtgeräten hielten wir Ausschau nach Mündungsfeuern und versuchten, die Position der Schützen zu bestimmen. Wir spielten dieses Spiel mit den Syrern schon geraume Zeit. Sie feuerten selten mehr als drei Granaten ab. Danach packten sie zusammen und verlegten ihr Geschütz an einen anderen Ort. Wenn wir ihre Feuerstellung endlich verifiziert hatten, waren sie schon wieder unterwegs an eine neue.

Bis wir unsere eigene Artillerie alarmiert hatten und die entsprechende Feuererlaubnis eingeholt und erteilt worden war, verging stets so viel Zeit, dass wir uns meist ungestraft beschießen lassen mussten. Die Popelfresser wussten das ganz genau.

Sie wussten jedoch nicht, dass wir sie mit einem einzigen Schuss erledigen konnten. Wir hatten nämlich einen Laser-Zielbeleuchter, ein sogenanntes MULE, dabei. Das Gerät kennzeichnete das jeweilige Ziel mithilfe eines kodierten Infrarot-Laserstrahls. Mit dieser Zielerfassung konnten lasergesteuerte Granaten, die »Copperheads«, von den Schiffen abgefeuert werden, die vor der Küste kreuzten. Diese 40,6-cm-Geschosse wurden durch den Laser gelenkt und trafen mit tödlicher Sicherheit das von uns markierte Ziel. Wir konnten unsere Gegner also mit einem einzigen Schuss ausschalten – aber wir mussten sie zuvor finden.

Bis 1.00 Uhr hatten wir jedoch keinen einzigen gefunden. Ich ließ meine Männer sich sammeln und wir kehrten durch einen Wasserdurchlass auf die andere Seite der Küstenstraße zurück. Wir bogen nach rechts ab und rückten möglichst geräuschlos nach Süden in Richtung der auf einer Anhöhe liegenden Stadt Khalda vor. Zuvor hatten wir die Scheinwerfer einzelner Lastwagen bemerkt, die sich durch die dunklen Straßen bewegten. In einem zerstörten, kraterübersäten Olivenhain in Ash Shuwayfat richteten wir eine neue Beobachtungsstellung ein. Ich hatte meine Squad so aufgeteilt, dass sie die beiden Schenkel eines L bildete, das auf Khalda ausgerichtet war. Sollte sich ein Feind aus dieser Richtung nähern, würde er in einen Hinterhalt geraten.

Von der Höhe drang das Fauchen schwerer Motoren zu uns herab. In den Nachtsichtgeräten sahen wir einige Lastwagen, die Artilleriegeschütze zogen. Es war die syrische Armee. Ohne Zweifel hatten sie vorhin auf uns geschossen. Unsere Einsatzregeln verboten uns jedoch, als Erste das Feuer zu eröffnen. Tatsächlich durften wir laut den Vorschriften der Friedenstruppe eigentlich überhaupt nicht feuern. Wenn wir uns »verteidigen« wollten, mussten wir zuerst den Schützen, die Waffe und das Mündungsfeuer identifizieren. Den oberen Chargen der multinationalen Friedenstruppe war irgendwie entgangen, dass jemand, der diese drei

Phänomene in dieser Reihenfolge beobachtet hatte, ziemlich sicher bereits ein toter Mann war. Die Vorschriften erinnerten uns jedoch ständig daran, dass dies kein Krieg, sondern eine »Friedenssicherungsmission« war, bei der keine »Präventiv«-Angriffe erlaubt waren.

Wenn ich also gegen diese Lastwagen vorgehen wollte, musste ich zuerst ihre Position an das Hauptquartier weitergeben und diesem außerdem berichten, dass ich mit eigenen Augen gesehen hatte, dass sie geschossen hatten. Diese Meldung würde dann die Kommandokette emporwandern, und nach einiger Zeit würde man mir mitteilen, ob es für mich ratsam sei, eventuell doch etwas gegen diese bösen Buben, wenn sie es denn waren, zu unternehmen. Das Ganze war eine gefährliche und absolut hirnrissige Prozedur.

Vielleicht war ich inzwischen wirklich ausgebrannt, aber in dieser Nacht machte ich mir nicht einmal mehr die Mühe, die syrische Position über Funk zu melden. Ich wartete einfach nur ab.

Wir lagen eng an den Boden geschmiegt im Gras und beobachteten den Gegner eine ganze Weile. Wenn sie ihre Geschütze schussbereit machen sollten, würde ich ihnen zuerst eine Beehive hinüberschicken und danach meine Vorgesetzten um Erlaubnis fragen.

Wir warteten. Sie hingen jedoch einfach nur herum, vertraten sich 100 Meter vor uns die Beine und rauchten Zigaretten. Einer von ihnen stand auf der Kühlerhaube seines Lastwagens und suchte die Umgebung mit seinem russischen Nachtsichtgerät ab. Wir waren jedoch so gut getarnt, dass er uns nicht entdeckte. Er hätte uns nicht einmal gesehen, wenn er direkt vor uns gestanden hätte.

Aber das sollte nicht unsere Nacht werden. Die Syrer protzten ihre Geschütze nicht ab. Eine halbe Stunde später kletterten sie wieder in ihre Lastwagen und ließen die Motoren an. Die Lkws kletterten mit den Geschützen im Schlepptau ins Schuf-Gebirge hinauf.

Kurz darauf ging der Artilleriebeschuss weiter. Wir konnten nur völlig frustriert beobachten, wie Raketen und großkalibrige Granaten auf der Startbahn und dem Strand einschlugen. Die ganze Nacht über folgten die bösen Jungs ihrer Taktik des »Schießens und Abhauens«. Kein einziges

Mal konnten wir sie mit unserem Laser markieren. Unser Einsatz war ein richtiger Schuss in den Ofen. Zwei Stunden vor Sonnenaufgang wandten wir uns nach Norden und patrouillierten in den amerikanischen Sektor und nach Green Beach zurück. Unterwegs pfiffen ständig Geschosse über unsere Köpfe. Immer wieder mussten wir uns auf den Boden werfen, als um uns herum Granaten einschlugen.

Wir passierten den Stacheldrahtzaun ohne weitere Zwischenfälle. Es war fast 5.00 Uhr, als wir in unserem Unterstand eintrudelten. Die Einsatznachbesprechung war kurz. Die Jungs waren angepisst und erschöpft. Doc setzte sich auf sein Feldbett, das direkt gegenüber meinem stand. Er zündete sich eine Zigarette an und nahm einen tiefen Zug. »Wo kriegen wir jetzt ein ordentliches Frühstück her?«

Ich hängte meine Waffe und Einsatzweste an einen Nagel über meiner Pritsche. »Scheiß doch aufs Frühstück«, raunzte ich.

»Es ist Sonntag. Drüben im BLT gibt es heute Pfannkuchen. Soll ich uns einen Laster besorgen, damit wir unsere Jungs dorthin karren können? Eine warme Mahlzeit würde ihnen guttun.«

»Möchtest du ein nettes Familienessen veranstalten, Doc?«

Dave lag bereits auf seiner Pritsche. »Ich scheiß aufs Frühstück«, sagte er.

»Okay«, sagte ich. »Jeder, der mit dem Doc essen gehen will, kann das tun.«

Von allen Seiten schallte es »Fuck you« durch den Unterstand.

Doc legte sich auf sein Feldbett und schloss die Augen. »Faule Bande! Dann bleibt ihr eben hungrig«, sagte er.

Wir waren jedoch nicht faul. Wir waren die ganze Nacht durch die Gegend patrouilliert und dabei ständig von allen möglichen Seiten beschossen worden. Das Granatfeuer hatte aufgehört, und der Adrenalin-Kater traf uns jetzt wie ein Hammer. In 45 Minuten wurde es bereits hell und wir mussten unbedingt noch ein wenig schlafen. Nachdem ich meine Waffe gereinigt hatte, warf ich mich auf meine Pritsche, rollte meine Schutzweste zu einem Kissen zusammen und schlief sofort ein.

Um 6.23 Uhr riss uns etwas aus dem Schlaf. Es war eine ungeheuer laute Explosion, die jedoch überhaupt nicht dem Geräusch detonierender Raketen und Granaten glich, an das wir uns inzwischen gewöhnt hatten.

Ein markerschütternder dumpfer Schlag, dem ein Mega-Dezibel-Getöse folgte, das sich wie ein langes Stöhnen anhörte. Ich wusste nur, dass etwas Gewaltiges ganz in unserer Nähe passiert sein musste. Dann wurde unser Unterstand von einer Schockwelle erschüttert. Der Boden unter meinem Feldbett und die Seitenwände unseres Unterstands bebten. Es fühlte sich an wie ein richtiges Erdbeben.

Ein oder zwei Sekunden lang glaubte ich, ein Volltreffer hätte unseren Unterstand getroffen. Ich lag auf meiner Pritsche und vergewisserte mich, dass noch alles an mir dran war und ich weiterhin auf dieser Erde weilte. Ich versuchte mir vorzustellen, was zum Teufel das gewesen war. Ich hatte noch nie im Leben etwas so Gewaltiges gehört oder verspürt.

Doc setzte sich auf: »Was zum Henker war das? Eine Scud-Rakete?«

Dann steckte jemand den Kopf durch den Eingang unseres Unterstands. »Lieber Gott. Sie haben das BLT erwischt!«

»Unsinn«, rief ich nach oben. Jedes Artillerieduell, jeder Granatbeschuss und jedes Geschoss, das im Planquadrat des Hauptquartiers einschlug, hatte immer eine Flut von Gerüchten und falschen Meldungen aus den anderen Stellungen zur Folge.

Ich stand auf, steckte meine Pistole ins Holster und kletterte aus dem Unterstand. Ganz Green Beach war in hellem Aufruhr. Man hatte sofort die Alarmstufe eins ausgerufen. Marines rannten zu ihren Waffen. Die MG-Nester an den Flanken wurden bemannt und die Fahrzeugsperre quer über die Zufahrt zu unserem Stützpunkt gezogen.

Das Ganze wirkte wie ein böser Traum. Als ob ich irgendwie wieder eingeschlafen wäre. Ich kletterte wie betäubt auf unseren Wachtturm. Über dem Flughafen war inzwischen eine riesige schwarze Wolke 200 Meter in den Himmel aufgestiegen. Im französischen Sektor hing ein weiterer Rauchkegel über der Stadt.

Ich hob meinen Feldstecher an die Augen. Das musste ein Traum sein, versuchte ich mir einzureden, ein verdammter Albtraum.

Das gesamte Gebäude des Hauptquartiers war weg.

Beim genaueren Hinsehen ließen sich jedoch noch seine Reste erkennen. Die Explosion hatte es in einen flachen, niedrigen, kreidegrauen Haufen aus Stein- und Stahlbetontrümmern verwandelt. Die obersten Stockwerke waren vollständig atomisiert. Die Detonation hatte die Erde in einem Umkreis von 3 Kilometern erzittern lassen. In dem 500 Meter entfernten MSSG-Gebäude hatte die Druckwelle die schweren Eichentüren in der Mitte durchgeschlagen. 200 Meter jenseits eines Hains voller entwurzelter, zerstückelter Bäume waren auch die Gebäude, die das libanesische Verbindungsbüro beherbergten, von der Drcukwelle der Detonation zerstört worden.

Es war kurz nach 6.00 Uhr. An Sonntagen wurde das Frühstück immer etwas später serviert. Es war das Privileg der Männer im Hauptquartier des Battalion Landing Teams, etwas länger schlafen zu dürfen.

Während die Marines noch in ihren Betten schlummerten, war ein gelber, offener Mercedes-Lkw die Zufahrtsstraße zum Flughafengelände entlanggefahren. Der Fünftonner hatte einen Checkpoint der libanesischen Armee passiert und war dann auf den Flughafenparkplatz eingebogen. Dort drehte er einen Kreis, beschleunigte stark und durchbrach nach 100 Metern die Stahl- und Betonbarriere, die den Parkplatz umschloss. Die Teerfässer und Stacheldrahthindernisse konnten ihn nur geringfügig abbremsen.

Mit Vollgas pflügte der Lieferwagen jetzt durch die sandsackbewehrten Wachpostenstellungen am Eingang des Hauptquartiers, wobei er einen Wache haltenden Marine auf seiner Stoßstange mit sich riss. Die Reifen quietschten auf dem Fliesenboden der Eingangshalle, als der Mercedes bis in den offenen Innenhof des Gebäudes vordrang.

Dort zündete der Selbstmordattentäter die mitgeführte Bombe, die eine Sprengkraft von 5400 Kilogramm TNT hatte.

In den Minuten nach der Explosion herrschte das reine Chaos. Niemand wusste, ob diese Autobombe nicht nur das Vorspiel zu einem Generalangriff auf den Flughafen, möglicherweise durch die syrische Armee, gewesen war. Auf einen Schlag verlor die 24th Amphibious Unit fast ein Viertel ihrer Männer. 241 US-Soldaten, davon 210 Marines, waren bei dem Anschlag getötet worden, 150 weitere waren in den Trümmern verschüttet oder lagen verwundet auf dem Parkplatz.

Wir wussten zu dieser Zeit noch nicht, dass auf der anderen Seite der Stadt 38 Sekunden nach dem Attentat auf das BLT das »Drakkar«-Gebäude, die Unterkunft der 3. Kompanie des französischen 1. Fallschirmjägerregiments, von einer identischen Lastwagenbombe in die Luft gejagt worden war. Dabei kamen 58 französische Elitesoldaten ums Leben.

Die multinationale Friedenstruppe steckte tief in der Scheiße.

Der wachhabende Kurier rannte vom Unterstand des Beach Masters zu mir herüber und meldete, dass mich jemand über Funk sprechen wolle. Der CTF-61, der Kommandeur der Amphibious Task Force, gab mir den Befehl, mit einer SEAL-Einheit eine Notfallüberprüfung der amerikanischen Ankerreede durchzuführen. Wir sollten vor allem nach Minen Ausschau halten und jedes Schiff oder Boot, das wir in der Sicherheitszone finden würden, sofort aufbringen und jeden Kampfschwimmer unschädlich machen.

Ein Huey setzte auf dem Strand auf, Doc Jones und zwei SeaBee-Sanitäter sprangen an Bord und flogen zu den Resten des BLT hinüber.

Giffs Squad war immer noch an Bord der *Iwo Jima*, um als CSAR-Team im Notfall abgeschossene Flieger zu bergen. Ich hatte zwar keine direkte Verbindung zu ihm, war mir jedoch sicher, dass Frank alles tun würde, um so schnell wie möglich zu uns zu stoßen.

Draußen auf der Ankerreede näherte sich das Landungsschiff *Harlan County* dem Ufer mit Höchstgeschwindigkeit. Es ließ bereits die Bugrampe herunter und musste jeden Moment am künstlichen Uferkai des Green Beach ankommen. Ich nahm an, dass dies zu den Vorbereitungsmaßnahmen gehörte, wenn man den Flughafen doch noch vollkommen evakuieren musste.

Ich gab der Boat-Crew Delta den Befehl, für alle Fälle die Zerstörung unseres Rancho Deluxe und unserer Ausrüstung vorzubereiten, falls man uns den Abzug befehlen würde. Die Boat-Crew Charlie ließ ich unseren Zodiac beladen. Danach fuhren wir auf die Ankerreede hinaus.

Wir suchten die gesamte Wasserfläche in der Nachbarschaft unseres Uferkais und vor der *Harlan County* ab. Einige kleinere Fischerboote dümpelten im nördlichen Teil der Sperrzone. Ich hegte schon lange den

Verdacht, dass diese Fischerboote die Artillerieangriffe auf den Green Beach beobachten sollten. Außerdem hatten wir bereits zuvor auf einzelnen von ihnen verdächtige Personen in Gewahrsam genommen. Zu einer Zeit, da immer noch eine fette Rauchsäule vom BLT aufstieg, war der Selbstmordangriff eines Bombenboots eine sehr reale Möglichkeit. An einem normalen Sonntag hätten wir alle kleineren Wasserfahrzeuge innerhalb der Sperrzone einfach nur durchsucht. An diesem Morgen versenkten wir jedoch diese Fischerboote mit langen Salven unserer M-60-Maschinengewehre und Granaten aus unseren M-203-Granatwerfern.

Wir kehrten zum Green Beach zurück und zogen den Zodiac auf den Strand hinauf. Inzwischen hatte die *Harlan County* am Kai festgemacht und ein Sanitätsfahrzeug und schwere Hebezeuge ausgeladen. Ich befahl Steve, den CTF-61 darüber zu informieren, dass ich auf dem Weg zum Battalion Landing Team sei und er deshalb bis zu meiner Rückkehr das Kommando über unsere Squad habe. Ich sprang auf das Trittbett des Ambulanzfahrzeugs. Auf dem Weg zum BLT wurden wir plötzlich von Heckenschützen beschossen. Die Kugeln prallten von der Betonstartbahn ab und unser Fahrer drückte das Gaspedal bis zum Bodenblech durch. Die Ambulanz preschte an der »Rock Base«, einem Stützpunkt der Marines, vorbei und drehte dann ruckartig um, um das BLT von Norden her anzufahren. Aber wir konnten das Gebäude nicht sehen – weil es nicht mehr da war.

Der Sanitätswagen hielt 100 Meter vor der ehemaligen BLT-Zufahrt an, da ihm ein brennender libanesischer Jeep den Weg versperrte. Ich packte mein CAR-15, sprang ab und legte den Rest des Wegs im Laufschritt zurück.

Ich erinnere mich noch genau daran, wie ich den Zugangsweg zum Hauptquartier entlangspurtete, dem Gebäude, in dem einmal der Kommandeur der Marine Amphibious Unit und sein Stab untergebracht gewesen waren. Am Ende dieser kleinen Straße traf es mich wie ein Schlag. Ein Geruch, der den Tod in all seinen Facetten verkörperte. Im Griff dieses unbeschreiblichen Gestanks trat ich mit dem Gewehr in den Händen

auf die Fläche hinaus, wo einst das Hauptquartier-Gebäude gestanden hatte.
Es war jetzt 8.00 Uhr und die Sonne schien unbarmherzig auf den weißen, dreistöckigen Trümmerhaufen herab. Schwere Bulldozer hatten bereits mit ihrer Arbeit begonnen. Fahrbare Kräne und Hubsteiger bewegten Betonstücke von der Größe eines Autos. Die Sonne übergoss die Trümmer und den heißen Staub, der alles einhüllte, mit einer blendenden Helligkeit, die den Augen wehtat.
Dieser Staub klebte an allem und allen, ob sie nun lebten oder tot waren. Ich fand Frank an der Nordseite des Kraters. Er hatte sich nur Minuten nach der Explosion von einem Hubschrauber hierherfliegen lassen. Zusammen mit einigen anderen war er dann in das immer noch brennende Gebäude hineingekrochen, um Dutzende von TOW-Panzerabwehrraketen zu bergen, die im eingestürzten Erdgeschoss gelagert waren. Unter höchster Gefahr hatten sie diese Raketen und ihre hochexplosiven Sprengköpfe aus den Trümmern geholt, bevor sie durch die Hitze und das Feuer zur Detonation gebracht wurden. Diese heldenmütige Tat hatte vielen Rettungskräften und Überlebenden das Leben gerettet.
Frank zitterten die Hände und seine Haut war aschgrau vor Staub. Ich sah auch nicht viel besser aus. Der schrecklichste Anblick meines bisherigen Lebens hatte mich meiner Sprache beraubt. Wir waren wie Gespenster, die ihre Zungen verloren hatten.
Abgerissene Körperteile, zerfetzte Kleidungsstücke, Schlafsäcke, Ponchos und Einsatzwesten hingen in den Bäumen und lagen in einem Umkreis von Hunderten von Metern auf dem Boden verstreut. Das Gebäude war völlig zerstört. In seiner Mitte hatte sich ein riesiger Krater geöffnet. Im Explosionskern gab es gar nichts mehr außer grauem Staub. Nur die skelettierte Antriebswelle des Lieferwagens, der die Bombe befördert hatte, steckte aufrecht in diesem Loch.
Um den zentralen Krater herum war das Gebäude Stockwerk für Stockwerk in sich zusammengestürzt. Ganz außen waren größere Stücke der Betonböden, die manchmal 9 auf 9 Meter maßen, durch die Explosion aus ihrer Position gerissen und regelrecht aufgefaltet worden.

An vielen Stellen lagen ganze Knäuel von 2,5 Zentimeter dicken Betonstahlstäben frei, die wie sich windende Schlangennester wirkten. Dicht hinter dem Gebäude hatte die Explosion die Zelte und Hütten des Motor-Pools buchstäblich zerfetzt. 100 Meter weiter hatte die Druckwelle einzelnen Jeeps die Motorhaube und die Windschutzscheibe abgerissen und manchmal sogar deren Reifen und Kühler von dem völlig verbogenen Fahrgestell abgetrennt.

Noch ein Stück weiter lag ein Teil der persönlichen Habe der Männer, die in dem Gebäude stationiert gewesen waren, Feldflaschen, Rasierzeug oder die zerbrochenen Gehäuse von Kassettenrekordern. Jeder vorstellbare Ausrüstungsgegenstand, der in der Inventarliste des Marine Corps aufgeführt war, ließ sich jetzt auf den Flächen außerhalb des schwelenden Trümmerhaufens finden.

Waffen, Rucksäcke und Feldjacken.

Briefe, Tausende Briefe, die in den Himmel geschleudert wurden und danach wie Schnee zurück auf den Boden gerieselt waren.

Familienfotos.

Trainingsanzüge und -schuhe, zu Kugeln zusammengerollte Socken. Die Namen toter Männer, die auf Handtücher und T-Shirts schabloniert waren. Am erschreckendsten war jedoch die leere Fläche, wo noch gestern das Gebäude gestanden hatte.

In der Luft hing der Geruch von Pulverdampf und verbranntem Fleisch. Wir gruben mit bloßen Händen in den Trümmern, um doch noch Überlebende zu finden. Wir arbeiteten eng zusammen, behielten uns gegenseitig im Auge und gaben sorgfältig acht, dass die Orte, an denen wir gruben, nicht noch weiter zusammenstürzten. Die Trümmer des Gebäudes schienen zu ächzen. Wir konnten unter unseren Füßen das erstickte Wimmern der Verschütteten hören.

Ich kroch so tief wie möglich in die Ruine hinein und fand mich schließlich an einem sargähnlichen Ort wieder. Über mir waren riesige Betonplatten aufeinandergetürmt. Zwischen diesen Platten gab es keinen freien Raum, nicht einmal ein paar Zentimeter. Nur ein Paar Stiefel ragten aus einem Spalt heraus. Es waren Dschungelstiefel, wie auch ich sie ge-

rade trug. Sie waren mit dem Staub geschmolzenen Betons bedeckt. Ihr Eigentümer war wahrscheinlich zwischen den Betonplatten auf Papierdünne zerquetscht worden. Nur Zentimeter neben der Stelle, aus der die Stiefel herausragten, hingen Hände und Arme aus dem Spalt herunter. Sie waren absolut still, grau und tot wie die Teile einer achtlos weggeworfenen Plastikpuppe. Im Rumpf dieses Gebäudes waren Trümmer und Leichen so ineinander verkeilt wie Skulpturen, die der Satan höchstpersönlich hergestellt hatte. Alles war grau, ein einheitliches Grau, mit Ausnahme der schmalen, schwarzen Rinnsale, die sich zu meinem Entsetzen als Blut herausstellten. Direkt unter mir war schräg zu dem Ort, an dem ich gerade grub, eine Öffnung in den Trümmern, durch die ich mich nun hindurchzwängte. Im Dämmerlicht konnte ich jetzt die Umrisse eines Torsos ausmachen, der jedoch vollständig mit Staub bedeckt war und die gleiche Farbe wie der Beton hatte. Zuerst hielt ich ihn sogar für einen Teil der Betonplatte, da ich weder Kopf noch Arme sehen konnte.
Ganz langsam erkannte ich jedoch, dass es sich um einen Menschen handeln musste. Die Tarnjacke war ihm abgerissen worden, sodass jetzt die Umrisslinien einer nackten Brust freigelegt worden waren.
Ich presste meine Hand auf die Brust des Marines. Er war tot.

Wir arbeiteten den ganzen Tag in den Trümmern, während ständig Scharfschützenkugeln in den Beton um uns herum einschlugen. Schließlich wurden Frank und ich zum Green Beach zurückgerufen und wir gingen zur Landezone Braun hinüber, um einen Hubschrauber zu erwischen. An diesem Landeplatz bot sich uns ein düsteres Bild. Wir trafen Doc im Hangar an. Er stand neben einer Trage. Er war von Kopf bis Fuß mit Zementstaub und Blut bedeckt. Um seinen Hals baumelte ein Stethoskop. Der Doc würde die nächsten 48 Stunden ohne Schlaf oder Ruhepause an diesem Ort arbeiten. Als die Stunden verrannen, wurden immer weniger Körper aus den Trümmern gezogen. Was jetzt auf den Bahren lag, hatte kaum noch etwas Menschliches an sich. Schließlich waren es nur noch unförmige Klumpen in grünen Säcken, verbrannte, aufgeblähte, unkenntliche Gestalten, die man jetzt klassifizieren, identifizieren, konservieren und nach Hause transportieren musste.

Auf der Startbahn wurden die Toten in sauberen Reihen abgelegt. Sie waren in die Nylon-Steppdecken und in zerfetzte, blutgetränkte Schlafsäcke gewickelt, in denen sie gestorben waren. Die Leichen wurden in Hubschrauber geladen und in einer endlosen Reihe von Transporten auf die Schiffe geflogen.

Den verschmutzten Gesichtern der Männer, die die Helikopter beluden, war anzusehen, dass sie immer noch unter Schock standen. Zwischen den Transporten saßen sie nur mit weit geöffneten Augen da und starrten ins Leere. In diesem endlosen Dröhnen der Hubschrauber gab es keinen Trost und in der entsetzlichen Hitze und dem Heulen der Turbinen keine Ruhe. Unter den heißen Abwinden der Rotorblätter arbeiteten sie immer weiter, ohne ein einziges Wort zu sagen.

Ich hätte mir nie vorstellen können, Doc einmal in Tränen zu sehen. Nicht Doc den Eisernen, Doc den Furchtlosen, Doc den erbarmungslosen Killer der »Scheißkerle« vom Vietcong. Als er jedoch am nächsten Abend in unseren Unterstand zurückstolperte, brach er auf seinem Feldbett zusammen und schluchzte wie ein Kind.

Ich schloss die Augen in dem dunklen Unterstand und versuchte, mich selbst zum Schlafen zu zwingen. Ich dachte an ein Band-Konzert, dass ich drei Wochen zuvor im BLT miterlebt hatte. Ich saß damals mit dem Rücken zur Wand im dritten Stock und schaute in den Hof und auf die Gesichter der Männer hinunter, die vier Stockwerke hoch auf den umlaufenden Balkonen hockten. Es war eine Navy-Band, die sonst nur vor den höheren Chargen wie unseren Admirälen auftrat. Man hatte uns zuvor auch klargemacht, welches verdammte Glück wir hatten, dass sie diesmal bereit waren, für uns zu spielen.

Das Ganze war dann auch nicht so besonders. Sie spielten 20 Minuten lang einen ziemlich halbgaren Rock and Roll, packten zusammen und wurden mit dem Hubschrauber zum Flaggschiff zurückgebracht. Damals hätte ich mir jedoch nicht vorstellen können, dass dieses Gebäude ein paar Tage später dem Erdboden gleichgemacht werden würde und viele der Marines, deren Gesichter ich damals betrachtete, ihr Leben verlieren würden. Aber sie würden ja nicht einfach sterben, sondern zerstückelt, mit aufgerissenem Körper in den Bäumen hängen oder gar wie menschlicher Abfall auf den Feldern der Umgebung liegen.

Jetzt waren sie tot. Einfach so. Was von ihnen übrig war, wurde in Metallkisten versiegelt. Manchmal war es nur noch die Soße, die jemand aus dem Innern eines Stiefels herausgekratzt hatte. Bei einer solchen Katastrophe waren die Männer nur noch ein weiterer Eintrag auf der Liste der Getöteten, Verwundeten oder Vermissten. Man könnte es auch anders und realistischer ausdrücken: Sie waren entweder zerschmettert, verkrüppelt oder vaporisiert worden. Ich habe wirklich keine Ahnung, wie sie entschieden haben, welche Mutter welche Kiste bekommt. Von einigen Jungs war nicht einmal mehr so viel vorhanden, um damit ein Saftglas zu füllen.

Am Ende bekamen alle Angehörigen der Toten das Gleiche: versiegelte Särge, die in amerikanische Flaggen gehüllt waren.

In den folgenden Tagen hielt der Schock beharrlich an. Es war allen fast unmöglich, Trauer zu empfinden. Der Schrecken war so überwältigend und unfassbar, dass wir regelrecht einfroren. Es gab so viele Leichen, so viele verstümmelte Fleischhaufen, dass man sich kaum noch vorstellen konnte, dass dies einmal Menschen, Kameraden oder Freunde gewesen waren.

Unser Schock wurde noch schlimmer, als wir abends die Radionachrichten des BBC World Service hörten. Es passte zu unserem tollen Wochenende, als wir erfuhren, dass die Vereinigten Staaten in Grenada einmarschiert waren. Zum Zeitpunkt der Sendung wurde auf der Insel noch heftig gekämpft. Auch der Flughafen war noch nicht vollständig gesichert. Wir hörten mit offenem Mund zu. Die Marine Amphibious Ready Group, die jetzt in Grenada im Kampf stand, war eigentlich auf dem Weg gewesen, uns abzulösen. Und jetzt saßen wir mit versohltem Hintern hier und unser Entsatz focht 4000 Kilometer entfernt einen anderen Krieg. Alles Vertrauen, das ich in unsere Kriegsplaner und unsere

Kommandostruktur gehabt haben mochte, verflüchtigte sich in diesem Augenblick für alle Zeiten.

Der Schutzkordon der Marines um den Flughafen war begreiflicherweise im Moment ziemlich ausgedünnt. Das Schuf-Gebirge strotzte nur so von Artillerie. Selbst nach vorsichtiger Schätzung waren wir gegenwärtig in puncto Mannschaftsstärke fünf zu eins unterlegen. Wir konnten also jeden Augenblick überrannt und ins Meer getrieben werden.

Dass dies dann doch nicht geschah, kann ich bis heute beim besten Willen nicht erklären. Wir waren besiegt, schachmatt und geschlagen. Nur noch die Entschlossenheit, Verlässlichkeit und der unerschrockene Mut einzelner Marines standen zwischen uns und der totalen Niederlage. Die Überlebenden hielten ab jetzt eng zusammen. Jeder von uns wusste genau, dass wir von unserer näheren und weiteren Umgebung keine Hilfe und Gnade zu erwarten hatten.

In den Tagen nach dem Attentat wurden auch die allgemeinen Einsatzregeln geändert. Die Marines bekamen die Erlaubnis zum gezielten töd lichen Gebrauch ihrer Schusswaffen. Das war wirklich eine erstaunliche Neuigkeit.

Jetzt, da die Kühe entlaufen waren, stellte jemand sicher, dass die Stalltüren in Zukunft schön geschlossen blieben. Am Südende des Parkplatzes hatten Bulldozer hintereinander und seitlich versetzt große, rote Erdhaufen aufgeschüttet, die die vorbeifahrenden Fahrzeuge dazu zwangen, sich durch die schmalen Öffnungen zwischen den einzelnen kleinen Hügeln hindurchzuzwängen, wobei sie ihre Geschwindigkeit auf weniger als 15 Stundenkilometer verringern mussten. Am eigentlichen Checkpoint stand ein 2,5-Tonnen-Militärlaster quer über der Straße und ein MG, Kaliber .50 BMG, sicherte die Zufahrt. Allerdings gab es dort kein Gebäude mehr, nur eine riesige Trümmerhalde.

Hinter diesen neuen Barrikaden zeichnete sich einsam, schartig und verloren das ab, was vom BLT übrig geblieben war. Wenn der Wind aus dem Norden kam, wehte es den entsetzlichen Gestank dieses Ortes zum Checkpoint hinunter. Es war der Geruch von menschlichen Körpern, die in ihre einzelnen Atome zersprengt worden waren. Die Marines zogen dann Krawatten und Halstücher aus ihren Schutzwesten und banden sie sich vors Gesicht, um ihre Nasen vor diesem Gestank zu schützen. Sie sahen wie eine Gruppe von staubbedeckten, dämlichen Deputys aus, die eine Bank bewachten, die bereits ausgeraubt worden war.

Die Ruine des BLT wirkte wie ein Denkmal für die Mutter aller Niederlagen.

Die Trümmer wurden jedoch auch zu einer archäologischen Ausgrabungsstätte. Als ein Sprengstoff-Team des FBI eintraf, hatte ihre gemächliche, sorgfältige Vorgehensweise fast etwas Wissenschaftliches an sich. Eine volle Woche lang grub ein Dutzend Marines den ganzen Krater um. Sie stocherten in dessen Erde, nahmen Proben und siebten sie durch. Drei FBI-Sprengstoffexperten warteten derweil unter den freigesprengten Trägern, die das aufrechterhielten und stützten, was vom ersten Stock übrig geblieben war. Ab und zu kletterte ein Marine mit einem Stück Metall aus der Grube heraus. Die FBI-Agenten schauten es sich an, warfen es weg oder etikettierten es. Ein halber Kolben. Stücke einer Wasserpumpe. Der kleine Teil eines Motorblocks. Alle diese Teile stammten von dem Lieferwagen, der im Innenhof des Gebäudes in die Luft gejagt worden war. Bemerkenswert viel war von ihm erhalten geblieben und wurde jetzt aus dem 5 Meter tiefen Loch geborgen, das er in die Erde gesprengt hatte.

Bei der Forensik geht es darum, im Nachhinein möglichst alles zu finden und zu erkennen, was sich zuvor tatsächlich ereignet hat. Indem sie im Moment der Explosion begannen und sich dann von dort langsam rückwärts vorarbeiteten, konnten CIA, FBI und NSA genau bestimmen, was passiert war, wie es passiert war und wer dafür verantwortlich war. Die diesbezüglichen Informationen waren faszinierend und sollten uns für alle Zukunft als Warnung dienen.

Die Untersuchung der durch die Explosion verursachten Schäden offenbarte viel über die Bombe selbst. Dieses Meisterwerk der zerstörerischen Ingenieurskunst war so raffiniert, dass man anfangs dachte, es könne nur mit russischer Unterstützung konstruiert worden sein. Heute ist jedoch bekannt, dass die Bombe von einem im Iran ausgebildeten Hisbollah-

Mitglied namens Imad Mughniyya konstruiert wurde. Der unerschrockene Mughniyya sollte später sogar Osama bin Laden beeindrucken, der sich das Operationshandbuch der Hisbollah zum Vorbild nahm und gegen zahlreiche Ziele noch spektakulärere Anschläge veranlassen sollte. In den nächsten Jahrzehnten spezialisierte sich Mughniyya auf die Zerstörung von US-Kasernen, wobei er weiterhin für den jeweiligen Zweck speziell angefertigte Bomben entwarf. Am bekanntesten war der in einem Tanklastwagen deponierte Sprengsatz, der im Jahr 1996 vor dem Khobar-Towers-Komplex in Saudi-Arabien explodierte. Bei diesem Anschlag kamen 19 amerikanische Soldaten ums Leben. 170 wurden verletzt. Am 12. Februar 2008 wurde Mughniyya bei einem Autobombenanschlag in Damaskus getötet.

Die Bombe, die das BLT-Hauptquartier zerstörte, war eine elegante Waffe, die ausschließlich für dieses Ziel gebaut worden war. Sie bestand aus fast 3000 Kilogramm C-4-Plastiksprengstoff. Die Sprengkraft wurde durch über 1100 Liter komprimiertes Propangas verstärkt und entsprach dem Äquivalent von etwa 5400 Kilogramm TNT. Die Bombe wurde dann in einen 5-Tonnen-Mercedes-Lieferwagen geladen, dessen oben offene Lastkabine zur Verdämmung seitlich mit Marmor ausgekleidet war. Der Sprengstoff war so angeordnet, dass er wie eine Hohlladung wirkte, die den Explosionsdruck nach oben und außen lenkte, um eine maximale Wirkung zu erzielen. Die Bombe konnte durch mindestens drei Mechanismen gezündet werden, einen auf 30 Sekunden eingestellten Zeitzünder, der vom Fahrer ausgelöst wurde, einen funkgesteuerten Sicherungs- und Zündmechanismus, der von einem Beobachter auf dem Parkplatz in Gang gesetzt wurde, und einen Totmannschalter am Lenkrad, der die Bombe zündete, sobald der Fahrer nicht mehr auf diesen Schalter drückte. Die Explosion jagte die ersten beiden Stockwerke des Gebäudes in die Luft, was zum Einsturz der beiden übrigen Etagen führte. Die Detonation verursachte einen Krater mit einem Durchmesser von 12 Metern und ließ eine 250 Meter hohe Pilzwolke aufsteigen. Die Explosion konnte man noch in 50 Kilometer Entfernung in Sidon hören. Das FBI stellte fest, dass die Autobombe, die das BLT zerstörte, eine der stärksten nicht-nuklearen Explosionen der Geschichte gewesen war.

Die Operationsplanung, die diesem Attentat vorausging, war ebenso beeindruckend. Der Fahrer, ein Hisbollah-Mitglied, wurde ganz gezielt für diese Selbstmordoperation ausgesucht und ausgebildet. Zuvor wurde seine Eignung genau überprüft. Nach seinem Märtyrertod erwarteten ihn im Paradies immerhin 70 Jungfrauen. Das BLT-Gebäude wurde unzählige Male fotografiert. Die Sprengstoffladung wurde genau ausgemessen, damit sie unter dem Überstand und Eingangsportikus des Gebäudes hindurchpasste. Die Stoßstange des Lieferwagens war besonders verstärkt worden, damit das Fahrzeug den Stahl- und Betonzaun durchbrechen konnte, der das BLT vom Flughafen-Parkplatz trennte.

Nach der Explosion enthüllten Satellitenfotos, dass die Bombenhersteller zuvor im Bekaa-Tal die Verhältnisse vor dem BLT und auf den Parkplätzen in dessen Umgebung nachgestellt hatten. Sie hatten exakte Kopien der Zäune, Teerfässer und Sandsack-Unterstände vor dem Gebäude nachgebaut und aufgestellt. Danach hatten sie den Durchbruch durch diese Barrieren immer wieder geprobt und auf die Sekunde genau geplant. Auch die Zünder und die drei unterschiedlichen Zündmechanismen wurden auf Herz und Nieren geprüft.

Nichts wurde dem Zufall überlassen und nichts würde schiefgehen. All diese Vorbereitungen geschahen direkt unter der Nase der beinahe täglichen amerikanischen Aufklärungsflüge. In einem Hisbollah-Stützpunkt in der Stadt Baalbek wurden zwei identische Lastwagenbomben hergestellt. Eine war für die Franzosen, die andere für die Amerikaner bestimmt. Mit tätiger Unterstützung des syrischen Militärgeheimdiensts wurden die Sprengsätze am Abend des 22. Oktober nach Beirut gefahren. Der die ganze Nacht anhaltende Artilleriebeschuss durch syrische Armeeeinheiten stellte sicher, dass die Marines erschöpft waren und zum großen Teil noch schlafen würden, wenn die Anschläge am Sonntagmorgen um 6.23 Uhr stattfinden würden.

Die Operationsplanung und ihre Ausführung waren perfekt. Der Krater war der Beweis.

Die Air-Force-Transportmaschinen, die die Leichen aus dem BLT nach Hause geflogen hatten, kehrten drei Tage später mit frischen Truppen zurück. Es handelte sich um die Hälfte einer Marine Amphibious Unit, die man einfach im Camp Lejeune in North Carolina aufgelesen und direkt in unser Leben befördert hatte.

»Wir sind hier, um euch Pennern aus der Patsche zu helfen«, hörte ich einen von ihnen sagen.

Sie wurden sofort in unsere Stellungen integriert, ihre Kompanien wurden zu neuralgischen Punkten an der Stützpunktgrenze geschickt, wo sie jetzt begannen, Unterstände zu graben und Sandsäcke zu füllen. Auf mich wirkten sie alle viel zu jung und grün um die Nase. Ihre Uniformen waren gestärkt, als ob sie direkt einem Werbeplakat der Navy entsprungen wären.

Neben ihren gestärkten Uniformen und hochglanzpolierten Stiefeln brachten sie eine ziemlich gewöhnungsbedürftige Einstellung mit, als seien sie selbst auf Schimmeln eingeritten und wir seien irgendwie Burgfräulein in Not. In gewisser Weise hatten sie damit sogar recht. Aber nichts hätte sie auf die völlig verfahrene Situation vorbereiten können, die sie hier antrafen.

Allein die Einsatzregeln pusteten sie vom Hocker.

Man konnte es ihnen auch ansehen, wenn sie sich mit großen Augen durch die Stellungen bewegten oder rochen, was von einem vierstöckigen Stahlbetongebäude übrig geblieben war.

Selbst ihre alten Hasen, die Gunnery Sergeants, die bereits bei Khe Sanh dabei gewesen waren, konnten nicht glauben, was sie an diesem Ort vorfanden. Die Überlebenden waren wie Zombies. Sie liefen mitten durch Granatfeuer und Scharfschützenbeschuss hindurch, als ob nichts wäre. Einige Marines hatten das Auszählen der Einschlagszeiten zu einer hohen Kunst entwickelt und duckten sich erst, wenn die Scheiße direkt über ihnen war (»Es ist einfach nicht cool, sich zu früh auf den Boden zu schmeißen«).

Am erschreckendsten war für die Neuankömmlinge jedoch die elementare Veränderung der Kommandostruktur. Hier war nicht mehr der Rang, sondern die Erfahrung ausschlaggebend. Die Überlebenden lebten noch, weil sie immer auf der Hut gewesen waren. Sie waren noch hier, weil sie wussten, wie Wally operierte, und sich entsprechend angepasst hatten. Die frisch eingetroffenen Marines waren nicht nur an ihren feschen neuen Uniformen und ihrem ungläubigen Gesichtsausdruck, sondern vor allem an ihrer gefährlichen Naivität zu erkennen. Unsere Ersatzleute waren unerprobt und deswegen unzuverlässig. Die neu angekommenen Offiziere und Unteroffiziere mussten oft die Erfahrung machen, dass ihre Befehle ignoriert wurden – vor allem, wenn diese lebensbedrohlich waren. Die Überlebenden der 24. MAU unterstützten zwar bis zum letzten Mann ihre Vorgesetzten, und dies oft mit großer Tapferkeit, gehorchten jedoch nur ihrer eigenen Befehlskette. Bald lernten die Neulinge, sich diesen Umständen anzupassen. Einige von ihnen fanden trotzdem den Tod.

In meinem Vokabular gab es immer mehr Wörter, die für mich keine Bedeutung mehr hatten. Wörter wie »Wut«, »Trauer« und »Erschöpfung« waren durch die Erfahrung dieses Ortes über die Grenzen ihrer Definition hinausgelangt. Ich hatte sie bis zum äußersten Rand der Realität ausgelebt und empfunden, und dies in einer Weise, wie ich sie mir nie hätte vorstellen können, sodass diese Wörter jetzt gar nichts mehr bedeuteten. Es war, als habe man sie jedes Sinns entkleidet. Sie waren jetzt nur noch eine Reihe von Buchstaben, die mit meinen abgestumpften und verstümmelten Empfindungen überhaupt nichts mehr zu tun hatten.

Meine Empfindungen waren nur noch schwache Schatten. Ich fühlte etwas, aber es berührte mich nicht mehr. Ich erlebte mein Leben wie aus weiter Ferne. Die Wut, die ich einst verspürt hatte, war mir jetzt fremd geworden. Selbst die Kameradschaftlichkeit, die diese Heimsuchung früher erträglicher gemacht hatte, begann mir gleichgültig zu werden. Wenn der Wind von den Startbahnen herüberwehte und den Gestank des BLT bis in unsere Stellungen trug, ließ mich dieser faulig-süßliche Geruch nur denken: Wenigstens lebe ich noch.

Wenn ich jedoch nachts in der absolut schwarzen Stille unseres Unterstands aufwachte, konnte ich manchmal nicht mehr erkennen, ob ich lebte oder nicht doch vielleicht tot war.

Wir legten uns immer wieder nachts außerhalb unseres Stützpunkts auf die Lauer und warteten darauf, dass uns irgendwelche Milizsoldaten in die Falle gehen würden. Aber niemand kam. Die Wallys schienen zu wissen, dass sich die Einsatzregeln geändert hatten. Am Sicherheitszaun um den Flughafen zielte jeder Marine, der nur konnte, auf die Straßen von Hooterville. Waffentragende Männer wurden durch einzelne 5,56-mm-Kugeln oder von den Scharfschützen des STA-Platoons durch tödliche Geschosse des Kalibers .30-06 ausgeschaltet.

Was den Rest unseres Beirut-Einsatzes angeht, kann ich mich nur noch an ganz wenig erinnern. Die Invasion Grenadas war jetzt vollendet, und unsere vom frisch errungenen Sieg beflügelte Ablösungstruppe war auf dem Weg ans Mittelmeer. Ich konnte es kaum glauben, dass wir schon bald heimkehren würden.

Bis dahin führten wir weiterhin Patrouillen durch. Unser Überleben hing davon ab, dass wir dort auftauchten, wo man uns nicht erwartete. An einem Novembermorgen wollten wir ein Auto überprüfen, das auf einer Mole südlich von Green Beach parkte. Wir wussten, dass dieser Hafendamm bei Artillerieangriffen oft als Richtpunkt benutzt wurde.

Wir fuhren ein Stück nach Süden an dem geparkten Auto vorbei und drehten dann blitzschnell um. Dave riss das Lenkrad herum und der Jeep verließ ganz plötzlich die Küstenstraße, rumpelte die schmale Böschung am Fuß der Mole hinauf und stellte sich dann quer, um den engen, unbefestigten Weg abzusperren, der zum Hafendamm führte. Rudi schwang sein M-60 über die Motorhaube des Jeeps, während wir uns dem Besitzer des Wagens näherten, der seit Sonnenaufgang seine Angelrute ins Meer hielt. Als er uns kommen sah, ging er schnell zu seinem Auto hinüber. Bubba hielt ihn auf, während Cheese und Doug sein Fahrzeug durchsuchten.

»Sprechen Sie Englisch?«, fragte ich ihn.

Der Angler zuckte die Achseln. »*Little*«, sagte er. Meine umgehängte Waffe hielt ich mit wohlkalkulierter Gleichgültigkeit auf die Brust meines Gegenübers gerichtet. Das Lächeln des Mannes gefror allmählich. »*Parlez-vous français?*«, fragte ich ihn. Während ich dies sagte, lag mein Daumen am Sicherungshebel meines Gewehrs, während mein Zeigefinger im Abzugsbügel steckte. Der Angler senkte die Augen und starrte auf meine Hand.

Dann sagte er: »*Je parle un peu français. Et un peu anglais.*«

Ich nickte, und Dave trat herbei, um Fischkorb und Angelkasten des Mannes zu durchsuchen.

»*C'est votre voiture?*«, fragte ich. Ist das Ihr Auto?

Der Angler schüttelte den Kopf und lächelte. Er wollte nicht antworten oder er verstand mich nicht. Ich wechselte das Thema.

»*Où allez-vous, monsieur?*«, fragte ich.

Der Angler zuckte mit den Schultern. »*Où?*«

»Wohin gehen Sie?«

»*Maintenant?*«

»Ja, du Arschloch, jetzt. *Oui, maintenant.*« Für einen Augenblick schaute ich dem Angler nicht mehr direkt in die Augen, als Dave seine Suche beendet hatte.

»Er hat ein Fernglas dabei«, meldete Dave.

Es brauchte schon etwas mehr, damit ich ihn erschießen konnte.

»Sie schienen in Eile zu sein, als Sie uns kommen sahen«, fuhr ich fort.

»*Je dois faire des emplettes allant maintenant*«, antwortete der Angler.

Sein Französisch hatte einen dermaßen starken arabischen Akzent, dass ich ihn kaum verstand. Wir hatten ein ernstes Kommunikationsproblem.

»Was hat er gesagt?«, fragte Rudi.

»Dass er einkaufen gehen will, glaube ich.«

»Der beobachtet doch den verdammten Strand«, zischte Doug.

Das tat er wahrscheinlich auch. Als er unsere stetig wachsende Wut spürte, trat er unruhig von einem Fuß auf den anderen.

»Sieh nach, ob er ein Funkgerät oder eine topografische Karte im Auto liegen hat.« Beides würde zweifelsfrei beweisen, dass er ein vorgeschobener Artilleriebeobachter war. Ich fragte den Mann nach seinen Papieren. Der Angler verlor ganz offensichtlich allmählich die Nerven und sagte jetzt etwas auf Arabisch, dass recht unterwürfig und wehleidig klang.

»Ihren Ausweis. *Je veux regarder vos pièces d'identité.*«

Der Angler nickte und griff mit übertriebener Langsamkeit in seine Hose. Er holte ein ganzes Bündel Papiere heraus und reichte mir seinen blauen, kunststoffbeschichteten Personalausweis, den er doppelt zusammengefaltet hatte.

Während ich die Papiere entgegennahm, zielte ich mit meiner Waffe immer noch auf deren Besitzer. Ich hielt mir den Ausweis so vor die Augen, dass ich das Foto mit dem Gesicht des Anglers vergleichen konnte. Der gedruckte Ausweistext war Arabisch. Er konnte alles bedeuten. Vielleicht stand da, dass dieser Kerl für die Cincinnati Bengals Football spielte. Trotzdem musterte ich eine ganze Weile abwechselnd das Dokument und den Mann. Ich konnte kein Arabisch und ich tat auch nicht so, als ob ich das könnte. Ich ließ mir in solchen Fällen immer die Papiere zeigen. Wenn ich sie dann entgegennahm, beobachtete ich das Gesicht ihrer Besitzer. Ich hielt nach Zeichen von Unbehagen Ausschau und ließ den Ausdruck auf ihren Gesichtern zu mir sprechen. Ich suchte nach manipulierten und gefälschten Stempeln und nach einer Angst, die größer war als die vor dem Mündungsfeuerdämpfer einer Waffe, die direkt auf ihren Unterleib gerichtet war.

»In dem Auto ist nichts«, sagte Bubba. Er klang enttäuscht.

»*Regardez-vous la playa américaine?*« Weil mir gerade das französische Wort für »Strand« nicht einfiel, benutzte ich das spanische. Irgendwie schien der Angler meine Frage sogar zu verstehen.

»*Non. Je pêche seulement ici.*« Damit ich ihm ganz bestimmt glaubte, dass er hier nur fischte, fügte er in einem gebrochenen Englisch hinzu: »*I make fish here only.*«

Ich stand eine ganze Weile da, hielt meine Waffe auf ihn gerichtet, sagte nichts und dachte noch viel weniger. Hätte ich über all das nachgedacht und mir die richtigen Fragen gestellt, hätte ich diesen Wichser wohl umnieten müssen. Warum war er den ganzen Weg von Westbeirut hierhergekommen? Was war so wichtig, dass er durch ein immer stärker werdendes Artilleriedauerfeuer hierhergefahren war? Warum hielt er sich ausgerechnet in unmittelbarer Nähe eines amerikanischen Stützpunkts auf, wo noch mehr Granaten vom Himmel fielen als anderswo? Um zu angeln? Da lachen ja die Hühner.

Mein Daumen lag immer noch am Sicherungshebel meines Gewehrs und mein Zeigefinger am Abzug.

Tick, tack, tick, tack.

In diesen Sekunden stand ich so nahe vor einem beiläufigen Mord, wie ein Mensch überhaupt nur stehen konnte. Ich hätte diesen Mann so beiläufig töten können, als ob ich eine Zigarette austreten würde. Zu meiner Schande muss ich sogar gestehen, dass ich ihn töten *wollte*.

Vielleicht war er wirklich ein Artilleriebeobachter. Vielleicht kundschaftete er Green Beach aus, vielleicht war er aber auch nur ein Blödmann, so ein hirnloser Wichser, der tatsächlich durch einen Artillerieangriff fährt, um ein paar Fische zu fangen.

Mein Daumen schaltete den Sicherheitshebel von »Einzelfeuer« auf »Gesichert« um.

Ich gab ihm seine Papiere zurück.

»*Écoutez, monsieur, il est très dangereux ici parce que vous êtes près de la position américaine …* Wir beobachten ständig unsere Umgebung«, sagte ich und zeigte mit dem Finger zum Green Beach hinüber. »Wenn wir hier Autos und Leute sehen, müssen wir sie überprüfen.«

»Ich bin nur ein einfacher Angler.«

»*Peut-être que vous l'êtes*«, sagte ich.

»Kann ich gehen?«

Ich nickte. Der Mann hob seine Angelausrüstung auf und ging zurück zu seinem Wagen. »Schönen Tag noch«, rief ihm Rudi hinterher.

Das war jedoch eine reine Floskel. Der Lauf von Rudis M-60 war immer noch direkt auf den Bauch des Anglers gerichtet.

Ein Einsatz geht zu Ende

In den Nächten war es jetzt richtig kalt. Außerdem regnete es lange und oft, ja, es goss immer öfter wie aus Kübeln. Unsere Unterstände sackten allmählich ab, durch die Abdeckungen tröpfelte das Wasser und die Erde rieselte aus den Sandsäcken, die von Kugeln und Schrapnellen aufgerissen worden waren. Die Marine Amphibious Unit forderte wiederholt Zement, Bauholz und andere Baumaterialien an, was, so unglaublich es klingt, von Washington jedes Mal abschlägig beschieden wurde. Am Internationalen Flughafen von Beirut durften keinesfalls dauerhafte Verteidigungsanlagen errichtet werden. Unsere Unterstände waren ein Skandal, selbst die besten waren aus den Materialien zusammengestückelt, die wir irgendwo auftreiben konnten. Viele von ihnen hatten nicht einmal eine Überdachung. Bauteile wie Holzbalken, Paletten und Strandmatten mussten wir uns durch Tauschgeschäfte beschaffen. Je besser einer »organisieren« konnte, desto sicherer schlief er. Jetzt lösten sich jedoch auch unsere besten Unterstände im Regen auf.

Im November wurde verfügt, dass der Green Beach keine sichere Stellung mehr sei. Ich weiß allerdings nicht, was genau sie mit »sicher« meinten. Die Teerfässer und der Stacheldrahtzaun, die den Stützpunkt von der Küstenstraße nach Sidon trennten, genügten auf einmal nicht mehr. Die Charlie-Batterie war bereits zuvor auf eine Sandsteinhöhe direkt hinter dem Green Beach verlegt worden. Jetzt beschloss man, die gesamten Navy-Landungseinheiten, die SeaBees, Beachmasters, SEALs und das Marine-Shore-Party-Team ins Inland auf diesen Steinriegel zu verlegen. Der Green Beach würde nur noch am Tag bemannt sein. Nachts würde dort nur eine Wachtruppe bleiben.

Wir mussten also unsere Unterstände verlassen, die wir sieben Monate lang in harter Arbeit ständig vertieft und verstärkt hatten. Stattdessen mussten die Männer ab jetzt auf dieser Höhe in Allzweck-Zelten hausen. Verständlicherweise war dies nicht die populärste Entscheidung im Laufe unseres Beirut-Einsatzes.

Der Umzug bedeutete, dass wir dort oben neue Unterstände bauen mussten. Nach Beginn der Regenzeit war es jedoch unmöglich, in diesem weichen Untergrund zu graben. Jedes Loch, das tiefer als 1 Meter war, füllte sich sofort wieder mit Wasser und nasser Erde, als wäre es lebendes Gewebe, das sich selbst heilen würde. Als Schutzmaßnahme mussten folglich ab sofort oberirdische Sandsäcke genügen. Solche Stellungen nannten wir in unserem Jargon »**D**elta **H**otels«, was von »**D**irect **H**itters«, »Volltreffer«, abgeleitet war.

Während diese neuen »Unterstände« zusammengestückelt wurden, schützten sich die einzelnen Soldaten, indem sie Sandsäcke um ihre Feldbetten herum drapierten. Das mochte sie zwar eine Zeit lang beruhigen, doch es gewährte ihnen in Wirklichkeit nur einen behelfsmäßigen Schutz. Die Mörsergranaten hatten ganz empfindliche Aufschlagzünder. Sie detonierten bereits, wenn sie das Zeltdach durchschlugen, und übergossen dann die schlafenden Männer mit ihrem geschmolzenen Stahl. Die schwereren Kaliber wie Katjuscha-Raketen und Artilleriegranaten würden die Zelte samt ihren Insassen ganz einfach in Stücke reißen. Keinen von uns musste man daran erinnern, dass eine Menge Scheiße, die eigentlich für den Green Beach bestimmt gewesen war, vorwiegend auf diesem Hügel eingeschlagen war, auf den wir jetzt umziehen mussten.

Im November erfuhren wir, dass unser Einsatz in Beirut verlängert worden war.

Die 24. Marine Amphibious Unit hätte ursprünglich bereits in der letzten Oktoberwoche abgezogen werden sollen, aber dann war unsere Ablöseeinheit erst einmal nach Grenada umgeleitet worden. Wir mussten uns mit dem abfinden, was wir schließlich wie im Eishockey unsere »dritte Verlängerung« nannten. Für einige war diese Verlängerung eine Strafe. Es gab jedoch andere, Offiziere wie Mannschaften, die diese Extra-Zeit als eine Art Buße betrachteten. Die Toten forderten einen solchen Akt der Reue und Zerknirschung, ein Sühneopfer und eine Entschuldigung. Diese Bürde mussten wir, die Besiegten und Geschlagenen, tragen. Wir waren nicht wachsam genug, tapfer genug und umsichtig genug gewesen – und jetzt waren 241 unserer Kameraden tot. Schuldgefühle wehten auf uns herab wie Rauch. Manchmal kam auch mir der Gedanke: Wir waren noch hier, weil wir es verdient hatten.

Ich überstand diese Tage, indem ich mir ständig einredete, dass dies alles in höchstens vier Wochen vorbei sein würde. Für die Überlebenden hier am BIA war das eine seltsame und leere Zeit. Sieben Monate lang hatten die Marines die Tage gezählt, sie im Kalender markiert und davon geträumt, von hier wegzukommen. Aber jetzt, da die Ablösung so nahe war, fanden wir es fast unmöglich, uns über die nahende Heimkehr zu freuen. Es wirkte so, als ob wir alle einen kollektiven Nervenzusammenbruch erlitten hätten und alle Kampftrupps, Squads, Züge und Kompanien zu Zombies geworden wären. Jedem von uns hatte sich ein ganz bestimmter Moment ins Gehirn eingegraben, eine Sekunde aus einer ganzen Lebenszeit, die niemals ausgelöscht werden konnte. Der Bombenanschlag bedeutete für jeden von uns etwas anderes. Für einige war es der Donnerschlag, der die Unterstände erzittern ließ, oder der Schatten einer riesigen Pilzwolke, die hinter dem Flughafen-Terminal in den Himmel aufstieg. Zum ersten Mal hatten wir in Beton eingebrannte menschliche Umrisse gesehen, die vollständigen Silhouetten menschlicher Wesen, die die Explosion in eine Art feuchten Nebel verwandelt hatte, der sich dann auf den zerschmetterten Wänden des BLT dauerhaft niedergeschlagen hatte. Für andere waren es die schrecklichen Minuten, als sie zuschauen mussten, wie ein Sanitäter Morphium in einen zuckenden Körper spritzte, einen Marine, der auf einem Armierungseisen aufgespießt war und nicht mehr gerettet werden konnte.

Die Überlebenden blieben unter sich. Sie waren still, doch sie beobachteten einander. Sie passten auf eine Weise aufeinander auf, die so verloren wie anrührend war. Wenn man sich in einem schlammigen Deckungsloch hinsetzte und eine MRE-Packung aufriss, griff der neben einem sitzende Marine schweigend in die Tasche und warf einem wortlos eine Flasche Tabasco zu. Marines, denen man zuvor noch nie begegnet war, gaben einem Zigaretten oder Kautabak oder ließen einen aus ihrer Feldflasche trinken. Dies waren alles wertvolle Dinge, die uns gegenseitig bewiesen, dass wir noch am Leben waren.

Die 24 MAU hing immer zusammen. Die Marines aus Camp Lejeune, die uns eigentlich unterstützen sollten, wurden von uns geflissentlich ignoriert. Ihre nagelneuen Tarnanzüge, ihre Bauernbräune, die sich auf Arme und Nacken beschränkte, und ihre völlig unbenutzte Ausrüstung kennzeichneten sie bereits aus einer Entfernung von 100 Metern als Frischlinge und »Touristen«. Sie zogen es vor, uns überhaupt nichts zu fragen, ganz gleich, welches Thema auch anliegen mochte. Dieser Ort machte ihnen Angst, und die Überlebenden taten es auch. Die Alteingesessenen hatten alle einen Blick drauf, der einen zu Tode erschrecken konnte.

Beirut war für uns nicht länger ein Stück Land, sondern etwas, das nicht zu dieser Welt gehörte, ein schemenhaftes Trugbild, das zur einen Hälfte eine geografische Tatsache, zur anderen ein Albtraum war. Schon bevor wir die Stadt verließen, war sie zu einer Erinnerung geworden, die unbedingt verdrängt, in eine bleierne Kiste eingeschlossen und irgendwo in der Wüste vergraben werden musste. Wir wussten, dass wir versuchen konnten, diese Erinnerung zu ignorieren, aber wir wussten auch, dass wir »the root«, wie wir die Stadt unter uns nannten, nie vergessen würden. Sie würde nie verloren gehen, und dieser Sonntagmorgen sollte uns für den Rest des Lebens in unseren Träumen peinigen, erbarmungslos und angsteinflößend wie ein wucherndes, unheilbares Krebsgeschwür. Wir waren verstummt und zu wandelnden Kriegsneurotikern geworden. Wir schlurften durch unseren Stützpunkt, als ob wir einen Autopiloten eingeschaltet hätten. Wir waren immer noch zu fassungslos, betäubt oder trotzig, um uns einfach hinzulegen, wie ein Baby zusammenzurollen und am Daumen zu lutschen. In den letzten Wochen unseres Aufenthalts funktionierten wir einfach, standen Wache und machten unseren Job. Mehr gab es nicht zu tun.

Kurz vor Thanksgiving war die 22. Marine Amphibious Unit, nachdem sie Grenada besetzt hatte, endlich im Mittelmeer auf dem Weg zu uns. Ich konnte es kaum glauben, dass wir bald heimkehren würden. Es gab sogar nur einen einzigen Weg, wie ich an diesem Ort weiterhin funktionieren konnte. Ich musste so tun, als ob ich ihn niemals verlassen würde.

Der 5. Zug führte weiterhin Einsätze durch. Wir patrouillierten am Ufer entlang und stießen nördlich von Beirut bis Jounieh vor. Dort taten wir uns mit einer luftbeweglichen Infanterieeinheit der LAF zusammen und führten gemeinsam eine Patrouille ins Inland zu den zerstörten Resten eines Fußballstadions durch, das wir als Hubschrauberlandezone nutzten. Während wir den Landeplatz sicherten, schwebten geräumige CH-53-Transporthubschrauber heran, die fast so groß waren wie das Fußballfeld selbst. Ihre Crews schoben riesige Paletten voller medizinischer Hilfsgüter, Nahrungsmittel und Artilleriegranaten aus dem Laderaum, die dann auf Lastwagen geladen und zu den LAF-Batterien im Schuf-Gebirge gebracht wurden.

Bei unseren letzten Operationen beschränkten wir uns also darauf, die Kriegsmaschinerie zu füttern.

Zumindest waren diese Einsätze leicht, und wir hatten kaum einmal Feindberührung. Ab und zu wurden wir von Scharfschützen beschossen. Es gelang uns jedoch immer besser, sie mit unseren 40-mm-Granatwerfern auszuschalten. Wir erwiderten das auf uns gerichtete Feuer kühl und wohlüberlegt. Gelegentlich ignorierten wir das Arschloch mit dem Gewehr und schossen auf die Autos, die vor dem Versteck des Heckenschützen parkten. In ihrer Autoliebe kann man die Libanesen mit den Kaliforniern vergleichen. In Beirut war der Wagen eines Mannes ein Statement. Wir gaben jetzt unsere eigenen Statements ab. Zuerst zerschossen wir nur die Reifen, zertrümmerten die Windschutzscheiben und zielten auf die Türgriffe. Später machte uns die Langeweile bösartiger, und wir demolierten die Mercedes, Fiats und Lancias mit 40-mm-Granaten und panzerbrechenden Geschossen. Unser Vandalismus sollte die Leute abschrecken, die es den Scharfschützen erlaubten, ihre Dächer und Balkone zu benutzen. Zuerst fanden wir das Ganze richtig amüsant. Am Ende war es nicht einmal mehr lustig.

Was immer wir ihnen antaten, es würde nie genug sein.

Im Hubschrauber unterdrückten das Heulen der Turbinen und das Pochen der Rotorblätter jeden Gedanken. Der Flug von der Landezone

Braun am Flughafen zu den Schiffen, die vor der Küste kreuzten, war reine Routine. Die Passagiere waren eine bunt gemischte Truppe, und sie waren zu 15 unterschiedlichen Bestimmungsorten in der Uferzone, den Außenposten und draußen auf dem Meer unterwegs. Die Männer starrten aus den Bullaugen auf die unendliche See hinunter. Die grauen Wellen wirkten aus einer Höhe von 450 Metern nur noch wie kleine Kratzer auf einer riesigen glatten Oberfläche. Zwischen den Passagieren waren gelbe und rote Postsäcke und Frachtkisten aufeinandergestapelt. Auf drei Kästen stand in Großbuchstaben: »DANKE, DASS SIE EIN PRODUKT AUS DEN USA GEKAUFT HABEN.«

Mein CAR-15 hatte ich mit der Mündung nach unten zwischen die Beine geklemmt. Ich beugte mich nach vorne und legte das Kinn auf die Schulterstütze. Jetzt konnte ich durch meine Finger und Schläfen die Schwingungen der Kabine fühlen. Ich mochte diese Vibrationen, weil sie mich nach einer gewissen Zeit empfindungslos machten.

Ich war auf dem Weg zur *USS Fort Snelling,* einem Docklandungsschiff, das unsere Ablöseeinheit, den 2. Zug des SEAL Teams Four, in den Libanon gebracht hatte. Es war 11.00 Uhr und ich freute mich auf das Mittagessen an Bord des Schiffes.

Auf dem Flugdeck der *Fort Snelling* begrüßte mich Giff, der kurz zuvor gelandet war. Wir gingen zur Offiziersmesse und begegneten dort den Offizieren, die uns ablösen würden, Mikey Walsh und Don Tollson. Ihr Platoon kam in der Ausbildungs-Pipeline der SEALs direkt hinter uns. Wir waren mit Mikey und Don bereits geraume Zeit befreundet und freuten uns, sie zu sehen. Sie trugen Khaki, eine Uniform, die wir seit Monaten nicht mehr angehabt hatten, und sie sahen gesund und sonnengebräunt aus. Der Wochenendkrieg in Grenada war ihnen offensichtlich gut bekommen.

Mikey war ein gedrungener, muskulöser Mann mit einem sandbraunen Schnurrbart. Don war größer, hatte einen trockenen Humor und das leicht asymmetrische Gesicht eines Boxers. Sie waren vier oder fünf Jahre älter als Giff und ich. Mikey war Lieutenant und Don Lieutenant Junior Grade. Beide waren Mustangs, also Offiziere, die zuvor Mannschaftsdienstgrade gewesen waren. Beide hatten bereits in Vietnam in einem Platoon gedient, Mikey als Schütze eines Stoner-63-Gewehrs im SEAL Team One und Don als Mitglied des SEAL Teams Two. Sie erzählten Geschichten aus Grenada. Dabei waren sie recht bescheiden, was ihre eigenen Einsätze anging, obwohl sie bereits vor der eigentlichen Invasion tätig waren und zum Beispiel in den Stunden vor dem Angriff eine Aufklärungsmission zum Pearls-Flughafen durchgeführt hatten. Weniger erfolgreich war jedoch ihre Jagd auf Ostblock-Berater gewesen, denen es leider gelang, von der Insel zu fliehen. Der offizielle Deckname für die Invasion lautete »Operation Urgent Fury« (deutsch: »Drängende Wut«). Die Soldaten selbst nannten sie jedoch im Spott W. W. G. – World War Grenada. Zwar hatte das SEAL Team Six einige Opfer zu beklagen, aber Mikey und Don vermittelten uns den Eindruck, dass das SEAL Team Four die Sache ausgesprochen gut überstanden hatte.

Als sie uns dann fragten, wie hier die Verhältnisse waren, antworteten Giff und ich wie aus einem Mund: »Zum Kotzen.«

Keiner von ihnen fragte nach den Bombenattentaten.

Frank besorgte uns einen Hubschrauber und bot Mike und Don eine Tour über unser Einsatzgebiet an. Gerade zog ein Sturm herauf. Es regnete bereits und die Wolken hingen tief. Don fragte, ob wir den Flug nicht auf einen anderen Tag verschieben sollten, an dem die Sicht besser sein würde.

»Heute ist ein guter Tag«, sagte Giff. »Die Wolken werden den Hubschrauber verbergen.«

»Sollen wir unsere Seitenwaffen mitbringen?«, fragte Mike.

Frank rollte die Karte unseres Einsatzgebiets zusammen. »Ihr müsst eure volle Kampfausrüstung anlegen«, sagte er mit ruhiger, unaufgeregter Stimme.

Sie stiegen schließlich in einen Huey, während ich zur *Iwo Jima* hinübergeflogen wurde, wo die Boat-Crews Charlie und Delta gerade ihren CSAR-Dienst verrichteten. Der Sturm war noch schlimmer geworden. Meer und Himmel waren nur noch eine einheitlich graue Fläche. Es reg-

nete in Strömen, als ich aus dem Hubschrauber auf den Landepunkt auf dem Flugdeck der *Iwo Jima* hinaussprang.
Ich fand die Jungs im Bauch des Schiffes vor. Sie hatten ein geräumiges Quartier zugewiesen bekommen und spielten Karten. Diese CSAR-Schicht war unser letzter Einsatz. Danach würden wir zurück auf die *Portland* gebracht werden und aus dem Libanon abziehen. Niemand erwartete, dass bis dahin noch etwas geschehen würde.
Zum Abendessen gab es Pizza. Der abendliche Spielfilm war *Tora! Tora! Tora!* Er sollte sich als prophetisch erweisen.
Am nächsten Morgen klopfte ein Marine an die Tür meiner Kajüte und informierte mich, dass mein Erscheinen im Flag Plot gewünscht werde. Der Flag Plot war der Kommandoraum des Commodore, seine Einsatzzentrale. Ich war mir sicher, dass ich nicht zum Kaffeetrinken eingeladen worden war. Auf dem Weg nach oben ging ich deshalb erst einmal bei den Jungs vorbei und befahl ihnen, ihre Kampfmontur anzulegen, ihre Waffen einsatzbereit zu machen und sich auf einen Einsatz vorzubereiten.
»Willst du uns verarschen?«, rief Bubba erstaunt.
»Das will ich schwer hoffen«, erwiderte ich.
Eine Woche bevor wir unsere Schicht auf der *Iwo Jima* begonnen hatten, waren Franks Boat-Crews ausgerückt, um bei einem größeren amerikanischen Luftangriff als CSAR-Einheit mitzuwirken. Vom Flugzeugträger *Dwight D. Eisenhower* sollten mehrere Staffeln Intruders, Corsairs und Tomcats aufsteigen, um einen sogenannten Alpha Strike, einen massiven, zerstörerischen Luftangriff, durchzuführen. Alle einsatzbereiten Kampfflugzeuge der *Eisenhower* wurden mit Bomben und anderer Angriffsmunition bestückt, starteten und flogen auf den Libanon zu, um Ziele im Schuf-Gebirge und dem Bekaa-Tal in Schutt und Asche zu legen. Aber dieser Luftschlag sollte nie stattfinden. In letzter Minute zog Washington den Stecker und blies den Angriff ab. Die Maschinen drehten um, warfen ihre Bomben ins Meer und kehrten zum Flugzeugträger zurück. Dieser abgebrochene Angriff war die einzige Vergeltungsaktion, die die Reagan-Regierung jemals für das Bombenattentat auf die Marine-Unterkunft unternommen hat. Uncle Sam hatte den Schwanz eingezogen, und die

Angelegenheit wurde jahrelang geheim gehalten. Welchen Effekt der Vergeltungsschlag auf die Moral der Marines gehabt hätte, kann man sich leicht ausmalen.

Als ich den Flag Plot betrat, informierte mich der Chief of Staff, dass es doch noch einen zweiten Luftangriff geben werde. Allerdings keinen amerikanischen, sondern einen französischen. Die Franzosen hatten natürlich ihre ganz eigenen Gründe. 38 Sekunden nachdem die Lastwagenbombe das Hauptquartier der US-Marines zerstört hatte, war eine zweite Fahrzeugbombe vor der Unterkunft einer französischen Fallschirmjägerkompanie in Westbeirut explodiert. Bei diesem Anschlag kamen 58 Franzosen ums Leben und über 100 wurden verletzt. Jetzt wollten sie diese Rechnung begleichen, bevor das Spiel vorbei war. Als Vergeltung für die französischen Opfer würden Super Étendards vom Flugzeugträger *Maréchal Foch* aufsteigen und das Hauptquartier und eine Trainingseinrichtung der Hisbollah östlich von Beirut zerstören. Da die Franzosen jedoch über keine Spezialtruppen zur Bergung abgeschossener Flugzeugbesatzungen verfügten, hatten sie um ein SEAL-Team gebeten, das diesen CSAR-Einsatz durchführen konnte.

»Wann findet der Angriff statt?«, fragte ich.

»In zwei Stunden«, war die Antwort.

Auch dieses Mal sollten sich Giffs Detailgenauigkeit und Umsicht bewähren. Das CSAR-Team hatte bereits einen vorbereitenden Befehl erhalten. Sie wussten über die Art der Mission, die allgemeine Organisation, die Waffen, die Uniform und die Befehlskette Bescheid. Unsere Standarddienstvorschriften, die Standard Operation Procedures (SOP), machten solche kurzfristig angesetzten Einsätze möglich. Während ich den Kommunikationsplan ausarbeitete, machten sich die Boat-Crews einsatzbereit und überprüften ihre Waffen und Ausrüstungen. Sie würden sofort abrücken können, wenn ich zurückkehrte, um ihnen die endgültigen Befehle zu geben.

Der Plan der Franzosen war kühn und wagemutig. Die Angriffsstaffel, die aus sechs Super Étendards bestand, würde von der *Foch* starten und in geschlossener Formation nach Westen weg vom Land auf das Mittelmeer hinausfliegen. Immer noch in Formation, würden die Maschinen auf eine Höhe von 90 Meter hinuntergehen, eine 180-Grad-Wendung vollführen und zur Küste zurückkehren. Das Zielgebiet sollte von Norden angeflogen werden, wobei die Super Étendards im Konturenflug dicht über die Baumwipfel rauschen würden. Beim sogenannte Konturen- oder auch Terrainfolgeflug folgten die Maschinen möglichst tief den Konturen des Geländes, tauchten zum Beispiel in die Schluchten und Täler ein, um vom gegnerischen Radar möglichst nicht entdeckt zu werden.

Und das alles am helllichten Tag.

Ich muss zugeben, diese Franzosen hatten Eier in der Hose, auch wenn sie vielleicht von Yves Saint Laurent stammten. Ich konnte später beobachten, wie die Angriffsformation kurz vor dem Abwurf ihrer Bomben nur noch 15 Meter über dem Boden flog.

Die Mission würde jedoch nicht nur vom Wagemut dieser Piloten abhängen. Den CSAR-Hubschrauber und die Étendards würde eine Navy-EA6-B-Prowler begleiten. Die Prowler war eine Variante des Navy-Angriffsflugzeugs Grumman A-6 Intruder, die für die elektronische Kriegsführung geeignet war. Sie konnte die gegnerischen Radargeräte und Boden-Luft-Raketen täuschen und verwirren. Wenn alles nach Plan verlief, würde die Prowler die bösen Jungs während des Angriffs und jeder eventuell nötig werdenden Rettungsoperation blenden.

Leider spielte das Wetter nicht mit. SEALs mögen schlechtes Wetter, Piloten im Allgemeinen jedoch nicht, vor allem wenn sie im Tiefflug ein paar Meter über den Boden donnern müssen. Es regnete immer noch in Strömen, aber die Franzosen waren überzeugt, dass sie unter der Wolkendecke operieren könnten. Eine bessere Bordelektronik wäre hier hilfreich gewesen. Gerade die amerikanische A-6 wäre für diese Art von Mission ideal gewesen. Wir hatten die Flugzeuge, und die Franzosen hatten den Schneid. Die bereits in den 1970er-Jahren entworfene Super Étendard war bestimmt nicht auf dem letzten Stand der Technik, trotzdem war sie immer noch eine leistungsfähige Maschine. Von den Argentiniern geflogene Étendards hatten immerhin im Falklandkrieg die *HMS Sheffield* und *MV Atlantic Conveyor* versenkt. Die Franzosen verließen sich also auf das Geschick ihrer Piloten, eine perfekte Navigation und gallische Chuzpe. Dazu kam noch das Überraschungsmoment. Ich bin mir sicher, dass niemand einen Luftangriff bei einem solchen Wetter erwartete.

Man sagt oft, dass beim Militär keine gute Tat ungestraft bleibt. Nachdem wir die CSAR-Mission koordiniert hatten, kamen die Franzosen auf uns zu und fragten, ob wir einen Trupp einschleusen könnten, um das Zielgebiet während des Angriffs zu beobachten. Sie wollten von kompetenter Seite nach dem Bombenangriff eine Einschätzung der verursachten Schäden erhalten. Ein Erkundungs- und Überwachungseinsatz war jedoch etwas ganz anderes. Vor allem würden wir dem Ziel viel näher kommen müssen, als mir lieb war.

Ich studierte noch einmal eingehend meine Karte. Tatsächlich gab es da einen Höhenrücken, von dem aus man das Hisbollah-Gelände überblicken konnte. Dahinter lag in Richtung Küste ein Wadi, in das wir ein Team abseilen konnten. Es gab jedoch belastbare Geheimdiensterkenntnisse, dass in der Nähe des Zielgebiets Einheiten der syrischen Armee standen. Darüber hinaus sicherte eine syrische Panzerbrigade den Ort Suq-al-Gharb, und auch das Territorium nördlich und östlich davon war unter ihrer Kontrolle. Das war nicht erstaunlich, ein Großteil des Libanon wurde von den Syrern kontrolliert.

Ein Team einzuschleusen, das dann selbst vielleicht herausgehauen werden musste, was dann noch mehr Männer und Flugzeuge in Gefahr bringen würde, war keine erfreuliche Aussicht. Das R&S (Reconnaissance and Surveillance/Erkundungs- und Überwachungs-) -Team würde bei dieser Mission sehr exponiert werden. Ich würde diesen Job deshalb nur übernehmen, wenn wir ohne allzu große Gefahren in unsere Position einrücken und danach auch wieder abziehen konnten. Nach der Karte zu urteilen, was allerdings oft ziemlich leichtsinnig ist, schien das Gelände um unseren Beobachtungspunkt auf drei Seiten steil abzufallen und dicht bewachsen zu sein. Vom Höhenrücken aus müsste das Hisbollah-Lager auch gut einsehbar sein.

Die Zielgebäude waren dabei im ganzen Tal verstreut, sodass sie leicht zu identifizieren sein würden – zumindest wenn man dieser Karte vertraute. Wenn uns das Wetter keinen Strich durch die Rechnung machte, müssten wir eigentlich die Wirkung der Bombenabwürfe mit unseren Ferngläsern gut beurteilen können.

Eines war uns jedoch klar: Man konnte die Rolling Stones nicht außer Gefecht setzen, indem man ihr Hotelzimmer bombardierte. Dieser Luftangriff war lediglich ein Vergeltungsschlag. Die eigentlichen Ziele waren nicht aus Stein und Holz, sondern aus Fleisch und Blut. Die Bomben waren für die Führung der Hisbollah bestimmt. Nach dem Angriff würde das R&S-Team die Auswirkungen auf die Ziele registrieren, das NRO würde Satellitenfotos schießen, die NSA würde den Funkverkehr abhören und die CIA würde alle Erkenntnisse zusammenführen und analysieren. Dies alles waren nur Informationssplitter, Nachrichtensteinchen, die erst zu einem Puzzle zusammengesetzt werden mussten. Wir alle waren nur kleine Figuren in einem großen Spiel.

Das R&S-Team nach dem Angriff wieder aus diesem Gebiet herauszuholen, war der Knackpunkt dieser ganzen Operation, das, was die Sesselfurzer im Stab den »kritischen Knoten« nennen. So widersinnig es auch klingen mag, man kann in der Regel damit rechnen, dass Menschen aufwachen, wenn man ihnen einen Tritt versetzt hat. Die bösen Jungs würden sich garantiert rühren. Deshalb wählte ich einen Ausschleusungspunkt, der am Fuße und etwas westlich unserer Aussichtshöhe lag. Dieser Abholpunkt und ein zweiter Ausweichpunkt waren durch diesen Höhenzug vom Zielgebiet abgeschirmt. Wenn der Hubschrauber uns wegen des Wetters oder aufgrund von Feindeinwirkung nicht erreichen konnte, wollten wir uns nach Westen zur Küste durchschlagen. Es wäre zwar ein langer Marsch bis zum Wasser, etwas mehr als 20 Kilometer, aber die Topografie und die Dunkelheit wären dabei auf unserer Seite. Wenn das R&S-Team zu Fuß abrücken musste, würde es bergiges, unübersichtliches Gelände durchqueren müssen. Bei Dunkelheit wären sie dort unmöglich aufzuspüren. Es war ein ordentlicher Plan, nicht perfekt, aber gut. Ich teilte den Franzosen also mit, dass ich mit einem Aufklärungstrupp dort hineingehen würde, wenn die Sicht ausreichend sein sollte. Ich würde dies entscheiden, wenn wir mit dem Hubschrauber über dem Operationsgebiet eintreffen würden.

Jetzt stellte sich nur noch die Frage, wer den vorgeschobenen Beobachtungspunkt einnehmen sollte. Ich beschloss, das Team möglichst klein zu halten. Die letzten sieben Kampfmonate hatten mich gelehrt, dass Männer nichts tun werden, was ihr Führer nicht zuerst tun würde. Wenn es ein Scheißjob war, erledigte ich ihn gewöhnlich selbst. Also würde ich auf jeden Fall die Aufklärungsmission übernehmen. Bei den SEALs gab es den Spruch: »Eins ist keins, und zwei sind eins.« Diese Maxime galt nicht nur für Ausrüstungsgegenstände, sondern auch für Personen. SEALs operierten nicht solo. Ich brauchte also einen Partner.

In den beiden Boat-Crews gab es insgesamt acht Operators. Das waren kaum genug Männer, um beide Teile der erweiterten Mission durchzuführen. Dave war der vorderste Mann bei allen meinen Patrouillen, mein Schwimmkamerad, und ich hielt ihn für einen unserer besten Operators. Er wäre eigentlich die logische Wahl gewesen, aber da gab es ein Problem: Stan.

Ich hätte jetzt gerne berichtet, dass ich Stan auf diese Aufklärungsmission mitgenommen habe, dass er sich dabei als tapferer Kämpfer erwies und sich am Ende seines Einsatzes im Libanon der Wertschätzung seiner Teamkameraden erfreuen durfte. In einem Hollywood-Film hätte sich die Geschichte so abgespielt. Aber in der grausamen Welt einer realen kriegerischen Auseinandersetzung geht es leider anders zu. Obwohl Stan der ranghöchste Unteroffizier war, wollte ich ihm auf keinen Fall das Kommando über die Männer im Hubschrauber übertragen. Ihn auf meine Mission mitzunehmen, war auch keine Option. Ich vertraute ihm nicht. Ich glaubte weder, dass er meine Männer führen konnte, noch, dass er meinen Arsch retten würde, wenn unsere Aufklärungsoperation schieflaufen sollte. Stan kam also nicht infrage.

Wenn ich selbst das R&S-Team übernehmen würde, brauchte ich jemanden, der in der Luft die Verantwortung übernahm und im Bedarfsfall einen CSAR-Einsatz erfolgreich durchführen konnte. Dieser Mann war Dave. Ich wusste, dass ich auf seine Fähigkeiten und Urteilskraft zählen konnte. Ich brauchte jemanden, der diesen CSAR-Einsatz nicht nur zum Erfolg führen konnte, sondern den Job auch ablehnen würde, wenn die Lage für seine Leute zu gefährlich werden würde.

Das Ganze erinnerte mich daran, warum es so schwierig war, beim BUD/S erfolgreich zu sein. Ein Bettnässer, eine einzige unzuverlässige Person, und der ganze Plan scheiterte kläglich.

Ich ging zurück zu den Mannschaftsquartieren. Die Jungs waren in voller Kampfmontur und bereit loszulegen. Ich legte noch einmal kurz die Einzelheiten der Operation dar und klärte sie über die Wetterbedingungen, das Zielgebiet, die feindlichen Kräfte, die Koordinierungsregeln sowie die Befehls- und Meldestrukturen auf. Ich bestimmte Dave zu meinem Stellvertreter und übertrug ihm die Leitung der CSAR-Einheit. Jetzt blieb nur noch die R&S-Mission. Ich erklärte ihnen, wo die Einschleusung dieses Teams stattfinden sollte, wies sie jedoch gleichzeitig darauf hin, dass die Rettung abgeschossener oder abgestürzter Flugzeugbesatzungen absolute Priorität haben würde. Bei Feindberührung wäre das R&S-Team auf sich allein gestellt. Wenn sie den Hubschrauber verpassten, der sie abholen sollte, oder wenn die Lage im Operationsgebiet zu gefährlich werden sollte, müssten sie sich ohne Unterstützung aus der Luft zur Küste durchschlagen. Dann verkündete ich, dass ich einen Freiwilligen bräuchte, der diese Mission mit mir durchführen würde. Alle hoben eine Hand, auch Stan.

»Okay, Bubba«, sagte ich. »Du bist dabei.«

Ein großer CH-53 stand auf dem Hubschrauberlandepunkt 2, als wir den Bereitschaftsraum verließen und quer über das Flugdeck gingen. Der Helikopter hatte gerade das Auftanken beendet, als wir uns näherten. In hellrote Overalls gehüllte Deckmannschaften zogen den Schlauch beiseite, der gerade 38 000 Liter Kerosin in die Maschine gepumpt hatte, die uns zu unserem letzten Einsatz bringen sollte. Wir gingen in den heißen Abwind der Rotoren hinein, während uns der Geruch von JP-5-Kerosin in die Nase stach. Der Sea Stallion war ein Hubschrauber des Marine Corps, der gerade von einem Routineflug zu diversen Verwaltungsstellen der Marine Squadron abgezogen worden war. Der Air Boss hatte dem

Piloten befohlen, zur *Iwo Jima* zurückzukehren und aufzutanken. Die Besatzung des CH-53 hatte keine Ahnung, was sie als Nächstes erwartete. Nachdem sie den ganzen Tag gemütlich Passagiere und Post durch die Luft kutschiert hatten, war bei den Piloten inzwischen ganz bestimmt in Vergessenheit geraten, dass ihr Vogel auch als CSAR-Bereitschaftshubschrauber eingeplant war. Wie jeder andere in der Marine Squadron waren sie heute Morgen mit dem Gedanken aufgewacht, dass sie in zwei Tagen nach Hause zurückkehren würden. Sie waren ahnungslos und glücklich. Das sollte sich bald ändern.

Aus dem Cockpit beäugte der Kopilot entgeistert die Boat-Crews, die auf seine Maschine zukamen. Er sah die Waffen, Patronengurte, Fallschirme, Spezialseile und acht SEALs, die tschechische und ostdeutsche Tarnanzüge trugen, Kafiyas um den Kopf gebunden hatten und ihre Gesichter grün angemalt hatten. Ihm fiel der Kiefer herunter. Auch der Pilot schaute fassungslos, als er uns kommen sah. *Oh Scheiße, nicht jetzt. Nicht heute. Der Einsatz ist doch eigentlich schon zu Ende.*

Die Jungs kletterten an Bord und machten es sich hinten im Laderaum bequem. Sie hakten die Aufziehleinen ihrer Fallschirme ein und bereiteten die Seile zum Abseilen vor. Ich selbst schlüpfte in die Pilotenkanzel, setzte mir ein Headset auf und beugte mich nach vorne, um mit den Piloten zu sprechen. Sie waren beide Klassenkameraden von Frank aus der Marineakademie von Annapolis, prima Kerle, die uns schon ein paarmal aus ziemlich heißen Situationen herausgeholt hatten.

»Scheiße, Chuck«, sagte der Pilot, während er sich in seinem Sitz zurücklehnte. »Was liegt hier an?«

»CSAR«, antwortete ich. »Die Franzosen starten in 45 Minuten einen Luftangriff.«

»Die Franzosen?!«

»Sollen wir für das Briefing den Motor abstellen?«, fragte der Kopilot.

Keiner von beiden schaute begeistert drein, als ich erwiderte: »Ich teile euch hier und jetzt alles Nötige mit.«

Ich erklärte ihnen den Plan. Ich werde nie den Gesichtsausdruck des Piloten vergessen, als ich die Karte auffaltete, um ihnen zu zeigen, wo sie das R&S-Team absetzen sollten. Ich faltete auf und faltete auf und faltete auf … Schließlich deutete ich auf einen Höhenzug und das Hisbollah-Areal, beides tief, tief, tief im Popelfresser-Land.

»Da drin?«

»Da drin.«

Drei Minuten später waren wir unterwegs. Es regnete immer noch, aber die Wolkendecke hatte sich etwas gehoben. Wir flogen direkt zum R&S-Absetzpunkt. Über Funk meldete die Hawkeye, unser Überwachungsflugzeug, dass die Étendards von der *Foch* gestartet waren und den ersten Teil ihres Zielanflugs begonnen hatten. Auch die Prowler war in Position und störte den Funkverkehr der Syrer auf allen Frequenzen. Alles verlief nach Plan.

Erst das zweite Mal während unseres Libanon-Einsatzes hatte ich Schmetterlinge im Bauch. Keine Schmetterlinge, verdammte Fledermäuse. Diese Operation entwickelte sich sehr rasch. Wir hatten sie so gut geplant und vorbereitet, wie es in der beschränkten Zeit möglich gewesen war, aber wir hatten sie nicht geprobt. Da gab es eine Menge Unwägbarkeiten, die Kommunikation zwischen den Beteiligten war keinesfalls gesichert, das Wetter war beschissen und, am schlimmsten, draußen herrschte heller Tag. Dies war eine Operation mit einer geringen Sicherheitsmarge, bei der eine Menge schiefgehen konnte. Schon kleine Versehen konnten sich durch den Feind, das Wetter oder Murphys Gesetz zu einer Katastrophe auswachsen. Die ganze Sache hing vom Können, der Erfahrung und dem Urteilsvermögen der Beteiligten ab. Wenn überhaupt etwas, dann beruhigte mich die Tatsache, dass alles sehr schnell ablaufen würde. Viel unangenehmer war mir der Gedanke, dass dies unsere letzte Operation sein würde. Jeder hat vor der letzten Operation einer längeren Einsatzzeit Angst. Ich hatte mich endlich an die Vorstellung gewöhnt, dass ich die sieben Monate im Libanon tatsächlich überleben würde. Jetzt war ich deshalb umso nervöser. »Nervös« war vielleicht nicht das richtige Wort. Sagen wir, ich war »sicherheitsorientiert«.

Während wir auf die Küste zuflogen, schärfte ich Dave noch einmal ein, vorsichtig zu agieren. Er sollte die Männer nur dann in einen Bodeneinsatz schicken, wenn er halbwegs sicher war, dass der Pilot sie auch wieder herausholen konnte. Auf keinen Fall sollte er die Jungs oder den Hubschrauber unnötig in Gefahr bringen. Er verstand sehr gut, was ich meinte. Wir überprüften unsere Funkgeräte, ich bestätigte noch einmal unsere primäre Abholstelle und deren Ausweichpunkt und legte dann eine äußerste Frist von jeweils vier Stunden fest. Wenn wir nach acht Stunden nicht am Ausweichpunkt angekommen waren, war davon auszugehen, dass wir uns zu Fuß zur Küste durchschlagen würden.

Ich schaute mich in der Kabine um. Ich mochte mir Sorgen machen, die Jungs taten dies ganz offensichtlich nicht. Sie dösten entweder entspannt in ihren Sitzen oder schlugen mit den Füßen ihren jeweils eigenen Rhythmus. Nur Stan starrte auf den Boden und schaute zur Heckrampe des Hubschraubers hinüber, als sich unsere Blicke trafen.

Dann tauchte der Crew Chief auf und teilte uns mit, dass wir noch drei Minuten vom R&S-Absetzpunkt entfernt seien. Bubba und ich standen auf, der Crew Chief öffnete die Luke in der Mitte des Laderaums, während Bubba und ich an das Seil traten, das direkt über diesem sogenannten Höllenloch festgemacht war. Zu unseren Füßen waren weitere 35 Meter Seil aufgerollt wie eine dicke, grüne Pythonschlange. Wir zogen unsere Handschuhe an. Die Tonhöhe der Rotoren änderte sich. Der ganze große Hubschrauber vibrierte und die Rotorblätter pochten, als die Maschine die Nase nach oben richtete und dann direkt über dem Absetzpunkt zu schweben begann.

Ich schob mein AK-47 auf den Rücken und überprüfte, dass der Sicherungshebel in oberster Stellung und die Waffe gesichert war. Danach zog ich den Schultergurt straff. Als der Kabinenboden wieder horizontal ausgerichtet war, umklammerten Bubba und ich das Seil mit den Händen. Durch das geöffnete Höllenloch konnte ich unter uns den Boden sehen. Ich kickte den aufgerollten Teil des Seils aus der Luke. Es wickelte sich ab, als es 30 Meter in die Tiefe fiel. Ich vergewisserte mich, dass das untere Seilende den Boden berührte, dann nickte ich Bubba zu.

»GO!« Er rutschte das Seil hinunter. Dave klopfte mir ganz leicht an den Oberschenkel, als ich mit gespreizten Beinen über der Luke stand.

»Denk immer dran«, sagte er, »Sicherheit hat absolute Priorität.« Das war ein Standardspruch der SEAL-Truppe, der vor allem bei den höheren Offizierschargen beliebt war und deshalb auch bei jeder Befehlsausgabe auftauchte, wenn die Mission auch nur ein bisschen gefährlich war. Ich musste grinsen.

Ich ließ mich durch die Luke fallen und rutschte das Seil hinunter. Ich spürte, wie das grüne hanftauartige Spezialseil meine Hand aufheizte, obwohl ich ein Paar Handschuhe aus Nomex-Gewebe und Leder trug. Als ich von der Unterseite des Hubschraubers freikam, schleuderte der Abwind der Rotoren unzählige Regentropfen auf mich. Windstöße mit einer Geschwindigkeit von fast 150 Stundenkilometern schossen mir Wassertropfen gegen die Beine, dass ich das Gefühl hatte, es wären kleine Kieselsteine. Gleichzeitig sorgten sie dafür, dass ich beim Herunterrutschen ständig um das Seil herumgedreht wurde. Ich kniff die Augen zusammen, um sie vor ernsten Verletzungen zu schützen.

Zehn Stockwerke unter mir war Bubba schon am Boden angekommen. Das Seilende hatte jedoch die ebene Fläche auf der Spitze des Höhenzugs um einige Meter verpasst. Bubba war deshalb auf einem steilen Abhang gelandet und nach links auf die Knie gefallen. Er hielt sich immer noch am Seil fest, um das Gleichgewicht zu behalten, während er zu mir hinaufschaute. Als ich mich dem Boden näherte, festigte ich meinen Griff um das Seil und verlangsamte damit meinen Abstieg. Gleichzeitig verstärkte ich natürlich auch den Reibungsfaktor für meine Handschuhe. Auf den letzten sechs Metern konnte ich brennendes Leder riechen. Ich landete direkt neben Bubba und schaffte es irgendwie, auf dem schlüpfrigen Abhang das Gleichgewicht zu bewahren. Ich gab Dave mit erhobenem Daumen das Zeichen, dass alles in Ordnung war. Das Seil wurde in Windeseile durch das Höllenloch zurück an Bord gezogen. Der große Hubschrauber nahm die Nase etwas herunter, beschleunigte und flog der Sicherheit der Küste entgegen.

Wir waren »drin«.

Als sich der Helikopter entfernte, hallte das Pochen seiner Rotoren in den Tälern wider, bis es allmählich in der Ferne verklang. Laut Vorschrift hätte die Maschine noch einige weitere Absetzaktionen vortäuschen müssen, dazu war jedoch heute keine Zeit. Ich hoffte, dass das vielfältige Echo alle verwirren würde, die herausfinden wollten, wo wir gelandet waren.

Der Abhang unter unseren Füßen war schlammig und viel steiler, als er aus der Luft ausgesehen hatte. Es regnete immer noch, und allmählich stieg ein leichter Nebel auf. Wir begannen, auf Händen und Knien auf den Höhenzug hinaufzuklettern. Wir klammerten uns mit den Fäusten an Büsche und Wurzeln, als wir den 45-Grad-Hang emporkrochen. Gleichzeitig rammten wir unsere Stiefelspitzen in die weiche Erde und fabrizierten dadurch wie Gletscherkletterer kleine Stufen. Der Höhenrücken über uns war in eine graue, feuchte Wolke gehüllt. In etwa fünf Minuten kletterten wir die 15 bis 20 Meter bis zum oberen Rand des Wadi empor. Oben auf dem Kamm erwartete uns eine kalte, nasse, trostlose Wolke. Ich zog mir die Kafiyah enger um den Hals, während Bubba mir zur rückwärtigen Seite des Höhenzugs folgte. Dort war das Gelände weit weniger steil. Dass uns auch dort die Wolken als Sichtschutz dienten, fand ich eher beruhigend. Allerdings mussten wir unter die Wolkendecke gelangen, wenn wir den Angriff auf die Gebäude der Hisbollah beobachten wollten.

Ich schaute auf die Uhr. Uns blieben noch 15 Minuten bis zum Angriff der Super Étendards. Wir kämpften uns durch hüfthohes, dichtes Unterholz bergab. Schließlich hob sich der Nebel. Über unseren Köpfen brach die Sonne durch die Wolken. Als die Regenwand über die Rückseite des Berghangs gewirbelt wurde, bildete sich ein herrlicher Regenbogen.

Direkt unter den Wolken gelangten wir zu einer unbefestigten Piste. Eigentlich war es nur ein schmaler Weg, der quer über den Abhang führte und kaum begehbar war. Auf meiner Karte war er jedoch nicht eingezeichnet. Ich bekam einen gehörigen Schreck. Ich war mir ziemlich sicher, dass wir uns am richtigen Ort abgeseilt hatten, obwohl wir die Kuppe der Anhöhe knapp verpasst hatten. Dann waren wir ein Stück hochgestiegen und zur anderen Seite des Rückens hinübergegangen. Die ganze Zeit hatte das Gelände unseren Erwartungen entsprochen. Vor uns erstreckte sich jetzt unter dem bewölkten Himmel das Tal. Doch diese Piste durfte es hier eigentlich nicht geben.

Jede Navigation ist in Wirklichkeit reine Theorie. Man folgt den Regeln, legt Fixpunkte fest und stellt Vermutungen an. Man weiß nie, wo man ist, bis man zu einem Ort kommt, den man kennt. Navigieren ist die Kunst, die Karten mit der Realität in Übereinstimmung zu bringen. Ich war mir ziemlich sicher, dass wir am richtigen Ort waren. Wir mussten es einfach sein. Diese gottverdammte Piste war am falschen Ort.

Die Piste, die nicht hier sein sollte, schlängelte sich rechts von uns in Haarnadelkurven hinunter ins Tal. Wir überquerten sie an einer Stelle, wo es vor Kurzem einen kleinen Bergrutsch gegeben haben musste. Wir achteten darauf, unsere Fußspuren mit dem Zweig eines Strauchs zu verwischen. Wir wählten ein Wacholdergestrüpp zwischen zwei Haarnadelkurven als Beobachtungsstellung. Dort gingen wir in Deckung, und Bubba bog einige Zweige auf eine Weise über uns, dass wir selbst aus der Nähe kaum noch zu entdecken waren.

Wir hatten es gerade noch geschafft. In gut fünf Minuten sollte der Angriff erfolgen. Ich legte das AK-47 quer über meinen Arm. Bubba ging in die Hocke und beobachtete den Feldweg, während ich den Feldstecher aus meinem Rucksack holte.

Ich richtete ihn auf das Tal und musterte es von einem Ende zum andern. Über den ganzen Talgrund waren Gebäude verstreut. Die meisten waren niedrige Lehmziegelhütten. Daneben gab es noch einige zweistöckige Zement- oder Betonziegelhäuser mit flachen Dächern. Es handelte sich also um typisch libanesische Architektur. Ich holte meine Karte heraus und versuchte, die Zielgebäude zu finden. Dieser Aufgabe konnte ich mich jedoch nur kurze Zeit widmen.

Hinter uns hörten wir plötzlich ein Klappern, das klang, als ob jemand völlig unrhythmisch an eine verstimmte Kuhglocke schlagen würde. Ich warf den Kopf herum. Neben mir tippte sich Bubba schweigend mit zwei Fingern an den Unterrand seines Auges, das SEAL-Handzeichen für »Feind«. So leise, wie ich konnte, entsicherte ich mein AK-47. Wir drückten uns noch weiter in unser Wacholdergebüsch hinein. Auf der ausgewaschenen Piste kam dieses Klappern immer näher. Tatsächlich wurde dieses Geräusch vom Gurtgeschirr eines armen, alten Esels verursacht, der einen kleinen Bauernkarren zog. Der Karren war eindeutig ein einheimisches Fabrikat. Jemand hatte eine roh zusammengezimmerte hölzerne Plattform auf die Antriebsachse eines ausgeschlachteten Lastwagens montiert. Völlig abgefahrene Reifen schwabbelten hin und her, als das Gefährt heranratterte. Durch die Zweige konnte ich einen Blick auf einen alten Mann mit einem zerfledderten Kopftuch erhaschen, der die Zügel in der Hand hielt.

Wir hielten den Atem an. Der Karren würde nicht einmal 6 Meter an uns vorbeifahren, wenn er um die nächste Haarnadelkurve bog. Der Alte trug ein zerrissenes graues Anzugjackett über einer schmuddeligen Dischdascha. Er lehnte sich an eine Sperrholzplatte, die die Vorderseite des Karrens von der Ladepritsche trennte. An den Füßen trug er ein Paar Reebok-Tennisschuhe, deren Hinterkappen jedoch irgendwie abhandengekommen waren. Da seine nackten Fersen herausragten, sah es so aus, als trüge er ein Paar Hausschlappen. Als sich der Karren noch weiter näherte, entdeckte ich hinter der Sperrholzplatte eine Bewegung. Der Fahrer war also nicht allein.

Zwei Männer in syrischen Armeeuniformen saßen entgegen der Fahrtrichtung auf der Ladefläche und ließen ihre schmutzigen Stiefel von der Rückseite des Karrens herunterbaumeln. Sie hatten die Kapuzen ihrer Tarnjacken hochgezogen. Ihre Waffen, ein AK-47 und ein RPK-Maschinengewehr, lagen quer über ihrem Schoß. Sie waren durch die Fahrt durch den Nebel völlig durchnässt. Beide saßen mit hochgezogenen Schultern nach vorne gebeugt da, während der Karren über die Rumpelpiste holperte.

Das Gefährt kam immer näher. Mit gesenktem Kopf trottete der arme Esel um die Kurve. Wir konnten den scharfen Geruch der Gauloise riechen, die der Alte gerade rauchte. Ich schaute zu Bubba hinüber. Er beobachtete sie durch das Visier seines CAR-15. Seinem Gesicht war keinerlei Regung anzumerken. Sein Finger ruhte am Abzug. Kimme und Korn seiner Waffe waren in einer Linie mit der Kapuze seiner Feldjacke. Es war mein Vorrecht, das Feuer zu eröffnen. Wenn ich schoss, würde auch Bubba schießen, wenn ich es nicht tat, würde er sie passieren lassen.

Ich wog unsere Optionen ab. Wir steckten tief in den Bergen und der Lärm des Gewehrfeuers, der in diesem Land nichts Ungewöhnliches war, würde wahrscheinlich nicht einmal bemerkt werden. Wohin auch immer diese Typen unterwegs waren, man würde sie bestimmt nicht so bald erwarten. Sie waren mit einem Eselskarren unterwegs und sie waren wahrscheinlich noch viele Kilometer von ihrem Ziel entfernt. Wir könnten sie also gefahrlos töten. Da gab es allerdings noch die Frage, was wir mit dem alten Mann anfangen sollten, der offensichtlich nicht zu den Kämpfern gehörte. Allerdings würde es keiner allzu großen Schießkunst bedürfen, die Soldaten mit einem sauberen Kopfschuss auszuschalten, ohne ihm dabei Schaden zuzufügen.

Jede Sekunde brachte sie näher an die Mündungen unserer Gewehre heran. Es war am Ende kein Mitleid, das ihnen das Leben rettete. Es war vielmehr eine rein taktische Entscheidung. Diese Straße war auf meiner Karte nicht eingezeichnet. Ich hatte keine Ahnung, wohin sie führte und wie häufig sie benutzt wurde. Wir konnten auch nicht wissen, ob ihnen noch jemand folgen würde und womöglich schon hierher unterwegs war. Wenn wir die Soldaten töteten, würden wir vielleicht andere Kämpfer alarmieren, eventuell sogar eine größere Patrouille, die hinter uns im Nebel steckte.

Wir waren hier, um zu beobachten, und nicht, um zu töten. Alles, was unsere Mission nicht beförderte, war im Grunde eine unnötige Ablenkung.

Wenn sie uns nicht entdeckten, würde ich sie am Leben lassen.

Es ist eine seltsame, berührende Sache, über Leben oder Tod eines anderen zu bestimmen. Es ist eine Form von Macht, ein verrücktes, gefährliches Getränk, an das man sich besser nicht gewöhnen sollte. Die Soldaten und der alte Mann fuhren an uns vorbei. Sie waren so nahe, dass wir sie fast hätten berühren können. Sie hatten nicht die geringste Ahnung, dass ganz in ihrer Nähe zwei Schreckgestalten und Abgesandte des Großen Satans mit dem Finger am Abzug hockten und sie im Visier hatten. Ich habe dies mehrmals erlebt, mehr als einmal wartete ich unbemerkt in einer Deckung, bereit zu töten, wenn ich entdeckt werden würde. Immer hatte ich es als verrückt empfunden, dass die Leute, die ich beinahe ausgelöscht hätte, nicht die geringste Ahnung gehabt hatten, dass ihr Leben an einem seidenen Faden hing.

Der Karren fuhr weiter und wir beobachteten, wie er den Weg entlangholperte, bis er uns schließlich außer Sicht geriet. Ich hatte das Gefühl, dass dieses Drama Wochen gedauert hätte. Jetzt saßen wir da und warteten, während es weiterhin auf uns herunternieselte. Ich holte wieder meine Karte heraus und schaute mir darauf unser Tal an. Ich fand die Gebäude als gedruckte Quadrate und Rechtecke, die zwischen den einzelnen Höhenlinien lagen. Ich stellte mir vor, sie einfach mit einem Radiergummi auszuradieren. In diesem Moment klopfte mir Bubba auf die Schulter und nickte ins reale Tal hinunter.

»Showtime«, flüsterte er. Dies war das einzige Wort, das in fast neun Stunden gesprochen wurde.

Ich schaute über meine Schulter. Die Étendards waren da.

Von links tauchte das erste Flugzeug auf. In der Entfernung bewegte es sich dermaßen tief, dass wir es erst für einen Lastwagen gehalten hatten. Die schwache Sonne spiegelte sich einen Moment in seinem Kabinendach. Das Kampfflugzeug flog mit unglaublicher Geschwindigkeit dicht über dem Talboden. Dabei war jedoch kein Laut zu hören. Als es eine scharfe Kurve flog, um eine Gruppe von niedrigen Gebäuden anzugreifen, konnten wir seine breiten, gepfeilten Tragflächen mit ihrem unregelmäßigen grauen und graugrünen Streifenmuster erkennen. Die Maschine zog ihre schwarze Nase etwas nach oben und gewann leicht an Höhe. Erst in diesem Moment drang zum ersten Mal der Lärm ihres kreischenden Triebwerks als scharfes, wütendes Geräusch zu unserem Höhenzug herüber. Mit zehn Sekunden Verspätung hörten wir jetzt, wie die Maschine steil in die Kurve gegangen war. Als die Étendard eine Gruppe von Betonziegelgebäuden überflog, lösten sich zwei mattgraue Zylinder von ihren Außenlastaufhängungen unter den Tragflächen. Kleine, weiße Fallschirme öffneten sich hinter den Bomben, die jetzt langsam zur Erde schwebten, während die Étendard stark beschleunigte und eine scharfe Wende vollführte. Die Maschine flog jetzt mit schallnaher

Geschwindigkeit, war also fast so schnell wie die von ihr ausgehenden Schallwellen. Als ihre Flügel in der Kurve steil nach oben gerichtet waren, war ihr ganzer Rumpf in eine Dunstwolke gehüllt.

In dem Moment, als die Étendard im Dunst verschwand, gingen die Gebäude in Flammen auf. Gedoppelte hemisphärische Stoßwellen blinkten auf und im Zentrum ihrer Erschütterung hüllten zwei schmutzige orangene Feuerbälle die getroffenen Bauten ein. Die Wolken verwirbelten sich und stiegen in den Himmel hinauf. Plötzlich spuckte eine weitere Explosion, die dieses Mal im Innern des Gebäudes stattfand, eine Rauch- und Feuersäule hoch in die Luft. Offensichtlich war Sprengstoff oder Munition detoniert, die in einem der Gebäude gelagert gewesen waren. Das Krachen der drei unterschiedlichen Explosionen hallte durch das Tal und rollte auch zu uns hinauf. Es hörte sich wie ein Gewitter an.

Jetzt waren die übrigen Maschinen an der Reihe. Zwei kamen als eng nebeneinanderfliegendes Paar, während die letzten Étendards in einer Dreiergruppe heranbrausten. Alle warfen durch Bremsfallschirme verzögerte Bomben ab, die neben den zerschmetterten Trümmern der Gebäude niedergingen, die das erste Flugzeug angegriffen hatte. Jede Attacke der Étendards wirkte wie ein Godzilla-Film, bei dem der Ton nicht synchronisiert war. Die Explosionspilze stiegen ohne das leiseste Geräusch vom Boden auf. Erst viele Sekunden später hallten dann das Kreischen der Jet-Triebwerke und das Donnern der Bomben von den Berghängen wider.

So schnell die Étendards gekommen waren, so schnell waren sie auch wieder verschwunden. Noch mehrere Minuten wehten die Explosionswolken durch das Tal. Rauchsäulen stiegen steil nach oben. Andere wurden zu einem gelblichen Dunst, der vom Wind weggeweht wurde und sich nach einer Viertelstunde völlig aufgelöst hatte. Von den zerstörten Gebäuden drang jedoch keinerlei Geräusch bis zu uns herauf. Der Tag war wieder völlig still. Der einzige Laut war das Rauschen des Windes, der den Abhang hinunterblies.

Wie der Angriff selbst fand auch dessen Nachspiel für uns in völligem Schweigen statt.

Ich schaute mit dem Feldstecher hinüber. Vor den Trümmern rannten Menschen planlos durch die Gegend, Sanitätsfahrzeuge und Lastwagen voller Männer brausten aus allen Richtungen heran und kamen vor den Kratern, den Ruinen und dem Staub zum Stehen. Neben den Rettungsmannschaften erschienen jetzt auch syrische Panzer und bildeten lächerlicherweise einen Sicherheitskordon um die zerstörten Gebäude. Mit meinem Fernglas konnte ich die klaffenden Löcher in den zwei- bis dreistöckigen Gebäuden und die Krater auf den Straßen erkennen. Fast alle der etwa ein Dutzend Gebäude auf dem Hisbollah-Gelände waren mehr oder weniger stark beschädigt. Als sich der Staub etwas gelegt hatte, rollten ZSU-23-Flakpanzer aus den Hisbollah-Bunkern heraus. In der dunstigen Ferne konnte ich beobachten, wie bewaffnete Männer auf den unbefestigten Straßen heranrückten. Von Weitem sahen sie wie graue Ameisen aus. Sie kletterten auf die flachen Trümmerhaufen und begannen, den Schutt mit bloßen Händen wegzuräumen. Ich wusste aus eigener Erfahrung, dass die Retter die Namen von toten Männern rufen würden. Ich wusste, was sie in diesen Ruinen finden würden, Überreste, die nicht mehr wie menschliche Wesen aussahen, und ich wusste, wie dies alles sie verändern würde.

Ich fragte mich, wie es wohl für die Männer gewesen war, die den Bombenanschlag auf das BLT-Gebäude geplant hatten. Ob sie wohl auch auf den Hügeln dem Untergang ihrer Feinde zugeschaut hatten?

Doch jetzt waren wir am Zug.

Ein Surfer und ein Hillbilly, die sich einem Wacholdergebüsch versteckten und denen die unheilvolle, düstere Pracht dieses Luftangriffs die Sprache verschlagen hatte.

Wieder daheim

Zurück an Bord der *Portland* nahm ich eine Dusche und schrubbte mir die Tarnfarbe hinter den Ohren weg. Aus meinem Spind holte ich mir eine frische Tarnuniform. Ich war erstaunt, als mir deren starker Geruch nach Waschmittel und Stärke in die Nase stach. Ich fand meine Springerstiefel und polierte sie auf Hochglanz. Ich zog sie an und schlug meine Hose über ihnen nach innen ein, wie es sich gehörte. Zum ersten Mal seit vielen Monaten trug ich eine ordentliche, vorzeigbare Uniform. Es war kurz vor Mitternacht, als ich die leere Offiziersmesse betrat. Ich trank einen Becher Bug Juice, ein klebrig-süßes Getränk, das vor allem in der Navy beliebt ist. Der Messesteward kam herein und brachte mir, ohne ein Wort zu sagen, ein Käse-Sandwich. Ich aß es langsam und mit Genuss.

Ich ging durch das Schiff zu den Unterkunftsräumen unseres Platoons. Um diese Zeit lag jeder, der keine Wache hatte, in seinem Bett, und die rot beleuchteten Gänge waren verlassen. Ich kletterte mehrere Leitern hinunter in die Mannschaftsunterkünfte. Dabei kam ich durch ein Deck nach dem anderen voller leerer Schlafkojen. Auf dem Hinweg hatten hier Hunderte von Marines ihr Quartier gehabt. Jetzt waren sie alle leer. Die Namen toter Männer und ausgelöschter Einheiten waren immer noch auf den Klebebändern zu lesen, die an den einzelnen Kojen und Spinden angebracht waren. Die *Portland* war ein Geisterschiff.

Ich war froh, als ich endlich in den Unterkünften unseres Zugs anlangte. Ich drückte die Lukentür auf. Drinnen brannten alle Lampen. Die Jungs lagen in tiefem Schlaf auf ihren Pritschen und bewiesen wieder einmal die bemerkenswerte Fähigkeit des amerikanischen Seemanns, sich selbst vom hellsten Licht nicht in seinem Schlummer stören zu lassen. Das einzige Geräusch war das leise Summen zweier elektrischer Ventilatoren. Doc Jones saß an einem Tisch zwischen den Pritschenreihen. Er rauchte eine Zigarette und schaute ins Leere.

»Ich habe mich schon gefragt, wann du hier auftauchst«, sagte Doc, als er mich sah.

»Was tust du denn hier unten, Doc? Ich dachte, du bist in den Chief's Quarters.«

»In dem verdammten Ziegenstall ist es mir zu eng«, brummte er. Doc drückte seine Zigarette aus und zündete sich eine neue an. Ich ließ meinen Blick durch den gesamten Mannschaftsraum wandern. Nicht ein einziger Mann hatte die Augen offen. Bubba rutschte auf seiner Pritsche hin und her und begann zu schnarchen wie ein in den Bauch geschossener Bär. Der Doc blickte mich an.

»Schaust du, wie es den Jungs geht?«

»Ja«, erwiderte ich. »Ich wollte nur mal nachsehen.«

»Trotz ihrer Faulheit und Ignoranz sind die Mannschaftsdienstgrade schlau und verschlagen und bedürfen ständiger Aufsicht«, sagte der Doc. Es war ein Satz, der in der Navy oft zitiert wurde. Angeblich stammte er aus einem Handbuch für Seeoffiziere aus dem Ersten Weltkrieg. Obwohl ich ihn schon hundertmal gehört hatte, musste ich immer noch lächeln. Doc saß einfach nur da, rauchte und hörte den Schlafgeräuschen der Jungs zu. Plötzlich kam mir in den Sinn, dass er über sie wachte wie eine Henne über ihre Küken.

»Wir haben es geschafft, Chuck«, sagte Doc schließlich. Es war das erste Mal, dass er mich mit meinem Vornamen und nicht mit Diawi, Cock Breath oder Mr Pfarrer anredete.

»Ja, Doc. Wir haben es geschafft.«

Unser Zug hatte in den letzten sieben Monaten über 100 Kampfpatrouillen und Aufklärungseinsätze durchgeführt. Einige waren erfolgreich, andere nicht, aber Doc, Frank und ich hatten 16 SEALs in den Kampf geführt und brachten 16 wieder nach Hause zurück. Ich betrachtete dies jedoch nicht als einen Beweis meiner Fähigkeiten als Kommandosoldat oder meiner Führungskunst als Offizier. Ich hielt es für reines Karma.

»Du warst ziemlich gut«, sagte Doc plötzlich. Kein Lob, das ich jemals in meinem Leben erhalten habe, hat mich mehr berührt. Ich konnte ihm meinen Dank nur durch ein Nicken ausdrücken. Am liebsten hätte ich losgeheult. Wir schwiegen eine Weile, nur der Rauch von Docs Marlboro hing in der Luft.

»Ich habe gehört, du hast dich freiwillig bereit erklärt, deinen Einsatz im Libanon zu verlängern«, sagte Doc.

»Wer hat das behauptet?«

Doc kniff die Augen zusammen. Als ob ein kleiner LTJG jemals etwas tun könnte, ohne dass es ein Chief Petty Officer herausfinden würde.

»Bist du verrückt?«, fragte Doc.

»Ich weiß es nicht.« Ich zuckte die Achseln. Wahrscheinlich war ich verrückt.

Als ich von dem Luftangriff zurückkehrte, nahm der Task Force Operations Officer mich und Frank beiseite. Er erzählte uns, dass die frisch angekommene MAU befürchtete, dass ihre Personaldecke zu dünn sei und dass die Männer der neuen Marineinfanterie-Kompanien im Stadt- und Häuserkampf zu unerfahren seien. Der Kommandeur der Landungstruppen hatte deswegen um Freiwillige gebeten, die ihren Einsatz im Libanon verlängern und in eine der neuen Truppeneinheiten eintreten würden. Dieser Wunsch war durchaus sinnvoll. Nur verrückte Leute konnten vernünftigen Leuten helfen, aus einer total verrückten Situation noch einen Rest an Vernunft herauszufiltern. In Friedenszeiten waren solche freiwilligen Einsatzverlängerungen nichts Ungewöhnliches, aber ich hatte noch nie von jemandem gehört, der alle Tassen im Schrank hatte und um zwei Kampfeinsätze hintereinander gebeten hätte.

Der Operations Officer war ein Lieutenant Commander, ein wirklich netter Bursche. Er wirkte richtig verlegen, als er uns das fragen musste. Er entschuldigte sich gerade, als ich mich sagen hörte: »Ich bleibe.«

Frank stimmte im selben Atemzug ebenfalls zu.

Ich erinnere mich noch lebhaft an den Schock auf dem Gesicht des Mannes. Wir waren beide nicht recht bei Sinnen. Ich konnte von Glück sagen, dass ich eine Tour überlebt hatte, und jetzt erklärte ich mich einfach so bereit, weitere sechs Monate im Libanon zu bleiben. Und das tat ich auch noch vor Zeugen und stand danach ganz ruhig da und kratzte mich am Kopf, während der Commander unsere Namen auf seinem Klemmbrett buchstabierte. P wie in Peter, F wie in Fuchs, Doppel-R, E,

R. Charles, zweiter Vorname Patrick, LTJG, USN. Blutgruppe 0 positiv. Katholisch – Selbstmörder.

Ich hatte das Unvorstellbare getan, Doc hatte es herausgefunden, und jetzt las er mir die Leviten.

»Was ist mit dir los?«, herrschte er mich an. »Hast du sie noch alle?«

»Wie viele Einsatzzeiten hattest du in Vietnam, Doc?«

»Ich sehe nicht ein, was das …«

Ich schnitt ihm das Wort ab. »Wie viele, Doc?«

»Viel zu viele.«

»Hast du das freiwillig gemacht oder haben sie dich mehrfach dorthin abkommandiert?«, fragte ich. Ich wusste sehr wohl, dass er wie fast alle Vietnamveteranen der SEALs, die ich kannte, um eine weitere Einsatzzeit gebeten hatte.

»Eines muss ich dir sagen«, erwiderte er. »Vietnam war nicht eine solche Scheiße, wie wir sie gerade durchgemacht haben. Du musst dumm sein wie Bohnenstroh, wenn du freiwillig länger in der Wallywelt bleiben willst.«

Er hatte recht. Ich war verrückt. So wie Frank.

»Warum gehst du nicht an Deck zurück?«, fragte Doc mit ruhiger Stimme. »Du siehst aus, als ob du frische Luft vertragen könntest.«

So spät in der Nacht hatten die Marines an der Reling keine Gesichter. In der klaren, mondlosen Nacht war die Dunkelheit fast ein undurchsichtiges Pigment, das ihre Gesichtszüge auf einheitliche Weise dunkel und formlos werden ließ. Es war eine Nacht, in der man nicht einmal seinen eigenen Bruder erkannt hätte. In ihren Tarnanzügen wurden ihre schemenhaften Gestalten durch die Fleckfarben des Stoffes und den Wind noch weiter aufgelöst, der an den Uniformen zog und sie aufblähte, sodass sich ihre Umrisse ständig veränderten und sie kaum noch als menschliche Wesen erkennbar waren.

In der Dunkelheit stiegen die Gluten der Zigaretten nach oben, flogen über die Reling und verglühten. Die Nacht war für die Jahreszeit ungewöhnlich mild und auf unheimliche Weise still und ruhig. Nur der Fahrtwind wehte über das Deck. Um die *Portland* herum war das Meer

fast spiegelglatt. Das Wasser war schwarz. Nur das Kielwasser leuchtete in der unirdischen Farbe der Biolumineszenz.
Als ich so im Wind stand, dachte ich an die langen Leichenreihen, die wir auf das Flughafenvorfeld gelegt hatten. Die Briefe und Umschläge, die es nach dem Bombenanschlag die Straße hinuntergeweht hatte, verfolgten mich noch immer, diese Fotos von 11 000 Kilometer entfernten Familien, Kindern und Ehefrauen, die zu Witwen und Waisen geworden waren.
Die nackte Angst packte mich. Als ich dort allein in der Dunkelheit stand, verfluchte ich mich, weil ich mich bereit erklärt hatte, im Libanon zu bleiben. Ich erinnerte mich jedoch auch, warum ich mich freiwillig gemeldet hatte. Das hier war noch nicht vorbei, sagte ich mir. Es war noch nicht vorbei, und ich wollte bleiben, bis es vorbei war.
Um der unheimlichen Stille der leeren Truppenunterkünfte zu entgehen, blieb ich an Deck und starrte auf das Glühen der Heckwelle, bis die Sonne aufging. Der Wind trieb mir die Röte ins Gesicht. Ich erlebte den Moment der Morgendämmerung, als ob die Sonne hinter dem Horizont auf mich gelauert hätte.
Am folgenden Abend kam Frank mit einem Hubschrauber von der *Iwo Jima* herüber. Man hatte beschlossen, dass die frisch eingetroffenen Truppen unsere Unterstützung doch nicht benötigten. Deshalb blieb uns eine zweite Einsatzzeit im Libanon erspart. Irgendwo weiter oben in der Befehlskette hatte ein gesichtsloser Stabsoffizier eine kleine Entscheidung getroffen, die mir vermutlich das Leben rettete.
Ich kann mich nicht mehr erinnern, ob ich erleichtert war. Ich erinnere mich nur noch daran, dass mein Angebot zu bleiben ernst gemeint war, und dass mir gleichzeitig vollkommen klar war, wie närrisch und selbstzerstörerisch ich geworden war.
Die *Portland* stampfte langsam weiter nach Westen. Das Platoon verbrachte seine Tage damit, seine Ausrüstung und Waffen zu reinigen und auszubessern und sie auf die penible Überprüfung durch die Korinthenkacker daheim im Team-Hauptquartier vorzubereiten. Unsere Fahrt durchs Mittelmeer verlief ohne Zwischenfälle. Trotzdem blieb die

Portland ein unglückliches Schiff. Als Frank und ich Captain Zimanskis Wutanfälle nicht länger ertragen konnten, nahmen wir unsere Mahlzeiten in unseren Containern ein, besorgten uns ein paar Sandwiches in der Mannschaftsmesse oder nahmen mit Begeisterung Doc Jones' Einladung an, mit ihm in den Chief's Quarters zu essen.

Zusammen mit dem Rest des Geschwaders durchquerte die *Portland* die Straße von Gibraltar. Zwei Tage später begrüßte uns der Atlantik mit einem schweren Sturm. Die »Sweet Pea«, wie wir unser Schiff nannten war keine Schönheit, aber sie war für die Ewigkeit gebaut. Ein solcher Sturm forderte sie zwar, konnte ihr jedoch nichts anhaben. Zwei Tage lang brachen Winde in Orkanstärke und turmhohe Wellen über das Geschwader herein. Von der Brücke aus konnten wir beobachten, wie sich riesige grüne Brecher über den Bug der *Iwo Jima* ergossen und über ihr Flugdeck rollten. Es war ein majestätischer und zugleich Furcht einflößender Anblick, die Macht des Meeres selbst über einen solchen Hubschrauberträger mitzuerleben.

Unsere *Portland* schlingerte, hob und senkte sich. Wir lebten von Kaffee und Sandwiches, bis das Meer wieder ruhig genug war, dass die Köche warmes Essen zubereiten konnten. Wache um Wache, Tag und Nacht war im Bordlautsprecher immer wieder zuerst ein leichtes Knistern zu hören, bevor sich eine gleichmütige Stimme meldete: »Achtung, schwerer Wellengang!«

Die gesamte, 158 Meter lange *Portland* erzitterte und wurde unverhofft langsamer, wenn 15 Meter hohe Wellen über ihren Bug schlugen. Wenn die Atlantikwogen gegen ihren Rumpf donnerten, schien das ganze Schiff zu vibrieren. Es war ein tiefes, ächzendes Dröhnen wie von einer riesigen, verstimmten Glocke.

Schließlich legte sich der Sturm und die Kotze wurde von den Decks geschrubbt. An einem hellen, frostigen Morgen kam die Küste North Carolinas in Sicht.

Kurz vor dem Anlegen packten die Jungs ihre Seesäcke und fegten unsere Unterkunft durch. Frank und ich gingen noch einmal in die Offiziers-

messe, um uns von unseren Freunden zu verabschieden. Wir wünschten ihnen alles Gute und dankten ihnen für alle größeren und kleineren Gefälligkeiten, die sie uns während der Überfahrt erwiesen hatten.
Die anderen Einheiten der 24 MAU wurden von Militärkapellen und mit Paraden begrüßt, doch die *Portland* legte an einem abgelegenen Pier im Hafen von Jacksonville, North Carolina, an. Der Pier sollte möglichst weit von der Presse und den Angehörigen entfernt sein. Jedes Aufsehen sollte vermieden werden. Tatsächlich musste gar nicht so viel Ausrüstung aus der *Portland* entladen werden. Auch gingen nicht allzu viele Männer an Land. Die »Sweet Pea« hatte bei der Hinfahrt in den Libanon vor allem Soldaten an Bord gehabt, die im Hauptquartier, im Stab und in den Versorgungseinheiten auf Bataillonsebene dienten. Fast alle waren bei dem Bombenanschlag umgekommen. Und so verließen gerade einmal zwei Marine-Platoons und ein halbes Dutzend Jeeps das Schiff. Wie in den menschenleeren Kabinen auf dem Weg nach Hause war es auch beim Ausladen auf bedrückende Weise still.
Es war ein klarer, kalter Tag. Nachts würde es bestimmt noch kälter werden. Ich stellte sicher, dass die Schiffskräne unsere Container, die Sea Fox und das SDV richtig an den Haken nahmen. Auf dem Kai fuhren Tieflader der SPECWARGRU-2 vor, die Männer verluden unsere Ausrüstung, zurrten sie fest und fuhren wieder davon. Ich schulterte meinen Seesack, ging die Laufplanke hinunter und versuchte, nicht zurückzuschauen, während ich zu unserem Abholfahrzeug hinübertrabte.
Als ich mich im Bus auf meinen Sitz fallen ließ, begann es mir langsam zu dämmern, dass es vorbei war. Ich legte die Beine auf eine Fallschirmtasche und warf meine Mütze über den Gang zu Dave hinüber.
»Sag mir, dass ich träume«, rief ich ihm zu.
»Du träumst, Diawi«, sagte der Doc. »Du wirst aufwachen, und es wird der erste Tag des Libanon-Einsatzes sein.«
»Dann erschieß mich«, sagte ich.
Frank kletterte an Bord und ließ sich auf den Sitz neben mir fallen.
»Vamos«, rief er nach vorne.

Als wir uns von der *Portland* entfernten, presste Cheese seinen nackten Hintern gegen das Rückfenster. Im Bus und draußen auf dem Pier brandete johlender Beifall auf.

»Adios, Motherfuckers«, schrie er.

Adios hoffentlich auf lange Zeit.

Sobald wir den Stützpunkt verlassen hatten, wies Frank den Fahrer an, vor einem 7-Eleven-Supermarkt anzuhalten. Die Jungs hatten seit Monaten keinen Gehaltsscheck eingelöst und hatten deshalb auch keinen Cent Bargeld dabei. Frank und ich hatten jedoch ein kleines Bündel Dollar-Noten in der Tasche. In den Monaten, in denen sie im Safe unseres Containers gelegen hatten, waren sie zerknittert und weich geworden. 200 Dollar waren im Hinterland von North Carolina ein Vermögen. Wir waren entschlossen, sie unverzüglich auf den Kopf zu hauen.

Die Bustüren gingen auf und die Jungs drängten heraus. Ich zählte 100 Dollar ab und reichte sie Doc. »Kauf alle Sixpacks, die du dafür bekommst«, sagte ich.

Doc stürmte in den Laden, ging sofort zum Kühlfach hinüber und begann, Bierdosen in einen Einkaufswagen zu stapeln. Der Angestellte stierte uns an, als ob wir eine Bande von Zeitlupenräubern wären.

»Holt euch, was ihr für die Heimfahrt braucht«, sagte Frank. Die Jungs deckten sich mit Kartoffelchips, knusprigen Schweineschwarten, kleinen Obstkuchen, Beef Jerkys, in Jalapeños eingelegten Würstchen, roter Lakritze und sogar einem Laib Sunbeam-Weißbrot ein, Delikatessen, von denen sie in der Levante nur hatten träumen können.

Doc rollte den Wagen mit dem Bier zur Kasse und Frank zählte ein Bündel zerknitterter 1-, 5- und 20-Dollar-Noten ab. Bubba kam auf mich zu und hielt mir ein extragroßes Kirsch-Slurpee, ein gefrorenes Fruchtgetränk, das es nur bei 7-Eleven gab, vor die Nase.

»Kriege ich so eins, Mr Pfarrer?« Er sah aus wie ein glückliches Kind.

»Lang zu, Bubba«, sagte ich.

Das Bier und die Froschmänner wurden wieder in den Bus geladen und wir fuhren weiter nach Norden. Die Sonne ging gerade unter. An diesem eisigen Herbstabend war es in der kleinen Stadt Jacksonville in North

Carolina erstaunlich dunkel. Obwohl es bereits die erste Dezemberwoche war, sahen wir keinerlei Weihnachtsbeleuchtung.

Normalerweise würde heute hier der Bär tanzen. Wenn ein Marine-Bataillon heimkam, konnte man damit rechnen, dass es einen Haufen Geld ausgab, eine Menge Bier kaufte und der Hälfte aller Frauen im Landkreis einen Heiratsantrag machte. Das Problem war nur, dass weit weniger Marines heimgekehrt waren, als vor ein paar Monaten losgezogen waren. In Beirut hatte Amerika die schlimmste Niederlage seit Pearl Harbor erlebt.

Wir tranken Bier und taten unser Bestes, um die Stimmung aufzuhellen, aber die bedrückende Stille unserer Heimkehr war nur schwer abzuschütteln. Wir waren vielleicht nicht von einer Menschenmenge und schmetternden Kapellen am Pier empfangen worden, aber die kleine Stadt hatte die Männer nicht vergessen, die sie verloren hatte. Überall in den Vorgärten und Fenstern hingen Flaggen und selbst gemachte Spruchbänder. Selbst unter den Neonlampen der Pfandleihen und Tattoo-Studios waren Solidaritätsbotschaften aus Plastik-Steckbuchstaben angebracht: »Gott schütze die Marines« oder »Willkommen daheim, 24 MAU«.

Ich saß mit einem Bier auf der Rückbank des Busses und beobachtete, wie die Nacht hereinbrach. Als wir nach Norden weiterfuhren, wurden die Geschäfte und Häuser von Kiefern und einfachen Mobile Homes abgelöst. Kurz vor der Stadtgrenze musste der Bus an einer Kreuzung halten, die nur von einer einzigen Straßenlampe erhellt wurde. Als wir abbogen, schaute ich an einer Reihe ramponierter Briefkästen entlang. Im Fenster eines Mobile Homes hing wie ein Vorhang eine amerikanische Flagge. Vor der Flagge lehnte ein Farbfoto am Glas, eine Fotografie auf einer gemaserten Pappunterlage, wie man sie sich zum Beispiel bei K-Mart machen lassen kann. Das Bild zeigte einen Marine-Sergeant in seiner Ausgehuniform. Neben ihm stand eine Frau mit einer Alltagsfrisur. Auf seinem Arm hielt der Sergeant ein etwa sechsjähriges Kind. Die Ecken des leicht protzigen Holzrahmens waren mit schwarzem Klebeband überklebt. Neben dem Bild stand ein handgeschriebenes Schild. Jemand hatte krakelig mit einem Bleistift auf Bastelpapier geschrieben: »Gott segne meinen Daddy.«

Wir verließen die Stadt und tauchten in einen riesigen Kiefernwald ein. Die zweispurige Landstraße schlängelte sich 250 Kilometer durch Sumpfgebiete und kleine Hinterwäldlerstädtchen zurück nach Virginia City. Die Nacht war klar. Es war Neumond. Ich war froh, als es im Bus dunkel wurde, weil meine Augen feucht waren.

Ich stand auf dem Parkplatz des SEAL-Team-Four-Gebäudes, zog den Kragen meiner Feldjacke hoch und wartete. Wir waren halb betrunken um 22.30 Uhr angekommen und von der Wache in Empfang genommen worden. Die Lastwagen waren in der Sicherheitszone hinter dem Team-Gelände geparkt. Die Jungs waren singend und angeheitert zur Kasernenanlage gefahren worden, während im Bus ein Haufen leerer Bierdosen zurückgeblieben war. Der OOD (Officer on Duty/Offizier vom Dienst) teilte uns mit, dass wir uns am nächsten Tag um 13.00 Uhr beim Commanding Officer melden sollten. Wir konnten also so richtig ausschlafen.

Ich bot Frank an, ihn ins BOQ (Bachelor Officer Quarters), die Unterkunft für alleinstehende Offiziere, zu fahren, aber mein Auto, das mit einer 1,5 Zentimeter dicken Staubschicht bedeckt war und immer noch dort stand, wo ich es im März abgestellt hatte, wollte einfach nicht anspringen. Angeheitert und freundlich lächelnd dankte er mir und bestellte sich ein Taxi. Ich schulterte meinen Seesack und ging quer über den Stützpunkt. Ich hoffte, dass der Wind mich ausnüchtern würde. Neben der Stützpunktkapelle fand ich ein Münztelefon und rief Margot an.

»Ich bin's, Chuck«, sagte ich. »Ich bin zurück.«

Margots Stimme klang am Telefon etwas eigentümlich – irgendwie distanziert und förmlich. Mein letzter Brief hatte sie vor fünf Tagen erreicht. Ich hatte ihn auf der *Iwo Jima* geschrieben und ihr darin mitgeteilt, dass ich mich freiwillig bereit erklärt hätte, im Libanon zu bleiben. Aus Spanien hatte ich ihr dann eine Postkarte geschickt, dass ich jetzt doch heimkommen würde. Diese war jedoch noch nicht angekommen. Sie war also überrascht und erfreut, meine Stimme zu hören.

»Ich bin auf dem Stützpunkt«, sagte ich. »Mein Auto wollte nicht anspringen.« Ich erklärte ihr, wie sie am Eingang einen Passierschein bekommen könnte und wo sie mich abholen sollte.

Der Wind blies noch kälter. Ich stand mit meinem Seesack in dem kleinen, weißen Licht des Münztelefons. Ich zitterte vor Kälte oder vielleicht auch wegen etwas anderem. Über mir hoben sich die Sterne rau und bitter von der Schwärze des Himmels ab. Plötzlich erschien mir alles unwirklich. Es war, als ob ich schlafwandeln würde, als ich zwei Scheinwerfer auf mich zukommen sah. Einen Moment lang überkam mich eine fürchterliche Angst, als ob ich mich in einem schlimmen Traum befinden würde. Ich träumte vielleicht nur, dass ich aus dem Libanon herausgekommen war, und wollte nicht aufwachen, bevor das Auto bei mir ankam. Ich hatte das schreckliche Gefühl, dass nichts davon real war und dass ich im Bunker in meine verschwitzte Nylondecke gehüllt wieder zu mir kommen würde und noch viele Monate bis zu meiner Ablösung warten müsste.

Margots Wagen stoppte direkt neben mir, und eine ganze Zeit lang schaute sie mich nur an. Ihr Mund öffnete sich ganz leicht. Später erzählte sie mir, sie sei schockiert gewesen, wie dünn ich war. Der Wind rüttelte an mir und ich stand wie eine Art sonnenverbrannter Vogelscheuche da, der ausgemergelte Doppelgänger der kräftigen Sportskanone, die vor neun Monaten losgezogen war.

Schließlich sagte ich: »Hi.«

Sie stieg aus dem Wagen und fiel mir um den Hals. Ich war erstaunt, wie warm und ganz sie sich in meinen Armen anfühlte. Sie war real. Dies hier war die Wirklichkeit, und ich war am Leben.

»Ich habe Geschenke für dich«, sagten wir beide gleichzeitig.

Wir lachten, und sie küsste mich. Als sie von mir abließ, konnte ich in ihren Augen eine gewisse Besorgnis erkennen. Ich war also nicht der Einzige, der fühlte, dass dies nicht real war. Ich hatte mich verändert. Ich unterschied mich zutiefst von dem Mann, der im März aufgebrochen war. Meine Augen brannten durch sie hindurch, wie sie auch durch alles andere hindurchbrannten.

Wir checkten in ein Hotel am Strand ein, tranken Champagner und machten Liebe. Schließlich hielt ich sie im Arm, als sie schlief. Durch die Fenster konnte ich hören, wie die Brandung ans Ufer donnerte, als eine steife Brise aus dem absolut klaren Himmel aufkam. Ich schlief ein, wachte jedoch immer wieder auf.

Ich zog meinen Arm unter Margots Schulter hervor und ging zum Fenster hinüber. Das erste purpurne Dämmerungslicht breitete sich über dem Atlantik aus. Die See war rau und warf hohe Wellen. Das Wasser schimmerte wie gehämmertes Silberblech. Der kommende Tag waberte am Horizont in einer Luftspiegelung, die von der bitteren Kälte hervorgerufen wurde. In 20 Minuten würde die Sonne aufgehen. Jenseits des Meeres war es jedoch bereits Mittag.

In Sidon, Tripoli, in Sabra und Schatila und entlang der Corniche von Beirut stand die Sonne jetzt hoch am Himmel und der Ruf des Muezzins schallte von den Minaretten. Ich hatte das drüben im Libanon so oft gehört. In Stadt und Land, von Minaretten, die von den Einschlägen von Panzergeschossen übersät waren, und aus winzigen Lautsprechern, die an Lehmziegelmoscheen draußen auf dem Land angebracht waren. In einem trillernden Ruf erschallte das Dhuhr, das Mittagsgebet, mit seiner Warnung an die Gläubigen.

… Im Namen Gottes, des All-Erbarmers und Barmherzigen. Lob sei Gott, dem Herrn der Welten …

Vor mir lag der Ozean und jenseits davon eine völlig andere Welt. In den Moscheen, auf den Straßen und in den armseligen Hütten knieten die Gläubigen jetzt mit dem Gesicht gen Mekka gewandt auf ihren Gebetsteppichen. Ihr Gebet war jetzt auch das meine.

Leite uns, Herr, auf den richtigen Weg,
den Weg derer, denen du Gnade gewährst,
nicht den Weg derer, denen du zürnst,
und nicht den der Irrenden. Amen.

BUCH DREI

DER WEG EINES DRAUFGÄNGERS

Ein Platz an der Sonne

Wer weiß, ob sie wussten, was sie mit uns nach unserer Rückkehr anfangen sollten? Ich weiß jedoch, dass wir selbst keine Ahnung hatten, was wir mit uns jetzt anfangen sollten. Von einem Krieg zurückzukehren, war seltsam genug. Weit seltsamer war jedoch die Erkenntnis, dass sich fast niemand in den Vereinigten Staaten darum zu kümmern schien, was im Libanon geschehen war. Es wurden keine Fahnen verbrannt, es wurden keine Fahnen geschwungen. Da war gar nichts.

Die allgemeine Ahnungslosigkeit schien sogar unsere eigene Einheit erfasst zu haben. Am ersten Tag nach meiner Rückkehr machte ich die mehr oder weniger amüsante Erfahrung, unseren Zahlmeister, einen Filipino, davon überzeugen zu müssen, dass ich noch am Leben war. Ich hatte nämlich entdeckt, dass mein Sold und die sonstigen Zuschläge seit sieben Wochen nicht mehr an meine Bank überwiesen worden waren. Ohne mein Wissen und glücklicherweise auch ohne Wissen meiner Familie hatte mich die Navy am 23. Oktober für tot erklärt.

Obwohl wir Minuten nach dem Bombenattentat einen Lagebericht nach Hause geschickt hatten, in dem wir das SEAL Team Four baten, unseren Angehörigen mitzuteilen, dass wir wohlauf seien, hatte das Team danach überhaupt nichts unternommen. Infolgedessen wurde der gesamte Zug 13 Tage lang als »vermisst« geführt. Während sich unsere Familien verständlicherweise vor Sorge verzehrten, machte sich nicht einer im SEAL Team Four die »Mühe«, zum Telefon zu greifen oder eine Briefmarke abzulecken.

Meinem völlig verzweifelten Vater gelang es schließlich, mir durch seine alten Verbindungen in der Navy eine Botschaft zukommen zu lassen, die mich jedoch erst eine Woche nach dem Attentat erreichte. Inzwischen standen Tag für Tag Fernsehteams im Vorgarten meiner Eltern, in der Hoffnung, den Moment aufnehmen zu können, in dem man die Nachricht von meinem Tod überbringen würde. Meine Mutter brachte den Mut auf, den vor ihrem Haus versammelten Geiern zu erklären, dass ihr

Sohn ein Marine Lieutenant in der multinationalen Friedenstruppe sei und dass sie bitte künftig die Freundlichkeit haben möchten, die Privatsphäre ihrer Familie zu achten. Sie erwähnte nicht, dass ich ein SEAL war und dass ihr die Navy bisher nichts über mein Schicksal mitgeteilt hatte. Für Margot war es genauso schlimm gewesen. Vielleicht sogar noch schlimmer. Als die Nachricht über das Attentat durch die Medien ging, hörte ihr Telefon zu klingeln auf. Freunde und Verwandte mieden sie. Selbst meine alten Freunde im Team meldeten sich nicht mehr bei ihr. In dieser Zeit, als es noch keine E-Mails oder Ferngespräche von einem weit entfernten Kriegsschauplatz gab, erfuhr Margot erst, dass ich überlebt hatte, als sie einen Brief von mir erhielt – volle zwei Wochen nach dem Bombenanschlag. Bis dahin hatte sie sich Tag und Nacht Sorgen um mich gemacht.

Das Fiasko war ein Symptom des Führungsklimas, in das wir zurückgekehrt waren. Im SEAL Team Four hatte es einen Führungswechsel gegeben. Unser früherer CO war die Treppe hinaufgefallen und im Pentagon gelandet. Auch den XO hatten sie ausgetauscht. Die neuen Chefs waren Erbsenzähler und der 5. Zug sollte sich für alles verantworten, was er während des Einsatzes im Libanon verloren, »zerstört« oder »verschachert« hatte. Frank war gerade auf Urlaub, als mich der neue XO, ein Typ, den ich hier nur »Skip« nennen will, in sein Büro rief, um mich ins Gebet zu nehmen.

Als er gerade loslegen wollte, hob ich abwehrend die Hand, was für einen rangniederen Offizier eine ausgesprochen rüde Geste war.

»Haben Sie schon unseren Einsatznachbericht gelesen?«, fragte ich.

»Ich bin noch nicht dazu gekommen«, erwiderte er.

Unser Einsatznachbericht lag auf der Ecke seines Schreibtischs. Es war ein fast 8 Zentimeter dicker Aktenordner. Darin waren Hunderte von Patrouillen, Dutzende von Operationen zur Bekämpfung von Scharfschützen und ein halbes Dutzend Erkundungsmissionen im ganzen Libanon gegen syrische und israelische Ziele aufgeführt.

»Warum lesen Sie ihn nicht erst einmal, Sir?«, fragte ich ihn.

Am nächsten Tag drückte mir ein Chief von der Versorgungsabteilung ein sogenanntes MSLR (Materiel Stolen or Lost Report) in die Hand, ein

Formular, in dem das gesamte verloren gegangene oder gestohlene Material unseres Zugs aufgelistet war. Der Bericht führte beinahe 100 größere und kleinere Ausrüstungsgegenstände des Platoons auf, die insgesamt mehr als mein ganzer Jahressold wert waren. Der Chief wollte, dass ich dieses Formular unterschreibe. Ich sollte für die gesamte verschwundene Ausrüstung die Haftung übernehmen.

Ich schaute mir die Liste genauer an. Da gab es ein tragbares PRC-77-Funkgerät samt Antenne, das eine Mörsergranate aus dem Zodiac herausgeschleudert hatte. Dann gab es da das M-16-Gewehr, das zur Erde gefallen war, während sein Operator gerade von einem Hubschrauber nach einem beendeten Einsatz aufgenommen wurde. Das Ganze ließ sich tatsächlich als »heiße« Operation bezeichnen. Die Waffe war verloren gegangen, weil der rot glühende Lauf der Waffe den Gewehrriemen aus Nylon durchgesengt hatte. Auch eine Nachtsichtbrille war aufgeführt, die »zerstört« zurückgegeben worden war. Das war von mir tatsächlich unverzeihlich gewesen. Sie war von einer Kugel des Kalibers .50 zerschmettert worden, als ich sie nachlässigerweise auf einen Unterstand gelegt hatte, während ich in die Hocke ging, um mich auf der Karte zu orientieren. Die Liste war geradezu unendlich: Uniformteile, Schwimmflossen, Stiefel, MK-13-Signalraketen, Magazine, Munitionskästen, leere Munitionskästen! Batterien für unsere Tauchanzüge. Stoffgürtel und Tauchsocken. Büroartikel und die antike, uralte Blue-Ray-Maschine, mit der wir unsere Strandkarten druckten. Die Blue-Ray gab den Geist auf, als sie während unserer Orkanfahrt über den Atlantik aus dem Schrank fiel, in den wir sie gestellt hatten.

Der Versorgungs-Chief klickte auf seinen Kugelschreiber und hielt ihn mir hin.

»Genau auf die punktierte Linie, Sir.«

»Ich komme später bei Ihnen vorbei, Chief.«

Ich nahm das 1,5 Zentimeter dicke Formular aus engzeilig beschriebenen Seiten mit in unser Platoon-Büro. Dieser MSLR war vollkommen absurd. Es war der klassische Fall, dass ein Vorgesetzter die Verantwortung und die Arbeit auf einen Untergebenen ablud. Unsere gesamten Verluste waren kriegsbedingt. Wir hatten jedes verloren gegangene Ausrüstungsstück genau dokumentiert. Wenn die Versorgungsabteilung dafür Ersatz beantragen wollte, müsste sie ihre eigene Dokumentation erstellen und ihrerseits eine Menge Formulare ausfüllen. Für sie war es viel einfacher, uns die Verantwortung aufzuhalsen. Ich wollte Frank auf keinen Fall daheim im Urlaub stören. Es stellte sich heraus, dass dies überhaupt nicht nötig war.

Die Schwäche des Feindes ist immer unsere Stärke.

Skip war ein Erbsenzähler. Ich musste ihm also nur die Sorte von Erbsen geben, die er nicht zählen wollte. Die Sorte Erbsen, die ihm für den Rest seines Lebens Albträume verschaffen würde.

Wir waren mit einem ganzen Container voller Ostblock-Waffen zurückgekehrt. Die Kriegsbeute einer Friedensmission. Einige Waffen hatten wir erbeutet, einige eingetauscht und einige hatten wir uns bei einem verdeckten Ausrüstungstausch beschafft, der vom Chef des Beiruter CIA-Büros vermittelt worden war. Kurz gesagt, dieses Zeug war wirklich gruselig, es war heiß und es stank zum Himmel. Hinter meinem Büro steckten in einem 3 auf 3 Meter großen Fiberglaskasten 2 Tonnen absolute Karrierekiller. Wer immer dieses Zeug besaß, konnte sofort wegen Waffenschmuggels angeklagt werden. Erschwerend kam hinzu, dass wir tatsächlich diese Waffen in einem verschlossenen, versiegelten und inventarisierten Container in die Vereinigten Staaten eingeführt hatten, der laut Ladeliste geheime Kommunikationsgeräte enthielt.

Ich bereitete ein 1149 vor. Es war ein Standardformular des US-Militärs, das Offiziere ausfüllen mussten, um den Empfang von US-Regierungseigentum zu quittieren. Mit Docs Hilfe führte ich darin alle Gegenstände auf, die wir aus dem Libanon mitgebracht hatten. AK-47-Gewehre, wobei wir genau spezifizierten, ob sie russische, chinesische oder rumänische Fabrikate waren. Maschinengewehre aus ähnlichen Herkunftsländern, Dragunow-Scharfschützengewehre, fesche, kleine AK-74, Makarow-Pistolen, Mosin-Nagant-Scharfschützengewehre mit Zielfernrohren, russische, ostdeutsche und tschechische Uniformen, RPG-7-, RPG-16- und RPG-18-Panzerabwehr-Granatwerfer. Raketengranaten und -treibsätze. Syrische Armeeuniformen (verschmutzt). Kafiyas und Shemags. Semtex-Plastiksprengstoff, den wir gegen MRE-Einsatzverpflegungen eingetauscht hatten. Meine Favoriten hatte ich mir für den Schluss aufgespart: zwei bösartige kleine Skorpion-Maschinenpistolen, die Lieblingswaffen der Roten Brigaden und der Baader-Meinhof-Bande. Ich trug die Seriennummer jeder Waffe in das Formular ein. Mit einem Sternchen kennzeichnete ich alle Waffen, die wir durch Vermittlung der CIA bekommen hatten, da deren Seriennummern weggeschliffen worden waren.

Ich verfasste auch ein »Memorandum for the Record«, ein Gedächtnisprotokoll, in dem ich angab, dass wir mündlich die Anweisung bekommen hätten, uns während unseres Einsatzes im Libanon ausländische Waffen zu beschaffen, die dann später daheim im Team zu Trainingszwecken benutzt werden sollten. Diese Aussage war absolut korrekt. Ich führte die entsprechenden Namen, Daten und Uhrzeiten auf. In meinem Memo gab ich weiterhin an, dass ich für diese Ausrüstungsgüter nicht länger verantwortlich sein wolle, da mir die Vorschriften bezüglich solcher Kriegsbeute vollkommen klar seien. Ich klassifizierte das ganze Dokument als SECRET, SPECAT, NOFORN ein, also als geheim, »special category« (vertrauliche Sonderkategorie) und »not for foreign dissemination« (nicht freigegeben für ausländische Staatsbürger/Regierungen). Ich wusste, dass der wachhabende Unteroffizier in der Schreibstube den Erhalt dieser Dokumente protokollieren musste. Ich konnte mich also darauf verlassen, dass meine Liste und das Memo nicht auf eigentümliche Weise abhandenkommen würden. Ich legte die Unterlagen in Skips Eingangskorb und ging nach Hause, um meinen wohlverdienten Wochenendurlaub anzutreten.

Bereits am Montagnachmittag erschien ein Tieflader der SPECWARGRU-2, lud den Container auf und fuhr mit ihm davon. Kein Mitglied des SEAL Team Four hatte für die Waffen unterschrieben. Außerdem hatte sich der Waffen-Chief der War Group geweigert, seine Unterschrift unter die Kopie der Liste zu setzen, die ich erstellt hatte. Er sagte nur, er werde mir eine eigene Liste schicken, wenn er die Waffen selbst gezählt

habe. Dies sollte jedoch nie passieren. Von diesem MSLR sollte ich nie mehr etwas sehen oder hören.
Ich hatte die erste Runde gewonnen, aber schon sehr bald sollte ich den Krieg verlieren. Dies war eine Auseinandersetzung, die sich im Stab abspielte, ein Krieg der Memos, abgeänderten Befehle und Papierfestungen. Es war ein Schlachtfeld, auf dem nicht wie in der wirklichen Welt die Feuerüberlegenheit, sondern das Nichtstun der Schlüssel zum Sieg war. Törichterweise glaubte ich tatsächlich, ich hätte Skip eins ausgewischt, als die Platoon-Mitglieder ihren Weihnachtsurlaub antraten.
In Wirklichkeit war ich in einen Hinterhalt gestolpert.
Als wir aus unseren Feiertagsferien zurückkamen, standen wir voll im Fadenkreuz der Teamführung. Dabei war Untätigkeit ihre wichtigste Waffe. Ich sollte eigentlich das Kommando über den 5. Zug übernehmen, und Frank sollte versetzt werden. Er wurde jedoch ewig hingehalten. Als er sich erkundigte, was eigentlich los sei, schob man alles auf irgendwelche unerklärlichen Befehlsverzögerungen. Tatsächlich wollte ihn das Team einfach nicht gehen lassen. Frank sollte eine Kommandostelle in der MILGRU in El Salvador übernehmen. Diese »Military Advisory Group« sollte die salvadorianischen Streitkräfte beraten und vor allem gegen Nicaragua unterstützen. Dieser Einsatz wäre ein wichtiger Schritt auf Giffs Karriereleiter. Sein Marschbefehl legte fest, dass er bis spätestens 15. Januar dort eintreffen musste. Skip sorgte dafür, dass Frank unser Team erst am 14. Januar um 23.55 Uhr verlassen durfte. Diese Schikane verweigerte Frank die Übergangszeit von einer Woche, die man traditionellerweise bei einer solchen Versetzung eingeräumt bekam. Frank musste jetzt innerhalb von zwölf Stunden packen, nach Mittelamerika fliegen und direkt in einen neuen Krieg springen. Aber wenigstens war Frank draußen. Er grinste über beide Ohren, als ich ihn auf der Navy-Flugbasis in Norfolk absetzte.
»Das nächste Mal sehen wir uns an einem schöneren Ort«, sagte er und salutierte zum Spaß in Richtung Terminal.
Ich schüttelte ihm die Hand und umarmte ihn.
»*Vaya con huevos*«, sagte ich.

»Du bist wirklich eine Pflaume«, erwiderte er. »Du solltest dort abhauen, so schnell du kannst.«

Eine Flucht erwies sich jedoch als unmöglich. Die Teamführung revanchierte sich, und zwar pronto. Anstatt mir das Kommando über den 5. Zug zu übertragen, lösten sie ihn einfach auf. Wir waren plötzlich alle Waisen, gehörten keiner operativen Einheit mehr an und waren auch aus der Trainingspipeline draußen. Der neue Operations Officer, Mad Dog Williams, hatte jedoch Mitleid mit uns. Zwar wurde das 5. Platoon abgewrackt, aber Mad Dog tat alles, um uns unser Exil erträglich zu machen. Fünf oder sechs Jungs, Dave, Doug, Cheese und Rudi folgten mir in die Kadereinheit. Doc wurde zu den Sanitätern versetzt. Die übrigen wurden verschiedenen Abteilungen wie der Instandsetzungs-, Pionier-, Nachrichten- oder Tauchertruppe zugewiesen. Es hätte schlimmer kommen können.

Alle Jungs mit Ausnahme von Sandy hatten im Libanon Auszeichnungen und Orden erhalten. Der Kommandeur der Sechsten Flotte hatte sie ihnen verliehen, überreichen sollte sie jedoch der Commanding Officer des SEAL Team Four.

Sie wissen schon, der Typ, den ich gerade gewaltig verärgert hatte.

Die Medaillen lagen sechs Monate im Safe des Captains. Dabei war es nicht nur der blinkende Uniformschmuck, der die Jungs interessierte. Für jede Auszeichnung, die sie in einem Kampfeinsatz erhielten, bekamen die Männer wertvolle »Advancement Points«, Fortschrittspunkte. Die wurden ihnen jedoch erst gutgeschrieben, wenn sie die Medaillen tatsächlich erhalten hatten. Die Punkte waren wichtig für die Beförderung, und Beförderungen bedeuteten mehr Geld. Aber die Orden ruhten weiterhin im Safe. Die Schlacht zwischen dem 5. Zug und dem Teamkommando hört sich im Nachhinein richtig großartig an. In Wahrheit kämpften unsere Chefs nur in einem Papierkrieg. Sie hatten uns vielleicht nicht einmal auf dem Kieker. Zumindest nicht richtig. Sicher steckte hinter manchem, was damals passierte, Gehässigkeit und Missgunst. Vieles davon war jedoch einfach einem gerüttelt Maß an bürokratischer Trägheit geschuldet.

Wie man die Jungs behandelte, machte mich sauer, und ich war empört darüber, wie man Frank behandelt hatte. Aber der Bullshit im Team war einfach nur Bullshit, nicht mehr. Außerdem wusste ich, dass ich das Ganze mit meinem 1149 herausgefordert hatte. Ich hatte einen Angriff gegen eine überlegene Kraft begonnen, ohne einen Plan für eine weiterführende Attacke oder einen Rückzugsweg zu haben. Ich war böse auf die Nase gefallen. Ich schluckte es, so gut ich konnte, aber auch da war mir der Doc voraus.

Er hatte da einen Lieblingsspruch: »Sagt der Mann zur Frau: ›Es gibt bessere Wege, ins Schwitzen zu geraten, als durch Kleinigkeiten.‹«

Wir genossen es zumindest, nicht jeden Tag unter Granatfeuer zu stehen. Die Männer des alten 5. Zugs hingen miteinander herum, so oft es ging, aber die unterschiedlichen Aufgabengebiete und Abteilungen führten uns alle in ganz unterschiedliche Richtungen. Ich versuchte, ein Auge auf die Jungs zu haben. Sie tranken mehr als jemals zuvor, und mir ging es da nicht anders. Während unserer Abwesenheit hatte man das »Casino« abgerissen. Das hatte in gewisser Hinsicht sogar etwas Gutes. Wir hatten alle eine Menge Gründe, uns volllaufen zu lassen.

Damals fand ich fast überhaupt keinen Schlaf mehr. Wenn ich doch einmal einschlief, verschaffte mir das keinen Frieden. In der Woche nach Weihnachten zog ich in Margots Strandbungalow ein. Es war für mich immer noch wie ein Wunder, in einem Bett aufzuwachen, und es war eine Freude, sie zu spüren, wenn sie warm und süß neben mir schlief. Ich war froh, nicht allein zu sein.

Im Jahr 1984 war das Wort »posttraumatische Belastungsstörung« noch nicht allgemein bekannt, aber ich war seit meinem Studium mit dem Konzept des Überlebenden-Syndroms vertraut. Ich war dafür ein Musterbeispiel. Wie jeder andere Marine und Matrose, der im Libanon eingesetzt war, fragte ich mich immer wieder: Warum habe ausgerechnet ich überlebt, obwohl so viele gute Männer gestorben sind? Am Ende akzeptierte ich die Tatsache, dass mein Überleben zum großen Teil reines Glück gewesen war. Es war Glück, dass ich an diesem Morgen nicht im BLT-Gebäude war. Und ich hatte Glück gehabt, nicht an der Corniche, im Schuf-Gebirge, bei einem halben Dutzend Scharfschützenangriffen oder auf diesem Schwimmpier getötet zu werden. Ich tröstete mich mit dem Gedanken, immerhin dazu beigetragen zu haben, dass 16 Männer am Leben geblieben waren.

Da gab es Dinge, mit denen ich kaum fertigwurde, während mir seltsamerweise andere nicht das geringste Problem bereiteten. Ich weiß nicht, was genau das über mich sagt, aber ich empfand keine Trauer um die Leute, die wir getötet hatten. Ihre Gesichter verfolgen mich nicht und haben das auch nie getan. Einige habe ich nur noch als bewegungslose Klumpen in Erinnerung, die mit dem Gesicht nach unten auf der Straße lagen. Ihre Beine waren auf seltsame Weise gekreuzt, ihre Hände waren offen und ihre Waffen lagen dort, wo sie sie fallen gelassen hatten. Als ich einmal einige Tage später an eine solche Stelle zurückkehrte, waren die Leichen aufgedunsen und von der Sonne schwarz gefärbt worden. Um sie herum wehte der Abfall durch die Straßen. Damals habe ich genauso wenig empfunden wie heute. Es machte mir nichts aus, dass sie tot waren, und ich fand es sogar passend, dass sich niemand auf diesem Planeten darum gekümmert hatte, sie von der Straße zu ziehen. Andere sehe ich immer noch vor mir, wie sie sich überrascht umdrehten, die Hand ausstreckten, während sie mein Mündungsfeuer nach hinten taumeln und schließlich zu Boden stürzen ließ, Männer, die mir noch eine Sekunde zuvor dasselbe Schicksal zugedacht hatten. Auch hier fühle ich bis heute nichts.

Mir war und ist natürlich vollkommen bewusst, dass ich damals Menschen getötet habe. Es mag vielleicht respektlos oder sogar gefühllos und grausam klingen, aber es gibt tatsächlich Menschen, die zur Hölle fahren müssen, um auf alle Ewigkeit dort zu bleiben. Ich habe einmal beobachtet, wie eine Bande von PLO-Schlägern einen verwundeten Phalangisten hinter einem Lastwagen herzog, bis er nur noch ein blutiges Lumpenbündel war. Ich habe die Leichname von Palästinensern gefunden, denen man die Hände gefesselt, sie danach erschossen und schließlich auf ein Trümmergrundstück geworfen hatte, damit die Hunde sie dort fraßen. Ich habe gesehen, wie drusische Artilleristen gezielt und absichtlich Gra-

naten auf ein Krankenhaus voller Frauen und Kinder abfeuerten. Welche Seite soll man da noch unterstützen? Welche Gräueltat soll man entschuldigen und welche muss unbedingt bestraft werden?
Nach fast acht Monaten an diesem Ort waren sie für mich endgültig alle gleich. Sie waren Nullachtfünfzehn-Arschlöcher, die ich alle im gleichen Maße verabscheute. Ich bezeichnete sie jedoch nie als »Windelkopf« oder mit irgendeinem anderen hässlichen Namen, den ich irgendwo gehört hatte. Ich hasste sie damals genauso wenig wie heute. Aber ich empfand kein Mitleid mit ihnen und gewährte auch niemals Pardon. Für die Leute, gegen die wir in Beirut kämpften, hegte ich keinerlei Sympathie. Sie machten sich einen Spaß daraus, die Untadeligen zu töten, um sich dann hinter den Unschuldigen zu verstecken. Sie hatten alles unternommen, um uns zu töten, stattdessen hatten wir sie getötet. Auch hier war ich mir sicher, dass ich keine Schuld trug. Ich würde mich keinesfalls vom Libanon in die Dunkelheit ziehen lassen.
Das alles erzählte ich mir immer wieder selbst. Ich erzählte es auch Margot, und tat das sogar so gut, dass mir jeder auf den Leim ging. Einschließlich ich mir selbst. Der Libanon würde mich zwar nicht besiegen, aber er würde mich für alle Zeit begleiten und hinter mir herklappern wie eine Blechdose, die man einem Hund an den Schwanz gebunden hat. Darüber sprach ich mit keinem. Diejenigen von uns, die das alles ebenfalls durchgemacht hatten, sprachen auch miteinander nur selten darüber. Ich begann, Beirut als Last zu empfinden, etwas, das so schrecklich und herzzerreißend war, dass ich es mit niemandem teilen konnte. Es war das Wissen, das schmerzte. Wie hätte ich jemandem erklären sollen, wie es dort drüben gewesen war? Und warum in Gottes Namen sollte ich wünschen, dass er es begriff?
Der allgemeine SEAL-Code legte fest, dass man das alles zu schlucken hatte. Man lebte sein Leben einfach weiter. Auch ich bemühte mich, diese Erinnerungen zu begraben. Die Reise ins Licht sollte lange dauern und aus einer komplizierten Reihe von Vorstößen und Rückzügen bestehen. Tief an einem Ort, der mir nur in geringem Maße zugänglich war, würde ich mich noch lange schuldig fühlen, weil ich überlebt hatte. Aus

diesem Grund trieb ich mich mit aller Macht selber an. In den nächsten Jahren forderte ich mir selbst möglichst viel ab. Schließlich sollte ich doch noch meinen Frieden finden. Dies würde jedoch einen Kampf und Sieg benötigen, der jetzt noch weit entfernt war und von dem ich noch nichts wissen konnte.

In der Zwischenzeit war ich froh, dass ich wenigstens meinen Verstand nicht verlor.

Ich arbeitete wieder in der Operationsabteilung, diesmal jedoch als Ausbildungsoffizier. Ich nahm diesen Job sehr ernst und genoss ihn sogar. John Jaeger, dieser renitente Giftpilz, war immer noch der Senior Chief der Ausbildungsabteilung und A. P. Hill und Camp Pickett wurden zu unserem gemeinsamen Terrain. Die frischgebackenen BUD/S-Absolventen mussten weiterhin das Advanced-Operator-Training durchlaufen, und Kampfzüge, die nach Übersee geschickt wurden, zuvor ein ganz spezielles Einsatztraining absolvieren. Es war ein »Pipeline-Job«, Routine, aber auf keinen Fall langweilig oder gar stumpfsinnig. Trotzdem schien meine Aussicht auf einen Zugführerposten mehr und mehr zu schwinden. Ich begann, nach einem anderen Ort Ausschau zu halten, an dem ich vielleicht bessere Chancen auf eine Führungsposition haben könnte. Dieser Ort war das SEAL Team Six.

Das SEAL Team Six war im Jahr 1981 unter großer Geheimhaltung aufgestellt worden. Das »Six«, wie man es gewöhnlich nannte, war der Navy-Beitrag zu einer Kommandoeinrichtung der US-Streitkräfte, die im Verbund mit Einheiten von mehreren Teilstreitkräften Spezialeinsätze durchführen sollte. Das SEAL Team Six war dabei das Navy-Gegenstück der Delta Force. Seine Mission war das am schlechtesten gewahrte Geheimnis im gesamten US-Militär. Wenngleich man also die Aufgaben des Six erraten konnte, waren sein Aufbau und seine spezielle Kommandostruktur erst einmal weitgehend unbekannt.

Das Six war von Dick Marcinko ins Leben gerufen worden, der zu dieser Zeit Operations Officer des SEAL Team Two war. Marcinko wollte sich damit sein eigenes kleines Reich schaffen, was ihm auch ausgezeich-

net gelang. In kurzer Zeit hatte er aus 17 Jungs, die einer kleinen Eingreiftruppe zugewiesen worden waren, seine eigene kleine Streitmacht geformt. Der gesamte Aufbau des Six war Marcinkos Werk. Er beschaffte sich die besten Operators, die besten Waffen und die beste Ausrüstung. Er machte im Militäretat bedeutende Gelder locker und setzte alle Hebel in Bewegung, damit seine neu geschaffene Einheit auch tatsächlich dem neuen Joint Command zugewiesen wurde. Dessen Befehlsstruktur war ganz einfach. Der Kommandeur des Joint Special Command unterstand nur dem Vorsitzenden der Vereinigten Stabschefs, also dem höchsten Soldaten der gesamten Vereinigten Staaten von Amerika. »Desert One«, die gescheiterte Befreiung der iranischen Botschaftsgeiseln, hatte deutlich gemacht, wie unzureichend die USA auf die immer größer werdenden terroristischen Bedrohungen vorbereitet waren. Diese Bedrohung war global, und 70 Prozent des Globus waren mit Wasser bedeckt. Die Delta Force hatte jedoch zu dieser Zeit überhaupt keine Einheiten, die im Wasserkampf ausgebildet waren. Dick Marcinko und »Mob Six« wollten diese Lücke füllen.
Die Baracke im Hinterhof des SEAL-Team-Two-Geländes wurde bald durch ein brandneues Gebäude auf einem anderen Stützpunkt ersetzt, das über 1 Million Dollar kostete. Dieser Umzug war so symbolisch wie notwendig. Marcinko gelang es buchstäblich, ein ganzes SEAL-Team aus dem Boden zu stampfen, das praktisch nur ihm verantwortlich war. Das SEAL Team Six stand im Gegensatz zu allen anderen SEALs außerhalb der administrativen und operationellen Kontrolle der NAVSPECWARGRU 2. Wie die Delta Forcc war die Einheit ständig kampfbereit. Innerhalb von Stunden konnte das ganze Team in jedes x-beliebige Land auf dieser Welt gebracht werden, um dort sofort den Kampf aufzunehmen. Von allen Einheiten des US-Militärs stand und steht SEAL Team Six ständig in der höchsten Alarmbereitschaft.
Das Six machte sich zur Aufgabe, die besten Operators zu bekommen und zu behalten. Diese Einheit war etwas ganz Eigenes und Geheimnisvolles, und sie kapselte sich nach außen ab. Mit den Männern, die dorthin gingen, hatte man plötzlich keinen Kontakt mehr. Niemand sprach

über diesen Ort, am wenigsten die Leute, die dort stationiert waren. Dieses Schweigen machte das Ganze natürlich nur noch geheimnisvoller.
Beim Aufbau seines kleinen Königreichs hatte sich Marcinko zahlreiche Feinde gemacht. Die anderen Teams beneideten das Six wegen dessen unbegrenzten Budgets und waren sauer, dass es ihre besten Operators abwarb. Dabei brauchte das Six um sein Personal gar nicht groß zu werben. Wenn man dorthinkommen wollte, musste man ein persönliches Interview mit Marcinko absolvieren. Zuvor bekam man mitgeteilt, dass sich ausschließlich Operators mit mehreren Auslandseinsätzen und einer makellosen Dienstakte zu bewerben brauchten. Nach einem erfolgreichen Interview kam der Name des Kandidaten in einen Pool. Bei Bedarf wurde dann das Joint Command benachrichtigt, welcher Kandidat den Versetzungsbefehl zum Six erhalten sollte. Marcinko war für seine eigentümliche Gesprächsführung fast so berühmt wie Admiral Rickover. Scheinbar besonders geeignete Kandidaten wurden abgelehnt und vermeintliche Nieten wurden genommen. Für die Beobachter in den »regulären« Teams schien es keine vernünftige Begründung dafür zu geben, warum der eine genommen wurde und der andere nicht. Wie alle anderen Entscheidungen im SEAL Team Six wurden auch diese ganz allein von Marcinko getroffen. Das Six war zu Marcinkos persönlichem Lehen geworden.
Allerdings nur für eine gewisse Zeit. Überall wurden bereits die Messer gewetzt. Im gesamten Militär besaß er keinen einzigen Freund mehr. Anfang 1983 war Marcinko dann fällig. Er wurde von seinem Kommando abgelöst und durch Captain Bob Gormly, einen erfahrenen, fähigen Offizier, ersetzt. Gormly erbte ein wahres Hornissennest. Marcinko kämpfte mit allen Mitteln gegen seine Versetzung. Er setzte beim Joint Command, bei Admirälen und Generälen alle Hebel in Bewegung und erinnerte sie an angebliche alte Gefälligkeiten, für die er jetzt eine Gegenleistung verlangte. Es war eine äußerst unschöne Geschichte. Als dies alles nichts half, agierte er auf eine Weise, die ihn auch noch die letzten Sympathien kostete. An dem Tag, als Bob Gormly das Kommando über das Six übernahm, brach Marcinko zu einer Europareise auf. Das war ein Schlag ins

Gesicht seines Nachfolgers, der diesem die Übernahme nur noch weiter erschwerte. Bisher hatte das Six den Ruf einer Einheit genossen, die ständig aus der Hüfte schoss und sich um die Belange anderer kaum jemals kümmerte. Bob Gormly war entschlossen, das Six wieder an seinen Operationsauftrag zu erinnern und dementsprechend zu organisieren.

Um ein Interview beim Six zu bekommen, musste ich ein schriftliches Gesuch bei meinen derzeitigen Vorgesetzten einreichen. Ich wusste, dass meine Teamführung dieses Gesuch schon aus Prinzip ablehnen würde. Dass ich die meiste Zeit im Camp A. P. Hill oder im Camp Pickett verbrachte, hatte mich bei meinen Oberen auch nicht gerade beliebter gemacht. Als ich eines Nachmittags mit einem Hubschrauber wieder in Little Creek eintraf, hatte ich jedoch unverhofftes Glück. Ich fand heraus, dass der Skipper und der XO gerade nicht auf dem Stützpunkt waren. Ich ergriff diese Gelegenheit sofort am Schopf. Der Operations Officer, Mad Dog Williams, stimmte meinem Gesuch für ein Interview beim Team Six zu. Es wurde bereits für den nächsten Tag angesetzt.

Ich zog eine saubere Uniform an und fuhr zur Naval Station im Südosten Virginias. Am Eingangstor der Basis erklärte man mir dann genau den Weg und bei welchem Kilometer ich rechts oder links abbiegen musste. Man gab mir jedoch weder eine Gebäudenummer noch eine Adresse. Schließlich kam ich zu einer abgelegenen Ecke des Stützpunkts, bog um eine Kurve und stand vor einem stattlichen Stacheldrahtzaun. Ein grimmig dreinschauender Wachposten kam aus seinem Wachhäuschen heraus. Um seinen Hals hing eine MP5-Maschinenpistole. Er überprüfte meinen Ausweis, glich ihn mit seiner Liste ab, rollte das Tor nach oben und ließ mich durch.

Im Verwaltungsgebäude nahm man meine Fingerabdrücke, fotografierte mich und ich musste mehrere Sicherheitsvereinbarungen unterzeichnen. Dann führte man mich in einen mittelgroßen Raum in der Operationsabteilung. Hinter einem Schreibtisch saß ein Mann mit dunklen Haaren und einem dichten Schnurrbart. Er sah ein wenig aus wie Tom Sellecks Vater. Außer ihm saßen noch fünf oder sechs groß gewachsene, kräftige Burschen auf ein paar Stühlen und einer Couch. Sie alle hatten schulterlange Haare.

»Setzen Sie sich«, sagte der Mann hinter dem Schreibtisch. Er deutete auf einen Stuhl mit kerzengerader Rückenlehne, der direkt vor dem Schreibtisch stand. Niemand stellte sich vor und es gab keine einführenden Bemerkungen. Ich nahm an, dass dieser Mann mit Schnurrbart Captain Gormly war, hatte jedoch keine Ahnung, wie dieser aussah. Ich hatte bereits Geschichten gehört, dass er jemand anderen an seinen Schreibtisch gesetzt hatte, der dann während des gesamten Interviews den Skipper spielte.

»Wissen Sie, wer ich bin?« Der Mann schwang seine Füße auf die Schreibtischplatte.

»Da Sie die Füße auf dem Schreibtisch haben, nehme ich an, dass Sie der Skipper sind.«

Das Gesicht hinter dem Schnurrbart lächelte ganz leicht. Ich war darauf gefasst, von Anfang an scharf angegangen zu werden. Tatsächlich ging es sofort los. Das Lächeln verschwand und Gormlys Augen wurden ganz schmal.

»Sie sind beim Team Four?«

»Jawohl, Sir.«

»Wie kommen Sie mit Skippy aus?«, fragte jemand hinter mir. Ich drehte mich nicht um, sondern hielt die Augen immer noch auf Captain Gormly gerichtet.

»Wenn ich nicht mit ihm auskäme, würde ich es hier nicht erwähnen«, antwortete ich.

»Warum tragen Sie ein Combat Action Ribbon?«, fragte Captain Gormly.

»Beirut«, erwiderte ich.

»Mit wem waren Sie dort?«

»Frank Giffland.«

»Was haben Sie dort gemacht?«

Ich zählte ganz kurz ein paar Operationen auf. Während ich in Beirut war, hatte Bob Gormly das SEAL Team Six in Grenada kommandiert. Das Six hatte dort den Generalgouverneur Paul Scoon befreit und die Operation gegen den Radiosender angeführt, die inzwischen bei den

Spezialtruppen im ganzen Land legendär geworden war. Ich wurde mit einer Menge Fragen gelöchert, durfte aber auch selbst welche stellen. Als ich meine möglichen künftigen Arbeitgeber ausfragte, sah ich, wie sie sich gegenseitig Blicke zuwarfen. Man erwartete also von mir, dass ich interessiert war und Fragen stellte, obwohl ich von einer ganzen Gruppe von Männern umgeben war. Schließlich klappte Captain Gormly meine Akte zu, die vor ihm auf dem Schreibtisch lag.

»Das genügt«, sagte er. Ich stand auf, nickte und ging zur Tür. Als ich sie öffnete, faltete ein Mann auf der Couch die Arme auseinander.

»Trinken Sie schon mal einen Schluck?«, fragte er.

»Dafür bin ich bekannt.«

»Waren Sie schon jemals im Raven?«

Das Raven war die Bar des SEAL Teams Six. Es war für andere Teams nicht gerade verboten, aber es war ihr Revier und stand quasi unter ihrer Hoheit.

»In letzter Zeit nicht«, antwortete ich.

Ein Typ auf einem Stuhl beugte sich nach vorne. »Warum nicht?«

»Ich habe gehört, es sei vor Kurzem eine Schwulen-Bar geworden.«

Niemand sagte ein Wort. Nur die Lampen summten. Ich verließ den Raum und war überzeugt, dass ich es vermasselt hatte. Ein paar Wochen später hörte ich, dass mein Name doch im Pool gelandet war. Die Wochen verrannen, aber es kam keine weitere Nachricht.

»Du brauchst uns nicht anzurufen, Junge. Wir rufen dich an.«

Eine Seefahrt

Im März beschlossen Margot und ich, unsere Beziehung ohne jedes Brimborium zu »legalisieren«. Wir heirateten im Rahmen einer Ziviltrauung in Elizabeth City, North Carolina. Trauzeugen waren das Paar, das hinter uns in der Schlange stand. Ein alter Friedensrichter las uns die Trauformel vor. Ich erinnere mich noch heute, dass sein Glasauge während der ganzen Zeremonie in die falsche Richtung zeigte. Wir hatten auch keine Flitterwochen. Heute ist es mir richtig peinlich, wenn ich erzählen muss, wie schmuck- und formlos unsere Eheschließung war. Es gab keine Brautjungfern und keine Blumen und niemand bewarf uns mit Reis. Ich war zu einem Mann geworden, der alles Romantische hasste. Ich vergaß dabei vollkommen, wie wichtig solche Bräuche für eine Frau sein können, und zwar nicht weil sie Rituale sind, sondern weil sie die Verbindung zwischen diesen beiden Menschen symbolisieren. Ich bin auch nicht stolz darauf, dass ich mich nicht gerade als idealer Ehemann erwies. Wir brachten einander zum Lachen, ich passte auf sie auf und sie war für mich da. Am Ende war das dann doch nicht genug, aber als der Frühling nach Tidewater kam, waren wir noch glücklich vereint.

Wir zogen in ein kleines Ziegel-Doppelhaus an der 58. Straße in Virginia Beach. Es war nichts Besonderes, aber es war sauber und bequem und ich konnte zu Fuß zum Surfen an den Strand gehen. Meine Gefühle waren immer noch ein wenig unausgewogen. Ich bin mir nicht sicher, ob ich Margot so sehr liebte, wie ich sie brauchte. Seit meiner Rückkehr aus dem Libanon hatte ich ein starkes Bedürfnis nach Stabilität. Sie liebte mich wirklich und ich versuchte, ihr alles zurückzugeben, was an Gefühl in mir vorhanden war. Ich weiß heute, wie viel damals mit mir nicht stimmte. Zu dieser Zeit war ich jedoch noch zu gestresst und zu oberflächlich, um über meine eigenen Bedürfnisse hinauszusehen.

Meine Schlafmuster waren für Margot eine ständige Qual. Unsere Übungseinheit trainierte vor allem nachts, und im Feld lebte ich wie ein Vampir. Wenn ich dann nach Hause kam, war ich zwar werktags um 22.30 Uhr so müde, dass ich ins Bett ging, konnte dann jedoch oft nicht vor 3.00 oder 4.00 Uhr einschlafen. Ich lag die ganze Zeit wach und wälzte mich ständig im Bett herum. Um 6.00 Uhr ging ich bereits wieder zum Dienst. Dieser ständige Schlafmangel holte mich dann irgendwann ein. Am Freitagnachmittag kam ich völlig erschöpft nach Hause und nahm erst einmal eine Auszeit. Anstatt mich jedoch an den Wochenenden zu erholen, machte ich Party wie ein Rockstar. Ich besitze die Trinkfestigkeit eines Iren. Deshalb war es für mich nichts Ungewöhnliches, am Freitag- und am Samstagabend jeweils einen Dreiviertelliter Rum oder Bourbon zu vertilgen. Das Wort »Kater« existierte dabei nicht in meiner Bedienungsanleitung. Samstagfrüh ging ich immer surfen. Ich versuchte, bereits bei Tagesanbruch im Wasser zu sein. An den meisten Sonntagen lief ich im Seashore Park 22,5 Kilometer. Eine Maschine, die auf eine solche Weise beansprucht wird, kann nicht ewig halten, doch es sollte Jahre dauern, bis ich mein Leben änderte.

Trotz allem tat ich doch mein Bestes, um ein gewisses Maß an Häuslichkeit zu schaffen. Margot war selbst ziemlich unkonventionell. Für eine Grundschullehrerin war sie eigentlich ein Skandal. Wir schafften uns alles an, was man in einem Haushalt so braucht: Töpfe, Pfannen, Küchengeräte, Geschirr und schließlich sogar Möbel. Das kleine Haus an der 58. wurde ein richtiges Heim. Margot wollte unbedingt ein Haustier. Bald darauf machte ein Hund namens Bob die Wohnung unsicher, ein reinrassiger Englischer Glatthaar-Foxterrier, ein eigensinniges, kräftiges, stures und bis zur Verrücktheit mutiges Tier. Ich hatte in meinem ganzen Leben noch keinen anderen Hund als einen Foxterrier gehabt. Es war die Rasse, die wir bereits als Kinder in unserer Familie besaßen. Unser letzter Foxterrier, Happy, segnete das Zeitliche, als er auf einem Golfplatz in Süd-Florida ausgerechnet einen Alligator angriff. Diese Rasse ist nicht für jedermann geeignet. Auch unser Bob ähnelte eher einem haarigen Alligator als einem Haustier, aber auf seine herbe, kämpferische Weise war er ein echter Goldknubbel. Margot passte sich ihm auf ihre gewohnt liebenswürdige Art an.

Irgendwelche Parallelen zu unserer Beziehung zu ziehen, überlasse ich dem geneigten Leser.

Kurz nach unserer Hochzeit desertierte Bubba Nederlander. An einem schönen Montag erschien er nicht zum Appell. Als ich Dave losschickte, um in seiner Unterkunft nach ihm zu sehen, fand dieser ein Stück Papier, auf dem Bubba nur geschrieben hatte, dass er jetzt endgültig genug habe und nach Hause zurückkehren werde. Der Libanon hatte auch ihn ziemlich mitgenommen wie uns alle, aber Bubba war vielleicht im Gegensatz zu uns zu unkompliziert und einfach gestrickt, um irgendwie mit dem zurande zu kommen, was dort mit ihm passiert war.

Es hatte auch nicht gerade geholfen, dass unser Zug aufgelöst worden war. Bubba hatte man in den Instandsetzungstrupp gesteckt, wo er kaum mehr tat, als Außenbordmotoren zu spülen, und wo er für einen Chief arbeiten musste, der einer von Skips besonderen Spezis war. Wir konnten alle gar nicht glauben, dass Bubba das gemacht hatte, und hatten auch schwer daran zu kauen. Wie ein Selbstmord war es eine absolut sinnlose Verzweiflungstat. Ein paar Tage nach Bubbas Verschwinden saßen zwei FBI-Agenten in meinem Büro. Sie trugen beide dunkle Anzüge mit schmalen Revers und dazu extraschmale Krawatten. Ihnen war wohl gar nicht bewusst, dass sie einen gewissen Retro-Chic ausstrahlten. Zuerst wollten sie ganz genau wissen, was Bubba alles wusste. Danach widerriefen sie offiziell seine Unbedenklichkeitserklärung als Geheimnisträger. Schließlich fragten sie mich, wohin Bubba wohl gehen würde.

»Mexiko?«, warf der eine in den Ring.

»Glauben Sie, er tritt einer Miliz bei?«, fragte der andere mit einer Mischung aus Besorgnis und Begeisterung.

»Ich würde bei ihm daheim nach ihm suchen«, schlug ich vor.

Das taten sie dann auch. Sechs Monate später wurde Bubba in seiner kleinen Heimatstadt im westlichen Tennessee verhaftet. Bubbas Training hätte es ihm erlaubt, einfach so zu verschwinden, aber er hatte gesagt, er gehe heim, und genau das hatte er getan. Er kam vors Kriegsgericht, wurde unehrenhaft entlassen und gleichzeitig zu fünf Jahren Haft in einem Bundesgefängnis verurteilt.

Der tapfere, schlichte Bubba war zu unserem ersten Opfer geworden.

Das SEAL Team Four bekam unverhofft den Auftrag, sich am Kampf gegen den Drogenhandel – damals nannte man es noch »Drogenterrorismus« – zu beteiligen. Jetzt lag es im Interesse unserer Oberen, zügig ein Platoon zusammenzustellen und sofort nach Lateinamerika zu schicken. Und schon gab es den 5. Zug wieder! Nicht, dass unsere Teamführung uns jetzt ins Herz geschlossen hätte. Weit gefehlt. Die Anforderung war jedoch von ganz oben gekommen, und die ganze Mission hatte eine so geringe Vorlaufzeit, dass es einfach nötig war, unsere Jungs wieder zusammenzurufen. Kein anderes Platoon war damals verfügbar und unverzüglich einsetzbar. Mit Ausnahme von Bubba, Tim, Stan und Doc bestand der Zug aus den gleichen Männern wie im Libanon. Als wir wieder zusammengestellt wurden, war bereits ein volles Viertel des alten Platoons in meiner Ausbildungseinheit tätig. Außerdem waren wir alle erfahrene Kampfveteranen. Aus diesem Grund hatte man es nicht für nötig gehalten, uns durch einen kompletten Einsatzvorbereitungszyklus zu schicken.

Um das Kommando des 5. Zugs übernehmen zu können, musste ich mich beim SEAL Team Four für ein weiteres Jahr verpflichten. Ich hatte immer noch nichts vom SEAL Team Six gehört und ich wollte dieses Kommando unbedingt haben, deshalb unterzeichnete ich die Verpflichtungserklärung ohne jedes Bauchgrimmen. Das Team wollte uns möglichst schnell losschicken, deshalb beschränkte sich unser Training auf ein Minimum. Wir mussten nur eine Operationsbereitschaftsprüfung absolvieren, bei der wir einen Sprengstoffangriff auf ein Kernkraftwerk simulierten, eine Aufgabe, die wir mit Bravour lösten. Zwei Wochen später sprangen wir vor Cape Henry mit Fallschirmen ab, um uns mit dem Unterseeboot *USS Cavalla* zu treffen, das uns zu unserem neuen Heimatstützpunkt, der Roosevelt Roads Naval Station in Puerto Rico, bringen sollte.

Mein Stellvertreter war Ensign Greg Benham, ein witziger, in New York geborener Mustang, der später zum einzigen Prozessanwalt mit SEALs-

Ausbildung beim JAG-Corps der Navy wurde. Greg war ein gestandener Operator, und die Jungs fassten sofort Vertrauen zu ihm. Unser neuer Leading Petty Officer Juan Morales war erst vor Kurzem vom SEAL Team One zu uns versetzt worden. Juan war ein einziges Mysterium mit einem Master in Kunstgeschichte und einer Berechtigung, für den Staat New Jersey an den »Golden Gloves«, dem wichtigsten Amateurboxturnier der Vereinigten Staaten, teilzunehmen. Er übte seine Autorität ruhig und besonnen aus und schloss bald engere Freundschaft mit unseren Teammitgliedern mit spanischer Muttersprache Rudi und Willito. Das Trio nannte sich schließlich *Los Bravos,* was vom Rest des Platoons bald zu *Los Patos* verballhornt wurde, was eine weit weniger schmeichelhafte Bezeichnung war, da es einfach »die Enten« bedeutete. Wir würden ohne einen Chief Petty Officer ausrücken, was sehr ungewöhnlich war. Da sowieso niemand auf dieser Erde in Docs Fußstapfen treten konnte, bekümmerte uns diese unbesetzte Stelle nicht weiter.

65 Kilometer südlich der zu Puerto Rico gehörenden Insel Vieques ging die *USS Cavalla* auf Periskoptiefe. Der 5. Zug bereitete sich darauf vor, das U-Boot zu verlassen. Wir machten im Torpedoraum unsere Ausrüstung einsatzfertig und stiegen dann die Stahlleiter in die vordere Schleusenkammer hinauf. Der von Rohren und Ventilen eingefasste Raum war kugelförmig und hatte einen Durchmesser von zwischen 2,50 und 2,70 Metern. Am Boden der Schleusenkammer durchbrach eine leicht konvexe Luke die Kugel. Diese untere Luke war geschlossen und verschraubt. An der Spitze der Kammer befand sich eine weitere Luke, die ebenfalls den ansonsten perfekten Kreis etwas aufbrach. Auch diese obere Luke war geschlossen und gesichert. Zwei rote Leuchtstäbe hingen an einem Schnürsenkel, der an einer Lukenschraube festgemacht war. In dieser Kugel ging es im Moment ziemlich beengt zu. Neben mir kauerten jetzt noch fünf weitere Männer. Außerdem gab es da noch einen Außenbordmotor und ein aufgerolltes F-470-Schlauchboot. Unsere Arme waren aneinandergepresst. Wir konnten uns keinen Zentimeter bewegen. Fleisch drückte auf Fleisch, und der Motor und das Boot drückten auf

uns alle. Als die Überkopfleuchte von Weiß auf Rot umschaltete, wurde die Schleusenkammer zum schlimmsten Albtraum eines Klaustrophobikers. Die Kammer begann sich nämlich mit Wasser zu füllen.
Luft strömte mit einem lauten Pfeifen aus den Ventilen im oberen Teil der Kammer. Gleichzeitig stieg das Seewasser in Windeseile bis auf Brusthöhe. Bald war auch mein Gesicht unter Wasser und eine Schulter über mir hinderte mich daran, meinen Kopf in die Luftblase zu stecken, die jetzt den obersten Teil der Kammer ausfüllte. Ich fand meinen Atemregler, steckte ihn in den Mund und atmete die süße, staubtrockene Luft meines Pressluft-Tauchgeräts ein. Ich säuberte meine Maske und schaute mich in der ganzen Kammer um, die jetzt zu einer Welt voller schwebender Luftblasen, Beine, Rümpfe, Schultern und Arme geworden war. In dem rot beleuchteten Wasser konnte ich die Gesichter dreier weiterer Männer erkennen. Als sich die Kammer noch weiter füllte, glich sich der Luftdruck der oberen Blase dem Meerwasserdruck an. Nur zwei Männer, der Kammer-Bediener und sein Assistent, würden bis zum Schluss in dieser Luftblase einen trockenen Kopf behalten. Wir übrigen steckten in diesem überfluteten, mit Männern und Material vollgepackten Raum und saugten an unseren Atemreglern. Wir horchten auf die kreischenden Ventile und auf die unnatürlich hohen Stimmen der Kammer-Kontrolleure unten im Torpedoraum, die durch Unterwasserlautsprecher in unsere Kugel übertragen wurden.
»Druckausgleich durchführen!«, krächzte der Lautsprecher.
»Druckausgleich durchgeführt.«
Das Kreischen der Ventile hörte auf. Ich drückte meine Füße mit den Schwimmflossen auf den Boden der Kammer und drängte mich, so gut es ging, an den Männern und der Ausrüstung vorbei. In der unteren Hälfte der Kugel öffnete sich eine Ausstiegsluke. Wir würden das U-Boot durch diese mittlere und nicht durch die obere Öffnung verlassen. Dieser untere Ausgang lag unter Wasser. In ihm herrschte jetzt also Meerwasserdruck. Gleichzeitig wies jedoch auch die komprimierte Luft in der oberen Blase denselben Druck wie das Meer außerhalb des Unterseeboots auf. Einfach ausgedrückt, war der Vorgang mit einer Tasse vergleichbar,

die man umgedreht in ein mit Wasser gefülltes Abwaschbecken eintaucht. Im oberen Teil dieser Tasse bleibt auch beim Untertauchen eine kleine Luftblase erhalten. Auf vergleichbare Weise wurde die Blase im oberen Teil der Schleusenkammer mit komprimierter Luft vollgepumpt, bis in ihr der gleiche Druck wie im Meerwasser außerhalb des U-Boots herrschte. Das Unterseeboot befand sich gegenwärtig in einer Tiefe von 12 Metern. Sobald der Druckausgleich beendet war, hatte sich die mittlere Luke mithilfe eines Federscharniers automatisch geöffnet.

Ich sollte jetzt der Erste sein, der durch diese Luke in eine dunkle Röhre eintrat, die einen Durchmesser von etwas über 1 Meter hatte. Diese Röhre führte zu einer zweiten, äußeren Luke. Sie wurde normalerweise dazu genutzt, um im Hafen frische Torpedos oder Raketen in das U-Boot zu laden. Aus diesem Grund hieß sie auch – wer hätte es gedacht – die »Waffenladeröhre«. Um die Kugel der Schleusenkammer zu verlassen, musste ich mich im Wasser auf den Rücken herunterlassen und mich dann rückwärts durch die Luke zwängen. Beim Ausatmen stiegen von meinem Atemregler kleine Luftblasen zur Röhrendecke auf. Ich rollte mich auf die Seite und arbeitete mich durch die pechschwarze Dunkelheit hindurch. Dabei achtete ich darauf, dass mein Tauchgerät nicht zu hart anstieß und mir der Atemregler nicht aus dem Mund rutschte. Schließlich konnte ich die zweite Luke ertasten und knickte einen Leuchtstab. In dessen schwachem grünen Licht öffnete ich die Außenluke und spürte plötzlich die Strömung der offenen See.

In dieser Nacht musste ich als Erster das U-Boot verlassen. Man hatte mir die Rolle des Taklers zugewiesen. Meine Aufgabe war es jetzt, am Rumpf und am Kommandoturm eine Reihe von Leinen anzubringen, die bei der Ausschleusung der Schwimmer und dem Ausbringen unseres Boots helfen würden. Bei den SEALs arbeitet man nur ganz selten allein. Im Wasser und an Land wird die sogenannte Buddy Rule strikt beachtet, die festlegt, dass man bei jeder Tätigkeit einen Kameraden dabeihaben sollte. Das Riggen eines Unterseeboots war eine der wenigen Aufgaben, bei der dies nicht möglich war. Und glauben Sie mir, wenn Sie nachts um ein U-Boot herumschwimmen, fühlen Sie sich sehr allein.

Ich stieß mich durch die zweite Luke aus der Schleusenkammer hinaus auf das Deck des Unterseeboots. 12 Meter über mir schimmerte im Mondschein die Oberfläche des Karibischen Meers. Als sich meine Augen an das schwache Licht gewöhnt hatten, konnte ich erkennen, wie unglaublich klar das Seewasser hier war. Über und unter mir herrschte das tiefste Blau, das nur vom Deck des U-Boots unterbrochen wurde, das sich schwarz und riesig unter meinen Füßen erstreckte.

Als ich durch die Luke schlüpfte, spürte ich, wie sich das Unterseeboot nach vorne bewegte. Die Luftblasen meines Atemreglers wirbelten in einem silbernen Tumult nach hinten. Wie ein Hai musste das U-Boot ständig in Bewegung bleiben. Ich konnte seine Kraft durch das Wasser regelrecht fühlen. Fast 30 Meter hinter mir drehte sich ganz langsam der Propeller der *Cavalla*. Sein Pochen hörte sich an wie ein lebendiges Wesen. Ich holte aus einem Kasten, der neben dem Turm in den Druckkörper eingelassen war, die Leinen und Schnappverschlüsse, die ich benötigte.

Da das U-Boot so langsam war, musste ich nur im Wasser auf der Stelle schweben und warten, bis sich das konvexe Deck unter mir hindurchbewegt hatte, um an die gewünschte Stelle zu kommen. Über mir thronte der Kommandoturm. Dessen Aufbauten hoben sich riesig und kreuzförmig von der mondbeschienenen Meeresoberfläche weit über mir ab.

Als ich die Leine am Kommandoturm anbrachte, spürte ich, wie sich der Wasserdruck um mich herum änderte. Dann fühlte ich etwas, das mich regelrecht elektrisierte. Es war eine starke Kraft, eine Lebensenergie, anders kann ich es nicht beschreiben. Ein langer Schatten glitt über mich hinweg und dann noch einer. Als ich meine Augen von meiner Arbeit hob, erblickte ich erstaunt einen ganzen Schwarm junger Gelbflossen-Thunfische, die um das Tiefenruder des U-Boots herumschwammen und sich mir immer mehr näherten. Kurze Schläge ihrer 90 Zentimeter langen Schwanzflossen genügten, um sie an einem Ort zu halten. Ich war erstaunt, dass sie mir so nahe kamen.

Ich zog mich an der Leine entlang, die ich gerade befestigt hatte. Es war eine Tangente, die vom Bug des Schiffes zur Spitze des Kommandoturms führte. Ich hängte mich mit den Händen an diese Leine, während mein Körper in der Strömung wie eine Flagge oder ein Tau hin und her flatterte. Während ich vom U-Boot vorangezogen wurde, schwamm der Schwarm dicht neben mir her. In meiner Euphorie musste ich mich selbst daran erinnern, dass ich die Leine keinesfalls loslassen durfte. Ich würde dann nämlich weggeschwemmt werden und höchstwahrscheinlich für immer verloren gehen. Die Fische zogen biolumineszentes Plankton wie eine Sternenkaskade hinter sich her. Es war mit das Schönste, das ich jemals gesehen habe. Ich erinnere mich an das Silber über mir und das Kobaltblau unter mir. Dieser Anblick taucht bis heute noch manchmal in meinen Träumen auf.

Ich drehte mich an der Leine um und gab der Videokamera, die am Kommandoturm angebracht war, das Zeichen, dass ich meine Aufgabe erfolgreich abgeschlossen hatte. Die Botschaft wurde vom Kommandoraum zur Schleusenkammer weitergeleitet. Bald darauf zwängten sich auch die übrigen Männer durch die Außenluke. Während sich die anderen Taucher zu mir gesellten, schwammen die Gelbflossen-Thunfische in geschlossener Formation davon. Bald waren sie in der tiefblauen See verschwunden.

Die Männer hatten auch das F-470 und den Motor durch die Waffenladeröhre bugsiert. Das Boot wurde an einer Leine und Boje festgemacht und der Außenbordmotor wurde am Heckbalken festgeschraubt. Danach zogen wir an einer Abzugsschnur, wodurch der Inhalt zweier großer CO_2-Flaschen schlagartig in das Boot gepumpt wurde. Von unzähligen Blasen und Bläschen umgeben, schoss das Boot zur Meeresoberfläche empor. Aus dem Kasten neben dem Turm holten wir jetzt noch ein paar mit Benzin gefüllte Kraftstoffblasen heraus, klemmten sie an die Aufstiegsleine an und ließen sie durch ihren eigenen Auftrieb zur Oberfläche aufsteigen. In ganz kurzer Zeit hatten sechs Männer mit ihrer gesamten Ausrüstung das U-Boot verlassen. Jetzt würden wir selbst die Aufstiegsleine emporschwimmen und in unser Boot klettern.

Der Letzte, der aus dem Unterseeboot ausgestiegen war, drückte mir einen wasserdichten Seesack in die Hand, in dem meine Waffe samt Munition und meine Einsatzweste steckten. Zwei Taucher schwebten als Takler noch eine Zeit lang über dem U-Boot-Deck. Ich schnallte den Seesack an meinen Gürtel und zog mir das Tauchgerät vom Rücken. Der Rigger, der mir am nächsten war, schwamm auf mich zu, um mein Gerät zu übernehmen. Ich nahm einen letzten, tiefen Zug aus meinem Atemregler und hielt mein Kinn der 12 Meter über mir liegenden Wasseroberfläche entgegen. Unser Schlauchboot hob sich als schwarzer, bogenförmiger Umriss gegen das Mondlicht ab.

Ich gab den Taklern ein Zeichen, nahm den Atemregler aus dem Mund und blies einen ganzen Blasenstrom ins Wasser. Dann schwamm ich ganz langsam zu unserem Boot hinauf. Ich passte dabei auf, nicht schneller als die kleinsten Luftbläschen aufzusteigen, die mich umgaben. Während meines Aufstiegs atmete ich weiterhin kontinuierlich aus, da sich die Luft in meiner Lunge ausdehnte, je höher ich kam. Trotz des ständigen Ausatmens schien das Volumen meiner Lunge unendlich zu sein. Das war jedoch nur ein physikalisches Phänomen, ein Trick der Physik. In 12 Metern Tiefe war die Luftmenge in meiner Lunge doppelt so groß wie die Menge, die mein Atmungsorgan an der Oberfläche aufnehmen konnte. Wenn ich also nicht ausgeatmet hätte, würde sich die Luft in meinen Körperhöhlen auf das doppelte Volumen ausdehnen. Meine Lunge würde platzen, meine Blutgefäße embolieren und ich wäre innerhalb von Sekunden tot. Das konnte jedoch nur dann eintreten, wenn ich unglaublich dumm war. Auch dieses Mal schaffte ich es ohne jede Komplikation zum Boot und schwang mich hinein.

Als ich meine Tauchermaske absetzte, hörte ich bereits das Tuckern des Außenborders. Irgendwie schien es hier an der Oberfläche dunkler zu sein als unter Wasser. Ich blinzelte ins schwache Mondlicht hinein. Der Zodiac war immer noch an der Boje festgemacht und wurde jetzt langsam von dem riesigen Leviathan unter uns durch die rollende Dünung gezogen. Hinter dem Zodiac tauchte plötzlich das Angriffsperiskop der *Cavalla* aus den Wellen auf. Ich schnallte meinen Seesack ab, holte meine Waffe heraus, machte sie einsatzbereit und zog meine Einsatzweste an. Da ich die Hand kaum vor den Augen sehen konnte, verließ ich mich dabei ganz auf meine Routine. Mit mir im Boot saß die Boat-Crew 4 des 5. Zugs. Oder besser die Boat-Crew 4 des *wiederaufgestellten* 5. Zugs. Ich konnte keine Gesichter unterscheiden, aber ich erkannte alle Männer, die außer mir im Boot waren, an ihrer Gestalt. Rudi sah selbst in dieser Dunkelheit *muy cubano* aus. Dave stand an der Ruderpinne. Juan Morales kauerte ganz vorne im Bug. Als ich meine Einsatzweste über meine nasse Tarnjacke gezogen hatte, gab Dave ein Zeichen. Er drehte sich um und leuchtete mit einem Infrarotlicht kurz zum Periskop hinüber. Als Antwort dippte das Angriffsperiskop der *Cavalla* zweimal. Im Bug des Zodiac löste Juan daraufhin die Leine.

Der Zodiac kam von der Boje frei und Dave warf das Steuer herum. Wir tuckerten den Kamm einer mondbeschienenen Welle hinauf, während sich das Periskop an uns vorbeibewegte, eingezogen wurde und unter der Oberfläche verschwand. Die Boje wurde mit einem leisen Gurgeln unter Wasser gezogen, als das U-Boot zum letzten Mal an uns vorbeifuhr.

Der Zodiac nahm Kurs in Richtung Westen, während allmählich der Mond unterging. 30 Kilometer hinter dem Horizont lag unser neues Zuhause, die Roosevelt Roads Naval Station auf Puerto Rico. Es war eine fantastisch schöne Nacht. Im Norden war die Touristenhölle von Saint Thomas nur ein gelblicher Lichtfleck am Horizont. Ich füllte meine Lungen mit der warmen Seeluft. Ich war eine ganze Woche an Bord dieses Unterseeboots gewesen und hatte in diesem seltsamen Neonlicht die ganze Strecke vom winterlichen Norfolk bis hierher zurückgelegt. Jetzt war ich begeistert, zusammen mit den Jungs wieder auf offener See zu sein.

Auf dem Marinestützpunkt von Roosevelt Roads wurden uns Unterkünfte auf dem Special-Warfare-Gelände zugewiesen. Wir waren glücklich, für geraume Zeit den Gemeinheiten der Teamführung in Little Creek entronnen zu sein. Das westliche Puerto Rico ist wunderschön, man kann dort gut surfen, und unser Einsatz war das reinste Paradies. Wir waren der Naval Special Warfare Unit Four als Caribbean Contingency Platoon (Karibischer Einsatz-Zug) zugewiesen worden. Grenada war erst vor Kurzem »befriedet« worden, die Kubaner hielten sich im Moment ebenfalls bedeckt und die ganze Karibik war ruhig.

Unser ursprünglicher Auftrag war die Bekämpfung des Rauschgifthandels. Zu diesem Zweck schickten wir MTTs, Mobile Training Teams, als Militärberater in mehrere wackelige lateinamerikanische Staaten. Unsere Kundenliste las sich wie das Who's Who der kokainproduzierenden Länder auf diesem Planeten. Wir lehrten das Übliche: seegestützte Operationen, Erkundungs- und Überwachungseinsätze, Patrouillengehen, Spezialoperationen, Sabotage und die Grundzüge der allgemeinen Einsatzplanung.
Inwieweit unsere Klienten diese Lektionen im Kampf gegen die Rauschgifthändler anwandten, entzog sich unserer Kontrolle. In ihrer Welt tanzte der Teufel mit vielen Partnern. Es gab dort korrupte und autoritäre Zentralregierungen, Drogenhändler, Guerilleros und bösartige rechte Paramilitärs. Die Drogen-Dollar kauften Politiker jeder politischen Couleur. Wahrheit und Gerechtigkeit waren dort absolute Mangelware. Manchmal bildeten wir Armee- oder Polizei-Eliteeinheiten eines Landes aus, die direkt danach von Politikern oder höheren Militärs, die auf der Gehaltsliste der Drogenbarone standen, aufgelöst, im Stich gelassen oder für deren üblen Zwecke eingesetzt wurden. Tatsächlich konnten wir unter dem Strich kaum etwas Positives bewirken.
Ich berichtete zurück nach Little Creek, dass wir hier nur unsere Zeit vergeudeten. Vielleicht hat man sogar auf mich gehört, denn bald wurden wir von der Drogenbekämpfung abgezogen. Vermutlich gab es Wichtigeres zu tun.
Mitte der 1980er-Jahre hielt Amerikas Endlosstreit mit Nicaragua immer noch an. Nach wie vor trainierten, unterstützten und motivierten die Vereinigten Staaten die Contras. Diese Bemühungen konzentrierten sich auf das Gebiet entlang des Río Coco in Honduras und die aufstrebende Boomtown Puerto Lempira. Kurz nach unserer Ankunft in Roosevelt Roads wurde ich zu einem Vielflieger, der regelmäßig zu diesem verdeckten Kriegsschauplatz in Mittelamerika pendelte.

Scharf angezogene Männer

Meine Karriere als Militärberater verlief in Schüben. Meine Erinnerungen daran erscheinen mir wie eine Art Diavortrag. Ich führte kleinere Einheiten von Puerto Rico nach Mittelamerika, meist nach Honduras, gelegentlich jedoch auch in andere Länder. Wir sprangen mit dem Fallschirm ab, verbrachten ein paar Wochen im Busch, operierten von Hängemattenzelten oder einem fliegenverseuchten kleinen Pueblo aus, führten unser Trainingsprogramm durch und wurden dann wieder abgezogen. Unser Lehrplan hing von unseren Kunden ab. Den Einheiten der honduranischen Armee musste man oft die Grundlagen vermitteln: den einfachen Drill sowie Infanterie- und Kleingruppentaktiken. Für andere wie etwa Contra-Einheiten mit einer ordentlichen Nummernbezeichnung und paramilitärischen CIA-Betreuern waren unsere Lektionen dagegen oft höchst fachspezifisch: die Sabotage von Wasserfahrzeugen aller Art, das Verfolgen und Aufspüren des Gegners und der Einsatz von Spähern und Scharfschützen.

Meist wurden wir nach einer Woche wieder abgezogen oder an einen anderen Ort gebracht. Ich hatte den Eindruck, dass wir an einer ziemlich kurzen Leine geführt wurden. Die Gastnationen wollten ganz genau wissen, wie viele Amerikaner in ihrem Land waren, wohin sie gingen und wie lange sie blieben. Unseren Einsätzen folgte gewöhnlich eine Nachbesprechung und ein extrem alkoholisches Wochenende in Tegucigalpa, Panama City oder San Salvador. Danach ging es zurück nach Puerto Rico, wo wir darauf warteten, dass das Telefon klingelte.

Jeder, der in den 1980er-Jahren in Mittelamerika gedient hat, wird mir wahrscheinlich bestätigen, dass sich Amerikaner draußen im Feld, selbst wenn sie weiter im Süden eingesetzt waren, überwiegend ziemlich sicher fühlen konnten. Die größte Gefahr herrschte in den Städten in den Phasen, in denen wir uns eigentlich ausruhen und erholen sollten. Draußen im Feld konnten wir uns auf unsere Tarnung und unsere Geheimhaltungstechniken verlassen. In den Städten stachen diejenigen von uns, die besonders *Anglo* aussahen, heraus wie Zirkus-Freaks. Ein solcher offensichtlicher *Norte-Americano* gab natürlich ein ausgezeichnetes Ziel ab. Verfolgungswahn ist totale Aufmerksamkeit, pflegten wir zu sagen. Das galt niemals mehr als in unserer Freizeit in Tegucigalpa. Dort war ständige Wachsamkeit unser Motto und unsere Paranoia erstreckte sich auf die kleinsten Dinge wie zum Beispiel auf das Essen. Einen Sitzplatz in einem mittelamerikanischen Restaurant auszuwählen, ist eine Kunstform, vor allem wenn man 1,90 Meter groß ist, rote Haare und Sommersprossen hat und wie ein Gringo-Militärberater, ein *Consejero militar*, aussieht. Bei der Restaurantauswahl in einem Land, in dem gerade Bürgerkrieg herrscht, muss man die Architektur, die Lage und die Ballistik berücksichtigen. Auch die Küche und die Atmosphäre sind Faktoren, allerdings nur zweitrangige. Vor allem ist es ratsam, nur Lokale zu besuchen, die einem von einem anderen Militärberater oder irgendwelchen CIA-Typen der örtlichen Botschaft empfohlen wurden. Man muss eben etwas finden, dessen Besitzer nichts gegen Amerikaner hat. Jeder Operator, der bei seinem Einsatz an einen neuen Ort gelangt und dort neue Esslokale ausprobiert und überlebt, vergrößert dadurch automatisch auch für alle seine Kameraden die Auswahl an sicheren Gaststätten. Als ich dieses Mal nach Mittelamerika zurückkehrte, hatte man in jeder Hauptstadt etwa zwei Dutzend zur Auswahl.

Wir vermieden grundsätzlich alle Lokale, in deren Namen »American« auftauchte. Ein gutes Beispiel hierfür war »Bobby's American Bar« in Athen, in der zu meinen Lebzeiten mindestens drei Bomben hochgingen. Ebenfalls zu vermeiden waren noble Restaurants in protzigen internationalen Hotels, da sie schweineteuer waren und außerdem von Mitgliedern des einheimischen Geldadels besucht wurden. Man musste immer daran denken, dass auch sie bevorzugte Attentatsziele waren.

Manchmal war die Bedrohungslage gering, manchmal beträchtlich, wobei sich die Quellen der Gefährdung häufig unterschieden. In jedem Land geschehen immer wieder Gewaltverbrechen, deren Opfer nicht selten Amerikaner sind. Das nahm ich jedoch nicht persönlich. Die meisten Kriminellen sind im doppelten Sinne des Wortes blutige Amateure. Ihre mangelnde Raffinesse gewährt einem auch ein gewisses Maß an Sicherheit. Weit ernster zu nehmen war jedoch die politische Gewalt. Die Bedrohung kam dabei meistens von links, oft jedoch auch aus dem rechten Spektrum. Manchmal waren es Terroranschläge, manchmal bloße Provokationen, aber das Ergebnis für unser Verhalten war dasselbe. Wir alle waren immer sehr sorgfältig in der Auswahl unserer Restaurants.

Das erste Problem war das Parken. Dafür hatte ich immer zwei Schachteln Zigaretten dabei. Wenn ich den Wagen geparkt hatte, gab ich dem ersten Jungen, den ich sah, sofort drei Zigaretten und versprach ihm den Rest der Packung, wenn er auf mein Auto aufpassen würde. Ich habe nie erlebt, dass einer dies abgelehnt hätte. Dann ging ich einen halben Block in Richtung des Lokals, wählte mir aus der Menge nach Gutdünken einen anderen jungen Mann aus und machte ihm denselben Vorschlag, drei Zigaretten sofort und den Rest der Packung hinterher. Der zweite musste dafür den ersten Aufpasser überwachen. Ich bin überzeugt, dass dies funktioniert, denn ich wurde bei meiner Rückkehr zu meinem Fahrzeug kein einziges Mal überfallen. Auch hat man mir nie eine Bombe ins Auto gelegt.

Sichere Restaurants hatten einige Gemeinsamkeiten. Fast immer wurden sie von einem älteren Ehepaar geführt, das mindestens ein erwachsenes Kind hatte, das in den Vereinigten Staaten lebte. Man wusste das, weil die Eigentümer es einem sofort erzählten. Außerdem gab es dort immer Gegenstände, die eine gewisse Verbundenheit mit Amerika ausdrückten. Dies konnten Football-Poster der Miami Dolphins, eine Elvis-Büste auf Samt oder die unvermeidliche Budweiser-Uhr sein. Launische, mürrische oder feindselige Wirte vermied man jedoch tunlichst. Dies galt umso mehr für Lokale, die offen ihre Gefolgschaft für eine linke oder rechte Partei bekundeten. Gelegentlich aß man vielleicht auch einmal in einem Etablissement, an dessen Wand ein Ché-Guevara-Poster hing, aber das war eher ein einmaliges Experiment. Wenn man sich hinsetzte und plötzlich alle aufstanden und gingen, war es höchste Zeit, sich ein anderes Restaurant zu suchen.

Wir hatten alle unsere Lieblingsplätze, doch diese sollten auf keinen Fall zu vorhersagbar sein. Die Lokale waren gewöhnlich klein, manchmal indisch oder chinesisch, meistens jedoch einheimisch. Ein geeignetes Restaurant hatte höchstens ein Dutzend Tische und musste von der Straße abgeschirmt sein. Ein paar dicke Pfeiler oder ein oder zwei Torbögen boten da schon ausreichend Deckung. Auch musste das Lokal zwei oder drei Hinterausgänge haben. Aus- und Eingänge mussten vom eigenen Platz aus jederzeit einsehbar sein. Darüber hinaus musste man auf ein paar weitere Dinge achten: Die Tische sollten massiv sein, es sollte so wenig Fenster wie möglich geben und zwischen einem selbst und der Eingangstür sollten ein paar andere Gäste sitzen. Massive Tische boten mehr Schutz vor Geschossen und die anderen Gäste erschwerten es, eine Granate durch das Restaurant zu rollen oder zu werfen. Wie im Libanon war die Anwesenheit von Kindern immer ein Zeichen für Sicherheit.

Wenn ich allein aß, setzte ich mich immer mit dem Rücken zu einer Ecke des Raums. Wenn ich in Gesellschaft war, musste der eine immer die Eingangstür und der andere die Rückseite des Raums im Auge behalten. Es war äußerst unklug, mit einer Person essen zu gehen, der man sein Leben nicht anvertrauen würde. Wenn man sich an den gedeckten Tisch gesetzt hatte, wandte man als Erstes die Linke-Hand-Regel an. Man schloss ganz kurz die Augen und griff mit der linken Hand an die Sitzfläche. Mit immer noch geschlossenen Augen stellte man sich dann vor, wie man seine Pistole zog, sich rückwärts zum Hintereingang bewegte und dabei die linke Hand hinter sich hielt. Dieser Weg war tief im Gedächtnis eingegraben. Daneben hatte man jedoch noch ein paar weitere Automatismen in petto, etwa wie man sich bei Schüssen aus einem vorüberfahrenden Auto, bei Granatangriffen und Autobomben verhalten musste.

Kommen wir jetzt zur Speisekarte.

Das Essen in Lateinamerika ist gut, oft sogar hervorragend, besteht jedoch häufig aus immer denselben Zutaten: Tortillas, Hühnchen, Reis und Bohnen. Ich habe überall gegessen, wo meine eigene Sicherheit gewährleistet war, selbst an Straßenständen und Essenskarren, aber ich habe dabei immer ein paar eiserne Regeln befolgt. Ich gehöre nicht zu den Leuten, die nach Bogotá fliegen und sich dort über die Hamburger beschweren. Im Großen und Ganzen würde ich mich als »Allesesser«

bezeichnen. Die Regeln, die ich gerade erwähnt habe, haben es mir erlaubt, auf einigen der schlimmsten Märkte und scheußlichsten Orte auf dieser Erde etwas zu essen, ohne meinen Verdauungstrakt allzu sehr zu beschädigen. Tatsächlich hatte ich im Ausland nur einmal eine leichte Lebensmittelvergiftung, und die verdankte ich einem verdorbenen Salat, den mir die US-Marines im Libanon servierten.

Unterwegs trinke ich nur moussierende Getränke, Bier, Limonadengetränke aus der Flasche oder *agua con gas*, Mineralwasser mit Kohlensäure. Nur selten Fruchtsäfte und niemals frisch gepresste Säfte. Rum, Mescal und andere hochprozentige Alkoholika nur pur und niemals mit Eis. Ich esse mein Gemüse erst, wenn ich zurück in den Staaten bin, und verzichte südlich von Key West auf Salat, Blattgemüse und rohe Zwiebeln, da sie häufig Shigellen-Träger sind und zur Bakterienruhr führen können. Außerdem esse ich jedes Landtier, selbst wenn es sich dabei um Kaiman-, Nutria-, Pekari- oder Ziegenfleisch handeln sollte. Dies allerdings nur dann, wenn es gebraten, und zwar *gut durch*gebraten ist. Harte Käsesorten esse ich, weiche jedoch auf keinen Fall. Knusprige *Pupusas*, die salvadorianischen Cousinen der Empanada, bekommt man in ganz Mittelamerika. Sie sind gewöhnlich ungiftig, wenn sie 200 Grad Celsius heiß sind …

Auf Meeresfrüchte, vor allem Muscheln, Krabben, Austern und Miesmuscheln, verzichte ich ganz. Meeresschnecken haben mir jedoch noch nie geschadet. Mein Lieblingsgericht in dieser Hinsicht ist die *Sopa de Caracol*, eine Meeresschnecken-Kokosmilch-Suppe. Besonders gerne habe ich auch immer *Ticucos* gegessen, ein Maisgericht mit Bohnen. Scharfe Soßen und Chilischoten gehen immer. Ich hänge der Theorie an, dass kein für Menschen gefährlicher Krankheitserreger in einer Flasche Tabasco-Soße überleben kann. Wie Sie bestimmt bereits erraten haben, passt diese mittelamerikanische Küche nicht sehr gut zu feinen Weinen. Um diese Gerichte hinunterzuspülen, gibt es eine Reihe recht guter Biersorten: Nacional, Imperial, Port Royal, Salva Vida und das allgegenwärtige Panama. Obwohl ich nur selten Nachtisch esse, habe ich doch eine Schwäche für den honduranischen Pudding, der innen kühl und cremig und auf der Oberfläche leicht karamellisiert ist.

Ich behaupte jedoch nicht, ein Experte für lateinamerikanische Küche zu sein, da ich in diesen Ländern die meiste Zeit draußen im Feld verbracht habe, wo wir uns von MREs, Reis, Bananen, Kochbananen, Meeresschnecken oder anderen Dingen ernährten, die wir eintauschen oder auf andere Weise ergattern konnten. Zwar unternahm ich häufige Kurzreisen in die Städte, meist um Bericht zu erstatten oder an einer Einsatznachbesprechung teilzunehmen. Dabei blieb ich jedoch meist nur zwei oder drei Nächte.

Als Greg, Mike Darby und ich einmal in Tegucigalpa übernachten mussten, bezogen wir unsere Hotelzimmer und verabredeten, uns in der Lobby zu treffen, um gemeinsam essen zu gehen. Als wir eine Stunde später rasiert und frisch geduscht in der Hotelhalle erschienen, trugen wir alle die gleichen schwarzen Hawaiihemden. Diese Hemden hatte uns eine im Kundschafterdienst tätige Regierungsbehörde mit drei Buchstaben zukommen lassen, damit wir bei unseren Ausflügen in die Stadt nicht so sehr auffielen … Sie waren alle unter dem linken Arm etwas weiter geschnitten, um ein Holster mit Pistole aufnehmen zu können. Die Holzknöpfe auf der Brust waren nur Schau. In Wirklichkeit waren sie auf einem Klettverschluss aufgebracht. Im Notfall konnten wir unser Hemd mit einem Ruck aufreißen, um sofort an das Schulterholster zu gelangen. Ein Hawaiihemd, das so geschneidert war, dass man darin eine Pistole verbergen konnte, hatte etwas Groteskes an sich. Wir standen also in dieser Lobby wie Idioten herum, jeder von uns trug die gleichen Klamotten und jeder von uns trug ein Bianchi-Schulterholster mit einer Beretta 92SB-F-Selbstladepistole.

Greg grinste und meinte: »They come runnin' just as fast as they can/ Coz every girl's crazy 'bout a sharp dressed man« (Sie kommen angerannt, so schnell sie nur können, denn jedes Girl ist verrückt nach einem scharf angezogenen Mann). Das war der Refrain des berühmten Songs von ZZ Top.

Von diesem Moment an waren wir die »Sharp Dressed Men«. Die Hemden mochten lächerlich sein und wir mochten wie Soldaten wirken, die auf einem Surfbrett reiten, aber wir trugen sie ab jetzt voller Stolz.

Zusammen mit unseren Pistolen sahen wir aus wie ein paar sonnenverbrannte Gangster, die die Stadt unsicher machten. Wir waren überzeugt, dass die Mädels uns mögen würden.

Eines Abends konnte ich die Wirkung meines Hemds in der Bar des Days Inn in der honduranischen Hauptstadt Tegucigalpa erproben. Eigentlich sah es in diesem Hotel auch nicht viel anders aus als in einem nach Zigaretten stinkenden Schuppen an einer Autobahnausfahrt daheim in den Staaten, aber im damaligen Honduras war es wahrscheinlich eine der schönsten Übernachtungsstätten im ganzen Land. Vor allem war es eine der sichersten. Das Hotel lag etwas außerhalb der Stadt, es gab zahlreiche Zufahrts- und Fluchtwege und das Gelände war von einer fast 2 Meter hohen Betonziegelmauer umgeben, deren Krone mit Stacheldraht und Glasscherben bewehrt war. Das Days Inn war ein sicherer Treffpunkt und wir wurden manchmal dorthin geschickt, um uns etwas zu erholen. Die Bar war auf 18 Grad Celsius heruntergekühlt und man konnte dort MTV gucken, das sie mit einer Satellitenschüssel empfingen. Die Temperatur des Biers lag knapp über dem Gefrierpunkt.

Ich hatte an diesem Nachmittag in der Botschaft unserem Militärattaché über meinen letzten Einsatz in Puerto Lempira Bericht erstattet. Dabei hatte ich eigentlich gar nichts zu erzählen. Ich sollte jedoch am nächsten Morgen dorthin zurückkehren. Eine Woche später würde ich dann nach Puerto Rico zurückfliegen. Mir war heiß und ich war müde. Der Reiz meines »Tropenurlaubs« war schon beinahe verflogen. Es war ein Werktagabend und das Hotel war fast leer. Ich aß eine *Plato Típico* am Tresen und begann, mich selbst schönzutrinken, während der Barkeeper seine Gläser polierte und sich fragte, warum zum Teufel ich nicht in mein Zimmer verduftete.

Etwa um 22.00 Uhr betraten zwei Frauen die Bar. Sie waren in ihren Zwanzigern und sehr attraktiv. Aus ihrer Kleidung konnte ich schließen, dass sie Amerikanerinnen oder Kanadierinnen waren. Beide waren sonnengebräunt, eine hatte schulterlange dunkle Haare, die andere war blond und trug ihr Haar kurz geschnitten wie eine Sportlerin. Ich nickte ihnen zu, als sie sich an die andere Seite der Bar setzten. Es wäre unhöflich und lächerlich gewesen, sie in einer sonst vollkommen leeren Bar zu ignorieren. Kurz darauf hatten wir einander überkreuz einen Drink bestellt und ich ging hinüber, um mich vorzustellen.

Seltsamerweise hießen sie beide Vicky. Sie waren Peace-Corps-Freiwillige, die gerade einen Einsatz in einem Ort namens Copán an der Grenze zu Guatemala beendet hatten. Sie wollten morgen in Tegucigalpa die letzten Formalitäten erledigen und am Tag darauf in die Vereinigten Staaten zurückkehren. Beide stammten aus Neuengland. Die blonde Vicky war auf dem College tatsächlich in der Rudermannschaft gewesen. Ich tat mein Bestes, sie als ehemaliger Sportruderer zu umgarnen. In der nächsten Stunde gönnten wir uns einige Drinks. Dabei gelang es mir, allen Fragen nach meinem Hintergrund und meinem Job auszuweichen, indem ich mich ausnehmend für die Grundschule in Copán interessierte, an der sie im letzten Jahr unterrichtet hatten.

Gegen Mitternacht sagte die dunkelhaarige Vicky, sie gehe jetzt ins Bett. Die blonde Vicky versuchte kurz, ihr das auszureden, hatte jedoch keinen Erfolg. Sie küsste ihre Freundin auf die Wange und schüttelte mir zum Abschied die Hand.

Die beiden »Übriggebliebenen« gönnten sich noch einen Tequila. Die blonde Vicky schaute mich prüfend an.

»Also, was führt Sie denn nach Tegucigalpa?«, fragte sie.

Die Story mit dem Ausliefern von Segeljachten war hier deplatziert, denn wir waren immerhin 150 Kilometer vom Ozean entfernt.

Ich antwortete mit einer Gegenfrage: »Und was führt *Sie* hierher?«

Es wäre für sie eine großartige Gelegenheit gewesen, mir eine schöne Geschichte zu erzählen, aber sie schluckte diesen Köder nicht. »Wir sind beide beim Peace Corps«, sagte sie nur.

»Haben Sie auf dem College steuerbord oder backbord gerudert?«, fragte ich.

»Sie haben noch gar nicht erzählt, womit Sie Ihre Brötchen verdienen.«

»Ich arbeite für die Regierung«, sagte ich. Das stimmte ja auch. Für solche Fälle hatte ich mir eine stimmige Folge von Antworten zurechtgelegt. Wer jetzt noch weiter in mich drang, dem eröffnete ich, dass ich für ein

Bundesministerium tätig sei. Wenn eine besonders penetrante Person auf einem Botschaftsempfang mich immer noch nicht in Ruhe ließ, behauptete ich, auf Vertragsbasis für das Verteidigungsministerium tätig zu sein.
»Und was für ein Regierungsangestellter sind Sie genau?«, fragte jetzt mein blondes Gegenüber.
»Ein wohlerzogener mit guten Manieren«, sagte ich.
Sie lächelte. »Was sind Sie, eine Art Spion?«, fragte sie. Sie begann, mich im Spaß abzutasten. Als ihre Hand dabei unter meinen linken Arm geriet, spürte sie plötzlich meine Walther PPK in meinem Schulterholster. Ohne allzu große Eitelkeit kann ich versichern, dass ich damit sofort bei ihr gewonnen hatte.
20 Minuten später lagen wir auf dem Bett in meinem Zimmer. Während wir uns küssten, war ich immer noch nüchtern genug, mich daran zu erinnern, dass ich daheim eine Ehefrau hatte. Plötzlich überfielen mich Gewissensbisse.
»Ich bin verheiratet«, sagte ich schließlich.
Sie gab mir einen Kuss. »Ich auch.« Die Küsse wurden immer wilder und wir wurden immer heißer. Plötzlich setzte sie sich auf und zog ihre Bluse gerade.
»Vielleicht sollte ich mal nach Vicky sehen.«
»Das wäre vielleicht keine schlechte Idee.«
Sie schaute mich genauso an, wie sie es nach dem Tequila getan hatte.
»Bist du sauer?«, fragte sie.
Meine Stimme klang so tief und flach, als ob ich durch einen langen Schlauch hindurchsprechen würde.
»Nein, das ist schon in Ordnung.«
Sie ging und zog die Zimmertür hinter sich zu. Ich legte mich auf das Bett zurück und starrte an die Decke. Ich zwang mich, an nichts zu denken, um gegen den Wunsch anzugehen, ihr einfach zu folgen. Schließlich schälte ich mich aus meinem Hemd, streifte das Schulterholster ab und legte meine Waffe auf den Nachttisch.
Ich war gerade im Badezimmer und wusch mein Gesicht, als es an die Tür klopfte.

»Wer ist da?«
»Wir sind's«, flüsterte eine der Vickys.
Ich öffnete die Tür und da standen sie beide, die blonde Vicky und die brünette Vicky. Die blonde küsste mich und dann küsste mich die brünette. Sie drückten sich wortlos an mir vorbei ins Zimmer, und die Tür schloss sich hinter ihnen. Wir lagen für eine ganze Weile zusammen auf dem Bett und fingen dann an, uns unserer Kleidung zu entledigen. Ich sah zu, wie sie sich küssten und einander auszogen. Sollte ich noch eine gewisse Hemmung verspürt haben, zu einem untreuen Gatten zu werden, dann löste sich diese jetzt in Rauch auf. Wir vögelten, bis ich am Morgen zum Flughafen aufbrechen musste, und ich sah die beiden nie wieder.
Als mich der Hubschrauber zurück ins Hinterland brachte, saß ich auf dem Sitz des Doorgunners und ließ mich vom heftigen Fahrtwind umwehen. Ich beobachtete, wie die Städtchen mit ihren roten Lehmhäusern und die staubigen Straßen unter uns vorbeizogen, bis wir das Tiefland erreichten und die Mangrovenwälder und die breite Lagune von Caratasca zu sehen waren. Erneut versuchte ich die ganze Zeit, an nichts zu denken.
24 Stunden später lag ich mit einer Contra-Einheit im Busch außerhalb von Puerto Lempira in einem simulierten Hinterhalt. Plötzlich sah ich, wie eine 90 Zentimeter lange Terciopelo-Lanzenotter aus der Dunkelheit auftauchte und über meinen Gewehrkolben glitt. Die Giftschlange war viel zu nah, als dass ich sie hätte wegstoßen können. Ich verhielt mich deshalb vollkommen still und rührte mich nicht. Im schwachen Licht des Mondes schillerten ihre Schuppen silbergrau, als ob ihre Haut ein Kettenhemd wäre. Während sie ganz langsam über meine Waffe kroch, konnte ich die hellen Streifen und das dunkle Diamantenmuster auf ihrem Rücken genau beobachten. Ihr Auge wirkte wie eine schimmernde Onyx-Perle. Ich hielt die Luft an, bis sie wieder in der Dunkelheit verschwunden war, wobei ihre Haut zum Abschied noch einmal über den Vorderschaft meiner Waffe schuppte.
Ich kann von Glück sagen, dass die Schlange es vorzog, mich am Leben zu lassen.

Danach führten wir noch einige Einsätze durch und schickten sogar MTTs in die Dominikanische Republik. Wir bekamen auch Besuch von Kampfzügen aus der Heimat. So bildeten Greg und ich einige Platoons im Rahmen ihres Einsatzvorbereitungstrainings zu Kampfschwimmern aus. In der Karibik herrschte immer noch Ruhe, und unsere Tätigkeit hier wollte kein Ende nehmen. Frank war weiterhin in El Salvador. Gelegentlich hörten wir vom Erfolg oder Misserfolg eines seiner Einsätze. Frank konnte sich im Kampf bewähren, während ich mich zunehmend auf gefährliche Weise langweilte. Ich soff wie ein Loch und lief so wenig, dass ich Fett ansetzte.

Ob nun gelangweilt oder nicht, ich hatte Franks Führungsethos geerbt. Als man eine Einheit für einen Einsatz in Südamerika anforderte, wählte ich Greg und die Boat-Crews Delta und Charlie dafür aus.

Die Übung hieß UNITAS und war etwas, das wir »geringe Gefahr, hohe Tagespauschalen« nannten. Sie sah keinerlei Feindberührung vor und bestand nur aus Trainingseinheiten und Demonstrationen für unsere südamerikanischen Verbündeten. Das Ganze war hauptsächlich eine »Goodwill«-Veranstaltung, deren Teilnehmer wahrscheinlich vier Monate lang eine gute Zeit haben würden. Ich wäre selbst gerne dorthin gegangen, verzichtete jedoch darauf. Der 5. Zug hatte die Aufgabe, sich für einen kurzfristigen Kriseneinsatz bereitzuhalten, und für die Ausführung dieses Auftrags war ich verantwortlich. Wie Frank damals gesagt hatte: Züge wurden von Zugführern, Zugtrupps von stellvertretenden Zugführern befehligt. Greg und ich verstanden uns inzwischen hervorragend, und er war ein guter Offizier. In seiner Freizeit war er ein Wilder, aber im Dienst war er umsichtig und vernünftig. Ich hatte vollstes Vertrauen zu ihm. Als er und die beiden Boat-Crews abzogen, wurde unsere kleine Welt in Puerto Rico noch kleiner. Alpha, Bravo und ich blieben in Roosevelt Roads, bereit, jedes Buschfeuer zu löschen, das irgendwo aufflammen sollte.

Wir warteten und warteten. Aber es gab keinen Ärger im Paradies.

Dann bekam ich einen Anruf vom Officer Detailer, dem obersten Personaloffizier der SEALs-Truppe, in Washington D. C. Eigentlich war seine

Sekretärin am Telefon, eine resolute Dame namens Margrethe Foster. Margrethe war die Miss Moneypenny der SEAL-Teams. Detailers kamen und gingen, aber Margrethe blieb. Sie war die Macht hinter dem Thron, die Frau, die wusste, welche Leichen im Keller waren. Einige hatte sie selbst dort vergraben.

»Okay, Pfarrer«, sagte sie, »Ihre Befehle sind eingetroffen.«

Ich wartete, während die Verbindung mit Washington zischte und knisterte.

»Sie gehen zum SEAL Team Six.«

Auf dem Weg zum Jedi-Ritter

Der Versorgungs-Chief hatte es eilig. Eigentlich hatte er längst Feierabend. Ich war mit einer 1,5 Zentimeter dicken Ausrüstungsliste bei ihm erschienen, als er gerade die Stahldrahttür abschließen wollte, die sein Büro und das Ausrüstungslager vom äußeren Durchgangsweg trennte. Er knurrte, als ich ihm meine Liste mit den Ausrüstungsgegenständen überreichte, die ich für meinen Kurs im Green Team, der Ausbildungseinheit des SEAL Team Six, benötigte. Die etwa 20 Mitglieder meiner Trainingsklasse hatten sich ihr Gerät bereits in den letzten paar Wochen besorgt, nachdem sie beim Team eingetroffen waren.

Dass ich so spät kam, war nicht weiter überraschend. Als ich meinen Versetzungsbefehl zum Six erhalten hatte, rief mich der Commanding Officer des SEAL Team Four in Puerto Rico an und wollte mir diesen Wechsel ausreden. Er meinte, er habe da einen tollen Posten im Pentagon für mich. Diese Stellung sei viel besser für meine Karriere. Soweit ich damals wusste und ich heute weiß, hatte ich keine Karriere, und ich hatte schon gar keine Lust, im Pentagon zu arbeiten. Ich lehnte höflich, aber bestimmt ab. In meinem Befehl stand, dass ich mich spätestens am 15. September beim SEAL Team Six melden musste, und ich freute mich auf diese Veränderung.

Entweder aus Trägheit oder aus böser Absicht befahl man mir, bis zum 14. September in Puerto Rico zu bleiben. Wie Giff ließ man mir also nur einen einzigen Tag, um mich bei meinem alten Kommando abzumelden und danach zu meinem neuen Einsatzort zu begeben.

Am 15. eilte ich dann den ganzen Tag auf dem Gelände des SEAL Team Six herum, um den nötigen Papierkram zu erledigen, mir Ausweise und Namensschilder machen zu lassen und mir Waffen, Fallschirme, eine Tauchausrüstung und Funkgeräte zu besorgen. Überall traf ich dabei auf Schreibstubenhengste und Techniker, die mir konsterniert bedeuteten, dass ich dies alles schon vor Wochen hätte erledigen sollen. Ich begriff sehr schnell, dass es beim Six keinen großen Eindruck machte, wenn man sich als Mitglied des Green Teams vorstellte. Obwohl keiner der Nachschubtypen, mit denen ich es zu tun hatte, überhaupt ein SEAL war, machten sie mir Schwierigkeiten, wo und wann immer sie konnten. Ich entschuldigte mich nicht und bat auch nicht um Gefälligkeiten. Trotzdem konnte ich mir in kurzer Zeit alles beschaffen, was ich benötigte. Die Rüstkammer war jetzt mein letzter Anlaufpunkt, an dem ich jedoch am meisten zu schleppen haben würde. Auf meiner Ausrüstungsliste standen mehr als 200 Gegenstände, von Wüstentarnanzügen über Schneetarnumhänge und von Eisstiefeln bis zu Badeschlappen.

»Wann brauchen Sie das alles?«, fragte der Chief und runzelte die Stirn.

»Heute Abend«, erwiderte ich. »Morgen fängt die Ausbildung an.«

Er stieß zögernd die Tür wieder auf, und ich folgte ihm in das Versorgungslager. Er öffnete ein Aktenschubfach und holte einen Ordner heraus.

»Wir haben geglaubt, Sie kommen nicht mehr«, sagte er.

Er wäre ganz bestimmt hocherfreut gewesen, wenn mich ein paar Landkrabben in Puerto Rico verspeist hätten.

»Wie lautet Ihre Operator Nummer?«, fragte er.

»156«, sagte ich.

Er schüttelte den Kopf. »Wir haben bereits eine 156.«

Bevor ich fragen konnte, ob ich mir selbst eine neue Nummer wie etwa 007 auswählen durfte, fielen die Augen des Chiefs auf einen Rollwagen, der brusthoch mit Kleiderbeuteln beladen war. Es war die gesamte Ausrüstung eines Operators. Auf alle Beutel hatte jemand mit einer Schablone ordentlich die Zahl 205 gemalt.

»Ich habe eine vollständige Ausrüstung gleich da drüben. Haben Sie ein Problem damit, Ihre Nummer zu ändern?«

»Bekomme ich dann mein Zeug schneller?«

»Wenn Sie zur 205 werden, können Sie gleich hier unterschreiben.«

Wir hatten es beide eilig. Ich unterschrieb und bekam alles, was ich brauchte. Mit einem einzigen Federstrich hatte ich aufgehört, 156 zu sein. Jetzt war ich der Operator 205.

»Es ist alles dort drüben«, sagte der Chief. »Da fehlt nichts. Ich habe es selbst inventarisiert.«

Ich lächelte, als er die Rüstkammer abschloss. Ich glaubte, das große Los gezogen zu haben, als ich den Wagen mit den Kleiderbeuteln den Durchgangsweg entlangschob.

»Was ist mit dem Operator 205 passiert?«, fragte ich zum Abschied.

»Sein Fallschirm hat sich nicht geöffnet«, erklärte der Chief.

SEAL Team Six war etwas Besonderes, das merkte man sofort. Die Ausrüstung, die ich gerade bekommen hatte, war das Beste vom Besten. Bis spät in die Nacht verstaute ich meine neue Habe in meinem »Käfig«, einem abschließbaren Drahtgehäuse von der Größe einer Einfachgarage. Hier würde ich künftig meine gesamte Ausrüstung aufbewahren, sodass sie ständig einsatzbereit war. Jeder Operator im Team besaß einen solchen Käfig. Dieser persönliche Lagerraum war sein eigenes Reich. Es gab überhaupt nur wenige gemeinschaftliche Ausrüstungsgüter. Wir alle hatten unser eigenes Gerät empfangen und waren von nun an für dessen Wartung selbst verantwortlich.

Dabei war die Liste der Sachen, die ich gerade empfangen hatte, erstaunlich lang. Schlechtwetterbekleidung, Gortex-Parkas, Einsatzwesten, Tarnanzüge, Stiefel und Schwimmflossen. Zum Bersten gefüllte Taschen und Seemannskisten. Klettergurte, Karabinerhaken, Klemmkeile, Steigklemmen und Dietriche. Nomex-Overalls. Taucheranzüge. Fliegermonturen. Survival-Kits. Sonnenbrillen und Skibrillen. Ich hatte mein eigenes Pressluft-Tauchgerät, zwei Pressluftatmer und ein Dräger LAR-V-Sauerstoff-Kreislauf-Gerät. Ich bekam meinen eigenen MT-1-X-Fallschirm und eine beeindruckende Anzahl von Waffen. In meinem persönlichen Regal in der Waffenkammer befanden sich ein CAR-15 mit einem M-203-Granatwerfer, eine MP5A5- und eine MP5K-Maschinenpistole von Heckler & Koch und eine bösartige kleine MP5SD mit integriertem Schalldämpfer. Dazu kamen noch ein persönliches AK-47, ein HK-G3-Sturmgewehr, ein M-60-Maschinengewehr, ein M249 SAW (Squad Automatic Weapon), ein Smith-&-Wesson-Model-686-Revolver (stainless), Kaliber .357 Magnum, eine Beretta 92 SBF und eine Walther PPK aus brüniertem Stahl, wie sie auch James Bond benutzte. Dabei wirkte der

Waffentechniker nicht einmal sehr beeindruckt, als er mich den Empfang quittieren ließ.

»Das ist Ihre Grundausstattung«, nuschelte er. »Wenn Sie irgendeine andere Waffe benötigen oder Modifizierungen machen lassen möchten, teilen Sie es uns einfach mit.«

Ich meldete mich am nächsten Morgen um genau 6.00 Uhr und traf meine neuen Teamkameraden. Wir 20 Mann waren das vierte Green Team und sollten das SEAL Team Six ausbilden. Manche Gesichter kannte ich, manche waren fremd. Auf jeden Fall stellten wir füreinander eine Überraschung dar. Man hatte uns zwar mitgeteilt, dass wir ausgewählt worden waren, uns zugleich jedoch aufgefordert, dies nur den Leuten zu erzählen, »die es unbedingt wissen müssen«. Einige meiner neuen Teamkameraden waren alte Freunde. Wild Bill war ebenfalls im Jahrgang 114 gewesen und war damals während der Höllenwoche sogar ein Mitglied meiner Boat-Crew. Bill hatte die Körpermaße eines Football-Profis und einen unglaublichen Sinn für Humor. Er war ungeheuer stark und kräftig und quasi in eine Spezialtruppen-Karriere hineingeboren worden. Sein Vater war Colonel bei den Green Berets. Noch drei weitere 114-Jahrgangskameraden waren jetzt in meinem Green Team. Greg Pearlman und Chris Keller waren die beiden Kerle, die damals in Fort Benning die Kappe des Sprungmeisters stibitzt hatten. Ebenfalls aus der 114 war Vinny, ein hochgewachsener Mann mit dem Körperbau eines Marathonläufers. Vinny war ruhig, ernsthaft und engagiert. Auch er war während der Hell Week in meiner Boat-Crew gewesen und ich freute mich, ihn zu sehen. Sie waren gestandene Jungs, gute Kameraden und großartige Operators. Ihnen allen stand eine lange Karriere beim SEAL Team Six bevor.

Die meisten Mitglieder des Green Team kamen aus den SEAL Teams One, Two und Three sowie aus Einigen SDV-Teams. Erstaunlicherweise – andererseits auch wieder nicht – war ich der einzige aus dem SEAL Team Four. Jeder Auserwählte war ein Topsoldat, die Offiziere waren alles frühere Zugführer. Die meisten Unteroffiziere waren Leading Petty Officers oder Boat-Crew-Führer gewesen. Der einzige Chief Petty Officer in unserem Lehrgang war Bud Denning, ein schweigsamer Kerl mit einem so subtilen wie bissigen Humor. Bud Denning gehörte zu den besten Chiefs der ganzen SEAL-Truppe.

Neben mir gab es in meinem Green Team noch drei weitere Offiziere. Wir waren alle Lieutenants und wurden zu Freunden fürs Leben. Sean Pikeman war unser Lehrgangsführer und einige Jahre älter als wir. Bis vor Kurzem war er mit dem SEAL Team One in einem Dschungel-Einsatz auf den Philippinen gewesen. Sean war in Stillwater, Oklahoma, aufgewachsen. Er besaß den klaren Kopf eines Okies und hatte an der University of Rochester in der US-Liga Lacrosse gespielt. Der Nächste in der Reihe war Rick Cullen, ein ruhiger Typ, den nichts aus der Fassung brachte, ein sorgfältiger Planer und ehemaliger Zugführer des SEAL Team Two. Schließlich gab es da noch Moose. Muskelbepackt wie ein Abwehrspieler beim Football hatte er zuvor an der Westküste als SDV-Pilot gedient. Offensichtlich war es für ihn nicht aufregend genug gewesen, mit seinen Mini-U-Booten auf Aufklärungsmissionen in einen nordkoreanischen Hafen einzudringen, deswegen war er jetzt hier. Moose war ein faszinierender Bursche. Er hatte eine strenge, anspruchsvolle Erziehung genossen. Als Kapitän und Quarterback seiner Highschool-Football-Mannschaft fand er noch die Zeit, in der Jugendphilharmonie von Seattle die erste Geige zu spielen. Auf dem Claremont College in Kalifornien wurde er zum 800-Meter-Läufer. Seine Hauptfächer waren Philosophie und Religion. Seine Abschlussarbeit verfasste er über den Tod Dietrich Bonhoeffers, eines lutherischen Theologen, den Adolf Hitler ermorden ließ. Moose war intellektuell genauso beeindruckend wie physisch. Moose konnte einen Vortrag über Epiktet halten, während er beim Bankdrücken 135 Kilogramm stemmte. Außerdem würde nur ein totaler Narr versuchen, ihn unter den Tisch zu trinken.

Unsere Ausbilder kamen in unseren gängigen Uniform herein: Bluejeans und Poloshirts. In meiner ganzen Zeit beim Six habe ich nur ein einziges Mal eine Navy-Uniform getragen. Bei unseren Operationen war immer Zivilkleidung angesagt.

Die Ausbildungseinheit wurde von einem Mann mit dem bemerkenswerten Namen Traylor Court geleitet. Court war zuvor Unteroffizier gewesen, hatte die OCS (Officer Candidate School) der Navy absolviert und war danach von Dick Marcinko persönlich angeworben worden. Court war gebaut wie ein Kunstturner. Er gehörte zusammen mit Kim Erskine zu den Operators, die den Radiosender in Grenada ausgeschaltet hatten. Court hob kaum einmal die Stimme. Das hatte er gar nicht nötig. Sein gesamtes Auftreten verschaffte ihm Aufmerksamkeit und Respekt.

Neben Court gab es noch drei weitere Ausbilder, Toni, ein 1,82 Meter großer und 115 Kilo schwerer Surfer aus Hawaii, Mike Daniels, der klassische Triathlet, ein Scharfschütze und Sprengstoffexperte, und der Typ, den wir »Bam-Bam« nannten. Bam-Bam stammte aus Gary, Indiana, und wies immer wieder stolz darauf hin, dass er im Gegensatz zu seinen drei Brüdern nicht im Gefängnis saß. Bam-Bam war einmal Meister des Staates Indiana im Schleuderbrettspringen gewesen. Jetzt hatte er in einer Kommandoeinheit, in der es nur ausgezeichnete Schützen gab, den Ruf, am schnellsten und am tödlichsten zu schießen. Mit seinen Fäusten war er übrigens ähnlich schnell.

Niemand hielt uns eine Begrüßungsrede. Court machte ein paar Bemerkungen. Er betonte dabei, dass dies ein Auswahlkurs sei, bei dem für die meisten von uns ein Scheitern nicht nur möglich, sondern sogar wahrscheinlich sei. Er sagte voraus, dass die Hälfte der Männer in diesem Green Team den Kurs nicht beenden würde. Es war eine Variation von Master Chief Roys Willkommensansprache beim BUD/S. Ich bin mir sicher, dass alle Zuhörer zu diesem Zeitpunkt noch dachten, sie würden zu den erfolgreichen Absolventen gehören.

Courts Einschätzung sollte sich als richtig erweisen. Von den 20 Mann, die jetzt im Team-Raum standen, würden es nur zwölf bis zum Ende schaffen und danach regulären Kampfzügen des Teams zugewiesen werden. Court zählte dann noch ein halbes Dutzend Verstöße auf, für die wir sofort aus dem Kurs entlassen werden würden. Das unabsichtliche Abfeuern einer Waffe. Jeder Verstoß gegen die Sicherheit im Umgang mit Sprengstoff oder beim Tauchen. Der Konsum oder vermutete Konsum von Suchtmitteln aller Art. Der Verlust oder die falsche Handhabung von Geheimmaterial. Die Weitergabe irgendwelcher Fakten über das

SEAL Team Six, wobei es keine Rolle spielte, ob der Empfänger Mitglied des Special Warfare Command war oder nicht. Wir bekamen sogar die ausdrückliche Anweisung, nicht länger mit den Leuten in unseren alten »regulären« Teams Umgang zu pflegen.

Man teilte uns ganz unverblümt mit: »Suchen Sie sich neue Freunde.«

Diese Politik wurde rigoros durchgesetzt und führte natürlich zu einer Entfremdung des Team Six vom Rest der SEAL-Truppe. Die Neue-Freunde-Regel war ein Überbleibsel der Marcinko-Ära. Wie viele andere Marcinko-Regeln, denen wir künftig noch begegnen würden, erschien sie uns unsinnig und kontraproduktiv, aber sie wurde im Six immer noch ernst genommen und befolgt, und wir taten, wie uns geheißen.

Eine gewisse Berechtigung hatte diese Regel dann allerdings doch. Das SEAL Team Six war damals noch ein »schwarzes Programm«. Die Existenz des Teams war geheim, so wie die Lage seines Stützpunkts, sein Budget, seine Ausbildung, Organisation und Taktik. Auf dem Gebäude stand nicht »SEAL Team Six«. Tatsächlich stand dort der Name einer Ausrüstungserprobungseinheit, die es überhaupt nicht gab. Diese Geheimhaltung betraf alle Ebenen. Wir alle hatten auf dem Papier die Navy verlassen. Laut unserer Personalakte waren wir »aus dem Dienst ausgeschieden«. Die angegebenen Gründe waren unterschiedlich: Abschied durch Kündigung, Pensionierung und Entlassung aus medizinischen Gründen wurden am häufigsten angeführt. Wir mussten unsere Haare wachsen lassen und vergessen, dass wir überhaupt Uniformen besaßen. Für die Welt da draußen gehörte keiner von uns mehr zur Navy. Wir waren jetzt Zivilisten, die in einer Phantomorganisation arbeiteten. Das sollten wir auch unseren Nachbarn und neuen Freunden erzählen.

Unsere alten Teamkameraden in Little Creek mussten annehmen, wir seien vom Erdboden verschwunden. Wir waren zu einem Teil der »schwarzen« Welt geworden. Von jetzt an bezeichneten wir die anderen Teams verächtlich als »Vanilla SOF«, als Spezialtruppen, die so »weiß« und auffällig waren wie Vanillezucker. Als Kandidaten für einen Beitritt zum Jedi-Team waren wir zur »dunklen Seite« übergewechselt.

Der Ausbildungseinheit einer geheimen Kommandotruppe anzugehören, führte für uns noch zu zusätzlicher Abschottung. Zwischen dem Green Team und den operationellen Einheiten des Six gab es eine regelrechte Mauer. Man wies uns an, keine Fragen zu stellen, in unseren Unterkünften und unserem Team-Raum zu bleiben und nicht mit den Operators zu »fraternisieren«, selbst wenn wir sie in der wirklichen Welt gekannt hatten. Die Trainingseinheit war also von den Kampfzügen vollkommen getrennt. Solange wir im Green Team blieben, waren wir nur Besucher. Punkt.

»Wenn und *falls* Sie bestehen, können Sie wieder mit Ihren alten Freunden spielen«, sagte Court.

Diese Einstellung uns gegenüber herrschte im ganzen Kommando. Nicht nur die Versorgungstypen fertigten die Green-Team-Mitglieder kurz und unfreundlich ab. Auf den Korridoren und überall auf dem Team-Gelände waren wir praktisch unsichtbar. Ehemalige Teamkameraden gingen grußlos an uns vorüber. Das Fraternisierungsverbot galt in beide Richtungen. Dies war eine weitere Hinterlassenschaft Marcinkos. Man musste sich das Recht, hier zu sein, erst verdienen. Bis dahin war man ein Nichts.

Als Nächstes hielten uns die beiden Spionageabwehr-Agenten des Kommandos einen kleinen Vortrag. Ich werde sie einfach Lenny und Dougie nennen. Es war ihr Job sicherzustellen, dass das Six nach außen so gut wie überhaupt nicht in Erscheinung trat. Sie waren aktive Marines. Aus ihrem Aussehen hätte man das jedoch keinesfalls schließen können. Dougies Locken reichten ihm bis zu den Schultern. Außerdem zierte ihn ein herabhängender Fu-Manchu-Bart. Lenny trug einen Ziegenbart und einen Ohrring. Sie mochten umgänglich erscheinen, aber ihre Botschaft war glasklar und kompromisslos. Es war ihre Aufgabe festzustellen, wie gut unsere Geheimhaltung funktionierte und was die Öffentlichkeit über uns und das gesamte Team wusste und erfuhr.

»Ich sage Ihnen jetzt, wie das hier läuft«, warnte uns Dougie. »Wenn ich Ihren Nachbarn frage, wo Sie arbeiten, und der mir antwortet, Sie seien ein SEAL, dann fliegen Sie sofort raus.«

Ich machte mir eine Gedankennotiz: Nicht mit den Nachbarn reden.

Der Green-Team-Kurs sollte acht Monate dauern, er war also zwei Monate länger als BUD/S. Er sollte sich jedoch als genauso mörderisch herausstellen. Wir arbeiteten sechs Tage die Woche von 6.00 bis 17.00 Uhr. In jeder Woche gab es wenigstens einmal einen Nachteinsatz. Draußen im Feld – und das waren wir meistens – waren wir sieben Tage die Woche im Dienst. Alle Teilnehmer, die von sich aus aufgaben, verletzt wurden oder für ungeeignet erachtet wurden, traten laut ihrer Personalakte wieder in die Navy ein und wurden in ihre Teams zurückversetzt. Vorher mussten sie jedoch eine Vertraulichkeitserklärung unterschreiben, in der ihnen Geld- und Haftstrafen angedroht wurden, wenn sie Informationen nach draußen sickern ließen. Auch darauf würden Lenny und Dougie ein Auge haben.

Wir hatten ständig Piepser dabei. Wenn man uns anpiepste, mussten wir uns in kürzester Zeit im Team-Gelände an unserem Käfig einfinden, um von dort sofort zu einem Einsatz abrücken zu können. Wie lange genau wir Zeit hatten, darf ich hier nicht angeben. Sie war jedoch so kurz bemessen, dass einige von uns ihr Haus verkauften und in die Nähe ihrer neuen Arbeitsstelle zogen. Die Arbeit ging uns dort jedenfalls nie aus.

Traylor Court sollte uns schon bald die Illusion nehmen, dass wir körperlich in guter Form seien. Im Wald vor unserem Stützpunkt hatte er eine ganz gemeine Lufthindernisbahn gebaut. An und zwischen den Bäumen hatte er Strickleitern, Seilbrücken, Klettergerüste, Rohrsegmente, schräge Bretter und Querbalken angebracht und verlegt. Um diesen Hindernisparcours zu überwinden, musste man zahlreiche Klettertechniken anwenden: Kaminklettern, Piazen, die Mantle-Technik und zahllose Klimmzüge. Wir pflegten zu sagen, dass Court versuche, die Menschen von den »Baboons« zu trennen, was im Englischen ja nicht nur die »Paviane«, sondern umgangssprachlich auch die »Trottel« waren. Trotzdem hatte dieser Hinderniskurs einen wichtigen Zweck. Im Team Six war man ständig am Klettern. Man kletterte Gebäude, Ölplattformen, Felsabhänge und Ankerketten empor. Insgesamt fiel ich bestimmt ein halbes Dutzend Mal aus Courts Bäumen herunter. Ich gewann dabei

jedoch so viel Selbstvertrauen und Kraft, dass ich bei einer Operation später niemals abstürzte.
Wenn wir uns durch Courts Meisterwerk schwangen, hatten wir bereits unseren täglichen 10-Kilometer-Lauf hinter uns. Dabei hatte unser körperliches Training schon eineinhalb Stunden vor diesem Lauf, nämlich jeden Morgen um genau 6.00 Uhr, begonnen. An der Morgengymnastik, dem Lauf und dem Hinderniskurs nahm Court jedes Mal persönlich teil. Unser Konditionstraining beschränkte sich jedoch nicht nur auf Dauerläufe oder das Schwingen durch Bäume. In der Schwimmhalle des Teams mit seinen olympischen Ausmaßen schwammen wir Tausende von Längen und spielten »Wasser-Rugby«. Ich war gut in Form, als ich dort ankam, aber ich wurde in diesen Monaten körperlich noch viel leistungsfähiger. Wir hoben Gewichte in einem Kraftraum, der jedem teuren Fitnessklub Ehre gemacht hätte. Während unseres Green-Team-Lehrgangs legten wir einen Geländelauf über 32 Kilometer zurück, der über Berg und Tal, durch Wald und Sumpf führte. Ein andermal schwammen wir um die ganze Insel Key West herum. Am Ende des Trainings wog ich knapp 100 Kilogramm, konnte 16 Kilometer in 65 Minuten laufen, schaffte in 90 Sekunden 100 Rumpfbeugen und konnte einhändige Klimmzüge machen.
So viel Spaß diese körperlichen Übungen auch bereiten mochten, wir waren hier, um einen Beruf zu erlernen. Der Großteil des Tages war demzufolge der Vermittlung all der Fertigkeiten gewidmet, die ein Anti-Terror-Operator benötigte. Wir durchliefen ein intensives Kampfschwimmer-Training, wobei wir unsere Unterwasser-Techniken vertieften und erweiterten, die wir uns in den Teams angeeignet hatten. Wir mussten mit Atemgeräten über 1,5 Kilometer unter Wasser schwimmen, ohne ein einziges Mal aufzutauchen, und auf Zeit Magnetminen an Zielobjekten anbringen, ohne entdeckt zu werden. Wir führten Unterwasser-Aufklärungsmissionen gegen Hafenanlagen und Ölplattformen vor der Küste durch. Wir schwammen an Piers heran, tauchten auf und schossen auf vorgegebene Ziele, dann tauchten wir wieder ab und schwammen 1,5 bis 2,5 Kilometer aufs offene Meer hinaus.

Als ich mich beim Green Team meldete, war ich fast ein wenig blasiert. Ich hatte an einer kriegerischen Auseinandersetzung teilgenommen, ich war Zugführer, ich hatte bereits zahlreiche Einsatztrupps kommandiert und einen Großteil meiner Karriere damit verbracht, in Mittelamerika Geheimoperationen durchzuführen. Ich dachte, ich wäre abgebrüht und hartgesotten, und erwartete nicht, dass mir noch irgendetwas Angst machen könnte. Das geschah im Green Team dann jedoch immer wieder. Man ging davon aus, dass wir alle erfahrene Operators waren und schnell lernen würden. Einiges, was wir dort lernten, war höchst gefährlich: Bei unseren Übungen funktionierte entweder alles perfekt, oder Menschen starben.

»Passt gut auf«, pflegte Bam-Bam zu sagen. »Wenn ihr das hier nämlich verzockt, wird es euch umbringen.« An jedem einzelnen Tag kämpfte das Green Team gegen die vereinten Kräfte von Mr Murphy und Mr Darwin.

Wir absolvierten Überlebenstrainingskurse für die Wüste, den Wald und für Gebiete, in denen arktische Verhältnisse herrschten. Wir lernten, wie man im Hafen oder auf hoher See Schiffe kapert. Wir nahmen an einer ganz speziellen Fahrschule teil, wo man uns beibrachte, wie man in voller Fahrt den Wagen herumreißt und in die andere Richtung weiterfährt, wie man Straßensperren umkurvt und mit dem Auto aus einem Hinterhalt ausbricht. Man brachte uns auch bei, wie man andere Wagen offensiv von der Straße drängt. Zum Kummer unserer Ausbilder verfeinerten wir unsere diesbezüglichen Fertigkeiten mithilfe von Mietwagen. Man führte uns in die Grundlagen des Spionagehandwerks ein und wir studierten, wie man tote Briefkästen anlegt und Abholzeichen hinterlässt oder richtig interpretiert und wie man gegnerische Überwacher abschüttelt. Wir hörten Vorlesungen über die Organisation und die Methoden des KGB, der ostdeutschen Stasi und des kubanischen Geheimdiensts DGI.

Wir lernten, die Waffen, die man uns übergeben hatte, und noch Hunderte andere zu bedienen und zu zerlegen. Wir bekamen Schießunterricht und studierten die Pistolenkampf- und Polizeischusstechniken solcher Meister ihres Faches wie Rogers und Chapman. In einer Übung namens »El Presidente« standen wir mit erhobenen Händen mit dem Rücken zu drei Pappkameraden, wobei die Pistole noch im Holster steckte. Auf Befehl drehten wir uns blitzschnell um, zogen unsere Waffe, feuerten zwei Kugeln in jedes Ziel, luden nach und feuerten zwei weitere Kugeln auf das Trio. Bei dieser Übung war ich sogar ganz gut. Ich brauchte nur etwas mehr als fünf Sekunden, um zweimal sechs Schüsse abzugeben und dazwischen meine Waffe nachzuladen.

Der beste Operator des Teams schaffte das in viereinhalb Sekunden.

Das Combatschießen unterscheidet sich grundsätzlich und qualitativ von der traditionellen Schießkunst. Beim normalen Gewehr- und Pistolenschießen soll der Schütze ein Auge schließen, sich entspannen, zielen und dann ganz langsam abdrücken. Wenn man das Ganze übereilt, besteht die Gefahr, dass man den Schuss verreißt. Beim Combatschießen muss es dagegen notwendigerweise ganz schnell gehen. Wenn Leute auf dich zurückschießen, ist Geschwindigkeit lebenswichtig.

Als Erstes brachte man uns bei, aus der hohen Vorhalteposition zu schießen. Dabei wandten wir uns mit leicht gebeugten Knien dem Ziel zu und verlagerten das Körpergewicht auf die Zehen. Der genaue Name dieser Waffenhaltung war der »Isoceles Stance«. »Isosceles« bedeutet »gleichschenklig« und bezieht sich auf die Stellung der Arme in Relation zu den Schultern, denn bei dieser Anschlagsart sind beide Arme gleich ausgestreckt und bilden so mit den Schultern ein gleichschenkliges Dreieck. Unsere MP5 war dabei mit einem speziellen 3-Punkt-Riemen über der Schulter und an der Brust fixiert. Wenn wir die Waffe hoben, um sie aufs Ziel zu richten, wurde der Riemen dadurch zu einem weiteren Stabilitätspunkt, wie eine dritte Hand, die die Waffe stabilisierte. Nach dem Feuerbefehl legten wir den Sicherheitshebel um und schossen in schneller Folge zwei Schüsse ab (»Double-Tab« oder »Doublette«), sicherten die MP und kehrten zur hohen Vorhalteposition zurück. Zuerst schossen wir auf bewegte Ziele, lebensgroße Silhouetten und Kopfscheiben von der Größe einer Schüssel. Wenn die Kugeln von den metallenen Zielscheiben absprangen, war dies ein sofortiges Feedback, ein Ablauf, den man »Aufschlagpunkt

= Zielpunkt« nennt. Der Klirrlaut der Kugeln und das Verpuffen der Bleisplitter vervollständigten die Rückkopplungsschleife. Auge, Hand, Kugel, Ziel, Gehirn.

Diese Form des Gefechtsschießens ist dynamisch und nicht statisch. Deshalb verbrachten wir auch nicht viel Zeit damit, auf stationäre Ziele zu schießen. Wir lernten, uns zu bewegen und zu schießen, zu schießen und uns zu bewegen und zu schießen, während sich die Ziele bewegten. Dies erforderte eine andere Form des Zielens, die sich von den zielfokussierten Techniken des normalen Schießens auf größere Distanzen vollkommen unterschied. Man lehrte uns, beim Zielen beide Augen offen zu halten und uns nicht nur auf das Ziel zu konzentrieren, sondern auch auf das Umfeld zu achten. Das ist natürlich nicht ganz leicht, vor allem für Schützen, die es gewohnt sind, auf Ringe zu schießen, die auf Papierzielscheiben gedruckt sind.

Bei den meisten Rechtshändern ist das rechte Auge dominant, während die meisten Linkshänder ihr linkes Auge favorisieren. Das dominante Auge ist besser geübt und auch ein wenig schärfer. Beim traditionellen Schießen wird das nicht-dominante Auge geschlossen. Wir lernten dagegen eine Methode, unser nicht-dominantes Auge offen zu halten, es dabei jedoch quasi abzublenden, während wir mit dem dominanten Auge gleichzeitig das Ziel erfassten und anvisierten. Das nicht-dominante Auge blieb derweil für das periphere Sehen zuständig und suchte bereits nach dem nächsten Ziel und nach möglichen Hindernissen. Im Grunde genommen beobachtete das eine Auge, während das andere tötete.

Um genau zu treffen, mussten wir natürlich ebenfalls ein korrektes Zielbild gewinnen, Kimme und Korn in Übereinstimmung bringen und das Ziel über dem vorderen Teil des Visiers, dem Korn, zentrieren. Beim Combatschießen musste dieser ganze Prozess allerdings im Bruchteil einer Sekunde ablaufen. Da war gar nicht die Zeit, den Abzug sanft zu drücken. Stattdessen musste man ihn schnell und gleichmäßig betätigen. Es war deshalb notwendig, innerlich den Abschuss der Waffe vorwegzunehmen und die eigene Reaktion auf den Mündungsknall und die Bewegung des Gewehrs intuitiv beherrschen zu lernen. Dies war das genaue

Gegenteil zum Schießen auf Distanz, bei dem man den Schützen beibringt, sich zu entspannen, die Atmung zu kontrollieren und danach den Abzug so sachte zu betätigen, dass der Schütze vom Brechen des Schusses überrascht wird.

Wir zielten oft im vollen Lauf oder sprangen hinter einem Hindernis auf, um einen Schuss abzugeben. Das ruckweise schnelle Reißen am Abzug musste dabei organisch in den Ablauf von Zielerkennung, Anvisierung und Abfeuern der Waffe integriert werden.

Wir arbeiteten Tag und Nacht daran, um zu Meistern des schnellen Zielens und schnellen Feuerns zu werden, wie es das Combatschießen erforderte. Bei allem, was wir taten, wurde die Zeit gestoppt und entsprechende Punkte vergeben. Das Green Team wurde in den ersten vier Wochen immer kleiner. Der ganze Kurs wurde nach dem Verhältnis von Treffern in der Zeit bewertet. Alle, die nach dieser Einteilung zu den untersten 20 Prozent unseres Lehrgangs gehörten, mussten ihren Käfig ausräumen und zum Vanille-Planeten zurückkehren.

Unsere nächste Aufgabe war das Erlernen der Wissenschaft und Kunst des sogenannten CQB, Close Quarters Battle, einem feststehenden Begriff, der sich am ehesten noch mit »Kampf auf nahe und nächste Entfernung« übersetzen lässt, wobei der sogenannte Häuserkampf nur eine, wenn auch wichtige Version davon ist. Während das Combatschießen eine Einzelveranstaltung ist, ist das CQB ein Teamsport. Wie immer bei den SEALs lernten wir zuerst die dazu nötigen Einzelfertigkeiten, um danach allmählich eine entsprechende Einsatzfähigkeit als Team zu entwickeln.

CQB, das manchmal auch als »Surgical Shooting« (chirurgisches Schießen) bezeichnet wird, wurde zuerst vom britischen SAS entwickelt und in Nordirland in die Praxis umgesetzt. Um dem Terrorismus entgegenzutreten, muss man ihn *bekämpfen*, und das CQB ist der Grund, warum Terroristen heutzutage nur sehr selten Gebäude besetzen und Geiseln nehmen. CQB wird immer dann eingesetzt, wenn es gilt, Geiseln aus einem abgeschlossenen, umgrenzten Raum zu befreien, ob dieser nun ein Gebäude, eine Höhle, ein Flugzeug, eine Ölplattform oder ein Kreuzfahrtschiff ist. In der chaotischen Umgebung einer Anti-Terror-Rettungsoperation gilt es, die Geiseln zu befreien und zu sichern und die Terroristen auszuschalten. Disziplin, Teamwork, eine geeignete Zielauswahl und ausgezeichnete Schießkünste machen das möglich.

An einem Ort mit dem bezeichnenden Namen »Kill House« sollten wir lernen, die bösen Jungs unter den Geiseln zu erkennen und zu erschießen. Das Kill House war eine überdachte 360-Grad-Schießanlage. Bewegliche Wände machten es möglich, den Raum in zahlreiche abgeschlossene Abteilungen aufzuteilen, die einzelnen Zimmern glichen. Dabei konnte man den Grundriss jedes denkbaren Zielobjekts nachstellen.

Wir trainierten zuerst in Einzelräumen. Dabei schossen wir auf bemalte, mannshohe Pappkameraden. Einige von ihnen »trugen Waffen«, einige waren Geiseln und andere hatten eine Waffe, trugen jedoch auch eine Polizeimarke. Nachdem wir den Raum betreten hatten, mussten wir sofort die Bedrohungslage einschätzen und entscheiden, ob und auf wen wir schossen. Wir betraten den Raum immer in Teams von zwei, vier, acht oder zehn Mann. Manchmal brannte Licht, manchmal war es dunkel. Während wir nach unseren Zielen Ausschau hielten, pumpten die Ausbilder Disconebel in den Raum oder ließen Stroboskoplichter blitzen. Manchmal beschallten sie uns mit lauter Musik oder dem Dröhnen eines Düsentriebwerks. Immer jedoch zeichneten zahlreiche Videokameras alles auf und erlaubten es, den ganzen Einsatz danach in Zeitlupe abzuspielen und genau zu analysieren.

Jeder von uns feuerte Zehntausende von Schüssen ab. Manchmal spielten wir an einem einzigen Tag 50 verschiedene Szenarien durch. Wenn wir nicht im eigentlichen Kill House waren, übten wir nebenan in einem ausgeklügelten Schießkino.

Die Ausstattung unserer Übungsräume wurde immer unübersichtlicher und raffinierter. Inzwischen gab es dort Möbel, Sofas und Bücherregale, hinter denen sich immer wieder böse Jungs versteckten. Auf der Rückseite der Pappkameraden, die eine Zielperson darstellten, waren an »kritischen« Stellen 8 mal 13 Zentimeter große Karteikarten angebracht, die die »Tötungszonen« des menschlichen Körpers markierten. Für jede abgefeuerte Kugel, die eine dieser Karten verpasste, mussten wir unseren Kameraden einen Kasten Bier kaufen.

Bald sollten wir Ziele in mehreren Räumen hintereinander bekämpfen. Dies machte es erforderlich, dass die Schützen die jeweilige Raumflucht in einer Art improvisiertem »Flow« oder »Fluss« durchkämmten. Das operative Säubern von Räumen erforderte große Präzision, eine fast Zen-mäßige Wahrnehmung der Gesamtsituation und eine vollkommene Beherrschung der eingesetzten Waffen. Schützenpaare gruppierten sich und trennten sich wieder, während sich das Team die Gänge und Räume entlangbewegte. In dieser Kunst des *Fließens durch das Zielgebiet* war das SEAL Team Six unerreicht. Dies wurde erst durch das extreme Trainingsniveau möglich. Dabei waren es nicht nur die unzähligen Raumsäuberungsübungen. In einem einzigen Jahr verfeuerten die Operators des SEAL Team Six mehr Patronen als das gesamte United States Marine Corps zusammen. Was das CQB in multiplen Räumen anging, gab es niemanden auf der Welt, der uns auch nur entfernt das Wasser reichen konnte.

Je mehr unsere Fähigkeiten zunahmen, desto vielfältiger und komplizierter wurden die Zielobjekte. Wir trainierten auf Schiffen, in Flugzeugen und auf Öl- und Gasplattformen vor der Küste. Wir übten in Bussen und Personenzügen. Unsere Trainingsübungen wurden allmählich zu vollgültigen Missionsprofilen, wobei die Offiziere des Green Teams unter den wachsamen Augen von Court und seinen Gehilfen für die Planung und Befehlsgebung der jeweiligen Operation zuständig waren.

Es gab in diesem Kurs nicht nur ein einziges Operational Readiness Exam, sondern Dutzende. Jede nur mögliche Kombination von Einsickerungs- und Abzugsmethoden wurde für die unterschiedlichsten Einsatzgebiete durchgespielt. Das SWAT-Team einer Großstadt kann sich einfach in einen Bus setzen und zum Einsatzort fahren. Wir dagegen trainierten Operationen, die in »feindlich kontrolliertem Gebiet«, also quasi im Hinterhof des Gegners stattfanden. Wir mussten nicht nur dort einsickern und die Geiseln befreien, sondern danach auch noch unseren Abzug erkämpfen. Unsere Übungsoperationen spiegelten diese Operationsanforderungen wider. In den acht Monaten führten wir in jeder vorstellbaren Umgebung die unterschiedlichsten SEAL-Missionen durch: direkte Kampfeinsätze, Erkundung und Überwachung, Operationen gegen Infrastrukturen, Anti-Terror-Einsätze und Geiselbefreiungen. Sean, Moose, Rick und ich planten und befehligten jeder ein halbes Dutzend Missionen. Der Fehlschlag einer solchen Übungsoperation führte zur sofortigen Entlassung aus dem Kurs. Aber wir hielten alle durch, zumindest mehr als die Hälfte von uns. Acht Monate nach Beginn des Lehrgangs feierten die übrig gebliebenen zwölf Operators ihren Erfolg mit einem wilden Fest auf einer Ölplattform, die wir gerade »besetzt« hatten.

Der Abend nach unserer letzten Operation war zufällig auch Traylor Courts Geburtstag und sein letzter Tag in dieser Kommandoeinheit. Bei den SEALs gibt es eine Sache, die man zu allen Zeiten vor seinen Kameraden geheim hält: Sein Geburtsdatum. SEAL-»Geburtstagsfeiern« sind grundsätzlich nicht sehr angenehm. Ein Green-Team-Ausbilder hatte jedoch »durchsickern« lassen, dass Court heute Geburtstag hatte. Wir stellten danach sicher, dass es ein ganz besonderes Ereignis werden würde. Sobald die Ölplattform in unseren Händen war, ergriffen wir Court, legten ihm Handschellen an und fesselten ihn dann mit Klebeband an einen Stuhl.

Danach hielten wir ein kurzes Femegericht ab. Die Anklagepunkte lauteten: die unmenschliche Behandlung von Untergebenen, Grausamkeit gegenüber Kaulquappen, die Imitation eines Pavians und ein paar weitere Kapitalverbrechen. Court wurde sofort schuldig gesprochen und zu einem »Shot oder Shot« verurteilt. Für jeden Anklagepunkt durfte er sich entscheiden, ob er einen »Shot« Pfefferminzschnaps haben wollte, der ihm mit einer Tierarztspritze in den Mund injiziert wurde, oder mit einer Trainingskugel aus Wachs beschossen werden wollte, die wir beim Geiselbefreiungstraining benutzt hatten.

Ich bin mir nicht sicher, was schlimmer war. Die Wachsgeschosse wurden vom Zündhütchen einer Revolverpatrone im Kaliber .38 angetrieben, und Körpertreffer taten entsetzlich weh. Natürlich erfüllte auch der Pfefferminzschnaps den Tatbestand der Körperverletzung. Nachdem er etwa zwölf Spritzen abbekommen hatte, wurde Court von seinen Fesseln befreit, bekam ein Begnadigungsschreiben in die Hand gedrückt, das König Neptun selbst unterschrieben hatte, und wurde dann auf das Flugdeck der Ölplattform getragen, um von dort an Land zurückzukehren. Die zwölf Schnäpse forderten jedoch ihren Tribut. Während wir auf den Hubschrauber warteten, mussten wir Court zweimal mit Brachialgewalt daran hindern, uns das zu demonstrieren, was er seinen »Tarzan-Schwalbensprung« nannte. Es waren sechs stramme Jungs nötig, um ihn in den Helikopter zu bugsieren und an seinem Sitz festzuschnallen. Court war völlig erledigt, aber wir hatten unseren Lehrgang erfolgreich beendet. Nach unserer Rückkehr nach Virginia würden wir einer Kampfeinheit zugewiesen werden.

Das Green Team war Geschichte. Wir waren jetzt endlich Jedi-Ritter.

Nun ja, fast.

Pfeilschnell und effektiv

Der Umzug vom Green Team zum operativen Teil der Einheit war wie eine Reise zum Mond. Obwohl bereits seit acht Monaten an Bord, waren wir während unseres Trainings vom Rest des Kommandos strikt getrennt gewesen. Wir wussten in etwa, welche Aufgaben uns in den Kampfzügen erwarteten, dafür hatten Court und die Green-Team-Ausbilder gesorgt. Aber nichts hätte uns auf die »politischen« Verhältnisse vorbereiten können, die wir dort vorfanden. Das SEAL Team Six war die Schöpfung von Dick Marcinko gewesen und trug immer noch den Stempel von dessen ganz eigenem Charakter. Als wir uns zu unseren Assault Groups begaben, begleitete uns der Geist von »Demo Dick« durch die Flure wie Marleys Gespenst aus Dickens' *Weihnachtsgeschichte*.

Das SEAL Team Six war unter Dick Marcinko eine rein auf Leistung beruhende Meritokratie gewesen, die mit der übelsten Sorte von Personenkult verbunden war. Marcinko war ein Mustang. Obwohl er inzwischen zum Commander und Captain des Teams geworden war, waren ihm Offiziere suspekt. Unter Marcinkos Kommando herrschte in dieser Einheit eine künstliche Form von »Gleichheit«. Jeder war gleich. Marcinkos alte Spezis waren jedoch gleicher als die anderen.

Seit den Tagen von Mob Six hatte Marcinko einen regelrechten Führerkult aufgebaut. Dabei hatte er ganz bewusst die Offiziere im Team an den Rand gedrückt und ihre Autorität untergraben. Die Führer der Assault Groups (Angriffsgruppen), wie die Kampfzüge beim Six hießen, wechselte er oft aus. Vor allem löste er sie sofort ab, wenn sie mit den Senior Chiefs oder gar mit ihm selbst in Konflikt gerieten. Alle Drähte liefen bei Marcinko, dem Patriarchen, Commanding Officer und »brennenden Dornbusch«, zusammen.

Man muss Marcinko allerdings zugestehen, dass er das operative Können über alles stellte – natürlich mit Ausnahme der Loyalität ihm gegenüber. Im Six war jeder gleichermaßen an den Operationen beteiligt. Jeder, angefangen vom Captain, schoss, schwamm und sprang. Versagen und Fehlschläge waren dabei keine Option. Marcinko trieb dabei sich selbst genauso an wie seine Operators. Obwohl dieses System keine Leute wie meinen lieben Freund Skip duldete, die es sich in ihrem Job bequem machten, duldete es auch keinerlei Widerspruch. Es gab nur eine Meinung – die Marcinkos. Dieser Königshof führte einerseits zu echter Verehrung, brachte jedoch auch die übelsten Formen von Günstlingswirtschaft, Hinterhältigkeit und Lobhudelei hervor.

Nach Marcinkos unschönem Abgang unternahm Bob Gormly eine Menge, um die Dinge zu ändern, die widerspenstigsten Elemente im Team zu bändigen, alte Zöpfe abzuschneiden und vor allem die Cowboy-Mentalität etwas zurückzudrängen, die sich unter der früheren Herrschaft breitgemacht hatte. Bob Gormly führte dann ja das SEAL Team Six in seine erste Feuerprobe nach Grenada. Grenada war ein Wendepunkt für die gesamte Navy Special Warfare. Die spektakulären Erfolge des Six wurden jedoch durch eine Tragödie getrübt. Noch vor Beginn der Kampfhandlungen waren vier SEALs ertrunken, als sie sich von einem Hubschrauber auf ein Boot abseilen wollten. Dieser Verlust war wegen seiner Sinnlosigkeit besonders bitter. Die Befreiung und Rettung von Generalgouverneur Scoon und der Einsatz gegen die Sendeanlage von Radio Free Grenada waren inzwischen zu Heldengeschichten in den Annalen der Special Warfare geworden. Unter Gormly hatte das Six seinen Wert bewiesen.

Bob Gormly hatte der Einheit inzwischen zwar seinen Stempel aufgedrückt, aber Marcinkos Erbe wirkte immer noch fort und war auch nicht so leicht zu überwinden. Nach dem Green Team wurden Sean, Moose, Rick und ich verschiedenen Assault Groups zugewiesen. Jede Einheit hatte in Grenada eine unterschiedliche Rolle gespielt und jede hatte ihren ganz eigenen Charakter und ihr besonderes Ethos. Als dienstältester Offizier unseres Lehrgangs bekam Sean das Kommando über eine Assault Group. Dabei war diese Aufgabe für einen frischgebackenen Six keineswegs leicht. Sean war nicht in Grenada dabei gewesen und musste sich erst einmal die Anerkennung seiner Leute verdienen. Aber diese Anstrengung sollte sich auszahlen. Unter Seans entschlossener Führung sollte seine Group später eine wichtige Rolle bei der Ergreifung der Entführer der *Achille Lauro* spielen.

Moose und Rick wurden einer zweiten Assault Group zugeteilt, die sich selbst »die Piraten« nannte. In ihren Unterkünften und Büros hing tatsächlich stolz die Seeräuberflagge mit dem Totenkopf und zwei gekreuzten Knochen. Die Piraten waren wahrscheinlich die härteste und verschworenste Assault Group des ganzen SEAL Team Six. Sie hatten bereits mehrere Offiziere abgesägt, sich jedoch in Grenada als ausgesprochen tapfer erwiesen. Was die Operationsfähigkeiten anging, standen sie niemandem nach. Die Piraten wurden zu dieser Zeit von einem äußerst talentierten und engagierten Offizier namens Bo kommandiert. Bo war ein früherer Army Ranger, ein Mann, der durch sein eigenes Beispiel führte. Moose und Rick waren also in guter Gesellschaft.

Ich wurde einer dritten Assault Group zugewiesen, die unter dem Kommando eines knallharten Revolverhelden namens Johnny Kellerman stand. Johnny war zwar auch aus Mississippi, aber in Stil und Temperament hätten wir unterschiedlicher nicht sein können. Johnny stammte aus dem Norden des Staates, aus einer kleinen Stadt in der Nähe von Tupelo, in der die milden Küstenwinde, die französischen Weine und Käsesorten der Golfküste unbekannt waren. Johnny war stur, kantig und eigensinnig. Der Ausdruck »störrischer Redneck« wäre für ihn vielleicht sogar noch zu milde gewesen. Als ich in sein Team eintrat, erteilte mir ein zukünftiges Mitglied meiner Boat-Crew auf Spanisch eine bezeichnende Warnung.

»*Es un hombre duro*«, sagte er. Er ist ein harter Mann.

Ich sollte bald merken, dass dies eine gewaltige Untertreibung war.

Johnny Kellerman mochte ein harter Hund sein, aber er war auch einer der tapfersten und besten Offiziere, unter denen ich je gedient habe. Johnny war ein Pedant und Ordnungsfanatiker. Seine Assault Group war wahrscheinlich die am besten vorbereitete Einheit im ganzen Team. Johnnys Welt war das SEAL Team Six, und sein Lebenszweck war die Mission dieses Teams.

»Junge, wir sind hier, um Tangos zu töten«, pflegte er zu sagen. Tango stand im NATO-Alphabet für den Buchstaben T, war jedoch auch eine abschätzige Bezeichnung für »Terrorist«.

Wenn Johnny es mit seinem weichen Südstaatenakzent aussprach, bestand das Wort »Tango« sogar aus drei Silben. Die Extrasilbe wurde dabei wohl in eine Art persönliches linguistisches Kontokorrentkonto eingezahlt, denn genauso oft ließ Johnny eine Silbe auch einfach weg. So sprach er »Hawaii« »Haiwai« und »Chinese« »Chineee« aus. Als er erfuhr, dass ich aus Biloxi stammte, sagte er: »Junge, was ist bloß mit deiner Sprache passiert?«

Der zweite Offizier in meiner Assault Group war Ed Summers. Er stammte aus Florida und war früher Vollkontakt-Kickbox-Meister der Professional Karate Association gewesen. Er war ein großartiger Bursche, äußerst direkt, manchmal sogar barsch und bärbeißig, und er war einer der besten Schützen und Sportler im Team. Ed hatte vor, sein gesamtes Berufsleben beim Special Warfare Command zu verbringen. Er war zuvor bereits Zugführer eines SEAL Platoons und SDV-Pilot gewesen, bevor er zum Six kam. Wie Johnny stand Ed eine glänzende Karriere im Special Warfare Command bevor, über die man sich noch heute Geschichten erzählt. Nach einem längeren Aufenthalt beim Six würde Ed später meine alte Einheit, das SEAL Team Four, kommandieren. Ohne einen Vergleich wäre Ed als außergewöhnlich harter Knochen erschienen, aber im Schatten Johnny Kellermans wirkte er beinahe leutselig.

Chief Petty Officer unserer Assault Group war Chuck McGregor. In den alten Six-Tagen waren die Chiefs Marcinkos treue Gefolgsleute und Handlanger gewesen. Chuck McGregor war jedoch alles andere als ein Speichellecker. Außerdem sah er überhaupt nicht wie ein Chief aus. Bei der Navy sind die Chiefs gewöhnlich grauhaarig und in ihrer Körpermitte etwas ausladend. Chuck sah dagegen wie ein 20-jähriger kalifornischer Surfer aus. Er war vermutlich der Einzige im Team, der nicht fluchte, trank, rauchte und ständig hinter den Weibern her war. Er war ein frommer Christ und hatte in seiner Aktentasche immer eine Bibel dabei. Nur manchmal ließ er sich dazu hinreißen, solche Sachen wie »Darn it« zu sagen, denen die Verwandtschaft mit einem Fluch wie »Damn it!« (Verdammt!) doch noch anzumerken war.

Man könnte jetzt vielleicht denken, dass ein solcher Mann immer wieder mehr oder weniger gutmütigen Hänseleien ausgesetzt sein würde. Das war bei Chuck aber ganz und gar nicht der Fall. Chuck war immerhin ein Gründungsmitglied von Mob Six. Obwohl seine Persönlichkeit und sein Lebensstil vielleicht etwas von denen der anderen abwich, war Chuck in dieser Einheit, weil er zu den besten Operators des Naval Special Warfare Command gehörte. Er war der beste Sportler in einer Truppe voller Triathleten, er hatte zweimal die 1000 Meter hohe Felswand des El Capitan im Yosemite-Nationalpark erklettert, war in Grenada dabei gewesen und konnte schneller rennen und schwimmen und besser schießen als alle, die es tatsächlich wagen würden, sich das Maul über ihn zu zerreißen. Er war ein Pfadfinder in einer Bande von Schurken und er sollte zu einem meiner engsten Freunde in dieser Einheit werden. Bei gemeinsamen Einsätzen verwendeten wir das Rufzeichen »Chuck hoch zwei«.

Ich fügte mich in meine Aufgabe ein. Dabei musste ich erst einmal kleinere Brötchen backen. In den ersten Monaten war ich lediglich ein einfaches Boat-Crew-Mitglied. Johnny war es völlig egal, dass ich schon einen Kampfeinsatz hinter mir hatte, und meine Operationen in Mittelamerika quittierte er allenfalls mit einem müden Lächeln. Wie in meiner formellen Probezeit nach dem BUD/S würde ich beweisen müssen, dass ich Gehorsam und Respekt wert war, bevor man mir eine Führungsposition übertrug. Johnny schien mich wie ein experimentelles Ausrüstungsstück zu betrachten, das man ihm aus einem weit entfernten Navy-Labor geschickt hatte. Er beschloss, mich einzuschalten und zu schauen, ob ich eventuell in Flammen aufging. Erst nach diesem Test würde er mich im Alltagsbetrieb einsetzen.

In den ersten sechs Wochen hatte ich keinerlei Autorität. Meine einzige Verantwortung in dieser Assault Group bestand darin, zum Dienst zu erscheinen und den Mund zu halten. Bob Gormly mochte im Team wieder eine normale Kommandostruktur eingerichtet haben, in Johnny Kellermans Truppe galt jedoch weiterhin nur das Leistungsprinzip. Natürlich ging mir das ein wenig gegen den Strich. Immerhin wurde ich von der Navy bezahlt, um zu führen, und nicht, um zu folgen. Trotzdem ertrug ich meine zweite Probezeit mit Gleichmut und einer Portion Humor. Das Green Team hatte mich ja gelehrt, dass ich noch eine Menge lernen musste.

Die gesamte Einheit befand sich, wie bereits erwähnt, ständig im Kriegszustand. Das Operationstempo war ausgesprochen hoch. Neben der Dauerbereitschaft für Ernstfallmissionen in der wirklichen Welt gab es immer wieder Übungseinsätze und Schulungen. Wenn wir nicht auf der Straße oder im Busch waren, verbesserten wir im Kill House unsere Schießkünste. Die Übungen mussten wir stets sehr ernst nehmen. Es hatte immer noch schlimme Konsequenzen, wenn man bei einer Trainingsmission versagte. Jede Übung wurde genau geplant und präzise ausgeführt. Dies gelang jedoch nur, wenn die Teilnehmer zuvor auf geeignete Weise eingewiesen wurden. Allmählich durfte ich mich an diesem Einweisungsprozess und schließlich auch an der Einsatzplanung beteiligen, doch ich hatte weiterhin keine Kommandostellung. Bei Übungen führten wir Angriffe gegen eine Vielzahl von Zielen wie Schiffe, Flugzeuge, Gebäude und Infrastrukturen durch, manchmal im Verbund mit anderen Einheiten, manchmal ganz auf uns gestellt. Auch die übrigen Absolventen meines Green Teams mussten sich erst einmal in den Boat-Crews bewähren. Erst bei einem Übungseinsatz in Puerto Rico wurde ich in die Kommandostruktur der Assault Group integriert.

Der Trip war ein Spaziergang, drei Wochen in Roosevelt Roads. In dieser Zeit war ein Kampfschwimmertraining und Dschungelkampfübungen auf der Isla Perro vorgesehen. Man beauftragte mich mit der Einsatzplanung. Zuerst hatte ich fast das Gefühl, das Ganze sei als Fleißarbeit oder gar Beschäftigungstherapie gedacht, aber dann gelang es mir doch, die entscheidenden Leute zu beeindrucken. Ich bereitete ein eineinhalbwöchiges Kampfschwimmertraining vor. Dabei fand ich ein ehemaliges Liberty-Schiff, auf und an dem wir die Sabotage von Seefahrzeugen und das Entern eines Schiffes üben konnten. Was die Dschungelübung anging, richtete ich mich nach der, die wir damals im Rahmen der 24. Marine Amphibious Unit abgehalten hatten. Es war, als ob ich wieder in der Ausbildungseinheit des SEAL Team Four tätig wäre. Nach der Rückkehr von diesem Einsatz rief mich Johnny eines Morgens nach dem Sporttraining in sein Büro. »Ich unterstelle Ihnen ab jetzt die Boat-Crews 4, 5 und 6«, teilte er mir mit. »Ich werde Sie als Führer eines Angriffstrupps ausprobieren. Sie können das gleich Ihren Jungs erzählen.«

Ich bedankte mich und verließ das Büro. Ich empfand das Ganze jedoch keinesfalls als Rehabilitation. Auch sein Vertrauen zu mir schien mir nicht sehr gefestigt. Er hatte unmissverständlich klargemacht, dass dies ein Probelauf war. Wenn ich seinen Ansprüchen nicht genügte, würde ich auch als Lieutenant wieder zu einem einfachen Boat-Crew-Mitglied degradiert werden. Ich rief die Jungs zusammen und erzählte ihnen von der Neuorganisation unserer Einheit. Zufällig oder aus Absicht hatte ich zwei Surfer und mit Alex, Hoser und Luis drei Spanisch-Sprechende in meiner Gruppe. Für künftige Operationen waren wir personell ausgezeichnet besetzt. Alex hatte an der Eroberung des Radiosenders teilgenommen und war unser Sprengexperte. Hoser hatte früher bei den Chuting Stars, dem Fallschirmspringer-Team der Navy, gedient. Nicht zuletzt deshalb war er unser »Himmelsgott«, unser Experte für Luftlandeoperationen. Stick und Coyote waren für die schweren Waffen zuständig, Toad war unser Chef-Kletterer, Mike unser Chef-Techniker und Fachmann für Boote und Doc Luke war unser Sanitäter und in Personalunion der absolute Klugscheißer unserer Gruppe. Wie Alex war Luke bei dem Einsatz gegen die Radiostation in Grenada dabei und behielt aus Prinzip immer die Ruhe. Auf unserem Teil des Team-Geländes gab es mehr Hawaiihemden als Poloshirts, mehr Reggae als Country and Western, und wir alle hatten eine Vorliebe für gebratene Kochbananen, *Arroz con Pollo* und Einsätze im Dschungel. Ab jetzt waren wir die »Rastamen«. Ich sollte diese Angriffseinheit drei Jahre lang unter zwei Group Commanders führen und bis zum Ende meiner Dienstzeit in der SEAL-Truppe bei den Rastas bleiben.

Obwohl ich zu meinen Rastas sofort einen guten Draht hatte, dauerte es eine Weile, bis ich mich als Teil des Team Six fühlte. Die gegenseitige Abschottung prägte immer noch unser Leben. Ich sah Sean und Moose täglich, wenn sie nicht gerade auf einem Außeneinsatz waren, aber über die Arbeit sprachen wir dabei selten – selbst bei der Arbeit. Die Assault Groups hatten unterschiedliche Aufträge und die Informationen darüber liefen über unterschiedliche, voneinander unabhängige Kanäle. Es mag seltsam klingen, aber wenn man Mitte Februar mit sonnengebräunter Haut ins verschneite Virginia zurückkehrte, fragte einen kein Mensch, wo man gewesen war. Wir stellten den anderen Gruppen keine Fragen, und sie ließen uns ihrerseits in Ruhe. In der ganzen Einheit wusste man nur, was man wissen musste. Wenn wir gemeinsam operierten, wurden wir auch gemeinsam über alle Hintergründe aufgeklärt. Operierten wir jedoch unabhängig voneinander, wurden keine Informationen weitergegeben.

Diese Geheimhaltungsmanie grenzte manchmal ans Lächerliche. Einmal gaben wir dem Kapitän eines Schiffes, gegen das wir einen Übungsangriff unternehmen würden, ein Briefing. Unsere Befehle und unsere auf dem Stützpunkt gedruckten Visitenkarten sagten aus, dass wir zivile Vertragsangestellte seien, die für die nicht existierende Ausrüstungserprobungseinheit arbeiteten. Wir erzählten dem Kapitän, wie unser Scheinangriff ablaufen würde. Vier Paar Schwimmer mit Kreislaufatemgeräten würden simulierte Magnetminen am Rumpf, den Schrauben und Antriebswellen des Zerstörers anbringen, während dieser vor Mayport, Florida, ankerte. Zwei weitere Schwimmerpaare würden an Bord steigen und zwei Schiffsoffiziere kidnappen. Während wir die Operation schilderten, starrte der Kapitän immer wieder auf unsere Visitenkarten. Die Übung, über die wie ihm gerade berichteten, hörte sich nicht gerade wie die Überprüfung von Ausrüstungsgegenständen an.

Schließlich wollte der Kapitän von Ed wissen: »Bei welchem Kommando sind Sie beide?«

»Sie sind nicht autorisiert, diese Frage zu stellen«, antwortete Ed schroff.

Die Übung begann, und sechs Minen wurden am Schiff angebracht, während die Besatzung an Deck ständig Sicherheitspatrouillen durchführte. Zum großen Erstaunen des Kapitäns stellte sich am Ende der Übung heraus, dass sein Chefingenieur und sein Waffenoffizier verschwunden waren. Sie waren von unseren Schwimmerpaaren aus ihren Kabinen geholt, gefesselt, geknebelt und dann vom Schiff abgeseilt worden. Am nächsten Morgen wurden sie dann ihrem Kapitän zurückgegeben. Obwohl sie klatschnass waren, grinsten sie über beide Ohren. Vorher waren sie jedoch zu absoluter Geheimhaltung über die Geschehnisse dieser Nacht vergattert worden. Und so war es nur ein weiteres Beispiel für eine gründliche Ausrüstungserprobung im Auftrag der US-Regierung gewesen.

Während also unsere Aktivitäten weitgehend verborgen blieben, war das Team zu unseren Angehörigen und Familien relativ offen. So hatte Margot zum Beispiel an einem Briefing für Lebenspartner teilgenommen, das das Team ausgerichtet hatte. Sie wusste jetzt, dass ich immer noch bei den SEALs war, man wies sie jedoch auch darauf hin, dass es strikte Geheimhaltungsvorschriften gab. Man warnte sie davor, anderen etwas über die Einzelheiten meiner Arbeit zu erzählen, und bedeutete ihr mit gewundenen Formulierungen, dass sie im Fall meiner Verwundung oder meines Todes unter keinen Umständen mit der Presse sprechen dürfe. Sie steckte diese Warnungen locker weg, so wie sie auch mit allem anderen gut klarkam. Margot war eben die ideale Soldatenfrau.

Unsere Assault Group führte im ganzen Land Trainingsoperationen durch, wobei wir Männer und Material unter völliger Geheimhaltung in das jeweilige Einsatzgebiet brachten. Mitten in der Nacht landeten Lockheed-C-141-Transportmaschinen der Air Force auf einem Zivilflughafen und luden unsere nicht markierten Lastwagen und SUVs aus, die von Zivilfahrzeugen nicht zu unterscheiden waren. Unsere »Besuche« waren immer mit den örtlichen Ordnungskräften und der Polizei des jeweiligen Bundesstaates abgesprochen. Diese stellten uns auch für unsere Fahrzeuge Kennzeichen des entsprechenden Staates zur Verfügung. Bevor wir unseren Stützpunkt verließen, wurden wir über die Sicherheitslage und die Spionageabwehrmaßnahmen unterrichtet. Für jeden Einsatz, für jede Aktion und für jeden Status wurde eine Tarngeschichte festgelegt. Allen Beteiligten wurde eingetrichtert, was sie antworten sollten, wenn jemand sie fragte, wer wir waren, warum wir da waren und was wir hier taten.

Natürlich hatte keine dieser Antworten etwas mit dem Training eines SEAL-Teams zu tun.

Diese Tarngeschichten und die allgemeine Geheimniskrämerei hatten natürlich Auswirkungen auf uns alle. Wir wurden zu aalglatten Lügnern, wir fanden nichts mehr dabei, ständig Pseudonyme zu benutzen, wir wichen immer geschickter Fragen aus und wurden zu großen Meistern der Desinformation. Die »wirkliche« Welt wurde zu einer Illusion. »Gewöhnlichen Menschen« gingen wir aus dem Weg oder führten sie hinters Licht. Wir operierten selten zweimal im Jahr im gleichen Gebiet. Wenn wir es doch einmal taten, legten wir uns eine »Legende« zurecht, die unsere wiederholte Anwesenheit plausibel machte. Eine meiner beliebtesten Tarngeschichten war die Behauptung, wir seien ehemalige NFL-Football-Profis, die an einem Hochseeangel-Turnier teilnehmen würden. Erzählen Sie einmal eine solche Geschichte unauffällig in einer Bar voller Sportfans!

Diese Legenden benutzten wir auch, weil wir wussten, dass uns Lenny und Dougie ständig im Nacken saßen. Während und nach unseren Ausflügen schnüffelte Dougie herum, befragte Hotelportiers und Barkeeper und bewertete die »Spuren«, die wir hinterlassen hatten. Wenn eine solche Tarngeschichte einmal brüchig wurde, das heißt, wenn jemand vermutete oder sogar erriet, dass wir SEALs waren, standen Lenny und Dougie sofort auf der Matte, um sicherzustellen, dass alle beiläufigen oder gezielten Fragen auf geeignete Weise abgeblockt wurden. Außerdem wollten sie herausfinden, wer an dieser Geheimhaltungspanne schuld war. Jeder Operator, der die Sicherheitsbestimmungen verletzte oder eine Legende auffliegen ließ, wurde sofort entlassen. Dougie und Lenny machten dabei nur ihren Job. Trotzdem war uns klar, dass sie im Grunde gegen uns arbeiteten. Nach Dienstschluss waren sie beide großartige Jungs, aber im Dienst war es ihre Aufgabe, uns hochzunehmen. Wir waren ständig auf der Hut, dass ihnen das nicht gelang.

Sean, Moose und ich standen uns weiterhin nahe und hingen nach Dienst zusammen herum, wann immer wir konnten. Wie der Rest des Teams wurden wir Stammgäste des Raven. Damals war das eine leicht schräge

Bar am Südende von Virginia Beach. Sie war um Längen netter als das verblichene Casino und die Kellnerinnen, die sogenannten Ravenettes, gehörten alle zu den örtlichen Schönheiten. Obwohl sich ein ständiger Touristenstrom hinein- und hinauswälzte, waren die Stammgäste des Raven Mitglieder des SEAL Team Six. Wir alle tranken dort, und wir tranken eine Menge. Alle SEAL-Teams sind in dieser Hinsicht keine Kinder von Traurigkeit, aber auch hier stand das Six einsam an der Spitze. Naval Special Warfare ist eben nichts für Männer mit einem schwachen Herzen, schwachen Arm oder einer schwachen Leber. Wir arbeiteten hart, ließen es aber danach noch härter krachen. Üble Kater waren nach dem morgendlichen Lauf verflogen, manch voller Magen wurde nach dem Schwimmen und dem Hinderniskurs am Wegrand leer gekotzt.

Die Neue-Freunde-Regel und das ständige Hinterherschnüffeln von Lenny und Dougie sorgten dafür, dass die Operators des Six unter sich blieben. Man hatte eigentlich nur noch mit Six-Kameraden und deren Frauen und Freundinnen gesellschaftlichen Kontakt. Unser Einsatzgebiet mochte der ganze Planet sein, aber unsere eigene Welt wurde kleiner und kleiner.

Margot und ich kauften uns ein Drei-Schlafzimmer-Haus in einem Nullachtfünfzehn-Neubauviertel am südlichen Rand von Virginia Beach. Wir kauften uns neue Möbel und schufen uns ein behagliches Heim. Wir hatten liebend gerne Besuch. Moose und Sean waren häufig bei uns zu Gast und unsere feuchtfröhlichen Wochenend-Grillpartys dauerten oft tagelang. Ich war zugegebenermaßen nicht der beste Ehemann, aber Margot und ich stritten uns nur selten. Sie liebte mich immer noch, und ich brauchte sie immer noch. Meine Arbeit war in unterschiedliche Abteilungen aufgeteilt und mein Leben war es ebenso. Unterwegs betrog ich sie häufig, wickelte das Mädchen einer Nacht je nach Laune mit meiner Segeljachtgeschichte oder mit der gerade gültigen Tarnlegende ein. Das waren One-Night-Stands, und am nächsten Morgen war ich wieder weg. Ich hatte ein schlechtes Gewissen, das jedoch nicht schlecht genug war, um auf diese Kapriolen zu verzichten. Vielleicht war ich zu einem Menschen geworden, der einfach zu sehr geliebt werden wollte. Ich log daheim und ich log unterwegs. Wenn ich nach Hause zurückkehrte, stopfte ich meinen Ehebruch wie alles andere in eine geschlossene Zelle. Ich meinte, dass diese Zellen luftdicht wären. Erst viel später sollte ich erfahren, wie teuer einen diese Lügen zu stehen kommen.

Ich war einen Gutteil meiner Zeit von zu Hause fort und wurde oft völlig unerwartet abberufen. Margot und ich hatten einen stillen Code entwickelt. Wenn die Reise im Voraus geplant war, packte ich meine Zivilklamotten in die Kleidertasche und ließ diese offen auf unserem Bett liegen. Wenn ich zu einer zweiwöchigen Reise mitten im August dicke Wollpullover mitnahm, ahnte sie freilich, dass ich in kältere Klimazonen unterwegs war. Und wenn ich im tiefen Winter ein Dutzend Hawaiihemden einpackte, konnte sie sich denken, dass es an meinem Zielort warm und sonnig sein würde. Selbst wenn die Reisen vorher nicht angekündigt wurden, versuchte ich, Margot einen Hinweis zu geben. Wenn ich daheim anrief und auf dem Anrufbeantworter die Botschaft hinterließ: »Auf dem Heimweg hole ich uns etwas zu essen«, wusste sie, dass sie mich erst in einer Woche wiedersehen würde.

Für Margot waren diese Reisen doppelt hart. Einmal wusste sie nicht, wo ich war, zum anderen durfte ich sie während meines Einsatzes nicht anrufen. Margot versuchte oft herauszufinden, wo ich mich aufhielt, indem sie CNN schaute.

Damit lag sie meistens richtig.

Ein volles Missionsprofil

In einer Welt, in der Terrorattentate zu etwas ganz Alltäglichem geworden waren, brüstete sich Muhammad Zaidan, er werde auch auf diesem Gebiet neue Wege finden. Der unter seinem Kampfnamen Abu Abbas bekannte Zaidan war Mitglied des Exekutivrats der PLO, Vertrauter Jassir Arafats und Gründer und Führer der Palestine Liberation Front PLF. Abu Abbas inszenierte Gleitseglerattacken auf Israel und kam auf die Idee, mit bewaffneten Schnellbooten Schwimmer und Badegäste an den Stränden von Tel Aviv anzugreifen. Er war auf seinem Gebiet also höchst kreativ. Mit Arafats Zustimmung wählte Abu Abbas vier Männer aus seiner Organisation aus, die den ehrgeizigsten Terrorakt seiner Karriere durchführen sollten.

Zum Anführer dieser Operation bestimmte er Youssef Magied al-Molqi. Dieser Mann war nicht besonders helle, aber brutal und diensteifrig. Wie bei den Angriffen mit Gleitseglern und Schnellbooten litt auch dieser neue Plan bereits im Ansatz unter dem unterentwickelten Taktikverständnis, das Abu Abbas trotz all seiner Prahlerei kennzeichnete. Schlecht geplant und chaotisch ausgeführt, war Abbas' Operation von Anfang an zum Scheitern verurteilt. Wahrscheinlich war das al-Molqi in keiner Weise bewusst, und Abu Abbas konnte das ohnehin egal sein. Als Führer der Palästinensischen Befreiungsfront leitete er den ganzen Einsatz von seiner sicheren Hotelsuite aus.

Ziel des Anschlags war das italienische Kreuzfahrtschiff *Achille Lauro*. Das Schiff war in einem fast so traurigen Zustand wie die Männer, die es zu kapern gedachten. Hätten Sie damals nach einem Schiff Ausschau gehalten, das seit seinem Stapellauf unter einem schlechten Stern gestanden hatte, dann hätten Sie sich zweifellos für die *Achille Lauro* entschieden. Der 192 Meter lange Dampfer war seit 1947 unter dem Namen *Willem Ruys* für die niederländische Koninklijke Rotterdamsche Lloyd unterwegs gewesen. Zuerst verkehrte er zwischen Rotterdam und Jakarta, später dann im Transatlantikdienst, beide Male jedoch mit mäßigem Erfolg.

Im Jahr 1965 kaufte der italienische Schiffahrtsmagnat Achille Lauro das Schiff, das daraufhin den Namen seines neuen Eigners bekam. Angeblich bringt das Umtaufen eines Schiffs Unglück. Man hatte wohl vergessen, dies Signor Lauro mitzuteilen. Wenig später brach auf der *Achille Lauro* nach einer Explosion ein Brand aus. Das war jedoch nur der erste in einer ganzen Reihe von Unglücksfällen und Schicksalsschlägen. Im Jahr 1975 kollidierte die *Achille Lauro* in den Dardanellen mit dem libanesischen Viehfrachter *Yousset*, der daraufhin sank. Nicht alle Probleme des Schiffes waren jedoch nautisch bedingt. Die Lauro-Linie geriet bald in finanzielle Schwierigkeiten. Im Jahr 1982 wurde die *Achille Lauro* auf Teneriffa beschlagnahmt, weil die Eigentümer die fälligen Hafengebühren nicht bezahlt hatten. Mitte der 1980er-Jahre was das Schiff endgültig eine alte Dame, die nur noch für billige Kreuzfahrten im Mittelmeer eingesetzt wurde.

Am 7. Oktober 1985 kamen Youssef al-Molqi und seine drei Komplizen Ibrahim Abdel Atif, Ahmed al-Hassani und Bassam al-Asker im ägyptischen Alexandria an Bord der *Achille Lauro*. Der Großteil der 670 Kreuzfahrtpassagiere hatte das Schiff in Alexandria verlassen, um einen Tagesausflug zu den Pyramiden zu machen. Am späten Vormittag lichtete die *Achille Lauro* den Anker und fuhr ein Stück aufs Mittelmeer hinaus, um ein paar Stunden vor der Küste Ägyptens zu kreuzen. Am Abend wollte sie dann zurückkehren, um die Ausflügler wieder an Bord zu nehmen. Als das Schiff aus dem Hafen von Alexandria hinausdampfte, zogen sich al-Molqi und seine Kumpane in ihre Kabinen in der zweiten Klasse zurück und warteten.

Am Bord des Kreuzfahrtschiffes befanden sich zu dieser Zeit noch 90 Passagiere und 340 hauptsächlich italienische und portugiesische Besatzungsmitglieder. Zehn Passagiere waren US-Amerikaner, darunter der 69-jährige Leon Klinghoffer und seine Frau Marilyn. Während die *Achille Lauro* noch vor der ägyptischen Küste dümpelte, stürmten al-Molqi und seine Komplizen in den Hauptspeiseraum und schossen mit ihren Maschinenpistolen in die Decke. Sofort wurde der Brücke gemeldet, dass bewaffnete Männer die Kontrolle über das Schiff übernommen hätten.

So begann al-Malqis kurze Piratenkarriere.

Zum ersten Mal erfuhr die Welt von diesem Ereignis durch einen Notruf, der von einer Küstenfunkstation im schwedischen Göteborg aufgefangen wurde. Bevor die Kommunikation mit dem Schiff endgültig abbrach, konnte dessen Kapitän Gerardo De Rosa noch eine kurze Botschaft absetzen. Die Nachricht von der Geiselnahme ging sofort um die ganze Welt. Im Operationsbüro des SEAL Team Six lief in einem Fernseher in einer Ecke des Raums ständig CNN. Über diesen Nachrichtensender und nicht durch eine offizielle Meldung erfuhr das Six erstmals von diesem Terrorangriff. In den folgenden Stunden stand unser ganzes Team ständig in höchster Alarmbereitschaft. Obwohl wir die Berichterstattung von CNN genau verfolgten, war unser erster Gedanke, dass ein italienisches Schiff wohl auch ein italienisches Problem sei.
Der damalige italienische Ministerpräsident Bettino Craxi weigerte sich anfangs, irgendeine Hilfe vonseiten der Reagan-Regierung anzunehmen. Während die italienische Regierung öffentlich verkündete, sie sei bereit, das Schiff mit Gewalt zurückzuerobern, hielt sie es insgeheim für das Beste, umgehend mit den Entführern Verhandlungen aufzunehmen. Das war vielleicht gar keine so falsche Entscheidung, denn die italienischen Kommandoeinheiten, mit denen wir bald zusammenarbeiten sollten, machten, gelinde gesagt, nicht den besten Eindruck. In Wahrheit verfügten die Italiener überhaupt nicht über die Truppen und Gerätschaften, die für eine Wiedereroberung ihres Schiffs nötig gewesen wären. Ihre einzige Option war also eine dezidierte Beschwichtigungspolitik und die damit verbundende nachgiebige Haltung.
Und so verstrich an diesem Montagnachmittag Stunde um Stunde. Am frühen Abend wurde dann gemeldet, dass sich an Bord dieses Schiffes amerikanische Staatsbürger befänden. Sie waren eindeutig in Gefahr. Craxis strikte Ablehnung jeder Hilfe spielte jetzt keine Rolle mehr. Nach den Bestimmungen des Völkerrechts waren die Vereinigten Staaten berechtigt, ein Schiff aufzubringen, das von Piraten gekapert worden war, und so fiel die Entscheidung, das SEAL Team Six einzusetzen.

Unsere Mobilisierung verlief glatt und ohne jede Verzögerung. Das Team hatte bereits mehrere solche Einsätze in der »realen Welt« absolviert und oft genug diese Bereitstellungsmaßnahmen geübt. Nach erstaunlich kurzer Zeit stand unsere gesamte Einheit in Kampfausrüstung auf einer Navy-Flugbasis in der Nähe unseres Team-Stützpunkts in Bereitschaft. Dort warteten wir jetzt ungeduldig, bis die Air Force uns endlich ihre Transportflugzeuge schicken würde.

Wertvolle Stunden verstrichen, in denen die gesamte Assault-Einheit zwischen Kisten und Paletten voller Gerät am Ende einer verdunkelten Startbahn saß. Wie alle in unserem Team schäumte ich vor Wut. Trotzdem war ich lange nicht so wütend wie Moose.

Moose hatte einen Marschbefehl nach Rom erhalten, wo er in der amerikanischen Botschaft als Verbindungsoffizier des Joint Command der Spezialtruppen tätig werden sollte. Es war ein wichtiger Auftrag, er würde den Botschafter direkt beraten, aber er würde nicht an der eigentlichen Aktion teilnehmen dürfen. Er schaute deshalb ziemlich enttäuscht drein, als er zu seinem Linienflug aufbrach.

Im Südosten Virginias war die Nacht des 7. Oktober kühl und neblig. Die Rastas saßen immer noch wie alle anderen am Ende dieser Startbahn. Uns alle erfüllte ein Gefühl der zuversichtlichen Anspannung. Für einen solchen Einsatz hatte man das Team gegründet. Wir wussten, dass wir ihn erfolgreich ausführen konnten. Wir konnten damals allerdings noch nicht wissen, dass diese Operation genau so enden würde, wie sie begonnen hatte, und wir dann wieder in einiger Verwirrung auf einer abgedunkelten Startbahn sitzen würden. Erst in den frühen Morgenstunden des 8. Oktobers, einem Dienstag, landeten die ersten von mehreren Air-Force-Transportmaschinen und öffneten ihre Laderampen.

Während die Flugzeuge das Team nach Osten über den Atlantik flogen, wurde ein Plan entwickelt, wie man das Schiff zurückerobern könnte. Das Team Six war aufgrund seiner speziellen Ausbildung bereit und fähig, direkt vom Flugzeug aus anzugreifen. Dieser Plan war vernünftig und hätte wohl auch funktioniert. Doch das Ziel musste erst einmal gefunden werden, denn die *Achille Lauro* war irgendwo im östlichen Mittelmeer verschollen.

Kurz nachdem die Entführer in die Speiseraumdecke geschossen hatten, befahlen sie dem Kapitän, den weiter nördlich liegenden syrischen Hafen Tartus anzulaufen. Nachdem Kapitän De Rosa geistesgegenwärtig noch einen Notruf abgesetzt hatte, ordneten die Terroristen jetzt absolute Funkstille an. Inzwischen hielten sich auf der Brücke ständig bewaffnete Männer auf, sodass der Kapitän keine Wahl hatte, als allen ihren Anweisungen zu folgen. Während die *Achille Lauro* in Richtung Norden dampfte, wusste ihr Kapitän, dass sein Schiff zu einer Nadel im Heuhaufen geworden war.

Flugzeuge der 6. US-Flotte suchten im ganzen östlichen Mittelmeer nach dem Kreuzfahrtschiff, jedoch ohne Erfolg. Erst als sich die Frachtmaschinen mit dem SEAL Team Six bereits ihrer Einsatzbasis am Mittelmeer näherten, ließen die Terroristen etwas von sich hören. Sie gaben sich als Mitglieder der Palästinensischen Befreiungsfront zu erkennen und forderten die Freilassung von 50 Landsleuten aus israelischen Gefängnissen. Sie verlangten auch, im Hafen von Tartus anlegen zu dürfen. Man vermutete, dass sie dort Verstärkung erwarteten.

Al-Molqi war geschockt und Abu Abbas absolut entgeistert, als die Syrer dem Schiff das Einlaufen in ihre Gewässer verboten. Der syrische Präsident Hafis al-Assad, der eigentlich für seine Unterstützung von Terrorgruppen bekannt war, traf diese Entscheidung aus politischen und nicht aus humanitären Gründen. Zu dieser Zeit gab es zwischen ihm und Jassir Arafat gewisse Spannungen. Als die Entführer sich als PLO-Mitglieder zu erkennen haben, witterte Präsident Assad eine Chance, seinem wankelmütigen Verbündeten eine Lektion zu erteilen.

Dies brachte al-Molqi in eine äußerst gefährliche Lage. Die Entführer wussten, dass man das Schiff zurückerobern könnte. Sie äußerten ständig neue Drohungen und verlangten, dass man ihre Forderungen bis 15.00 Uhr erfüllen müsse. Um ihre Entschlossenheit zu beweisen, wählten sie 20 Passagiere aus, die sich auf dem Vorschiff in einen Kreis setzen mussten. Sie wussten, dass diese Geiseln vom Flugzeug aus sichtbar waren. Der 15-Uhr-Termin verstrich, ohne dass etwas geschehen wäre.

Leon Klinghoffer gehörte als US-Bürger zu den Passagieren, die für diesen Kreis ausgewählt worden waren. Es war den Terroristen jedoch zu mühsam, Mr Klinghoffer in seinem Rollstuhl auf das Oberdeck zu den anderen zu bringen, deshalb verblieb er auf einem der unteren Decks. Kurz nach 15.00 Uhr entschied al-Molqi, es sei Zeit, eine unmissverständliche Botschaft zu senden. Er kletterte zu Klinghoffer hinunter und jagte dem Mann im Rollstuhl eine Kugel in die Brust und eine zweite in den Kopf. Dann winkte er zwei Besatzungsmitglieder herbei und befahl ihnen, Klinghoffers Leiche zusammen mit seinem Rollstuhl über Bord zu werfen.

Die sich auf ihren Einsatz vorbereitenden amerikanischen Assault Groups wurden später an diesem Nachmittag über Klinghoffers Ermordung informiert. Aufgefangene Funksprüche zwischen den Terroristen und Unterstützern in Tartus und Genua offenbarten, dass sie einen Mord begangen hatten und dass ihr Plan offensichtlich nicht so lief, wie sie gehofft hatten. Die Syrer verweigerten ihnen weiterhin den Zugang zum Hafen von Tartus und die PLO-Führung kam allmählich zu der Erkenntnis, dass die Operation zum Scheitern verurteilt war. Abu Abbas übermittelte den Entführern neue Anweisungen und befahl ihnen, ins ägyptische Port Said zurückzukehren. Außerdem wies er sie ausdrücklich an, künftig keinem Passagier auch nur ein Haar zu krümmen.

Die eingehenden Informationen waren sehr widersprüchlich. Während die Terroristen jetzt behaupteten, allen Passagieren gehe es gut, hatte Kapitän De Rosa der Hafenverwaltung von Tartus mitgeteilt, dass ein Kreuzfahrtteilnehmer ermordet worden sei. Alle diese Funksprüche wurden aufgezeichnet und in Echtzeit der Angriffstruppe zur Verfügung gestellt. Als die Nacht über dem Mittelmeer hereinbrach, entschlüpfte die *Achille Lauro* in Richtung Süden. Sie hielt ab jetzt wieder Funkstille und verschwand in der Dunkelheit.

Die Rastas und die drei anderen Assault Groups waren gegenwärtig in einem Hangar irgendwo im östlichen Mittelmeerraum untergebracht. Wir waren alle schon einmal hier gewesen. Das Team hatte bei mehreren Einsätzen von diesem Stützpunkt aus operiert, um dann in einigen Fällen doch in letzter Sekunde zurückgezogen zu werden. Wir nannten diese Operationen »Hamsterkäfig«, weil wir uns alle wie Nagetiere fühlten, die sinnlos in einem Tretrad herumrannten. Während die Politiker sich also wieder einmal stritten, wie es weitergehen sollte, gewannen wir allmählich den Eindruck, dass wir auch dieses Mal als japsende Hamster enden könnten.

Wir bekamen dieses politische Gerangel Gott sei Dank gar nicht so genau mit. Moose hingegen steckte mittendrin. Als der amerikanische Botschafter auf eine entschlossene Lösung drängte, reagierte die Craxi-Regierung ausweichend. Die Italiener wollten offensichtlich mit der PLO eine Vereinbarung aushandeln. Aber jetzt war bereits ein US-Bürger ermordet worden. Für Ronald Reagan und General Carl Steiner, den obersten Befehlshaber der amerikanischen Spezialtruppen, war ab jetzt eine Verhandlungslösung völlig ausgeschlossen. Das Einsatzteam war vor Ort, die Faust war geballt und wir waren bereit zuzuschlagen.

Da gab es nur ein Problem. Wir wussten nicht, *wo* wir zuschlagen sollten. Es klingt vielleicht unglaublich, aber die *Achille Lauro*, ein 192 Meter langes schwimmendes Hotel, konnte von der US-Navy weiterhin nicht geortet werden. Für einen Großteil der Nacht schien es so, als ob sie das Meer verschluckt hätte.

Seit Kurzem war Johnny Kellerman nicht mehr mein Group Commander, und auch Ed Summers war in die Operationsabteilung aufgestiegen. Der neue Führer unserer Assault Group hieß Archie Lane. Old Arch und ich waren nicht immer gleicher Meinung, aber unsere Aufgabenverteilung funktionierte ausgesprochen gut. Archie versuchte immer, sich bei unseren Vorgesetzten in Szene zu setzen. Folglich durfte ich alle Jobs erledigen, die er nicht tun wollte, und war für das Tagesgeschäft unserer Group verantwortlich. Die Jungs nannten Archie den »Zugucker«, weil er uns im Allgemeinen bei einer Operation, bei der man nass wurde, zuschaute, ohne sich selbst zu beteiligen. Ich half den Leuten von der Operationsabteilung gerade bei ihrem Papierkram, als Ed Summers mich zu sich rief.

»Was machst du gerade?«, fragte er.
»Ersatzpläne für einen Kommunikationsausfall«, erwiderte ich. Das war ein Idiotenjob, den ein Affe mit einer Farbstift-Dose hätte erledigen können.
»Na gut, schau dir das mal an.« Er reichte mir ein Stück Papier, auf dem »Brücke« und »Oberdeck« stand.
»Die Operation ist genehmigt«, sagte er. »Dein Angriffstrupp wird die Brücke erobern.« Es war Aufgabe der Rastas, die Brücke des Schiffs anzugreifen sowie den Funkraum und die Kommunikationseinrichtungen neben dem Ruderhaus zu besetzen. Es war der entscheidende Punkt der gesamten Operation.
Ich schaute ihn an. »Du bist wirklich ein Glückspilz«, sagte er.
»Wir legen heute Abend um 21.00 Uhr kurz nach Einbruch der Dunkelheit los. Du musst in zwei Stunden dem Skipper und General Steiner Bericht erstatten.«
Ed machte sich wieder auf den Weg. Als Erstes musste ich jetzt die Einsatzpläne der verschiedenen Helikopter, Truppentransporter und Kampfhubschrauber koordinieren, die die Rastas auf das Schiff bringen würden. Eine zweite Hubschrauberstaffel würde unter Archies Führung das Lido-Deck und die Kabinen und Salons im hinteren Teil des Schiffes säubern. Die anderen Assault Groups würden die Maschinenräume übernehmen und dann die Besatzungsunterkünfte und öffentlichen Bereiche des Schiffes durchsuchen und säubern.
Ich musste dabei die unkomplizierteste und einfachste Partie einer ansonsten erstaunlich komplexen und kniffligen Mission übernehmen. Mein Teil der Operation war jedoch so entscheidend, das er gut durchdacht werden musste. Ich war mir darüber im Klaren, dass wir gerade bei unserem Angriff auf die Brücke auf böse Jungs stoßen würden. Ebenso stand fest, dass es im Ruderhaus auch unschuldige Besatzungsmitglieder geben würde. Die Rastas mussten also blitzschnell die Guten von den Bösen unterscheiden.
Zu dieser Zeit behaupteten die Terroristen, sie hätten an Bord der *Achille Lauro* 20 Mann. Wir schätzten sogar, dass sie einschließlich ihrer »Schlä-

fer«, also Entführern, die sich bewusst unter die Geiseln gemischt hatten, etwa 40 Mann zählen dürften. Unsere Schätzungen waren äußerst hoch und spiegelten die amerikanische kognitive Dissonanz wider. Wir wussten, wie viele Männer man in etwa benötigte, um ein Schiff in seine Gewalt zu bringen. Auf dieser Erfahrung bauten jetzt unsere Hochrechnungen auf. Wir glaubten, dass wir für die Übernahme eines solchen Schiffs 20 Angreifer benötigen würden und dass dies dann auch für unsere bösen Jungs zutreffen müsse. Wir konnten uns einfach nicht vorstellen, dass jemand so dumm sein könnte, eine solche Entführung mit nur vier Bewaffneten zu wagen.

Es stellte sich heraus, dass wir die Intelligenz und die taktischen Fähigkeiten der PLO bei Weitem überschätzt hatten. Da wir annahmen, dass die Piraten wussten, was sie taten, rechneten wir mit heftigem Widerstand. Und wir hatten vor, sie gnadenlos und mit allen Mitteln wegzupusten.

Ein Problem bei unserer Angriffsplanung war, dass wir nur wenige konkrete Daten über das Ziel hatten. Am meisten fehlten uns die Pläne. Wir verfügten auch nicht über Abbildungen des Schiffes. Keiner im SEAL Team Six wusste, wie die *Achille Lauro* überhaupt aussah.

Im Laufe des Nachmittags gelang es uns jedoch, einen Ausschnitt aus einer italienischen Fernsehnachrichtensendung aufzutreiben, der uns eine ungefähre Vorstellung vom Aussehen des Schiffes gab. Der Rumpf der *Achille Lauro* war weiß und ihre relativ niedrigen Aufbauten waren blau. Aus dieser Silhouette stachen nur die hohen blauen Schornsteine heraus, auf denen jeweils ein großer weißer Stern prangte. Trotz des modernen Aussehens, das ihre nachträglich erhöhten Schornsteine vermittelten, war sie bekanntlich alt. Immerhin stammten die Pläne für den Bau des Schiffes aus dem Jahr 1938. Nur der Krieg hatte eine frühere Fertigstellung verhindert.

Schließlich konnte jemand doch noch eine dreifach gefaltete 20 auf 25 Zentimeter große Reisebroschüre mit Bildern des Schiffs auftreiben. Mit Unterstützung einiger künstlerisch begabter Operators machte ich mich daran, verschiedene Strichzeichnungen des Schiffs zu fabrizieren. Grundlage dieser Zeichnungen waren die Details des Schiffsaufbaus, die wir den winzigen Fotos in unserer Broschüre entnehmen konnten. Es gab dort eine Menge Aufnahmen von Frauen mit Badekappen und den für die 1950er-Jahre typischen hüfthohen Bikinihosen, aber nur sehr wenige Aufnahmen von dem, was wir wirklich benötigten, nämlich Fotos der Brücke und Außendecks, auf denen auch die Positionen der Masten und Antennen zu erkennen waren.

Für unsere Einsatzplanung benötigten wir jedoch nicht nur eine einfache Skizze, sondern eine möglichst maßstabsgerechte Zeichnung. Damit Hubschrauber bei Dunkelheit über das Schiff fliegen konnten, brauchten wir Anhaltswerte über die Höhe der verschiedenen Masten und die Größe der Decks. Ich nahm einen Stechzirkel zur Hand und war froh, dass ich einst im Zeichenunterricht der 7. Klasse gut aufgepasst hatte. Dabei konnten wir die Länge Rettungsboote als Maßstab verwenden, die auf den Gesamtbildern des Schiffes gut zu erkennen waren. Rettungsboote waren gemäß internationaler Norm etwa 9 Meter lang, sodass wir aus diesen Fotos die Dimensionen und Abmessungen der *Achille Lauro* relativ gut erschließen konnten. Wir fertigten eine ganze Reihe von Arbeitszeichnungen an, die wir bei den ersten Planungs-Briefings benutzten.

Die Freude war dann groß, als ein Kontingent italienischer Marinekommandosoldaten im Hangar eintraf. Ihre schicken Uniformen waren nicht der Grund, obwohl sie in ihren Fliegeranzügen, den verspiegelten Sonnenbrillen und ihren einheitlichen Ascot-Krawatten wirklich gut aussahen. Wichtig war jedoch, dass sie Pläne des Schiffs hatten.

Ich stand direkt neben General Steiner, als dieser mit den Italienern eine Abmachung traf. Er bot ihnen an, sie zu dieser Operation mitzunehmen, ohne dass sie sich an den Kampfhandlungen beteiligen müssten. Im Austausch für die Pläne würden die Amerikaner zwar das Schiff zurückerobern, aber die Italiener würden dafür die ganzen Lorbeeren ernten. Dieses Arrangement würde natürlich unser kleines Geheimnis bleiben. Die Pläne wechselten sofort den Besitzer.

Mithilfe dieser Diagramme konnten wir die Abmessungen unserer eigenen Skizzen überprüfen und verifizieren. Die Pläne waren undatiert und in der Broschüre waren einige Veränderungen zu erkennen, die in den Schiffsplänen nicht auftauchten. Die *Achille Lauro* war öfter umgebaut worden, auch wenn es nur darum ging, die Schäden zu beseitigen, die Kollision und Brand verursacht hatten. Wir wussten jedoch nicht einmal, ob die Broschüre oder die Pläne älter waren, deshalb bauten wir in unsere Diagramme eine gewisse Sicherheitsmarge ein. Alle Assault Groups hatten kurz darauf Zeichnungen der Decks und der Aufbauten des Schiffs, mit denen sie ihre Angriffe planen konnten.

Ich erklärte meinen Rastas in allen Einzelheiten, wie wir die Brücke stürmen würden. Danach nahmen wir an einem allgemeinen Treffen teil, auf dem unsere Planungen mit denen der anderen Assault Groups abgeglichen wurden. Der Abend nahte, die Sonne sank immer tiefer und wir überprüften unsere Waffen und unsere Ausrüstung und übten unseren Angriff mithilfe eines Grundrisses der Brücke, den wir mit Klebebändern auf dem Hangar-Boden nachgezeichnet hatten. Wir waren bereit.

In diesem Moment zogen sie den Stecker.

Man hatte die *Achille Lauro* endlich wiedergefunden. Dieses Mal dampfte sie nach Süden und hatte bereits die ägyptischen Hoheitsgewässer erreicht. Obwohl das Schiff immer noch in greifbarer Nähe war, hatte man in Washington beschlossen, die Rettungsoperation zu stoppen. Es war eine Sache, das Schiff auf hoher See zu kapern, es war jedoch etwas anderes, dies direkt vor der Nase eines unsicheren und empfindlichen Verbündeten zu tun. Washington wollte offensichtlich einen seiner wenigen arabischen Verbündeten auf keinen Fall kränken.

Die Entführer suchten Zuflucht im Hafen von Port Said. Diese Entscheidung rettete ihnen das Leben. Zweifellos hätte das SEAL Team Six in der Nacht darauf die *Achille Lauro* unentdeckt erreicht. Wären wir erst einmal an Bord gelangt, wären al-Molqi und seine Freunde so gut wie tot gewesen.

Als unser Einsatz abgeblasen wurde, hatte man in Kairo bereits Maßnahmen ergriffen, die die Terroristen endgültig vor uns in Sicherheit brachten. Man gab bekannt, dass die Entführer sich bereit erklärt hätten, sich um 16.20 Uhr den ägyptischen Behörden zu stellen. Angeblich war diese Kapitulation »bedingungslos«. Tatsächlich hatte man zuvor jedoch eine

Vereinbarung getroffen. Kurz nach dem Anlegen des Schiffes verkündete das ägyptische Außenministerium die erste von zahlreichen Lügen und Halbwahrheiten. Der Außenminister behauptete, alle Geiseln seien in Sicherheit und die Terroristen hätten das Schiff verlassen und planten, aus Ägypten auszureisen.

Wir standen in unserem Hangar um ein Fernsehgerät herum und konnten auf CNN beobachten, wie die Entführer von einem Patrouillenboot der ägyptischen Marine an Land gebracht wurden. Es war schwer, sich nicht besiegt zu fühlen, als wir mitansehen mussten, wie die Terroristen vor der Kamera Grimassen zogen und das Victory-Zeichen machten. Sie sahen wie College-Studenten aus, die ihren Professoren gerade einen Streich gespielt hatten.

In den folgenden Stunden kam jedoch die Wahrheit heraus. Die internationalen Medien berichteten, dass eine Geisel ermordet worden war. Die Ägypter machten sofort einen Rückzieher. Präsident Husni Mubarak erzählte einer gutgläubigen Schar von Reportern, dass die Entführer Ägypten bereits verlassen hätten, er jedoch nicht wisse, wohin sie gegangen seien.

Tatsächlich saßen sie sich zu diesem Zeitpunkt bereits an Bord einer Boeing 737 der EgyptAir auf einem ägyptischen Luftwaffenstützpunkt. Arafat und Abu Abbas versuchten derweil in hektischen Telefonaten, ein Land zu finden, das die Entführer aufnehmen würde. Nachdem sie viele Absagen erhalten hatten, erklärte sich schließlich Tunesien zur Aufnahme bereit. Ein Grund mag gewesen sein, dass sich damals das PLO-Hauptquartier in diesem Land befand. Wahrscheinlich mit einem Gefühl der Erleichterung stieg Abu Abbas zu al-Molqi und den anderen in die 737. Neben den insgesamt sechs Palästinensern waren noch ein ägyptischer Geheimdienstoffizier und etwa zehn Mitglieder der ägyptischen Spezialeinheit Task Force 777 an Bord dieser Maschine. Abbas und seine Schergen waren fast schon in Sicherheit. Sie hatten allen Grund zu der Annahme, dass sie in ein paar Stunden in Tunis sein würden und es sich dort gut gehen lassen könnten.

Ohne Wissen von Abu Abbas und Husni Mubarak hatte die NSA jedoch jedes Wort ihrer Verhandlungen mitgehört und aufgezeichnet. Die Amerikaner wussten also, dass Mubarak eine staatliche Linienmaschine beauftragt hatte, die Mörder außer Landes zu bringen. Sie wussten, dass Abu Abbas zu den Entführern gestoßen war. Und sie wussten, dass sie nach Tunesien fliegen wollten. Sie kannten sogar die Hecknummer des Flugzeugs: 2843.

Am Abend des 9. Oktober startete die Maschine des SEAL Team Six in der vorgeschobenen Einsatzbasis und flog nach Westen über das Mittelmeer in Richtung Heimat. An Bord unseres Flugzeugs befanden sich Captain Gormly und der Operationsstab von SEAL Six. Es herrschte verständlicherweise eine gedämpfte Stimmung. Die Aktion schien in einem weiteren Hamsterkäfig zu enden, worüber wahrlich niemand erfreut war. Sobald wir in der Luft waren, verteilten die Stabsärzte Schlaftabletten für den langen Heimflug. Diese Tabletten waren wirklich stark, aber ich war viel zu aufgedreht, um in dieser Nacht überhaupt schlafen zu wollen. Ich ließ die Tablette deshalb in die Tasche meines Fliegeroveralls gleiten und versuchte, ein Buch zu lesen.

Ich konnte mich jedoch nicht konzentrieren. Wie jeder andere in dieser Maschine wusste ich, dass wir absolut bereit gewesen waren. Obwohl wir den Tod Leon Klinghoffers nicht mehr hätten verhindern können, hätten wir doch zumindest das Schiff zurückerobert. Nicht zum ersten Mal dachte ich über die Tatsache nach, dass wir wie der Rest der Welt nach der Pfeife der Politiker tanzen mussten. Bettino Craxi war gegenüber einer Verbrecherbande machtlos gewesen und hatte nach einem einfachen Ausweg gesucht. Auch Mubarak wollte keine Schwierigkeiten mit der PLO haben. Lieber log er die ganze Welt an, um den Mördern die Flucht zu ermöglichen. Das Spiel nahm kein Ende.

Nach 20 Minuten Flugzeit fanden wir heraus, dass wir trotz allem immer noch mitspielten. Wir erfuhren, dass soeben F-14-Tomcat-Kampfflugzeuge vom Flugzeugträger *USS Saratoga* aufgestiegen waren, um die 737 der EgyptAir abzufangen. Sie würden die Maschine zur Landung auf der italienisch-amerikanischen Luftwaffenbasis im sizilianischen Sigonella zwingen. Wir waren wieder am Zug.

Seans C-141 wurde nach Sigonella umgeleitet. Seine Assault Group sollte das Flugzeug sichern, wenn es gelandet war, und verhindern, dass es wieder startete. Unsere C-141 würde landen und uns direkt hinter der 737 absetzen. Wir würden dann die Verbrecher überwältigen und sie in die Vereinigten Staaten schaffen. Niemand in unserer Maschine glaubte, dass sich die Terroristen kampflos ergeben würden. Wir machten uns also dazu bereit, die 737 zu stürmen, eine Operation, die wir schon oft geübt hatten. Sobald uns diese Neuigkeit erreicht hatte, standen etwa ein Dutzend Jungs vor der einzigen Toilette des Flugzeugs Schlange, um ihre Schlaftabletten hervorzuwürgen und wieder auszukotzen. Ich konnte von Glück sagen, dass ich meine nicht geschluckt hatte.

Auf dem Weg nach Sigonella wurden uns ständig die neuesten Entwicklungen mitgeteilt. Man erzählte uns, dass alle vier Verdächtigen tatsächlich in dieser 737 saßen und dass Abu Abbas bei ihnen war. Er sollte ebenfalls gefangen genommen werden. Besonders wurden wir darauf hingewiesen, dass rund ein Dutzend ägyptische »Secret Service«-Offiziere an Bord dieser Maschine waren. Man wusste, dass sie bewaffnet waren. Daraufhin gab es eine kurze Diskussion über die Gültigkeit der Einsatzregeln des SEAL Six. Man legte fest, dass sie auch in diesem Fall galten. Wenn wir die Boeing stürmten, um die Terroristen zu überwältigen, würden wir jeden bewaffneten Widerstand, ob von Palästinensern oder Ägyptern, mit tödlicher Gewalt brechen.

Einige Zeit später erfuhren wir, dass die Tomcats die 737 abgefangen hatten. 15 Minuten vor unserer eigenen Landung schalteten die Lichter im Laderaum auf Rot. Es erging der Befehl, die Waffen zu laden und zu sichern. Das metallische Schnappen der Verschlüsse der Sturmgewehre schallte durch den gedämpft beleuchteten Rumpf unserer Frachtmaschine. Auch ich führte ein Magazin in meine MP5 ein, zog den Verschlusshebel zurück und ließ ihn mit der Handfläche nach vorne schnellen. Dann saßen wir gespannt in voller Montur da, passten die Augen an die Nachtbeleuchtung an und warteten.

Wir setzten nur ein paar Sekunden nach der 737 auf der Landebahn von Sigonella auf.

Die Rastas stürmten als Erste aus dem Flugzeug. Auf dem Vorfeld wies ich zwei meiner Männer an, ständig bei Captain Gormly zu bleiben. Nicht, dass er einen solchen Schutz gebraucht hätte. Auch der Skipper war in voller Kampfmontur angetreten. Bos Gruppe eilte zum linken hinteren Teil der 737 hinüber, während sich die Rastas und der Rest unserer Assault Group ein Stück hinter dem Heck versammelten. Wir knieten uns auf den Asphalt und warteten.

Die Boeing stand direkt vor uns. Ihr Bugrad wurde von einem Lastwagen blockiert. Captain Gormly ging zu Sean hinüber, der direkt hinter der Maschine einen Befehlsstand eingerichtet hatte. Seans Gruppe hatte das Flugzeug umzingelt. Jetzt ließ er es von seinen schussbereiten Scharfschützen ständig beobachten.

Die 737 der EgyptAir war hell erleuchtet und ihr Bodenstromaggregat gab ein lautes Heulen von sich. Hinter uns landete eine zweite C-141 und blieb mit laufenden Turbinen stehen. Das Dröhnen der verschiedenen Flugzeugtriebwerke erschwerte unsere Verständigung. Obwohl die Startbahn um uns herum absolut dunkel war, störten die Lichter der Hangars und die Rollbahnbeleuchtung unsere Nachtsichtfähigkeit. Als wir uns auf den Angriff auf die 737 vorbereiteten, waren wir taub und fast blind.

General Steiner stieg aus der zweiten C-141 aus und gesellte sich zu Captain Gormly. Sie stellten über die Frequenz der Bodenkontrolle einen Kontakt zur 737 her. Der Pilot teilte ihnen mit, dass ein ägyptischer Botschafter an Bord sei, der mit ihnen zu sprechen wünsche.

Es folgte mehrere angespannte und mitunter hitzige Gespräche, von denen ich jedoch kaum etwas mitbekam. Ich war mit anderen Dingen beschäftigt. Als ich zu den Hangar-Lichtern hinüberschaute, sah ich, dass sich uns mehrere Lastwagen mit hoher Geschwindigkeit näherten. Den Lastwagen folgten Dutzende von Polizeiwagen mit blinkenden Blaulichtern. Wir wurden gerade von zahlreichen italienischen Soldaten, Polizisten und Carabinieri umzingelt.

Ich befahl den Rastas, auf dem Vorfeld in Stellung zu gehen. Die eine Hälfte der Boat-Crews sollte in Richtung der Hangars und die andere in Richtung der Rollbahnen sichern. Als die Italiener näher kamen, begannen wir, auf sie zu zielen. Ihre Umrisse hoben sich dabei perfekt von der hellen Hintergrundbeleuchtung ab.

Ich bläute meinen Jungs ein, erst dann zu feuern, wenn ich es ausdrücklich befehlen würde.

Die Situation war zum Zerreißen gespannt. Ich bin überzeugt, dass NATO-Truppen nie zuvor oder danach so kurz davor waren, aufeinander zu schießen. Wir gedachten, die 737 auf jeden Fall zu verteidigen. Die Italiener, die in dichten Reihen um uns herumstanden, bereiteten sich gleichzeitig darauf vor, die ägyptische Maschine in Gewahrsam zu nehmen. Es stellte sich heraus, dass die 737 nach ihrer Landung nicht zum amerikanischen, sondern zum italienischen Teil der Flugbasis abgebogen war.

Die Entführer befanden sich also auf italienischem Hoheitsgebiet – genau wie wir.

Immer mehr italienische Truppen strömten aus der Dunkelheit auf uns zu. Bo meldete über Funk, dass sich sogar Schützenpanzerwagen seiner Stellung nähern würden. Ich berichtete, dass mir auf meinem Teil des Vorfelds inzwischen mindestens 100 Italiener gegenüberstünden und dass wohl noch mehr unterwegs seien. Wenn dieser Einsatz außer Kontrolle geriet, drohte eine Katastrophe. Die Italiener standen voll im Licht. Wir würden sie niedermähen und in Stücke zerfetzen. Die Startbahn um uns herum war extrem dunkel. Sollten die Italiener das Feuer eröffnen, war ich mir sicher, dass sie den Routinefehler begehen würden, über unsere Köpfe zu schießen. Dies war jedoch nur ein schwacher Trost. Die Assault Groups von Bo und mir lagen einfach nur flach auf dem Asphalt und hatten keinerlei Deckung.

Das Flugfeld von Sigonella sah allmählich aus wie die letzte Szene in dem Film *Butch Cassidy und Sundance Kid.* Immer mehr Italiener tauchten zu Fuß oder auf der Ladefläche von Lastwagen auf. Manche saßen sogar auf der Kühlerhaube von Polizeiwagen. In die italienischen Kommandostrukturen setzten wir sowieso nicht viel Vertrauen und dieser chaotische Aufmarsch, der den Keystone-Cops in den alten Hollywood-Slapstickfilmen zur Ehre gereicht hätte, verstärkte noch meine Befürchtungen.

Ich wusste nur, dass ich mich auf meine Jungs absolut verlassen konnte. Ich wusste, dass sie erst schießen würden, wenn man auf sie schoss. Allerdings war ich wie die meisten von uns überzeugt, dass das SEAL Team Six alle aufhalten würde, die gegen die 737 vorgehen würden.

Am meisten fürchtete ich einen unglücklichen Zufall oder ein Versehen. Ich hatte Angst, dass die Italiener nicht sehr straff geführt wurden oder dass ein italienischer Wehrpflichtiger die Nerven verlor und einen Fehler machte. Ein Schuss, ob nun absichtlich oder nicht, konnte zu einem Feuergefecht führen, bei dem Amerikaner und Italiener getötet wurden.

Ich stand auf und ging an unserer gesamten Stellung entlang. Ich wusste, dass ich auf diese Weise zu einem leichten Ziel wurde, aber genau das war meine Absicht.

»Alle schön ruhig bleiben«, sagte ich, wobei ich mich dabei weniger an meine Rastas sondern an die Italiener in Hörweite richtete, die Englisch verstanden. Etwas leiser fügte ich hinzu: »Deckt weiter euer Schussfeld ab, aber bleibt schön cool.«

Die Rastas waren cool, es war überflüssig, dass ich sie dazu ermunterte. Ich ging zur Nase unserer C-141 zurück. Dort stand Archie mit dem Rest unserer Assault Group. Archie schaute vielleicht manchmal ganz gerne zu, aber im Einsatz war er knallhart. Zwei italienische Offiziere verlangten, an Bord unseres Flugzeugs gelassen zu werden. Archie forderte sie unmissverständlich auf, sich zu verpissen.

Eine Stunde verging und dann noch eine halbe. Allmählich ließen die Spannungen auf dem Vorfeld nach. Was wir für einen Blitzangriff gehalten hatten, war zu einer Art Sitzkrieg geworden. Beide Seiten standen sich weiterhin gegenüber und starrten sich über den Beton und das Gras hinweg an. Wir rührten uns nicht, und die Italiener zogen nicht ab.

An der Gangway der 737 sah ich mehrere italienische Offiziere mit Captain Gormly und General Steiner zusammenstehen. Es wurde immer noch heftig gestikuliert, aber der Ton hatte sich inzwischen gemäßigt. Als General

Steiner und der ranghöchste Italiener in einem Auto davonfuhren, wusste ich, dass es Verhandlungen geben würde, die unsere Wartezeit noch weiter verlängerten. Das Schicksal der Entführer hing jetzt von Diplomaten ab und nicht mehr vor den Assault Groups, die die 737 immer noch umzingelten. Die Schlacht sollte jetzt bei Moose in Rom ausgefochten werden.

Ich näherte mich auf dem Vorfeld den italienischen Linien bis auf etwa 12 Meter. Ich zog meine Schutzweste hoch, schob meine MP5 auf den Rücken und öffnete den Reißverschluss meines Fliegeroveralls. Dann pinkelte ich ausgiebig auf den Beton.

Die Italiener begannen zu lachen und meine Rastas stimmten hinter mir mit ein. Ich zog den Reißverschluss hoch und kehrte zu meinen Männern zurück. Ich hatte meine eigene politische Erklärung abgegeben.

Kurz darauf schickte man die Rastas zusammen mit Bos und Seans Assault Groups zurück in die C-141. Dies war Teil eines phasenweisen Rückzugs der amerikanischen wie der italienischen Truppen, den General Steiner ausgehandelt hatte.

Laut dieser Vereinbarung würden die Italiener auch die Entführer in Gewahrsam nehmen.

Wir alle hielten das für totalen Mist, aber wir waren schon viel zu angepisst und zu müde, um viel darüber zu reden. In nur zwei Tagen waren zwei unserer Operationen abgebrochen worden. Wir durften das Schiff nicht erobern und wir durften Abbas und seine Entführer nicht in unsere Gewalt bringen. Die ganze Operation wurde nachträglich mit Lob nur so überschüttet. Ich bin vielleicht der einzige Teilnehmer, der sie politisch wie militärisch noch heute für einen ziemlichen Fehlschlag hält.

Auf dem Rückflug nach Virginia Beach fand ich die Schlaftablette halb aufgelöst in meinem Fliegeroverall. Ich pulte die pulverisierte Masse mit den Fingern aus der Tasche und schob sie mir in den Mund. Sie war bitter, und ich fiel bald in einen unruhigen, traumlosen Schlaf. Zum ersten Mal kam mir der Gedanke, dass ich es eigentlich satthatte, ein SEAL zu sein.

Bettino Craxi hatte alles unternommen, um Italien aus dieser Anti-Terror-Operation herauszuhalten, aber als die EgyptAir-Maschine 2843 in

Sizilien landete, hatte er sie wieder an der Backe. Als Husni Mubarak die Terroristen freigelassen hatte, war Italien eigentlich schon von jeder Verantwortlichkeit befreit gewesen. Wenn die Entführer es sicher bis nach Tunesien geschafft hätten, hätte die Craxi-Regierung den Mordfall Leon Klinghoffer nicht untersuchen müssen. Auch hätte sie sich nicht mit den kniffligen Konsequenzen auseinandersetzen müssen, die ein Land zu gewärtigen hatte, in dessen Gefängnissen vier palästinensische Terroristen saßen.

Washington wollte dagegen unter allen Umständen sicherstellen, dass al-Molqi und seinen Komplizen der Prozess gemacht wurde. Auch Abu Abbas sollte zur Verantwortung gezogen werden. Craxi wollte dagegen nur, dass diese ganzen verdammten Scherereien endlich vorbei waren.

Schließlich trafen sich Washington und Rom in der Mitte.

Die Entführer wurden in Handschellen aus der Maschine geführt und von den italienischen Behörden in Haft genommen. Jetzt blieb nur noch zu klären, was man mit Abu Abbas und dem hochrangigen PLO-Terroristen anfangen sollte, der ihn begleitete. Abbas und sein Kumpan beriefen sich auf ihre diplomatische Immunität. Die Ägypter unterstützten sie dabei, indem sie behaupteten, die Boeing sei auf einer diplomatischen Mission und deshalb unverletzliches ägyptisches Hoheitsgebiet. Abu Abbas präsentierte einen irakischen Diplomatenpass. Gleichzeitig wies er auf seinen Status als Mitglied der PLO-Exekutive hin, die immerhin von der UNO anerkannt worden sei. Was Craxi anging, hätte Abu Abbas auch Dauerkarten für Euro-Disneyland vorzeigen können. Die italienische Regierung war gezwungen gewesen, Klinghoffers Mörder in Gewahrsam zu nehmen. Sie wollte jedoch keinesfalls etwas mit einer solch großen terroristischen Nummer wie Abu Abbas zu tun haben.

Am nächsten Tag steckte man Abu Abbas und den anderen PLO-Offiziellen in italienische Luftwaffenuniformen und schmuggelte sie an Bord einer jugoslawischen Maschine. Danach schickte man Belgrad ein Auslieferungsgesuch – mit vorhersehbaren Folgen. Die Jugoslawen erkannten Abbas' Diplomatenstatus an, und er durfte in den Jemen ausreisen. Zwei Tage später traf Abu Abbas quietschvergnügt in Bagdad ein.

Ein italienisches Gericht verurteilte al-Molqi schließlich für den Mord an Leon Klinghoffer zu 30 Jahren Haft. Ibrahim Abdellatif, sein Stellvertreter bei dieser Operation, erhielt 24 Jahre und Ahmed al-Hassani 15 Jahre Haft. Bassam al-Asker wurde im Jahr 1991 auf Bewährung entlassen. Abu Abbas wurde in Abwesenheit verurteilt. Sowohl italienische als auch ägyptische Gerichte stellten Haftbefehle gegen General Steiner aus. Offensichtlich gibt es nichts, was es nicht gibt.

Abu Abbas spielte weiterhin eine wichtige Rolle in der PLO. Als man ihn im Jahr 1996 während eines Interviews mit der *Boston Globe* nach dem Mord an Leon Klinghoffer fragte, gab Abbas dem 69-jährigen Schlaganfallopfer eine Mitschuld an seiner eigenen Ermordung:
»Er war behindert, aber er wiegelte die anderen Passagiere auf. Deshalb traf man die Entscheidung, ihn zu töten.«
Im Folgenden bezeichnete er jedoch die Entführung der *Achille Lauro* als »Fehler«.
Schließlich sollte Abu Abbas der Arm der Gerechtigkeit doch noch erreichen. Im April 2003 wurde er in der Nähe von Bagdad festgenommen. Er starb im März 2004 im Irak in US-Gefangenschaft an einem Herzleiden.

Während al-Molqi und al-Hassani in Italien im Gefängnis saßen, bekamen beide wegen »guter Führung« einen zwölftägigen Hafturlaub. Diesen nutzte al-Hassani im Jahr 1991 aus, um zu verschwinden. Er war der erste Entführer, der in Freiheit kam, und er wurde nie wieder gefasst. Al-Molqi folgte ein paar Jahre später seinem Beispiel. Er verschwand im Februar 1996 während seines Hafturlaubs, wurde jedoch später in einem spanischen Badeort an der Costa del Sol aufgespürt und schließlich nach Italien ausgeliefert. Im Jahr 2009 wurde er auf Bewährung entlassen.

Sechs Wochen nachdem sie von amerikanischen F-14 zum Landen gezwungen worden war, wurde die Boeing 737 der EgyptAir mit der Hecknummer 2843 von Mitgliedern der Abu-Nidal-Organisation auf dem

Flug von Athen nach Kairo entführt und nach Malta umgeleitet. Während einer missglückten Rettungsoperation durch Mitglieder der ägyptischen Task Force 777 wurden die Entführer und 58 Passagiere durch ein Feuer getötet, das von einer Rauchgranate entzündet worden war. Das Wrack des Flugzeugs wurde später von einem reichen Sammler gekauft.

Nach ihrer Entführung war der Ruf der *Achille Lauro* endgültig ruiniert. Am 30. November 1994 brach während einer Kreuzfahrt von Genua zu den Seychellen auf dem 47-jährigen Schiff vor der Küste Somalias ein Feuer aus. Die *Achille Lauro* wurde evakuiert, wobei kein Passagier zu Schaden kam. Das ausgebrannte Schiff sank am Abend des 2. September – Margots Geburtstag.

Abenteuer in Terrorismusbekämpfung

Der Morgen war ruhig und heiß. Ein leichter Wind strich von den braunen Hügeln herunter, floss gemächlich über die zusammengewürfelten Häuser und erstarb kurz vor unserer Stellung, einem schmalen Streifen Strand am Arabischen Meer. Der Wind aus dem Dorf brachte die Gerüche des Lebens in diesem Land mit: Dieselabgase, heißes Speiseöl, Ziegenkot. Draußen im Hafen lagen ein Landungsschiff der US-Navy und ein größeres Boot, ein etwa 40 Meter langes LCU. Von dem Landungsschiff wurden Munitionskisten in ein paar Landungsboote verladen.

Ich hatte das Kommando über eine Einheit von zehn SEALs, die zur Sicherung der Amerikaner an der Küste und auf dem vor Anker liegenden Schiff abgestellt war. Im Operationsbefehl hatte unser Auftrag die Bezeichnung »Alpha Tango«: Terrorismusbekämpfung. Operationen wir diese fielen unter die Kategorie Truppensicherung, eine Art Op, die wir »Miete einen SEAL« nannten. Eine solche Across-the-Beach-Operation war reine Routine und wurde von allen Beteiligten mit einer gewissen Lustlosigkeit ausgeführt.

Die Landungsfahrzeuge fuhren mit Nachschub zum Strand und ließen ihre Rampen herunter. Danach luden Pioniere der Navy auf Gabelstaplern mit Vierradantrieb die Ladung Palette für Palette ab und beluden damit Volvo-Lastwagen, die an der Überlandstraße geparkt waren. Die Lastwagen wurden von grinsenden Arabern mit Dischdaschas und Ray-Ban-Sonnenbrillen gefahren.

Das Rufzeichen des Schiffes war »Texas Pete«. Gelegentlich funkte es eines der Boote an, wenn es zu langsam war, oder es fragte die Beachmasters, wie die Löschung der Ladung voranging.

Am Strand brannte die Sonne unbarmherzig auf einen Haufen Sandsäcke, drei Funkantennen und eine Einheit Beachmasters der US-Navy herunter. Als die Sonne höher stieg, spannten sie ein Tarnnetz über ihre provisorische Stellung. Das Netz verbarg überhaupt nichts, die Sandsäcke lagen völlig frei und waren von der 100 Meter entfernten Küstenstraße aus gut sichtbar. De facto gab es auch niemanden, vor dem man sich hätte verstecken müssen.

Gefüllt und aufgestapelt hatten die Sandsäcke Soldaten des Gastlandes, eines gemäßigten arabischen Staates, dessen Militär von den Vereinigten Staaten ausgebildet, ausgerüstet und gehätschelt wurde. Die Säcke waren in Form eines Hufeisens gestapelt, das zum Dorf hin offen war. Als Befestigung waren sie schlampig und gedankenlos angelegt. Das Hufeisen war in der einzigen Richtung offen, aus der Gefahr drohen konnte. Doch an diesem Morgen war das allen gleichgültig; die Sandsäcke waren ein gutes Postament, um die Funkgeräte draufzustellen, und das Tarnnetz diente schlicht und einfach als Sonnenschutz.

Neben den Beachmasters standen zehn oder zwölf Soldaten des einheimischen Heimatschutzes in ihren grünen und khakifarbenen Uniformen herum. Ich weiß noch, dass ihre Offiziere alle möglichen Orden aus Stoff auf die Uniformen genäht hatten, bemerkenswert für ein Land, das als einzige Waffe den Rohölpreis einzusetzen pflegte.

Die einheimischen Soldaten sollten die Operation auf dem Strand sichern, aber sie saßen meistens nur herum und starrten die Amerikaner an, wenn sie nicht gerade auf der Ladefläche ihres Lastwagens ein Nickerchen machten oder auf dem kleinen schattigen Fleck neben dem Truck vor sich hin dösten. Ihre Gewehre lagen gestapelt auf dem Fahrersitz ihres Lastwagens.

Ich hatte drei Shooting Pairs bei den Volvos platziert. Ein Paar passte auf die leeren Lastwagen auf, wenn sie von der Straße herunterfuhren und sich zum Beladen in eine Warteschlange einreihten. Das zweite gab dem ersten Deckung und behielt den Verkehr auf der Straße im Auge. Ein Scharfschütze und sein Beobachter behielten die Dächer des Dorfes im Auge.

Das alles war nur ein schwacher Schutz. Wir waren für jeden guten Schützen verwundbar, der sich irgendwo im Dorf verbarg. Aber ich hatte das Gefühl, dass wir wenigstens gegen Autobomben geschützt waren. Der

Anschlag von Beirut lag damals schon hinter uns und die Amerikaner waren sich der Gefahr eines Bombenanschlags mit einem Lastwagen sehr bewusst. Mit gutem Grund. Außer der Kaserne der Marines war auch die Botschaft im Libanon zweimal Opfer eines Bombenanschlags geworden, mehrere weitere Anschläge waren versucht worden und die diplomatischen Vertretungen der USA auf der ganzen Welt waren in Alarmbereitschaft. Selbst der hinterletzte Stabsoffizier im CENTCOM war inzwischen schlau genug, um Lastwagenbomben als Bedrohung zu werten und sie als Eventualität in unseren Operationsbefehlen zu berücksichtigen. Obwohl die Bedrohung hier reichlich hypothetisch war, konnte es nichts schaden, wenn man berücksichtigte, dass solche Bomben nicht nur Menschen töten, sondern auch Karrieren ruinieren konnten.

Wir rissen uns jedenfalls kein Bein raus. Wir waren in einem uns wohlgesinnten, verbündeten Land, und die Schlange der Lastwagen, die auf ihre Ladung warteten, blockierte effektiv die Zufahrt für jedes Fahrzeug, das ein Blutbad hätte anrichten können. Es waren zwei Shooting Pairs der SEALs zwischen der Überlandstraße und den Beachmasters platziert. Auch das war kein sicheres Mittel gegen einen Bombenkrater, aber unsere Hauptverteidigungslinie war der Strand selbst. Der Sand war weich und es war nicht wahrscheinlich, dass ein normales Fahrzeug weiter als 15 Meter kommen würde, wenn es den Asphalt verließ. Ich machte mir eher Sorgen wegen Heckenschützen, aber auch diese Sorgen hielten sich sehr in Grenzen.

Ich saß mit meinen drei verbliebenen Schützen Rudi, Dave und Cheese gegen unsere F-470-Zodiacs gelehnt. Unsere zwei Boote lagen mit hochgeklappten Außenbordern zwischen den Lastwagen und den Sandsäcken auf dem Strand, zur Hälfte von winzigen Wellen umspielt. Es war heiß und die Mücken begannen zu stechen.

Wir langweilten uns zu Tode.

Bevor Texas Pete vor Anker ging, hatten wir mit den Zodiacs eine Runde durch den Hafen gedreht und ihn nach Treibminen, versenkten Wracks oder nicht auf der Karte verzeichneten Hindernissen abgesucht. Dann waren wir mit einer Vorausabteilung gelandet und hatten den Strand gesichert, während sich die Beachmasters mit unseren arabischen Gastgebern bekannt machten.

Die Landungsfahrzeuge kamen und gingen, und ich gähnte. Wir waren seit 3.00 Uhr wach, und ich war müde und hungrig. Ich suchte mit dem Fernglas das Meer ab. Im Hafen waren ein paar Fischerboote wie ein Floß zusammengebunden. Ein paar magere Araber fischten mit langen Leinen. Wir hatten vor Sonnenaufgang alle Boote überprüft, den Fischern mit Taschenlampen ins Gesicht geleuchtet, ihre Ausrüstung untersucht und unter die Bodenplanken in ihre Bilgen geschaut.

Im flachsten Teil des Ankerplatzes schaukelten ein paar Dhaus mit Lateinersegeln träge an ihren Ankertauen. Auch diese Boote hatten wir überprüft, bevor Texas Pete einlief und seine Landungsboote zu Wasser ließ. Wir hatten sie durchsucht, und dann waren wir unter dem Kiel durchgetaucht und hatten an ihrem Rumpf nach Haftminen gesucht. Ich überlegte gerade, ob ich mit dem Zodiac zurück auf das Schiff fahren und für die Jungs ein paar Sandwichs abstauben sollte, als etwa 500 Meter östlich von uns ein Fischerboot vom Kai ablegte. Ich richtete, ohne nachzudenken, das Fernglas auf das Boot und drückte reflexhaft den Laser-Entfernungsmesser.

Zuerst fiel mir auf, dass das Boot in ziemlich gutem Zustand war. Die Fischerboote der Einheimischen waren etwa 6 Meter lang, eine Art Kreuzung zwischen Dhau und Beiboot. Sie waren alle heruntergekommen. Manche waren mit der Takelage für ein Segel ausgerüstet, und fast alle hatten einen knatternden, zerbeulten Außenborder am Heck. Das Boot, das nun vom Kai ablegte, war circa 10 Meter lang, also länger als normal. Es war in Weiß und Blau frisch gestrichen und an seinem Heckbalken brummte ein brandneuer Yamaha-Außenborder.

Ich zoomte es heran. Es waren vier muskulöse, braun gebrannte Männer an Bord. Zwei von ihnen trugen knappe Speedo-Badehosen.

Ich reichte Rudi das Fernglas.

»Ist da was faul?«, fragte ich.

Rudi richtete das Fernglas auf das Boot.

»Hübsche Unterwäsche«, sagte er.

Es war extrem ungewöhnlich, dass arabische Männer, selbst Fischer, so viel Haut zeigten. Cheese nahm das Glas und warf ebenfalls einen Blick auf die Speedos. Er sagte: »Hey, Rudi, die Typen kommen anscheinend aus Miami Beach.«

Rudi holte sich das Glas wieder und gab es mir zurück. Ich schaute mir das Boot noch einmal genau an.

Wer immer diese Typen waren, im Vergleich zu den ausgemergelten Fischern, die wir vor der Landung durchsucht hatten, sahen sie aus wie Arnold Schwarzenegger. Noch verdächtiger war, dass sie langsam zum Ankerplatz tuckerten. Ihr Motor war offensichtlich neu und wir hatten beobachtet, dass die Fischer rasten wie der Teufel, wann immer sie konnten. Selbst aus ihren heruntergekommenen Booten holten sie noch das Äußerste heraus. Aber diese Typen krochen dahin.

Ich ging den Strand hinauf und sprach mit Luke, der bei der Lastwagenschlange stand.

»Sag mir, dass ich jetzt heimgehen kann«, sagte er, als ich auf ihn zukam.

»Wir haben ein Boot da draußen, das ein bisschen spanisch aussieht. Ich nehme das Zodiac und schau's mir mal an.«

Luke schaute mit zusammengekniffen Augen zum Ankerplatz hinüber. »Sehr aufmerksam, Sir. Weiter so.« Er grinste.

»Behalt uns ein bisschen im Auge«, sagte ich. Luke nickte und starrte dann wieder die Lastwagen an.

Ich ging zurück zu den Zodiacs. Rudi hatte sein M-60 schon durchgeladen und gesichert und warf es sich über die Schultern. Die M-60-Schützen der SEALs waren stolz darauf, dass sie das Maschinengewehr allein handhaben konnten, das in allen anderen Waffengattungen von drei Mann bedient wurde. Das große Gewehr sah in Rudis Händen wie ein Spielzeug aus.

»Sollen wir ihre Unterwäsche prüfen?« fragte er.

»Das darfst du machen«, sagte Cheese.

Hickman hing sich das M-14 um den Hals, und er und Dave zogen das Zodiac zurück ins Wasser. Wir drehten den Bug nach vorn und platschten durch die 30 Zentimeter hohen Wellen. Ich sprang in den Bug, und David startete den Motor.

Draußen bei der Landspitze näherte sich das blau-weiße Boot. Die Typen fuhren jetzt parallel zum Strand. Sie fuhren ungefähr Richtung Texas Pete, aber sie hatten es überhaupt nicht eilig. An Deck zerrte ein Mann an einem großen Haufen Monofilnetz. Wieder wirkte alles absolut normal. Nur dass keines der Boote, die wir an diesem Morgen durchsucht hatten, ein Netz an Bord gehabt hatte. Sie fischten alle mit Langleinen.

Wahrscheinlich hat dich die Sonne paranoid gemacht, dachte ich. Diese Deppen wollen bestimmt nur Sardinen fangen. Aber eine andere Stimme in meinem Kopf sagte, dass auch Paranoiker gelegentlich recht haben. Wir mussten diese Typen überprüfen.

Ich sagte Dave, er solle von der Küste wegsteuern. Er legte das Ruder um, drehte von dem blau-weißen Boot weg und fuhr direkt hinaus aufs Meer. Die Männer auf dem Fischerboot gaben sich alle Mühe, normal zu wirken, und ich wollte, dass wir ihnen auch möglichst harmlos erschienen. Wenn wir sie bei irgendetwas erwischen wollten, mussten wir sie wenigstens ein bisschen überraschen. Es war heller Tag. Sie konnten uns sehr gut sehen und wir sie. Wenn wir hinter ihnen herjagen mussten, würde es länger dauern, als wenn wir ihnen den Weg abschneiden konnten.

Doch die Überraschung konnte nur gelingen, wenn sie nicht merkten, dass wir uns für sie interessierten.

Ich sagte zu David: »Fahr von der Küste weg, bis sie die Stellung der Beachmasters passiert haben, und dann dreh rum und schneide ihnen den Weg zum Schiff ab.«

»Wann willst du auf sie zudrehen?«

»Wenn wir außerhalb der Hafeneinfahrt sind. Das funktioniert nur, wenn sie meinen, dass wir sonst wohin fahren.«

Dave handelte total professionell. Wir fuhren hinaus in den Ankerplatz und achteten darauf, dass wir die Verdächtigen nicht zu auffällig beobachteten. Ich drehte mich im Bug der Bootes immer wieder mal um und warf einen Blick hinüber zu dem Fischerboot.

David blickte über die Schulter. »Sie sind jetzt am Strand vorbei. Außerdem sieht es so aus, als ob sie beidrehen.«

Das Bot war vielleicht 500 Meter leewärts von uns und 100 Meter von der Küste entfernt. Die vier Männer hatten den Motor ausgemacht und ließen sich treiben. 400 Meter seewärts des Bootes lag Texas Pete.
»Was machen sie?«, fragte Dave. Ich lag jetzt gegen den Ruderbankwulst gelehnt und spähte vorsichtig durch das Glas.
»Sie fummeln an ihren Netzen herum«, sagte ich.
»Du sagst, wenn's losgeht«, sagte Dave.
Ich legte das Fernglas weg. »Packen wir's.«
Ich prüfte meine Waffe. Es war eine Mac-10-Maschinenpistole mit einem langen schwarzen Schalldämpfer. Normalerweise hatte ich ein CAR-15, aber es lag mit kaputtem Abzugsmechanismus in der Waffenkammer. Ich hatte die Mac-10 an diesem Morgen nur genommen, weil sie klein war, und weil der Schalldämpfer, der die Größe von zwei aneinandergelegten Bierdosen hatte, die Eingeborenen gewöhnlich stark beeindruckte. An diesem Morgen war es jedenfalls so gewesen.
Einer der verbündeten Offiziere hatte auf meine Waffe gezeigt, als wir an Land kamen, und gesagt: »Schau mal, eine Waffe wie in *Scarface*.«
Er meinte den Film mit Al Pacino. Gangster liebten die Mac-10. Und tatsächlich, sie war klein und tödlich, aber sie war ein Triumph von Stil über Substanz. In den Teams wurde die Mac-10 von allen geschmäht.
Wer mehr als nur cool aussehen will, für den ist die Mac-10 praktisch nutzlos. Sie ist aus Pressstahl billig hergestellt und, schlimmer noch, sie hat einen zuschießenden Verschluss. Das bedeutet, dass man ständig mit offenem Verschluss und sperrangelweit geöffneter Patronenkammer herumläuft, in der sich leicht Sand, Dreck, Schlamm und sonstiger Kram ansammelt. Die Mac-10 ist extrem kurz, mehr Pistole als Gewehr; ohne die Verlängerung durch den Schalldämpfer könnte man kaum damit zielen. Dass der Schalldämpfer mehr wiegt als die Waffe, ist auch nicht gerade von Vorteil.
Die Waffe ist vor allem als Kugelspritze konstruiert. Das ist ein weiterer Grund, weshalb sie so unbeliebt ist. Sie feuert mehr als 1100 Schuss pro Minute, dass heißt, ihr 30-Schuss-Magazin ist in 1,6 Sekunden leer. Das gibt ein ziemlich kurzes Feuergefecht.

Außerdem verschießt sie das Kaliber .45 (11,43 mm).
Die schweren Geschosse sind sehr gut, wenn man jemanden stoppen will, aber nicht besonders gut auf größere Entfernung. Außerdem dämpft der Schalldämpfer nicht nur das Abschussgeräusch, sondern bremst die Kugel auch auf Unterschallgeschwindigkeit ab, was Reichweite und Genauigkeit beeinträchtigt. Kurz gesagt, die Mac-10 ist dafür geeignet, jemanden im Vorbeifahren oder auf dem Klo zu erschießen, aber sonst taugt sie zu fast gar nichts.
Heute war sie alles, was ich hatte. In den Bug des Zodiac gekauert, zog ich die Schulterstütze heraus und prüfte, ob der Schalldämpfer fest aufgeschraubt war. Auch die anderen machten ihre Waffen bereit, luden durch und sicherten, jedoch möglichst tief im Boot und außer Sicht. Dave legte die Ruderpinne um, und das Zodiac zog einen weiten Bogen. Wir waren jetzt auf dem richtigen Kurs, um dem Fischerboot den Weg abzuschneiden, und ich kam mir wie ein Idiot vor, weil ich eine Mac-10 mitgenommen hatte.
Während das Zodiac die Richtung wechselte, behielt ich das Fischerboot im Auge. Die Männer auf Deck waren mittschiffs versammelt und standen um einen Haufen Netze herum. Ein Mann saß im Heck neben dem Außenborder. Sie ließen sich immer noch treiben und hatten anscheinend nicht bemerkt, dass wir den Kurs geändert hatten. Während wir zu ihnen hinüberschauten, hob einer ein Fernglas an die Augen und schaute lang zu dem Landungsschiff hinüber. Ein Fernglas! Noch ein Accessoire, das sich kaum ein Fischer im Arabischen Meer leisten konnte. Ich brauchte gar nichts zu sagen. Alle in unserem Boot wussten jetzt, dass das kein gewöhnliches Fischerboot war.
Dave gab Gas und steuerte weiter einen Kurs, der uns zwischen dem Fischerboot und dem Landungsschiff hielt. Ich betete, dass diese Typen keine Selbstmordattentäter waren und das Landungsschiff nicht rammen wollten. Ich wusste nicht, ob wir sie abfangen könnten, falls sie mit voller Fahrt Kurs auf das Schiff nehmen sollten.
Wir fuhren weiter, kamen immer näher heran. Schließlich, als wir noch etwa 200 Meter weit weg waren, drehte der Mann im Heck

plötzlich den Kopf. Er sah, dass wir auf ihn zukamen, und er sah Rudi in unserem Heck stehen, mit der Bugleine in der einen und dem M-60 in der anderen Hand. Es war klar, dass wir es auf sein Boot abgesehen hatten.

Der Mann riss am Starterseil, und der Motor erwachte brüllend zum Leben. Er legte die Ruderpinne um, und das Boot machte einen engen Bogen und fuhr weg von uns wieder auf die Landspitze zu. Dave korrigierte den Kurs, um es einzuholen.

»Nehmt das Boot aufs Korn« überschrie ich den röhrenden Motor.

Cheese richtete sein M-14 auf das Fischerboot. Wir waren keine 70 Meter mehr entfernt und kamen schnell näher.

Sie sahen uns und sie sahen, dass wir Gewehre auf sie gerichtet hatten. Die meisten echten Fischer hätten inzwischen schon beigedreht und mit erhobenen Händen auf uns gewartet. Diese Typen rasten weiter, und wir bekamen alle einen kleinen Adrenalinstoß.

Sie würden wegen uns nicht anhalten.

»ANHALTEN!!!«, schrie ich auf Arabisch. Es war eines der wenigen Wörter, die ich kannte. »ANHALTEN!!!«, schrie ich noch einmal. Der Mann im Heck schaute kurz zu mir herüber, dann wandte er den Blick wieder ab. Ich weiß noch, dass er das Gas weiter aufdrehte. Sie rasten mit voller Kraft davon. Und wir hinterher. Aber wir hielten weiter auf sie zu, und der Abstand verringerte sich. Dave steuerte einen perfekten Kollisionskurs.

»Erst feuern, wenn ich es sage«, schrie ich. Es würde eine Konfrontation geben, und wir waren alle angespannt. Ich wollte nicht, dass ein Unschuldiger erschossen wurde. Auch Pfarrers kleiner Sohn Chucky sollte möglichst unverletzt bleiben.

Das Zodiac holte schnell auf. Schaum spritzte von seinem Bug auf, als es durchs Wasser glitt. Noch 50 Meter. Noch 20 Meter.

Alles ging sehr schnell. Doch für mich verlangsamte sich plötzlich alles. Wieder einmal war ich voll auf Adrenalin.

Ich sah alles kristallklar und jede Sekunde schien eine Minute zu dauern. Das Sonnenlicht und der Himmel wirkten absolut weiß. Das Wasser war smaragdgrün und das Fischerboot war plötzlich das Blauste, was ich je in meinem Leben gesehen hatte.

Ich hörte mich wieder »Anhalten« schreien. Ich kann mich noch gut an den Klang des seltsamen arabischen Worts erinnern, es kam mir guttural und tief vor. Und es klang wie eine fremde Stimme in meinen Ohren.

Ich musterte den Mann am Steuer. Er trug ein braunes Hemd, das bis zur Taille aufgeknöpft war. Als wir näher kamen, fasste ich die drei anderen Männer ins Auge. Sie kauerten jetzt in der Mitte des Bootes und wappneten sich für den Zusammenprall. Dann kroch einer von ihnen auf einen mit Segeltuch bedeckten Klumpen neben den Fischernetzen zu.

Das Zodiac traf sie mittschiffs. Durch das Fischerboot ging ein Ruck und unser Schlauchboot prallte zurück. Dave steuerte hart nach Steuerbord und legte das Zodiac perfekt längsseits. Wir waren jetzt so nahe, dass wir den Männern auf dem Boot ins Gesicht spucken konnten.

Ihr Deck lag ein bisschen höher als unseres und ich stand auf Zehenspitzen im Bug und hielt richtete die Mac-10 auf den Mann am Ruder.

»Beidrehen, Motherfucker!«, hörte ich Dave im Heck schreien.

Plötzlich kam es mir witzig vor, dass »Motherfucker« vielleicht das einzige englische Wort war, das diese Typen verstanden.

Doch auch wenn sie es verstanden hatten, sie stoppten nicht. Weißes Wasser spritzte zwischen den beiden Booten hoch, als wir zusammenprallten. Ein paar Sekunden rasten wir Auge in Auge parallel dahin.

Ich hatte Blickkontakt mit dem Mann am Ruder und zielte das Boot entlang und an den Männern bei den Netzen vorbei auf ihn.

»Stoppt das Boot«, schrie ich auf Englisch.

Da geschah das Unglaubliche: Der Mann am Ruder machte eine Faust und streckte den Mittelfinger senkrecht hoch. Er zeigte mir den Stinkefinger! Eine sehr weltmännische Geste für einen arabischen Fischer.

Er hatte offensichtlich keinen Respekt vor mir. Die Typen zu erschießen, war vielleicht trotzdem ein bisschen extrem, schließlich waren wir in einem mit den USA verbündeten Land. Es war ihr Hafen und ich war hier nicht einmal Wildhüter. Aber ich wollte das Boot durchsuchen und ich würde es verdammt noch mal zum Anhalten bringen.

Ich beschloss, ihnen einen Schuss vor den Bug zu verpassen.

Ich schwenkte die Mac-10 nach vorn, zielte auf die hölzerne Vorpiek des Fischerboots, entsicherte und drückte ab.

Der Verschluss schnappte zu, und die erste Patrone im Magazin schob sich von der Seite in die Kammer. Die Patrone wurde mit einem unüberhörbaren »Klack« so festgeklemmt, dass sie halb aus dem Auswurffenster herausstand.

Meine MAC-10 hatte eine Ladehemmung. Und zwar eine von Weitem sichtbare Ladehemmung. Alle, SEALs und Araber, konnten die verklemmte Patrone aus dem Auswurffenster meiner Waffe ragen sehen.

Ich weiß noch, dass ich »So eine Scheiße!« dachte.

Dann passierten mehrere Sachen sehr schnell nacheinander. Einer der Männer in der Mitte des Bootes, riss das Segeltuch neben den Netzen beiseite. Ich sah das rote, halbmondförmige Magazin einer Kalaschnikow. Er schnappte sich die Waffe und riss sie hoch.

Rudi sah es auch und schrie: »WAFFE!«

Ich dachte jetzt nichts mehr, handelt nur noch. Rein körperlich, ohne Gedanke oder Plan, ein Zustand, den man im Zen-Buddhismus »Satori« nennt. Allerdings hätte man Satori in diesem Moment gut mit »voll in der Scheiße« übersetzen können. Auf dem Fischerboot griffen sie nach ihren Waffen, und meine hatte Ladehemmung.

Ich machte etwas Dummes, etwas erstaunlich Dummes, und das rettete mir wahrscheinlich das Leben. Ich sprang von dem Zodiac auf das Fischerboot.

Cheese, wahrscheinlich der zweitverrückteste Schweinehund, den ich je getroffen habe, sprang direkt nach mir. Meine Waffe war nutzlos und jetzt war ich Auge in Auge mit einem der Badehosenträger. Er hatte sich zu mir herumgedreht und versuchte, mit seiner AK-47 über das Dollbord auf mich zu zielen. Ich schlug mit dem Schalldämpfer nach vorn und unten, ein sauberer, präziser Hieb, als ob der Dämpfer ein Bajonett gewesen wäre. Meine Maschinenpistole war nur noch als Knüppel zu gebrauchen. Die Mündung des Schalldämpfers erwischte ihn genau zwischen den Augen und zerschmetterte ihm die Nasenbrücke. Es gab ein knirschendes Geräusch, und seine Gesichtshaut platzte auf. Der Mann ließ das Gewehr fallen, fiel nach hinten riss und einen der anderen mit. Sie fielen auf den Boden des Bootes, und schon war Hickman an ihnen wie ein Terrier. Er knallte dem anderen Mann den Kolben seines M-14 unter das Kinn. Blut spritzte und ein Zahn flog durch die Luft. Ich öffnete mein Mac-10 und schüttelte die verklemmte Patrone aus der Kammer.

Rudi war jetzt auch an Bord und zielte mit dem M-60 auf das Auge des Mannes im Heck.

»THE MAN SAID PARE SU BARCO, BUNDEJO!!«, schrie er. Reines Miami-Spanglish, aber es funktionierte.

Der Typ im Heck machte den Motor aus. Er nahm die Hände hoch. Allgemeines Geschrei auf Arabisch und Englisch. Die anderen nahmen auch die Hände hoch. Rudi hielt den Mann am Heck in Schach, und Cheese und ich trieben die anderen im Bug zusammen.

»Wer kann von euch kann Englisch?« brüllte ich.

»Ich«, sagte der Mann mit dem zerschlagenen Mund.

»Bleibt im Bug und bewegt euch nicht«, sagte ich.

Mein Herz hämmerte. Irgendwie hatte wunderbarerweise noch niemand einen Schuss abgefeuert. Es war ein bloßes Handgemenge gewesen. Ich sah zwei Kalaschnikows auf dem Boden des Bootes liegen. Ich hob sie auf und warf sie in das Zodiac.

»Schaut mal unter die Netze.«

Cheese ging in die Mitte des Bootes. Er hob die Netze hoch und wir sahen zwei Tauchflaschen. Flossen. Tauchermasken.

Er hob auch das Segeltuch hoch. Dort lagen zwei miteinander verklebte Stapel jugoslawisches TNT. Der Sprengstoff war zu konkav geformten Ladungen zusammengebaut, jede mit etwa 10 Pfund TNT, die jeweils um ein 2 Pfund schweres Stück Semtex-Plastiksprengstoff herum angebracht waren. Jede der beiden Ladungen war mit einer Anzahl 15 Zentimeter langer Magneten versehen, die wie ein Stoppzeichen arrangiert waren. Es handelte sich um improvisierte Haftminen, doch sie waren von einem Profi gebaut worden. Er hatte mit dem TNT eine »Linse«

aus Sprengstoff geformt, nach dem Prinzip der Hohlladung, welche die Explosion in einem Punkt konzentrierte. Wenn die Minen mit den Magneten am Boden eines Schiffes befestigt wurden, konnten sie ein meterbreites Loch in den stählernen Rumpf reißen. Beide Minen waren mit Zündern versehen. Sie waren einsatzbereit.

Diese Typen waren Kampfschwimmer – Froschmänner. Und Texas Pete war ihr Ziel gewesen.

Hurensöhne. Die Erkenntnis traf uns wie ein Eimer Eiswasser.

Cheese richtete sein M-14 auf die Männer im Bug. »Keine Bewegung«, sagte er, »oder ich lege euch alle um.«

Luke und Stick kamen mit dem zweiten Zodiac angerast. Luke hatte uns wie versprochen im Auge behalten. Er hatte gesehen, wie wir das Boot stellten, und als die Gewehre gezückt wurden, war er uns mit dem zweiten Zodiac zu Hilfe gekommen. Er stoppte das Boot quer vor dem Bug des Fischerboots, und die beiden stellten sich mit schussbereiten Waffen so auf, dass sie das Fischerboot der Länge nach im Schussfeld hatten.

Wir fesselten die Gefangenen schnell mit Kabelbindern und verbanden ihnen mit ihren T-Shirts die Augen. Zwei von ihnen bluteten, einer aus dem Mund und der andere aus dem Gesicht, die T-Shirts waren schnell mit Blut getränkt und es tropfte in die Bilge.

Alle Männer wurden gründlich durchsucht. Sie hatten keine weiteren Waffen dabei und auch keine Brieftaschen, Ausweispapiere, Geldscheine oder Wechselgeld. Cheese bewachte die Gefangenen, und wir durchsuchten das Boot Zentimeter für Zentimeter. Neben dem Außenborder fanden wir eine zusammengefaltete Seekarte des Hafens. Die Positionen der Beachmasters und der Ankerplatz von Texas Pete waren darauf mit Bleistift markiert. In der zusammengefalteten Karte war noch ein Stück Papier mit arabischen Notizen. Ich kann nur arabische Ziffern lesen, und das auch gerade so, dass ich die Nummernschilder von Autos lesen kann. Die Zahlen werden von rechts nach links geschrieben. Auf dem Zettel standen vierstellige Zahlen.

»Unsere Funkfrequenzen.«

Jemand hatte die UKW-Frequenzen der Landungsfahrzeuge und der Beachmasters notiert. Wir suchten auf dem Boot nach einem Funkgerät, fanden aber nichts.

Ich beugte mich über die Haftminen und studierte sie. Es sah nicht so aus, als seien die Zeitzünder scharf gemacht worden. Aber ich war nicht sicher. Es war sehr wahrscheinlich, dass die Typen die Minen erst scharf machen wollten, wenn sie am Rumpf des Schiffes hingen. Das war das übliche Verfahren bei einem Unterwasserangriff mit Minen. Aber es war auch üblich, dass Kampfschwimmer nachts angriffen. Diese Typen hatten es am helllichten Tag versucht. Es war eine verrückte Operation gewesen, so idiotisch und draufgängerisch, dass sie hätte Erfolg haben können – wie sich ein paar Jahre später bei dem Bombenanschlag auf die *USS Cole* herausstellen sollte. Man durfte nicht darauf zählen, dass die bösen Jungs sich an unsere Verfahrensvorschriften hielten.

»Was machen wir mit den Minen?«, fragte Rudi.

»Vorläufig nichts.«

Steve, unser Experte für Kampfmittelbeseitigung, war mit den Lastwagen an der Küste. Es wäre glatter Wahnsinn gewesen, wenn ein Amateur versucht hätte, sie zu entschärfen. Ich sah, dass auch die Zeitzünder in Jugoslawien hergestellt waren. Aber sonst kannte ich mich mit den Dingern nicht aus. Ich wusste nur, dass die Zündmechanismen, die wir bei unseren eigenen Minen einsetzten, automatisch als Sprengfallen funktionierten, sobald die Zündzeit eingestellt war. Sie explodierten dann bei jedem Versuch, sie zu bewegen oder den Zünder zu entfernen.

»Steve soll die Dinger unschädlich machen, wenn wir an Land kommen.«

Amateurbombenentschärfung ist eine Kunst, die ich nicht beherrsche.

Wir setzten das Fischerboot vor der Stellung der Beachmasters auf den Sand. Die Gefangenen wurden von Bord geschafft und mit jeweils 10 Metern Abstand auf den Strand gesetzt. Die Beachmasters und die verbündeten Soldaten hatten die Auseinandersetzung auf dem Fischerboot beobachtet und ihre Funkgeräte knisterten. Einer der arabischen Offiziere watete ins Wasser und machte einen Klimmzug an der Bordwand des Fischerboots. Er machte große Augen, als er die Minen sah. Er rannte aus dem Wasser, dass es spritzte, lief zu seinem Jeep, schaltete das Funkgerät ein und sprach sehr schnell auf Arabisch.

Bei den Beachmasters stand ein pakistanisch-amerikanischer Leutnant der Marines, der zu der an Land stationierten Einheit gehörte. Ich deutete mit dem Kinn zu dem arabischen Offizier am Funkgerät hinüber.

»Was sagt er?«, fragte ich.

»Er funkt seine Einheit an. Er sagt, sie sollen ein Team vom Sicherheitsdienst herschicken.«

Dies würde schnell zu einem Streit über die Zuständigkeit führen. Ich wusste nicht, wer die Gefangenen letztlich in Haft nehmen würde. Aber ich wollte eine lokale amerikanische Beteiligung. Ich sagte dem Bootsmann, der das Kommando über die Beachmasters hatte, er solle eine Verbindung zu dem Schiff herstellen. Dann ging ich ans Funkgerät und sprach mit Texas Pete, *actual.* Der Zusatz *actual* bedeutet, dass ich mit dem Kommandanten des Schiffes sprach, mit dem Alten persönlich. Ich sagte ihm, wir hätten vier Gefangene und Minen und Waffen. Ich bat ihn, Kontakt mit der Botschaft aufzunehmen, damit sie »eine sachkundige Person« schickten. »Die sachkundige Person« war ein CIA-Offizier. Ich sprach respektvoll mit dem Captain, sagte aber, was ich wollte. Wie alle SEAL-Teams können wir den Auftrag übernehmen, für jemanden einen Job zu erledigen, aber das ist nicht das Gleiche, wie »für jemanden zu arbeiten«.

Wir hatten eine legitime Festnahme vorgenommen und uns damit ein Mitspracherecht erworben. Der Kommandant war zwar ranghöher als ich, aber ich sagte dem Captain, was getan werden sollte. Und er tat es. Die Landungsboote wurden sofort an Bord gefiert. Das LCU war größer, und für seine Aufnahme musste Texas Pete das Welldeck fluten … eine Operation, die Zeit in Anspruch nahm. Es war höchste Zeit, dass das Schiff weg vom Strand kam.

In der wirklichen Welt läuft manches anders als in einem Hollywoodfilm. Wir hatten diese irren Schurken unschädlich gemacht, aber ich wusste nicht, ob es noch eine zweite Gruppe von Angreifern gab oder ob die vier Männer nur der Ablenkung gedient hatten. Es konnten noch mehr Bösewichter im Spiel sein. Ich wusste nicht, ob nicht irgendwo ein mit Sprengstoff vollgepacktes Boot darauf wartete, das Landungsschiff zu rammen.

Ich schickte ein Zodiac mit vier Schützen los. Sie kontrollierten den Rumpf von Texas Pete und dem LCU, um sicherzustellen, dass nicht doch jemand eine Haftmine angebracht hatte. Beide Schiffe waren sauber.

Texas Pete lichtete den Anker. Ich riet dem Captain, auf hoher See und in Bewegung zu bleiben. Wir würden später mit den Zodiacs Beachmasters auf das Schiff bringen. Das LCU sollte auch in Bewegung bleiben, aber näher am Strand. Wenn wir herausgefunden hatten, wer unsere Gegner gewesen waren, konnte es landen und die Gabelstapler an Bord nehmen.

Wir holten unsere Leute vom Fischerboot, dann ging Steve an Bord und machte die Minen unschädlich. Er übergab mir die Sprengkörper ohne Zünder, und ich deponierte sie auf den Zodiacs.

Nach etwa einer Stunde hielt eine Mercedes-Limousine bei den Lastwagen, gefolgt von einem Jeep, der von einem Araber in einer Khakiuniform und mit einem schwarzen Barett gefahren wurde. Unmittelbar danach kam ein weißer Chevy Suburban mit getönten Fenstern … eindeutig ein Fahrzeug der Botschaft. Aus dem Mercedes stiegen zwei Männer in Anzügen. Aus dem Suburban stiegen ein rotblonder Mann und ein untersetzter Gunnery Sergeant der Marines. Der Rotblonde trug eine Safari-Jacke – ein Fashion-Statement, das fast nur von Fernsehjournalisten und aufgeblasenen CIA-Beamten gemacht wird. Strahlend schüttelte Mr Safari einem der Anzugträger die Hand. Der Araber bekam ordentlich Sand in die Schuhe, als die beiden zu uns an den Strand herunterstapften.

Einer der Anzugträger entfernte sich und sprach mit dem ranghöchsten Offizier unserer Verbündeten, einem Major mit einem dunklen Schnurrbart. Sie gestikulierten heftig.

Dann kam der Typ in der Safari-Jacke herüber und sah sich die Sprengkörper auf den Zodiacs genau an.

»Von der Botschaft?«, fragte ich.

»Sie müssen Lieutenant Pfarrer sein,« sagte er lächelnd. Dass der Mann meinen Namen kannte, überraschte mich. Dass er ihn richtig aussprach,

bedeutete entweder, dass er ihn per Funk gehört hatte oder dass er Deutsch konnte.
»Das ist Gunnery Sergeant Foster. Er kann Arabisch.«
»Lieutenant Malik spricht auch Arabisch.«
»Hat er die Männer verhört?«
»Niemand hat mit ihnen gesprochen.«
Der Rotblonde schaute zu den Gefangenen hinüber.
»Warum bluten sie?«
»Wir hatten einen kleinen Kampf auf dem Boot.«
»Keine Schusswunden?«
»Es wurde nicht geschossen.«
Damit war er offensichtlich sehr zufrieden. Der Gunnery Sergeant und der Lieutenant gingen zu den Männern mit den verbundenen Augen hinüber und sprachen mit ihnen. Keiner antwortete. Sie saßen nur im Sand und bluteten.
»Was war sonst noch auf dem Boot?«
»Zwei Kalaschnikows und das hier.« Ich gab ihm die Seekarte und den Zettel mit den Frequenzen. Er zeigte keine Reaktion. Ich wurde nicht so recht schlau aus dem Burschen. Ich wollte ihm keine Fragen stellen, die er nicht beantworten würde, also schwieg ich.
Wir standen stumm nebeneinander, als einer der Anzugträger herüberkam und etwas zu dem Mann sagte, der das Boot gesteuert hatte. Der Mann stieß eine Antwort unter seinem T-Shirt hervor, und der Mann im Anzug versetzte ihm einen harten Tritt auf den Mund. Ich hatte das Gefühl, dass es noch viel brutaler werden würde, sobald die beiden nicht mehr in der Öffentlichkeit wären.
»Übernehmen Sie Zuständigkeit für die Gefangenen?«, fragte ich.
»Nein«, sagte der Mann mit der Safari-Jacke.
Ich wollte gerade etwas sagen, da rief einer der Anzugträger den Major zu sich und sagte auf Englisch: »Laden Sie diese Männer in unseren Jeep.«
»Sind Sie damit einverstanden?«, fragte ich den Mann mit der Safari-Jacke.

»Ich habe nichts dagegen«, sagte er. »Aber ich werde die Sprengkörper mitnehmen.«

Mir war das Ganze allmählich egal.

»Bedienen Sie sich«, sagte ich.

Er ging zu den Zodiacs und nahm einen der TNT-Packen auf die eine und den anderen auf die andere Schulter, wie zwei Kartoffelsäcke. Entweder wusste er ganz genau, was er tat, oder er hatte nicht die geringste Ahnung. Er hatte genug Sprengstoff auf den Schultern, um sich in das seltenste Gas der Welt zu verwandeln: Safari-Jacke 225.

Die Gefangenen wurden den Strand heraufgeführt. Immer noch mit verbundenen Augen wurden zwei in einen Jeep gesetzt, einer in den Mercedes und einer in den anderen Jeep, dann fuhren sie davon.

Mr Safari-Jacke und der Gunnery Sergeant warfen den Sprengstoff hinten in den Suburban, stiegen ein, knallten die Türen zu und starteten den Motor. Die Offiziere und Soldaten der Verbündeten stiegen in ihre Fahrzeuge und folgten dem Mercedes und dem Jeep.

Der Suburban fuhr auf die Küstenstraße, wendete und folgte dem Konvoi.

Sie waren weg, und es war vorbei. Einfach so.

Wir standen da wie Idioten. Die Beachmasters sahen uns an. Wir sahen sie an.

»War's das?« fragte Rudi.

»Das war's.« Ich hatte nicht gerade eine Konfettiparade erwartet, aber vielleicht doch ein bisschen mehr als nichts. Er hatte nicht einmal gefragt, was uns dazu veranlasst hatte, das Boot zu durchsuchen.

»Was machen wir mit dem Boot?«, fragte Luke.

»Scheiße, keine Ahnung. Versenkt es.«

Und mit den Kalaschnikows?« fragte Cheese.

Ich sah, wie es in seinem norwegischen Quadratschädel arbeitete: Er erwartete, dass er sie als Kriegsbeute behalten dürfte. Einen Augenblick stellte ich mir Hickman auf Heimaturlaub vor, wie er mit einem in China hergestellten Sturmgewehr Rotwild jagte. Kein Bambi im Staate Wisconsin würde vor ihm sicher sein.

Er machte ein langes Gesicht, als ich sagte: »Zerlegt sie und schmeißt sie in das Boot.«

Das LCU kam und nahm die Gabelstapler auf. Die Beachmasters und Lieutenant Malik beschlossen, mit dem LCU zu fahren, als bekannt wurde, dass es an Bord warmes Essen gab. Das Landungsboot zog die Rampe hoch, verließ rückwärts den Strand und nahm Kurs auf Texas Pete, von dem am dunstigen Horizont nur noch die Aufbauten sichtbar waren.

Wir schleppten das Fischerboot ein paar Hundert Meter von der Küste weg und warfen eine Handgranate hinein, die ihm mit einem dumpfen Schlag den Boden aufriss. Es sank mit dem Heck voraus und verschwand in einem öligen Wirbel aus Holzsplittern und Fischschuppen. Hickmans Kalaschnikows gingen mit ihm unter.

Bis heute habe ich keine Ahnung, was mit den Männern passierte, die wir gefangen nahmen. Die Möglichkeiten reichen von Einkerkerung und Folter bis zur standrechtlichen Hinrichtung. Wenn sie Einheimische waren, wurden sie wahrscheinlich eher von ihren Familien freigekauft. Es ist unwahrscheinlich, dass irgendetwas, das einen Wert hat, in diesem Land nicht genutzt wird.

Sie waren entweder Terroristen oder feindliche Militärs gewesen. Wenn sie Terroristen waren, war ihre Aktion meines Wissens die erste und einzige, bei der Terroristen Kampfschwimmer einsetzten. Kampfschwimmen ist eine Kunst, für die man viel Übung braucht. Übung kostet Geld. Kampfschwimmer werden von Staaten ausgebildet, nicht von finanzschwachen Tangos.

Warum sie meinten, dass sie die Operation am helllichten Tag durchführen könnten, kann ich bis heute nicht begreifen. Vielleicht trauten sie sich nicht, es nachts zu machen. Vielleicht dachten sie, wir würden auf ihre Tarnung als einheimische Fischer hereinfallen. Viele Fragen und viel, was man nie wissen wird.

Jedenfalls waren sie nicht mehr mein Problem. Sie waren weg, wahrscheinlich am falschen Ende von einem Stück Klavierdraht. Obwohl sie einheimischen Folterknechten übergeben worden waren, fühlte ich mich kein bisschen verantwortlich für ihr Schicksal. Sie hatten noch geatmet, als ich sie zuletzt sah.

Texas Pete und die Landungsfahrzeuge waren in Sicherheit und ich würde keine schlaflose Nacht verbringen, weil ich über das Schicksal der vier Feinde nachgrübelte. Wer den Froschmann spielt, geht eben ein Risiko ein.

Als wir wieder auf das Schiff kamen, ließ ich mich über eine sichere Frequenz mit dem Flaggschiff verbinden. Ich berichtete über die Festnahme und die Übergabe der Gefangenen. Ich fügte hinzu, dass wir das Boot versenkt hätten, weil wir nicht gewusst hätten, was wir sonst damit anfangen sollten. Der Verbindungsoffizier der Flugzeugträgerkampfgruppe schrieb für den Admiral einen Bericht über den Zwischenfall. Ich bekam weder Bericht noch die Funkprotokolle über das Ereignis je zu Gesicht. Ich schrieb ehrenvolle Erwähnungen für Cheese, Rudi und Dave, aber es bewirkte nichts. Sie bekamen keine offizielle Anerkennung. Wie alles andere bei diesem Zwischenfall wurde auch mein Lob unter den Teppich gekehrt.

Fünf Monate später bekam ich eine Navy Achievement Medal. In der beigefügten Urkunde hieß es im Wesentlichen, ich sei ein ernsthafter und sorgfältiger junger Offizier und hätte meine Aufgabe, für die Sicherheit der Kampfgruppe zu sorgen, gewissenhaft erfüllt. Weder die Männer, die wir gefangen genommen hatten, noch das Boot, die Waffen oder die Minen wurden erwähnt.

Die Medaille kam in einer mit blauem Kunstleder überzogenen Schachtel, komplett mit Reversnadel, damit ich sie auch mit Zivilkleidung tragen konnte. Ich fragte mich, ob sie der Richtige bekommen hatte.

Übergang

Ich lag seit ein paar Minuten im Graben und der Regen trommelte auf mein Gesicht. Das Letzte, woran ich mich klar erinnern konnte, war, wie ich auf der Hecktreppe der 727 gestanden hatte. Ich erinnerte mich an die anderen Springer vor mir, an das Donnern der Triebwerke und an die Stimme in meinem Kopfhörer, die »GO! GO! GO!« schrie.

Dann fiel mir alles wieder ein: der Sprung von dem Passagierflugzeug und der wilde Sturz durch die Luft. Ich erinnerte mich, wie ich mit dem Kopf voraus fiel und sich unter mir Virginia Beach drehte. Die Straßenlampen waren weiß und ockergelb und die Straßen glänzten nass vom Regen. Verschwommen kam mir meine Fallschirmfehlfunktion ins Gedächtnis. Seltsam: Als ich mich daran erinnerte, *sah* ich mich fallen, sah, wie ich strampelnd an den Leinen hing und mich rasend schnell drehte, als sich nur der halbe Schirm öffnete. Ich erinnerte mich daran, als hätte ich es von einem festen Punkt außerhalb meines Körpers aus gesehen. Es war wie ein Film: Szenen aus dem Leben einer anderen Person. Ich beobachte mich selbst, wie ich hinabfiel, durch brodelnde graue Wolken immer weiter auf die Landungszone zu. Die Erinnerung an meinen Fall schimmerte wie ein Trugbild in meinem Hirn.

Ich lag ausgestreckt im Graben, das rechte Bein zurückgebogen, Wade und Fuß unter den linken Schenkel gedreht und vom Gewicht meines Rucksacks an den Boden gepresst. Ich versuchte, mich aufzusetzen, und spürte einen stechenden Schmerz in den Rippen. Ich zog die Schnellentriegelung, die den Rucksack von seinen Befestigungspunkten löste, und schob ihn von meinen Beinen herunter. Dann drehte ich mich auf den Bauch und kam langsam auf Hände und Knie. Ich machte ein paar tiefe Atemzüge. Meine Rippen brachten mich fast um, aber alles andere schien zu funktionieren.

Jetzt spürte ich das nasse Gras und den Dreck unter den Händen. Meine Finger pochten und ich zuckte zusammen, als mich ein Regentropfen direkt auf ein Nagelbett mit abgerissenem Fingernagel traf. Ich schnippte das schwarze Blut von meinen Fingerkuppen. Der Schmerz war mir völlig egal. Ich war am Boden, und ich war am Leben.

Ich raffte meinen Schirm zusammen und hinkte zur Straße. Irgendwo hinter mir grollte der Donner. Unwillkürlich schaute ich in den Himmel hinauf. Die Wolken waren schwer und niedrig und trieben schnell dahin. Ich schaute hinauf zu dem Ort, wo ich gewesen war, einem Ort unmittelbar über dem grauen, wirbelnden Nebel. Ich hatte das Gefühl, von einer Leiter gefallen zu sein.

Scheinwerfer tauchten im Regen auf und erfassten mich kurz. Es war einer der Suburbans von der Landungszone. Die Reifen des schweren Wagens zischten über den nassen Asphalt, als er eine Vollbremsung machte. Das Fenster war offen. Am Steuer saß Hoser. Er hatte immer noch seinen Jumpsuit an. Seine Dreadlocks waren nass und er sah ganz verstört aus.

»Lieber Gott, Chuck«, er sah mich verächtlich an. Ich stand an der Straße, fast 1 Kilometer von der Stelle entfernt, an der ich hätte landen sollen. »Steig ein«, grollte er, »jemand hatte einen Totalversager und ist in die Bucht gestürzt.«

Ich grinste, als ich zur Hecktür des schweren Geländewagens ging.

»Entspann dich«, sagte ich. »Das war ich.«

Die anderen Springer hatten mich an der Formation vorbeifallen sehen. Sie sahen, dass mein Schirm nicht aufging, weil sich seine Tasche nicht öffnete. Sie riefen einander die Information zu, als ich in der Wolkendecke verschwand. Niemand hatte gesehen wie sich mein Schirm doch noch geöffnet hatte, und niemand hatte gesehen, wie ich mit dem Wind auf den Strand geknallt und über die Straße gezogen worden war. Sie hatten sich in der Landungszone versammelt und festgestellt, dass Coyote und ich fehlten. Coyote wurde gesund und munter auf dem Weg zurück zur Zone gefunden. Er war etwas zu weit geflogen und hinter dem Picknickplatz gelandet, der neben einem der Fußballfelder lag.

Damit fehlte nur noch einer, und ich war jetzt auch da, ziemlich ramponiert, aber froh, am Leben zu sein.

Hoser musterte mein Fallschirmsystem, als ich den Klumpen hinten ins Auto warf. Der Twinkie baumelte frei neben seinem Klettverschluss, ein stummer Zeuge, wie knapp ich mit dem Leben davongekommen war.
»Hast du deine Reißleine weggeworfen?«, fragte er.
Ja, das hatte ich. Im Notfall der erste Schritt. Wenn mein Sprung gut gegangen wäre, hätte ich die Reißleine, nachdem sich der Schirm geöffnet hatte, um ihren Griff gewickelt und sie in meinem Anzug verstaut, während ich herunterkam. Nun jedoch lag sie irgendwo auf dem Grund der Little Creek Cove. Es war nach mehr als 300 Sprüngen das erste Mal, dass ich meine verloren hatte. Wenn einem Teammitglied das passierte, musste es einen Kasten Bier zahlen. Das würde ich an diesem Abend im Raven gerne tun.
Nach einer wilden Abschiedsparty, die man bei der Navy »Hells and Farewells« nennt wurde ich am folgenden Tag offiziell entlassen. Ich leerte meinen Käfig und meinen Schreibtisch. Dann machte ich einen Rundgang durch die Gebäude und verabschiedete mich von meinen Freunden. Sie wünschten mir herzlich alles Gute, aber sie sahen mich irgendwie schief an. Ich war kein Schütze mehr; ich gehörte nicht mehr zum Stamm. Ich war draußen. Ich hatte das eine getan, was ein SEAL nie tun darf. Ich hatte aufgegeben. Und jetzt war ich schon eine Erinnerung, obwohl sie mir noch die Hand gaben, Witze rissen und mir auf die Schultern klopften. Ich hatte mich selbst von ihnen entfernt.
Lenny und Dougie machten die Nachbesprechung mit mir, etwas ernster als sonst, weil ich in die wirkliche Welt zurückkehrte. Ich ging raus und würde draußen bleiben. Ich übergab ihnen meine militärischen Ausweise und mehrere Pässe. Einen durfte ich behalten, ein einfaches ziviles Exemplar. Mit den »sauberen« Papieren war ich nicht gereist. Ich sah zu, wie die anderen Papiere »UNGÜLTIG« gestempelt wurden. Schließlich ging ich in das Büro des Captains. Ich las und unterzeichnete meinen Fitnessreport, den Bericht über meine Leistungen als Offizier. Er würde der letzte Eintrag in meinem Wehrpass sein. Obwohl ich den Dienst quittierte, hatte mich Bob Gormly für eine frühe Beförderung empfohlen. Es war die beste Beurteilung, das größte Kompliment, das ich je bekommen

hatte. Ich dankte ihm, und er dankte mir. Er wünschte mir viel Glück da draußen, und weg war ich.

Als ich mich dem vorderen Tor des Stützpunkts näherte, kam der Marine, der das Tor bewachte, aus seinem Wachhäuschen. Er trat auf die Straße und hob die weißbehandschuhte Hand. Ich hielt an. Als ich mein Fenster herunterließ, um zu fragen, warum er mich gestoppt hatte, entfernte er mit einem Kratzer den Aufkleber des Stützpunkts von meiner Windschutzscheibe. Lenny und Dougie hatten bestimmt bei ihm angerufen und ihm gesagt, das er mich stoppen sollte. Ich würde nicht mehr in den Stützpunkt fahren. Der Marine zerknüllte den Aufkleber in der Hand und kehrte wortlos an seinen Platz zurück. Das Letzte, was mich mit dem Team verband, war von der Scheibe abgekratzt und in den Mülleimer geworfen worden.

Ich saß am Steuer meines Wagens und fühlte mich wie betäubt. Auf einmal wurde mir das ganze Gewicht meiner Entscheidung erdrückend bewusst. Ich fühlte mich wie ein Mensch, der 100 Leben gelebt hat und 100 Tode gestorben ist.

Die Erkenntnis, dass ich jetzt Zivilist war, war niederschmetternd.

Auf der Heimfahrt liefen mir Tränen über das Gesicht.

Das Radio schmetterte unglaublicherweise »Knocking on Heaven's Door«.

Margot und ich trennten uns in diesem Herbst. Dass wir eine Zeit lang getrennt leben würden, war meine Idee, was Margot sehr verletzte. Ich hatte geplant gehabt, mich für das Sommersemester an der University of Virginia einzuschreiben und organische Chemie, Analysis und einige weitere mathematische und naturwissenschaftliche Kurse zu belegen, die ich zur Abrundung meines Psychologieabschlusses brauchte. Nach dem Abschied von den Teams wollte ich die Zulassungsprüfung für Medizin machen. Doch ich schrieb mich nie ein. Ein dumpfer Überdruss hatte mich erfasst. Ich wusste nicht, was ich tun wollte, also tat ich nichts.

Immer wieder peinigte mich der Albtraum, dass ich im tiefen Meer versank. Er war immer ohne Ton. Blau, unendliches Blau über mir und unter mir, und nichts außer dem erstickenden Gefühl, ins Leere zu fallen. Ich wachte schreiend auf.

Margot hatte gewollt, dass ich in der Navy blieb. Sie sagte immer, dass es zwei Sorten von Navy SEALs gebe: eine, die alles könne, und eine, die nichts anderes könne. Vielleicht dachte sie, dass ich zur zweiten Kategorie gehörte. Vielleicht wusste sie auch, dass ich mit nichts anderem zufrieden sein würde.

Ich tat mein Bestes, um etwas Neues zu finden.

Den Anfang des Sommersemesters hatte ich verpasst, das Medizinstudium hatte sich als Selbsttäuschung entpuppt und ich musste allmählich irgendwie Geld verdienen. Ich dachte ganz naiv, dass ich Schriftsteller werden könnte. Margot meinte, ich hätte den Verstand verloren. Wahrscheinlich hatte sie recht. Von der Schriftstellerei zu leben, würde sehr schwer werden, nicht nur aus den üblichen Gründen. Wie mein Vater und mein Bruder bin auch ich Legastheniker.

Vor langer Zeit auf dem College hatte ich zusammen mit meinem Freund Richard Murphy, den ich während eines Praktikums kennengelernt hatte, ein Drehbuch geschrieben. Es war die Geschichte eines Mannes, der aus dem Gefängnis ausbricht und sich versteckt, indem er als Berater in einem Sommerlager für erwachsene Behinderte arbeitet. Wir hatten es mit großen Hoffnungen geschrieben. Aber nichts passierte, niemand wollte es kaufen, und ich gab es auf und ging zur Navy. Murph ist ein guter und treuer Freund von mir, und er machte mich ausfindig, als ich bei SEAL Team Four war.

»Hey«, sagte er am Telefon, »ich habe ein paar Neuigkeiten für dich. Erinnerst du dich noch an dieses miese Drehbuch, das wir damals in L. A. geschrieben haben?«

»Ja.«

»Also, es ist für einen FOCUS-Filmpreis nominiert worden, ich bin an der NYU in den Studiengang für einen Master of Fine Arts in Drehbuchschreiben reingekommen, und wir kriegen beide einen Vertrag bei der William Morris Agency.« (FOCUS = **F**ilms **o**f **C**ollege and **U**niversity **S**tudents; A. d. Ü.)

Ich wurde der einzige Marineoffizier in Amerika, der einen Agenten von William Morris hatte. Murph und ich schrieben noch ein weiteres Drehbuch über Ernest Hemingway in Kuba zu Beginn des Zweiten Weltkriegs. Es war aus Manuskriptseiten zusammengestoppelt, die wir einander schickten – Murph aus New York und ich aus Honduras, dem Libanon und der Dominikanischen Republik. Ich bezweifelte, dass daraus irgendwas werden würde, aber mir gefiel das Recherchieren, ich schrieb gern und ich arbeitete gern mit Murph. Wir schickten das Drehbuch ein und binnen einer Woche war es verkauft. Bob Nixon, ein früherer Produzent von ABC, der mit Jimmy Buffet nach Kuba gefahren war, um Hemingways Farm bei Havanna zu besichtigen, hatte die Option auf die Verfilmung des Drehbuchs gekauft. Bob sagte, als er das Drehbuch gelesen habe, sei er sicher gewesen, dass er tatsächlich Hemingways Finca besucht hatte. Wir hatten in einem Buch von der Farm gelesen.

In diesem Sommer schrieb ich in einem leeren Schlafzimmer in unserem Haus alleine ein Drehbuch. Es war die Geschichte von drei Offizieren und ihren Erlebnissen, als sie versuchten BUD/S zu absolvieren. Ich begann damit, es in eine mechanische Schreibmaschine zu hacken, und beendete es schließlich es auf einem 512K-Macintosh-Computer. Ich schickte es an meinen Agenten. Es wurde von Orion Pictures gekauft.

Margot und mich brachte dieser kleine Erfolg nur noch weiter auseinander. Wir hatten immer öfter Streit. Wir wurden nie laut, aber wir kamen auch zu keinem Ergebnis, und das machte alles noch schlimmer. Ich war wieder einmal in einer Abwärtsspirale, aber diesmal nicht wegen einem Fallschirmversager. Margot verlor nie die Geduld, sie gab uns nie auf, aber ich gab uns auf. Ich zog nach Manhattan. Es war eine sehr seltsame Entscheidung. Ich mag eigentlich keine Großstädte.

Dann verliebte ich mich unsterblich in eine kubanische Schauspielerin. Ich lebte damals schon von Margot getrennt, aber wir waren immer noch verheiratet; ich trieb mich herum, wie üblich. Meine neue Liebe machte mich melancholisch, sie löste widersprüchliche Gefühle in mir aus: eine dumpfe Scham, die wie Nebel war, und eine Aufregung, die ich wie helles Sonnenlicht empfand.

Magda Esteffan und ich zogen in ein Apartment an der Ecke 78th und 2nd Avenue, nicht weit vom Carlisle Hotel. Magda arbeitete als Chansonette, und sie bekam kleine Rollen, meistens in Werbespots. Ich traf mich mit ihr spät in der Nacht, wenn sie ihre Sets gesungen hatte, und wir speisten dann um 3.00 Uhr. Tagsüber schliefen wir. Wenn sie zur Arbeit ging, blieb ich in der Wohnung und schrieb das Drehbuch für Orion um. Nie zuvor hatte ich so sehr wie ein Bohemien gelebt. Die Stadt war überwältigend für mich, und ich gewöhnte mich nie richtig an sie. Magda und ich liebten einander, und die Zeit verging schnell.
Wir lebten etwa ein Jahr in Manhattan und zogen dann nach Los Angeles. Ich hatte nur noch 3000 Dollar auf dem Konto, war aber fest entschlossen, vom Schreiben zu leben. Wir zogen in eine kleine Wohnung in Marina del Rey. Ich hatte das Glück, einen weiteren Auftrag als Autor zu bekommen, und dann noch einen. Orion Pictures drehte meinen ersten Film: *Navy SEALs,* und Universal Studios meinen zweiten: *Darkman.* Mehrere weitere Drehbuchaufträge folgten. Margot und ich ließen uns scheiden, eine extrem zivilisierte Angelegenheit, die per Post durchgeführt wurde; Magda und ich trennten uns.
Ich hatte eine Menge Geld, gab es mit vollen Händen aus und schrieb weiter Drehbücher.
Ich heiratete wieder, weil ich hartnäckig bin und weil ich nicht gern allein lebe. Julia Craig ist wunderschön, sportlich und intelligent. Sie gehörte zur Rudermannschaft der Princeton University und ihr Vater war wie meiner Berufsoffizier. Wir schienen gut zusammenzupassen, aber die Liebe war irgendwie zwischen zwei sehr unvereinbaren Persönlichkeiten aufgeblüht. Unsere Ehe war eine Katastrophe, und unsere Scheidung war langwierig und unangenehm. Ich ging wieder pleite, machte wieder Geld und verlor auch das wieder. Ich wurde sehr gut darin, mich mit Müh' und Not durchzuschlagen.

In Los Angeles wurde ich oft gefragt, ob ich »es« vermisse, womit vermutlich die SEALs gemeint waren. Die Frage wurde mir oft mit einem Seitenblick auf meinen wachsenden Leibesumfang gestellt, und ich muss zugeben, dass mein Lebensalter in Jahren und mein Bauchumfang in Zoll in ziemlicher Übereinstimmung lebten, seit ich meinen Dienst quittiert hatte. Auf die Frage antwortete ich meist, dass ich die Jungs vermisse. Und die Teamarbeit. Manchmal antwortete ich auch, dass ich so lange dabeigeblieben sei, wie ich es mir zugetraut hätte, und auf dem Höhepunkt meiner Leistungsfähigkeit ausgeschieden sei. Beide Aussagen waren nicht falsch, aber letztlich belanglos. Was sollte schon eine ehrliche Antwort, wenn jemand nicht dabei gewesen war? Was soll man zu jemandem sagen, der nie aus einem Passagierflugzeug abgesprungen ist, nie mit einer Haftmine ein Schiff versenkt und nie einen Heckenschützen getötet hat? Was soll man jemandem sagen, der nicht die geringste Ahnung, nicht den Hauch einer Vorstellung davon hat, wie es gewesen ist?

Manchmal wurden die Fragesteller direkter. Manchmal wurde ich gefragt, wie viele Menschen ich getötet hätte. Ich gewöhnte mich daran, die Frage mit einer Gegenfrage zu beantworten:

»Und warum haben *Sie* Schuldgefühle?«

Im Jahr 1996 war ich zweimal geschieden und kam mir wie beschädigte Ware vor. Das war ich auch. Eine Frau, die ich kannte, sagte mir, dass man mich mit einem Warnschild hätte versehen müssen.

Jemand organisierte ein Blind Date für mich, ein Dinner in Omaha, Nebraska. Ich recherchierte für ein Drehbuch, in dem ein Mordanschlag auf die Frau des Präsidenten verübt wird und das ich im Mittelwesten spielen lassen wollte. Irgendwie hatte ich das Studio davon überzeugt, mich dorthin zu schicken. Meinem Freund Lee Shepherd fiel es ziemlich schwer, die Frau zu einem Treffen mit mir zu überreden. Ich war geschieden und noch einmal geschieden und ich arbeitete in Hollywood – alles Dinge, die in Omaha nicht gerade gut ankommen. Die Frau gab schließlich nach, und ich bekam die Telefonnummer ihres Büros in einer Anwaltspraxis im Stadtzentrum. Sie sagte, sie müsse sich den ganzen Nachmittag auf einen Prozess vorbereiten, aber ich könne sie abends um sechs in ihrem Büro abholen. Ich stieg um Punkt 18:00 Uhr aus dem Aufzug. In der Lobby begrüßte mich die schönste Frau, die ich je gesehen hatte. Sie sah aus wie Catherine Deneuve. Ich war

völlig perplex und stotterte eine Begrüßung. Sie ließ mich eine Stunde in ihrem Büro warten, weil eine Besprechung länger dauerte als geplant.
Als sie zurückkam, war ich immer noch in Ehrfurcht erstarrt. Ich bin sicher, dass ich mich lächerlich machte, als sie vorschlug, auf einen Drink in den Omaha Press Club zu gehen. Der Klub war im obersten Stockwerk des Gebäudes, in dem sich ihr Büro befand. Ich erfuhr später, dass sie einen falschen Anruf arrangiert hatte, der sie in ihr Büro zurückrief, falls es bei unseren Drinks schlecht laufen sollte.
So wäre es fast gekommen.
Ich war auf eine großartige Frau gestoßen. Stacey war Debütantin und Jahrgangsbeste gewesen und sie war eine gute Reiterin. Aber sie wusste auch, wie man Heu macht, einen Viehzaun repariert und einen Bagger führt. Bevor sie nach Omaha zurückkehrte, war sie Rechtsanwältin in Virginia, im District of Columbia und in Maryland gewesen. Nichts an den SEALs oder an Hollywood machte Eindruck auf sie. Sie hatte ein raues Lachen und eine perfekte Nase.
»Die Nase habe ich in New Orleans gekriegt«, sagte sie »Sie hätten meine alte sehen sollen.«
Ich lachte. Sie machte mir genauso viel Angst wie ein Fallschirmsprung. Ich kippte schnell zwei Martinis. Stacey trank Wein und bestellte noch einen.
»Warum sehen Sie mich nicht an?«, fragte sie.
»Was meinen Sie damit?«
»Ich meine, dass Sie mich nicht ansehen, wenn Sie mit mir sprechen. Das gilt in dieser Gegend als unhöflich.«
»Es tut mir leid«, sagte ich. »Ich wollte Ihnen nicht auswcichen.« Ich schaute ihr in die riesigen, grünen Augen. Dann wandte ich den Blick wieder ab.
»Da, jetzt tun Sie es schon wieder. Warum sehen Sie mich nicht an, wenn wir miteinander sprechen?«
»Weil Sie zu schön sind.«
Stacey nahm einen Zug an ihrer Zigarette. Sie stieß langsam den Rauch aus und sagte: »Netter Spruch. Zieht der in L. A.?«

Stacey und ich wurden 18 Monate später in Omaha getraut. Im Dezember 1998 gebar sie unseren Sohn Paddy. In den drei Tagen, die sie Wehen hatte, klagte sie nicht, weinte nicht und verfluchte mich nicht ein einziges Mal.

Ich lernte eine Menge über Tapferkeit von ihr.

Farewell to Arms

Der Arzt riss den Vorhang auf und zog ihn hinter sich wieder zu. Das vermittelte die Illusion, dass wir allein waren. Der Aufwachraum war voll, und links und rechts von mir lagen andere Patienten hinter ihrem Vorhang.

»Wie geht es Ihnen?« Er lächelte. Er war gut aussehend und schick angezogen, wie die Ärzte im Fernsehen.

»Sagen *Sie* es mir«, sagte ich. Auf meinem Kinn war Speichel festgetrocknet und ich war immer noch ganz groggy von der Narkose. Man hatte gerade eine Darmspiegelung bei mir gemacht.

Der Doktor legte das Klemmbrett auf mein Bett und studierte es kurz, bevor er sprach.

»Sie haben Krebs«, sagte er.

Ich hatte das Gefühl, als hätte die Welt plötzlich aufgehört, sich zu drehen, und mich abgeworfen.«

»Dickdarmkrebs«, fuhr er fort. »Wir haben einen bösartigen Tumor gefunden. Er ist etwa so groß wie ein Golfball. Wir weisen Sie sofort ins Krankenhaus ein. Ich habe für heute Nacht die Operation anberaumt.«

»Wie schlimm ist es?«, stotterte ich.

»Ich will ehrlich zu Ihnen sein. Ein Tumor dieser Größe wächst schon eine ganze Weile. Vielleicht sogar schon fünf oder sechs Jahre. Das Problem ist, dass er Krebszellen aussendet, er metastasiert. Es ist wahrscheinlich, dass sich der Krebs ausgebreitet hat.«

Ich schloss die Augen. Mein erster Gedanke war, dass Stacey weinen würde, wenn sie es erfuhr.

»Ich habe es Ihrer Frau schon gesagt«, sagte der Doktor.

Genau wie die Ärzte im Fernsehen.

Ich kann nicht sagen, dass mich der Krebs ohne Vorwarnung getroffen hätte. Im Nachhinein ist man immer klüger, aber ich hatte wirklich eine Menge wichtiger Signale ignoriert. Hartnäckige Erschöpfung, ein Husten, der nicht mehr verging, und eine Unmenge Schmerzen und Zipperleins, die ich darauf zurückgeführt hatte, dass ich in die Jahre kam. Außerdem gab es Krebs in meiner Familie, Dickdarmkrebs, und er traf die Männer. Es hatte wirklich genug Warnzeichen gegeben.

Stacey nahm die Nachricht tapfer zur Kenntnis und stand mir die ganze Zeit bei. Ich wurde noch am selben Abend operiert. Als der Tumor, verschiedene Lymphknoten und 30 Zentimeter meines Dickdarms entfernt waren, bekam ich eine Infektion an der Operationsnarbe und verbrachte die folgenden drei Wochen mit einem Schlauch in der Nase im Krankenhaus.

Die offizielle Diagnose lautete »kolorektales Karzinom im dritten Stadium«. Obwohl der Tumor operativ entfernt worden war, war ich noch längst nicht geheilt. Als der Krebs festgestellt wurde, hatte der Tumor bereits in das Lymphsystem gestreut. Millionen Krebszellen waren in meinen Körper metastasiert.

Vier Wochen nachdem ich aus dem Krankenhaus entlassen worden war, begann ich mit der Chemotherapie: immer sechs Wochen Behandlung, zwei Wochen Pause, sechs Monate lang. Das Medikament, mit dem ich behandelt wurde, 5-Fluorouracil, hatte ein paar üble Nebenwirkungen: Hautläsionen, chronische Übelkeit, geistige Verwirrung, Erschöpfung und eiternde Geschwüre im Mund. Die Behandlung war mindestens genauso schlimm wie die Krankheit, die sie heilen sollte. Sie verursachte sogar Leukämie bei einigen Patienten, eine Nebenwirkung, die ich nicht mehr als »Kollateralschaden« bezeichnen würde.

Ich bekam meine Chemotherapie im achten Stock des Saint Vincent's Medical Center in Jacksonville, Florida. In der onkologischen Station kann man den Saint Johns River sehen und die Patienten sitzen in Naugahyde-Sesseln mit Blick auf den Fluss. Jeden Donnerstagnachmittag wurde ich zuerst im Labor untersucht. Dann musste ich mich hinlegen und bekam eine Infusion gelegt. Ich lag bewegungslos da, während ich mit Leucovorin, Steroiden und 5-FU vollgepumpt wurde. Manchmal dauerte die Behandlung zwei Stunden, manchmal sogar vier. Krankenwärter brachten Tabletts mit Orangensaft und Eisstücken. Das Eis war für die schmerzhaften, hartrandigen Geschwüre unter meiner Zunge. Mein eisgekühltes Getränk schlürfend, teilte ich die herrliche Aussicht auf den Fluss mit 30 bis 40 weiteren Patienten. Wir alle waren entweder aufgequollen oder ausgezehrt oder haarlos oder alles zugleich. Es war eine ausgesprochen exklusive Station.

Ich begann sie irgendwann den »Todesklub« zu nennen.

Die Steroide bliesen mich auf wie eine Kröte, und das 5-FU machte mich verwirrt und vergesslich, ein Phänomen, das laut den Krankenschwestern »Chemohirn« hieß. Die Haut auf meinen Händen und Füßen bekam Blasen und schälte sich plattenweise. Mein Geruchssinn wurde extrem empfindlich. Ich schwor, dass ich die Medikamente der Chemo auf meiner Haut riechen konnte, einen scharfen, durchdringenden Geruch, wie der Geruch von Stahl. Mir wurde schlecht davon. Also übergoss ich mich regelrecht mit Kölnischwasser und stank nun nach Parfüm, Krebs und Medikamenten. Mein Bauch schwoll an, und meine Augen wurden verschwollene Schlitze. Leute, die mich gut kannten, liefen auf der Straße an mir vorbei, ohne mich zu erkennen. Ich war immer erschöpft und weinte wie ein Kind.

Wochen vergingen, der Frühling wurde zum Sommer. An den Nachmittagen schlief ich zusammengerollt auf dem Sofa mit einem Eimer neben mir. Manchmal hatte ich das Gefühl, dass die Chemo auch mich tötete, nur etwas langsamer als den Krebs. Ich hatte Träume, in denen meine Seele den Körper verließ. Mein seelisches Selbst stand dann stundenlang da und beobachtete einen aufgeschwemmten, rotgesichtigen Mann, der laut schnarchend unter einer Steppdecke lag.

Die Steroide waren nicht gut für mein seelisches Gleichgewicht, schon bei der geringsten Frustration bekam ich eine maßlose Wut. Und sobald mein Ärger verflogen war, wurde ich weinerlich und zerknirscht. In all den Zuständen der Wut, Angst und Reue half Stacey mir durchzuhalten. Wie schon gesagt, sie ist eine großartige Frau.

Die sechs Monate vergingen, und ich war mit der Chemo fertig. Ich hatte eine weitere harte Prüfung bestanden.

Bei den SEAL-Teams sagen wir, ein Überlebender sei ein Opfer mit Haltung. Ich bin wieder gesund und es geht mir immer besser. Ich weigerte

mich zu glauben und glaube immer noch nicht, dass ich an Krebs sterben werde, nach allem, was ich durchgemacht habe.
Ich werde jedenfalls kein Opfer sein. Ich bin ein Kämpfer.
Ein paar Ratschläge habe ich zu geben. Halte die Leute fest, die dir nahestehen, und liebe sie mit ganzer Kraft. Steh jeden Morgen auf und lebe, als ob es kein Morgen gäbe. Denn eines Tages wirst du feststellen, dass dem so ist.

DANK

Viel Hilfe und Ermutigung bekam ich schon zu Anfang des Projekts und bei seinen schwierigsten Teilen. Nichts steht in diesem Buch, das nicht von den Vorschlägen und der Hilfe anderer Menschen profitiert hätte. Zuerst möchte ich Joel Millner von Larchmont Literary Agency in Los Angeles und Julia Lord von Julia Lord Literary Management in New York danken. Mit Joel arbeite ich schon seit mehr als einem Jahrzehnt zusammen, und Julia ist eine Freundin, die mich durch die Riffe und Untiefen eines Gewerbes steuerte, das mir fremd war. Ihrer frühzeitigen Ermutigung habe ich es zu verdanken, dass aus einer diffusen Idee ein Buch geworden ist. Auch mehreren anderen Freunden, deren frühe Hilfe sehr wichtig war, möchte ich danken. Zunächst einmal danke ich meinem Freund, dem Schriftsteller, Kriegsberichterstatter und Drehbuchautor David Freed für seine freundliche Unterstützung und seinen klaren, funkelnden Stil, der mir ein Vorbild ist. Auch danke ich meinem Freund Peter Gaele, dem Abenteurer, Drehbuchautor und Erzähler, weil er so nett war, mir zu zeigen, wie man ein Buchprojekt einreicht, und meiner Kollegin und Freundin Lee Johnson, die mir sowohl für das Schriftstellerleben als auch für die ausgezeichnete stilsichere Prosa ein Vorbild ist.

Es ist selbstverständlich, dass man auch seinen Eltern dankt, aber meinen gebührt ganz besonderer Dank, weil sie buchstäblich das Licht anließen, wenn ich schrieb. Außerdem danke ich meinem Vater, der die meisten offiziellen Bilder in dem Buch recherchierte, lokalisierte, verifizierte und auf ihre Richtigkeit prüfte. Er ist ein hervorragender Rechercheur, ein teuflisch guter Marineoffizier und ein toller Vater. Tausend Dank auch meinem Freund und Teamkameraden Scott Speroni, mit dem ich im Libanon war. Er besorgte mir zahlreiche schwer zu findende Fotos und war ein Fels in der Brandung, als wir zusammen in Gefahr waren.

Für die Vorbereitung des Manuskripts und das Lektorat möchte ich Patrick Miller und besonders Lisa Essenberg danken. Sie haben nicht nur einen stetig wachsenden Stoß von Seiten gehütet, sondern auch unverzichtbare Recherchen getätigt. Einen faktischen Rahmen meiner Erzählung hat mein Freund, der Historiker Eric Hammel, geliefert. Er schrieb mit *The Root, the Marines in Beirut* das maßgebliche Geschichtsbuch über das amerikanische Fiasko im Libanon, und ich danke ihm dafür. Dank schulde ich auch den Mitarbeitern des National Navy UDT-SEAL Museums, die es geschafft haben, ein Foto von Lehrgang 114 aufzutreiben. Und ich danke Vic Duppenthaler von Uniflight Inc. für die Fotos von Sea Fox und die Informationen über dieses frühe Tarnkappenboot.

Danken möchte ich auch meinem alten Freund Richard T. »Murph« Murphy, dem Mann, der mich zum Schreiben animierte und mir mehr als jeder andere beibrachte, wie man klar schreibt. Großen Dank schulde ich auch meinen Kameraden FGS und LL, die mit mir in Beirut dienten, das Manuskript lasen und ihre Erinnerungen beisteuerten. Dank auch meinen lieben Freunden Jerri Hente, Lisa Paul, Colonel Marvin »Ski« Krupinsky, seiner Frau Jackie, Benham und Robert Howard, Doctor »Mac Daddy« Evans, Liz Grenamyer, Matt Wolfe und Tripp Newsome, Cap'n Gary Bohm, Blair und Bobby Woolverton, Bruce Truesdell, Bob und Pam Currey, Dorothy Alstrin, meinen Teamkameraden Kim Erskine und Ian Conway, Matt und Lynn Keller und Beau St. Clair; sie alle lasen Kapitel meines Buches und sagten mir, wo ich etwas ändern sollte.

Ein früher Leser war meine Freundin Sue Schuler, deren Freude am Leben mir eine Inspiration war. Ihr Kampf gegen den Krebs ist jetzt vorüber, aber die Welt ist reicher geworden durch das Beispiel an Anmut, Tapferkeit, Humor und Würde, das sie gegeben hat. Wir vermissen dich.

Dank auch an alle, die in diesen Geschichten vorkommen, Teamkameraden und Kollegen, Freunde und Bekannte. Bei den Respektspersonen, die ich gelobt habe, entschuldige ich mich für die Anmaßung; und bei den Vorgesetzen und Teamkameraden, die ich kritisiert habe, entschuldige ich mich dafür, dass ich nicht den Mut aufbrachte, schon früher den Mund aufzumachen.

Herzlichen und ernst gemeinten Dank auch an meinen Verleger Bob Loomis bei Random House, der das Risiko einging, einen Drehbuchautor ein richtiges Buch schreiben zu lassen. Er ist der tapferste Mann, den ich in letzter Zeit getroffen habe.

Meine unsterbliche Dankbarkeit und Liebe gehört meiner Frau Stacey und meinem Sohn Paddy für ihre Geduld und ihr Verständnis. Dank Staceys Liebe überstand ich den finstersten Teil meiner Krankheit; es tut mir leid, dass die beiden oft ohne Ehemann und Vater auskommen mussten. Danke, dass ihr mich liebt.

Vielen Dank auch an die Marines und Seeleute der 24th Marine Amphibious Unit und an die Männern von SEAL Team Four und SEAL Team Six. Mein tief empfundener und bescheidener Dank auch den vielen Familien, den Ehefrauen und Müttern, Vätern, Söhnen und Töchtern, die auf dem Altar der Freiheit das ultimative Opfer brachten. Mein Dank, auch wenn er von Herzen kommt und von tiefem Respekt getragen ist, wiegt nichts im Vergleich zu eurem tragischen Verlust. Ihr sollt wissen, dass kein Tag vergeht, ohne dass ich mir die Frage stelle, warum eure Söhne sterben mussten und ich nicht.

Schließlich will ich auch den Männern von Naval Special Warfare danken, den Operators, die täglich unseren Feinden die Stirn bieten – und die sich auf Gedeih und Verderb der See ausliefern.

GLOSSAR

1130: Naval Special Warfare Officer. 1130 ist die Kennnummer, mit der das Bureau of Naval Personnel qualifizierte Offiziere der SEALs bezeichnet.

1180: Kennnummer eines Special Warfare Officers der Navy auf Probe.

1-MC: Die Lautsprecheranlage an Bord eines Kriegsschiffs.

5,56: Kaliber eines M-16-Gewehrs in Millimetern. NATO-Munition für das M-16 und den M-4-Karabiner.

5326: NEC (Naval Education Code – Qualifikationscode) für einen »Kampfschwimmer«, Kennnummer des Bureau of Naval Personnel für einen SEAL Operator mit Mannschaftsdienstgrad.

7,62: Kaliber eines M-60-Maschinengewehrs in Millimetern. NATO-Munition für das M-60 und die Gewehre G-3 und M-14. Für diese Waffen wird die 7,62-mm-x-51-mm Standardpatrone der NATO verwendet. Die erste Zahl bezeichnet den Geschossdurchmesser, die zweite die Länge der Patronenhülse.) Für in Russland hergestellte Waffen wie das AK-47 werden Geschosse desselben Kalibers (7,62 mm) verwendet, aber kurze Patronenhülsen mit 39 mm Länge.

A2: Barrett-Scharfschützengewehr Kaliber .50 (12,7 mm) mit großer Reichweite. Wird von SEAL-Teams gegen wichtige Ziele und gegen Heckenschützen eingesetzt.

AAA (Anti-Aircraft Artillery): Flugabwehrgeschütze.

Across the Beach (über den Strand): Operation der SEALs, die auf dem Meer ihren Ausgangspunkt hat. Um auf feindliches Gebiet vorzudringen oder sich von dort zurückzuziehen können SEALs wahlweise schwimmen oder Boote, U-Boote, Fallschirme und Hubschrauber oder Kombinationen dieser Hilfsmittel verwenden.

Alice Pack, manchmal auch »Dschungelrucksack« genannt: Kleiner Rucksack, der bei Kampfeinsätzen verwendet wird.

Amal (Hoffnung): Die Amal ist eine antiwestliche Schiiten-Miliz im Libanon.

ANGLICO (Air Naval Gunfire Liaison Company): Den Marines zugeordnete Einheit, die auf die Koordination von Luftschlägen mit dem Beschuss durch Boden- und Schiffsartillerie spezialisiert ist.

Anti-Terrorism (AT): Defensive Maßnahmen, um die Verwundbarkeit von Personal und Einrichtungen durch terroristische Angriffe zu reduzieren zum Beispiel Patrouillengänge, Anti-Fahrzeug-Barrikaden, und die bessere Sicherung oder besseren Schutz von Einrichtungen. Außerdem: Maßnahmen, die von Militär- und Sicherheitskräften unmittelbar nach einem terroristischen Angriff ergriffen werden.

AO (Area of Operations): Operationsgebiet.

AOT (Advanced Operator Training): die auf BUD/S folgende Ausbildung zu Vorbereitung künftiger Mitglieder eines SEAL Platoons auf ihre Einsätze.

API (Armor Piercing, Incendiary): Munition, welche die Panzerung eines Fahrzeugs durchschlägt und das Innere in Brand setzt.

Assault Element: Einheit von SEALs, deren Größe zwischen 4 und 25 Operators variiert. Die Einheiten werden entsprechend der Einsatzanforderungen zusammengestellt.

AT-4: Rückstoßfreie Panzerabwehrrakete des Kalibers 84 mm (3,36 Zoll), die zum Brechen von Panzerungen und Bunkern eingesetzt wird, in Schweden hergestellt.

Attack Board: Eine Armatur mit Tiefenmesser, Uhr, Kompass und Unterwasser-GPS, die von SEALs zur Navigation bei Unterwasserangriffen verwendet wird.

AWACs E-3 *Sentry*: Aufklärungsflugzeug, das zur Allwetterüberwachung, als Kommando und Kontrolleinheit und als Kommunikationsmittel eingesetzt wird. Die E-3 *Sentry* ist eine modifizierte Version des Passagierflugzeugs Boeing 707-320 mit einem rotierenden Suchradar über dem Rumpf.

Banana: Ein SEAL-Anwärter oder jemand, der (noch) nicht als SEAL Operator qualifiziert ist. Er wird »Banane« genannt, weil er außen *yellow* [heißt nicht nur »gelb«, sondern auch »feige«, A. d. Ü.] und innen weich ist.

BDU (Battle Dress, Utility): Dreifarbiger Kampfanzug, der von Marines und Soldaten getragen wird.

Beehive (Bienenkorb): Mit dem M-203-Granatwerfer abgefeuertes 40-mm-Geschoss. Statt Sprengstoff enthält ein Beehive sogenannte Flechettes, pfeilförmige Projektile mit Leitwerk, die Ziele wie Schrotkugeln durchsieben.

BIA (Beirut International Airport): Stationierungsort des Hauptteils der 24th MAU.

Black Hawk: MH-60 Hubschrauber, das Arbeitspferd bei Spezialeinsätzen. Seine Entsprechung bei der Navy ist der SH-60, genannt Seahawk.

Black Shoe: Ein Surface Warfare Officer, der auf einem Kriegsschiff dient, so genannt, weil er schwarze Schuhe zu seiner Khakiuniform trät. Piloten tragen braune Schuhe.

Boat-Crews (Bootsmannschaften): Unterschiedlich große Einheiten von SEALs. Buchstäblich die Anzahl von SEALs, die mit einem Boot oder einem Hubschrauber ins Einsatzgebiet vordringt. Sie besteht in der Regel aus mindestens vier Operators, kann aber auch 20 Mann stark sein.

Body Snatch (auch als »Personnel Interdiction« bezeichnet): Die Entführung wichtiger feindlicher Personen oder eine Operation oder ein Hinterhalt, mit dem Gefangene gemacht werden sollen.

Booger Eater (Popelesser): Allgemeine Bezeichnung für den Feind.

Bounce: Der Aufschlag nach einer Fehlfunktion des Fallschirms.

BUD/S (Basic Underwater Demolition, SEAL): Grundausbildung der SEALs. Eine 26-wöchiges Martyrium in der Naval Amphibious Base Coronado in Kalifornien. Alle SEAL Operators absolvieren diesen Lehrgang. BUD/S ist der einzige Lehrgang des US-Militärs, den Offiziere und Mannschaften gemeinsam absolvieren und in dem sie dieselben Aufgaben erfüllen müssen.

Budweiser: Das Abzeichen eines qualifizierten Naval Special Warfare Operators. Das Tätigkeitsabzeichen wird in der Navy »Trident« (Dreizack) genannt und ist das Emblem der SEAL-Teams. Es zeigt eine Pistole, einen Anker und einen Dreizack sowie einen schreienden Adler, der entfernt an das Logo auf einer Büchse Budweiser-Bier erinnert. Bei der Navy sind die Tätigkeitsabzeichen der Mannschaften silbern und die der

Offiziere golden. Das Budweiser ist das einzige goldene Tätigkeitsabzeichen der Navy, das sowohl von Mannschaften als auch von Offizieren getragen wird.

C-4 (Composition 4): Plastik-Sprengstoff.

Kader: Die Einheiten des harten Kerns einer terroristischen Organisation in Kampf und Ausbildung. Aber auch Übungseinheit innerhalb eines SEAL-Teams.

Cake eater (Kuchenesser): Marineoffizier. Alle Offiziere.

CAR-15 (siehe auch M-4): Kurzläufige Version des M-16. Das »Car« ist bei den SEALS wegen seiner Kompaktheit und Genauigkeit beliebt. Es wird auch als »Poodle Shooter« bezeichnet.

Caustic Cocktail (ätzender Cocktail): Giftige Gase, die entstehen, wenn bei der Fehlfunktion eines Kreislauftauchgeräts Meerwasser mit Atemkalk in Berührung kommt. Nicht gerade wohlschmeckend und mitunter tödlich.

CCT (Combat Control Teams): Spezialeinheiten der U.S. Air Force für Luftverkehrskontrolle und Kommunikation.

Chu Hoi (vietnamesisch: »offene Arme«): Vietnamesische Deserteure, die bereit waren, den amerikanischen Streitkräften zu helfen. Chu Hois wurden manchmal von SEALs als Führer bei Search-and-Destroy-Operationen eingesetzt. Der Begriff wird heute noch als Bezeichnung für einen Deserteur benutzt, der bereit ist, als Kundschafter oder Führer zu arbeiten. Eine andere Bezeichnung lautet Kit Carson Scout.

Cleared Hot: Erlaubnis, das Feuer zu eröffnen. Gefechtsklar.

Click: Ein Click entspricht 1 Kilometer Reichweite oder Entfernung.

Combat Action Ribbon: Auszeichnung der Navy für die Teilnahme an Kampfhandlungen. Das Äquivalent der Navy für den Combat Infantryman Badge der Army.

Commando Hubert: Spezialeinheit der französischen Marine.

Commodore: Marineoffizier, in der Regel ein ranghoher Captain, der ein Geschwader von Schiffen befehligt. Denselben Titel trägt auch der Captain, der das operative Kommando über eine NAVSPECWARGRU, eine Gruppe von SEAL-Teams, hat.

Coronado: Stadt auf einer Halbinsel bei San Diego. Standort der West-Coast-SEAL-Teams und der Naval Special Warfare Training Unit.

Caporal-Chef: Dienstgrad in der französischen Fremdenlegion, Äquivalent eines Sergeant Major oder Stabsfeldwebels.

CT (Counterterrorism): Offensive Maßnahmen zur Abschreckung und Verhinderung von Terroranschlägen und in Reaktion auf sie, zum Beispiel Angriffe auf Täter, die sich mit Geiseln verbarrikadiert haben, die Rückeroberung entführter Fahrzeuge, Schiffe oder Flugzeuge und der direkte Kampf gegen Kämpfer, Unterstützer und Infrastruktur von terroristischen Organisationen.

CP (Combat Post): Stellung der Marines außerhalb des Flughafengeländes am Beirut International Airport, in der Regel mit einem Platoon bemannt.

CQB (Close Quarters Battle): Extrem präzise Schießtechnik, mit der SEALs auf Schiffen oder zu Lande Räume vom Feind befreien. CQB ist der Inbegriff der chirurgischen Präzision. SEALs wenden die Technik oft an, wenn es gilt, Terroristen kampfunfähig zu machen und Geiseln zu retten.

CRRC (Combat Rubber Raiding Craft): Schlauchboot, das von den SEALs benutzt wird. Obwohl moderne Boote aus schusssicherem Kevlar sind, ist in der englischen Bezeichnung immer noch das Wort »rubber« (Gummi) enthalten. Es stammt aus der Zeit des Zweiten Weltkriegs, als die Boote noch aus gummibeschichtetem Nylon bestanden.

CSAR (Combat Search and Rescue): Operation zur Rettung einer abgeschossenen Flugzeugbesatzung aus feindlichem Gebiet.

CTF (Commander, Task Force): Kommandeur einer Kampfgruppe.

Delta (Special Forces Operational Detachment, Delta oder auch Delta Force): Spezialeinheit der Army mit den Einsatzschwerpunkten Terrorismusbekämpfung und Geiselbefreiung. Unter SEALs kursiert der Witz, dass die berühmte Delta Force die beste Tarnung für einen SEAL-Einsatz sei.

Dau: Arabisches Segelboot mit Lateinersegel. Im Nahen Osten allgegenwärtig in Fischerei und Küstenhandel.

Diaw: Vietnamesisch »Hauptmann« (beim Heer), Kapitänleutnant (bei der Marine).

Dien Bien Phu: von den Franzosen in Nordvietnam zur Festung ausgebauter Talkessel. Wurde von den Viet Minh eingeschlossen und fiel nach einer Schlacht von 174 Tagen am 7. Mai 1954. Diese Niederlage der Franzosen bedeutete das Ende der französischen Hegemonie in Indochina.

Ding: Mit einer Kugel treffen. Töten.

Direct Action: Kampfhandlung gegen feindliche Ziele.

Dirt Poisoning (Dreckvergiftung): Todesursache, wenn sich der Fallschirm nicht öffnet.

Dog Face (Hundegesicht): Mitglied der United States Army.

Dräger LAR-V: In Deutschland hergestelltes Kreislauftauchgerät. Kreislaufgeräte stoßen keine Luftblasen aus und werden für Überraschungsangriffe und Sabotageaktionen benutzt.

Drusen (siehe auch PSP): In den Bergen des Libanon verbreitete Anhänger einer islamischen Geheimreligion. Der politische Arm der Religionsgemeinschaft ist die Sozialistische Fortschrittspartei Libanons PSP. Die 1948 gegründete Partei ist nationalistisch und antiwestlich orientiert. Die Partei und die Milizen der Drusen werden von Walid Dschumblat geführt.

Dust-Off (Abstauben): Evakuierung von Verwundeten mit dem Hubschrauber.

E and E (Escape and Evasion – Entrinnen und Ausweichen): Der Versuch von Einzelpersonen, sich aus feindlichem Gebiert zurückzuziehen. Ein letzter verzweifelter Rückzugsversuch.

F-470: CRRC (Combat Rubber Raiding Craft) Schlauchboot der Firma Zodiac für küstennahe Operationen und zum Vorstoßen in feindliches Gebiet oder zu dem Rückzug aus demselben.

Fast Rope: Schwammiges, hanftauartiges Spezialseil zum schnellen Abseilen (Abrutschen) aus dem Hubschrauber. Die Seile werden in Längen von 10, 20 und 40 Metern hergestellt. Der Begriff bezeichnet auch das schnelle Abseilen selbst.

FAV (Fast Attack Vehicle): Bewaffneter Dünenbuggy, der sehr häufig von SEAL-Teams verwendet wird.

FLIR (Forward Looking Infra Red – nach vorne gerichtetes Infrarotgerät): Gerät, das Infrarot-Strahlung in Richtung der Fahrzeug- oder Flugkörperachse wahrnehmen kann.

FN (Fabrique National): In Belgien hergestelltes 7,62-mm-Sturmgewehr.

Frog Hog: SEAL-Groupie.

Full Mission Profile: Der gesamte Verlauf eines SEAL-Einsatzes: Planung, Übung, Entsendung, Vorstoß, Infiltration, Einsatz am Zielobjekt, Exfiltration, Rückzug, Rückholung und Nachbesprechung.

Fuerzas Especiales: Kolumbianische Spezialeinsatzkräfte.

Goon Squad (Deppenschwadron): Die Dummen und Langsamen. Beim BUD/S die langsamsten 20 Prozent jedes Laufs und jeder Evolution. Die Ausbilder picken sich diese Anwärter für spezielle Fitnessübungen heraus.

GPS (Global Positioning System): Navigationshilfe, die mittels einer Serie von Militärsatelliten jeden Ort der Erde exakt lokalisieren kann.

Green Room: Der Ort auf einem Flugzeugträger, an dem sich die Besatzungsmitglieder aufhalten, bevor sie auf das Flugdeck betreten.

Gun Deck: »To gun deck« bedeutet in der Navy, dass man im Nachhinein einen Logbucheintrag macht oder ein Dokument fälscht. Der Ausdruck kommt daher, dass sich die Wache früher auf das Kanonendeck zurückzog, um ins Logbuch zu schreiben.

Haftmine: Magnetmine, die von SEALs bei Unterwasserangriffen gegen feindliche Schiffe und bei Sabotageaktionen eingesetzt wird.

HAHO (High Altitude High Opening): Fallschirmsprung aus großer Höhe, bei dem man schon in großer Höhe den Schirm öffnet.

HALO (High Altitude Low Opening): Fallschirmsprung aus großer Höhe, bei dem man erst in geringer Höhe den Schirm öffnet.

HEDP (High Explosive, Dual Purpose): Munition des M-203-Granatwerfers, panzerbrechende als auch auf Menschen wirksame Geschosse.

Hisbollah: Partei Gottes. Die Hisbollah ist die Dachorganisation verschiedener muslimischer Militanter im Libanon. Sie wurde um 1983 gegründet und ist nicht nur militärisch, sondern auch sozial aktiv, gründet Schulen, Kliniken und Wohlfahrtsverbände für die schiitische Minderheit. Von 1983 bis 2000 führte die Hisbollah einen Guerillakrieg gegen die israelische Besatzungsmacht und die Städte und Dörfer im Norden Israels. Ihre vom Iran subventionierten und ausgebildeten Kräfte operieren in den südlichen Slums von Beirut und in der Bekaa-Ebene.

Hooterville: Der Slum Hay-es-Salaam, der die Stellungen der Marines am nördlichen Ende des Beiruter Flughafens umschloss.

Hop and Pop: Fallschirmabsprung aus geringer Höhe mit sofortiger Öffnung des Schirms.

HSAC (High Speed Assault Craft): Schnelles, extrem leistungsfähiges offenes Hochseeangriffsboot. Bewaffnet mit verschiedenen Maschinengewehren der Kaliber 7,62 und .50. Mit HSACs, die plötzlich am Horizont auftauchen, lassen sich Überraschungsangriffe gegen Ziele zu Land und zu Wasser durchführen.

Hydrographic Recon: Heimliche Erkundung eines Strandes. Auch als Sneak and Peek (reinschleichen und angucken) bezeichnet.

IDF (Israeli Defense Forces): Die israelische Armee.

IR (Infrarot): Unsichtbare Lichtfrequenz, niedriger als die von rot. Sie wird passiv von Nachtsichtgeräten und aktiv durch Infrarotblinklichter genutzt.

IR Strobe: Infrarotblinksignal.

JP-5 (Jet Propulsion Grade 5): Treibstoff für Düsenflugzeuge.

Kalaschnikow: Alle russischen Gewehre, die von Michail Timofejewitsch Kalaschnikow entworfen wurden, darunter die Sturmgewehre AK-47 und AK-74, die Maschinengewehre RPK und RPD und das Dragunow-Scharfschützengewehr.

Katjuscha: In Russland hergestellte 122-mm-Artillerierakete.

K-Bar: Kampfmesser der SEAL-Teams.

Kafiya (Palästinensertuch): Schwarz-Weiße arabische Kopfbedeckung.

Killer Egg (siehe auch Little Bird): Der gerne von Spezialeinsatzkräften verwendete, leichte Angriffshubschrauber AH-6. Der Spitzname bezieht sich auf seinen eiförmigen Rumpf. Der AH-6 kann mit verschiedenen Miniguns, Chain Guns und Raketenbehältern bewaffnet sein. Die »abgespeckte« (zum Absetzen von Soldaten verwendete) Version wird »Little Bird« genannt.

LAAW (Light Anti-Armor Weapon – leichte panzerbrechende Waffe): Die leichte Panzerabwehrrakete M-72. Inzwischen ersetzt durch die größere und leistungsfähigere AT-4.

LAF (sprich: »laugh« – Lebanese Armed Forces). Die libanesische Armee des damaligen Staatspräsidenten (1982–1988) Amin Gemayel.

LALO (Low Altitude, Low Opening): Fallschirmsprung aus geringer Höhe, bei dem man auch in geringer Höhe den Schirm öffnet.

LCU (Landing Craft, Utility): 41,1 Meter langes Mehrzwecklandungsboot, das zum Transport von Panzern geeignet ist.

Lead Wings (Bleiflügel): Das »silberne« Fallschirmspringerabzeichen der Army. BUD/S-Absolventen erhalten es, wenn sie die Fallschirmspringerausbildung in Fort Benning, Georgia, absolviert haben. Naval Special Warfare Operators auf Probe müssen dieses Abzeichen tragen, bis sie zehn Sprünge bei der Navy gemacht und sich die »Wings of Gold« (goldene Flügel) der Navy verdient haben.

Leg (Bein): In der Regel »Nasty Leg« (schlechtes Bein). Begriff der Army für alle Soldaten, die keine Springerausbildung haben. Ein Soldat, der kein Fallschirmjäger, also Mitglied einer Einheit von Fußsoldaten ist.

Leuchtstab: Chemische Lichtquelle, die zur Markierung von Objekten verwendet wird. Leuchstäbe gibt es in verschiedenen Farben und in Infrarot.

Little Bird (siehe auch Killer Egg): Der MH-6, ein gerne von Spezialeinsatzkräften verwendeter Hubschrauber. Verschiedene Militärversionen der Hughes-Serie 369/500. Der kleine, schnelle und leistungsfähige Little Bird wird eingesetzt, um Scharfschützen abzusetzen und punktgenau auf feindliches Gebiet vorzudringen. Bewaffnet mit 20-mm-Chain-Guns und FLIR, wird der AH-6 »Killer Egg« genannt.

Little Creek: Naval Amphibious Base (amphibischer Stützpunkt der US-Marine) in Norfolk, Virginia. Stationierungsort der SEAL-Teams der amerikanischen Ostküste.

Low Intensity, High Per Diem (etwa: geringe Intensität, viel Zeit): Operation, die reine Zeitverschwendung oder ein Spaziergang ist.

LT (Lieutenant): Offiziersrang der US-Navy (Besoldungsgruppe O-3), der dem eines Captains bei den Marines, der Army und der Air Force entspricht.

LTJG (Lieutenant, Junior Grade): Offiziersrang der US-Navy (Besoldungsgruppe O-2), der dem eines First Lieutenant bei den Marines, in der Army und der Air Force entspricht.

M-203: 40-mm-Granatwerfer, der an einem Gewehr angebracht werden kann.

M-4 (siehe auch CAR-15): Karabinerversion des M-16.

M-60: Maschinengewehr, gehört zur Standardausrüstung der US-Infanterie. Das M-60 schießt mit NATO-Munition des Kalibers 7,62 mm mal 51 mm.

Marine Amphibious Ready Group (MARG): Flugzeugträgerkampfgruppe.

Maronit: Die Maroniten sind die größte christliche Religionsgemeinschaft im Libanon. Zu den maronitischen Gebieten gehören Ostbeirut und die Berge im Norden des Libanon. Maroniten sind traditionell als

Kaufleute, Händler und Geschäftsleute tätig und dominieren tendenziell die libanesische Wirtschaft. Der Staatspräsident des Libanon ist ein Maronit.

Maritime Amphibious Unit (MAU): Kleinster kombinierter Kampfverband im United States Marine Corps.

MH-53 (siehe auch Pave Low): Schwerer Langstreckenhubschrauber mit großer Transportkapazität. Die Version der Navy und der Marines ist der CH-53, genannt Sea Stallion.

MH-60 (siehe auch Sea Hawk): Black-Hawk-Hubschrauber. Arbeitspferd der Spezialeinsatzkräfte.

Mk V: Das Patrouillenboot, das Sea Fox ersetzt.

Mk-13: Rauch- und Leuchtfackel für Tag und Nacht, die von SEALs mitgeführt wird.

Mk-15: Computerisiertes semidichtes Kreislauftauchgerät, berüchtigt für seine Unzuverlässigkeit. Auch »Schwarzer Tod« genannt.

MP-5: In Deutschland hergestellte Maschinenpistole. Wird von SEALs beim Aufbringen von Schiffen, bei der Sicherung von Räumen und zur Close Quarters Battle (siehe auch CBQ) verwendet.

MRE: Meal, Ready-to-Eat, Feld- und Gefechtsverpflegung. Nicht besonders wohlschmeckend. Auch als »Meal Rarely Enjoyed« (Mahlzeit, die selten schmeckt) bezeichnet.

Muezzin: Der Ausrufer einer Moschee, der die Gläubigen mit dem Adhan zum Gebet ruft. Der Gebetsruf ertönt fünf Mal am Tag: in der Morgendämmerung, um 12 Uhr Mittags, in der Mitte des Nachmittags, in der Abenddämmerung und am Abend.

MULE (Multi Utility Laser Equipment): Laserzielgerät.

Mustang: Berufsoffizier, der zuvor als Mannschaftsdienstgrad gedient hat.

Naval Special Warfare (Sondereinsatzkräfte der US-Navy): SEAL-Teams, SEAL-Delivery-Teams und Special Boat Units.

NCDU (Naval Combat Demolition Units): Vorläufer der berühmten Underwater Demolition Teams der US-Navy im Zweiten Weltkrieg.

No Joy: Funkspruch mit der Bedeutung »Ziel nicht zu sehen«.

NOD (Night Observation Device): Nachtsichtgerät.

Non Qual: Person, die nicht als SEAL Operator qualifiziert ist.

NRO (National Reconnaissance Office): Militärischer Nachrichtendienst der USA.

NSA (National Security Agency): Größter militärischer Nachrichtendienst der USA.

NVG (Night Vision Goggles): Nachtsichtgerät.

O2 Hit: Krampf durch Sauerstoffvergiftung, die größte Gefahr bei Verwendung eines Kreislauftauchgeräts. Reiner Sauerstoff ist ab einem Druck von mehr als zwei Atmosphären giftig.

Operator Nummer: Dreistellige Nummer, die einem SEAL Operator zugeteilt wird, um ihn innerhalb einer operativen Einheit zu identifizieren.

Pave Low: Spezialeinsatzhubschrauber MH-53 der Air Force. Nachfolgemodell der berühmten Jolly Green Giants des Vietnamkriegs Pave Lows sind ausgerüstet mit Miniguns, einem hoch entwickelten Navigationsgerät und FLIR. Sie können in der Luft aufgetankt werden und werden bei der bewaffneten Suche nach Spezialeinsatzkräften und ihrer Rettung eingesetzt.

Phalange: Christliche Miliz im Libanon. Im Jahr 1936 von Pierre Gemayel als maronitische paramilitärische Jugendorganisation gegründet. Die Miliz verübte 1983 die Massaker von Sabra and Schatila, denen mindestens 800 palästinensische Männer, Frauen und Kinder zum Opfer fielen.

PJ (Air Force Para-Rescueman): Die Abkürzung PJ ist von Para-Jumper (Fallschirmspringer) abgeleitet. Soldaten der Air Force, die speziell für die bewaffnete Suche und Rettung ausgebildet sind.

PLA (Palestinian Liberation Army – Palästinensische Befreiungsarmee). Von Syrien unterstützte Gruppe.

Platoon (Zug): Traditionelle Operationseinheit der SEALs, besteht aus zwei Offizieren und zwölf Mannschaftsdienstgraden.

PLO (Palestinian Liberation Organization): Palästinensische Befreiungsorganisation.

Poodle Shooter (Pudelschießer): CAR-15-Gewehr. Poodle Shooter, weil es klein und leicht ist.

PSP (*Parti Socialiste Progressiste*, siehe auch Drusen): Sozialistische Fortschrittspartei im Libanon, von Walid Dschumblat gegründet.

Koran (wörtlich: die Lesung): Das heilige Buch der Muslime. Offenbarung Gottes, die durch den Engel Gabriel an Mohammed übermittelt wurde.

R and S (Reconnaissance and Surveillance Mission): Erkundungs- und Überwachungseinsatz.

Red Wolf: Hubschrauber der Navy Helicopter Combat Support Squadron (HCS). Besonders ausgerüsteter SH-60, der mit den SEAL-Teams operiert.

Ring-out (sich ausläuten, aufgeben): Abgeleitet von der Möglichkeit BUD/S abzubrechen, indem man dreimal die Glocke läutet.

ROE (Rules of Engagement – Einsatzregeln): Die Vorschriften, die die Umstände und Beschränkungen festlegen, unter denen die amerikanischen Streitkräfte Kampfhandlungen beginnen dürfen.

Rope-a-Dope (etwa: Reißleine für Deppen): Automatischer Fallschirmsprung. Der Fallschirm wird durch eine Leine geöffnet, die am Flugzeug befestigt ist.

RPG (Rocket Propelled Grenade – Raketengetriebene Granate): In Russland hergestellte rückstoßfreie, panzerbrechende Waffe. Von den SEALs wegen ihrer Reichweite und Durchschlagskraft geschätzt.

Rubber Duck (Gummiente): Fallschirmabwurf eines CRRC über dem Meer.

SAM (Surface to Air Missile): Boden-Luft-Rakete.

SBU (Special Boat Unit): Bootsbesatzung für Sondereinsätze.

SDV (SEAL Delivery Vehicle): Kleines Tauchfahrzeug zum Transport von SEALs ins Zielgebiet und zum Angriff auf feindliche Schiffe und Einrichtungen.

SDV-Team (SEAL Delivery Vehicle Team): Einheit von SEALs, die auf Unterwassersabotage und die Verwendung von Tauchfahrzeugen der SEAL spezialisiert ist.

Sea Fox: Von den SEALs verwendetes Tarnkappenpatrouillenboot. Das mit Zwillingsmaschinengewehren IM Kaliber .50 und zwei M-60-Maschinengewehren bewaffnete Boot ist aus Kohlenstofffasern und Plastik hergestellt. Wie ein Tarnkappenflugzeug ist es deshalb für Suchradar unsichtbar. Das Boot wurde durch das schwerer bewaffnete und schnellere Patrouillenboot Mk-5 ersetzt.

SEAL-Team: SEAL-Teams bestehen aus einer Anzahl von Platoons oder anderen Einheiten und aus Unterstützungspersonal. Sie werden in der Regel von einem Commander (Besoldungsgruppe O-5) geführt, während die einzelnen Platoons und Detachments in der Regel von Lieutenants oder Lieutenant Commanders befehligt werden. Die SEAL-Teams sind zwar geografischen Gegebenheiten zugeordnet, aber dafür ausgebildet, in jeder Umgebung zu operieren. Die geografische Zuordnung ist Folgende: SEAL Team One: Südostasien; SEAL Team Two: Nordeuropa; SEAL Team Three: Naher Osten; SEAL Team Four: Südamerika; SEAL Team Five: Korea; SEAL Team Six: weltweit; und SEAL Team Eight: Afrika.

Schiiten: Zweitgrößte islamische Religionsgemeinschaft im Libanon. Das Wort »Schia« ist von »Schiat Ali«, »Anhängerschaft Alis«, abgeleitet. Die Schiiten betrachten Mohammeds Vetter und Schwiegersohn Ali als den rechtmäßigen Nachfolger des Propheten. Im Libanon sind Westbeirut und seine südlichen Vorstädte, der südliche Teil des Landes und Teile der Bekaa-Ebene traditionell schiitische Gebiete.

Sleeve (Ärmel): Ein glatter Ärmel, d. h. eine Person ohne Navy-Rang. Ein nutzloser Idiot. Jeder, der nicht zu einem SEAL-Team gehört – unabhängig von seinem Rang.

Soft Duck (weiche Ente): Absetzen eines CRRCs mit dem Hubschrauber.

SOP (Standard Operating Procedure): Standardvorgehensweise.

STA **Platoon** (Scout and Target Acquisition Platoon): Scharfschützenzug der Marines, der in erster Linie zur Lokalisierung von Zielen eingesetzt wird und erst in zweiter Linie zu deren Ausschaltung.

Sunniten: Größte muslimische Religionsgemeinschaft im Libanon. Ihrer Ansicht nach wurde der Nachfolger des Propheten Mohammed zu Recht von der Gemeinschaft bestimmt, aus der später die Sunniten wurden. Sie beherrschen Teile Westbeiruts und den größten Teil der ländlichen Umgebung. Die libanesischen Sunniten sind politisch gemäßigt und gelten als moderate Muslime.

Surface Puke (Überwassserkotzbrocken). Surface Warfare Officer. Ein Schiffsfahrer.

Swim Pair (Schwimmpaar), auch **Shooting Pair** (Schießpaar): Grundelement der SEAL-Teams. Der Schwimmkamerad ist immer für das Leben seines Partners verantwortlich … Wird dieser getötet, ist er für die Bergung der Leiche verantwortlich.

Semtex: Plastiksprengstoff.

Tadpole (Kaulquappe): Anwärter während BUD/S. Ein noch unerfahrener Operator.

Tango: Militärslang für »Terrorist«.

Target Lock (Zielfixierung): Verlust des Überblicks wegen übermäßiger Konzentration auf das Ziel.

The Raven: Einst eine SEAL-Kneipe in Virginia Beach, heute eine Touristenattraktion.

UDT (Underwater Demolition Team): Im Zweiten Weltkrieg Froschmänner, die auf Unterwassersabotage, Aufklärung und später auf die Bergung von Raumkapseln der NASA spezialisiert waren.

UNODIR (»Unless Otherwise Directed«): Akronym der Navy mit der Bedeutung: »Wenn kein anderer Befehl erfolgt.«

VBSS (Vessel Board, Search or Seizure): Durchsuchung oder Übernahme eines Schiffes auf hoher See.

Wadi: Zeitweilig austrocknender Wasserlauf, oft eine Schlucht.

Wally, Wallys: Der Feind im Libanon. Der Begriff bezog sich ursprünglich auf die Milizen der Drusen und auf ihren Führer Walid Dschumblat.

Wallywelt: Der Libanon.

Wannabe (Möchtegern): Aufgeblasener Zivilist. Falscher SEAL. Wenn er sich in der Nähe eines Vietnamdenkmals aufhält, wird er auch »Wall Phony« (Mauerschwindler) genannt.

Water Wings: Abzeichen der US Navy für »Surface Warfare«, wird von den auf Überwasserdienst spezialisierten Mannschaften und Offizieren der Navy getragen. (Siehe auch Black Shoe und Surface Puke)

Wish me dead (Wünsch mich tot): Scharfschützengewehr des Kalibers .50.